本书系四川省哲学社会科学研究 2022 年度后期资助项目《教育行业法律风险大数据分析与防范》（SC22HQ003）成果。

　　同时获四川大学研究阐释"习近平总书记重要讲话全国教育大会精神"专项委托课题（2024JYSX03）、四川师范大学法学学科出版资助项目（2023）、教育部青少年法治教育中心（西南）资助。

教育行业
法律风险与防范

Legal Risks and Prevention
in the Education Industry

苏镜祥　李　鑫　主编

人民出版社

责任编辑:茅友生
封面设计:胡欣欣

图书在版编目(CIP)数据

教育行业法律风险与防范/苏镜祥,李鑫 主编. —北京:人民出版社,2024.12
ISBN 978 - 7 - 01 - 026366 - 3

Ⅰ.①教… Ⅱ.①苏…②李… Ⅲ.①教育法-风险管理-研究-中国
Ⅳ.①D922.164

中国国家版本馆 CIP 数据核字(2024)第 043619 号

教育行业法律风险与防范
JIAOYU HANGYE FALÜ FENGXIAN YU FANGFAN

苏镜祥 李 鑫 主编

人民出版社 出版发行
(100706 北京市东城区隆福寺街 99 号)

北京新华印刷有限公司印刷 新华书店经销

2024 年 12 月第 1 版 2024 年 12 月北京第 1 次印刷
开本:710 毫米×1000 毫米 1/16 印张:47.25
字数:698 千字 印数:0,001-5,000 册

ISBN 978 - 7 - 01 - 026366 - 3 定价:298.00 元

邮购地址 100706 北京市东城区隆福寺街 99 号
人民东方图书销售中心 电话 (010)65250042 65289539

目　　录

民　事　编

行　政　编

刑 事 编

前　言

第一节　本书缘起：教育行业的
法律风险的研究动因

长期以来，在社会公众的普遍认知之中，教育行业是关乎国家前途和民族未来的关键性、战略性行业，是重点防范法律风险的领域。因此，教育行业法律风险案件总能引起广泛的社会关注。[①] 这种现象产生的原因主要有两方面：一方面是教育行业关乎受教育权这一重要的公民基本权利，关乎社会公平正义、教育资源配置等重大社会治理命题；另一方面是当前我们对于教育行业存在的法律风险尚未形成足够的预防和控制意识。

本书编者关注教育行业法律风险这一社会热点问题，并在近年来进行了持续性研究。基于法律大数据方法，面向教育行业现实业务场景，不断在研究范围、研究深度、理论阐释等方面进行探索与拓展。

在研究范围上，本书进行刑事、民事与行政多领域的法律风险研究，更加全面地、多维度地呈现教育行业潜在的风险，描绘教育行业法律风险的全貌。

在研究深度上，本书分别在民事、行政与刑事三类不同案由下，依据教育阶

[①]　参见张卫清、毛少飞：《参加学校足球训练受伤，责任谁担？》，《检察日报》2020 年 12 月 16 日；李钧德、张光辉：《不按法定程序勒令学生退学，郑大被判撤销处分》，《新华每日电讯》2005 年 11 月 17 日；井长水等：《"起哄"学生告赢郑州大学》，《法制日报》2005 年 11 月 16 日；周宵鹏、胡玉生：《监考老师收 200 元向考生传递答案》，《法制日报》2017 年 8 月 5 日；靳广：《教师强奸猥亵学生被执行死刑》，《民主与法制时报》2013 年 6 月 3 日；申东：《中学校长贪污学生晚餐补贴一审获刑》，《法制日报》2014 年 9 月 15 日；高健：《原黄城根小学校长贪污资助款获刑 6 年》，《北京日报》2010 年 1 月 18 日；徐伟、李春光：《中学校长受贿百万元再敲教育腐败警钟》，《法制日报》2012 年 12 月 27 日；沈念祖：《人大自主招生腐败追踪　指标成权力寻租资源》，《经济观察报》2014 年 6 月 16 日。

段将案件整理为学前教育、初等教育、中等教育、高等教育与技能培训及其他五个部分,即对案件进行了教育阶段的细分。这是考虑到教育行业法律风险案件案由复杂且种类不一,笼统以案由划分难以准确分析风险特征,且不易发现教育行业法律风险的特殊之处。而以教育阶段划分的方式,能够关照到不同教育阶段的法律风险所侵害的客体以及教育主体的差异性,从而更加科学合理地把握案件特征和潜在风险点。通过上述研究方法,能够以横向的案件类型,与纵向的教育阶段两个维度共同定位案件类型与法律风险,实现裁判文书分析与教育行业研究的深度结合。并且本书还将数据概览与典型案例分析相结合,便于从整体把握法律风险发展趋势,并从个案分析风险的特殊性。

在理论创新上,本书在进行数据总览后,基于数据特点探究法律风险点,并在此基础上提出风险防范建议。本书根植于司法实践数据、生发于典型案例分析、来源于教育理论基础,兼具理论价值与实践意义。

一、教育行业法律风险频发

正如社会学家贝克所指出的,风险社会已经来临。[1] 任何领域、任何群体、任何社会交往行为都可能面临不同来源、不同种类、不同程度的风险。一方面应注意到风险社会这一理论模型的现实价值,它可以解释很多现代社会的现象和问题;另一方面也要注意到自身所处领域和行业可能面临的法律风险及风险的特殊性。教育行业具备特有的运作和发展逻辑,其法律风险发生的机理也与其他行业有所不同,而且教育行业的从业群体数量十分庞大,也是拥有最广泛受众的行业之一。从基础教育到高等教育,从学历教育到职业教育,教育行业的影响和作用几乎贯穿了每一个社会公众的一生,关乎着社会公共利益的保障和实现,关乎着国民的教育水平和素质。因而,无论是从促进教育行业的良性发展的角度,还是从规范教育行业中各主体行为的角度,针对性、系统性地关注和研究教育行业的法律风险具有必要性与紧迫性。

---

① 参见贝克:《风险社会》,何博文译,译林出版社 2004 年版,第 68 页。

二、教育实践呈现新形势

在依法治国全面实施的大背景下,行业法治建设迫切需要找到着力点和突破口。在教育行业的实践中,教育法治的建设走到了一个转折点,具体体现在两个层面:一是我国法治建设全面进入深化阶段,法治建设从宏观层面走向微观层面,即从整体国家法治建设逐步深入到区域法治建设、行业法治建设;二是教育行业法治建设的重点逐渐从规范体系建设转向以法律实施效果,对于行业中各类主要参与主体的要求都更高。因此,需要对实践中教育行业各类参与主体行为在教育行业存在的法律风险有准确的认识,并应当具备一套行之有效的法律风险预防机制和措施。

三、现有风险研究不足

理论研究方面,有关教育行业法律风险的高质量研究成果匮乏。在现有理论成果中,虽然也有了一些对于教育行业法律风险相关问题的关注和探索[1],但现有研究成果仍然存在两个方面的问题:一方面是对研究所依赖的客观事实的总结和概括是相对有限的,大多是从具有一定社会影响力的个案出发或从研究者的经验感受出发,对于教育行业刑事犯罪的情况进行描述,缺乏必要的客观性和说服力。具备一定影响力的个案虽然能够反映教育行业刑事犯罪问题的某些

---

[1]　相关研究参见卓宇轩:《教育行业法律风险防控大全》,法律出版社 2013 年版;王大伟:《论教师犯罪人》,《中国人民公安大学学报》2003 年第 6 期;马雷军:《教师性侵害犯罪及其预防》,《中国教育学刊》2005 年第 1 期;金泽刚:《教师侵害未成年人学生性犯罪案件的犯罪学思考》,《江苏警官学院学报》2007 年第 5 期;贵淑惠:《校园教师犯罪探析》,《贵州警官职业学院学报》2005 年第 4 期;陆旭:《教师虐童犯罪的刑法规制》,《上海政法学院学报》2013 年第 1 期;黄华平、张伟珂:《教师之商业贿赂犯罪研究——兼议两高〈关于办理商业贿赂刑事案件适用法律若干问题的意见〉》,《中国人民公安大学学报》(社会科学版)2009 年第 4 期;郑萍:《中小学校长职务犯罪预防机制的构建》,《教育导刊》2010 年第 11 期;王海霞:《中小学校长职务犯罪预防机制的构建》,《现代中小学教育》2013 年第 8 期;张建军、陈玉秀:《基础教育领域职务犯罪的预防与惩治——以天水市为例的实证分析》,《天水行政学院学报》2016 年第 1 期;王靖:《教育领域职务犯罪及权力制约机制的构建》,《海南大学学报》(人文社会科学版)2007 年第 6 期;朱晓婷:《高校职务犯罪产生的根源及其治理》,《中国行政管理》2012 年第 7 期;宋川:《大学管理人员职务犯罪特点及其预防对策》,《沈阳农业大学学报》(社会科学版)2013 年第 6 期;钱雄伟:《高校招生领域犯罪探析》,《襄阳职业技术学院学报》2008 年第 5 期。

侧面,但难以展现教育行业刑事犯罪问题的全部面相。有必要在个案研究、经验描述研究的基础上,增加法律大数据研究和实证研究的视角,以司法实践呈现的数据展示教育行业刑事犯罪情况的全景。另一方面,现有研究缺乏对教育行业的法律风险现状系统性的、针对性的总结,且尚未给出具备较高可操作性的风险预防和控制方案。此外,现有研究中对于教育行业犯罪的主要特征和诱因的总结尚不全面,主要体现在以下两个方面:其一,对于教育行业可能存在法律风险的主体及其特性关注不足,因此较难发现法律风险产生的根本原因。对于教育行业违法犯罪行为的各类主体的性别、年龄、文化程度、责任能力、政治面貌、所在单位层级等信息缺乏必要的考察,对于刑事案件中的单独犯罪和共同犯罪、犯罪动机,以及民事与行政案件中纠纷产生的因果关系等因素缺乏逻辑性的阐释。其二,现有研究主要关注风险本身的呈现形式,对于风险防范措施的关注相对不足。如教育行业刑事犯罪的预防与惩治情况,民事案件中赔偿类型以及赔偿金额是否合理,行政案件中行政行为的撤销率以及行政赔偿适用率等情况暂无全面性的总结,因此较难评价教育行业中法律风险发生后的应对措施的有效性,对于防范措施的改进缺乏有效指引。

综上,无论是在教育行业的实践之中还是在教育法治的建设中,亦或是对教育行业法律风险的研究中,有必要丰富现有研究方法和研究维度,对教育行业已有的法律风险各方面情况进行全面、正确总结并提出风险防控的措施。以上实践和理论的需求也正是本书展开论述与研究的逻辑起点。

第二节　教育行业存在法律风险的原因

一、教育行业高速发展带来新机遇

党的二十大报告指出,教育是全面建设社会主义现代化国家的基础性、战略性支撑,在国家建设中担负着人才培养的重任。同时,《中华人民共和国国民经济和社会发展第十四个五年规划和2035年远景目标纲要》的第13篇第43章集中阐述了教育的内容,《中国教育现代化2035》对教育行业发展中涉及的人财物方面的保障作出了十分详尽的规划。国家的顶层设计和战略部署为教育行业配置了大量优质的资源。在教育行业被高度重视的同时，大量资源涌入教育行业，教育行业的组织形式、资金来源、人员结构等愈加复杂，教育行业在迎来了巨大的发展机遇的同时，也必须面对教育领域向市场开放后高速发展所带来的各类问题。近年来，我国教育行业法律体系建设成效显著，《中华人民共和国义务教育法》（以下简称《义务教育法》）、《中华人民共和国民办教育促进法》（以下简称《民办教育促进法》）、《中华人民共和国职业教育法》（以下简称《职业教育法》）相继出台，对于教育的细分领域以及不同教育阶段的具体规定日益丰富。但不可否认的是，法律的制定和实施存在一定的滞后性和被动性。教育行业高速发展，大量国家资源和社会资本涌入教育领域，必然会提出新需求、产生新风险。这就要求教育行业法律风险的研究加快步伐，跟紧时代需求。

二、教育行业供需变化引发新问题

近年来，国家对教育行业在各个方面大力扶植，而社会公众对教育资源尤其是优质、高品质教育资源的需求更加直接、强烈。但教育资源难以实现有效配置和共享优质教育资源的供求失衡问题短时间内又无法得到有效解决①。教育行业和其他领域一样，在资源变得稀缺或存在资源分配需求后，争取资源过程中就容易滋生违法违规的行为，甚至可能会产生权力寻租、腐败渎职等违法犯罪问题。在资源配置的过程中，行政管理的科学性、民事主体之间交易的公平性等问题，成为教育行业法律法规体系建设需要考量的新命题。

三、教育主体多元产生新关系

教育行业关系着每一个社会公众的切身利益和个体发展，可以说，教育行业是受众最为广泛的行业之一。教育行业中利益关联广泛、多元、复杂，教育行业各类主体如教育行业主管部门、各类公办民办学校、学位教育与职业教育的老师

---

① 相关研究参见刘华军、张权：《中国高等教育资源空间非均衡研究》，《中国人口科学》2013年第3期；王伟清：《论基于需求的教育资源配置系统观》，《教育与经济》2010年第1期；赵海利：《中外公共教育资源分配公平性比较研究》，《教育研究》2013年第8期。

等都面临着教育行业不同受众的多种利益诉求。在回应、满足多种利益诉求的过程中，可能由于利益诉求本身不合理或不合法、回应和满足的程序和方式不符合相关规范，或是在教育行业实现公共利益、保障公共利益的过程中，对于个人利益与社会公众利益的平衡与协调缺乏有效的手段或措施等原因，导致违法违规甚至犯罪的问题出现。教育行业受众广泛的特征，加之教育行业中各类主体的多元特性，使得教育行业中产生的各类关系和利益联系十分复杂，并且可能超出了法律法规和职业伦理关注和规制的范畴，造成法律风险的产生和扩大，甚至由局部风险蔓延至整个教育行业，严重影响教育行业的整体发展和我国教育水平的提升。

第三节　教育行业法律风险的范畴及防控总体思路

一、教育行业法律风险的类型化

对于教育行业法律风险进行有效预防的前提是对风险的具体情况有清楚的认识和了解。根据对涉及教育行业的案件当事人身份的梳理，教育行业中承受法律风险的主体大致有四类：教师、校长、学校行政人员以及教育行政人员。以上四类主体基本可以涵盖教育行业中潜在法律风险承受主体，且这种类型化的方式和标准与实践贴合较为密切，也能够反映主体的特征和不同主体之间的差异性。

按照风险形成和产生的原因，可以将承受风险的主体与法律风险之间的关系分为两类：一类是基于个体自身原因产生的法律风险；另一类是基于工作岗位原因产生的法律风险。前者风险产生的主要原因是与个人自身相关的因素，如个人不当、不法的行为、诉求等，与其所在的教育岗位关联性较弱；后者风险产生的原因除了个体自身的违法动机与行为之外，还与其所处的特定岗位有直接联系，或者说在一定程度上，该主体违法违规利用了教育岗位所赋予其的职能并造成法律风险。

二、教育行业法律风险的总体思路

本书中,对教育行业法律风险现状分析与提出对策建议的总体思路是:从宏观到微观,再回到宏观;从全局到个体,再回到全局。即首先通过法律大数据的统计,实现对于教育行业法律风险总体情况的客观描述;其次,按照承受法律风险的主体进行类型化研究,细化主体特征与其所承受法律风险之间的联系;再次,对于法律风险产生后,包括获取律师帮助在内的各种应对措施的有效性的分析;最后,基于以上分析,结合典型案例,对教育行业的法律风险防控提出系统性解决方案和具体防控措施。

第四节　本书的宗旨、素材与方法

一、本书的宗旨

本书利用法律大数据方法,对教育行业民事、行政、刑事法律风险进行全景式描述,并对教育行业各类主体法律风险进行细致的类型化研究。全书立足于我国教育行业的具体实践和教育法治建设的现状,兼具较强的学术性和实用性。在展示教育行业各类主体法律风险点和典型案例的过程中,本书一方面通过数据呈现违法成本,对于教育行业从业人员有切实地、强烈地警示和提醒作用;另一方面则通过对案例的解释,提出系统的教育行业法律风险防控方案。具体而言,本书旨在:

第一,客观、全面、系统展示教育行业民事、行政、刑事法律风险的现状。近年来,教育行业法律风险案件频发。[①] 本书旨在反映教育行业法律风险案件的主体特征、行为特征、处罚特征,并以大数据统计结果为骨架,以典型案例为血肉形成的完整的教育行业法律风险的全貌,为相关领域学术研究的展开、教育行业治理方式的转型与改革提供重要的数据基础。通过对教育行业当前可查询到的

---

① 参见廖兰辉:《教务系统职务犯罪案件的成因及预防政策》,《广西法治日报》2010 年 8 月 10 日;卢少锋:《校园犯罪类型及法律分析》,《中国教师报》2004 年 12 月 22 日。

法律风险案件的整理和分类,总结出教育行业法律风险发生的特点和规律,找到教育行业的高风险群体、高风险领域和高风险行为,并归纳突出的风险点及其产生的基本逻辑,对高风险群体和高风险领域进行类型化的分析和研究。

第二,关注教育行业各类主体获得律师帮助的情况。律师帮助具体体现在:民事与行政领域,律师能够在司法案件中协助当事人形成诉状、分析法律关系、代理出庭等,如有符合法律援助的情形,法律援助律师也能够及时为需要得到法律帮助的未成年人、老年人等提供有效的法律帮助。在刑事领域,律师担任辩护人、提供法律援助、参与犯罪嫌疑人或被告人认罪认罚从宽程序等。有学者指出,刑事案件当事人律师帮助权的实现情况是衡量一个国家司法文明程度的重要指标[1]。"刑事辩护率及其构成形态是反映特定国家或地区辩护权现代化程度的一个基本标志。"[2]基于此,本书特别关注了刑事案件中的律师帮助情况,对刑事案件中律师参与情况进行大数据统计和分析。这主要有以下四个方面的意义:

首先,对于展现教育行业刑事案件整体辩护率方面的意义。教育行业刑事案件整体辩护率一方面可以反映出教育行业中各类主体本身的法治意识和权利意识,对于展现其在遭遇刑事法律风险之时的应对措施具有重要意义,通过将刑事案件总体辩护率和教育行业刑事案件的辩护率进行比较,可以一定程度上展现教育行业各类人员的维权意识等方面的情况;另一方面则可以通过教育行业刑事案件的辩护率反映出一部分刑事辩护法律服务市场的情况,对于相关法律服务提供者精准营销、改良法律服务质量有着十分重要的价值。其次,对于展现教育行业刑事案件不同类主体辩护率方面的意义。教育行业不同主体涉及的刑事案件的辩护率,可以展现教育行业不同主体在经济条件、维权意识等方面的情况,也可以反映教育行业哪几类主体法治意识、维权意识比较弱,进而可以有针对性地对其开展长期、系统的刑事法律风险防控教育。再次,对于展现教育行业

---

① 参见张保生等:《中国司法文明指数报告2016》,中国政法大学出版社2017年版,第163页。

② 马静华:《刑事辩护率及其形成机制研究》,《四川大学学报》(哲学社会科学版)2011年第6期。

刑事案件不同案由辩护率方面的意义。教育行业不同案由刑事案件的辩护率，可以反映出不同案由领域对刑事辩护法律服务的实际需求。最后，对于展现教育行业刑事案件辩护效果方面的意义。"中国式的辩护效果是以中国式的方式达至的"①，其表达的方式、路径和效果均十分复杂，教育行业的刑事辩护也是如此。对于辩护效果进行考察一方面可以反映刑事辩护行为在案件不同阶段、实施不同方式、选择的不同类型的实际效果；另一方面则有助于梳理和完善教育行业法律风险发生后，有效的应对机制和方法，对于降低教育行业法律风险的措施是极有助益的。

第三，助力教育行业法律风险防范与控制。正如党的二十大报告所指出的，教育是国之大计、党之大计。培养什么人、怎样培养人、为谁培养人是教育的根本问题。在全面贯彻党的教育方针过程中，教育行业同时也面临诸多矛盾叠加、风险隐患增多的严峻挑战。有效应对各种风险和挑战，不断开拓发展新境界，对实现教育现代化提出了前所未有的新任务、新要求。中国古语：堵不如疏。对于教育行业的法律风险，也是如此。本书用较大篇幅以法律大数据方法客观地描绘和展现了教育行业法律风险的真实形态，但描述本身并非本书的最终目的，将教育行业法律风险相关问题描述清楚、阐释明白的过程始终服务于揭示相关法律风险的发生机制的目标。在一定程度上，法律风险发生机制也是提出教育行业法律风险防控机制的前提和基础。其一，阐明法律风险的发生机制才能建立科学的风险预防机制。法律风险的防控须是以对于风险的发生环节、过程和机制有充分了解的前提的，而这些前提建立在对教育行业法律风险的普遍性和发生条件有充分了解的基础上；其二，正确总结教育行业法律风险的典型特征和基本规律有助于理解教育行业法律风险防控的独特性；其三，适度展现教育行业法律风险防控的现实困难和严峻形势，有助于教育行业各类主体全面了解和关注教育行业的法律风险防控。因此，本书在此思路下，致力于通过阐明教育行业法律风险现状进而提出防控方案降低教育行业法律风险。

---

① 左卫民、马静华：《效果与悖论：中国刑事辩护作用机制实证研究——以 S 省 D 县为例》，《政法论坛》2012 年第 2 期。

第四，促进教育法治的全面建设与良性发展。《法治社会建设实施纲要（2020—2025年）》明确指出，广泛开展行业依法治理，推进业务标准程序完善、合法合规审查到位、防范化解风险及时和法律监督有效的法治化治理方式。本书认为，教育行业法治的实现依赖于以下四个领域的制度建设和规范的有效实施：其一，教育行政领域依法行政系统工程的系统实施，主要包括依法行政观念的树立及其实践、教育行业行政法规和部门规章的整理和完善、教育行政领域权力清单的制定和实施、教育行政中各类主体合法维权途径和畅通诉求表达渠道的建立。其二，学校领导的清正廉洁、恪尽职守。学校领导既应作为带头人率先垂范，又应为师表严格自律。其三，学校管理中教务管理、后勤管理、招生就业管理等各个关键领域和环节都应遵循教育教学的基本规律和法律法规的相关规定。其四，教师群体的教书育人行为的合法合规。教师群体是社会普遍尊重和学习的对象，其行为既应符合法律的相关规定，又应受到教师职业道德的约束，教师的行为是教育行业法治建设情况评价的重要影响因素。总的来说，教育法治的实施依赖于以上四个方面的建设情况，而法治为以上四个方面设置了最基本的行为准则。教育行业的法治建设是教育行业规范的重要基石，本书致力于呈现当前教育行业法治建设的现状并提出可行的对策建议。

二、本书中的教育阶段划分

本书将教育行业法律风险案件裁判文书以案由分为民事编、行政编与刑事编，并对各编下的文书依据《国民经济行业分类标准》中P类下第83大类的标准，分为学前教育、初等教育、中等教育、高等教育与技能培训及其他教育阶段。① 结合《国民经济行业分类标准》中对各阶段的定义与描述，本书中五个教育阶段分别指：

学前教育是指经教育行政部门批准举办的对学龄前幼儿进行保育和教育的活动。学前教育是基础教育的重要组成部分，对促进受教育者全面健康发展、巩

---

① 参见《国民经济行业分类（GB/T 4754—2017）》，2019年5月20日发布。

固和提高义务教育质量具有基础性、先导性的作用。① 目前我国学前教育以幼儿园为主，包括少数早教中心、幼教中心。

初等教育是指《义务教育法》规定的小学教育以及成人小学教育（含扫盲）的活动。初等教育是学前教育与中等教育之间的过渡阶段，且是培养受教育者学习习惯的重要阶段。《义务教育法》第 3 条明确规定，义务教育必须贯彻国家的教育方针，实施素质教育，提高教育质量。初等教育是义务教育中的基础部分，注重培养学生的社会意识、创造能力、合作精神，为其今后的可持续学习习惯打下基础。② 此教育阶段的教育对象一般为 6—12 岁的适龄儿童，学制一般为 6 年，少部分地区为 5 年。

中等教育，包含《义务教育法》规定的对小学毕业生进行初级中等教育的活动，即普通初中教育。非义务教育阶段，通过考试招收初中毕业生进行普通高中教育的活动，即普通高中教育。以及成人高中教育等。实施中等教育的各类学校为中等学校，中等教育是整个国民教育体系中的重要环节，也是相对较为复杂的教育阶段。此阶段受教育者的心智处于迅速成熟期，也是为高等教育输送优质人才的重要阶段。其中全日制中学修业年限为 6 年，初级中学 3 年、高级中学 3 年；职业中学 2—3 年；中等专业学校 3—4 年；技工学校 2—3 年。其中，全日制初级中学教育属于义务教育。

高等教育分为经教育行政部门批准，由国家、地方、社会办的在完成高级中等教育基础上实施的获取学历的高等教育活动的普通高等教育，以及经教育主管部门批准办的成人高等教育。从功能上看，高等教育具有促进社会变迁与社会流动的功能，是一项具有复杂关联性的系统性工程。③ 此阶段是法律风险频发的重点阶段之一。

技能培训及其他包括技能培训教育、教育辅助及其他教育等。本书着重关

---

① 参见庞丽娟、韩小雨：《中国学前教育立法：思考与进程》，《北京师范大学学报（社会科学版）》2010 年第 5 期。

② 参见刘慧：《初等教育学学科：高师小学教育专业的学科基础》，《课程·教材·教法》2011 年第 5 期。

③ 参见陈海静：《高质量高等教育：基于教育生态学的阐释》，《江苏高教》2022 年第 1 期。

注其中的职业技能培训活动,职业教育着重关注职业从业的特点与方法,具有区别于其他教育方式的独特特色。① 职业教育宽进严出,单位时间内培训人次多,并以实际操作的学习为主,能够较快提升就业技能。此教育阶段的法律风险在教育培训合同纠纷、劳动争议等领域较为突出。

三、本书的素材来源与方法选择

(一)本书的研究素材的来源

本书的研究素材主要来自中国裁判文书网所公开的裁判文书,辅之以通过新闻报道、裁判文书公开系统获取的典型案例,构成可以充分体现教育行业法律风险的素材体系。本书展开研究的素材体系与过往其他研究成果相比较,主要有三个特点:第一,覆盖广。全书以检索到的与教育行业相关的裁判文书为基础,并对裁判文书进行结构化分解。研究素材涵盖了教育行业刑事、民事与行政案件,研究素材完整全面。第二,时效新。本书对于研究素材裁判文书收集以 2014 年至 2020 年为区间,即裁判文书数据统计的时间起始节点为 2014 年 1 月 1 日,截至时间为 2020 年 12 月 31 日(其中民事编裁判文书收集区间为 2015 年至 2019 年;行政编裁判文书收集区间为 2014 年至 2020 年;刑事编裁判文书收集区间为 2015 年至 2020 年)。实际上,利用大数据技术是可以实现对于研究素材更加高频地更新,但考虑到书著的写作和出版需要一个明确的时间节点,且教育行业法律风险的特点和防控方式方法在较短时间内有大幅度变化的可能性并不大,故选取年度作为更新本报告的时间节点。具体来看,本书收集的不同案由、不同教育阶段下的裁判文书数量如表所示。就目前有关教育行业法律风险的研究成果来看,本书所描绘的现实状况和所提供的风险防控方案都是最新的,也是最及时和必要的。第三,真实性。本书的所有研究素材均来自于我国的司法实践,且对基础研究的素材并未设定特定标准进行筛选和排除,因而本书所进行的研究所依赖的基础素材具有客观和全面性,

---

① 参见赵志群:《职业教育教学论:职业教育研究重要的基础性学科》,《中国高教研究》2022 年第 2 期。

能够反映司法实践中的真实情况。

本书裁判文书案由分布情况总览表　　　（单位:份）

教育阶段＼案件类型	民事编	行政编	刑事编
学前教育	5266	245	181
初等教育	9645	229	1388
中等教育	12265	360	1533
高等教育	11754	638	381
技能培训及其他	13449	1537	698
合计	52379	3009	4181

(二)本书的研究方法选择

互联网技术、大数据技术、人工智能技术真正地为司法公开的实现和落地提供了有力的支撑,同时也助推了我国法律实践和法学研究的巨大转型,当然也已经为法律领域中实务与学术结合最紧密的法律风险防控领域带来了巨大的机遇和挑战。本书以法律大数据研究方法为主,探索不同因素之间的关联性,希望以此揭示教育行业法律风险发生的深层次原因和内在机理,进而找寻出有效进行风险防控的系统性解决方案。"我国法律大数据产业发展尚处于初创阶段,基本产品模式或服务形式尚未真正成型,但无论是政府还是法律服务市场中的各类主体,都对其发展前景寄予了厚望。"①选择法律大数据作为本书主要的研究方法,旨在对教育行业法律风险现状的呈现能够直观、客观、准确,削弱在现状呈现时有意识或无意识的主观价值倾向。

在宏观地、概括式地描述研究对象的现实状态、存在问题及相关发展趋势时,法律大数据方法是十分具有优势的。但类似利用法律大数据进行的这种趋势研究、规律研究确实也可能导致对于典型个案的忽略。因而本书在展示法律大数据的统计结果、分析教育行业各个要素与风险的关联性的同时,也加入了具

---

① 李鑫:《中国法律大数据产业发展研究》,《经济与社会发展》2017 年第 2 期。

有社会影响力的典型案例。大数据与典型个案的综合描绘,使得本书在理论方面更加具有包容性,研究的结论更加客观和全面。同时,也应注意个案研究可能导致的偏差。个案可能受到一定偶发性、特殊性因素的影响,呈现出与整体趋势不同的差异性结果,而该因素往往并非常态。因此,在关注特殊个案的同时,应兼顾教育行业法律风险呈现的普遍性与整体趋势。法律大数据的分析方法由于其数据量大、覆盖面广、运算效率高等特质,在揭示普遍性趋势上具有区别于其他方法的独特优势,也是本书将其运用于教育行业法律风险研究的合理性与创新性所在。

综上,本书在研究路径上以教育行业海量裁判文书为基础,运用法律大数据的分析方法,辅之以个案研究和定性研究,描绘教育行业法律风险的现状及未来趋势,并探究教育行业法律风险的有效防控方案。

民事编

第一章　学前教育

学前教育是终身学习的开端,是国民教育体系的重要组成部分,是重要的社会公益事业。目前我国学前教育主体以幼儿园为主,包括少数早教中心和幼教中心。学前教育法律风险具有两个方面的特殊性:一方面是因为学前教育面向的适龄儿童为无民事行为能力人,教育主体管理责任重大、管理体制易于出现疏漏;另一方面是因为幼儿园是各类各级学校中数量最庞大的一类,且民办幼儿园占比超过一半,其市场化运行方式造成幼儿园举办者之间、幼儿园与其他的主体之间的大量纷争。本章共计三小节,第一节用客观数据呈现案件特征、当事人情况、裁判结果及律师参与情况,全方位呈现学前教育阶段教育主体面临的民事法律风险。第二节对高发案由下的案件特征、争议焦点、法律适用进行详细解读。第三节剖析典型案例,呈现实践案例中的判决原貌。

第一节　纵览:总体数据呈现

2015—2019 年,全国各级人民法院审结学前教育案件共 5266 例,涵盖 159 类案由,分布于全国 30 个省级行政区,案件数量逐年增长。当事人以教育主体为中心,包括与之紧密联系的民事主体。其中,教育主体被起诉的情况超过三分之二,最终承担义务情形占比较多。

一、案件特征

(一)案由分布

2020 年以前,各地法院案由命名并不统一,从裁判文书中直接提取出的案由共 159 类。根据《最高人民法院关于修改〈民事案件案由规定〉的决定》(以下简称《民事案由规定》)整理归类。从一级案由来看,学前教育案件主要分布在第一部分人格权纠纷(671 例)、第四部分合同及准合同纠纷(2217 例)、第六部分劳动争议、人事争议纠纷(950 例)、第九部分侵权责任纠纷部分(1242 例)四类案由之间,其他如物权、公司等相关的争议共 187 例。

由于一级案由包含了数量众多的二级、三级和四级案由,以合同、准合同纠纷为例,2217 例案件共包含了 50 类次级案由。为了平衡数据的精度与广度,按照《民事案由规定》中三级案由的数量对所有案件进行排序:

数量最多的是与劳动争议有关的案件,共 950 例,占总数的 18%。其次为教育机构责任纠纷案件和人格权纠纷案件,均为 671 例,占总数的 13%。其他合同纠纷类别总数虽为 821 例,但其中包含了包括装修装饰合同纠纷、服务合同纠纷、投资协议纠纷、定作合同纠纷、拍卖合同纠纷等在内的四十余种四级案由,各类案由数量均在 50 以下,故合并为"其他合同纠纷"类。

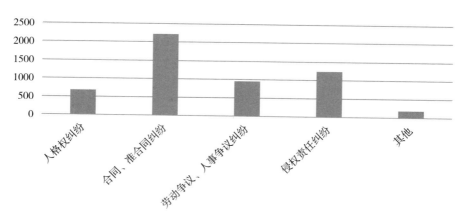

学前教育阶段民事一级案由分布

同时,在 950 例与劳动争议有关的案件中,有 488 例案件的案由为"劳动争议",占该类总数的 51.3%。在 671 例人格权纠纷案件中,"生命权、身体权、健康权"纠纷案件有 612 例,占该类总数的 91.2%,此外包含少数名誉权纠纷、一般人格权纠纷与隐私权纠纷案件。其余案由类别的具体数量为:民间借贷纠纷456 例、机动车交通事故责任纠纷 383 例、租赁合同纠纷 357 例、买卖合同纠纷269 例、侵权纠纷 187 例、教育培训合同纠纷 162 例、建设工程合同纠纷 152 例、物权纠纷 120 例、其他类纠纷 67 例。

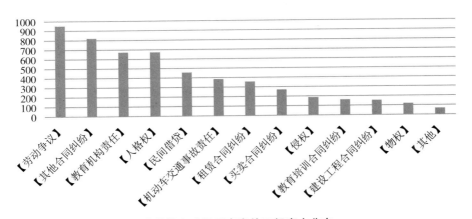

学前教育阶段民事案件三级案由分布

（二）地域分布

从地域分布来看,2015—2019 年全国各级人民法院审结的学前教育阶段案件分布在 30 个省级行政区(省、自治区、直辖市)之中。文书数量分布最多的五个省级行政区分别是河南(571 例),广东(504 例)、福建(341 例)、湖南(284 例)、山东(272 例);数量分布最少的 5 个省级行政区则为黑龙江(60 例)、甘肃(45 例)、海南(25 例)、青海(13 例)、江西(2 例)。

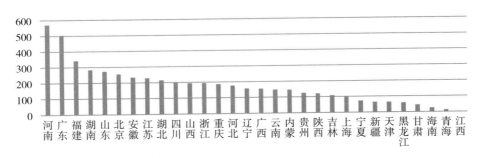

学前教育阶段民事案件地域分布

（三）时间分布

从年份分布来看,2015—2019 年全国各级人民法院审结的学前教育阶段案件呈逐年上升趋势。2015 年为 777 例,2016 年为 873 例,2017 年为 1109 例,2018 年为 1147 例,2019 年为 1359 例。相较于 2015 年,2019 年判决书数量增长 74.9%。

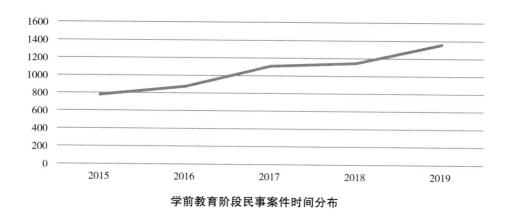

学前教育阶段民事案件时间分布

二、当事人情况勾勒

(一)教育主体①诉讼地位分布

在学前教育阶段的 5266 例案件中,教育主体作为原告提起的诉讼案件约占 19.7%(1036 例),教育主体作为被告被提起诉讼的案件约有 78.4%(4129 例),剩余部分为反诉案件。

(二)教育主体相对人②身份分布

与学前教育阶段教育主体紧密联系的民事主体主要有三类:该教育主体内的在读学生、该教育主体的教职工以及与该教育主体进行民事交往的其他民事主体。而这三类主体往往也同样是学前教育阶段民事案件的另一方当事人。

约有 38.8%的案件,另一方当事人为学生。这部分案件主要分布于教育机构责任纠纷、生命权身体权健康权纠纷、机动车交通事故责任纠纷中,并且学生几乎都是作为原告出现。约有 19%的案件,另一方当事人为教育主体的教职工,包括教师、行政人员、后勤工作人员等,这部分案件主要分布在劳动争议、人

---

① 编者注:具体到学前教育阶段,教育主体以幼儿园为主,包括少部分的早教中心、幼教机构。

② 编者注:在诉讼中,文中列举的三类主体主要是作为教育主体的相对方出现,但根据事实和案由的不同,也有和教育主体作为共同原告或共同被告的情形。为便于统计,此部分仅讨论其作为相对人出现的情形。作为共同原告或共同被告的情形将在具体的重点案由部分予以展示。

事争议中。还有约 42.2% 的案件另一方当事人为其他民事主体。这部分案件的主体身份与分布案由十分广泛,包括民间借贷纠纷中的借贷人、租赁合同纠纷中的承租人与租赁人、股份转让纠纷中的股份持有人与受让人等,但这部分案件的数量相对较少。

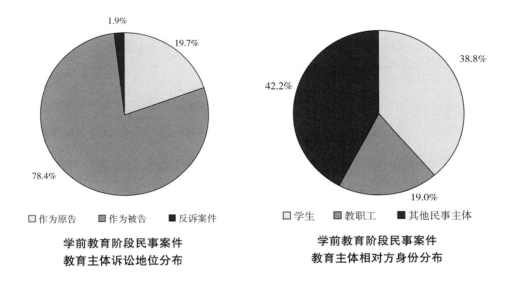

学前教育阶段民事案件
教育主体诉讼地位分布

学前教育阶段民事案件
教育主体相对方身份分布

三、律师参与

在 5266 例学前教育阶段案件中,有 3058 例案件的原告委托了代理律师,占全部案件的 58%;其中,有 70 例案件属于法律援助律师,占原告律师参与案件的 2%。有 2816 例案件的被告委托了代理律师,占全部案件的 53%;其中,有 32 例案件属于法律援助律师,占被告律师参与案件的 1%。

四、裁判结果①

(一)教育主体作为原告的诉讼结果

在教育主体作为原告的情形下,其诉讼请求在约 18.2% 的案件中得到(部

---

① 编者注:该部分是对学前教育阶段三类重点案由包括教育机构责任纠纷、生命权身体权健康权纠纷、劳动争议共计 2292 例案件的裁判结果的分析。因为部分案由文书数量少、纠纷发生频率低,样本规模不足以证明规律性,而高发案由数量超过文书总数的 50%,已经具有足够的样本。

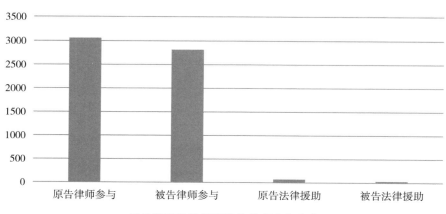

学前教育阶段民事案件律师参与分布

分)支持①;在约 81.8%的案件中被全部驳回。

(二)教育主体作为被告的诉讼结果

在教育主体作为被告的情形下,原告的诉讼请求在约 82.4%的案件中得到支持,即教育主体需要履行相应的义务或承担相应责任;原告的诉讼请求在约17.6%的案件中被全部驳回。

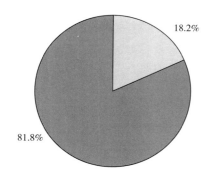

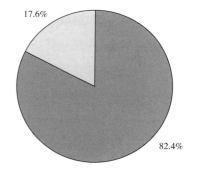

学前教育阶段民事案件教育主体作为原告的裁判结果分布

学前教育阶段教育主体作为被告的裁判结果分布

---

① 编者注:"原告诉讼请求得到支持"包括诉讼请求全部得到支持与部分得到支持。因为原告可以提起多项诉讼请求而裁判结果仅支持其中一项或多项,尤其涉及到金钱具体数额的主张,法院支持其诉请但金额与原告主张的数额不一定完全一致。

第二节　聚焦:高发案由解读

学前教育案件的案由并非均等分布,文书数量排名前三的教育机构责任纠纷、生命权身体权健康权纠纷、劳动争议纠纷数量总和占比超过 50%。本节聚焦高频发生案由,对其数据分布、案件事实、法院说理进行实证分析,呈现学前教育运行中的常见事故与法律风险。

一、教育机构责任纠纷案件

教育机构责任是指当无民事行为能力人或限制民事行为能力人在幼儿园、学校或其他教育机构学习、生活期间遭受人身损害时,教育机构因未尽到教育、管理职责而依法承担的责任。教育机构责任具有如下特征[①]:1. 教育机构侵权责任仅仅是教育机构就无民事行为能力人或限制民事行为能力人在校或在园期间遭受的人身损害承担的侵权赔偿责任;2. 教育机构因未尽到教育、管理职责而承担的侵权赔偿责任属于过错责任或过错推定责任。由于学前教育阶段的学生大部分都是无民事行为能力人,因此该阶段的教育机构责任纠纷受到《民法典》第 1199 条[②]的规范。

从裁判文书网上提取到的 2015—2019 年学前教育阶段教育机构责任纠纷案件共 671 例。

(一)数据纵览

1. 时间与地域分布

(1)时间分布

在学前教育阶段涉及到的纠纷中,教育机构责任纠纷案件总数为 671 例,占全部案件总数的 13%。从年份分布来看,该类案件数量变化呈波动趋势,分别于 2016 年和 2018 年较上一年有所下降,又在下一年回升。具体数量为 132 例

---

① 程啸:《侵权责任法》,法律出版社 2021 年版,第 536 页。
② 《民法典》第 1199 条:"无民事行为能力人在幼儿园、学校或者其他教育机构学习、生活期间受到人身损害的,幼儿园、学校或者其他教育机构应当承担侵权责任;但是,能够证明尽到教育、管理职责的,不承担侵权责任。"

（2015）、125 例（2016）、145 例（2017）、112 例（2018）、157 例（2019）。

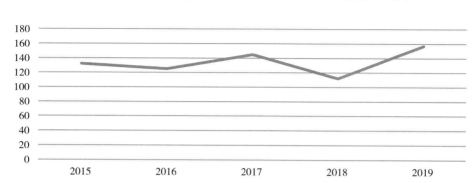

学前教育阶段教育机构责任纠纷时间分布

（2）地域分布

从地域分布来看，教育机构责任纠纷案件分布最多的前五个省级行政区为河南（95 例）、山东（49 例）、广东（43 例）、北京（36 例）、浙江（31 例）；分布最少的省级行政区为甘肃和天津（8 例）、黑龙江（7 例）、新疆（6 例）、海南（2 例）、江西及青海（0 例）。

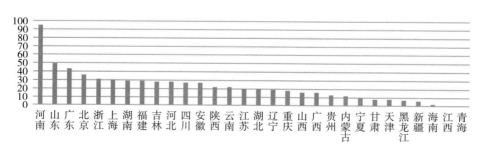

学前教育阶段教育机构责任纠纷地域分布

2. 当事人情况勾勒

671 例教育机构责任纠纷案件中，除开反诉案件，原告均是幼儿园在读学生，其父亲或母亲或父母双方作为法定代理人参与诉讼。所有案件中，幼儿园均以被告身份参与诉讼，但在多个被告的情况下，情况有所不同。有约 72% 的案件是校方幼儿园单独作为被告，有约 17% 的案件是幼儿园与保险公司作为共同被告，约 5% 的案件是幼儿园、保险公司及原告的同学作为共同被告，约 3% 的案件是幼儿园及原告的同学作为共同被告。

在幼儿园及其他在园学生作为共同被告的情形下,案件事实主要为该学生与原告打闹或者推搡致原告受伤。在保险公司作为共同被告的情形中,一般是因为幼儿园购买了校方责任险或者学生人身意外险,保险公司作为连带责任人与幼儿园一起被提起诉讼。

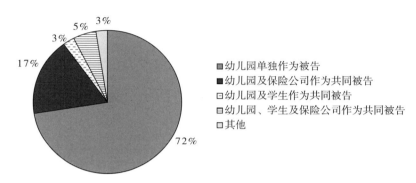

5%　3%
3%
17%

■幼儿园单独作为被告
■幼儿园及保险公司作为共同被告
□幼儿园及学生作为共同被告
□幼儿园、学生及保险公司作为共同被告
□其他

72%

学前教育阶段教育机构责任纠纷被告类型分布

3. 裁判结果与律师参与

(1)裁判结果①

在约87%(585 例)的案件中,法院判决由被告承担全部赔偿责任;在这部分案件中,有约25%(150 例)的案件,由于教育主体购买了校方责任险,判决结果为校方的赔偿责任先由相应保险公司在保险赔偿的范围内进行理赔。在约7%(50 例)的案件中,法院判决驳回原告全部诉讼请求,驳回理由是案件并非发生在学校范围内,不属于校方承担责任的范围或者是幼儿园学生虽然在学校内生病,但是因其自身体质原因导致,且校方已尽到及时照顾的义务,主观上不存在过错,故不需要承担责任。在约2%(16 例)的案件中,法院判决减轻校方责任,主要是因为原告自己和同学打闹或者原告同学的行为侵犯了原告的生命权、身体权或健康权,原告、其他被告或者第三方存在过错是减轻校方责任的理由。

———————

① 编者注:在教育机构责任纠纷案件中,99%以上的案件校方均是以被告作为诉讼主体出现。同时,所有原告的诉讼请求都以要求赔偿医疗费、护理费、交通费、误工费、残疾赔偿金等金钱赔偿为主,兼带主张判令该案诉讼费用由被告承担。由于裁判中医疗费、护理费、交通费等费用均需相关证据证明,并且法官可根据案情酌情调整,最终数额与原告诉请往往存在差异。若依照原告视角分析裁判结果,存在多种有效统计标准,因此裁判结果分布从被告视角进行统计说明。

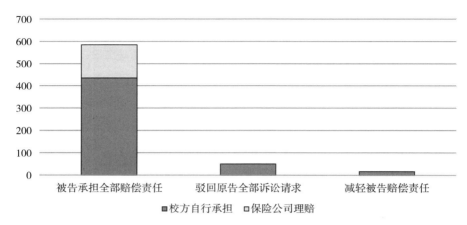

学前教育阶段教育机构责任纠纷裁判结果分布

（2）律师参与

在 671 例教育机构责任纠纷案件中,有 384 例案件的原告委托了代理律师,占全部案件的 57%;其中,有 19 例案件属于法律援助律师,占原告律师参与的 4%。有 439 例案件的被告委托了代理律师,占全部案件的 65%;被告律师参与的案件中,全为委托律师,没有法律援助的案件。

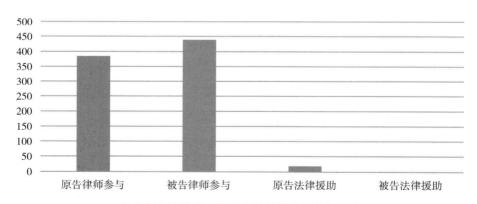

学前教育阶段教育机构责任纠纷律师参与分布

（二）检视:案件特征与法院裁判

1. 案件特征

在 671 例学前教育阶段的教育机构责任纠纷案件中,约 95% 以上的案件被告均为幼儿园主体,三成左右的案件中有保险公司作为共同被告;原告则是就读于该幼儿园的学龄前儿童(其家长作为法定代理人参加诉讼)。

案件事实简要呈现为:学龄前儿童在园内受伤。儿童受伤的原因主要包括以下几类:1. 儿童在就读期间独自玩耍时摔伤、被物品设施刮伤、碰伤,受伤高发区域为教室、洗手间以及操场活动区域;2. 就读期间,儿童在和同学打闹过程中不慎受伤,或者被同学推倒受伤;3. 在幼儿园组织的各类活动中,由于老师的看护不当导致受伤。

事实发生后,受伤儿童家长提起诉讼,诉讼案由为教育机构责任纠纷。原告诉讼请求主要分为两类:第一,由于受伤而需要实际支出的医疗费、营养费、护理费、交通费、(家长看护儿童而导致的)误工费等;孩童受伤导致的残疾赔偿金、精神损害赔偿金、后续治疗费用等。第二,案件诉讼费用由被告承担。

在检索到的 671 例文书中,约 90% 以上案件原告的诉讼请求都得到了法院的支持。但在原告主张的具体赔偿数额上,法院通常会根据原告提供的证据以及案件的具体情况进行判断,通常并未完全支持原告主张的赔偿金额。

2. 法院裁判

(1)争议焦点一:幼儿园主体是否充分尽到教育管理职责

《民法典》第 1199 条[①]:无民事行为能力人在幼儿园、学校或者其他教育机构学习、生活期间受到人身损害的,幼儿园、学校或者其他教育机构应当承担侵权责任;但是,能够证明尽到教育、管理职责的,不承担侵权责任。

幼儿园等教育机构对无民事行为能力人受到人身伤害时的侵权责任是典型的过错推定责任。过错推定责任,也称过失推定,是指在损害事实发生后,基于某种客观事实或条件而推定行为人具有过错,从而减轻或者免除受害人对过失的证明责任,并由被推定者证明自己没有过错[②]。法律之所以设定教育机构在无民事行为能力人遭到人身损害时负担过错推定责任,是因为相比于限制民事行为能力人,无民事行为能力人的记忆能力和表达能力更弱,即使事后询问也无

---

① 编者注:《民法典》于2021年1月1日生效,由于本书提取文书为2020年5月24日之前上传于裁判文书网的文书。故判决书中所有涉及教育机构责任的规范依据均为《中华人民共和国侵权责任法》(以下简称《侵权责任法》,后文均做此统一规范。)第38条:无民事行为能力人在幼儿园、学校或者其他教育机构学习、生活期间受到人身损害的,幼儿园、学校或者其他教育机构应当承担责任,但能够证明尽到教育、管理职责的,不承担责任。

② 程啸:《侵权责任法》,法律出版社2021年版,第119页。

法清楚回忆与阐述纠纷发生的起因经过;而监护人不在校内也无法进行举证。因此,对教育机构课以更高的注意义务并使其负担举证责任。

在该类侵权责任的诉讼中,原告只需要举证违法行为、损害后果、行为与损害后果之间的因果关系,而无需证明教育机构具有过错。相应地,教育机构可以通过主张并证明自己不具有过错,即"尽到教育、管理职责"免于承担侵权责任。

因此,法院在该类案件的裁判中关注的一个争议焦点即是:通常作为被告的幼儿园主体,是否充分尽到了教育、管理职责。在实际案例中,大部分被告仅口头辩称己方已经尽到了教育、管理职责而未能提出明确证据。按照举证责任之规则,幼儿园主体将负担举证不能的后果,因此,大部分被告往往被认定或推定未能尽到相应职责而败诉。

在少部分被告能够提出明确证据(证据通常是事发时的监控视频)的情形下,根据裁判文书的说理部分,法院通常从这几个方面判断幼儿园是否尽到职责:1. 事发时间是否属于"在教育机构学习、生活期间"。幼儿园明确标明的开园及闭园时间可作为证据适用。2. 在教室、操场等活动场所,幼儿园是否配备了与其性质相符合的安全设施。例如:桌角、门框等尖锐部分的防撞措施、操场等区域地面的软硬程度等。3. 当学龄前儿童发生推搡、嬉戏打闹、快速跑动等可能危及其自身安全的行为时,被告是否及时制止并教育。同时,事故发生后,被告及时将受伤儿童送医的行为并不能作为充分履行职责的支撑依据。

可以看出,在教育机构与无民事行为能力人的人身损害侵权责任中,法律以及实际的司法裁判均对教育机构设定了较高的教育管理职责,并且对其认定较为宽泛①。

【以案为鉴】②

本院认为,根据《侵权责任法》第38条规定:无民事行为能力人在幼儿园、学校或者其他教育机构学习、生活期间受到人身损害的,幼儿园、学校或者其他教育机构应当承担责任,但能够证明尽到教育、管理职责的,不承担责任。原告张某1为无民事行为能力人,在被告珠海市某幼儿园就读期间受伤,被告珠海市

---

① 陈劲松:《教育机构侵权责任实证研究》,《复旦教育论坛》2020年第3期。
② (2018)粤0402民初11656号。

某幼儿园作为教育机构未举证证明其已尽到教育和管理职责,故被告依法应对原告的受伤承担赔偿责任。

(2)争议焦点二:相关赔偿标准及具体数额

在明确了教育机构应当承担侵权责任后,法院关注的另一焦点为:医疗费等费用的赔偿标准及数额。如前所述,当事人通常提起的诉讼请求包括:医疗费、营养费、护理费、交通费、误工费、残疾赔偿金、精神损害赔偿(精神抚慰金)等。

第一,关于医疗费、营养费等实际支出费用,法院将根据住院病历、诊断证明、缴费单等证据据实确定。未实际发生的"后续治疗费用"法院均未予支持,而是在判决书中告知"待实际发生后,可另案处理"。

第二,相较医疗费等实际支出的直接费用,法院对原告提出的精神抚慰金的请求支持率并不高。主要理由是:原告并未对所主张的精神抚慰金提出相应证据。法院会支持原告精神损害赔偿的诉讼请求,通常是考虑到受伤的位置、程度、对日常生活的影响,例如面容受伤、门牙磕碰、伤疤是否留痕等因素。

第三,在幼儿受伤是由其同学打伤、推倒所致的情形下,教育机构一般也会承担侵权赔偿责任。因打伤人的儿童通常也是无民事行为能力人,其本人对自己的行为无控制能力。同时由于是在校期间发生的学生安全事故,其监护人没有条件履行监护职责,因此伤人儿童的监护人并不承担监护职责。

【以案为鉴】[①]

李某支出的医疗费属于合理损失应获赔偿。xx 幼儿园主张李某支出的医疗费与马某抓伤无关,但未就此提供相应证据,本院不予采信。李某未能提供证据证明其主张的 788 元一次性卫生材料费,是其自己因治伤支出,本院无法支持。对于付某已经赔偿的费用,应予扣除。

虽然李某未能提供相关护理医嘱,但是考虑到其年龄尚幼,复诊期间需父母陪伴,本院可适当支持相应的护理费用。具体金额本院将根据本案的实际情况确定。

虽然李某未能就其主张的交通费提供证据,但是其多次复诊,必然会产生相应的交通费。本院将根据其复查情况确定交通费的赔偿金额。

---

① (2019)京 0105 民初 26327 号。

李某未能就其主张的精神损失费提供相应证据,本院不予支持。

李某要求三被告登报道歉,没有事实及法律依据,本院不予支持。

二、生命权、身体权、健康权纠纷案件

生命权、身体权、健康权是人格权的重要部分。生命权以延续生命为内容,身体权保护身体组织的完整、对自身器官的合法处分和人身自由,而健康权维护身体功能的正常①。《民法典》第 1002 条、1003 条、1004 条分别规定了自然人的生命权、身体权、健康权受合法保护,任何组织和个人不得侵犯。

从裁判文书网上提取到的 2015—2019 年学前教育阶段生命权、身体权、健康权纠纷案件共 612 例。

(一)数据纵览

1. 时间与地域分布

(1)时间分布

在学前教育阶段涉及的纠纷中,人格权纠纷案件共 671 例,其中案由为"生命权、身体权、健康权纠纷"的案件总数为 612 例,占该类案件的 91.2%。从年份分布来看,该类案件数量整体呈波动趋势,总体维持在 115 例~135 例左右。具体为 118 例(2015)、130 例(2016)、114 例(2017)、114 例(2018)、136 例(2019)。

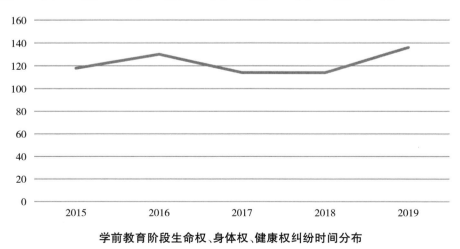

学前教育阶段生命权、身体权、健康权纠纷时间分布

---

① 王利明:《人格权法》,中国人民大学出版社 2021 年版,第 155 页。

（2）地域分布

从地域分布来看,生命权、身体权、健康权纠纷案件分布最多的前5个省级行政区为河南(62例)、北京(54例)、山东(49例)、广东(46例)、重庆(34例)。分布最少的省级行政区为宁夏(6例)、天津(5例)、海南(2例)、青海(1例)、江西(0例)。

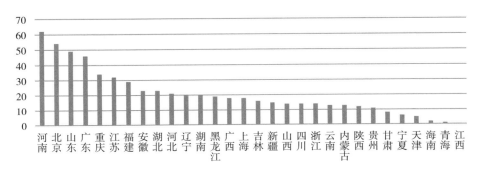

学前教育阶段生命权、身体权、健康权纠纷地域分布

2. 当事人情况勾勒

涉及到生命权、身体权、健康权纠纷的案件中,仍然以幼儿园在读学生与幼儿园主体之间的纠纷为主。但同时,幼儿园作为一般民事主体,在其他民事活动中也可能与其他民事主体发生生命权、身体权、健康权纠纷。在612例案件中,约90%的案件是学生(及其家长)作为原告,约10%的案件是非学生当事人作为原告,例如在为校方提供保洁、装修等服务过程中受伤的当事人。

612例案件中,约40%的案件属于幼儿园主体单独作为被告。约32%的案件为幼儿园及该校学生作为共同被告,这种情形下主要是该幼儿园内学生打闹致一方受伤产生的纠纷。约20%的案件是幼儿园与第三方主体作为共同被告,第三方主体主要包括保险公司、和幼儿园主体进行民事活动的第三方公司等。约8%的案件是幼儿园及其相关的责任承担者作为共同被告,这是因为我国教育体系中存在大量的民办幼儿园以及小学、中学等学校的附属幼儿园,部分民办幼儿园及附属类幼儿园并不具有独立主体地位,因此往往作为共同被告被提起诉讼。

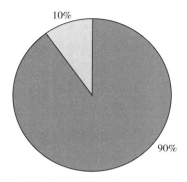

学前教育阶段生命权、身体权、
健康权纠纷原告身份分布

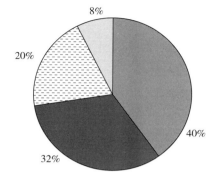

学前教育阶段生命权、身体权、
健康权纠纷被告身份分布

3. 裁判结果与律师参与

（1）裁判结果①

在612例案件中,约55%（337例）的案件由校方承担全部责任;约35%（214例）案件中,校方承担部分责任,这部分案件主要包括学生因同学之间玩闹且自己存在过错导致受伤、成年人与校方进行民事交往时受伤等案件;约10%（61例）的案件驳回了原告全部诉讼请求。

（2）律师参与

在612例生命权、身体权、健康权纠纷案件中,有371例案件的原告委托了代理律师,占全部案件的60.6%;其中,有12例案件属于法律援助律师,占原告律师参与的3%。有437例案件的被告委托了代理律师,占全部案件的71.4%;其中,有7例案件属于法律援助律师,占全部被告律师参与的1%。

---

① 编者注:在生命权、身体权、健康权纠纷案件中,99%以上的案件校方均是以被告作为诉讼主体出现。同时,所有原告的诉讼请求都以要求赔偿医疗费、护理费、交通费、误工费、残疾赔偿金等金钱赔偿为主,兼带主张判令该案诉讼费用由被告承担。但由于裁判中医疗费、护理费、交通费等费用,均需相关证据证明且法官可根据案件的具体情况进行调整;在学生和第三方主体作为共同被告时,还涉及到在多个被告中分配责任的问题,若依照原告视角分析裁判结果,存在多种有效统计标准。因此仅以幼儿园（校方）视角来统计裁判结果。

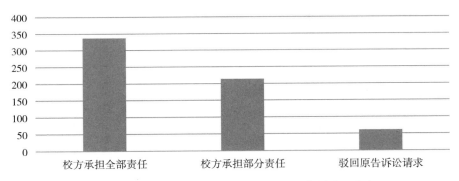

学前教育阶段生命权、身体权、健康权纠纷裁判结果分布

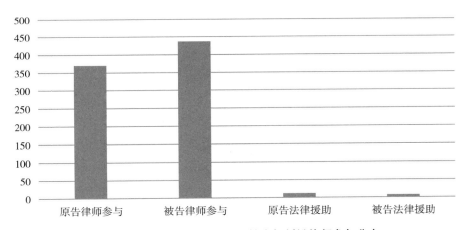

学前教育阶段生命权、身体权、健康权纠纷律师参与分布

（二）检视：案件特征与法院裁判

1. 案件特征

在学前教育阶段，有 90% 以上的生命权、身体权、健康权纠纷案件的事实与本节第一部分所述的教育机构责任纠纷案件高度相似。主要案件特征为：学龄前儿童在幼儿园期间，在参与各种活动或者和同学打闹时受伤。原告以儿童及其家长为主，其诉讼请求为向幼儿园主体主张医药费、营养费、护理费、残疾赔偿金、精神损害赔偿等费用。

生命权、身体权、健康权作为具体人格权，是自然人对其生命权益、身体权益、健康权益享有的排除他人侵害的权利。儿童的人身权益当然受到保护，生命权、身体权、健康权纠纷是以民事主体被侵害的权益为分类标准的案由类别,而教育机构责任是由于无民事行为能力人或限制民事行为能力人在园期间遭受人身损害时教育机构承担的责任,是法律为了保护未成年人而对特定主体特别规定的责任。前者从民事主体的权益出发,后者则以承担责任的主体为根据,从不同的角度对侵害无民事行为能力人人身权益的行为进行规范,构成要件的相似导致了法律认定事实也具有高度相似性。

但二者所规范的对象仍有细微区别:教育机构责任是教育主体对无民事行为能力人、限制民事行为能力人在校内遭受人身损害需要承担的特定责任;而生命权、身体权、健康权针对的对象不限于无民事行为能力人和限制民事行为能力人,因此对于该权利遭受他人侵害而产生的责任,不是教育机构作为教育主体的特定责任。这一区别体现在裁判文书大数据上即是在 10% 左右的案件中原告并非是幼儿园在读学生,而是与其发生民事交往的主体,例如教育主体聘请的保洁工人、装修工人等,这些主体都可能因为在为教育主体提供服务过程中遭受人身损害而提起生命权、身体权、健康权纠纷诉讼。

【以案为鉴】①

原告尹某某诉称:2014 年 8 月 13 日,被告雇佣原告帮助其翻新屋顶,但在翻新过程中,原告不慎摔下来伤及右下肢并构成九级伤残,需医疗费 6000 元,被告作为雇主应当承担赔偿责任。

2. 法院裁判

在与教育机构责任纠纷相似的大部分案件中,基于案件事实的相似,争议焦点同样集中在教育机构是否能举证证明自己尽到"教育、管理职责"及赔偿支付相关费用的数额上。在受侵害人为无民事行为能力人时,法院适用教育机构条款,裁判思路与之相同。

但在属于教育机构责任以外的一般生命权、身体权、健康权纠纷案件中,教育机构不必承担法定的过错推定责任,法院会严格按照侵权行为、损害后果、因果关系、主观过错的一般侵权责任构成要件进行判断。如果原告无法对校方未尽到安全管理职责进行举证,则校方可能免于承担责任。相比于教育机

---

① (2015)旌民初字第 1921 号。

构责任纠纷,一般生命权、身体权、健康权纠纷案件中,校方承担全部责任的占比较小。

【以案为鉴】①

原告邹某某作为一个具有完全民事行为能力的正常人,亦是模板工作的承揽人,理应预见站在升降机下可能造成的危害和引起的后果,但其在完成工作过程中没有安全规范施工,未尽到谨慎注意义务,将自身暴露于风险之下,应对损害后果承担主要责任,酌定由原告邹某某自行承担70%的责任。至于被告黄某某,被告黄某某将工作交由原告邹某某承揽时,未审查邹某某是否具有安全生产知识,因此,被告在施工人的选任上有过失,也应对损害后果承担直接赔偿责任,酌定被告黄某某承担30%的赔偿责任。而被告阳新县某建筑公司作为有资质的承包单位,明知被告黄某某以其名义承包工程而放任,因此,应对被告黄某某造成的后果承担相应法律责任,在本案中体现为被告阳新县某建筑公司对被告黄某某的赔偿责任承担连带责任。被告阳新县某幼儿园将涉案工程承包给被告阳新县某建筑公司,而被告阳新县某建筑公司具有房屋建设工程总承包资质,因此被告阳新县某幼儿园不存在过错,不承担责任。

三、劳动争议案件

劳动争议,是指劳动法律关系双方当事人即劳动者和用人单位,在根据劳动法律、法规订立、履行以及终止劳动合同过程中,就劳动权利和劳动义务关系所产生的争议。关于劳动争议,我国专门规定的基本法律有《民法典》《劳动法》以及《劳动合同法》。

从裁判文书网上提取到的2015—2019年学前教育阶段劳动争议纠纷案件共950例。

(一)数据纵览

1. 时间与地域分布

(1)时间分布

在学前教育阶段涉及到的纠纷中,与劳动争议有关的案件共950例,其中案

---

① (2019)鄂0222民初3934号。

由为"劳动争议"的案件总数为 488 例,占该类案件的 51.3%。从年份分布来看,该类案件整体呈上升趋势。具体为 57 例(2015)、91 例(2016)、100 例(2017)、107 例(2018)、133 例(2019)。

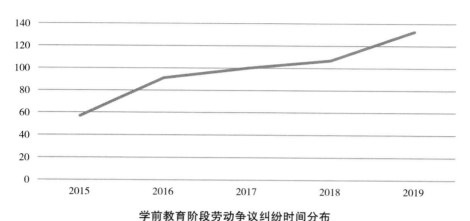

学前教育阶段劳动争议纠纷时间分布

(2)地域分布

从地域分布来看,劳动争议案件分布最多的前五个省级行政区为北京(48例)、广东(44例)、辽宁(41例)、湖南(28例)、安徽(26例)。分布最少的省级行政区为黑龙江(4例)、甘肃(2例),上海、江西及青海(均为 0 例)。

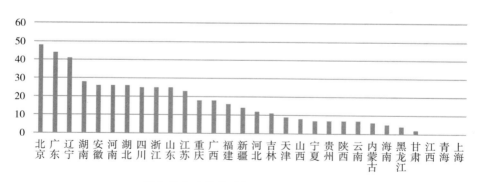

学前教育阶段劳动争议纠纷地域分布

2. 当事人情况勾勒

(1)教育主体诉讼地位分布

在 488 例劳动争议案件中,教育主体作为原告提起诉讼的案件约27%(13 例),

教育主体作为被告被起诉的案件约 70%（342 例），剩余约 3% 的案件属于反诉案件。学前教育阶段的教育主体以幼儿园为主，包括少部分的早教中心、幼教机构。

（2）教育主体相对人身份分布

学前教育阶段的劳动争议案件，一方当事人必然是教育主体，而另一方当事人的分布则有所不同。与教育主体联系最密切的劳动者群体是教师，体现在裁判文书大数据中即为约有 42%（205 例）的案件一方当事人是幼师、幼教。教育主体的运营离不开后勤工作人员的服务，约有 38%（185 例）的案件一方当事人是后勤工作人员，这一部分主要包括保洁员、炊事员、校车司机、保安、后厨工作人员等。由于学前阶段学生以学龄前儿童为主，因此约有 5%（24 例）的案件另一方当事人是保育员。还约有 5%（24 例）的案件另一方当事人是教育主体的行政人员。此外，在约有 10% 的案件中，判决书未明确写明当事人在教育主体内担任的职位，以"职工"表示。

3. 裁判结果与律师参与

（1）裁判结果

如前所述，在学前教育阶段的劳动争议案件中，约有 70% 的案件是教育主体作为被告被起诉。在这部分案件中，约 21% 的案件，原告的诉讼请求全部得到支持①。约 54% 的案件，原告的诉讼请求仅得到部分支持，例如：法院根据认定事实，仅支持原告诉讼请求中的拖欠工资而未支持经济补偿金。约 25% 的案件，原告的诉讼请求被全部驳回。

教育主体作为原告提起诉讼的案件数量占比约为 27%②。在这部分案件中，约 82% 的案件属于教育主体的诉讼请求被全部驳回，仅约有 18% 的案件其诉讼请求得到支持。

----

① 编者注：劳动争议案件中同时涉及确认之诉与给付之诉，劳动者原告可能单独主张确认或解除双方劳动关系，也可能单独主张拖欠工资、经济补偿金等款项，或者二者同时主张。而工资、经济补偿金等具体金额需要法院通过证据加以认定和酌情裁量；即使支持原告诉讼请求，所判金额与原告在诉讼请求中主张的数额也有所不同。因此，本处所称"原告诉讼请求得到全部支持"包括单独确认之诉得到支持以及主张款项得到支持的情形，不区分诉讼请求与判决结果中金额不一致的情形。

② 编者注：教育主体作为原告时，其诉讼请求均是以否认劳动关系及不支付相关款项为主，因此仅以其诉讼请求是否被全部驳回进行分类。

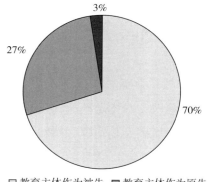

□ 教育主体作为被告　■ 教育主体作为原告
■ 反诉案件

**学前教育阶段劳动争议纠纷
教育主体诉讼地位分布**

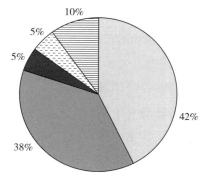

□ 幼师、幼教　　■ 后勤工作人员
■ 保育员　　　　▤ 行政人员　▤ 职工

**学前教育阶段劳动争议纠纷
教育主体相对人身份分布**

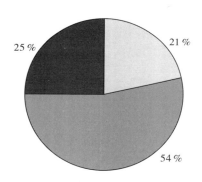

□ 原告诉讼请求全部得到支持
■ 原告诉讼请求部分得到支持
■ 驳回原告全部诉讼请求

**学前教育阶段劳动争议纠纷教育
主体作为被告的裁判结果分布**

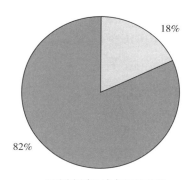

□ 原告诉讼请求得到支持
■ 驳回原告全部诉讼请求

**学前教育阶段劳动争议纠纷教育
主体作为原告的裁判结果分布**

（2）律师参与

在 488 例劳动争议案件中，有 266 例案件的原告委托了代理律师，占全部案件的 54.5%；其中，有 7 例案件属于法律援助律师，占全部原告律师参与的 2%。有 268 例案件的被告委托了代理律师，占全部案件的 54.9%；其中，有 2 例案件属于法律援助律师，占全部被告律师参与的 0.7%。

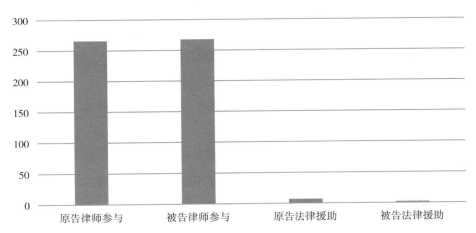

学前教育阶段劳动争议纠纷律师参与分布

（二）检视：案件特征与法院裁判

1. 案情特征

根据《劳动法》第79条规定："劳动争议发生后,当事人可以向本单位劳动争议调解委员会申请调解;调解不成,当事人一方要求仲裁的,可以向劳动争议仲裁委员会申请仲裁。当事人一方也可以直接向劳动争议仲裁委员会申请仲裁。对仲裁裁决不服的,可以向人民法院提起诉讼"。因此,就劳动争议提起诉讼之前应当先申请仲裁。故在劳动争议的诉讼中,原告的诉讼请求以撤销或变更劳动仲裁裁决为主。

具体来说,在488例学前教育阶段的判决书中,学前教育主体(以幼儿园为主,包括少数幼教机构、早教中心等主体)作为原告提起诉讼与劳动者作为原告提起诉讼的数量大致持平。教育主体是用人单位,其诉讼请求主要是撤销仲裁裁决书,主张不支付补偿金、赔偿金或工资等款项。在劳动者提起诉讼的情形下,则通常主张确认双方之间存在(过)劳动关系,并要求支付拖欠的工资、补办保险以及支付相应的经济补偿金等。

与幼儿园主体建立劳动关系的劳动者主要包括两类:一类是具有幼师资格证的幼儿园教师;一类是负责园内安保、保洁、餐饮等非教职岗位的职工。由于两类岗位的工作内容和性质有所不同,除了具有劳动关系是否存在、劳动合同是否解除、是否依法支付工资以及相应经济补偿金等一般劳动争议的共性外,两类主体的诉讼因其身份不同还呈现出不同的特点。

诉讼一方是教师的情况下，由于幼儿园学生享有寒暑假，相应地，幼儿园教师在寒暑假期间也不必开展教师工作。那么寒暑假期间教师的工资是否支付以及支付标准就成为幼儿园教师与幼儿园主体之间纠纷的主要特征之一。同时，随着升学压力的增大、"内卷"现象的加重，虽然各级教育主管机关严禁开展各类学科补习活动，但是家长以及学校等机构却有了更多的"教育焦虑"。在这样的背景下，教师就会在学校的安排下为学生补习，但主张因此产生的加班费似乎有些"师出无名"，因此，"是否支付加班费"是教师与幼儿园主体之间纠纷的另一主要特征。

在我国，幼儿园包括公办幼儿园与民办幼儿园。2021年，全国幼儿园有29.4万所，其中民办幼儿园有16.67万所，占比56.5%①。民办幼儿园的申办门槛不高，往往缺少完备的制度规范，尤其体现在非教师岗位职工的入、离职流程上。许多乡镇、农村的民办幼儿园，其安保人员、保洁人员、保育员、食堂工作人员等往往直接从附近的居民、村民中招聘，或者直接由园长、园内教师的熟识人员担任。没有正式的任职流程、聘任文件导致在该类职工与幼儿园主体的劳动争议纠纷中是否存在劳动关系是双方的争议焦点。

2. 法院裁判

第一，是否存在劳动关系以及在劳动关系存续期间涉及到用人单位是否需要支付相应工资、经济补偿金以及经济补偿金数额的具体计算。法院在裁判中往往需要明确双方之间的劳动关系是否存在。在劳动者提起的诉讼中，幼儿园主体以原告违反单位的规章管理规定或者不符合岗位的要求作为开除、辞退劳动者最常见的抗辩理由。在这种情况下，法院会根据《最高人民法院关于审理劳动争议案件适用法律若干问题的解释》第13条之规定"因用人单位作出的开除、辞退、解除劳动合同等决定而发生的劳动争议，用人单位负举证责任"进行法律适用。因此，幼儿园主体开除或辞退劳动者后，必须充分证明劳动者不符合其所称述的标准，否则将会承担举证不能带来的后果。

---

① 教育部：《各级各类学校校数、教职工、专任教师情况》，资料来源：http://www.moe.gov.cn/jyb_sjzl/moe_560/2021/quanguo/202301/t20230104_1038068.html。

【以案为鉴】①

原告为证明被告严重违反劳动纪律和单位的规章制度,向本院提交了被告在 2017 年 7 月、9 月至 12 月期间的考勤统计表。考勤统计表虽然记录被告有迟到、早退和旷工的现象,但被告对此做了合理的解释和说明,并且原告是一家从事学前教育的机构,被告作为保育老师,其上下班时间和寒暑假放假时间有一定的特殊性和灵活性,不能仅凭考勤统计表中的相关记录即认定被告严重违反了劳动纪律和单位的规章制度。因此,原告主张被告严重违反了劳动纪律和单位规章制度,证据不足,本院不予认可。

但是,在没有签订劳动合同的情况下,劳动者需要证明双方之间存在事实上的劳动关系,劳动者可以用考勤记录、工作汇报、社保缴费记录等进行举证。

第二,关于教师的寒暑假工资以及加班费。根据《教师法》第 7 条第四款"教师享有按时获取工资报酬,享受国家规定的福利待遇以及寒暑假期带薪休假的权利",同时依照《民办教育促进法》第 5 条及第 28 条"民办学校与公办学校具有同等的法律地位,国家保障民办学校的办学自主权""民办学校的教师、受教育者与公办学校的教师、受教育者具有同等的法律地位",因此,无论是公办幼儿园还是民办幼儿园的教师都依法享有寒暑假工资。

在教师进行教育主管机关禁止的课外有偿补习活动中,法院倾向于认为,幼儿园不能以该补习活动为教育主管机关所禁止为由不支付教师加班费,其付出的加班劳动应当获得相应的劳动报酬。

【以案为鉴】②

本院认为,从某幼儿园提供的教育行政管理部门的通知,其通知规范的是中小学和在职中小学教师有偿补课的问题,某幼儿园主张江某某参与的课外教学活动系违法的有偿补课活动的主张证据不足本院不予采信,即使该活动是违法的,其违法的责任也应由承办主体某幼儿园承担,江某某作为某幼儿园的教师,其付出的加班劳动仍有获取加班报酬的权利,作为教师应承担的违法责任应由教育行政主管部门处理。

---

① （2018）湘 0105 民初 4169 号。
② （2018）闽 0782 民初 442 号。

第三节　见微：典型案例剖析

一、河南某幼儿园教育机构责任案

常某某与商水县某幼儿园、刘某某教育机构责任纠纷

（2019）豫 1623 民初 881 号

【关键词】

无民事行为能力人　摔伤　精神损害赔偿

【基本案情】

原告：常某某，商水县某幼儿园学生。

被告：商水县某幼儿园；刘某某，该幼儿园学生；某保险股份有限公司周口支公司。

2018 年 9 月 17 日 10 时 40 分许，在被告商水县某幼儿园老师组织学生如厕时，被告刘某某在蹦下台阶过程中将原告常某某拉倒，致使原告牙齿摔断，原告为种植牙花费 67000 元，并支出鉴定费 5000 元。因被告商水县某幼儿园在被告某保险公司周口支公司处投保校方责任险，法院审理后判决由被告保险公司周口支公司赔偿原告 67000 元，鉴定费 5000 元由商水县某幼儿园承担。

【原告诉称】

原告是在被告商水县某幼儿园学习时受伤，经协商后三被告不愿赔偿原告种植牙所花全部费用。诉请法院判令三被告赔偿原告植牙费用、交通费、精神抚慰金等共计 72000 元；被告承担本案的全部诉讼费用。

【被告辩称】

被告商水县某幼儿园辩称：该事故所有费用均由保险公司赔付。

被告刘某某辩称：在幼儿园是学校规定手拉手下楼上厕所，先下楼的孩子不小心才会把后面的学生带了下来，但小孩没有防范意识，不应当承担赔偿责任。

被告某保险股份有限公司周口中心支公司答辩称：1. 本案系在学校如厕过程中，因刘某某将常某某拉倒造成伤害，刘某某的侵权行为与事故后果之间具有

直接的因果关系,被告刘某某应当承担全部责任。2. 原告满 5 周岁,系牙齿受伤,原告的植牙费用应等到不再换牙之后,植牙费用实际发生后再行主张。3. 依据保险合同的约定,答辩人不承担诉讼费、鉴定费、精神抚慰金等费用。

【裁判理由】

原告常某某与被告刘某某均刚满五周岁,对其行为的危险性均缺乏认知。对本案事故的发生,被告刘某某不可能认识到其行为的危险性,原告常某某也无法预料危险的发生,二人不应当承担过错责任。商水县某幼儿园作为暂时的监护单位,应当确保孩子在园内的健康安全。无民事行为能力人在学校学习、生活期间受伤,幼儿园没有证据证明学校已尽到教育、管理职责的,幼儿园应承担赔偿责任。被告商水县某幼儿园未能证明自己已尽到教育、管理职责,因此对原告常某某的损失,应当由被告商水县某幼儿园全部承担。

因被告幼儿园在被告某保险公司周口支公司处投保有校方责任险,并且本案事故发生在保险期间内,对被告商水县某幼儿园应当承担的赔偿责任,由被告某保险股份有限公司周口中心支公司在保险责任限额内承担。

【案件点评】

法院在审理限制民事行为能力人校园侵权案件的直接法律依据为我国《民法典》第 1200 条的规定:限制民事行为能力人在学校或者其他教育机构学习、生活期间受到人身损害,学校或者其他教育机构未尽到教育、管理职责的,应当承担侵权责任。根据该条规定,限制民事行为能力人在学校受到人身伤害的,适用"过错责任",即如果学校存在过错,那么学校就应该担责。因此,法院在审理限制民事行为能力人校园侵权案件,一般遵循以下两条逻辑规则:1. 限制民事行为能力人受到人身损害的,审查学校是否存在过错;2. 学校未尽到教育、管理职责的,需承担责任。

在司法实践中,法院在评判校方是否尽到职责时往往会考虑以下几个因素:1. 学生受伤时,学校对其是否具有管理义务。2. 学校的校舍、场地及设施、设备是否存在安全隐患。3. 学生发生危险行为时,学校是否及时制止并教育。

判断学生受伤时,学校对其是否具有管理义务,通常会考虑受伤时间和受伤地点这两个因素,如果受伤时间为在学校学习、生活期间,受伤地点为学校内部区域,那么学校对学生便有管理的义务。在司法实务中,一般会将"在学校学习、生活期间"的范围扩大化,除学校规定的正常作息时间外,"上课前"和"放学后"也会被纳入"在学校学习、生活期间"。回归本案,虽然顾宇浩受伤是在学校正式上课之前,但事发地在学校操场围墙边,学校在学生入校之后,应对学生给予一定的管理。

在学校中,各类设施安全的最基本标准是符合国家行业标准。本案中,学校的围墙未安装铁栅栏,存在安全隐患,学校对存在的安全隐患未及时采取设置防护隔离设施等必要的防范措施,存在过错。根据《学生伤害事故处理办法》的有关规定,学校的校舍、场地、其他公共设施,以及学校提供给学生使用的学具、教育教学和生活设施、设备不符合国家规定的标准,或者有明显不安全因素的,应当承担相应的责任。

最后,在本案中,顾某某等多名学生在围墙上进行嬉闹、拉拽墙垛子等危险行为且持续时间较长,但学校未能及时发现并制止,也是法院认定学校"未尽到教育、管理职责"的理由之一。

学校如何将教育管理职责履行到实处,最大限度地降低"上课前"或"放学后"的安全事故风险。在本案中,被告小学虽然在围墙上设有警示标志,履行了一定的教育管理职责,但仍存在明显瑕疵,被告未在施工处设置防护隔离设施,未明确告知学生不要进入危险地方玩耍等安全注意事项,未及时发现学生进行危险活动等。因此,我们建议:

1. 与家长签订类似《安全责任告知书》的文件,明确家长和学校之间对责任转移分界线,明确告知上课前、放学后学校的管理要求,以及如果家长未遵守可能导致的后果、责任。

2. 在危险区域放置警示标识,设置防护隔离设施,及时排除管理区域内的危险因素。

3. 对学生开展安全教育。教育学生不要进入危险地方玩耍,例如学校内的施工工地,学校防空洞,学校废弃的建筑物等。

4. 安排专人校内巡查:上课前,放学后,安排专人在校内进行巡查,及时发现进入危险区域或者开展危险活动的学生并进行劝阻,降低事故出现的可能。

同时,巡查行为本身也能成为学校尽到管理义务的证据。

点评人:四川泽珲律师事务所　庞艳鹏

二、湖北某幼儿园侵害健康权案

邹某某与黄某某、施某某生命权、健康权、身体权纠纷

（2019）鄂 0222 民初 3934 号

【关键词】

承揽合同　人身损害　连带责任

【基本案情】

原告:邹某某

被告:黄某某;阳新县某幼儿园;阳新县某建筑公司

2018 年 9 月 8 日,被告阳新县某建筑公司与被告阳新县某幼儿园签订一份《教学楼施工承包合同》,被告黄某某为工程实际施工人,并将承建工程的模板部分承揽给原告邹某某进行施工。2018 年 11 月 21 日,原告邹某某在搬运模板过程中被高处坠落的简易升降机砸伤,造成十级伤残,花费 49295.2 元。原告诉请被告赔偿包含医疗费、误工费、护理费等共计 139152.99 元。法院经审理判决被告黄某某、阳新某建筑公司连带赔偿原告邹某某 40864.32 元。一审判决后原告不服提起上诉,二审维持原判。

【原告诉称】

自己被砸伤是因为被告黄某某催促原告将柱梁等水泥尚不符合拆卸要求的模板提前拆卸,而被告安装的装载模板的升降机没有采取螺丝固定导致升降机从楼上坠落。

【被告辩称】

被告黄某某辩称:原告与被告签订合同是承揽合同,原告受伤系原告私自使用泥工明某某的升降机,并且原告使用升降机未经明某某同意,也未经现场管理人员同意。同时,被告已向原告支付了 15000 元的医疗费。

被告阳新县某建筑公司辩称,一、部分事实与客观事实不符,本公司与某幼儿园签订了合同但是未履行。原告履行的是黄某某与被告阳新县某幼儿园的施

31

工合同,并非两家公司的施工合同,原告并不知道答辩人阳新县某建筑公司的存在,发生事故系原告私自使用泥工搭建的起重机,不存在原告所说的升降机没有采取螺丝固定。二、原告并未为阳新县某建筑公司提供劳务,签订的承包协议中第四条明确约定发生安全事故与本公司无关。故本公司不同意承担责任。三、原告存重大过错,应减轻被告责任。

【裁判理由】

首先,根据原被告在履行合同时的结算方式、建筑行业惯例,原告邹某某与被告黄某某之间系承揽合同关系。而原告邹某某作为一个具有完全民事行为能力的正常人,亦是模板工作的承揽人,理应预见站在升降机下可能造成的危害和引起的后果,但其在完成工作过程中没有安全规范施工,未尽到谨慎注意义务,将自身暴露于风险之下,应对损害后果承担主要责任,酌定由原告邹某某自行承担70%的责任。其次,被告黄某某将工作交由原告邹某某承揽时,未审查邹某某是否具有安全生产知识,因此,被告在施工人的选任上有过失,也应对损害后果承担直接赔偿责任,酌定被告黄某某承担30%的赔偿责任。最后,被告阳新县某建筑公司作为有资质的承包单位,明知被告黄某某以其名义承包工程而放任,因此,应对被告黄某某造成的后果承担相应法律责任,在本案中体现为被告阳新县某建筑公司对被告黄某某的赔偿责任承担连带责任。

被告阳新县某幼儿园将涉案工程承包给被告阳新县某建筑公司,而被告阳新县某建筑公司具有房屋建设工程总承包资质,因此被告阳新县某幼儿园不存在过错,不承担责任。

【案件点评】

挂靠施工、分包是建设工程施工中常见的情况。建设工地上发生安全事故致工人受伤,尽管有包工头、分包方、总包方层层在前,司法实践中最终由业主单位承担赔偿责任的情况并不少见。本案中,在安全事故中受伤的人恰好是"承包"了工程模板部分施工的"包工头"本人,他起诉的被告包括了"分包"模板工程给他的上一级"包工头"(实际施工人)、建设工程总承包方阳新县某建筑公司、建设工程的业主单位阳新县某幼儿园以及该幼儿园的两名举办者,然而,最终法院并没有判决工程项目的业主单位幼儿园或者幼儿园的举办者对伤者承担赔偿责任。

决定业主单位幼儿园以没有承担赔偿责任的事实有以下几点:

1. 与幼儿园签订《教学楼施工承包合同》的承包方阳新县某建筑公司具有房屋建设工程总承包资质,发包模板工程给原告的被告黄某某在合同中确定为实际施工人,并作为承包方的代表签字。

2. 被告黄某某将承建工程的模板部分以包清工的形式承揽给原告邹某某进行施工,双方以完成的工程量进行结算。

3. 证人证言及原告邹某某自认均证明,原告邹某某完成工作时相对具有独立性,可自行雇佣、管理工人,可自主决定如何完成工作,不受被告黄某某的指导与管理,邹某某请来做木工的工人,平时工作都由邹某某安排的,工资与邹某某结算 220 元一天。

法院根据上述事实 2、3 认定,原告邹某某与被告黄某某之间系承揽合同关系,而非雇佣关系。

本案发生的时间为 2018 年,适用的是 2004 年 5 月 1 日期施行的《最高人民法院关于审理人身损害赔偿案件适用法律若干问题的解释》(法释[2003]20号),根据该司法解释,认定原告邹某某与被告黄某某之间究竟是雇佣关系还是加工承揽关系,对于本案赔偿责任的承担存在天壤之别。如果属于雇佣关系(指从事雇主授权或者指示范围内的生产经营活动或者其他劳务活动),根据该司法解释第 11 条的规定:雇员在从事雇佣活动中遭受人身损害,雇主应当承担赔偿责任。而雇员在从事雇佣活动中因安全生产事故遭受人身损害,发包人、分包人知道或者应当知道接受发包或者分包业务的雇主没有相应资质或者安全生产条件的,应当与雇主承担连带赔偿责任。这意味着幼儿园(发包人)有可能承担赔偿责任;而如果双方不是雇佣关系而是加工承揽关系,根据其第 10 条的规定,定做人不承担赔偿责任,仅承担选任定做人存在过失时的赔偿责任。

由于法院认定了原告邹某某与被告黄某某之间系承揽合同关系,而非雇佣关系,且幼儿园不是直接定做人,并且与具有房屋建设工程总承包资质的承包人阳新县某建筑公司签订施工合同,也没有委任方面的过错,因此不承担本对本案原告的赔偿责任。幼儿园举办者与本案承揽合同关系无关,并且对事故发生致原告受伤没有过错,故也不承担赔偿责任。

点评人:四川泽珲律师事务所　庞艳鹏

三、四川某幼儿园与职工社保纠纷案

丁某与被告绵阳市某幼儿园劳动争议纠纷

(2016)川 0703 民初 1007 号

【关键词】

劳动关系　社会保险待遇

【基本案情】

原告:丁某。

被告:绵阳市某幼儿园。

原告丁某与被告绵阳市某幼儿园于 2013 年 9 月 1 日签订劳动合同,合同约定:合同期限为 2013 年 9 月 1 日至 2017 年 8 月 30 日,丁某在绵阳市某幼儿园从事教师工作,工资为每月 800—3000 元。合同签订后,原告在被告处工作至 2015 年 4 月 22 日,因被告未为其办理在职期间的社会保险参保手续并缴纳相关费用,原告自行辞职。原告在职期间月平均工资为 1925.75 元。原告离职后,被告未向其发放 2015 年 4 月份的工资。原告诉请被告赔偿经济补偿金、失业补助等共计 57940 元。法院审理后判决被告向原告支付经济补偿金 3851.5 元、2015 年 4 月份工资 2180 元、2015 年 2 月未足额支付劳动报酬 288 元,合计人民币 6319.5 元。

【原告诉称】

原告本人持有国家认可的教师资格证,2013 年 2 月 21 日在某幼儿园受聘入职。入职后园方一直未为原告购买社保,直至原告离职。期间原告多次询问社保事宜,园方均往后推拖。寒暑假期间,被告未向丁某支付教师带薪休假期间的足额工资。被告以不购买和穿着指定服装,就不得在该园继续从事工作为由,胁迫丁某出资共计 500 元购买制服。

2015 年 4 月 19 日,被告要将丁某调动到经开区某幼儿园,该幼儿园与被告没有关系,且调动后工资大幅下降。原告不同意调动并在 2015 年 4 月 22 日正式向该园提出立即辞职,此时尚有 2015 年 4 月份的工资未发放。因此,被告应当支付被克扣的工资、经济补偿金、因未缴纳社保导致未能领取的失业保险金等共计 57940 元。

【被告辩称】

丁某 2013 年 9 月 1 日采用欺骗方式入职我园。面试时丁某递交了教师资格证,但通过其入职后补交的材料发现其普通话等级为二级乙等,不符合四川省内幼儿教师就职要求。园长找其谈话,希望其加强学习,提高自身业务水平,丁某却于 2015 年 4 月 22 日未办理任何离职手续自行离职,造成工资至今没有结算。2015 年 7 月我园曾短信通知其来结算 4 月份的工资,丁某没来并提起诉讼。故被告不存在故意拖欠工资的情况,也不存在补偿金的问题。原告正式入职时间为 2013 年 9 月 1 日,从其正式上班第一天就与被告签订了劳动合同,不存在之前不签劳动合同双倍补偿的问题。原告是因为不同意园长和她的谈话自行离职,并非其诉状中所说的理由而离职。且双方商议被告以现金形式发放了社保补贴。员工因个人原因离职,不符合补偿金的支付条件。被告从未强行收取过任何服装费用。寒暑假期间,员工没有劳动,被告依然支付了不低于绵阳市最低工资标准的工资,不存在非法克扣工资的问题,也不应支持赔偿补偿金。原告个人原因离职,违约在先,应由原告向被告支付违约金。原告因个人原因离职,不符合失业救济的领取条件,且失业救济的发放方并非被告。

【裁判理由】

原告丁某与被告绵阳市某幼儿园于 2013 年 9 月 1 日依法签订了劳动合同,原告工作至 2015 年 4 月 22 日,因被告未为原告办理在职期间的社会保险参保手续并缴纳相关费用,原告自行辞职并要求被告支付经济补偿的诉讼请求,本院予以支持。根据审理查明,原告离职前 12 个月的月平均工资为 1925.75 元,工作时间从 2013 年 9 月 1 日至 2015 年 4 月 22 日,故被告应向原告支付经济补偿金 3851.5 元。被告应向原告发放未支付的 2015 年 4 月工资 2180 元。关于"服装费"500 元,原告未提供相关证据,不予支持。关于寒暑假期间被非法克扣的工资 4000 元,按照职工年休假期间享有与正常工作期间相同的工资收入,且劳动者的每月劳动报酬不低于当地最低工资标准的规定,原告仅有 2015 年 2 月的劳动报酬 1047 元,低于其每月固定工资 1335 元和当时当地职工最低工资标准

1250元,故本项诉讼请求本院在其差额288元的范围内予以支持。关于违约金3000元,不符合合同的具体约定,本院不予支持。关于失业保险金,原告未举证证实社会保险经办机构不能补办导致其无法享受社会保险待遇,故本院对原告的该项诉讼请求不予支持。

关于原告主张被告加倍支付赔偿金的诉讼请求,劳动者必须就用人单位违法行为先向劳动行政部门投诉,劳动行政部门在责令用人单位限期支付后,用人单位未支付,此种情况才存在加付赔偿金,如果未经过这一前提程序,劳动者直接主张加付赔偿金的,不予支持。

【案件点评】

这是一起因幼儿园未为员工购买社保,员工以此为由单方面解除劳动合同,并要求幼儿园支付经济补偿金的案件。根据《劳动法》第38条和第46条的规定,用人单位未依法为劳动者缴纳社会保险费的,劳动者可以单方面解除劳动合同,并要求用人单位支付经济补偿。因此,本案中法院支持了原告丁某请求支付经济补偿金的诉讼请求。在实务中,不少民办幼儿园都会采用上述案例中被告绵阳市某幼儿园的做法——不给员工办理和购买社保,而是在发放工资时给员工一定的社保补贴,有些幼儿园甚至会让员工签署放弃社保承诺书。但这样的承诺书或者约定是不具有效力的,不能以此作为规避幼儿园为员工办理和购买社会保险义务的依据。幼儿园这样的做法虽然能够在短期内一定程度上减少用工成本,但却面临着巨大的法律风险,比如本案中的幼儿园需支付经济补偿金,此外,《社会保险法》第86条规定"用人单位未按时足额缴纳社会保险费的,由社会保险费征收机构责令限期缴纳或者补足,并自欠缴之日起,按日加收万分之五的滞纳金;逾期仍不缴纳的,由有关行政部门处欠缴数额一倍以上三倍以下的罚款"。根据该条规定,幼儿园不为员工办理和购买社保,也存在着被处以行政处罚的风险。

另外,本案中还有一个特殊情况,即从原告主张的要求被告支付克扣工资情况来看,主要是寒暑假工资。民办学校教师的寒暑假工资发放问题,是这个行业从业者普遍关心的问题,也是一个容易产生发生纠纷的问题。关于老师寒暑假期间的工资,《教师法》明确规定"教师享受寒暑假期间带薪休假的待遇"。但《教师法》仅规定是"带薪",具体该发多少,并没有明确的规定。实际操作中,不少民办幼儿园在寒暑假期间降低了老师的工资标准,甚至有的幼儿园直接按照当地最低工资标准给老师支付寒暑假期间的工资,这样的做法,只要有明确的合同约定,或者幼儿园管理制度对应,我们认为是可以的——这也得到了许多地区司法裁判的认可。

因此,为了避免幼儿园和老师因为寒暑假期间的工资金额发生矛盾,我们建议在老师入职签订劳动合同时就明确约定;或者明确的写在幼儿园的规章制度里面,让老师们知晓并认可。

最后,本案中原告丁某的诉讼请求中还包括了一项——要求被告返还向原告收取的"服装费"。不少民办学校都有自己的"校服",有的幼儿园会要求员工缴纳"服装费"或者押金,比如本案中的绵阳市某幼儿园。在本案中,法院没有支持原告丁某的诉讼请求,但这并不是因为幼儿园收取"服装费"这一行为是合法的,而是因为原告无法提供证据证明被告收取了"服装费"。《劳动合同法》第9条规定"用人单位招用劳动者,不得要求劳动者提供担保或者以其他名义向劳动者收取财物"。关于幼儿园能否向员工收取"服装费"或者"校服"押金,在司法实践中,需要区分情况来判断:如果穿着"校服"是幼儿园的强制性规定,这种情形下,向员工收取"校服"押金或费用就违反了《劳动合同法》第9条规定,幼儿园可能会面临行政处罚;如果幼儿园发放"校服"只是给员工的福利,员工可以选择不使用。这种情形下,员工自愿接受幼儿园提供的相应福利,而幼儿园为了便于这种福利措施管理需要而收取的费用或押金,则不属于法律所禁止收取的财物。

点评人:四川泽珲律师事务所 文多多

第二章　初等教育

初等教育是义务教育中的基础部分,是最初始的阶段。初等教育法律风险仍然与教育主体的教育管理责任密切相关,但较之学前教育更为复杂。因初等教育是为受教育者建立文化知识基础的教育阶段,课程设置更加多样、开展活动更加广泛,同时教育年限较长,受教育者同时包括无民事行为能力人和限制行为能力人,全国小学在校生数远多于其余各类学校在校生数。这些因素导致初等教育法律纷争数量较学前教育近乎翻倍。

本章共计三小节,第一节用客观数据呈现案件特征、当事人情况、裁判结果及律师参与情况,全方位呈现初等教育阶段教育主体面临的民事法律风险。第二节聚焦高发案由下的案件特征、争议焦点、法律适用等。第三节剖析典型案例,呈现实践案例中的判决原貌。

第一节　纵览:总体数据呈现

2015—2019 年,全国各级人民法院审结初等教育行业案件共 9645 例,涵盖 178 类案由,分布于全国 31 个省级行政区,案件数量每年均在 1600 例以上。当事人以教育主体为中心,包括与之紧密联系的民事主体。其中,教育主体被起诉的情况超过三分之二,最终承担义务情形占比较多。

一、案件特征

(一)案由分布

其中,数量最多的是人格权纠纷案件,共 3040 例,占总数的 31%。其次为教育机构责任纠纷案件和与劳动争议有关案件,分别为 1742 例和 1169 例,各占总数的 18% 和 12%。其他合同纠纷类别总数虽为 693 例,但包括装修装饰合同纠纷、服务合同纠纷、投资协议纠纷、定作合同纠纷、拍卖合同纠纷等40 余种四级合同案由,各类案由数量均在 50 例以下,故合并为"其他合同纠纷"类。

同时,在 3040 例人格权争议案件中,有 2975 例的案由为"生命权、身体权、健康权纠纷",占该类总数的 97.8%,少数案件案由为名誉权纠纷、一般人格权纠纷。在 1169 例与劳动有关争议案件中,"劳动争议"案由有 502 例,占该类总数的 42.9%。

（二）地域分布

从地域分布来看,9645 例判决书分布在 31 个省级行政区（省、自治区、直辖市）。文书分布数量最多的五个省级行政区分别是河南（1175 例）、山东（777例）、吉林（766 例）、江苏（689 例）、安徽（656 例）。数量最少的五个省级行政区则为甘肃（84 例）、海南（21 例）、青海（20 例）、西藏（10 例）、江西（3 例）。

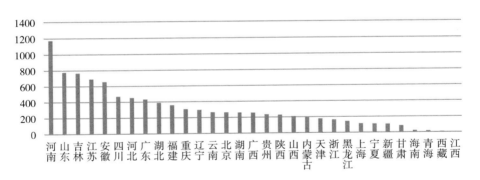

初等教育阶段民事案件地域分布

（三）时间分布

从年份分布来看,全国各级人民法院审结的初等教育行业案件数量每年均在 1600 件以上。2018 年案件数量略有下降,但 2019 年案件数量重新增长。具体来说,2015 年为 1669 例,2016 年为 1866 例,2017 年为 2305 例,2018 年为 1763 例,2019 年为 2042 例。相较于 2015 年,2019 年判决书数量增长 22.3%。

　　具体来看,占比最多的人格权纠纷案件与教育机构责任纠纷案件趋势与种类的分布趋势大致相同,均在 2018 年出现下降。人格权纠纷案件各年数量为 614 例(2015)、628 例(2016)、646 例(2017)、520 例(2018)、632 例(2019)。教育机构责任纠纷案件则为 344 例(2015)、360 例(2016)、376 例(2017)、294 例(2018)、368 例(2019)。与劳动争议有关案件从 2015 年到 2017 年呈上升趋势,2017 年到 2019 年数量较为稳定,具体数量为:175 例(2015)、163 例(2016)、293 例(2017)、278 例(2018)、260 例(2019)。

　　需要特别提到的是,与计算机软件著作权纠纷有关的案件共 243 例,主要集中在 2017 年,原告均为同一公司,主要涉及与多所小学的著作权使用许可合同纠纷。

初等教育阶段民事案件时间分布

二、当事人情况勾勒

(一)教育主体诉讼地位分布

　　在初等教育阶段的 9645 例案件中,教育主体作为原告提起的诉讼案件约占 24.0%(2314 例),教育主体作为被告被提起诉讼的案件约有 74.4%(7176 例),剩余部分为反诉案件。

（二）教育主体相对人①分布

在 9645 例案件中,约 48.1% 的案件教育主体相对方当事人是学生(及其家长),约 24.3% 的案件相对方当事人是教师,约 27.6% 的案件相对方当事人是其他人员,例如在为学校提供服务的后勤保障人员,和学校签订装修、施工合同等当事人。

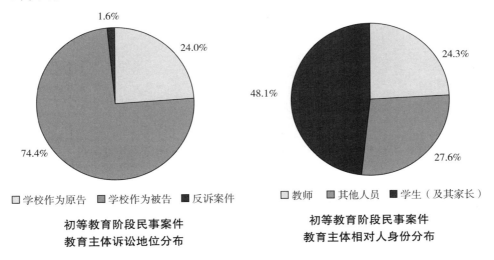

初等教育阶段民事案件
教育主体诉讼地位分布

初等教育阶段民事案件
教育主体相对人身份分布

三、律师参与

在 9645 例初等教育行业案件中,有 5055 例案件的原告委托了代理律师,占全部案件的 52.4%;其中,有 297 例案件属于法律援助律师,占原告律师参与案件的 5.8%。有 5012 例案件的被告委托了代理律师,占全部案件的 51.9%;其中,有 95 例案件属于法律援助律师,占被告律师参与案件的 0.9%。

四、裁判结果

由于在初等教育阶段的三类重点案由中,教育机构责任纠纷及生命权身体权健康权纠纷中校方作为原告的案件极少,因此裁判结果的分类不区分校方作

---

① 编者注:在诉讼中,教师、学生(及家长)和其他人员主要是作为教育主体的相对人出现。但根据事实和案由的不同,也有和教育主体作为共同原告或共同被告的情形。为便于统计,此部分仅讨论其作为相对人出现的情形。作为共同原告或共同被告的情形将在具体的重点案由部分予以展示。

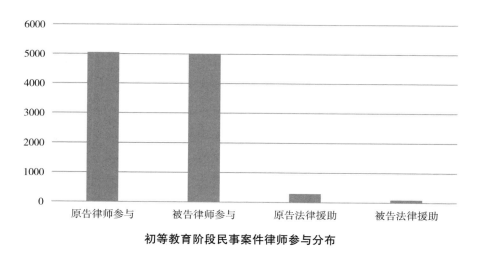

初等教育阶段民事案件律师参与分布

为原告和被告的情形。在最终的裁判结果中,校方负有义务与不负义务的比例约为3∶1。

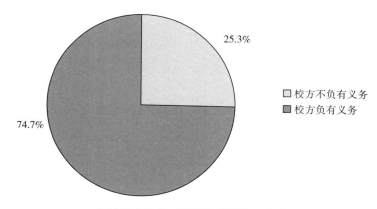

初等教育阶段民事案件裁判结果分布

第二节　聚焦:高发案由解读

初等教育案件的案由并非均等分布,文书数量排名前三的教育机构责任纠纷、生命权纠纷、劳动争议纠纷数量总和占比超过50%。本节聚焦高频发生案由,对其数据分布、案件事实、法院说理进行实证分析,呈现学前教育运行中的常见事故与法律风险。

一、生命权、身体权、健康权纠纷

生命权、身体权、健康权是人格权的重要部分。生命权以延续生命为内容，身体权保护身体组织的完整、对自身器官的合法处分和人身自由，而健康权维护身体功能的正常①。《民法典》第 1002 条、1003 条、1004 条分别规定了自然人的生命权、身体权、健康权受合法保护，任何组织和个人不得侵犯。

从裁判文书网上提取到的 2015—2019 年初等教育阶段生命权、身体权、健康权纠纷案件共 2975 例。

（一）数据纵览

1. 时间与地域分布

（1）时间分布

在初等教育阶段涉及的纠纷中，人格权纠纷的案件总数为 3040 例，其中案由为"生命权、身体权、健康权纠纷"的案件数量为 2975 例，占人格权纠纷案件总数的 97.8%。从年份分布来看，该类案件数量除了在 2018 年较上年有所下降外，整体数量分布较为稳定。具体数量为 602 例（2015）、608 例（2016）、633 例（2017）、511 例（2018）、621 例（2019）。

（2）地域分布

从地域分布来看，生命权、身体权、健康权纠纷案件分布最多的前五个省级行政区为山东（351 例）、河南（323 例）、江苏（220 例）、安徽（197 例）、河北（179 例）。分布最少的省级行政区为宁夏（21 例）、青海（6 例）、海南（4 例）、江西（2 例）、西藏（0 例）。

2. 当事人情况勾勒

初等教育阶段的生命权、身体权、健康权纠纷案件，没有学校作为原告参加诉讼的情况，99%左右的案件学校都作为被告出现，约有 1%的案件学校作为第三人参加诉讼。

根据案件事实的不同，学校单独作为被告以及作为共同被告的情形有所不

---

① 王利明：《人格权法》，中国人民大学出版社 2021 年版，第 155 页。

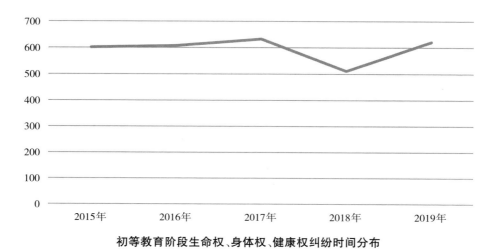

初等教育阶段生命权、身体权、健康权纠纷时间分布

初等教育阶段生命权、身体权、健康权纠纷地域分布

同。约有16.2%的案件学校单独作为被告;约有70.2%的案件是学生和学校作为共同被告;在约11.7%的案件中,学校与第三方主体作为共同被告,第三方主体主要包括教育局、餐饮公司、建筑公司等;有1%的案件为学校作为第三人参加的;有不到1%的案件的被告包含前述种类中两类以上的主体,例如学生、学校以及第三方公司是共同被告,在这部分案件中,学校一定属于被告之一。

此外,许多案件中涉及保险公司作为被告的情形。由于在此类案件中,保险公司往往只作为承担理赔责任的主体出现,而不是案件事实发生中的主体,因此不会作为单独被告;同时,在学校以及学校与其他主体作为共同被告的情形下,还有保险公司作为共同被告的情形。因此为便于直观统计保险公司参与案件的数量,将保险公司作为案件当事人的案件数量单独进行统计,约有17.2%的案件中有保险公司作为共同被告（之一）。

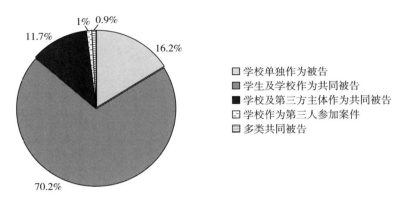

1% 0.9%
11.7%
16.2%
70.2%

- ☐ 学校单独作为被告
- ☐ 学生及学校作为共同被告
- ■ 学校及第三方主体作为共同被告
- ☐ 学校作为第三人参加案件
- ☰ 多类共同被告

初等教育阶段生命权、身体权、健康权纠纷被告身份分布

从原告视角进行分析，由于初等教育阶段的生命权、身体权、健康权纠纷主要事实属于小学生之间的争执打闹及学生在校内受伤，因此原告以学生为主，约占全部案件的 96.8%。有约 3.2% 的案件是学生以外的人员为原告，这部分人员主要是装修工人、保洁员等，因在为学校提供服务的过程中受到人身损害而提起诉讼。

3. 裁判结果与律师参与

（1）裁判结果①

约 3.2%（95 例）的案件，法院驳回原告的全部诉讼请求。另外约 96.8%（2880 例）的案件，被告均需承担责任。这其中学校单独承担全部责任的案件比例约为 14%（416 例）；学校与其他共同被告（主要是学生）共同承担责任的比例约为 82.8%（2464 例）。

法院经审理认定事实后，考虑到案件事实情节以及学校过错程度的不同，在多个被告共同承担责任的情况下学校承担责任的比例也有差别，也存在学校不承担责任的情况。除 7% 左右案件属于法院裁判由保险公司进行理赔，学校承

---

① 编者注：在生命权、身体权、健康权纠纷中，原告的诉讼请求主要集中于医疗费、残疾赔偿金、护理费、营养费、精神损害赔偿等。原告在起诉时为了充分维护自己的权益，主张金额往往会高于实际产生的费用；法院享有自由裁量权，即使支持原告关于某项费用的主张，具体金额也不一定和原告主张的完全一致，若依照原告视角分析裁判结果，存在多种有效统计标准。因此，裁判结果的分类从被告视角展开。

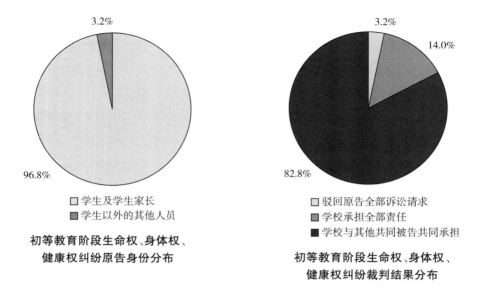

初等教育阶段生命权、身体权、健康权纠纷原告身份分布

3.2%

96.8%

☐ 学生及学生家长
■ 学生以外的其他人员

初等教育阶段生命权、身体权、健康权纠纷裁判结果分布

3.2%
14.0%

82.8%

☐ 驳回原告全部诉讼请求
■ 学校承担全部责任
■ 学校与其他共同被告共同承担

担责任比例不明的情况;在剩余初等教育阶段生命权、身体权、健康权纠纷的 2767 例案件当中,学校承担责任的情况整合如下:

约有 15%(416 例)案件,学校承担了全部的赔偿责任;16%(443 例)左右的案件,在学校和其他被告共同承担责任的情况下,学校承担的责任比例超过了 50%(不包含 50%);17%(470 例)左右的案件,学校承担的责任在 30%(不含 30%)到 50%(包含 50%)之间;30%是一个重要的分界线,有 30%(830 例)左右的案件学校承担责任的比例在 30%以下(包含 30%);22%(608 例)的案件,学校不承担任何责任。

总的来说,在和其他主体共同承担责任的情况下,学校承担赔偿责任的比例在少数案件中超过了 50%;而在全部案件中,学校需要承担责任的案件数量要远多于不承担责任的案件。

(2)律师参与

在 2975 例生命权、身体权、健康权纠纷案件中,有 1581 例案件的原告委托了代理律师,占全部案件的 58.5%;其中,有 99 例案件属于法律援助律师,占原告律师参与的 6%。有 1808 例案件的被告委托了代理律师,占全部案件的 60.7%;其中,有 47 例案件属于法律援助律师,占被告律师参与的 2.6%。

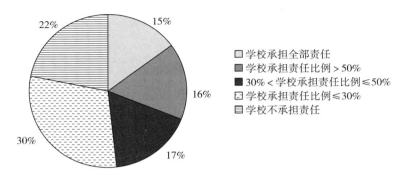

初等教育阶段生命权、身体权、健康权纠纷学校责任承担分布

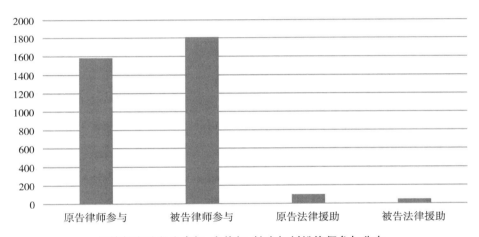

初等教育阶段生命权、身体权、健康权纠纷律师参与分布

（二）检视：案件特征与法院裁判

1. 案件特征

（1）当事人部分

在 2975 例初等教育阶段生命权、身体权、健康权纠纷案件中，95%以上的案件的原告都是学生。我国初等教育阶段属于义务教育阶段，主要包括 7 岁左右到 13 岁左右的小学生。相比于学前教育阶段，初等教育阶段的学生对自己的行为和身边的事件有了一定的认知能力，但相同的是无法完全控制自己的行为，发生危险事件时也无法及时反应和避免。

【以案为鉴】①

本院经审理认定事实如下:蒋某某与刘某某均系玉贤小学四年级(一)班学生,2018 年 10 月 26 日下午 3 时许,蒋某某、刘某某等同学在教学大楼二至三楼楼梯间玩耍,蒋某某从楼梯间 60 厘米窗台处攀爬至 1.2 米拐角处,面朝外,双脚分别站拐角两边,双手分别扶在两边墙面的标示牌处,因动作危险,刘某某怕蒋某某会掉下来,于是上前抱住蒋某某小腿帮助其下来,却因自身力量支撑不住后退过程中致蒋某某斜摔下来,蒋某某右肘撑地受伤。

存在极少数学生不幸死亡的案件,此时学生家长会作为原告提起诉讼来起诉学校。不过在检索到的这几例案件中,学生死亡是因为其在上、下学过程中未遵守交通规则横穿马路或是放学后未直接回家而去河边游泳等超出学校管理范围的情形。法院在这类纠纷中会判定学校不承担责任。

【以案为鉴】②

原告义某甲、义某乙是受害人义某丙的父母,义某丙于 2009 年 12 月 24 日出生,生前是麦岭某小学的学生。2017 年 11 月 13 日,受害人义某丙中午放学在学校餐厅吃完营养午餐后,与同学钟某某、莫某某三人走出校门回家,但他们三人没有直接回家而是拐弯到离学校 300 米的小溪边玩耍,因义某丙玩的柚子掉进了小溪里,义某丙去捞水里的柚子,失足落水。义某丙溺水后,经富川县麦岭镇中心卫生院抢救无效,于当日 14 时 43 分死亡。

……

义某丙所受损害不是发生在麦岭某小学学习、生活期间,且学校已尽到了教育、管理职责。因此,学校无需对此事故承担民事责任,原告要求三被告赔偿原告儿子义某丙溺水死亡的医药费、丧葬费、死亡赔偿金等各项损失 288720.96 元的诉讼请求,理据不足,本院不予支持。

此外,除了教学与学生管理活动外,学校等教育主体作为民事主体之一,也会和其他民事主体发生与生命权、身体权、健康权有关的侵权法律关系。例如,保洁人员在清洁校园环境过程中受伤、学校建筑及设备设施的维护工人在维修

---

① (2019)鄂 0114 民初 807 号。

② (2017)桂 1123 民初 1156 号。

管理中受伤等,这些民事主体都有可能以该案由起诉学校。

(2)事实经过

初等教育阶段学生发生生命权、身体权、健康权损害的事实特征主要有两类:第一类是同学彼此之间发生口角、争执进而发生打斗或者同学之间因嬉戏玩闹受伤;第二类是学生自己在学校学习活动过程中摔伤、滑倒受伤或者由于器材、建筑受伤。在第一类同学之间发生打斗的情形中,伤人的学生或者参与原告受伤事件的学生都有可能和学校作为共同被告被起诉。在第二类事实的情况下,则主要是学校作为单独被告。

损害事实发生后,权益受损学生向法院主张的诉讼请求主要为金钱赔偿和要求被告承担本案诉讼费用。前者一般包括:医疗费、护理费、交通费、鉴定费、营养费、精神损害赔偿、残疾赔偿金等。

【以案为鉴】①

原告王某1向本院提出诉讼请求:1.判令各被告共同赔偿原告医疗费、后期治疗费、住院伙食补助费、营养费、残疾赔偿金、护理费、交通费、精神抚慰金及鉴定费等各项经济损失共计152732.66元;2.本案案件受理费由各被告承担。

2. 法院裁判

在本案由数据纵览之裁判结果部分,数据统计得出有将近608例,即约22%的生命权、身体权、健康权纠纷案件学校不承担任何责任。从当事人和案件事实情况来看,学校不承担责任包括驳回原告全部诉讼请求和学校作为共同被告之一但责任由其他被告承担的案件。在这两种情形下,法院可能会因为以下理由驳回原告全部诉讼请求:一是人身伤害事故并非发生在学校管理范围内,如前文所举的"义某丙一案";二是法院判定学校已经充分尽到教育、管理职责因而不具有过错,不需要承担侵权责任。

在更多的案件中,学校和学生作为共同被告一起承担责任,但承担责任的具体比例有所不同。具体来说,有830例左右的案件,学校承担责任比例在30%以下;有470例左右的案件,学校承担责任比例在30%到50%之间;有443例左右的案件,学校承担责任比例在50%以上,三者比例约为1.9:1:1。最后,约有

---

① (2017)鄂0105民初2137号。

15%（416 例）案件,学校承担全部的赔偿责任。

对法院的说理部分进行分析,影响学校一方担责比例的因素主要包括:第一,学生的年龄。学生在校园内受到人身权益损害,涉及校方的教育、管理责任。我国初等教育主要是指义务教育的小学阶段,这部分学生的年龄主要分布在 7 岁至 13 岁之间,同时包括了无民事行为能力人和限制民事行为能力人①。在学生为无民事行为能力人的情况下,校方对于学生的教育管理注意义务更高,也更难于免责;在学生为限制民事行为能力人的情形下,由于学生有了一定的认知能力,对自己的危险行为可能具有过错,因此在具体案件中会有学生自己承担部分责任,学校承担的责任相应降低。第二,事故发生的原因。如果学生是在学校组织的活动、体育课堂、运动会、课堂受伤,属于学校管理的教学活动范围,学校更容易承担主要责任。而因学生之间争执、打闹造成其中一方受伤,法院会审查学校是否有可能或者是否及时制止以及学生双方自己的过错程度,决定是否降低学校的过错责任。

【以案为鉴】②

本案中事发时间为体育课教学期间,体育教师安排学生自由活动并离开现场,其疏于管理,没有尽到安全教育和管理职责致原告受伤,存在过错,被告实验小学依法应承担主要责任。

……

综上,结合本案的实际情况,实验小学承担 80%的赔偿责任。

第三,损害事实发生的区域。虽然大部分的案件都发生在校园区域内,但也有少部分的案件是发生在校园外,主要是学生上下学路途中发生了人身损害。这其中,一部分如前所述,法院驳回了原告的全部诉讼请求;另一部分学校仍然会承担部分金钱赔偿责任,但比例不高。

【以案为鉴】③

经查,被告某小学于 2015 年 11 月 19 日 11 时 40 分许组织学生放学回家,

---

① 编者注:由于本书提取数据为 2015 年至 2019 年,而 2017 年《民法总则》生效,将无民事行为能力人的年龄由原来的 10 岁改为 8 岁。因此,部分案件中 8 岁到 10 岁的小学生会被认定为无民事行为能力人。

② （2018）辽 0904 民初 827 号。

③ （2017）黔 0522 民初 3298 号。

原告向某 1 在回家途中因玩耍自行摔倒受伤,某小学与原告向某 1 的监护人向某 2 于 2015 年 9 月 1 日签订了《学生安全协议书》,协议书载明学生在校期间为上午 8:30 至 11:50,下午 2:00 至 3:35。根据《侵权责任法》第 38 条"无民事行为能力人在幼儿园、学校或者其他教育机构学习、生活期间受到人身损害的,幼儿园、学校或者其他教育机构应当承担责任,但能够证明尽到教育、管理职责的,不承担责任。"之规定,本案中,被告某小学未严格遵照《学生安全协议书》执行作息时间,提前组织学生放学回家。对原告向某 1 的受伤存在一定的教育、管理不当责任,结合其在本案中的过错程度,本院酌情确定由其承担 30% 的赔偿责任为宜。

二、教育机构责任纠纷

教育机构责任是指无民事行为能力人或限制民事行为能力人在幼儿园、学校或其他教育机构学习、生活期间遭受人身损害时,教育机构因未尽到教育、管理职责而依法承担的责任。由于学前教育阶段的学生大部分都是无民事行为能力人,因此该阶段的教育机构责任纠纷受到《民法典》第 1199 条的规范。

从裁判文书网上提取到的 2015—2019 年初等教育阶段教育机构责任纠纷案件共 1742 例。

(一)数据纵览

1. 时间与地域分布

(1)时间分布

在初等教育行业涉及的案件中,教育机构责任纠纷案件总数为 1742 例,占案件总数的 18%。从年份分布来看,该类案件除在 2018 年较上年有明显下降外,其余年份较为稳定。具体为 344 例(2015)、360 例(2016)、376 例(2017)、294 例(2018)、368 例(2019)。

(2)地域分布

从地域分布来看,教育机构责任纠纷案件分布最多的前五个省级行政区为河南(321 例)、安徽(175 例)、山东(139 例)、吉林(123 例)、湖北(119 例)。分布最少的省级行政区为宁夏(5 例)、海南(3 例)、青海(1 例)、江西及西藏(0 例)。

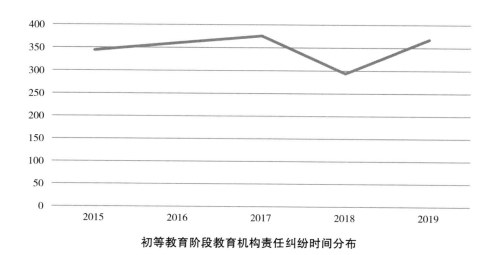

初等教育阶段教育机构责任纠纷时间分布

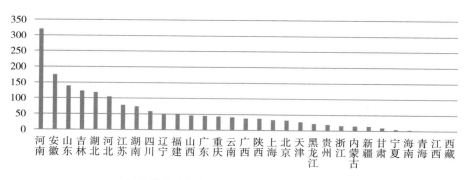

初等教育阶段教育机构责任纠纷地域分布

2. 当事人情况勾勒

在1742例初等教育阶段的教育机构责任纠纷案件中,原告均是小学生,其父亲或母亲或父母双方作为法定代理人参与诉讼,没有校方作为原告提起诉讼的案件。由于小学生体力充沛、参与活动增多,学生之间打闹导致的纠纷比例上升,相应地,学生与学校作为共同被告的比例也在上升,约有44.3%(772例)案件学校与学生作为共同被告;约有50.8%(885例)案件学校作为单独被告;约有4.9%(85例)的案件学校与非学生的第三方作为共同被告,主要是附属小学与中学作为共同被告,但是,当在学校委托校外机构组织的活动中学生受伤了,学校与校外机构也会作为共同被告。

此外,约有 27.8% 的案件是保险公司参与诉讼作为共同被告的情形。主要是由于校方购买了校方责任险或者学生人身意外险,保险公司作为连带责任人而被提起诉讼。

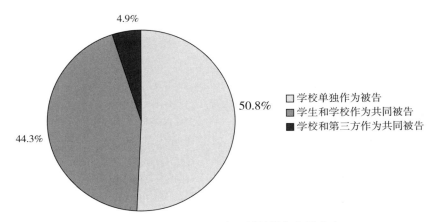

4.9%

50.8%

44.3%

☐ 学校单独作为被告
▨ 学生和学校作为共同被告
■ 学校和第三方作为共同被告

初等教育阶段教育机构责任纠纷被告身份分布

3. 裁判结果与律师参与

(1)裁判结果①

在约 3.3%(52 例)的案件中原告的诉讼请求被全部驳回。在约 34.4%(599 例)的案件中学校承担了全部的赔偿责任②。在约 59%(1028 例)的案件中学校和其他共同被告一起承担责任。在约 3.3%(53 例)的案件中学校不承担责任③。

如前所述,在约 59%(1028 例)的案件中,学校和其他共同被告一起承担责

---

① 编者注:由于在教育机构责任纠纷案件中,99%以上的案件校方均是以被告作为诉讼主体出现。同时,所有原告的诉讼请求都以要求赔偿医疗费、护理费、交通费、误工费、残疾赔偿金等金钱赔偿为主,兼带主张判令该案诉讼费用由被告承担。由于裁判中医疗费、护理费、交通费等费用,均需相关证据证明且法官可根据案情酌情调整,若依照原告视角分析裁判结果,存在多种有效统计标准。因此裁判结果分布从被告视角进行分类。

② 编者注:需要指出本部分中提到的赔偿责任均是从被告的视角出发,被告需要赔偿一定的金钱,但其具体数额不一定与原告主张相一致,因为医疗费、护理费、交通费等费用,法官会根据事实认定。

③ 编者注:"学校不承担责任"是指,在裁判结果中,法院并没有驳回原告的诉讼请求,而是根据案件事实以及各方的过错,责任由其他共同被告甚至原告承担,学校并未承担责任。"学校不承担责任"和"驳回原告诉讼请求"存在区别。

任。这部分主要是学生之间打架导致的纠纷,由于小学生中既有无民事行为能力人,又有限制民事行为能力人,部分小学生对自己行为的性质已经有了一定的认知,因此在裁判结果中学生也可能承担责任。在约 52.8%(543 例)的案件中,学校承担责任的比例小于等于 50%;在约 47.2%(485 例)的案件中,学校承担责任的比例大于 50%。

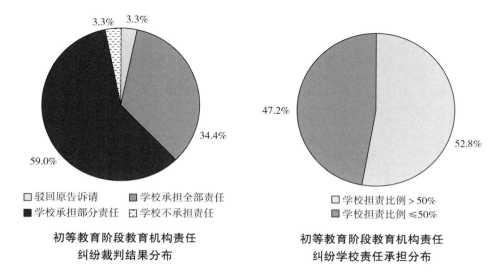

初等教育阶段教育机构责任
纠纷裁判结果分布

初等教育阶段教育机构责任
纠纷学校责任承担分布

(2)律师参与

在 1742 例教育机构责任纠纷案件中,有 951 例案件的原告委托了代理律师,占全部案件的 54.5%;其中,有 77 例案件属于法律援助律师,占原告律师参与的 8%。有 1111 例案件的被告委托了代理律师,占全部案件的 63.7%;其中,有 30 例案件属于法律援助律师,占被告律师参与的 2%。

(二)检视:案件特征与法院裁判

1. 案件特征

在初等教育阶段,教育机构责任纠纷与前述的生命权、身体权、健康权纠纷在案件事实、当事人分布、裁判结果上高度相似。原因在于:生命权、身体权、健康权作为具体人格权,是自然人对其生命权益、身体权益、健康权益享有的排除他人侵害的权利。儿童的人身权益当然受到保护,生命权、身体权、健康权纠纷是以民事主体被侵害的权益为分类标准的案由类别,而教育机构责任是由于无

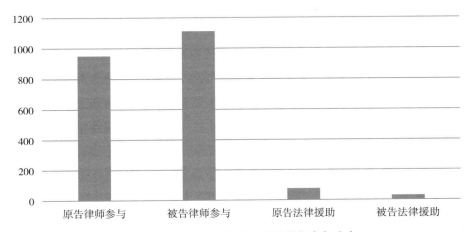

初等教育阶段教育机构责任纠纷律师参与分布

民事行为能力人或限制民事行为能力人在园期间遭受人身损害时教育机构承担的责任,是法律为了保护未成年人而对特定主体特别规定的责任。前者从民事主体的权益出发,后者则以承担责任的主体为根据,都是对侵害了无民事行为能力人人身权益的行为进行规范。

在更细致的层面上,生命权、身体权、健康权纠纷案由所涵盖的案件会广于教育机构责任纠纷案由,因为教育机构责任是特定主体对另一个特定主体的责任,即学校对学生的责任,任何一方身体不满足都不可以适用教育机构责任;而在教育机构责任纠纷的判决书中,法院审理和判断的重点也会更多地集中于学校是否尽到了教育、管理责任,以确认学校主观上是否有过错。

在教育机构责任纠纷的案件中,学生由于自己的行为导致受伤的比例有所上升,例如:参与一些有一定危险的游戏、参与高难度的体育活动、争执打闹。

【以案为鉴】

案例一①:在休息期间,原告杨某与被告周某1继续做课上所做的"以人代马"跳马运动,运动时,周某1腰部下沉,造成原告身体失控,嘴部着地牙齿伤害的后果。

案例二②:在玩耍过程中,被告唐某出于嬉戏之目的而用手抱起原告向某1,

---

① (2018)津 0117 民初 1043 号。
② (2019)渝 0238 民初 293 号。

以方便其他同学脱掉原告向某 1 身上的裤子。当被告唐某抱起原告向某 1 后，因没能站稳，二人一同摔倒在讲台边的台阶上，致原告向某 1 腿部受伤。

案例三①：梁某、徐某均系某小学六年级学生。2015 年 9 月 15 日 9 时 30 分左右，在课间活动中梁某将在单杠上玩耍的徐某拉下，徐某随即拉住梁某的双腿，将爬上单杠的梁某拽下，因梁某双手先着地，导致梁某身体受伤的损害结果。

但是仍然有因学校原因导致学生受伤的案件，例如在学校组织的运动会中未做好防护措施、教师在体育课上未进行热身运动或对活动未进行充分说明、学校建筑设施未定时进行维护等。

2. 裁判结果

在教育机构责任纠纷中，法院需要讨论的争议焦点为：学校是否具有过错；损失的承担主体及承担比例。

学校是否具有过错的核心是判断其是否履行了教育、管理职责。初等教育中可能出现的情形主要是：1. 在学生打闹过程中，老师是否及时出现并制止；2. 学校在平时教学管理中以及组织各项活动前是否对学生进行了相应的安全教育；3. 在安全措施方面，学校是否尽到了相应的职责，例如：体育器材是否有相应的保护措施；栏杆、悬挂物、建筑等有无定期检查是否牢固安全。

由于小学生群体中同时包括无民事行为能力人和限制民事行为能力人。在无民事行为能力人的情况下，法律适用过错推定责任，即由学校举证自己尽到了教育、管理职责，加重了学校的诉讼负担；同时，从保护无民事行为能力人的角度，法院的审判思路也倾向于认定学校未能尽到教育、管理职责。而在稍微高年级，即小学生为限制民事行为能力人时，法律适用过错责任，需要由原告一方举证学校具有过错，即证明学校没有尽到相应的教育、管理职责。

在损失承担方面，受伤学生、学校、作为被告的学生都会影响到损害责任的承担。总的来说，在所有案件中，学校需要承担责任的案件仍然在 90% 以上，但并非一定承担全部的赔偿责任，学校教育管理义务的履行程度将会影响到责任的承担。如果受伤学生自己参与有危险性的游戏或体育活动而学校未能尽到警示、制止义务，学校往往需要承担 50% 以上的责任；而如果是学生和同学打架，

---

① （2016）皖 0124 民初 2772 号。

老师未能及时制止的,学校承担责任的比例可能在30%以下。

【以案为鉴】

案例一①:可见,原告高某甲受伤系两个方面的原因造成,其一,被告梁平县某小学未履行职责范围内的相关管理义务,存在一定过错,是损害后果发生的主要原因;其二,原告高某甲在练习过程中可能对自己的能力估计不足,亦存在一定过错,是损害后果发生的次要原因。因此,应由原、被告各自承担相应的民事责任,考虑本案实际,本院认为,根据《学生伤害事故处理办法》第8条、第9条第四项、第十二项之规定,对于原告高某甲因受伤遭受的经济损失,应由被告梁平县某小学承担80%的民事赔偿责任、原告高某甲自行承担20%为宜。

案例二②:被侵权人对损害的发生也有过错的,可以减轻侵权人的责任。原告毛某某事发时已年满十岁,对危险有了一定的认知,受伤是在与被告冯某某玩耍过程中导致,其自身也存在过错,应相应减轻三被告责任……根据原告、被告各自过错程度,由被告某小学承担30%的责任,被告冯某某承担40%的责任,其余责任由原告自行承担。

根据案件事实的不同,法院可能驳回原告的诉讼请求,学校不承担责任。这种情形通常是学校已经尽到教育责任或者原告受伤的原因与学校无关。

【以案为鉴】③

本案事发时处于课间操后的休息时段内,学校教师等管理人员不可能对在校园内自由活动的每个学生予以全程监控,而原告向某1受伤的后果系被告唐某的过错行为所致,并非学校安全设施不到位及教育管理措施不当等未尽教育、管理职责之原因所致。另外,被告大同小学在本案中已举证证明其通过与学生家长签订安全协议、制定各项安全管理制度等措施,而尽到了教育、管理职责。故被告小学不应对原告向某1的损害后果承担赔偿责任。

三、劳动争议纠纷

劳动争议,是指劳动法律关系双方当事人即劳动者和用人单位,在执行劳动

---

① (2015)梁法民初字第01740号。
② (2019)陕0118民初2840号。
③ (2019)渝0238民初293号。

法律、法规或履行劳动合同过程中,就劳动权利和劳动义务关系所产生的争议。关于劳动争议,我国专门规定的基本法律有《民法典》《劳动法》以及《劳动合同法》。

从裁判文书网上提取到的 2015—2019 年初等教育阶段与劳动争议有关的案件共 1169 例。

(一)数据纵览

1. 时间与地域分布

(1)时间分布

在初等教育行业涉及到的纠纷中,与劳动争议有关的案件共 1169 例,其中案由为"劳动争议"的案件总数为 502 例,占该类案件的 42.9%。从年份分布来看,该类案件整体波动幅度较大,分别于 2016 年和 2018 年较上年明显下降。具体数量为 97 例(2015)、52 例(2016)、138 例(2017)、93 例(2018)、122 例(2019)。

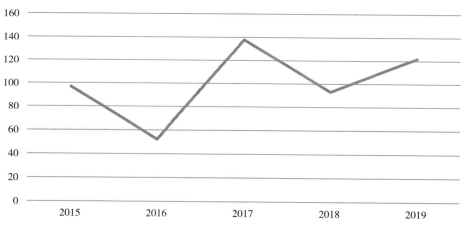

初等教育阶段劳动争议纠纷时间分布

(2)地域分布

从地域分布来看,劳动争议案件分布最多的前 5 个省级行政区为广东(73 例)、山东(40 例)、广西(37 例)、辽宁(32 例)、四川(32 例)。分布最少的省级行政区为新疆(1 例)、西藏、上海、江西及青海(均为 0 例)。

2. 当事人情况勾勒

在 502 例初等教育劳动争议案件中,校方作为原告提起诉讼的案件约为

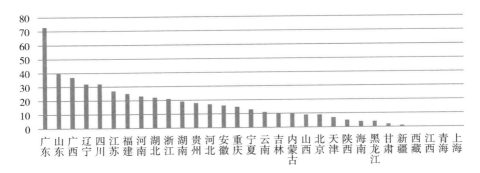

初等教育阶段劳动争议纠纷地域分布

7.8%（39例），有约70.6%（355例）的案件是校方单独作为被告被起诉；其余约21.6%（108例）的案件是校方与第三方主体作为共同被告被起诉，其中，第三方主体主要包括作为学校主管机构的教育局、涉及劳务派遣的第三方公司以及将小学作为分支机构的中学。

　　在初等教育阶段的劳动争议案件中，校方作为用人单位，无论是作为原告还是被告，作为另一方当事人的劳动者主要是与学校建立劳动关系的教职工。具体来说，约有41.2%（207例）的案件，另一方当事人是教师，这也与学校的主要功能相符。需要指出，该部分教师包括了有事业编制的教师、代课教师，同时由于小学通常会在其附属幼儿园的诉讼中作为共同被告出现，教师中还有部分幼师、幼教。约有19.6%（98例）的案件，另一方当事人为食堂（后勤）工作人员，

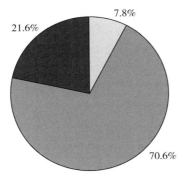

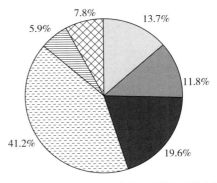

初等教育阶段劳动争议
学校诉讼地位分布

初等教育阶段劳动争议
纠纷学校相对人身份分布

包括厨师、做饭阿姨、锅炉工、洗碗工等。保安、清洁工、司机等人员作为一方当事人的比例约为 31.4%(158 例),其中保安案件的比例约为 13.7%,清洁工案件的比例约为 11.8%,司机的比例约为 5.9%。最后,约有 7.8%(39 例)的案件裁判文书中并未明确劳动者在校内的具体职位,以"职工"表示。

3. 裁判结果与律师参与

(1)裁判结果

如前所述,在初等教育阶段的劳动争议案件中,约有 92.2%(463 例)的案件是校方单独作为被告或者作为共同被告之一被起诉。在这部分案件中,约 27.7%(128 例)的案件,属于原告的诉讼请求全部得到支持①。

约 34.0%(157 例)的案件,原告的诉讼请求仅得到部分支持。例如:根据认定事实,仅支持原告拖欠工资而未支持经济补偿金的情形;仅确认原被告之间存在劳动关系,但对原告的金钱诉讼请求未予支持的情形等。

约 38.3%(178 例)的案件,原告的诉讼请求被全部驳回。

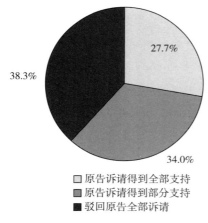

初等教育阶段劳动争议纠纷学校
作为被告的裁判结果分布

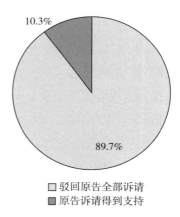

初等教育阶段劳动争议纠纷学校
作为原告的裁判结果分布

---

① 编者注:劳动争议案件中同时涉及确认之诉与给付之诉,劳动者原告可能单独主张确认或解除双方劳动关系,也可能单独主张拖欠工资、经济补偿金等款项,或者二者同时主张。而工资、经济补偿金等具体金额需要法院通过证据加以认定和酌情裁量;即使支持原告请求,所判金额与原告在诉讼请求中主张的数额也有所不同。因此,本处所称"原告诉讼请求得到全部支持"包括单独确认之诉得到支持以及主张款项得到支持的情形,不区分诉讼请求与判决结果中金额不一致的情形。

存在约 7.8%(39 例)的案件是教育主体作为原告提起诉讼①。在这部分案件中,约 89.7%(35 例)的案件属于教育主体的诉讼请求被全部驳回,仅有约 10.3%(4 例)的案件其诉讼请求得到支持。

从校方是否负有义务,而不区分校方在诉讼中是原告或者被告的角度对裁判大数据进行整合和分析②,可以看出,校方负有义务与校方不负担义务的比例大约为 2∶1。

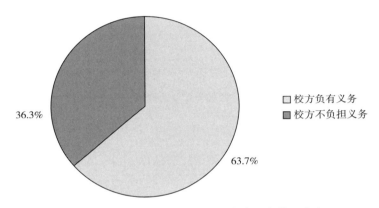

☐ 校方负有义务
■ 校方不负担义务

36.3%　　63.7%

初等教育阶段劳动争议纠纷校方负有义务情况分布

(2)律师参与

在 502 例劳动争议案件中,有 254 例案件的原告委托了代理律师,占全部案件的 50.5%;其中,有 16 例案件属于法律援助律师,占原告律师参与的 6%。有 319 例案件的被告委托了代理律师,占全部案件的 63.5%,其中,有 1 例案件属于法律援助律师,占全部被告律师参与的 0.3%。

(二)检视:案件特征与法院裁判

1. 案件特征

根据《劳动法》第 79 条规定,"劳动争议发生后,当事人可以向本单位劳动争议调解委员会申请调解;调解不成,当事人一方要求仲裁的,可以向劳动争议

---

①　编者注:教育主体作为原告时,其诉讼请求是以否认劳动关系及不支付相关款项为主,因此仅以其诉讼请求是否被全部驳回进行分类。

②　编者注:"校方负有义务"包括劳动争议被确认劳动关系存在的情况以及校方需要承担支付相应的金钱给付义务的情形。"校方不负担义务"包括法院认定校方与另一方当事人之间不存在劳动关系的情形以及校方不必支付任何金钱的情形。

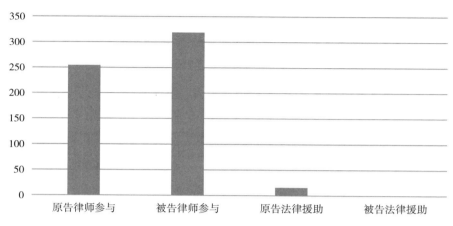

初等教育阶段劳动争议纠纷律师参与分布

仲裁委员会申请仲裁。当事人一方也可以直接向劳动争议仲裁委员会申请仲裁。对仲裁裁决不服的,可以向人民法院提起诉讼",故劳动争议提起诉讼之前应当先申请仲裁。因此,在劳动争议的诉讼中,原告的诉讼请求以撤销劳动仲裁裁决为主。而一般情况下,劳动者作为原告要求撤销劳动仲裁的同时,还会主张确认劳动关系存在并请求支付相应的工资、支付经济补偿金、补缴社会保险等;而用人单位作为原告则恰好相反,会主张确认劳动关系不存在或不承担相应金钱给付义务。

与校方发生劳动争议的劳动者群体呈现多样化特征,包括教师、幼教、代课教师、保洁员、司机等。但总体上可以按照学校日常教学活动和后勤服务活动分为两类:一类是教职岗位人员;一类是非教职岗位的后勤服务人员。在案由与诉讼请求上,两类主体都具有劳动关系是否存在、劳动合同是否解除、是否依法支付工资以及相应经济补偿金等一般劳动争议的共性;但由于工作性质和内容的不同,两类主体的案件事实可能呈现出不同的特点。

其中,教师尤其是农村小学教师与校方之间的案件还因为历史原因存在一个遗留问题,即因"民办教师"而劳动纠纷频发。民办教师是指:"中国中小学中不列入国家教员编制的教学人员。其为农村普及小学教育补充师资不足的主要形式。除极少数在农村初中任教外,绝大部分集中在农村小学。一般具有初中以上文化程度。"1999 年,国务院办公厅发布了《关于解决民办教师问题的通知》,《通知》中指出"解决民办教师问题的工作要在加强管理,提高素质,改善待遇的同时,全面贯彻实施'关、转、招、辞、退'的方针,分区规划,分步实施,逐年减少民办教师数量,力争到本世纪末基本解决民办教师问题"。在这个过程中涉及到许多"民转公"、教师转"代课教师"的情况,这些情况在认定劳动关系以及确定工资、经济补偿金时最易发生争议。

【以案为鉴】①

本案中,原告原从事被告单位代课教师工作,因绍兴市某教育局文件规定,小学临时聘用教学人员应取得小学及以上教师资格,原告因不符合该项条件故无法继续担任代课教师的工作。被告虽另行为原告安排其他工作岗位,但原、被告双方无法就变更劳动合同内容达成一致,在此情况下,被告擅自改变了原告的工作岗位并降低了原告的工资标准,原告为此要求解除与被告之间的劳动合同关系,符合法律规定,本院予以准许。

2. 法院裁判

从裁判结果来看,在初等教育阶段的裁判结果中,教育主体最终承担义务的比例约为 63.7%。

劳动争议案件的首要争议焦点即原被告双方是否存在劳动关系。我国《劳动法》规定,用人单位应当与劳动者签订劳动合同。但实践中,由于年代久远或者地区偏远、部分乡村学校规模较小、缺少规范的管理流程等原因,学校与劳动者并未签订劳动合同。不过,尽管用人单位与劳动者之间订立的劳动合同是确认劳动关系存在的主要依据,但并非唯一依据。劳动和社会保障部劳社部发(2005)12 号《关于确立劳动关系有关事项的通知》第一项规定了"用人单位招用劳动者未订立书面劳动合同,但同时具备下列情形的,劳动关系成立。(一)用人单位和劳动者符合法律、法规规定的主体资格;(二)用人单位依法制定的各项劳动规章制度适用于劳动者,劳动者受用人单位的劳动管理,从事用人单位安排的有报酬的劳动;(三)劳动者提供的劳动是用人单位业务的组成部分。"

【以案为鉴】②

1985 年 11 月至 2014 年 8 月,原告陈某某受被告费县某小学安排,在被告所

---

① (2015)绍越民初字第 1072 号。
② (2015)费民初字第 464 号。

属的莲花联小任教,原告接受被告费县某小学的劳动管理,按照其制定的各项规章制度进行教学工作并获得报酬,原告提供的劳动属于被告费县某小学教学工作的组成部分。被告费县某小学给原告发放优秀教师证书的行为可证明双方之间存在管理与被管理关系,结合被告某小学按月给原告发放劳动报酬的事实,应认定原告陈某某与被告某小学之间虽然未签订书面劳动合同,但存在事实劳动关系。

第三节   见微:典型案例剖析

一、河南某小学机动车交通事故案

柳某某与王某某、平舆县某小学机动车交通事故责任纠纷

（2018）豫 1702 民初 2079 号

【关键词】

机动车交通事故   租车协议   学生运输

【基本案情】

原告:柳某某。

被告:王某某;平舆县某小学;阳光保险公司。

2016 年 3 月 30 日 12 时 30 分许,王某某驾驶一辆中型普通客车与柳某某驾驶的载有四名乘客的电动三轮车相撞,造成柳某某与四名乘客受伤。王某某驾驶车辆系为平舆县某小学接送学生,且为非营运车辆。交警认定王某某负事故的全部责任,柳某某及乘客无责任。法院经审理裁判由阳光保险赔偿 31430.86 元,王某某赔偿 26939.65 元,平舆县某小学与王某某承担连带责任。

【原告诉称】

事故发生后王某某驾车逃逸,经交警部门认定其负事故的全部责任,其无责任。本人因事故造成十级伤残,请求判令被告赔偿医疗费、鉴定费等费用共计 95730.11 元。

【被告辩称】

被告王某某辩称:其受平舆县某小学雇佣接送学生,车辆是其个人的。事故

发生不属实,其当时所驾驶的车辆并未与原告柳某某发生事故。

被告平舆第九小学辩称:学校不是侵权主体,主体不适格,不应承担任何民事赔偿责任。肇事车辆、肇事驾驶员均不属于其学校,学校与王某某只是运输合同关系,发生交通事故应由承运人也就是肇事司机及其车辆投保的保险公司来进行赔偿。其学校不是车主,更不是实际侵权人,同时学校与王某某签订《租车协议》约定车方王某某发生交通事故或车辆和故障均与其学校无关。同时,学校既不是车辆所有人,也不是车辆管理人,更不应该承担赔偿责任。

【裁判理由】

被告阳光保险公司应依法在交强险保险限额内承担赔偿责任,保险限额外部分由王某某自行承担。

根据被告平舆县某小学与被告王某某之间的租车协议,双方之间系车辆租赁关系,被告王某某所有的车辆系非营运车辆,平舆县某小学租用该车辆接送学生存在过错,应与被告王某某承担连带赔偿责任。

【案件点评】

机动车交通事故致他人伤亡,属于典型的侵权行为,由于本案的审理发生在《民法典》公布实施前,所以当时适用的法律应当是《侵权责任法》。道路交通安全事故致人伤亡的侵权赔偿规则,《道路交通安全法》相对于一般侵权责任的规定而言,是特别法,应当优先适用,对此,《侵权责任法》第48条也做了明确规定,机动车发生交通事故造成损害的,依照道路交通安全法的有关规定承担赔偿责任。

根据《道路交通安全法》第76条的规定,本案中关于机动车之间发生交通事故的赔偿规则,是首先由肇事机动车的保险公司在机动车第三者责任强制保险责任限额范围内予以赔偿,不足的部分,再由对交通事故发生有过错的一方承担赔偿责任。本案中,公安交警部门出具的事故认定书认定王某某驾驶的肇事车辆对事故发生负全部责任,因此,除了本案承保肇事车辆交强险的保险公司应当在机动车第三者责任强制保险责任限额范围内予以赔偿外,其余的赔偿责任应该由王某某一方承担。

但是本案最终除了判决保险公司承担相应赔偿责任外,还判决平舆县某小学与肇事车驾驶人王某某一起对原告柳某某承担连带赔偿责任,这是为什么呢?

我们需要看一看平舆县某小学与王某某之间的法律关系,学校与王某某之间签订了租车协议,租用王某某的车辆接送学生,双方还约定"车方王某某发生交通事故或车辆和故障均与其学校无关"。学校可能觉得很委屈,双方对于责任承担已经做了明确约定,发生交通事故与学校无关,况且发生交通事故是王某某的全责,交通事故中受伤的也不是自己学校的学生,学校怎么还要担责呢?

这是因为,平舆县某小学与王某某之间虽然签订了租车协议,事故发生时,王某某驾驶车辆在为平舆县某小学接送学生,但是,由于王某某的车辆不是营运车辆,不能用于出租作为校车接送学生。根据国务院行政法规《校车安全管理条例》的相关规定,为了保障学生安全,接送小学生的校车应当是按照专用校车国家标准设计和制造的小学生专用校车,其使用需要按规定取得校车使用许可,校车司机还应当取得校车驾驶资格。所以,无论是学校租用王某某普通车辆用于接送学生,还是王某某用自家普通车辆接送学校学生跑运营,显然都违反了国家行政法规关于校车管理的强制性规定,这种租赁行为是无效的,从校车管理的角度,无论学校方还是校车的违规驾驶人还会受到公安交管部门的行政处罚。

回到交通事故民事侵权责任上来看,虽然学校和王某某之间用非校车当校车使用是违法的,但因为是这个共同违法使用车辆的行为致使本案的非营运车辆因为接送学生参与公共交通,并导致发生交通事故,根据《侵权责任法》第49条的规定,学校和王某某作为肇事车辆的使用人需要承担赔偿责任。

关于学校与王某某之间的连带责任,本案判决称"有人民法院已生效的民事判决书为凭,应予认定",语焉不详。律师认为,连带责任的确定应有当事人约定或法律明确规定。平舆县某小学与王某某之间是租赁关系,而非具有人身从属性或依附性的劳动关系或劳务关系,平舆县某小学是车辆在特定时间执行特定事务上的使用人,王某某是车辆的所有人、管理人、使用人,也是车辆的驾驶人,是二者的共同行为导致了交通事故的发生,根据《侵权责任法》第8条的规定,二人以上共同实施侵权行为,造成他人损害的,应当承担连带责任。因此,平舆县某小学应与肇事车驾驶人王某某需要对原告柳某某的损失承担连带赔偿责任。

通过本案,需要学校特别注意,校车配备、使用必须严格遵守《校车安全管理条例》的相关规定。道路交通安全涉及社会公共安全,与道路交通安全相关的责任均十分重大,这些责任往往不属于当事人可以通过约定予以排除的情况,而是要以法律规定为准。

点评人:四川泽珲律师事务所　庞艳鹏

二、安徽某小学教育机构连带责任案

顾某某与朱某 1 等、教育机构责任纠纷

(2017)皖 0311 民初 775 号

【关键词】

无民事行为能力人　学生之间打闹　连带责任

【基本案情】

原告:顾某某。

被告:蚌埠市某小学;朱某 1;朱某 2;柏某某;陈某某。

原告与朱某 1、朱某 2、柏某某、陈某某均系蚌埠市某小学学生。2016 年 5 月 19 日上课前,原告与四被告在学校操场上玩耍。当时学校操场围墙尚未完工,也未设置防护隔离设施。原告与四被告站到围墙上,把遗留在现场的网线系在围墙的两个垛子上,然后站在围墙上拉拽、摇晃。后因晃动导致其中一个墙垛子倒塌,砸中原告的腿部,导致原告十级伤残,并花去医疗费 97912.51 元。

【原告诉称】

原告诉称,学校操场在施工过程中,并未采取任何防护措施,学校未尽到管理责任,应当承担赔偿责任。各被告监护人未尽到监管责任亦应承担赔偿责任。

【被告辩称】

被告蚌埠市某小学辩称:学校在围墙上设有警示标志,学校已经尽到管理教育职责,不存在过失且事件不是发生在校园内或学校组织的活动中,事故的发生由于人为的因素导致的,学校不应承担赔偿责任。

被告朱某 1 等四人辩称:学校围墙尚未修好,学校也未在该围墙边设立警示标志,学校应该承担监管责任,被告朱某 1 等人不应该承担赔偿责任。

【裁判理由】

原告顾某某系限制民事行为能力人,学校对其未尽到教育管理职责,存在过错。因为学校的围墙尚未安装铁栅栏,存在安全隐患,但学校并未采取任何安全防护措施。而原、被告等多名学生在围墙上进行嬉闹、拉拽墙垛子等危险行为且持续时间较长,但学校未能及时发现并制止。同时,被告朱某1、朱某2、柏某某、陈某某亦为限制民事行为能力人,其与原告同为某小学的学生,被告蚌埠市某小学对四被告亦负有教育、管理职责。因此对原告的伤害后果,酌定被告蚌埠市某小学应承担50%的赔偿责任。原告受伤是其与同学的共同危险行为所致,原告对其自身受到的伤害后果亦有过错,应自行承担一定的责任,但难以确定原告与四未成年人被告之间的责任大小,故应平均承担责任。酌定原告的监护人对原告的伤害后果自行承担10%的份额,四被告朱某1、朱某2、柏某某、陈某某的监护人分别承担10%的赔偿责任。

【案件点评】

法院在审理限制民事行为能力人校园侵权案件的直接法律依据为我国《民法典》第1200条(原《侵权责任法》第39条)的规定,"限制民事行为能力人在学校或者其他教育机构学习、生活期间受到人身损害,学校或者其他教育机构未尽到教育、管理职责的,应当承担侵权责任。"根据该条规定,限制民事行为能力人在学校受到人身伤害的,适用"过错责任",即如果学校存在过错,那么学校就应该担责。因此,法院在审理限制民事行为能力人校园侵权案件,一般遵循以下两条逻辑规则:1. 限制民事行为能力人受到人身损害的,审查学校是否存在过错;2. 学校未尽到教育、管理职责的,需承担责任。

在司法实践中,法院在评判校方是否尽到职责时往往会考虑以下几个因素:1. 学生受伤时,学校对其是否具有管理义务? 2. 学校的校舍、场地及设施、设备是否存在安全隐患? 3. 学生发生危险行为时,学校是否及时制止并教育?

判断学生受伤时,学校对其是否具有管理义务,通常会考虑受伤时间和受伤地点这两个因素,如果受伤时间为在学校学习、生活期间,受伤地点为学校内部区域,那么学校对学生便有管理的义务。在司法实务中,一般会将"在学校学习、生活期间"的范围扩大化,除学校规定的正常作息时间外,"上课前"和"放学后"也会被纳入"在学校学习、生活期间"。回归本案,虽然顾某浩受伤是在学校正式上课之前,但事发地在学校操场围墙边,学校在学生入校之后,应对学生给予一定的管理。

在学校中,各类设施安全的最基本标准是符合国家行业标准。本案中,学校的围墙未安装铁栅栏,存在安全隐患,学校对存在的安全隐患未及时采取设置防护隔离设施等必要的防范措施,存在过错。根据《学生伤害事故处理办法》的有关规定,学校的校舍、场地、其他公共设施,以及学校提供给学生使用的学具、教育教学和生活设施、设备不符合国家规定的标准,或者有明显不安全因素的,应当承担相应的责任。

最后,在本案中,顾某浩等多名学生在围墙上进行嬉闹、拉拽墙垛子等危险行为且持续时间较长,但学校未能及时发现并制止,也是法院认定学校"未尽到教育、管理职责"的理由之一。

学校如何将教育管理职责履行到实处,最大限度地降低"上课前"或"放学后"的安全事故风险。在本案中,被告小学虽然在围墙上设有警示标志,履行了一定的教育管理职责,但仍存在明显瑕疵,被告未在施工处设置防护隔离设施,未明确告知学生不要进入危险地方玩耍等安全注意事项,未及时发现学生进行危险活动等。因此,我们建议:

1. 与家长签订类似《安全责任告知书》的文件,明确家长和学校之间对责任转移分界线,明确告知上课前、放学后学校的管理要求,以及如果家长未遵守可能导致的后果、责任。

2. 在危险区域放置警示标识,设置防护隔离设施,及时排除管理区域内的危险因素。

3. 对学生开展安全教育。教育学生不要进入危险地方玩耍,例如学校内的施工工地、学校防空洞、学校废弃的建筑物等等。

4. 安排专人校内巡查:上课前,放学后,安排专人在校内进行巡查,及时发现进入危险区域或者开展危险活动的学生并进行劝阻,降低事故出现的可能。同时,巡查行为本身也能成为学校尽到管理义务的证据。

点评人:四川泽珲律师事务所　文多多

三、山西某小学与职工工资纠纷案

杨某某与太原市某小学劳动争议

（2015）杏民初字第 02857 号

【关键词】

劳动合同签订　加班费　双倍工资

【基本案情】

原告：杨某某。

被告：太原市某小学。

1995 年 1 月 1 日至 2008 年 12 月 31 日，原告在被告处从事勤杂工工作，双方每年签订一次为期一年的劳动合同。原告在被告处领取的月工资不固定。2009 年之后，原告仍继续工作但双方未签订劳动合同，2015 年 10 月之后工资停发。原告在职期间，被告未为原告缴纳各项社会保险。

【原告诉称】

本人自 1995 年 1 月 1 日受聘于某小学从事杂工工作。但自 2009 年 1 月至今学校没有与我签订书面劳动合同。受聘时约定学校支付本人不低于最低工资标准的工资，按照国家规定缴纳社会保险，每日工作 8 小时、每周工作 5 天，享受国家规定的法定节假日。但事实上，除每天白天上班外，本人晚上还需负责校园内安全，没有休息日和法定节假日，学校放假时，每天都安排值班。学校从未安排补休，也未支付加班费。并且学校未缴纳社会保险，导致本人无法享受退休待遇。

【被告辩称】

1. 原告与被告间不存在劳动合同关系，无法签订无固定期限的劳动合同。

2. 2009 年 1 月份开始，原告是保安公司的员工，被劳务派遣到学校。学校是用工单位，不向其支付任何的劳动报酬及加班费，更不存在经济补偿金。同时，原告主张超过法律规定的仲裁时效，应当驳回原告的诉讼请求。

3. 学校从来没有安排过原告加班，不需支付任何形式的加班费。原告从事的是杂活，原告工作时间是灵活工作制，不存在原告加班的事实。

4. 学校每月向保安公司支付服务费,而且支付保安公司的服务费用远远超过最低工资标准。如果存在原告领取的工资低于最低工资的情形,因原告与学校不存在劳动关系,也是原告与保安公司的关系,与学校无关。

5. 若原告要求被告给其补缴保险,该请求不属于人民法院处理的范围,应驳回其诉讼请求。因原告没有任何编制,没有缴纳各项保险的渠道,因此无法为其缴纳各项保险。从 2009 年开始原告就是保安公司的职工,被告也没有义务为其缴纳保险,原告现在起诉超出了诉讼时效,且原告没有实际损失,所以主张赔偿也没有任何法律依据。其次,保险是用人单位与劳动者均应支付的费用,原告也未承担过各项保险费用。劳动者在退休后领取的养老金部分是自己缴纳的,因为原告没有支付过任何保险金,也无法获得保险赔偿。原告计算赔偿没有任何依据,原告请求超过仲裁时效。

【裁判理由】

1995 年 1 月 1 日至 2008 年 12 月 31 日,双方存在劳动关系。本案主要争议焦点集中在 2009 年 1 月 1 日之后原、被告劳动关系存续情况。原告主张自 1995 年至今仍继续在被告处工作证据充分,被告亦未能提供证据证实 2009 年之后原告不在学校工作或解除与被告劳动关系的事实,故原告工作年限应连续计算,被告抗辩太原市杏花岭区保安公司按月向原告支付了劳动报酬,原告系保安公司所雇,派到其处工作,原、被告之间不存在劳动关系的证据不足,原告与被告自 1995 年 1 月 1 日起存在劳动关系,被告应当支付给原告的工资不得低于太原市最低工资标准。原告诉请未签订无固定期限劳动合同的二倍工资的请求已过法定时效,不予支持。征缴社会保险费属于社会保险费征缴部门的法定职责,不属于人民法院受理民事案件范围,不予受理。原告尚未达到法定享受社会保险待遇的年龄,故原告要求被告赔偿没有依法缴纳社会保险造成损失的 36 万元,无法律依据,不予支持。

【案件点评】

上面这个案例涉及到确认劳动关系纠纷、社会保险待遇纠纷、追索劳动报酬纠纷,是企业等单位在运营过程中通常会遇到的劳动纠纷类型。但这个案件有两个特殊情况,一个是本案涉及到劳务派遣,另一个是因学校保安的工作性质特殊,无法按标准工作时间衡量,由此产生的加班工资问题。

劳务派遣这种用工模式在学校、幼儿园等教育机构中是比较常见的,适用的岗位多数为保洁、保安、食堂管理和服务人员、外籍教师等辅助性或临时性岗位,这些岗位人员流动性强,不适用劳动合同用工模式,比较适合劳务派遣用工模式。但是适用劳务派遣用工模式一定要注意审查派遣单位是否具备相应资质,要签订好《劳务派遣协议》,也要与劳动者个人就劳务派遣、工作内容、工资等事项进行沟通。

本案中,被告小学未将与太原市某保安公司签订的《保安服务合同书》告知原告杨某某,是被告在劳动争议处理中败诉的主要原因。如果被告某小学在与太原市某保安公司签订《保安服务合同书》时,按照法律规定履行其应尽的义务,并且持有劳动者知悉的证据,那么原告杨某某要求被告某小学补足 2009 年之后的工资差额以及加班工资的诉讼请求便不会得到法院的支持。

《未成年人保护法》规定"学校、幼儿园应当建立安全管理制度,对未成年人进行安全教育,完善安保设施、配备安保人员,保障未成年人在校、在园期间的人身和财产安全"。根据该条规定,学校应该配备安保人员。一般保安工作时间比较长,且工作与休息时间并不固定,由此引发的保安向学校索要加班费的纠纷也比较常见。

对于保安、门卫的加班工资问题,司法实践中,通常会综合考虑以下因素:学校是否就该岗位向劳动行政部门申请办理过综合计算工时工作制、不定时工作制的审批手续;学校是否在工作场所内为保安人员配备必要的休息设施;学校的工作制度或规章制度中对保安人员具体工作内容、工作强度的要求(以判断劳动者按照该制度工作是否将导致事实上无法休息);学校安排值班的人数(即考虑同一时段保安人员是否有轮换休息的可能性)。

对于保安这类因工作性质特殊无法按标准工作时间衡量的职工,学校可以从以下几个方面进行有效降低自身的加班工资成本:

一是对保安、门卫等需要长时间工作的岗位申请实行不定时工作制;

二是对于未能获批不定时工作制的,则建议学校在劳动合同中与员工明确约定将相应的上班时间进行合理的折算以及明确约定相应的计算基数;

三是学校也可选择将保安、门卫等岗位进行外包,由劳务派遣公司与其建立劳动关系并承担用人单位责任,在学校与劳务派遣公司的合同中明确约定相关的责任、义务以及费用承担,将支付加班工资的风险转移至劳务派遣公司;

最后,需要提醒学校注意按规定发放工资及加班费,缴交社会保险,编制工资支付表,列明工资支付详细清单,同时留存好劳动者领取工资的签收手续。

点评人:四川泽珲律师事务所 文多多

第三章　中等教育

　　中等教育阶段的学生成长环节、教学课程安排等具有特殊性,因而该学段的民事法律风险与其他学段有所不同。在该学段,学生正处于发育的关键时期,同时也处于身心快速成长的阶段,具有较强的叛逆和逆反心理,①虽然该阶段的学生心智已经较为成熟,但作为未成年人,其仍不能完全理性思考问题、冷静地妥善处理问题,并且在学校内与同学相处时间长,易与同学之间发生矛盾产生纠纷,导致安全事故的发生。此外,中等教育阶段也面临教师、后勤工作等教职工管理及资金短缺等法律问题。因此,在该阶段涉及主体主要为教育主体及教育主体内部人员,比如学生、教师、行政管理人员、学校后勤人员等,少数主体是与教育主体发生民事法律关系的教育主体外部人员。②

第一节　纵览:总体数据呈现

　　本章数据提取自裁判文书网 2015—2019 年上传的与中等教育行业有关的教育纠纷,共检索到教育行业中等教育阶段相关主体涉及民事纠纷的裁判文书数量共 12265 例,本节通过客观数据描绘案件特征、当事人情况、裁判结果及律师参与情况,多维度地描绘中等教育阶段的民事法律特点。

---

　　①　何旖清:《中学生心理发展特点与人格发展的表现、成因及针对性培养》,《心理月刊》2019年第 14 期。

　　②　编者注:该章所指的中等教育阶段教育主体系作为原告、被告或第三人参加诉讼的普通初中、职业初中教育、成人初中、普通高中、成人高中和中等职业学校。

一、案件特征

（一）案由分布

在 12265 例裁判文书中,通过技术直接提取到的案由分布在一级、二级、三级以及四级案由中,共 214 类。从一级案由看,中等教育阶段的民事纠纷主要集中在合同、准合同纠纷（5267 例）、人格权纠纷（2380 例）、侵权责任纠纷（1906例）、劳动争议、人事争议（1648 例）、物权纠纷（375 例）、知识产权与竞争纠纷（350 例）、其他案由纠纷①（339 例）。

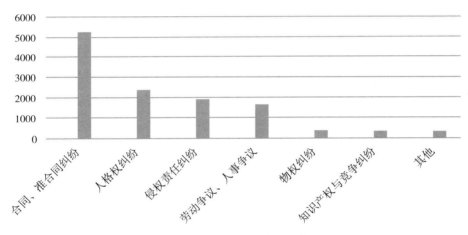

中等教育阶段一级案由分布

由于一级案由包含了数量众多的二级、三级和四级案由,考虑到数据统计和分析的有效性,根据案由的种类以及每种案由所包含的裁判文书数量对所有案件进行排序更为合理。② 因此,将 12265 例裁判文书整理为 16 类不同等级的案由予以统计。

案件数量前五的案由为:人格权纠纷（2380 例）、劳动争议、人事争议（1648

---

　　①　编者注:应包括婚姻家庭,继承纠纷,与公司、证券、保险、票据等有关的民事纠纷,非讼程序案件案由以及特殊诉讼程序案件案由在内的一级案由的裁判文书数量较少,故合并为"其他类"案由。

　　②　编者注:以合同、准合同纠纷为例,5267 例案件共包含了 76 类次级案由,且其中一些次级案由的裁判文书数量远远多于其他的一级案由文书数量,比如借款合同纠纷（1304 例）、建设工程合同纠纷（1040 例）、买卖合同纠纷（765 例）。

例)、借款合同纠纷(1304 例)、教育机构责任纠纷(1191 例)、建设工程合同纠纷(1040 例),分别约占总数的 19%、13%、11%、10%、8%。

其中,其他合同、准合同纠纷案件总数虽然为 936 例,但其中包含了委托合同纠纷、不当得利纠纷、债权转让合同纠纷等在内的与合同、准合同相关的 39 类四级案由,而每类案由的案件数量都相对较少,故合并为"其他合同、准合同纠纷"类案由。基于同样的理由,将监护人责任纠纷、触电人身损害责任纠纷、违反安全保障义务责任纠纷等在内的 18 类数量较少的四级侵权纠纷案由合并为"其他侵权纠纷"类案由,共 237 例;将保险纠纷、与破产有关的纠纷、与公司有关的纠纷等 40 余类四级案由合并为"其他"类案由,共 339 例。

同时,在人格权纠纷中,生命权、身份权、健康权纠纷为 2344 例,占该类案由总数的 98%,其他人格权纠纷为包括名誉权、姓名权等在内的六类四级案由。在劳动争议、人事争议中,劳动争议为 1531 例,占该类案由总数的 93%。在借款合同纠纷中,民间借贷纠纷为 1020 例,金融借款合同纠纷为 137 例,分别占该类案由总数的 78%、11%。在建设工程合同纠纷中,建设工程施工合同纠纷为 763 例,占该类案由总数的 73%。

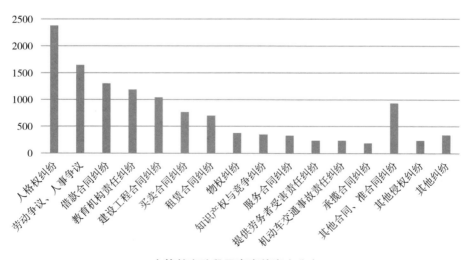

中等教育阶段民事案件案由分布

(二)时间分布

从年份分布来看,2015—2017 年全国各级人民法院审结的有关中等教育案件的裁判文书数量逐年增长,2017 年审结案件的裁判文书数量最多,为 2886 例,相较于 2015 年,2017 年判决书数量增长 30%。2018 年与 2019 年略有回落,但仍在 2100 例以上。

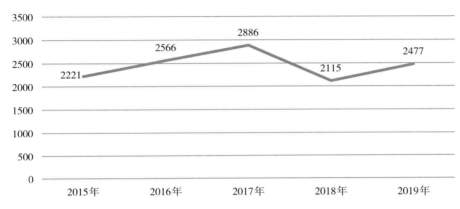

中等教育阶段民事案件年份分布

(三)地域分布

从地域分布来看,2015—2019 年全国各级人民法院审结的有关中等教育案件的裁判文书数量最多的五个省级行政区为河南、吉林、山东、安徽、江苏,分别为 1513 例、915 例、766 例、761 例、733 例;数量最少的三个省级行政区为青海、江西、西藏,分别为 13 例、9 例、3 例。

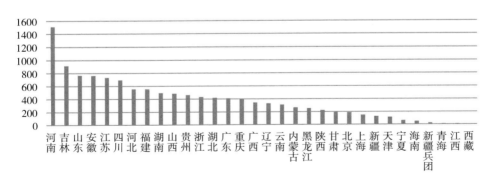

中等教育阶段民事案件地域分布

二、当事人情况勾勒

（一）教育主体诉讼地位分布

与中等教育阶段相关的 12265 例案件中,教育主体作为原告提起诉讼的案件约占 6.9%(846 例),教育主体单独作为被告被提起诉讼的案件约有 37.1%(4550 例),剩余约 56%的案件(6868 例)为教育主体和其他相关主体作为共同被告的案件。

（二）教育主体相对人身份分布

与中等教育阶段教育主体紧密联系的民事主体主要有三类:学校的在读学生、教职工以及与学校开展民事活动的其他民事主体。这三类主体同样也是中等教育阶段民事案件的另一方当事人。①

约有 57.6%的案件,另一方当事人为学生。这部分案件主要分布于教育机构责任纠纷案件、生命权、身体权、健康权纠纷案件中,并且学生几乎都是作为原告出现。约有 26.0%的案件,另一方当事人为教育主体的教职工,包括教师、行政人员、后勤工作人员等,这部分案件主要分布在劳动争议、人事争议案件中。还有约 16.4%的案件,另一方当事人为其他民事主体。这部分主体包含的种类与分布的案由十分广泛,包括民间借贷中的借贷人、买卖合同的买受人和出卖人、租赁合同的承租人与出租人、物权纠纷中的物权人等。

三、律师参与

在 12265 例与中等教育阶段有关的案件中,有 6721 例案件的原告委托了代理律师,占全部案件的 54.8%;其中,有 108 例案件属于法律援助律师,占原告律师参与案件的 1.6%。有 1467 例案件的被告委托了代理律师,占全部案件的 12.0%;其中,有 50 例案件属于法律援助律师,占被告律师参与案件的 3.4%。

---

① 编者注:上述统计的在诉讼中的三类主体均是单独作为教育主体的相对人出现,根据案件事实的具体情况,也有和教育主体作为共同原告或共同被告的情形。为便于统计和分析,此部分仅讨论其单独作为相对人出现的情形。与教育主体作为共同原告或共同被告的具体分布情况将在具体的案由分类中予以展示。

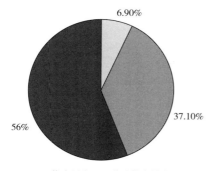

6.90%

37.10%

56%

□作为原告　■单独作为被告
■和其他相关主体共同作为被告

中等教育阶段民事案件教育
主体诉讼地位分布

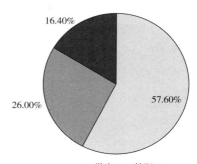

16.40%

57.60%

26.00%

□学生　■教职工
■其他民事主体

中等教育阶段民事案件非教育
主体诉讼地位分布

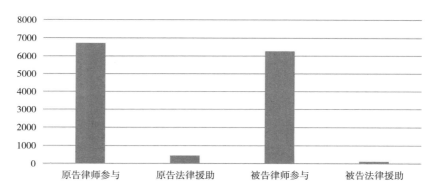

中等教育阶段民事案件律师参与程度分布

四、裁判结果[①]

（一）教育主体作为原告的诉讼结果

在教育主体作为原告的情形下,约有 35.7%的情形,其诉讼请求得到(部

_____

①　编者注:由于零散分布和发生频率较低的案由裁判结果无法反映客观规律,且高发案由数量就接近文书总数的 50%。因此对中等教育阶段四类重点案由包括生命权、身体权、健康权纠纷、劳动争议、教育机构责任纠纷和民间借贷纠纷共计 6086 例案件的裁判结果进行统计与分析。此部分统计的数据需要说明的是,教育主体作为原告或者被告的裁判结果统计是针对教育主体单独作为原告或者被告内部数据的分析;教育主体负有义务部分是在不区分教育主体是原告或者被告诉讼地位的情况下,着眼于从整体上对教育主体是否负有义务的裁判结果进行统计和分析。负有义务包括在确认之诉需要履行相应的义务以及在给付之诉中承担相应的责任,不负有义务指的是在诉讼中教育主体不需要承担任何责任。重点案由项下的裁判结果统计标准也与此相同。

分)支持①;约在64.3%的情况下,其诉讼请求被全部驳回。

(二)教育主体作为被告的诉讼结果

在教育主体单独作为被告的情形下,约有77.0%的案件原告的诉讼请求得到支持,即教育主体要履行相应的义务或承担相应责任;约在23.0%的案件中原告诉讼请求被全部驳回。

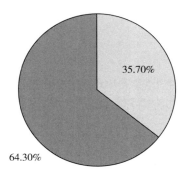

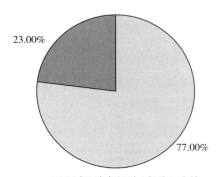

中等教育阶段民事案件诉讼主体
作为原告的诉讼结果分布

中等教育阶段民事案件诉讼主体
作为被告的诉讼结果分布

(三)教育主体负有义务情况

综合数据统计,教育主体不论是作为原告单独或者共同起诉,还是作为被告单独或者共同被起诉,约有68.6%的案件教育主体负有义务,约有31.4%的案件教育主体不负有义务。

第二节 聚焦:高发案由解读

零散分布和发生频率较低的案由裁判结果无法反映客观规律,而排名前四的高发案由数量就接近文书总数的百分之五十,因此聚焦中等教育阶段生命权、

---

① 编者注:由于原告可以提起多项诉讼请求而裁判结果仅支持其中一项或多项、涉及到金额主张的诉请,法院支持其诉请但金额与原告主张的未必一致,因此该部分的"原告诉讼请求得到支持"包括诉讼全部得到支持与部分得到支持。

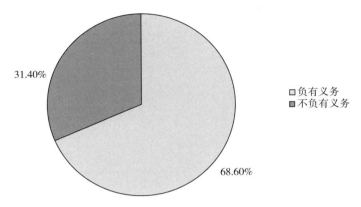

31.40%

68.60%

□ 负有义务
■ 不负有义务

中等教育阶段民事案件教育主体负有义务情况分布

身体权、健康权纠纷,劳动争议,教育机构责任纠纷及民间借贷纠纷四类高发案由,窥探每类案由的时间与地域分布、当事人情况、裁判结果、律师参与等特征并研析不同案由下的案件争议焦点和法律适用情况,多角度地展示与剖析中等教育阶段教育主体面临的民事法律风险。

一、生命权、身体权、健康权纠纷

生命权、身体权、健康权存在密切关系。① 生命权关注自然人的最高利益——生命,而身体权则关注人身肉体组织安全无瑕疵,健康权关注人体生理机能安全舒适。②《民法典》第 1002 条、1003 条、1004 条分别规定了自然人的生命权、身体权、健康权受合法保护,任何组织和个人不得侵犯。

（一）数据概览

1. 时间与地域分布

（1）时间分布

从年份分布来看,2015—2018 年我国各级人民法院审结的生命权、身体权、健康权纠纷案件的裁判文书数量整体呈下降趋势,2019 年审结案件的裁判文书数量略有增长。各年份具体案件数量分别为 561 例、533 例、473 例、366 例、411 例。

---

① 魏振瀛:《民法》,北京大学出版社 2021 年版,第 641 页。
② 曾隆兴:《详解损害赔偿法》,中国政法大学出版社 2004 年版,第 179 页。

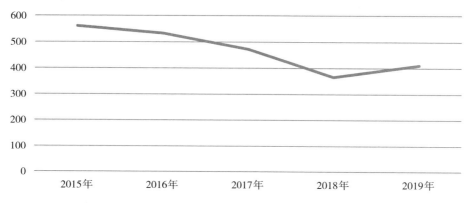

中等教育阶段民事案件生命权、身体权、健康权纠纷案件年份分布

（2）地域分布

从地域分布来看,2015—2019 年全国各级人民法院审结的生命权、身体权、健康权纠纷案件地域分布较为分散。审结案件的裁判文书数量最多的五个省级行政区为河南、山东、河北、吉林、四川,分别为 283 例、177 例、149 例、139 例、129 例;数量最少的三个省级行政区为江西、青海、西藏,分别为 3 例、2 例、0 例。

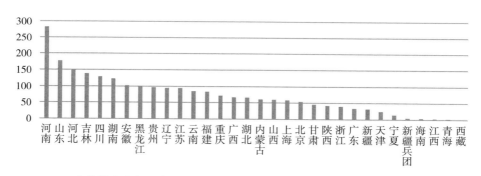

中等教育阶段民事案件生命权、身体权、健康权纠纷案件地域分布

2. 当事人情况勾勒

涉及到生命权、身体权、健康权纠纷的案件中,仍然以中等教育阶段的在读学生与校方之间的纠纷为主。但同时,中等教育阶段的学校作为一般的民事主体,在与其他民事主体进行民事活动交往中也可能涉及生命权、身体权、健康权纠纷。

（1）原告身份分布

约 99.6% 的案件是学生（及其家长）作为原告,约 0.4% 的案件是非学生当事人作为原告,例如在为校方提供施工、装修等服务过程中受伤的当事人。

（2）被告身份分布

约 1.3% 的案件校方单独作为被告。约 84.9% 的案件为校方及该校学生作为共同被告,这种情形下主要是校内学生因嬉戏打闹致一方受伤产生的纠纷。约 13.4% 的案件是校方与第三方主体作为共同被告,第三方主体主要包括保险公司、和校方进行民事活动的第三方公司、工作人员等。约 0.4% 的案件学校是作为第三人参与诉讼。

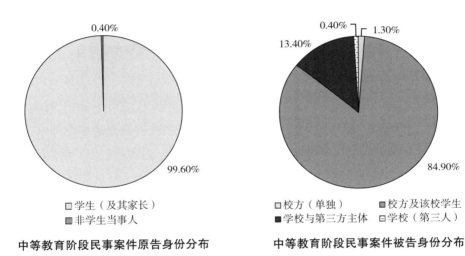

中等教育阶段民事案件原告身份分布　　　　中等教育阶段民事案件被告身份分布

3. 裁判结果与律师参与

（1）裁判结果

以中等教育阶段的学校（被告）是否承担责任视角统计裁判结果,[①]约 62.7%（1470 例）的案件校方需要承担责任;约 37.3%（874 例）的案件校方不需要承担责任,这部分案件主要包括学生之间嬉戏打闹时自身存在严重过错导致受伤或者自杀的案件、学生开展对抗性较强的体育运动等案件。

---

　　① 编者注:在生命权、身体权、健康权纠纷案件中,所有的案件校方均是以被告作为诉讼主体出现。同时,所有原告的诉讼请求都以要求赔偿医疗费、护理费、交通费、误工费、残疾赔偿金等金钱赔偿为主,兼带主张判令该案诉讼费用由被告承担。但由于裁判中医疗费、护理费、交通费等费用,均需相关证据证明且法官可根据案情酌情调整;同时在包括学生和第三方主体作为共同被告的情况下,涉及到在多个被告中分配责任的问题。因此,在此以中等教育阶段的学校是否承担责任视角统计裁判结果。

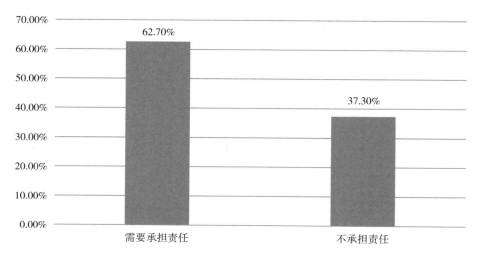

中等教育阶段民事案件校方作为被告承担责任情况

值得注意的是,从原告视角进行分析,没有一例案件的诉讼请求全部得到支持,约94.0%(2203例)案件的诉讼请求得到部分支持,约6.0%(141例)案件的诉讼请求被全部驳回。

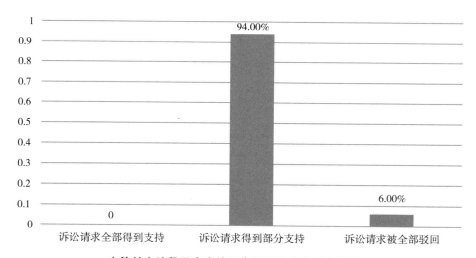

中等教育阶段民事案件原告诉讼请求得到支持情况

综合数据统计,教育主体不论是作为原告单独或者共同起诉,还是作为被告单独或者共同被起诉,约有62.66%的案件教育主体负有义务,约有37.34%的案件教育主体不负有义务。

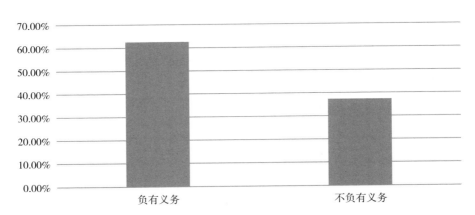

中等教育阶段民事案件教育主体负有义务情况

（2）律师参与

有 1298 例案件的原告委托了代理律师，占全部案件的 55.4%；其中，有 108 例案件属于法律援助律师，占原告律师参与的 8.3%。有 1447 例案件的被告委托了代理律师，占全部案件的 61.7%；其中，有 50 例案件属于法律援助律师，占全部被告律师参与的 3.5%。

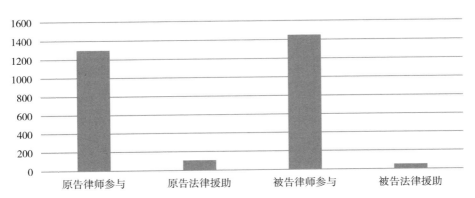

中等教育阶段民事案件生命权、身体权、健康权纠纷案件律师参与程度

(二)检视:案件特征与法院裁判

1. 案件特征

首先,生命权、身体权、健康权纠纷的诉讼主体具有特殊性。根据统计数据,该类纠纷涉案当事人主要为学校和校内学生,少量案件因校方为学生购买校园保险,与保险公司作为共同被告。

其次,生命权、身体权、健康权纠纷高发的地点和时间段具有规律性。第一,学校的课堂上。体育课上发生的学生伤害事件占在所有课堂发生的此类纠纷的绝大多数,还包括足球比赛、篮球比赛等各项对抗性较强的体育比赛,此类纠纷系因学生自身或者学校管理上的原因以致学生受伤而引发纠纷。第二,课间休息期间。在课间,学生们自由活动的范围扩大、学生们接触时间变多导致伤害事故频发。少量纠纷发生在学生上学、放学期间以及校外。该类情形下系学生之间因嬉戏打闹、互相约架、对打行为等引发此类纠纷。除此之外,少量的案件是因学校安全设施存在安全隐患或者学生故意违反校规校纪而引发的纠纷。

再次,原告的诉讼请求主要围绕各类损害赔偿展开。学生作为原告一方提出的诉讼请求一般包括医疗费、营养费、护理费、交通费、误工费、残疾赔偿金、精神损害赔偿(精神抚慰金)等,法院会综合考虑原告提供的证据包括原告方提供的各项费用证明等酌情支持其各项费用的损害赔偿主张,如果原告无法提供相应证据证明其所称事实,法院可能不会支持其相应的诉讼请求。

【以案为鉴】①

本院认为,本案中,被告杨某某故意伤害原告王某某导致其受伤,被告杨某某应对原告王某某的损害承担赔偿责任。因被告杨某某系限制民事行为能力人,故其侵权责任应由其监护人即被告杨某承担。同时,原告王某某诉称其长期在学校遭受欺凌,被告某中学校怠于履行教育、管理职责,对原告王某某长期遭受欺凌一事没有察觉,故被告某中学校应承担赔偿责任。但原告王某某对此没有提供相应证据予以证明,故本院对原告王某某诉称的上述事实不予确认。原告王某某还诉称班主任冯某某未及时将原告王某某送医治疗,也未及时通知原告王某某的家长,导致原告王某某错过最佳的治疗,被告某中学校在本次事故处

---

① (2019)渝 0115 民初 7519 号。

理上存在严重过错,故应承担赔偿责任。本案中,原告王某某受伤的部位是眼睛,而班主任冯某某在原告王某某的左眼受伤后根据自身经验观察该受伤部位,并通过询问原告王某某本人对其受伤部位的感知描述,进而没有采取将原告王某某立即送至校医务室或医院进行专业的检查,导致原告王某某实际送医延后一个多小时,班主任冯某某对此存在一定处置不当。因原告王某某未提供相应证据证明被告某中学校在其受伤后没有立即送医治疗导致其左眼伤情加重及该校未尽到教育、管理职责,故被告某中学校不应承担赔偿责任。

判决如下:被告杨某赔偿原告王某某医疗费 2790.72 元、伙食费 1800 元、营养费 2000 元、护理费 3240 元、残疾赔偿金为 209334 元、交通费 6510 元、住宿费 1788 元、鉴定费及鉴定检查费 1935 元,共计 229397.72 元(已支付);驳回原告王某某对被告杨某的诉讼请求;驳回原告王某某对被告重庆市某中学校的诉讼请求;驳回原告王某某的其他诉讼请求。

2. 法院裁判

(1)学校或者其他教育机构主观上对损害结果的发生是否存在过错

学校与学生之间是一种教育关系,学校对学生在校学习、生活期间应负有教育、管理、安全保护义务,未尽到安全管理职责致使学生在校期间受到人身损害的,应当承担相应的赔偿责任。根据《侵权责任法》第 39 条①规定,限制民事行为能力人在学校或者其他教育机构学习、生活期间受到人身损害,学校或者其他教育机构未尽到教育、管理职责的,应当承担责任。由此可知按照我国教育年限设置,中等教育学生年龄通常在十一周岁以上十八周岁以下,大部分为限制民事行为能力人,故中等教育阶段学校承担的是过错责任,即有过错,才承担与过错相应的责任;没有过错,就不承担责任。

首先,校方对学生的教育、监督管理职责主要表现为学生安全事故发生前的预防、警示管理措施是否到位以及事故发生后学校是否及时制止事态的进一步升级以及是否采取积极的补救措施。在校园内,校方不仅要进行日常安全教育,而且要对学生课间如何合理安排、选择适宜活动内容进行必要的引导与提示,并

---

① 编者注:自2021年1月1日起施行的《民法典》生效后,《侵权责任法》同时废止。该条款位于《民法典》第七编侵权责任编第1200条"限制民事行为能力人在学校或者其他教育机构学习、生活期间受到人身损害,学校或者其他教育机构未尽到教育、管理职责的,应当承担责任"。

通过巡视、执勤等方式加强监督保护,有效防免伤害事故的发生。限制民事行为能力人的认知能力有限,仅凭学生自律显然是不足以排除相关安全事故的发生,因此,无论学生是上课期间或是课间休息期间,由于处于学校监督和管控的范围内,法律上都对学校的监督管理职责设置了较高的标准。即使学校在与学生安全事故有关的诉讼中抗辩并举出一定的证据称已尽到了安全监管职责,在大多数情况下法院也会判定学校没有尽到充分的安全管理职责,在主观上存在过错,应对学生的损害结果承担一定的赔偿责任。

【以案为鉴】[①]

本院认为,江某与沙某均为在某某中学读书的未成年无民事行为能力人,学校应对在校学生进行必要的安全教育和自护自救教育,并负有教育、管理、保护义务。江某受伤发生在上课期间,即便在自由活动时候,授课老师也应当保障学生的人身安全。某某中学辩称已经尽到教育、管理的职责,因未能提交证据加以证明,本院对该辩解不予采纳。因此,江某在上课期间受伤,某某中学应当对江某承担主要的赔偿责任,本院酌定为90%。沙某某作为沙某的监护人,根据法律规定,沙某和沙某某应当同时作为本案的共同被告参加诉讼。沙某在体育课自由活动期间,抱起江某致江某摔伤,因未能遵守学校的安全规章制度,其监护人沙某某应当承担相应的赔偿责任,本院酌定10%。

其次,在开展像体育课、篮球比赛等对抗性较强的活动中,会综合考虑此类活动的特殊性判断校方是否具有过错。在教学活动中,校方根据实际情况组织学生进行的各项体育竞技活动,活动本身是正当且有益的,能够帮助青少年学生实现运动参与、身体健康、运动技能、心理与社会适应等多方面功能。[②] 由于体育运动本身就存在一定的危险性,尤其是足球、篮球等这类风险性较大的对抗性活动,对发生在瞬间的无意识的对抗性伤害行为是难以预料和制止的,除非是学校对学生没有进行技术指导和安全教育、没有提供必要的防护器具等相应的安全措施或者未及时阻止学生的危险行为致使学生在体育活动中受伤,法院在这些情形中会认定学校在主观上存在过错,否则在校方充分举证证明已尽到安全

---

① (2015)霍民一初字第 01558 号。
② 唐大鹏:《我国学校体育政策执行过程审视——以史密斯模型为理论框架》,《广州体育学院学报》2019 年第 39 期。

管理职责的情况下法院将其认定为意外事件的可能性更大。

【以案为鉴】①

本院认为,对于学生原告李某某,其在事故发生时已满 16 周岁,是限制民事行为能力人,可以参加与其年龄相适应的体育活动,应对篮球运动具有群体性、对抗性及人身伤害危险性等特点具备相应的认知能力,故在课间操自由活动期间同学自发组织的篮球运动时,其应根据自己的身体条件及健康状况对运动中存在的危险性动作作出正确判断及避让,以免运动中激烈冲撞而发生身体受伤事件,但原告疏忽大意,导致自己受伤,其自身存在过错。原告受伤后,班主任马某第一时间联系原告家长送原告至医院治疗,不存在延误治疗致原告伤情加重的情形,学校已经履行了相应的救助、管理义务,行为并无不当。当事人对自己提出的诉讼请求所依据的事实或者反驳对方诉讼请求所依据的事实有责任提供证据加以证明,没有证据或者证据不足以证明当事人的事实主张的,由负有举证责任的当事人承担不利后果。本案中原告未能提供证据证明其所受伤是由被告李某某的过错造成的,亦未能提供证据证实是由其他同学的过错造成其受伤,同时也未能提供证据证实鸡西市某中学校存在教育管理上的过错,因此对于原告要求被告李某某和鸡西市某中学校给付医疗费及补牙费 10000.00 元的诉讼请求,本院不予支持。

再次,如果学生脱离校方的监管范围,尤其是不在校园范围内,则校方的过错认定会有所不同。学生受到的损害发生在放学途中或者学生的校外自由活动等校外各类地点,此时校方对学生的管控程度因客观原因受到限制,不可能像在学校一样对学生开展教育管理,此时对校方规定过高的安全管理职责是不现实的,也是不合理的,不符合校方的角色定位。因此,在此类情形下,法院不会对学校苛责过于严格的安全管理义务。

【以案为鉴】②

法院认为,死者陈某某不属在校住宿的学生,放学期间不在第三人某某中学管束职责范围内,故死者陈某某在放学期间发生溺水身亡,第三人某某中学不承

---

① (2015)城民初字第 161 号。
② (2015)澄民初字第 21 号。

担民事责任。

【以案为鉴】①

本院认为,被告天津市某中学在日常教学活动中对学生进行了安全教育,由于事发时间在中午放学后的学生午餐时间,鉴于学校没有食堂,为了避免学生人身损害事件的发生,学校采取了必要的防范措施,即安排值班领导和老师在休息时间义务看管,且在事发后第一时间赶到教室进行了制止,并通知双方家长到校带孩子就医。因此,天津市某中学已切实履行教育、管理和保护的义务,对事故的发生不存在过错,故对原告的损害不承担民事责任。

(2)被侵权人在主观上对损害结果的发生是否存在过错

被侵犯生命权、健康权或者身体权的学生如果对损害结果的发生也存在过错,根据过错相抵原则,可以减轻校方的责任。《民法典》第1173条规定"被侵权人对同一损害的发生或者扩大有过错的,可以减轻侵权人的责任",中学学校的大部分学生都是限制民事行为能力人,应有能力判断自己行为的危险性,对自己实施的行为可能会造成的损害后果应具有相应的认知和判断能力,在各类活动过程中,具备一定的安全防范意识,应当做好自身的安全防护,尽量避免因心理障碍、动作不当等原因造成的人身伤害。大量案件中表现出被侵权人受到损害都是由于与侵权人之间的嬉戏打闹或者因自己采取了危险行为而造成,而根据涉事学生的年龄及认知水平来看,其对自己实施行为的危害后果具有一定的认识,也具备一定的行为控制能力,故案涉被侵权学生因自身没有尽到合理的安全注意义务而受到损害的,应对自己的损害结果承担一定的责任。

【以案为鉴】②

本院认为,公民的生命健康权受到法律的保护,任何人不得侵犯。原、被告双方是在校学生并是同班同学,本应和睦相处,相互帮助,共同努力学习,遵守学校的校纪校规。但是,原告不遵守课堂纪律,在被告劝阻后对被告出言不逊,使矛盾扩大。而被告作为班干部,与原告发生矛盾后没有采取冷静的办法处理,亦没有向老师汇报。反而是双方进行了约架,致使双方的矛盾进一步激化,据此,

---

① (2019)津0117民初1230号。

② (2017)川0402民初2342号。

双方均有过错。但在此次事件中,由于原告不遵守课堂纪律并对被告的劝阻不仅不听还出言不逊,引起矛盾的产生,且在双方对峙时先动手继而引发双方发生抓扯,导致其受伤的损害后果,其自身的行为是导致损害后果发生的主要原因,应当承担主要责任,故由其承担70%的责任,即由其自行承担18887.14元(26981.64元×70%)。虽然被告的行为是损害后果发生的非主要原因,但,其在事情发生过程中没有积极采取冷静的办法处理矛盾,对事态的激化亦有一定的责任,应当承担次要责任,故由其承担30%的责任,即承担8094.40元(26981.64元×30%)。

（3）学校或者其他教育机构是否需要承担精神损害赔偿责任以及如何确定精神损害抚慰金的数额

一方面,精神损害赔偿责任与伤残等级不具有必然的关联性,法院会综合考虑案件各种因素确定教育机构是否需要承担精神损害赔偿责任。在涉及学生伤残、死亡或严重精神损害的案件中,学生所遭受的损害大多以身体伤害为主,另有极个别的独立精神损害,如致严重抑郁症等精神疾病的个案。第一,精神损害赔偿被广泛地用于被侵权人可能遭受精神损害的情形,而不局限于伤害程度达到一定的伤残等级,在一些案件中即使不构成伤残等级且医疗费费用也不高,法院仍旧可能支持原告请求赔偿精神损害赔偿金的诉讼请求。第二,达到伤残等级并非必然会承担精神损害赔偿,法院需要综合考虑原告是否提出相应的诉讼请求、损失金额大小、受害人身体和心理境况、教育机构的责任程度等因素加以判断。在部分案件中,比如在校外自杀,法官裁判时以学生及其监护人承担主要责任为由,未支持要求教育机构承担精神损害赔偿的诉讼请求。可见,教育机构承担精神损害赔偿责任,须存在明显过错,轻微过失并不必然承担精神损害赔偿责任。第三,有保险公司参与的情况下,保险公司一般不会赔偿精神损失。

另一方面,法官对精神损害抚慰金的数额,有较大的自由裁量空间。在相当一部分支持精神损害抚慰金案件中,法官的裁判理由包括"原告所主张的精神损害赔偿金数额过高,不予支持"或"根据本案的实际情况,酌定支持……元",但均未具体说明支持具体金额的计算方法,另有部分案件法官根据侵权所造成的金钱损失数额大小酌情决定精神损害抚慰金数额。

【以案为鉴】①

判决如下：一、限被告某保险股份有限公司支公司于本判决生效后二十日内赔偿原告许某某医疗费、护理费、营养费、伙食补助费、交通费、残疾赔偿金共计30837.99元；二、限被告杨某于本判决生效后二十日内赔偿原告许某某医疗费、护理费、营养费、伙食补助费、交通费、残疾赔偿金、精神损害抚慰金共计34837.99元（含被告李某、杨某已支付原告许某某的1400元）；三、驳回原告的其他诉讼请求。

二、劳动争议纠纷

中等教育阶段的劳动争议纠纷主要发生在校方与教师、后勤工作人员以及学校行政工作人员之间，且大部分校方是作为被告参与诉讼。该类劳动争议除具有一般劳动争议的特点外，还因劳动者身份具有特殊性，因此围绕的诉讼请求与一般劳动争议纠纷也略有不同。

在中等教育行业涉及到的纠纷中，2015—2019年全国各级人民法院审结的与劳动争议有关的案件共1648例，其中案由为"劳动争议"的案件总数为1531例，占该类案件的93%。

（一）数据概览

1. 时间与地域分布

（1）时间分布

从年份分布来看，2015—2019年我国各级人民法院审结的劳动争议纠纷案件的裁判文书数量呈现波动状态，2018年裁判文书数量较上年显著减少后，2019年审结案件的裁判文书数量相比于2018年又迅速增加，达到五年裁判文书数量之最。各年份具体案件数量分别为193例、223例、425例、250例、440例。

（2）地域分布

从地域分布来看，2015—2019年全国各级人民法院审结的劳动争议纠纷案件地域分布较为分散。审结案件的裁判文书数量最多的五个省级行政区为四

---

① （2017）豫1324民初1074号。

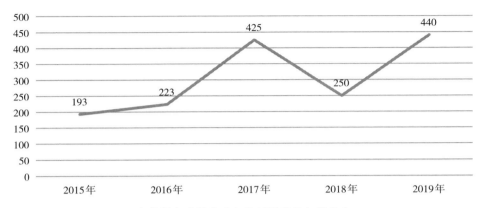

中等教育阶段劳动争议纠纷案件年份分布

川、贵州、河南、安徽、广西,分别为 173 例、169 例、96 例、93 例、90 例;数量最少的三个省级行政区为江西、青海、西藏,分别为 1 例、1 例、0 例。其中,辽宁于 2017 年存在 16 例判决书,贵州于 2019 年分别存在 27 例判决书、105 例判决书,都来源于系列案件。①

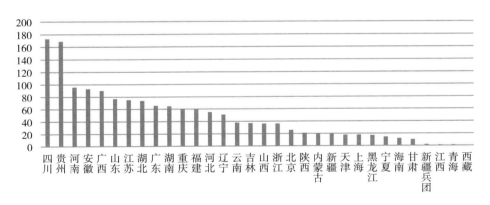

中等教育阶段劳动争议纠纷案件地域分布

---

① 编者注:所谓的系列案件,一般是指同一诉讼内容、同类诉讼请求,一方当事人众多的一批案件。在民事法庭中,主要是指被告在多次行为当中侵犯多个原告权利的案件,并且多个原告的案件诉讼请求属同一种类。这种案件的原告一般为普通的共同原告。

2. 当事人情况勾勒

（1）原告身份分布

教育主体单独作为原告提起诉讼的案件约 21.1%（348 例），教育主体内部的教师作为原告提起诉讼的案件约 19%（315 例），在校内从事比如安保工作、宿舍管理、食堂等后勤工作的劳动者作为原告提起诉讼的案件约 49.3%（812 例），校内行政工作人员作为原告提起诉讼的案件约 2%（33 例），剩余的 8.6%（142 例）属于校方和劳务派遣公司、员工等共同起诉的案件。

（2）被告身份分布

教育主体单独作为被告被起诉的案件约 74.3%（1224 例），教育主体内部的教师作为被告被起诉的案件约 7.3%（119 例），在校内从事比如安保工作、宿舍管理等后勤工作的劳动者作为被告被起诉的案件约 9.2%（152 例），剩余的约 9.2%（152 例）属于校方和劳务派遣公司、员工等共同被起诉的案件。

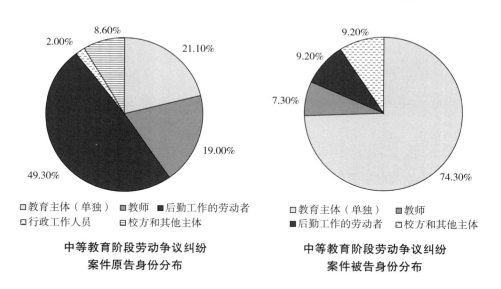

中等教育阶段劳动争议纠纷
案件原告身份分布

中等教育阶段劳动争议纠纷
案件被告身份分布

3. 裁判结果与律师参与

（1）裁判结果

如前所述，在中等教育阶段的劳动争议案件中，约有 74.3% 的案件是教育主体作为被告被起诉。在这部分案件中，约有 5.3% 的案件，属于原告的诉讼请求全部得到支持。① 约有 61.1% 的案件,原告的诉讼请求仅得到部分支持,例如:根据认定事实,仅支持原告拖欠工资而未支持经济补偿金的情形。约有 33.6% 的案件,原告的诉讼请求被全部驳回。

约有 21.1% 的案件是教育主体作为原告提起诉讼。由于教育主体作为原告时,其诉讼请求以否认劳动关系及不支付相关款项为主。在这部分案件中,约有 6.3% 的案件,教育主体的诉讼请求全部得到支持。约有 18.7% 的案件,教育主体的诉讼请求仅得到部分支持,例如:根据认定事实,仅支持否认现有的劳动关系但需支付一定经济补偿金的情形。约有 75.0% 的案件,原告的诉讼请求被全部驳回。

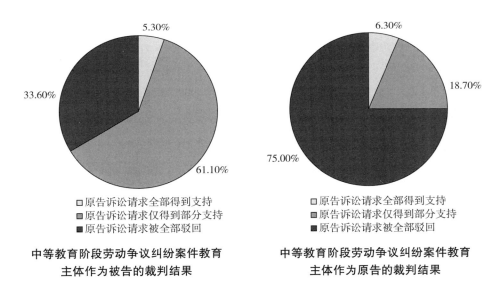

中等教育阶段劳动争议纠纷案件教育主体作为被告的裁判结果

中等教育阶段劳动争议纠纷案件教育主体作为原告的裁判结果

综合劳动争议判决书的统计数据,教育主体不论是作为原告单独或者共同起诉,还是作为被告单独或者共同被起诉,约有 68.42% 的案件教育主体负有义务,约有 31.58% 的案件教育主体不负有义务。

————————

① 编者注:由于劳动争议案件中同时涉及确认之诉与给付之诉,劳动者原告可能单独主张确认或解除双方劳动关系,也可能单独主张拖欠工资、经济补偿金等款项,或者二者同时主张。而工资、经济补偿金等具体金额需要法院通过证据加以认定和酌情裁量;即使支持原告请求,所判金额与原告在诉讼请求中主张的数额也有所不同。因此,本处所称"原告诉讼请求得到全部支持"包括单独确认之诉得到支持以及主张款项得到支持的情形,不区分诉讼请求与判决结果中金额不一致的情形。

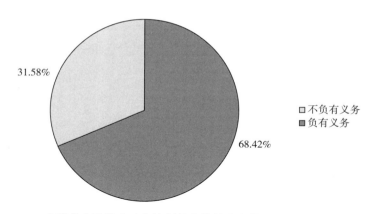

中等教育阶段劳动争议纠纷案件教育主体负有义务情况

（2）律师参与

在 1648 例劳动争议案件中，有 840 例案件的原告委托了代理律师，占全部案件的 51.0%；其中，有 53 例案件属于法律援助律师，占原告律师参与的 6.3%。有 821 例案件的被告委托了代理律师，占全部案件的 49.8%；其中，有 15 例案件属于法律援助律师，占被告律师参与的 1.8%。

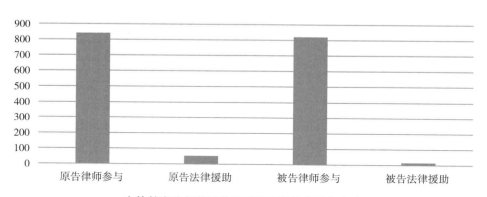

中等教育阶段劳动争议纠纷案件律师参与程度

（二）检视：案件特征与法院裁判

1. 案件特征

第一，劳动争议纠纷案件的当事人具有一定的特点。该类案件的双方当事人主要是学校和在校从事各类工作的校内人员，比如为学生提供教学工作的教师，学校行政管理人员，负责管理秩序的保安人员、食堂员工、学生宿舍管理员、负责维修各类设施的维修人等后勤保障工作人员。其中，后勤工作人员作为原告提起诉讼的裁判文书数量接近50%。

第二,中等教育阶段的劳动争议案件围绕的诉讼请求和争议焦点与普通的劳动争议纠纷具有相似性。虽然校内教职工的工作性质和内容与其他工作存在较大的不同,但本质上都是校方的劳动提供者,其案件具有一般劳动争议的特点,主要涉及劳动关系的确立、劳动合同的签订、工资的组成内容、二倍工资的惩罚性赔偿金、解除合同的经济补偿金、未缴纳社会保险等。原告的诉讼请求包括确认与学校存在劳动关系、未订立劳动合同的二倍工资赔偿、解除合同的经济赔偿金、补交社会保险等,而被告的抗辩集中表现为与原告不存在劳动关系以及原告的劳动争议诉讼请求提出时间超过规定的仲裁时效。

第三,该教育阶段的一些劳动争议案件呈现出与一般劳动争议案件不同的特点,与该劳动者的身份息息相关。不同工作岗位发生的案件呈现出不同类工作的特点,比如对于教师岗位,诉讼请求有其自身的特点,包括支付教学加班工资、绩效工资以及达到升学要求的奖金奖励等诉讼请求。

【以案为鉴】①

原告不服仲裁裁决,遂向法院提起诉讼,请求判令:一、被告向原告支付2014年8月工资9613.06元、2014年9月工资9901.99元;二、被告向原告支付2014年7月13日至2014年7月26日赛前(赛时)集训课时量补贴1820元;三、被告向原告支付2013年8月至2014年8月科研奖17650元;四、被告向原告支付2012年9月1日至2014年9月30日的工龄奖励金5000元;五、被告向原告支付2012年10月至2014年的运动服装、运动鞋费用合计1200元;六、被告向原告支付2013年10月至2014年的高温工作津贴1800元。

判决如下:一、确认原告朱某某与被告东莞市某中学之间的劳动合同关系已解除;二、限被告东莞市某中学自本判决发生法律效力之日起三日内向原告朱某某支付解除劳动关系经济补偿金63903元;三、限被告东莞市某中学自本判决发生法律效力之日起三日内向原告朱某某支付2014年7月过程管理奖150元、保密津贴200元、岗位津贴1100元;四、限被告东莞市某中学自本判决发生法律效力之日起三日内向原告朱某某支付2012年10月、2013年6月至2013年10月、

① (2015)东一法东民一初字第816号。

2014年6月至2014年9月期间的高温津贴差额合计837.1元;五、限被告东莞市某中学自本判决发生法律效力之日起三日内向原告朱某某支付2014年8月工资8043.71元、2014年9月工资9551.99元;六、限被告东莞市某中学自本判决发生法律效力之日起三日内向原告朱某某支付2014年7月13日至2014年7月26日期间的赛前集训课时量补贴1274元;七、限被告东莞市某中学自本判决发生法律效力之日起三日内向原告朱某某支付2013至2014学年第二学期"三奖"奖金3000元;八、限被告东莞市某中学自本判决发生法律效力之日起三日内向原告朱某某支付2013至2014学年的高三带班奖金10000元;九、限被告东莞市某中学自本判决发生法律效力之日起三日内向原告朱某某支付2013年8月至2014年8月期间的科研奖合计18250元;十、限被告东莞市某中学自本判决发生法律效力之日起三日内向原告朱某某支付工龄奖励金5000元;十一、限被告东莞市某中学自本判决发生法律效力之日起三日内向原告朱某某支付2013年至2014年期间的运动服装及运动鞋费用合计1000元;十二、驳回原告朱某某的其他诉讼请求;十三、驳回被告东莞市某中学的其他诉讼请求。

2. 法院裁判

（1）原被告之间是否建立了劳动关系

首先,是否形成劳动关系与是否订立劳动合同没有必然的关系。劳动关系是指用人单位与劳动者个人之间,依据劳动法律法规,签订劳动合同,劳动者接受用人单位的领导和管理,从事用人单位安排的工作,成为用人单位的成员,从用人单位领取劳动报酬和接受劳动法律保护所产生的权利义务关系。签订书面劳动合同是为了保护劳动者的合法权益,防止用人单位肆意侵害劳动者的权益而无约束,即使在原告与被告未签订书面劳动合同的情况下,通过结合原告与被告用人单位之间管理约束关系、原告劳动报酬支付方式以及原告提供的劳动服务内容等因素,可以认定原、被告之间存在事实上的劳动关系,应受法律的保护,用人单位自用工之日起即与劳动者建立劳动关系。所以劳动关系的建立可以通过劳动合同来认定,但劳动合同并不是证明劳动关系存在的唯一证据。用人单位未与劳动者签订劳动合同,认定双方存在劳动关系时可参照下列凭证[①]:(一)

---

① 《关于确立劳动关系有关事项的通知》,原劳社部2005年,第12号。

工资支付凭证或记录(职工工资发放花名册)、缴纳各项社会保险费的记录；(二)用人单位向劳动者发放的"工作证""服务证"等能够证明身份的证件；(三)劳动者填写的用人单位招工招聘"登记表""报名表"等招用记录；(四)考勤记录；(五)其他劳动者的证言等。事实劳动关系的成立需要同时满足以下情形①：(一)用人单位和劳动者符合法律、法规规定的主体资格；(二)用人单位依法制定的各项劳动规章制度适用于劳动者,劳动者受用人单位的劳动管理,从事用人单位安排的有报酬的劳动；(三)劳动者提供的劳动是用人单位业务的组成部分。

【以案为鉴】②

本院认为,原告王某于 2010 年起在被告处从事校园保安工作,双方虽未签订书面劳动合同,但原告有偿劳动,按月领取劳动报酬,工作接受被告安排和管理,双方之间已形成事实上的劳动关系。

其次,非全日制用工形式也可以成立劳动关系。非全日制用工,是指以小时计酬为主,劳动者在同一用人单位平均每日工作时间不超过四小时,每周工作时间累计不超过二十四小时的用工形式。非全日制用工双方当事人可以订立口头协议。非全日制用工双方当事人任何一方都可以随时通知双方终止用工。终止用工,用人单位不向劳动者支付经济补偿。非全日制用工小时计酬标准不得低于用人单位所在地人民政府规定的最低小时工资标准。

【以案为鉴】③

本案中,原告张某某与被告某中学达成口头协议在某中学做清洁维护工作,因而劳动关系成立。但原告无任何证据证明其所做清洁维护工作每日超过四小时,故师宗县劳动人事争议调解仲裁委员会师劳人仲案〔2016〕1 号裁决书裁决为双方属于非全日制用工形式,任何一方均可以随时通知对方终止劳动关系的裁决,事实清楚,符合法律规定,本院予以维持。原告 2004 年 3 月自行离校,2006 年 7 月返校亦印证双方任何一方均可随时终止劳动合同关系。

再次,建立劳动关系而未订立劳动合同的权利主张因过错方不同而有所区

---

① 《关于确立劳动关系有关事项的通知》,原劳社部 2005 年,第 12 号。
② (2017)内 0782 民初 2929 号。
③ (2016)云 0323 民初 550 号。

别。原被告之间形成的法律关系类型是原告据以主张相关权利的关键因素,在大量判决书中法院会对原被告之间是否建立劳动关系进行认定。一方面,如果存在劳动关系而因用人单位的过错没有与劳动者订立劳动合同,即双方未能签订劳动合同是归责于用人单位而不是劳动者,劳动者就可以依据《劳动合同法》第 82 条"用人单位自用工之日起超过一个月不满一年未与劳动者订立书面劳动合同的,应当向劳动者每月支付二倍的工资"以及《劳动合同法实施条例》第 6 条、第 7 条之具体规定,主张用人单位向其支付二倍工资,如果未形成劳动关系则不能进行相应的权利主张。另一方面,如果双方未订立劳动合同的原因是劳动者存在过错,比如劳动者不愿意或者不主动与用人单位订立书面劳动合同,则此时法院不会支持用人单位应当向劳动者支付二倍工资的诉讼请求,因为未订立劳动合同的二倍工资是针对用人单位拒绝与劳动者签订书面劳动合同情况下应承担的惩罚性法律责任,如果用人单位不存在过错则不需要承担该法律责任。

【以案为鉴】①

本院认为,因被告没有提交相关简历、学历学位证书及因被告的工资及社会保险费用基数等,双方未能订立书面劳动合同。原告与其他员工订立书面合同,也愿意与被告订立书面劳动合同,且多次通知被告签订劳动合同,未订立劳动合同的二倍工资是针对用人单位拒绝与劳动者签订书面劳动合同情况下应承担的惩罚性法律责任,而原告并非不愿意或不主动与被告订立书面劳动合同,故不应支付未订立合同二倍工资,对原告的该项请求予以支持,被告的辩解意见不能成立。

(2)因不同的原因解除劳动合同的经济补偿金标准有所不同

获得经济补偿金的前提条件是原告与用人单位之间解除劳动关系,但如果双方没有建立劳动关系,那解除劳动关系也就无从谈起,因此在此讨论的前提是原告与用人单位已经建立劳动关系。

首先,在劳动者提出解除劳动合同及与用人单位协商一致后解除合同等情形下,此时经济补偿金按照《劳动合同法》第 47 条规定之标准予以补偿。根据《劳动合同法》第 46 条规定"有下列情形之一的,用人单位应当向劳动者支付

---

① (2019)冀 0706 民初 303 号。

经济补偿:(一)劳动者依照本法第38条规定解除劳动合同的;(二)用人单位依照本法第三十六条规定向劳动者提出解除劳动合同并与劳动者协商一致解除劳动合同的;(三)用人单位依照本法第47规定解除劳动合同的;(四)用人单位依照本法第四十一条第一款规定解除劳动合同的;(五)除用人单位维持或者提高劳动合同约定条件续订劳动合同,劳动者不同意续订的情形外,依照本法第44条第一项规定终止固定期限劳动合同的;(六)依照本法第44条第四项、第五项规定终止劳动合同的;(七)法律、行政法规规定的其他情形",此时经济补偿金的标准按照《劳动合同法》第47条的规定"经济补偿按劳动者在本单位工作的年限,每满一年支付一个月工资的标准向劳动者支付。六个月以上不满一年的,按一年计算;不满六个月的,向劳动者支付半个月工资的经济补偿"。

其次,用人单位解除劳动合同的行为性质更加恶劣并且严重侵害劳动者的合法权益,此时经济补偿金的标准为《劳动合同法》第47条规定的两倍。根据《劳动合同法》第87条的规定"用人单位违反本法规定解除或者终止劳动合同的,应当依照本法第47条规定的经济补偿标准的二倍向劳动者支付赔偿金"。违反该条解除劳动合同主要有两个方面,一是用人单位违反《劳动合同法》第42条①的规定,在法律明确规定不得解除劳动合同的情形下解除劳动合同;二是用人单位在解除劳动合同时,没有遵守法定的程序。比如根据《最高人民法院关于审理事业单位人事争议案件若干问题的规定》第1条"事业单位与其工作人员之间因辞职、辞退及履行聘用合同所发生的争议,适用《劳动法》的规定处理",这里适用《劳动法》的规定处理是指人民法院对事业单位人事争议案件的实体处理应当适用人事方面的法律规定;根据人力资源和社会保障部、监察部规定的《事业单位工作人员处分暂行规定》第24条第一款第三项"对事业单位工作人员的处分,按照以下程序办理:将调查认定的事实及拟给予处分的依据告知

---

① 编者注:《劳动合同法》第42条规定:"劳动者有下列情形之一的,用人单位不得依照本法第四十条、第四十一条的规定解除劳动合同:(一)从事接触职业病危害作业的劳动者未进行离岗前职业健康检查,或者疑似职业病病人在诊断或者医学观察期间的;(二)在本单位患职业病或者因工负伤并被确认丧失或者部分丧失劳动能力的;(三)患病或者非因工负伤,在规定的医疗期内的;(四)女职工在孕期、产期、哺乳期的;(五)在本单位连续工作满十五年,且距法定退休年龄不足五年的;(六)法律、行政法规规定的其他情形"。

被调查的事业单位工作人员,听取其陈述和申辩,并对其所提出的事实、理由和证据进行复核,记录在案。被调查的事业单位工作人员提出的事实、理由和证据成立的应予采信",第六项规定"将处分决定以书面形式通知受处分事业单位工作人员本人和有关单位,并在一定范围内公布"。

【以案为鉴】①

本院认为,本案应是被告在 2014 年 8 月之后没有为原告安排工作岗位,且未向原告发放 2014 年 8 月工资并停止为原告购买 2014 年 9 月的社保,导致原告以申请劳动仲裁的方式要求解除原、被告双方的劳动合同关系。由于被告存在上述行为,根据《劳动合同法》第 38 条第(一)(二)(三)项的规定,原告以此为由提出解除劳动合同关系,属于被迫离职,被告应当向原告支付解除劳动关系的经济补偿金。原告主张被告违法解雇原告,并要求被告支付违法解除劳动关系的赔偿金,缺乏依据,本院不予支持。

(3)主张未订立劳动合同的双倍工资赔偿是否适用劳动争议仲裁一般的时效规定

第一,一般情况下,申请劳动争议仲裁的时效期为一年,因拖欠劳动报酬发生争议的时效期规定属于例外情况。《劳动争议仲裁调解法》第 27 条第一款规定了"劳动争议申请仲裁的时效期间为一年,仲裁时效期间从当事人知道或者应当知道其权利被侵害之日起计算,因当事人一方向对方当事人主张权利,或者向有关部门请求权利救济,或者对方当事人同意履行义务而中断。从中断时起,仲裁时效期间重新计算"以及第四款规定了"劳动关系存续期间因拖欠劳动报酬发生争议的,劳动者申请仲裁不受本条第一款规定的仲裁时效的限制;但是,劳动关系终止的,应当自劳动关系终止之日起一年内提出"。

【以案为鉴】②

原告庞某在 2014 年 6 月 1 日内应当知道自己的权益是否受到侵害,直至 2016 年 11 月 12 日才向劳动人事争议仲裁委员会提出申请仲裁,本案中,原告亦未能提供充分证据证明仲裁时效期间存在中断、中止等情形,故本院认为,被

---

① (2015)东一法东民一初字第 816 号。
② (2017)桂 0105 民初 778 号。

告的抗辩依法有据,应予以采信,原告已超过劳动仲裁时效,丧失胜诉权,依法不予支持,对原告主张判令被告赔偿原告失业金损失 7948.80 元的诉讼请求,依法予以驳回。

第二,未订立劳动合同的双倍工资赔偿是对用人单位严重侵害劳动者合法权益的惩罚而非劳动报酬,故此时也应按照一年的劳动仲裁时效期进行计算。《劳动合同法》第 82 条的立法本意是对用工后不与劳动者签订书面劳动合同或无固定期限劳动合同的用人单位采取的具有惩罚性赔偿金性质的一种惩罚性措施,其中规定的二倍工资也不属于劳动报酬,应当适用《劳动争议仲裁调解法》第 27 条第一款关于劳动争议申请仲裁时效的规定。

【以案为鉴】①

法院认为,关于请求双倍工资是否超过仲裁时效,未签订劳动合同二倍工资差额中,其中的一倍工资的属性为劳动报酬,根据《劳动争议调解仲裁法》第 27 条第一款的规定,劳动争议申请仲裁的时效期间为一年。仲裁时效期间从当事人知道或者应当知道其权利被侵害之日起计算;第四款的规定,劳动关系存续期间因拖欠劳动报酬发生争议的,劳动者申请仲裁不受本条第一款规定的仲裁时效期间的限制;但是,劳动关系终止的,应当自劳动关系终止之日起一年内提出。故该一倍工资的仲裁时效不受第 27 条第一款规定的仲裁时效期间的限制,仲裁时效应从双方劳动关系终止之日起起算。另一倍工资的属性则为赔偿金,根据《劳动争议调解仲裁法》第 27 条第一款的规定,该另一倍的工资差额的仲裁时效期间从当事人知道或者应当知道其权利被侵害之日起计算。根据《劳动合同法》第 10 条第二款的规定,应当自用工之日起一个月内订立书面劳动合同,因此,劳动者自用工之日起满一个月的次日就应当知道其权利被侵害。所以,仲裁时效应当从用工之日起满一个月之次日起算,由于工资是按月发放的,因此,时效应按月分别计算。

三、教育机构责任纠纷

教育主体对接受教育的未成年人承担的是教育、管理职责,而不是监护义

---

① （2015）上民一初字第 373 号。

务。由于中等教育阶段的校内学生大部分都是限制民事行为能力人,因此该阶段的教育机构责任采取的是过错责任原则,一是因限制民事行为能力人的心智发育较无民事行为能力人已经逐渐成熟,二也鼓励学校等教育机构开展有利于限制民事行为能力人身心健康发展的各项活动,防止过度预防。①

在中等教育行业涉及到的纠纷中,2015—2019 年全国各级人民法院审结的有关教育机构责任纠纷案件的一审裁判文书共计 1191 例。

（一）数据概览

1. 时间与地域分布

（1）时间分布

从年份分布来看,2015—2017 年我国各级人民法院审结的教育机构责任纠纷案件的裁判文书数量较为稳定,2018 年裁判文书数量出现小幅下降的情况。各年份具体案件数量分别为 251 例、255 例、262 例、193 例、230 例。

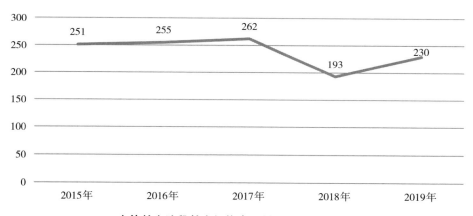

中等教育阶段教育机构责任纠纷案件年份分布

（2）地域分布

从地域分布来看,2015—2019 年全国各级人民法院审结的教育机构责任纠纷案件地域分布较为分散。审结案件的裁判文书数量最多的五个省级行政区为河南、安徽、吉林、湖南、山东,分别为 245 例、97 例、81 例、78 例、76 例;审结案件的裁判文书数量最少的三个省级行政区为海南、西藏、江西,裁判文

---

① 魏振瀛:《民法》,北京大学出版社 2021 年版,第 748 页。

书数量均为 0 例。

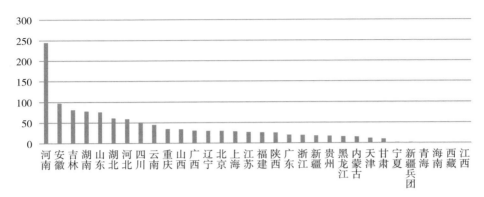

中等教育阶段教育机构责任纠纷案件地域分布

2. 当事人情况勾勒

1191 例教育机构责任纠纷案件中,原告均是中等教育阶段学校在读学生,其父亲或母亲或父母双方作为法定代理人参与诉讼。所有案件中,中等教育阶段的教育主体均以被告身份参与诉讼,但在存在数个被告的情况下,教育主体与其他相关主体共同被起诉的情况有所不同。约有 45.8% 的案件是校方单独作为被告,约有 20.3% 的案件是校方与保险公司作为共同被告,约有 8.5% 的案件是校方、保险公司及原告的同学作为共同被告,约有 22.9% 的案件是校方及原告的同学作为共同被告,约有 0.8% 的案件是校方、原告的同学以及教育局作为共同被告,剩下约 1.7% 的案件是校方作为被告而保险公司作为第三人。

在校方单独作为被告的情形下,主要是学生在校内组织的体育活动中受伤。在校方及原告同学作为共同被告的情形下,案件事实主要为原告与原告同学嬉戏、打闹。在保险公司参与作为共同被告的情形,是由于中等教育阶段的教育主体购买了校方责任险或者学生人身意外险,保险公司作为连带责任人而被提起诉讼。

3. 裁判结果与律师参与

（1）裁判结果

由于在教育机构责任纠纷案件中,所有的案件校方均是以被告作为诉讼主

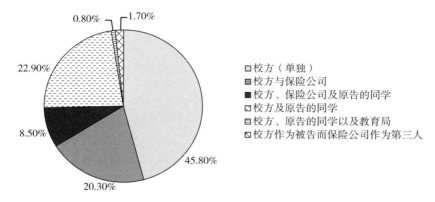

**中等教育阶段教育机构责任纠纷案件教育主体和
其他相关主体共同被起诉情况**

体出现。从原告学生的视角对裁判结果分布进行分析,在1191例教育机构责任
纠纷案件中,0例案件原告的诉讼请求全部得到支持,约87.3%(1040例)案件
原告的诉讼请求部分得到支持,约12.7%(151例)案件原告的诉讼请求被全部
驳回。

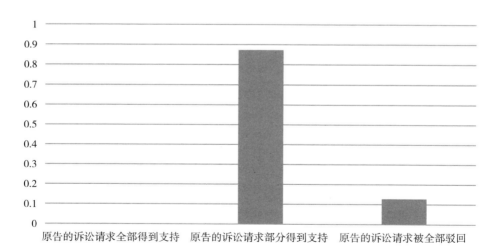

中等教育阶段教育机构责任纠纷案件原告诉讼请求得到支持情况

从校方的视角对裁判结果分布进行分析,在1191例教育机构责任纠纷案件
中,约74.6%(888例)的案件校方需要承担相应的金钱赔偿责任,约25.4%
(303例)的案件因校方已经充分尽到安全管理职责或者校方不需要承担安全管

理职责而不需要承担赔偿责任。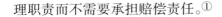

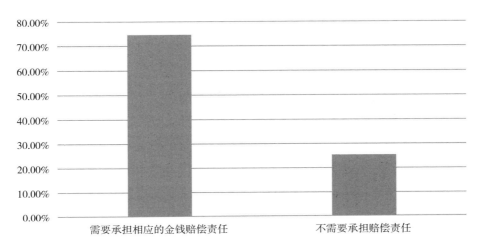

中等教育阶段教育机构责任纠纷案件校方承担责任情况

综合教育机构责任纠纷判决书的统计数据,教育主体不论是作为原告单独或者共同起诉,还是作为被告单独或者共同被起诉,约有 74.58% 的案件教育主体负有义务,约有 25.42% 的案件教育主体不负有义务。

(2)律师参与

在 1191 例教育机构责任案件中,有 665 例案件的原告委托了代理律师,占全部案件的 55.8%;其中,有 50 例案件属于法律援助律师,占原告律师参与的 7.5%。有 811 例案件的被告委托了代理律师,占全部案件的 68.1%;其中,有 18 例案件属于法律援助律师,占被告律师参与的 2.2%。

(二)检视:案情特征与法院裁判

1. 案情特征

首先,教育机构责任纠纷和生命权、健康权、身体权纠纷二者虽案由划分标准不同,但民事权利的指向、案件事实等存在高度的相似性。生命权、健康权、身体权纠纷从民事主体的权益出发在人格权纠纷案由向下分化的案由,而教育机

---

① 编者注:在校方承担赔偿责任或者不承担责任的这部分案件中,包括由于教育主体购买了校方责任险,判决结果为由相应保险公司在保险赔偿的范围内进行部分或全部理赔,因此校方不需要先行承担责任的情况。

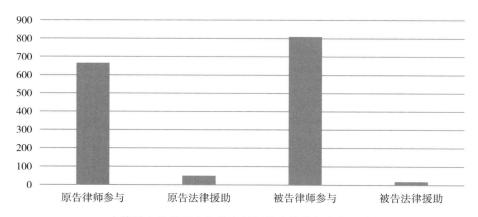

中等教育阶段教育机构责任纠纷案件律师参与程度

构责任纠纷是从最终承担民事责任的主体出发在侵权责任纠纷案由向下划分的案由,但两种纠纷最终指向的民事权利相同,均为公民的生命健康权,只是因原告在提起诉讼时选择的案由不同导致法院在判决书中确定的案由有所不同,教育机构责任纠纷和生命权、健康权、身体权纠纷法律构成要件的高度相似性致使案件事实也表现出高度的趋同性。比如,和生命权、健康权、身体权纠纷类似,教育机构责任纠纷案件的当事人也为在校学生和学校,发生事故的主要情形为课间休息期间同学之间嬉戏打闹、体育课上因开展各种体育教学活动受伤、在包括足球比赛、篮球比赛等对抗性比赛中受伤、因学校的各项设施存在管理问题而受伤等。

其次,两类纠纷规范的对象以及参与诉讼的当事人等存在差别。教育机构责任是教育主体对校内的限制民事行为能力人在校内所遭受的人身损害而承担的安全管理义务;而在生命权、身体权、健康权纠纷中,教育主体需要对包括但不限于校内的学生承担特定责任。这一区别体现在裁判文书大数据上即是存在0.4%左右的生命权、健康权、身体权纠纷案件的原告并非校方的在读学生,而是与其进行各项民事活动的主体,例如教育主体聘请的施工人员、装修工人等,这些校外人员在为校方提供各类服务的过程中遭受人身损害而提起生命权、身体权、健康权纠纷诉讼;此外,在教育机构责任纠纷中,校方单独作为被告被起诉的情况接近案件数量的50%,而生命权、身体权、健康权纠纷诉讼因主要发生在校内学生之间,故校方与致损害方学生作为共同被告被起诉情形占多数,校方单独作为被告被起诉的案件占比仅约为 1.3%。

最后,在一些个案中,教育主体承担的责任会因具体的案件事实不同而有所变化。第一,如果原告将保险公司一同起诉,法院需要根据保险公司和学校签署的具体保险条款认定个案是否满足可以赔付保险的范围,从而判断保险公司是否需要承担金钱赔偿责任,如果保险公司代学校承担全部或者主要责任,则学校不再需要直接承担赔偿责任。第二,在学生自杀的个案中,学校被分配的责任比例较低,原因是法院将监护人是否存在监护缺失或不当、学生是否罹患抑郁症或其他精神类疾病,该疾病是否与教育主体有直接关系等作为责任分担的重要考量因素。第三,在第三人侵权的案件中,教育主体承担的责任通常处于次要地位,受害学生的诉讼请求在大多数情况下主要是针对直接实施侵害行为的第三人,同时要求教育主体进行补充赔偿。但是,如果法院认定教育主体存在明显的管理过错,进而导致第三人实施侵害行为,如校园霸凌案件,教育主体则要承担主要责任。

2. 法院裁判

教育机构责任纠纷和生命权、健康权、身体权纠纷依据的法律规范基本相同,案件的争议焦点也表现出高度的相似性。

(1)学校或者其他教育机构主观上对损害结果的发生是否存在过错

根据《侵权责任法》第 39 条①规定"限制民事行为能力人在学校或者其他教育机构学习、生活期间受到人身损害,学校或者其他教育机构未尽到教育、管理职责的,应当承担责任",相比较于在初等教育阶段,在中等教育阶段学校或者其他教育机构承担的是过错责任,而不是过错推定责任,法院对学校或者其他教育机构尽到安全管理职责的标准要低于初等教育阶段,需要由被侵权人承担学校或者其他教育机构在主观上没有尽到安全管理职责的举证责任,而学校则可以提供其尽到安全管理职责的证据作为抗辩理由。

具体而言,判决书中法院判定学校或者其他教育机构是否尽到安全管理职责视具体的场景变化而有所不同。在课堂上老师作为教学组织者应当维持

---

① 编者注:自 2021 年 1 月 1 日起施行的《民法典》后,《侵权责任法》同时废止。该条款位于《民法典》第七编侵权责任编第 1200 条"限制民事行为能力人在学校或者其他教育机构学习、生活期间受到人身损害,学校或者其他教育机构未尽到教育、管理职责的,应当承担责任"。

好课堂教学秩序,注意观察各位学生的上课状态,防止意外事件的发生;在课间休息、课外活动期间学校需要对学生和老师进行定期的安全管理教育培训,学校教师或者其他工作人员在此期间,发现学生嬉戏、玩耍等行为具有危险性时,应该进行必要的管理、告诫或制止,防止危险的发生或者损害的进一步扩大。

【以案为鉴】①

原告张某与被告方某系限制民事行为能力人,活泼、好动是其天性,课间休息、课外活动仍然属于学校的管理职责期间,学校教师或者其他工作人员在此期间,发现学生嬉戏、玩耍等行为具有危险性时,应该进行必要的管理、告诫或制止。但被告固始县某中学疏于教育、管理,对原告张某、被告方某在班级内发生的损害明显具有过错,关于学校已尽到管理职责的辩解意见与事实不符,本院不予采信。被告固始县某中学负本案事故 20% 的责任。

除此之外,在教学设施、栏杆以及楼梯间等较危险的区域,应加强安全提示与引导,采取配套措施有效防范,而不能放任置之,造成管理盲区。

【以案为鉴】②

本案中,被告某中学对应该安装护栏的高架床不安装护栏,存在安全隐患,且疏于安全检查,导致原告雷某某熟睡中从高架床掉下受伤并致残,某中学应承担雷某某因伤致残的民事赔偿责任。

在体育教学中,学校确需注意防范并尽力避免体育活动的伤害风险,但只要教师设计的教学方案(包括测试方案)没有增加风险的,便属合理范围。在体育比赛期间,学校应充分考虑运动特点和学生实际状况,谨慎组织实施,确保学生人身安全,其对参加比赛的学生负有进行技术指导和安全教育、提供必要的防护器具、采取相应的安全措施的职责。

【以案为鉴】③

本院认为,学校组织足球比赛,增强学生体质、磨炼学生意志、提高团队意识,应予提倡和鼓励;苏某 1 响应号召参加足球比赛,为班级争光,亦应得到表

---

① (2017)豫 1525 民初 1505 号。
② (2016)甘 1027 民初 1567 号。
③ (2018)京 0108 民初 24854 号。

扬。然而,足球作为一项体育运动具有一定的对抗性和风险性,苏某1在事发时已满15周岁,从其年龄及智力发育程度而言,对足球运动应有所了解,对参加足球比赛可能存在的风险亦应有所认知,其参加足球运动即自愿承担危险规则,本身应对运动风险尽到注意义务,故苏某1在与对手抢球的过程中倒地受伤,应自行承担部分责任。同时,作为足球比赛的组织方,学校对比赛的安全性更应尽到注意的义务,应充分考虑运动特点和学生实际状况,谨慎组织实施,确保学生人身安全。虽然,某中学提供证据称赛前制定了安全须知与应急预案,但只是组织各班体育委员召开安全会议并下发文件,该方式并不足以保证每一名参赛队员对比赛的安全事项都有清晰的认知,故某中学未尽到教育、管理职责,对苏某1的损害后果应依法承担相应的赔偿责任。就朱某某的责任问题,无论是原告的陈述还是学校提供的情况说明,都无法证明朱某某对苏某1的受伤具有主观过错,故综合考量足球比赛的风险及二人参与比赛的情况等因素,朱某某不宜分担苏某1的损失,对某中学的该答辩意见不予支持。综合分析足球比赛的风险和某中学的管理职责及注意义务,本院酌情认定某中学承担35%的赔偿责任。

（2）被侵权人在主观上对损害结果的发生是否存在过错

根据《侵权责任法》第26条①"被侵权人对损害的发生也有过错的,可以减轻侵权人的责任",在中等教育阶段的学生虽都是未成年人,但在法律上都属于限制民事行为能力人,心智在一定程度上已经成熟,其具备一定的认知能力和行为控制、判断能力,在和其他同学嬉戏打闹的过程中被侵权人可以预见到自己的行为可能导致的伤害后果,但是由于自己没有尽到合理注意义务而导致损害发生,故自己对损害结果的发生也具有过错,法院应当根据其过错程度减轻校方承担的相应赔偿责任。此外,在各项体育比赛中,参与比赛的学生也应当知道参加比如足球比赛等对抗性较强的比赛中可能存在的危险,但其仍自愿参加,故自身也应承担一定的风险,以尽到自己的合理注意义务。

---

① 编者注:自2021年1月1日起施行的《民法典》后,《侵权责任法》同时废止。该条款位于《民法典》第七编侵权责任编第1173条"被侵权人对同一损害的发生或者扩大有过错的,可以减轻侵权人的责任"。

【以案为鉴】①

从证人证言可以看出,无论原告是跨出一脚踩踏两把椅子还是为明确黑板报内容时才转身,均在一定程度上增加了失衡的风险性,故原告未予谨慎注意确保自身安全,使用椅子有失妥当,对自身受伤亦存疏忽。

四、民间借贷纠纷

中等教育阶段的民间借贷纠纷主要发生在教育主体与校外自然人之间,教育主体多以被告作为诉讼主体参与案件,该学段涉及的案件主要争议焦点除具有一般民事借贷纠纷特点外,还涉及学校法定代表人或者直接负责人的借款行为是否直接代表教育主体。

2015—2019 年全国各级人民法院审结的有关中等教育的民间借贷纠纷案件的一审裁判文书共计 1304 例。在涉及借款合同纠纷的众多案件中,其中案由为"民间借贷"的案件总数为 1020 例,占该类案件的 78.2%。

(一)数据概览

1. 时间与地域分布

(1)时间分布

从年份分布来看,2015—2016 年我国各级人民法院审结的民间借贷纠纷案件的裁判文书数量逐渐增长,2016—2019 年裁判文书数量逐年快速减少。各年份具体案件数量分别为 220 例、279 例、216 例、159 例、146 例。

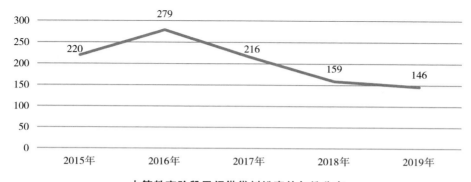

中等教育阶段民间借贷纠纷案件年份分布

① (2017)沪 0115 民初 29361 号。

（2）地域分布

从地域分布来看,2015—2019 年全国各级人民法院审结的民间借贷纠纷案件地域分布较为分散。审结案件的裁判文书数量最多的五个省级行政区为山西、河南、江苏、福建、安徽,分别为 143 例、141 例、112 例、106 例、87 例;而海南、西藏、北京三个省级行政区和新疆兵团的裁判文书数量均为 0 例。

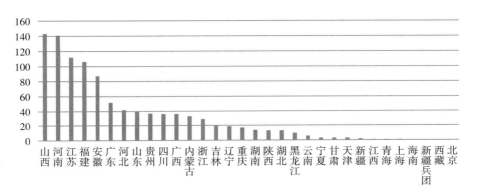

中等教育阶段民间借贷纠纷案件地域分布

2. 当事人情况勾勒

（1）原告身份情况分布

在 1020 例民间借贷纠纷案件中,教育主体作为原告提起诉讼的案件约 9.8%（100 例）,校外自然人作为原告提起诉讼的案件约 87.3%（890 例）,剩下的由一般的公司如贷款公司作为原告提起诉讼的案件约 2.9%（30 例）。

（2）被告身份情况分布

在 1020 例民间借贷纠纷案件中,教育主体作为单独被告被起诉的案件约 54.9%（560 例）,教育主体和校方自然人作为共同被告被起诉的案件约 23.5%（240 例）,校外自然人单独作为被告被起诉的案件约 6.9%（70 例）,教育主体、公司和校方自然人作为共同被告被起诉的案件约 5.9%（60 例）,教育主体和公司作为共同被告被起诉的案件约 4.9%（50 例）,剩余 3.9%（40 例）的案件为政府和教育主体作为共同被告、政府、公司、校外自然人分别作为被告但同时教育主体为第三人。

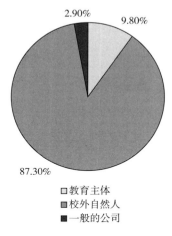

中等教育阶段民间借贷纠纷
案件原告身份情况

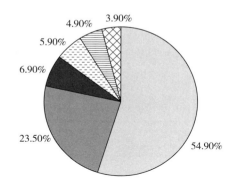

中等教育阶段民间借贷纠纷
案件被告身份情况

3. 裁判结果与律师参与

（1）裁判结果

如前所述,在中等教育阶段的民间借贷纠纷案件中,有约 90% 的案件教育主体作为单独被告或者共同被告被起诉。在这部分案件中,约有 51.1% 的案件,属于原告的诉讼请求全部得到支持。① 约有 44.6% 的案件,原告的诉讼请求仅得到部分支持,例如:根据认定事实,仅支持原告请求支付本金而因约定利息不符合法律规定不予支持利息的情形。约有 4.3% 的案件,原告的诉讼请求被全部驳回。

约 10% 的案件是教育主体作为原告提起诉讼。教育主体作为原告时,其诉讼请求以支付借款本金及约定或法定利息为主。在这部分案件中,约有 50% 的案件,教育主体的诉讼请求全部得到支持。约 20% 的案件,教育主体的诉讼请求仅得到部分支持。例如:根据认定事实,仅支持本金的诉讼请求。约 30% 的案件,原告的诉讼请求被全部驳回。

综合民间借贷纠纷判决书的统计数据,教育主体不论是作为原告单独或者

---

① 编者注:由于民间借贷案件事实较为简单,主要涉及借贷双方本金以及约定的利息偿还问题,故本处的诉讼请求全部得到支持指的是原告关于借款的本金及利息主张均全部得到法院支持。

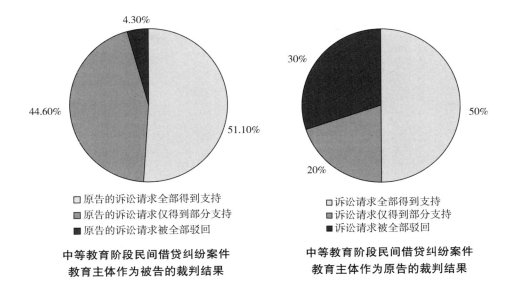

中等教育阶段民间借贷纠纷案件
教育主体作为被告的裁判结果　　　　中等教育阶段民间借贷纠纷案件
教育主体作为原告的裁判结果

共同起诉,还是作为被告单独或者共同被起诉,在最终裁判结果中,约有75.49%的案件教育主体负有义务,约有24.51%的案件教育主体不负有义务。

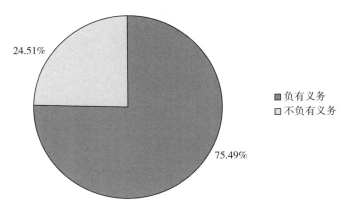

中等教育阶段民间借贷纠纷案件教育主体负有义务情况

（2）律师参与

在1020例民间借贷案件中,有339例案件的原告委托了代理律师,占全部案件的33.2%;其中,有2例案件属于法律援助律师,占原告律师参与的0.6%。有308例案件的被告委托了代理律师,占全部案件的30.2%;其中,有0例案件属于法律援助律师。

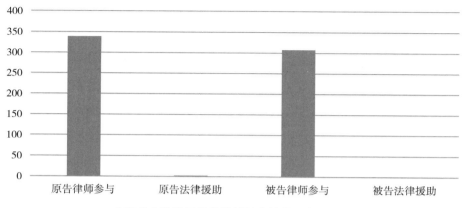

中等教育阶段民间借贷纠纷案件律师参与程度

二、检视：案情特征与法院裁判

（一）案情特征

第一，教育主体多是因学校建设需要作为借款人而与校外人员建立民间借贷法律关系。此类纠纷案件的双方当事人主要是学校和校外人员，以校外的自然人居多，但也包括少量的校内职工，比如教师。学校主要是因学校办学、发展建设资金周转需要，比如学校工程建设、办学资金等原因，作为借款人逾期未归还出借人的借款而产生的纠纷，学校作为出借人的案件占比较少。

第二，民间借贷纠纷涉及的案件事实和法律关系较为简单，与一般民间借贷纠纷类似。该类纠纷主要围绕确定双方当事人之间的借贷关系是否成立、如何计算利息以及作为借款人的学校一方能否作为独立法人承担借款责任的问题，即学校法定代表人或者主要负责人代表学校借款时，出借人主张将负责人或者法定代表人个人作为共同被告的诉讼主张能否得到法院支持等问题展开。

第三，当学校作为担保人时需要审查校方的性质，其是否是符合法律规定的合法担保人。根据《最高人民法院关于适用〈中华人民共和国民法典〉有关担保制度的解释》第6条"以公益为目的的非营利性学校、幼儿园、医疗机构、养老机构等提供担保的，人民法院应当认定担保合同无效，但是有下列情形之一的除外：（一）在购入或者以融资租赁方式承租教育设施、医疗卫生设施、养老服务设施和其他公益设施时,出卖人、出租人为担保价款或者租金实现而在该公益设施上保留所有权;(二)以教育设施、医疗卫生设施、养老服务设施和其他公益设施以外的不动产、动产或者财产权利设立担保物权。登记为营利法人的学校、幼儿园、医疗机构、养老机构等提供担保,当事人以其不具有担保资格为由主张担保合同无效的,人民法院不予支持。"之规定,学校、幼儿园、医院等以公益为目的的事业单位、社会团体不得为保证人。

（二）法院裁判

1. 学校法定代表人或者直接负责人的借款行为是否可以认定为职务行为

大多数案件中,学校法定代表人或者直接负责人的借款行为可以认定为学校的职务行为。第一,学校法定代表人或者直接负责人大多数情况下均不是出于自己的原因而以学校的名义借款,而是由于学校本身建设需要等原因代表学校以学校名义进行借款,在证明借款活动存在的借据上一般会盖有学校单位的公章,因此,法院会认定学校法定代表人或者直接负责人的行为属于履行职务行为,个人不应当承担责任。第二,即使在一些案件中被告学校会辩称该借款没有用于该校,没有收到该借款,学校账目中也没有记载,但这属于内部管理问题,不能对抗第三人,应当直接由学校对该借款承担偿还责任。第三,在一些案件中作为学校的法定代表人在主管处加盖其私章,如果不能直接证明学校的法定代表人的该行为是本案的实际借款人的意思表示,则该私章就是代表学校对外实施的民事法律行为,在"收款收据"中主管处加盖私章的行为也应认定是履行职务行为。

【以案为鉴】①

在本案原告林某某提供的"收款收据"中,被告许某某作为被告某中学法定代表人在主管处加盖其私章,该行为不能直接证明被告许某某是本案的实际借款人的意思表示,而被告许某某的私章是代表被告某中学对外实施的民事法律行为,在本案的"收款收据"中主管处加盖私章应认定是履行职务行为。因此,原告林某某请求被告许某某应对本案的借款承担共同还款责任,证据不足,本院

---

① （2015）岚民初字第 611 号。

不予支持。

2. 借款合同到期后借款人逾期未还款时如何确定还款利率

首先,符合法律规定的约定还款利率受到法律保护。借款人和出借人在平等自愿的基础上签订了借款合同,意思表示真实,客观有效,各方均应依照借款合同的约定履行自己的义务。根据《最高人民法院关于审理民间借贷案件适用法律若干问题的规定》①第 26 条的规定"借贷双方约定的利率未超过年利率 24%,出借人请求借款人按照约定的利率支付利息的,人民法院应予支持。借贷双方约定的利率超过年利率 36%,超过部分的利息约定无效。借款人请求出借人返还已支付的超过年利率 36%部分的利息的,人民法院应予支持",也就是说,我国法律规定,借款合同的双方当事人可以约定民间借贷的利率适当高于银行的利率,但不能违反国家法律的强制性规定,即最高不得超过年利率 24%,如果超出此限度的,超出部分的利息不予保护。

【以案为鉴】②

本院认为,原告与被告某中学的借款行为系双方真实意思表示,且借款已实际给付,双方形成了真实有效的民间借贷法律关系。但双方关于利息的约定超出法律强制性规定部分,不受法律保护。被告崔某某以共同还款人身份确认上述债务事实,故二被告应按约定履行还本付息义务。二被告应偿还原告借款本金 500000 元,并以月利率 2%的标准支付利息及逾期利息至实际偿还之日止。

其次,在借款合同双方当事人没有约定借款利率或者存在约定不明的情况下,法院会根据法律规定以及当事人自己的主张区分情况进行不同的处理。根据《最高人民法院关于审理民间借贷案件适用法律若干问题的规定》第 29 条的规定"借贷双方对逾期利率有约定的,从其约定,但以不超过年利率 24%

---

① 编者注:根据 2020 年最新修改版本的《最高人民法院关于审理民间借贷案件适用法律若干问题的规定》规定,不再将两线三区作为年利率的支持标准,而是以合同成立时一年期贷款市场报价利率四倍作为标准,即指中国人民银行授权全国银行间同业拆借中心自 2019 年 8 月 20 日起每月发布的一年期贷款市场报价利率。超过该标准的利率法院不予支持。

② (2019)津 0103 民初 4018 号。

为限。未约定逾期利率或者约定不明的,人民法院可以区分不同情况处理:
(一)既未约定借期内的利率,也未约定逾期利率,出借人主张借款人自逾期
还款之日起按照年利率6%支付资金占用期间利息的,人民法院应予支持;
(二)约定了借期内的利率但未约定逾期利率,出借人主张借款人自逾期还款
之日起按照借期内的利率支付资金占用期间利息的,人民法院应予支持",因
此,如果原被告双方对于该借款未约定利息,视为不支付利息,故原告要求
被告自起诉之日按照同期银行贷款利率支付利息的诉讼请求,符合法律规
定,法院予以支持。或者,出借人可依法要求借款人支付自起诉之日起至实
际还清借款之日止按照年利率6%的资金占用期间利息,法院也是予以支
持的。

【以案为鉴】①

原告称双方借款口头约定有利息,因借条上未载明,又无其他证据证实有利
息之说,故对原告要求被告给付利息的诉讼请求,本院不予支持,依照《民法通
则》第108条、《合同法》第211条、《民事诉讼法》第92条、第144条的规定,判
决如下:

被告刘某某应于本判决生效后十日内偿还原告孙某某借款100000元。本
案受理费1150元,由被告刘某某负担。

【以案为鉴】②

鉴于漳州某某中学与赵某未约定借期内的利率,也未约定逾期利率,故漳州
某某中学可依法要求赵某支付自起诉之日起至实际还清借款之日止按照年利率
6%支付资金占用期间利息。

判决如下:赵某应于本判决生效之日起十日内偿还漳州某某中学借款本金
70000元,并自2019年4月25日起至本判决指定履行期限届满之日止按年利率
6%支付资金占用期间利息。

---

① (2015)固民初字第788号。
② (2019)闽0603民初1663号。

第三节　见微:典型案例剖析

一、河南某中学学生溺水案

邢某某、刘某某等与河南某中学、
某县水利局生命权、健康权、身体权纠纷

（2016）豫 1723 民初 1782 号

【关键词】

溺水　校方　监护人　学生　教育机构责任

【基本案情】

原告邢某某,女,1970 年 4 月 8 日出生,住新蔡县。

原告刘某某,男,1970 年 5 月 8 日出生,住新蔡县。

被告某县水利局。

被告河南省某中学。

邢某是二原告的儿子,其生前在被告河南省某中学就读,2016 年 5 月 22 日因河南省某中学放假,邢某离开学校,当日下午邢某赶到新蔡县屈某某家中,当日下午四点多,邢某、屈某某及华某某一起骑摩托车赶往平舆县某河内游玩。后华某某与邢某掉入深水中溺水死亡,屈某某救助及呼救未果后,因害怕骑摩托车走了,并且在回家后没有将该消息告知家人,在他人寻找邢某时也没有将事实及时告知他人。此外,二原告均在外工作,邢某平时由其姨贺某代为照管。经审理,法院判决:驳回二原告邢某某、刘某某的诉讼请求。

【原告诉称】

原告认为,被告某县水利局和河南省某中学应当对其儿子邢某的溺水死亡承担相应的责任,二被告应当赔偿原告 90000 元。

【被告辩称】

被告某县水利局答辩称,其不是适格被告,事发河道由平舆县某管理所管理。且事发河道设置的有警示标志。此外,邢某的死亡是因监护人监护不力、其

本人安全意识差及屈某某救助不力导致,邢某死亡是因屈某某救助不力、没有呼救,甚至于隐瞒事件而导致没有得救,故责任人是屈某某。

被告河南省某中学答辩称,被告对学生及家长均进行了溺水、乘车等安全教育,已经尽到教育义务。邢某作为限制行为能力人,在河中游玩应当预料到潜在的危险,且从家中出走,家长没有尽到相应的监护责任。邢某事发前在屈某某的庄上出现,证明其已经安全到家,已经脱离学校的监管范围。邢某的死亡是家人监护不力及自身安全意识不强导致的。被告没有过错,不应承担责任。

【裁判理由】

1. 事发之时二原告之子邢某已满十四周岁,已具备相应的辨别能力,理应对水的危险性有所了解,理应主动避开该危险区域,但其依然在监护人不知情的情况下同他人去游玩,并且下河游泳,导致溺水死亡。邢某的监护人监护不力是导致事故发生的原因之一。

2. 屈某某、华某某、邢某三者之间基于对风险的认识而产生结伴互助的依赖和信赖,具有临时互助团体的共同利益。华某某、邢某二人下水并且走到深水区,屈某某作为三者之间年龄较大的人未能有效制止二人的行为,在发现二人溺水时没有及时有效地救助及呼救且故意隐瞒该事实,由此导致受害人未能得到及时救助,是此次事故发生的原因之一。

3. 二原告对此并未提供相关证据,不能证明被告某县水利局具有过错,更不能说明邢某的死亡与某县水利局的管理职责具有法律上的因果关系,因此原告对此主张应当承担举证不能的法律后果。故某县水利局不应当承担赔偿责任。

4. 邢某溺水死亡的事故发生在校外,并且发生在放假期间,邢某已经脱离被告的监管,被告对邢某的行为已经没有管理的职责,在此过程中被告并不存在管理上的过错。邢某在校学习期间,被告作为教育机构已经对其进行安全方面的教育,其不存在教育上的过错。被告河南省某中学的行为与邢某的死亡之间没有直接的因果关系。被告河南省某中学没有责任。

综上所述,二原告请求被告某县水利局与河南省某中学赔偿90000元,没有证据证明二被告存在过错,本院不予支持。

【案件点评】

这是一起颇令人遗憾的高中学生河道内溺亡事故。学生在校学习、生活期间人身受到损害的责任承担,是一种教育机构最常见的法律纠纷产生形式。

高中生尚未成年,在法律上属于限制民事行为能力人。这里有一个相关问题需要注意,即未成年人的监护责任问题。根据本案审理时的法律《民法总则》第27条(《民法典》第26条)的规定,父母对未成年子女负有抚养、教育和保护的义务。保护未成年人是父母等监护人应尽的义务,家长将孩子送入学校后,实际上就产生了一种监护义务的转移,学校等教育机构对学生在校期间的身体权、健康权负有保护的责任。

由于学生的人身损害赔偿性质上是属于人身权的侵权损害赔偿,法律责任的归责原则仍然是过错原则。最高人民法院关于审理人身损害赔偿案件适用法律若干问题的解释》第7条规定,对未成年人依法负有教育、管理、保护义务的学校、幼儿园或者其他教育机构,未尽职责范围内的相关义务致使未成年人遭受人身损害,或者未成年人致他人人身损害的,应当承担与其过错相应的赔偿责任。第三人侵权致未成年人遭受人身损害的,应当承担赔偿责任。学校、幼儿园等教育机构有过错的,应当承担相应的补充赔偿责任。

由于本案审理时《民法典》尚未实施,关于限制民事行为能力人在教育机构学习、生活期间受到人身损害赔偿问题的裁判依据,是《侵权责任法》第39条,学校或者其他教育机构是否承担法律责任,关键看学校或者其他教育机构是否尽到了教育、管理职责。学校或者其他教育机构如果尽到了教育、管理职责,则没有过错,不承担赔偿责任。

本案中学生虽然不幸发生了溺亡,但是学校尽到了教育管理责任,对损害发生没有过错,故法院最终没有判决学校承担赔偿责任。那么,学校都尽到了哪些教育管理的责任呢?

案发时,学校因平舆县教体局考试而临时放假,但是学校及时通过校信通向家长发送了短信通知,并且溺亡学生平时放假回家及上学均系自行离校,其家人并不到校直接接送,可以认为其家人清楚并同意学生放假可以自行离校,因此,学校在放假通知、学生离校这两个环节尽到了管理责任,没有过错,学生在放假期间并且已正常离校的情况下,对于学生的监护职责由学校转移回了父母等监护人;并且,由于本案学生溺亡事故的地点在校外的河道,而不是在校内,学校对校外场所也没有安全管理方面的义务,因此不对学生校外溺亡承担责任。

点评人:四川泽珲律师事务所　庞艳鹏

二、新疆某中学教育机构责任纠纷案

马某甲与库尔勒市某中学教育机构责任纠纷

(2016)新 2801 民初 2846 号

【关键词】

封闭式管理　学生　突发疾病　校方责任

【基本案情】

原告马某某,新疆焉耆县人,现住焉耆县。

被告库尔勒市某中学,住所地:库尔勒市英下乡英下路。

2014 年 8 月,原告马某某被招收为全封闭式寄宿管理的新疆区内初中班的学生,原告的父亲马某作为考生家长出具了承诺书,其中约定孩子在校期间因突发疾病需要手术等治疗,同意代为履行签字手续等。2016 年 1 月 21 日,原告的法定代理人得知原告生病,并被学校告知会安排管内务的老师带原告去医院看病。2016 年 1 月 22 日,被告的内务老师带领原告去巴州人民医院看病,原告被诊断为呼吸道感染。2016 年 1 月 23 日,原告父母在得知情况后,将原告接出学校并送入焉耆县人民医院救治,原告被诊断为Ⅰ型糖尿病酮症酸中毒。2016 年 1 月 26 日,原告转院至新疆医科大第一附属医院,被诊断为Ⅰ型糖尿病。经新疆恒正司法鉴定中心鉴定,原告患病与病毒感染存在因果关系,因未能及时治疗,导致糖尿病酮症酸中毒。经审理,法院判决:驳回原告马某某的诉讼请求。

【原告诉称】

原告认为,被告作为原告的在校监护人,未尽到封闭式管理期间的教育和管理义务,导致原告病情延误,患上终生无法治愈的Ⅰ型糖尿病,给原告造成了无法弥补的后果,要求被告赔偿各项损失合计 35.29 万元。

【被告辩称】

被告答辩称,学校并非原告的监护人,被告只承担教育和管理职责,对原告的病情被告无法做出正常的判断,原告是在 2016 年 1 月 22 日才告知班主任老师身体不舒服的情况,被告按照学校规定,由生活老师带领包括原告在内的一些生病的学生去巴州人民医院检查,原告的病情被诊断为呼吸道感染,并被要求住院,原告于 1 月 23 日即被其父母接走送入焉耆县人民医院治疗,被告无任何拖延和放任不管的行为,故请求依法驳回原告的诉讼请求。

【裁判理由】

原告当庭提交的证据可以证实其是在校期间罹患感冒,未能及时治疗,因病毒感染导致糖尿病酮症酸中毒的结果,但无证据证实因病毒感染罹患感冒的人都会因未及时治疗而导致糖尿病酮症酸中毒的结果;且在原告告知学校和父母亲身体状况不佳的次日即 2016 年 1 月 22 日,被告即安排老师带领原告去州医院就诊,并无拖延就诊的情形,原告提交的证据不能证实其因病毒感染导致糖尿病酮症酸中毒的结果是因被告未尽到管理职责而造成的主张,故对原告要求被告赔偿各项损失合计 35.29 万元的诉讼请求,本院不予支持。

原告是在采取全封闭式寄宿制管理的被告处上学的,在生理和心理均无法正常获得法定监护人的支持和帮助,在学习压力巨大和对疾病常识认知的缺乏的情况下,被告单位的教师本应当履行较普通教师更多的关心和爱护,虽然不能苛责班级老师在教学压力和医疗常识缺乏的状况下具体付出什么,但对一名入学时学业优异且风华正茂的少年在较短的时间成为一名长期依赖胰岛素生存的病人的残酷现状,也应当予以反思并引以为戒。

【案件点评】

这是一起因学生在校期间突发疾病引发的事件,此类事件突发率不多,但后果很严重,因此应当引起学校的重视。

《民法典》第 1200 条(原《侵权责任法》第 39 条)规定"限制民事行为能力人在学校或者其他教育机构学习、生活期间受到人身损害,学校或者其他教育机构未尽到教育、管理职责的,应当承担侵权责任"。本案中,原告马某甲的父母是其法定监护人,并不会因学校对原告进行封闭式管理而改变,学校等教育机构对未成年学生所负的是教育、管理和保护责任,而不是民事法律意义上的监护责任。只有在学校存在未尽到教育、管理职责之过错,且该过错与损害之间存在因果关系时,学校才承担民事赔偿责任。

本案中,在原告马某甲告知学校和父母亲身体状况不佳的次日,被告库尔勒市某中学即安排老师带领原告去州医院就诊,并无拖延就诊的情形。学校在发现学生突发疾病后,及时采取了相应措施。而原告因病毒感染导致糖尿病酮症酸中毒的结果,是学校不能预料的,不能证实原告重病是因被告未尽到管理职责而造成的。因此,法院驳回了原告的诉讼请求,没有判决学校对原告承担赔偿责任。

点评人:四川泽珲律师事务所　庞艳鹏

三、山东某中学与职工劳动争议纠纷案

郯城县某中学与于某劳动争议纠纷

(2016)鲁 1322 民初 5654 号

【关键词】

事业单位工作人员　解聘　告知义务

【基本案情】

原告:郯城县某中学。

被告:于某,女,1981 年 2 月 10 日生。

被告于某 2003 年 7 月业毕业后分配至郯城县某中学参加工作,2008 年 8 月到重坊镇高庄小学工作。期间,被告于某与学校签订了《山东省事业单位聘用合同》,聘用期限自 2007 年 9 月 12 日至 2010 年 9 月 11 日止。2014 年 5 月 19 日,被告于某的丈夫朱成持被告的甲状腺肿瘤病历到原告处为被告请假,被告准假至 6 月 1 日。原告于 2014 年 6 月 10 日,6 月 17 日两次向被告送达"告知书"要求被告限时上班,但被告从未收到"告知书"。之后,原告请示郯城县教育局并经其"同意你校对于某给予解聘处理"批复后,在临沂日报郯城新闻版发出公告解聘被告。2016 年 8 月,被告到原告处申请调动工作时发现自己已被解聘,被告向郯城县劳动人事争议仲裁委员会申请劳动仲裁,要求原告为被告恢复工作岗位并安排工作,要求原告支付 2014 年 7 月至今的工资。郯城县劳动人事争

议仲裁委员会作出被申请人于本裁定生效之日起三十日内为申请人办理恢复聘用合同关系手续并安排工作的裁定。仲裁后,原告向本院提起诉讼。经审理,法院判决:驳回原告郯城县某中学的诉讼请求。

【原告诉称】

郯城县某中学认为,被告连续旷工超过 15 个工作日事实清楚,原告有权解除与被告的聘用合同,请求人民法院依法撤销郯城县劳动人事争议仲裁委员会裁决书。

【被告辩称】

于某辩称,原告的行为违反相关法律规定,应当认定其解聘行为无效。请求法院依法驳回原告的诉讼请求,维持仲裁裁决。1. 原告以《山东省事业单位实行人员聘用制度暂行办法》(鲁厅字(2005)第 43 号)第 4 章第 26 条第一款之规定,解聘被告,应当认定该解聘行为无效。2. 根据《教师法》第 37 条对教师作出解聘的法定情形来看,被告也不符合解聘条件。3. 被告不符合《事业单位工作人员处分暂行规定》第 16—21 条规定的解聘条件。4. 被告申请仲裁没有超过仲裁一年的时效期间。

【裁判理由】

本院认为,原告郯城县某中学为事业单位,原告与被告于某之间存在事业单位工作人员聘用关系。根据《事业单位工作人员处分暂行规定》第 24 条第一款第三项"对事业单位工作人员的处分,按照以下程序办理:将调查认定的事实及拟给予处分的依据告知被调查的事业单位工作人员,听取其陈述和申辩,并对其所提出的事实、理由和证据进行复核,记录在案。被调查的事业单位工作人员提出的事实、理由和证据成立的应予采信。"第六项"(六)将处分决定以书面形式通知受处分事业单位工作人员本人和有关单位,并在一定范围内公布"之规定,本案中,原告未制作解聘的书面手续,也未送达被告,剥夺了被告于某的申辩权利,因此,原告给予被告处分证据不足、手续不完备、程序不恰当,仲裁结果并无不当。

【案件点评】

本案涉及用人单位与劳动合同期限未满但患病需要停工治疗的劳动者解除

劳动关系的问题。在日常用工管理过程中,用人单位总会遇到患病员工,如何管理与辞退患病员工,是比较棘手的工作。依据《企业职工患病或非因工负伤医疗期规定》第 3 条的规定"企业职工因患病或非因工负伤,需要停止工作医疗时,根据本人实际参加工作年限和在本单位工作年限,给予三个月到二十四个月的医疗期"。对劳动者而言,医疗期是对患病员工的保护期,该期限内,非因法定原因,用人单位不得辞退员工;对用人单位来说,如何避免用工成本的不合理增加,是用人单位的迫切需求。

在实务中,对于劳动合同期限未满但患病的员工,用人单位一般会有两种处理方式:

一是,在患病员工的医疗期满后,用人单位书面通知员工上班,如果员工不能返岗且不办理病假手续继续缺勤的,用人单位可以根据内部相关规章制度对缺勤员工按照旷工处理,从而以其严重违反用人单位规章制度为由解除劳动合同。本案便属于这种情况,被告于某在 2014 年患有甲状腺肿瘤向原告请假,假期结束后原告郯城县某中学通知其返岗,被告于某未按时回学校上班。于是原告以其旷工为由解除合同。但本案中的原告郯城县某中学未将通知上班的《告知书》送达被告,未制作解聘的书面手续,也未送达被告等行为,未尽到法律规定的程序性要求,这也是原告在劳动争议处理中败诉的主要原因。

按照第一种方式处理的,一旦发生纠纷,用人单位存在着很大举证压力。一方面,用人单位需要证明单位制定了有效的关于旷工方面的规章制度;另一方面,用人单位也需要提供员工违纪的证据。

二是,在患病员工的医疗期满后,如果该员工的病患仍然未能痊愈,致使其需要继续治疗的,用人单位书面通知员工上班,如果员工向公司出具需要继续治疗的病假单、住院证明或诊断书,要求继续请假治疗而无法上班的,有用人单位据此认为,该员工已无法从事原岗位工作,也就无法从事其他工作,并据此解除劳动合同。

按照第二种方式处理有法律风险。司法实践中,仅有极个别案例支持用人单位在此情形下解除劳动合同。例如,北京市高级人民法院作出的(2017)京民申 430 号裁定书,"但何颖医疗期届满后仍持续向瑞表公司提交全休病假条的情况,说明何颖医疗期满后的身体状况仍需全天休息,不具备从事原工作或从事另行安排工作的基本条件。瑞表公司 2015 年 7 月 30 日向何颖发送解除劳动合同通知不违反医疗期相关规定,二审法院认定此种情况下瑞表公司解除劳动合同符合法律规定,属依法解除,适用法律正确,处理并无不当"。大多数的判决认为用人单位不能仅因劳动者还需要治疗继续请病假就认为不具备从事原工作或从事另行安排工作的条件,用人单位应当为劳动者另行安排合适的工作岗位。

综上,在管理劳动合同期限未满但患病的员工时,我们建议:

第一,用人单位应当在劳动者进入医疗期时,了解劳动者订立劳动合同的情况,确定劳动合同到期终止的时间,并计算出医疗期届满的时间,如果中途劳动者上班的,应当及时根据实际情况调整可以累计休医疗期的时间,进而确定医疗期结束时间。

第二,医疗期届满前,用人单位应当给劳动者发出到岗通知,通知劳动者到岗的时间。

第三,医疗期内,如果劳动者自行申请离职或者双方协商一致解除劳动合同的,用人单位应当明确告知劳动者相关权利,让劳动者通过书面方式确定劳动者在知悉权利的情况下,个人自愿放弃。当然,在医疗期内,若劳动者存在《劳动合同法》第 39 条规定的情形,用人单位有权单方解除劳动合同。

第四,医疗期满以后,劳动者仍不回来上班的,用人单位应该主动履行催告劳动者回来上班的义务。

第五,如果劳动者仍需停工治疗的,应该办妥病假的续假手续,否则视为旷工。关于病假的手续办理,用人单位应该事先将内部的制度规定清楚。

第六,劳动者医疗期满以后,仍需停工治疗,并且办妥了续假手续的,用人单位应该主动征询劳动者是否能去其他岗位的意见,及时了解劳动者是否需要进行劳动能力鉴定。

第七,如果用人单位有工会,劳动者符合解除条件的,在向劳动者发送解除通知之前应将解除原因通知工会,否则解除程序存在瑕疵,有违法解除风险。

点评人:四川泽珲律师事务所　文多多

第四章 高等教育

在高等教育阶段,高等教育主体在开展日常教学活动时会和教职工、学生等有关主体产生民事纠纷,同时,还会有和其他一般民事主体发生纠纷的风险。也就是说,在高等教育主体实施教育、管理活动过程中或其组织的其他活动中,民事法律关系主体会基于一定的法律事实产生纠纷。因此,在该阶段涉及的主体不仅仅是教学人员、管理人员、后勤人员等教职工,还包括其他自然人、法人和非法人组织,比如教育咨询服务有限公司、汽车修理厂、奶茶店等。

第一节 纵览:总体数据呈现

本章数据提取自裁判文书网 2015—2019 年上传的与高等教育行业有关的教育纠纷,共检索到教育行业高等教育阶段相关主体涉及民事纠纷的裁判文书数量共 11754 例,本节通过客观数据描绘案件特征、当事人情况、裁判结果及律师参与情况,多维度地描绘高等教育阶段的民事法律特点。

一、案件特征

(一)案由分布

在 11754 例裁判文书中,由于 2020 年以前,各地法院案由命名不是特别规范,因此从裁判文书中直接提取出的案由共 274 类。从一级案由来看,高等教育案件主要分布在第四部分合同、准合同纠纷(6046 例)、第六部分劳动争议、人事争议纠纷(3093 例)、第九部分侵权责任纠纷(1009 例)三类案由之间,其他如物权纠纷、人格权纠纷等相关的争议一共 1606 例。

由于一级案由包含了数量众多的二级、三级和四级案由,以合同、准合同纠

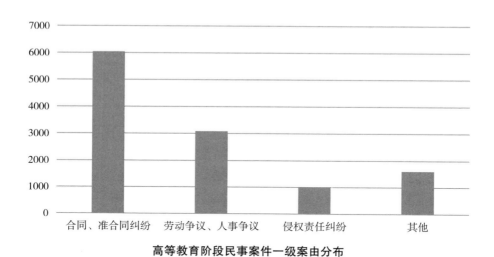

高等教育阶段民事案件一级案由分布

纷为例,6046 例案件共包含约 270 类次级案由。考虑到高等教育行业民事法律纠纷特点以及案由分类数量,因此,除个别案由外,按照三级案由的数量对案件进行排序:

数量最多的裁判文书是劳动争议、人事争议案件,共 2529 例,占总数的 22%。其次依次为租赁合同纠纷案件、建设工程合同纠纷案件、借款合同纠纷案件、侵权责任纠纷案件,数量分别为 1112 例、1102 例、1064 例、591 例,分别占总数的 9%、9%、9%、5%。其他合同纠纷类别的总数虽为 1667,但包含了包括承揽合同纠纷、确认合同效力纠纷、追偿权纠纷、物业服务合同纠纷、委托合同纠纷等在内的一百余种三级、四级案由,各类案由数量均在 100 以下,故合并为"其他合同、准合同纠纷"类。因"其他"存在于提取到的裁判文书的案由之中,加之一些案由案件份数极少,例如不正当竞争纠纷为 12 例、恢复原状纠纷为 12 例、公司解散纠纷为 9 例,故将这些案由合并为"其他"类。

同时,在 2529 例劳动争议、人事争议案件中,有 2240 例案由为"劳动争议",占该类总数的 88.6%。在 1112 例租赁合同纠纷案件中,"房屋租赁合同"纠纷案件有 745 例,占比 67%。在 1102 例建设工程合同纠纷案件中,"建设工程施工合同"纠纷案件有 760 例,占比 68.97%。在 1064 例租赁合同纠纷案件中,"民间借贷"纠纷案件有 816 例,占比 76.69%。在 591 例侵权责任纠纷案件中,"医疗损害责任"纠纷案件有 206 例,占比 34.86%。

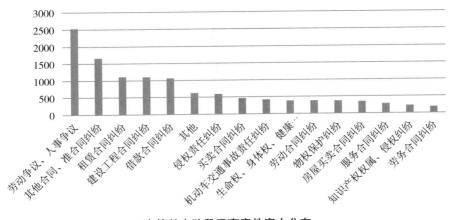

高等教育阶段民事案件案由分布

(二)地域分布

2015—2019 年,高等教育阶段的民事案件共涉及全国 31 个省、自治区、直辖市及新疆兵团,地域分布呈现出一定的地域差异。审结案件数量最多的五个省级行政区分别为吉林(1160 例)、北京(1034 例)、河北(756 例)、江苏(680 例)、湖北(634 例)。审结案件数量最少的三个省级行政区分别为青海(37 例)、江西(4 例)、西藏(2 例)。

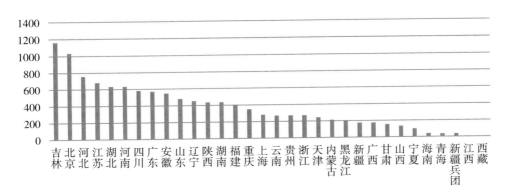

高等教育阶段民事案件地域分布

（三）时间分布

2015—2019 年,5 年期间高等教育阶段的案件数量先逐渐上升,在 2017 年达到最高,数量为 2953 例,后逐渐下降,但 2019 年案件数量仍大于 2015 年案件数量。总体而言,2017 年审结案件数量最多,达 2953 例,占高等教育阶段案件总数量的 25%;2015 年审结案件数量最少,达 1718 例,占高等教育阶段案件总数量的 15%;2018 年案件数量开始下降,但 2019 年审结案件数量仍有 2532 例,占高等教育阶段案件总数量的 22%。

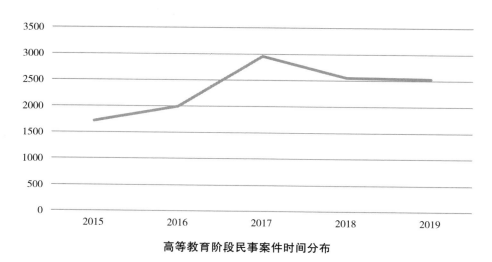

高等教育阶段民事案件时间分布

二、当事人情况勾勒

（一）教育主体诉讼地位分布

在高等教育阶段,教育主体以高校为主,也包括少部分的大学后勤服务中心、学院植物园、学院附属医院、学院门诊部、学院仪表厂等。

在高等教育阶段的 11754 例案件中,教育主体作为原告提起的诉讼案件约占 20%(2350 例),教育主体作为被告被提起诉讼的案件约有 78%(9168 例),剩余部分为反诉案件。

（二）教育主体相对人身份分布

与高等教育阶段教育主体紧密联系的民事主体主要有两类:该教育主体的教职工和与该教育主体进行民事交往的其他民事主体。这两类主体同样也是高等教育阶段民事案件的另一方当事人①。

约有 48% 的案件,另一方当事人为教育主体的教职工,包括教学人员、管理人员、后勤人员等,这部分案件主要分布在劳动争议、人事争议案件中,在租赁合同纠纷以及借款合同纠纷中也存在少量案件。还有约 52% 的案件,另一方当事人为其他的一般民事主体,这部分主体社会身份种类繁多,分布于各类不同的案由,包括租赁合同纠纷案件、建设工程合同纠纷案件、借款合同纠纷案件和侵权责任纠纷案件中,可以是自然人,也可以是法人和非法人组织,比如在租赁合同纠纷案件中其他民事主体可以是自然人,也可以是教育咨询服务有限公司,还可以是汽车修理厂、奶茶店等。

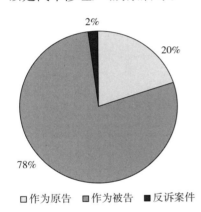

高等教育阶段民事案件
教育主体诉讼地位分布

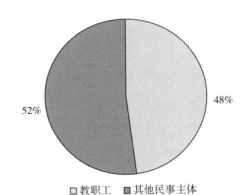

高等教育阶段民事案件
教育主体相对人身份分布

三、律师参与

在 11754 例高等教育行业案件中,有 7846 例案件的原告委托了代理律师,占全部案件的 67%;其中,有 109 例案件属于法律援助律师,占原告律师参与的 1%。有 6579 例案件的被告委托了代理律师,占全部案件的 56%;其中,有 16 例案件属于法律援助律师,占被告律师参与的 0.2%。

---

① 编者注:该两类主体主要是作为教育主体的相对人出现,但根据事实和案由的不同,也有和教育主体作为共同原告或共同被告的情形。为便于统计,此部分仅讨论其作为相对人出现的情形。作为共同原告或共同被告的情形将在具体的案由分类中予以展示。

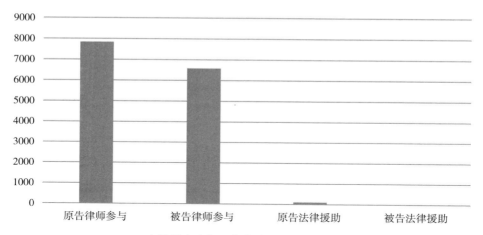

高等教育阶段民事案件律师参与分布

四、裁判结果①

（一）教育主体作为原告的诉讼结果

在教育主体作为原告的情形下，有约 71.2% 的情形，其诉讼请求得到（部分）支持②；在约 28.8% 的情况下，其诉讼请求被全部驳回。

（二）教育主体作为被告的诉讼结果

在教育主体作为被告的情形下，约有 89.1% 的案件原告的诉讼请求得到支持，即教育主体要履行相应的义务或承担相应责任；约在 10.9% 的案件中原告诉讼请求被全部驳回。

---

① 编者注：该部分是对高等教育阶段五类重点案由包括劳动争议、房屋租赁合同纠纷、建设工程施工合同纠纷、民间借贷纠纷、医疗损害责任纠纷共计 4767 例案件的裁判结果的分析。因为部分案由文书数量少、纠纷发生频率低，样本规模不足以证明规律性，而高发案由数量超过文书总数的百分之四十，已经具有足够的样本。教育主体作为原告或者被告的裁判结果统计是针对教育主体单独或共同作为原告或者被告内部数据的分析；教育主体负有义务部分是在不区分教育主体是原告或者被告诉讼地位的情况下，着眼于从整体上对教育主体是否负有义务的裁判结果进行统计和分析。负有义务包括在确认之诉需要履行相应的义务以及在给付之诉中承担相应的责任，不负有义务指的是在诉讼中教育主体不需要承担任何责任。重点案由项下的裁判结果统计标准也与此相同。

② 编者注："原告诉讼请求得到支持"包括诉讼请求全部得到支持与部分得到支持。因为原告可以提起多项诉讼请求而裁判结果仅支持其中一项或多项，尤其涉及到金钱具体数额的主张，法院支持其诉请但金额与原告主张的数额不一定完全一致。

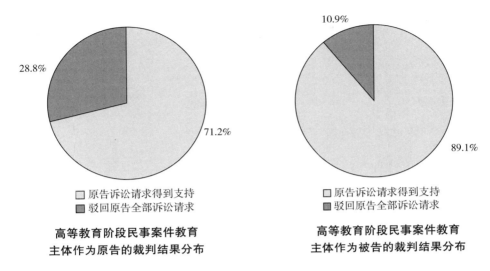

28.8%

71.2%

☐ 原告诉讼请求得到支持
■ 驳回原告全部诉讼请求

**高等教育阶段民事案件教育
主体作为原告的裁判结果分布**

10.9%

89.1%

☐ 原告诉讼请求得到支持
■ 驳回原告全部诉讼请求

**高等教育阶段民事案件教育
主体作为被告的裁判结果分布**

（三）教育主体负有义务情况

在高等教育阶段五类重点案由共计 4767 例判决中,教育主体负有义务的裁判文书数量约为 4300 例,约占 90.2%,教育主体不负有义务的裁判文书数量约为 467 例,约占 9.8%。

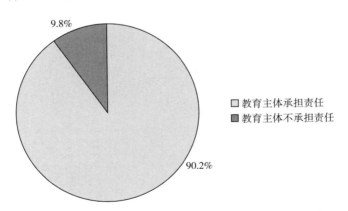

9.8%

☐ 教育主体承担责任
■ 教育主体不承担责任

90.2%

高等教育阶段民事案件教育主体负有义务的裁判结果分布

第二节 聚焦:高发案由解读

零散分布和发生频率较低的案由裁判结果无法反映客观规律,而排名前五的高发案由数量就接近文书总数的 40%,因此聚焦高等教育阶段劳动争议、房屋租赁合同纠纷、建设工程施工合同纠纷、民间借贷纠纷、医疗损害责任纠纷五类高发案由,窥探每类案由的时间与地域分布、当事人情况、裁判结果、律师参与等特征并研析不同案由下的案件争议焦点和法律适用情况,多角度地展示与剖析高等教育阶段教育主体面临的民事法律风险。

一、劳动争议纠纷

劳动争议纠纷,是指劳动关系的当事人之间因执行劳动法律、法规和履行劳动合同而发生的纠纷,即劳动者与所在单位之间因劳动关系中的权利义务而发生的纠纷。高等教育阶段劳动争议纠纷类型多样,主要类型有劳动合同签订纠纷、除名辞退纠纷、劳动报酬纠纷、社会保险纠纷、经济补偿纠纷、经济赔偿纠纷、福利待遇纠纷、退休工龄及特岗认定纠纷、社会保险档案转移纠纷等。[1]

从裁判文书网上提取到的 2015—2019 年高等教育阶段劳动争议案件共2240 例。

(一)数据纵览

1. 时间与地域分布

(1)时间分布

在高等教育行业涉及到的纠纷中,劳动争议案件总数为 2240 例,占案件总数的 19%。从年份分布来看,该类案件在 2017 年案件数量最多,达 737 例,在2015 年案件数量最少,有 337 例。具体数量为 337 例(2015)、344 例(2016)、737 例(2017)、398 例(2018)、424 例(2019)。

(2)地域分布

从地域分布来看,劳动争议案件分布最多的前五个省级行政区为吉林(668例)、北京(198 例)、湖北(139 例)、陕西(133 例)、河南(116 例)。分布最少的省级行政区为青海(8 例)、上海(2 例)、江西及西藏(0 例)。

2. 当事人情况勾勒

(1)教育主体当事人情况分布

在 2240 例劳动争议案件中,教育主体作为原告提起诉讼的案件约 11.6%

---

[1]　喻承跃:《关于审理涉高校劳动争议案件的调研报告》,资料来源:http://whhsqfy.hbfy.gov.cn。

高等教育阶段劳动争议时间分布

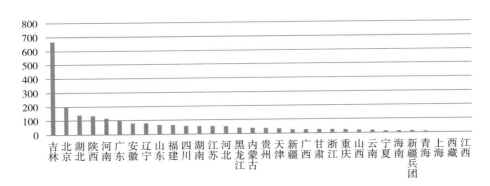

高等教育阶段劳动争议地域分布

（260 例），教育主体作为被告被起诉的案件约 87.9%（1970 例），剩余约 0.5% 属于反诉案件。高等教育阶段的教育主体以大学、学院为主，包括少部分的大学综合服务楼、老年大学、学院植物园。

（2）教育主体相对人身份分布

高等教育阶段的劳动争议案件，一方当事人必然是教育主体，而另一方当事人的分布则有所不同。与教育主体联系最密切的劳动者群体是后勤人员，体现在裁判文书大数据中，约有 71%（1590 例）案件一方当事人是保洁、保安、厨师、维修工、收银员等；其次是管理人员，约有 13.4%（300 例）案件一方当事人是学务秘书、班主任、辅导员、学籍管理人员、公寓值班员等；约有 8.9%（200 例）一方当事人是特聘教师、实训教师、授课教师等教学人员。此外,约有 6.7%(150 例)的判决书未明确写明当事人在教育主体机构内担任的职位,以"职工"表示。

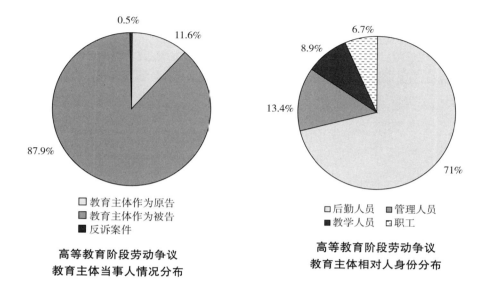

高等教育阶段劳动争议
教育主体当事人情况分布

高等教育阶段劳动争议
教育主体相对人身份分布

3. 裁判结果与律师参与

(1)裁判结果

在劳动争议案件中,如前所述,教育主体作为被告被起诉的案件约为 87.9%,此时原告的诉讼请求一般是确认劳动关系、支付劳动报酬、支付经济补偿金、支付工伤医疗费等,其中全部支持①的比例约为 12%,全部驳回的比例约为 12%,部分支持的比例约为 76%。

如前所述,教育主体作为原告起诉的案件约为 11.6%,此时教育主体的诉讼请求一般是确认劳动者与之不存在劳动关系,请求法院作出与仲裁委裁决内容相反的判决,请求判决原告无需向被告支付经济补偿金、劳动报酬、社会保险

---

① 编者注:由于劳动争议案件中同时涉及确认之诉与给付之诉,劳动者原告可能单独主张确认或解除双方劳动关系,也可能单独主张支付劳动报酬、经济补偿金等款项,或者二者同时主张,因此,此处的"全部支持"既包括单独主张的请求,也包括二者同时主张的请求。而工资、经济补偿金等具体金额需要法院通过证据加以认定和酌情裁量,即使支持原告请求,所判金额与原告在诉讼请求中主张的数额也有所不同,因此,此处的"部分支持"是将诉讼请求与判决结果中金额不一致的情形涵盖在内的。

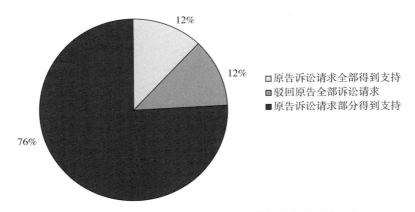

高等教育阶段劳动争议教育主体作为被告的裁判结果分布

费等,其中全部驳回的比例约为58%,得到支持的比例约为42%。

在劳动争议案件中,教育主体负有义务的判决书数量约为1980例,占劳动争议案件判决总数的比例约为89.6%,教育主体不负有义务的判决书数量约为230例,占劳动争议案件判决总数的比例约为10.4%。

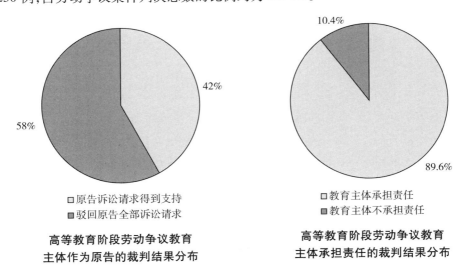

高等教育阶段劳动争议教育　　高等教育阶段劳动争议教育
主体作为原告的裁判结果分布　　主体承担责任的裁判结果分布

(2)律师参与

在2240例劳动争议案件中,有1545例案件的原告委托了代理律师,占全部案件的69%;有58例案件属于法律援助律师,占原告律师参与的3.8%。有

1119 例案件的被告委托了代理律师,占全部案件的 50%;有 5 例案件属于法律援助律师,占被告律师参与的 0.45%。

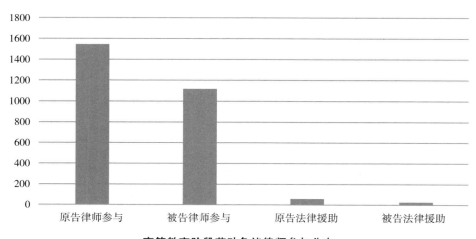

高等教育阶段劳动争议律师参与分布

(二)检视:案件特征与法院裁判

1. 案件特征

在高等教育阶段,劳动争议案件的原告包括劳动者和教育主体,但在大多数案件中教育主体是作为被告参与诉讼。原被告双方争议的内容一般有:因确认劳动关系发生的争议,因工作时间、休息休假、社会保险、福利、培训以及劳动保护发生的争议,因劳动报酬、工伤医疗费、经济补偿或者赔偿金等发生的争议,因解除和终止劳动合同发生的争议,以及因除名、辞退和辞职、离职发生的争议。

当劳动者作为原告时,一般是教育主体的教学人员、管理人员、后勤人员以及离退休人员,若涉及争议的劳动者已死亡,原告可以是其近亲属;诉讼请求一般是请求被告支付劳动报酬、经济补偿金、经济补偿、工伤医疗费等。当教育主体作为原告时,诉讼请求一般是确认劳动者与之不存在劳动关系,请求法院作出与仲裁委裁决内容相反的判决,请求判决原告无需向被告支付经济补偿金、各类补助金、劳动报酬以及报销社会保险费,请求判决原告不予承担各类赔偿金,请求被告向原告支付违约金和请求被告返还挪用公款差额部分以及赔偿利息等。

当法院在审理教育主体与劳动者之间发生的劳动争议案件时,对于是否存在劳动关系主要审查是否签订劳动合同,在没有签订合同的情况下是否存在事实劳动关系;对于是否支付劳动报酬、工伤医疗费、经济补偿金、赔偿金等主要审查劳动关系是否已经解除,若已经解除须从发生劳动争议之日起,在法定的期限内申请仲裁、提起诉讼,超过诉讼时效的,法院不再支持,此外,支持这些费用需原告提供充足的证据予以证明;对于年休假工资和加班工资问题,由于在高等教育阶段劳动争议的当事人存在大学、学院一方,因此法院一般会认定劳动者作为学校员工享受寒暑假,未享受寒暑假、延时加班及休息日加班不能安排补休的应支付年休假工资和加班工资;对于因工作时间发生的争议,因高等教育阶段的教育主体一般会雇佣兼职辅导员、班主任等管理人员和在食堂从事厨工工作的后勤人员,所以会存在非全日制用工问题以及特殊工时问题,法院在审理的过程中会根据劳动者实际的工作时间来认定是否符合非全日制用工的规定,会根据教育主体是否将实行特殊工时工作制依法向劳动行政部门履行了审批手续来认定实行特殊工时制的约定是否有效。

2. 法院裁判

人民法院一般会根据《劳动合同法》《劳动争议调解仲裁法》《最高人民法院关于审理劳动争议案件适用法律若干问题的解释(二)(法释〔2006〕6 号)》劳动和社会保障部发布的《关于确定劳动关系有关事项的通知》(劳社部发〔2005〕12 号)等法律法规来审理劳动争议案件,包括但不限于《中华人民共和国劳动合同法》第 7 条、第 46 条、第 47 条,《劳动争议调解仲裁法》第 2 条、第 27 条,《最高人民法院关于审理劳动争议案件适用法律若干问题的解释(二)(法释〔2006〕6 号)》第 7 条,《关于确定劳动关系有关事项的通知》(劳社部发〔2005〕12 号)第 1 条、第 2 条。

法院在审理高等教育阶段的劳动争议案件时,对于超过诉讼时效的诉讼请求一般不予支持,对于不属于劳动争议案件审理范围的诉讼请求一般也不予支持。此外,对于无论是劳动者提出的确认劳动关系存在、请求支付经济补偿金等诉讼请求还是教育主体提出的确认劳动关系不存在、请求不支付经济补偿金等诉讼请求,法院一般都会根据双方出示的证据选择支持其中一方,并根据相关的法律法规决定支持赔偿金或补偿金的具体数额。

就高等教育阶段的劳动争议案件来说,有一项不同于其他一般劳动争议案件的诉讼请求,即请求支付寒暑假工资。法院在审理案件时针对此项诉讼请求主要会根据证据查明原被告之间是否存在劳动合同关系、教育主体是否支付劳动者寒暑假工资、劳动者是否证明拖欠的具体工资数额。如果有相关的证据证明劳动者主张的事实,法院就会根据劳动者主张的事实来判决。即使劳动者没有举证证明拖欠的具体工资数额但其他事实都有相应的证据加以佐证,此时,法院也会根据劳动者工作地的最低工资标准来认定寒暑假工资的数额。

高等教育阶段的劳动争议案件争议焦点主要聚集在四个方面:其一,原被告双方是否存在劳动关系;其二,诉讼请求是否超过劳动争议申请仲裁时效期间;其三,诉讼请求是否属于应当支付经济补偿的情形;其四,纠纷是否属于劳动争议处理范畴。

(1)争议焦点一

在认定教育主体与劳动者之间是否存在劳动关系的时候,需要审查双方是否签订了书面劳动合同,在没有签订书面劳动合同的情况下,需要审查劳动者提供的劳动是否是教育主体业务的组成部分,有无相关证据证明劳动者与教育主体之间的劳动关系,若有充足的证据证明双方的事实劳动关系或劳动关系,法院一般就会认定双方存在劳动关系。

【以案为鉴】①

被告于 1996 年 1 月进入原告单位工作,任学校门卫至今。2008 年 12 月 31 日白城某学院将被告曹某转为由白城市某劳务派遣公司派遣员工,后于 2013 年 1 月 1 日原、被告双方签订了书面劳动合同。本院认为,曹某于 1996 年 1 月进入白城市某学院工作,任学校门卫一职至今,其从事的工作是原告单位业务的组成部分且工资一直由原告发放,对此单位并不否认。2008 年 12 月 31 日,原告将被告转为由派遣公司派遣至其处工作,但岗位一直未变。经庭审,该派遣行为虽签订了劳务派遣合同,但被告并不知情也非本人意愿的劳动关系转移,且该派遣合同在未到期、未解除的情况下原告又与被告签订了固定期限劳动合同,应视为原告对派遣行为的否定。另,被告在原告处工作自 1996 年开始至今一直未间断,因此对于曹某确认劳动关系的请求不适用仲裁时效的规定。综上,原告与被告自 1996 年 1 月起即存在劳动关系。

---

① (2015)白洮民一初字第 194 号。

（2）争议焦点二

教育主体会提出劳动争议纠纷超过劳动争议申请仲裁或提起诉讼的时效期间作为不承担责任的答辩意见。法院在判定具体案件是否超过时效期间时，一般的劳动争议案件从发生劳动争议之日起计算一年的仲裁时效期间，但如果是劳动关系存续期间因拖欠劳动报酬发生争议的，不受一年的仲裁时效期间的限制，从劳动关系终止之日起计算一年的仲裁时效期间。当法院确定已超过诉讼时效或仲裁时效，当事人提出的请求支付经济补偿金、双倍工资、加班费等诉讼请求，法院就不予支持。

【以案为鉴】①

原告从 1999 年起在被告处工作，虽未签订劳动合同，但双方已形成事实劳动关系。2007 年 8 月 21 日，被告与某某保洁服务部签订《托管协议》时，便将原告等人一并移交至某某保洁服务部托管，至此，原、被告之间的劳动关系解除，原告与某某保洁服务部形成新的劳动关系。原告要求被告为其补办、缴纳养老保险、医疗保险、失业保险和支付法定节假日加班费、经济补偿金、双倍工资，应从 2007 年 8 月 21 日双方发生劳动争议之日起计算，在法定的期限内申请仲裁、提起诉讼，而距今原、被告双方劳动合同解除 8 年有余，原告的诉请已超过诉讼时效，故本院不予支持。

（3）争议焦点三

劳动者与教育主体发生劳动争议时，劳动者一般都会提出要求教育主体支付经济补偿金的请求，在认定是否支持支付经济补偿金的时候，一般会看双方产生劳动争议的原因是否属于应当支付经济补偿的情形，比如，因教育主体过错致使劳动者解除劳动合同，法院会支持请求教育主体支付经济补偿金的诉讼请求，但因劳动者达到法定退休年龄终止劳动合同的，就不会支持这一诉讼请求。

【以案为鉴】②

关于解除劳动关系经济补偿问题。根据《劳动合同法》第 97 条第三款："本法施行之日存续的劳动合同在本法施行后解除或者终止，依照本法第 46 条规定应当支付经济补偿的，经济补偿年限自本法施行之日起计算；本法施行前按照当

---

① （2015）蚌山民一初字第 01836 号。
② （2016）川 0107 民初 2647 号、（2015）昌民初字第 1481 号。

时有关规定,用人单位应当向劳动者支付经济补偿的,按照当时有关规定执行"之规定,虽林某某自 2004 年 12 月到某校科技园处工作,但 2008 年 1 月 1 日前,不符合《劳动法》第 28 条规定的解除劳动合同应当支付经济补偿金的情形,因此,经济补偿金从 2008 年 1 月 1 日开始计算。根据《劳动合同法》第 38 条第一款"用人单位有下列情形之一的,劳动者可以解除劳动合同:(二)未及时足额支付劳动报酬的"第四十六条:"有下列情形之一的,用人单位应当向劳动者支付经济补偿:(一)劳动者依照本法第三十八条规定解除劳动合同的;"及第四十七条:"经济补偿按劳动者在本单位工作的年限,每满一年支付一个月工资的标准向劳动者支付。六个月以上不满一年的,按一年计算;不满六个月的,向劳动者支付半个月工资的经济补偿。"之规定,结合林某某的工作年限及离职前十二个月平均工资 3055.04/月,某校科技园应当支付林某某解除劳动关系经济补偿金 22912.8 元(3055.04/月×7.5 个月)。

《劳动合同法》第 44 条第二项规定,劳动者开始依法享受基本养老保险待遇的,劳动合同终止。《劳动合同法实施条例》第 21 条还规定,劳动者达到法定退休年龄的,劳动合同终止。本案中,陈某某于 2014 年 9 月 25 日达到法定退休年龄,故依据上述法律规定,其与警院驾校的劳动合同终止。而因劳动者达到法定退休年龄终止劳动合同的,不属于《劳动合同法》第 46 条规定的用人单位应当支付经济补偿的情形之一,故陈某某要求警院驾校支付解除劳动关系经济补偿金的请求,缺乏法律依据,本院不予支持。

(4)争议焦点四

对于案件是否属于劳动争议案件的受理范围问题一般存在于劳动者提起的诉讼中。总结案件特征,下列五种情形均属于劳动争议纠纷:第一,因确认劳动关系发生的争议;第二,因订立、履行、变更、解除和终止劳动合同发生的争议;第三,因除名、辞退和辞职、离职发生的争议;第四,因工作时间、休息休假、社会保险、福利、培训以及劳动保护发生的争议;第五,因劳动报酬、工伤医疗费、经济补偿或者赔偿金等发生的争议。以下两类情形均不属于劳动争议纠纷,不属于人民法院主管范围,一类是劳动者达到法定退休年龄之后与教育主体发生的纠纷;另一类是办理社会保险登记和征缴社会保险费,前者是社会保险经办机构职责,后者是社会保险费征收机构职责。

【以案为鉴】①

根据《劳动合同法实施条例》第 21 条的规定"劳动者达到法定退休年龄的，劳动合同终止"，《国务院关于工人退休、退职的暂行办法》第 1 条规定"全民所有制企业、事业单位和党政机关、群众团体的工人，符合下列条件之一的，应该退休：（一）男年满 60 周岁、女年满 50 周岁……"。原告自 2007 年 2 月 28 日在被告四川某学院处工作期间，于 2014 年 6 月 15 日达到法定退休年龄，自此原、被告双方的劳动关系即终止，之后双方形成的用工关系为劳务关系。关于补缴社会保险的问题，根据《社会保险法》第 63 条的规定，用人单位未按时足额缴纳社会保险费的，由社会保险经办机构和劳动行政部门处理，不属于劳动争议处理范畴。因此，原告要求被告补缴社会保险（2007 年 2 月—2015 年 3 月）的诉讼请求，本院不予处理。原告在达到法定退休年龄前与被告四川某学院发生的劳动争议纠纷已超过诉讼时效，其在达到法定退休年龄之后与被告四川某学院发生的纠纷不属于劳动争议案件审理的范畴。故对原告以劳动争议纠纷为由主张的终止劳动合同经济补偿金、加班工资请求，不予支持。

二、房屋租赁合同纠纷

房屋租赁合同纠纷，是指房屋出租人和承租人因房屋租赁合同产生的纠纷，房屋租赁合同是指房屋出租人将房屋提供给承租人使用，承租人定期给付约定租金，并于合同终止时将房屋完好地归还出租人的协议。《民法典》《关于审理城镇房屋租赁合同纠纷案件具体应用法律若干问题的解释》等相关法律规定为审理该类型纠纷的法律依据。

从裁判文书网上提取到的 2015—2019 年高等教育阶段房屋租赁合同纠纷案件共 745 例。

（一）数据纵览

1. 时间与地域分布

（1）时间分布

在高等教育行业涉及到的纠纷中，租赁合同纠纷案件共 1112 例，其中案由

---

① 　（2016）川 0603 民初 94 号。

为"房屋租赁合同纠纷"的案件总数为 745 例,占该类案件的 67%。从年份分布来看,该类案件数量整体呈波动趋势,在 2017 年案件数量最多,达 189 例,在 2015 年案件数量最少,有 105 例。具体数量为 105 例(2015)、125 例(2016)、189 例(2017)、184 例(2018)、142 例(2019)。

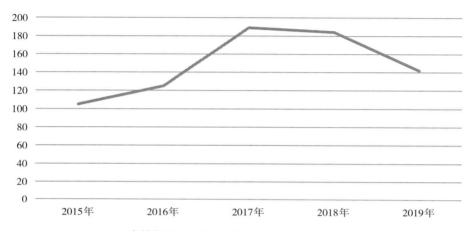

高等教育阶段房屋租赁合同纠纷时间分布

(2)地域分布

从地域分布来看,房屋租赁合同纠纷案件分布最多的前五个省级行政区为江苏(71 例)、湖北(63 例)、北京(54 例)、云南(46 例)、福建(43 例)。分布最少的省级行政区为宁夏(4 例)、新疆兵团(1 例),海南(0 例)、西藏(0 例)、江西(0 例)。

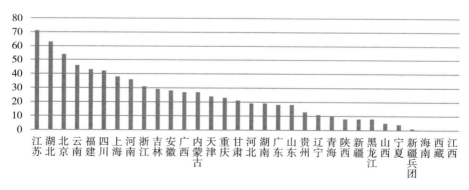

高等教育阶段房屋租赁合同纠纷地域分布

2. 当事人情况勾勒

（1）原告身份情况分布

在房屋租赁合同纠纷的案件中，教育主体一般作为原告，教育主体包括大学、学院、高校的科研院所等，少部分原告为有限公司、自然人、奶茶店等。在745例案件中，约82%的案件是教育主体作为原告，约18%的案件是非教育主体作为原告。

（2）被告身份情况分布

在房屋租赁合同纠纷的案件中，非教育主体一般作为被告，主要是单独的自然人或有限公司作为被告，也有少量的有限公司和自然人、学院和大学、有限公司和学院共同作为被告。在745例案件中，约53%的案件是单独自然人作为被告，约26%的案件是单独有限公司作为被告。

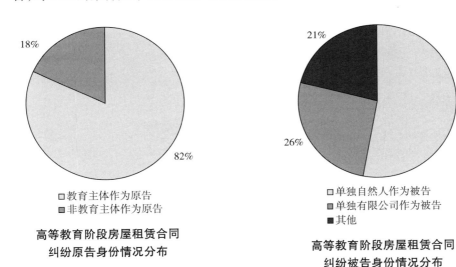

**高等教育阶段房屋租赁合同
纠纷原告身份情况分布**

**高等教育阶段房屋租赁合同
纠纷被告身份情况分布**

3. 裁判结果与律师参与

（1）裁判结果

在房屋租赁合同纠纷案件中，如前所述，教育主体作为原告起诉的案件约82%，此时教育主体的诉讼请求一般是请求返还房屋以及附属设施、恢复原状、支付拖欠租金、支付违约金等，其中全部支持的比例约为10%，全部驳回的比例约为12%，部分支持的比例约为78%。需要指出，由于在房屋租赁合同纠纷案件中,双方当事人签订了租赁合同,因此教育主体的大部分诉讼请求会得到法院支持,仅在少数的特殊情况会全部驳回教育主体的诉讼请求,比如虽然被告未及时返还涉案房屋,但原告在发出收房公告后不久就对房屋停止了供水、供电导致被告实际上已无法实现合同目的。关于租金、违约金等具体金额需要法院通过证据加以认定和酌情裁量,即使支持原告请求,所判金额与原告在诉讼请求中主张的数额也有所不同,因此,此处的"部分支持"是将诉讼请求与判决结果中金额不一致的情形涵盖在内。

如前所述,教育主体作为被告被起诉的案件约18%,此时非教育主体的诉讼请求一般是请求被告赔偿因解除合同给其造成的损失、返还多收取的租金、返还押金、支付违约金等,其中全部驳回的比例约为45%,得到支持的比例约为55%。

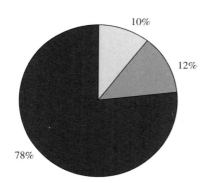

10%

12%

78%

□ 原告诉讼请求全部得到支持
■ 驳回原告全部诉讼请求
■ 原告诉讼请求部分得到支持

**高等教育阶段房屋租赁合同纠纷
教育主体作为原告的裁判结果分布**

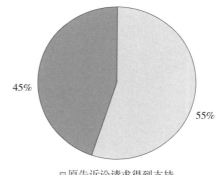

45%

55%

□ 原告诉讼请求得到支持
■ 驳回原告全部诉讼请求

**高等教育阶段房屋租赁合同纠纷
教育主体作为被告的裁判结果分布**

在房屋租赁合同纠纷案件中,教育主体负有义务的判决约为630例,约占房屋租赁合同纠纷案件判决总数的84%,教育主体不负有义务的判决约为120例,约占房屋租赁合同纠纷案件判决总数的16%。

(2)律师参与

在745例房屋租赁合同纠纷案件中,有572例案件的原告委托了代理律师,占全部案件的76.8%。有292例案件的被告委托了代理律师,占全部案件的

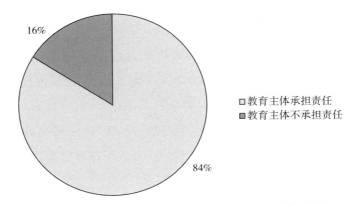

高等教育阶段房屋租赁合同纠纷教育主体承担责任的裁判结果分布

39.2%。这类纠纷案件中在原告和被告有律师参与的情况下均没有出现法律援助律师的情况。

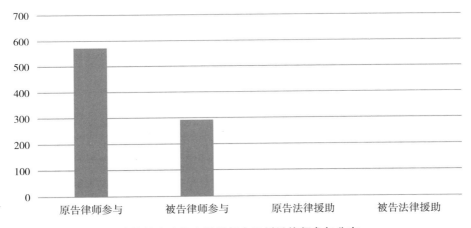

高等教育阶段房屋租赁合同纠纷律师参与分布

（二）检视:案件特征与法院裁判

1. 案件特征

在高等教育阶段,教育主体在房屋租赁合同纠纷中大多数是作为原告提起诉讼,也有少部分作为被告的情况,此时另一方当事人一般是教育主体的教职工、租赁门市的商户、有限公司、培训中心,也有少部分的省军区招待所、娱乐会所等。教育主体在此案由中不仅仅包括大学、学院等法律意义上的高等教育机构,还包括与高等教育机构相关的科技园发展中心、市招待所、租赁中心等。

当教育主体作为原告时,提出的诉讼请求主要有:解除双方之间的租赁合同、支付房屋租金、归还房屋、支付违约金、赔偿经济损失、赔偿占有房屋损失、支付逾期付款利息以及承担诉讼费等。当教育主体作为被告时,原告提出的诉讼请求主要有解除双方之间的租赁合同、赔偿经济损失、退还多交租金、赔偿产品损失费等各种费用、支付违约金、承担利息损失,还存在确定搬迁及补偿协议有效、分割征收补偿款等特别的诉讼请求。

2. 法院裁判

人民法院一般会根据《民法典》①、《最高人民法院关于审理城镇房屋租赁合同纠纷案件具体应用法律若干问题的解释》等法律及相关司法解释来审理房屋租赁合同纠纷,包括但不限于《民法典》第 144 条、第 146 条、第 153 条、第 154 条、第 155 条、第 509 条、第 577 条、第 703 条、第 708 条、第 730 条和第 733 条。

当法院在审理高等教育阶段的房屋租赁合同纠纷的时候,对于是否解除租赁合同,主要先看双方签订的租赁合同是否依法成立,是否有效,之后再进一步看是否存在解除合同的情形;对于是否支付违约金,主要先看租赁合同中是否有约定违约金,再看是否有违约情形,主张的违约金与其他损失赔偿实际意义是否一致,之后进一步结合违约情况、房屋租金等认定具体的违约金金额;对于是否赔偿经济损失,主要看租赁合同是否正常履行完毕,经济损失的依据是什么,损失赔偿的具体内容是什么;对于是否支持与利息相关的请求,主要看利息对应的本金是否应该缴纳和有证据证明、作为原告一方是否有催促被告缴纳费用的行为以及是否拒绝过被告缴纳的费用、租赁合同中是否约定利息。

当教育主体作为原告时,对于其提出的解除合同的诉讼请求,如果租赁合同为有效且出现了合同解除事由,法院一般会判决解除租赁合同;对于其提出支付租金的诉讼请求,在租赁合同有效且存在未支付租金的事实时,法院一般会判决

---

① 编者注:《民法典》于 2021 年 1 月 1 日生效,由于本书提取文书为 2020 年 5 月 24 日之前上传于裁判文书网的文书,故此处判决书中的规范依据为《合同法》。

被告支付租金;对于其提出的归还房屋或其他不动产的诉讼请求,在租赁合同无效的情况下,法院会判决将房屋或其他不动产归还给原告,在租赁合同有效的情况下,出现了未按时缴纳租金等可以解除合同的情形时,法院也会判决将房屋或其他不动产归还给原告。

但在高等教育阶段的房屋租赁合同纠纷案件中,教育主体作为原告时也会出现诉讼请求被法院全部驳回的情况,主要原因有三点:1. 教育主体未诚信履行租赁合同中的主要义务;2. 教育主体未根据不定期租赁合同的约定解除合同,想通过诉讼的途径解除合同;3. 教育主体未提供相应证据证明其诉讼请求。这意味着合法成立并生效的房屋租赁合同,法院认可其为双方当事人自愿真实的意思表示,合同双方须按合同内容来履行义务,一方不得在未履行义务的前提下向法院主张对方当事人应履行义务甚至承担违约责任,也不得借诉讼来达到不遵守合同约定内容的目的,并且,法院不会认可一方在无证据或无充足证据的情况下提出的诉讼请求。

高等教育阶段的房屋租赁合同纠纷的争议焦点主要聚集在四个方面:其一,房屋租赁合同是否依法成立、有效;其二,解除合同是否有法律依据;其三,如何认定欠缴的租金金额;其四,起诉是否超过法定的诉讼时效。

(1)争议焦点一

在认定房屋租赁合同是否依法成立、有效时,需要看签订的租赁合同是否是合同双方当事人的真实意思表示,有无违反法律、行政法规的强制性规定,若都满足,租赁合同是合法有效的。在租赁合同有效的情况下,双方当事人才会受到合同的约束,实施的交付房屋、支付租金以及解除合同等行为才能受到法律保护,一旦违反就可能承担相应的法律责任。

【以案为鉴】①

关于争议焦点(一),本院认为,原告桂林某大学与被告 AA 公司签订的《桂林某大学旅游培训中心租赁合同》《桂林某大学旅游培训中心周边场地租赁合同》;原告与被告 AA 公司、BB 公司、C 公司、D 小额贷款股份有限公司共同签订《租赁合同补充协议》均系合同双方当事人的真实意思表示,未违反法律、行政

① (2017)桂 0305 民初 1938 号。

法规的强制性规定,合法有效。被告 B 公司自愿与被告 A 公司共同履行上述租赁合同的义务,本院予以确认。

(2)争议焦点二

在认定解除合同是否有法律依据时,需审查合同当事人是否按合同的要求履行合同的义务,没有履行义务的情形一般有:合同一方未按约定支付租金,合同一方未按约定的经营服务范围进行经营;还需审查双方是否一致同意解除合同;合同在不解除的情况下,双方的合同目的是否可以继续实现;合同双方的租赁期限到期后是否转为不定期租赁关系,若转为不定期租赁关系,当事人可随时要求解除合同。

【以案为鉴】①

关于争议焦点(三),本院认为,虽然原告与被告 A 公司在合同中约定如原告未能提供与出租物相关的证照批文,造成被告 A 公司不能正常营业的,A 公司免交相应租期的租金并顺延租期。但在合同后附的《租赁物房屋(旅游培训中心)图纸及有关证件》清单中,没有列明房产证,应视为被告 A 公司认可租赁的房屋尚未取得房产证的现状。但在被告 B 公司因未获得房产证经营受阻,向原告提出办理房产证的要求时,原告应及时办理。故在被告 B 公司向原告提出办理房产证至办理完成期间(2012 年 12 月至 2014 年 8 月)的相应租金,因原告未及时办理房产证,影响了被告 B 公司的正常经营活动,原告应依据合同的上述约定,予以免除。鉴于双方在合同中对于房产证交付的约定不明,并由此产生争议,本院认定双方均不存在根本性的违约行为,故对原告要求二被告支付违约金的诉讼请求,本院不予支持。从 2016 年第 2 季度起,二被告依约继续向原告缴纳租金,原告均予以接收,视为双方对合同继续履行的默认。且二被告及其他的分租单位均处于正常经营状态,各方的合同目的均可以继续得到实现。故原告桂林某大学与被告 A 公司、B 公司签订的《桂林某大学旅游培训中心租赁合同》《桂林某大学旅游培训中心周边场地租赁合同》应当继续履行。对原告要求解除与二被告签订的《桂林某大学旅游培训中心租赁合同》《桂林某大学旅游培训中心周边场地租赁合同》的诉讼请求,本院不予支持。

---

① (2017)桂 0305 民初 1938 号。

（3）争议焦点三

在认定欠缴的租金金额时,需要审查双方是否一致认可欠缴租金金额,双方未能达成一致的情况下,对于当事人提出的租金金额变更、已经交付的租金数额等意见都需要提供充足的证据予以证明,在没有充足证据予以证明的情况下,一般会认为租金金额没有变更,并结合交易习惯来确定已经交付的租金数额。

【以案为鉴】[①]

对于被告余某在 2015 年至 2016 年期间缴纳的租金总金额为 125726.4 元,原、被告双方皆无异议,但是对该笔款项为缴纳何时的租金,双方存在争议,原告认为除了发票票面备注系 2015 年的租金共计 23363.2 元为 2015 年的租金,剩余的 102363.2 元系被告补交 2013 年至 2014 年期间的租金;而被告余某称其缴纳的 125726.4 元皆为新合同即 2015 年至 2016 年期间的租金,其已经交完了2013 年至 2014 年期间的租金,否则原告也不可能跟被告续签了三年的合同。原告对此辩称,是由于被告占据涉案门面不走,承诺续签合同就补交租金,所以原告才与被告续签了合同。综合原、被告的陈述,结合被告缴纳租金的时间为2015 年至 2016 年,有四张发票备注"2015 年"门面租金,且合同约定租金的缴纳方式为每半年缴纳一次,原告亦无证据证明该笔钱系补交 2013 年至 2014 年的租金,本院认为,被告的陈述更符合交易习惯,原告的陈述意见本院不予采纳。故,被告余某在 2015 年至 2016 年期间缴纳的租金总金额 125726.4 元应认定为被告缴纳 2015 年至 2016 年期间的租金,而非补交 2013 年至 2014 年期间的租金。

从合同起始时间 2015 年 1 月 1 日至合同解除时间 2017 年 4 月 1 日(共 27个月又 1 天),按合同约定每月租金 6681.6 元计算,共计租金 180625.92 元(具体计算方式为:276681.6＋16681.630＝180625.92 元),扣除被告缴纳的租金125726.4 元,截至 2017 年 4 月 1 日,被告共欠原告租金 54899.52 元。

依据原告送达到被告的《解除合同通知书》载明"请你在 2017 年 4 月 10 日之前,搬离租赁门面。逾期不搬离,我院将依二倍租金标准追索门面占用费",2017 年 4 月 2 日起至 4 月 10 日是被告腾退房屋的合理期间,故原告主张的合同

---

① （2017）桂 0302 民初 594 号。

解除后的门面占有使用费应从 2017 年 4 月 11 日开始计算直至被告实际腾退房屋时止。现原告主张门面占有使用费参照《合同书》约定的租金标准计算,符合法律规定,本院予以支持。

(4)争议焦点四

已过诉讼时效一般都是被告提出的抗辩事由,在认定起诉时是否超过法定诉讼时效时,需要看是否出现诉讼时效中断的法定事由,此类纠纷主要涉及到的是否存在权利人直接向义务人作出请求履行义务的意思表示。具体而言,在房屋租赁合同纠纷中,原告一般都在被告欠缴租金后主动多次向被告催缴租金,诉讼时效中断,从最后一次向被告主张权利时重新计算,一般都未过诉讼时效期间。

【以案为鉴】①

本院认为,本案的原、被告双方争议焦点为:一、本案有无超过法定的诉讼时效;二、被告多收原告的房屋租金有无事实依据。本案中,被告对原告多交的 720 元房租予以认可,故本院对原告诉请要求被告退还多收的房租 720 元的主张予以支持,对原告诉请的剩余的多交房租 88560 元,被告虽然出具了收据一张,但该收款方式为转支,被告实际并未收到该 88560 元的款项,原告亦未能提供该笔款项的转账凭证予以印证,故对原告诉请要求退还原告多交的房屋租金中的 88560 元的诉请,由于证据不足,本院不予支持。

三、建设工程施工合同纠纷

建设工程施工合同纠纷,是指当事人因建设工程施工合同产生的纠纷,建设工程施工合同包括建筑类合同和安装类合同,有时两者合二为一,建筑是指对工程进行营造的行为,安装主要指与工程有关的线路、管道、设备等设施的安装行为。

从裁判文书网上提取到的 2015—2019 年高等教育阶段建设工程施工合同纠纷案件共 760 例。

---

① （2017）甘 0102 民初 3187 号。

（一）数据纵览

1. 时间与地域分布

（1）时间分布

在高等教育行业涉及到的纠纷中,建设工程合同纠纷案件共 1102 例,其中案由为"建设工程施工合同纠纷"的案件总数为 760 例,占该类案件的 69%。从年份分布来看,该类案件整体呈上升趋势。具体为 91 例(2015)、129 例(2016)、173 例(2017)、182 例(2018)、185 例(2019)。

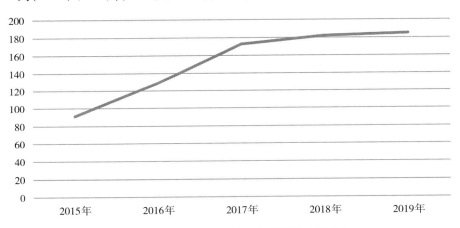

高等教育阶段建设工程施工合同纠纷时间分布

（2）地域分布

从地域分布来看,建设工程施工合同纠纷案件分布最多的前五个省级行政区为河北(57 例)、河南(57 例)、安徽(56 例)、辽宁(55 例)、江苏(47 例)。分布最少的省级行政区为青海(2 例),海南、西藏及江西(均为 0 例)。

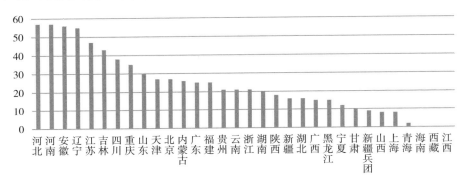

高等教育阶段建设工程施工合同纠纷地域分布

2. 当事人情况勾勒

(1)原告身份情况分布

在高等教育阶段的建设工程施工合同案件,原告大多为非教育主体,其中单独的自然人或有限公司作为原告占据多数。单独自然人作为原告的案件数量占全部案件数量的比例约为45%,单独有限公司作为原告的案件数量占全部案件数量的比例约为43%。

(2)被告身份情况分布

在760例建设工程施工合同纠纷案件中,教育主体作为被告被起诉的案件约88%(668例),非教育主体作为被告被起诉的案件约12%(91例)。高等教育阶段的教育主体以大学、学院为主,可以是大学、学院单独作为被告,也可以是建筑工程公司与大学或学院作为共同被告。

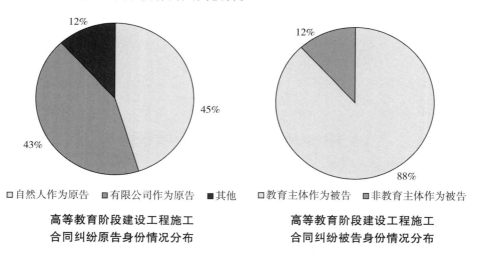

高等教育阶段建设工程施工
合同纠纷原告身份情况分布

高等教育阶段建设工程施工
合同纠纷被告身份情况分布

3. 裁判结果与律师参与

(1)裁判结果

如前所述,在高等教育阶段的建设工程施工合同纠纷案件中,有约88%的案件是教育主体作为被告被起诉。此时,原告的诉讼请求一般是请求支付工程款及利息、支付违约金等。在这部分案件中,若仅有教育主体作为被告,法院通常会全部支持或部分支持原告的诉讼请求,因为当事人之间签订了《建设工程施工合同》,是当事人的真实意思表示,对双方具有法律约束力;若教育主体与建设有限公司、自然人一起作为共同被告,建设有限公司、自然人会承担大部分责任,教育主体会承担少部分责任、连带责任或不承担责任,因为教育主体此时一般是作为案涉工程的发包人。因此,约有 15% 的案件,属于原告的诉讼请求全部得到支持,约 82% 的案件,原告的诉讼请求得到部分支持,仅约 3% 的案件,原告的诉讼请求被全部驳回。

大约有 12% 的案件是教育主体作为原告提起诉讼。由于教育主体作为原告时,其诉讼请求一般是要求被告返还多支付的工程款。在这部分案件中,约 56% 的案件教育主体的诉讼请求得到支持,约 44% 的案件教育主体的诉讼请求被全部驳回。诉讼请求得到支持的主要原因在于双方签订了《施工协议》等书面合同,是双方当事人的真实意思表示,存在约定双方结算款的有效依据。全部驳回的主要原因在于已经过了诉讼时效、不存在多支付工程款的情形。

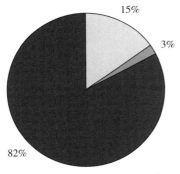

□ 原告诉讼请求全部得到支持
□ 驳回原告全部诉讼请求
■ 原告诉讼请求部分得到支持

高等教育阶段建设工程施工合同
纠纷教育主体作为被告的裁判结果分布

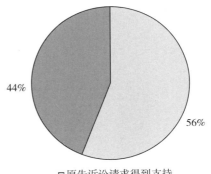

□ 原告诉讼请求得到支持
□ 驳回原告全部诉讼请求

高等教育阶段建设工程施工合同
纠纷教育主体作为原告的裁判结果分布

在建设工程施工合同纠纷案件中,教育主体负有义务的判决约为 740 例,占建设工程施工合同纠纷案件判决总数的比例约为 97.4%,教育主体不负有义务的判决约为 20 例,占建设工程施工合同纠纷案件判决总数的比例约为 2.6%。

（2）律师参与

在 760 例建设工程施工合同纠纷案件中,有 574 例案件的原告委托了代理律师,占全部案件的约 75.5%,有 549 例案件的被告委托了代理律师,占全部案

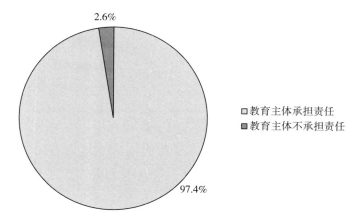

高等教育阶段建设工程施工合同纠纷教育主体承担责任的裁判结果分布

件的约 72.2%。这类纠纷案件中在原告和被告有律师参与的情况下均没有出现法律援助律师的情况。

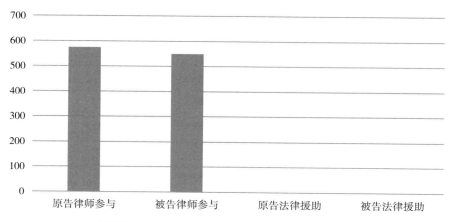

高等教育阶段建设工程施工合同纠纷律师参与分布

（二）检视：案件特征与法院裁判

1. 案件特征

在高等教育阶段，建设工程施工合同纠纷的被告几乎都包含教育主体。原告大多是有限公司，包括建筑安装有限责任公司、建设工程有限公司、建设集团有限公司、建筑装饰工程有限公司等，但也可以是自然人或股份有限公司。当教育主体作为被告的时候，原告提出的诉讼请求一般包括：支付工程款及利息、支付违约金、返还保证金、赔偿损失及承担诉讼费用。当教育主体作为原告时,其提出的诉讼请求一般是解除合同、返还定金及承担诉讼费用。

2. 法院裁判

建设工程施工合同纠纷的法律依据包括但不限于《民法典》第 509 条、第 579 条和第 585 条以及《最高人民法院关于审理建设工程施工合同纠纷案件适用法律问题的解释》第 17 条。

当法院在审理高等教育阶段的建设工程施工合同纠纷的时候,对于是否支持支付工程款及利息这一诉讼请求,主要是审查原被告之间是否签订合法有效的建设工程施工合同,被告是否未履行合同约定的义务;对于是否支持支付违约金这一诉讼请求,在合同合法有效且存在违约行为的情况下,一般是会支持的,违约金制度兼具补偿性和惩罚性两种法律功能,一方面对于守约方能够补偿因对方违约而造成的损失,另一方面对于违约者进行一定的经济惩罚,是对合同履行的一种保障,但支持了支付违约金一般就不会支持支付利息,因为违约金和利息都被支持的话,从某种方面来说加大了违约方所要承担的责任,是显失公平的;对于是否支持返还保证金这一诉讼请求,主要是看建设工程施工合同中对保证金返还的约定时间,一般为工程结算后约定的具体年限或者质量保修期届满的时间。

在高等教育阶段,当只有教育主体单独作为建设工程施工合同纠纷案件的被告时,法院一般会判决教育主体支付工程款和利息;当教育主体作为建设工程施工合同纠纷案件的共同被告时,法院可能会判决在欠款范围内承担连带给付责任,也可能不会让教育主体承担任何责任,即不支持原告对被告教育主体的诉讼请求。人民法院支持教育主体支付工程款和利息时,主要是因为教育主体与原告签订了建设工程施工合同,且该合同是双方当事人的真实意思表示,其内容不违反法律的强制性规定,该合同是合法有效的。在合同签订生效后,双方均应按合同约定享受权利,承担义务,当原告已经履行了工程施工义务,教育主体未足额向原告支付工程款,构成违约。法院判决教育主体承担连带给付责任,主要是高等教育主体未与另一被告进行最终的工程款结算,也就是说其未及时足额向另一被告支付全部工程款。法院判决驳回原告对教育主体的诉讼请求,主要是因为该建设工程施工合同相对人不是教育主体,并且工程款已经依约按时足额地支付给了另一被告。

高等教育阶段建设工程施工合同纠纷的争议焦点主要聚集在四个方面:其一,案件是否已过诉讼时效;其二,工程款数额的确定;其三,原告是否是适格的诉讼主体;其四,利息或逾期利息数额的确定。

(1)争议焦点一

在认定案件是否已过诉讼时效时,主要是看有无引起诉讼时效中断的法定事项,在具体案件中一般会有被告的不间断付款行为引起诉讼时效中断,原告提起诉讼之后撤诉引起诉讼时效中断。诉讼时效对于原告来说十分重要,诉讼时效是指民事权利受到侵害的权利人在法定的时效期内不行使权利,当时效期满时,权利人将失去胜诉权,而被告则可以以此为抗辩不承担法律责任。

【以案为鉴】①

关于本案是否已经超过诉讼时效的问题。本案中的工程决算虽然于 2011 年作出,但是被告一直在履行着付款义务,被告职业技术学院在 2014 年 1 月 24 日仍然再向原告支付工程款,原告于 2015 年 5 月向本院提起诉讼,故因为被告不间断的付款行为,引起诉讼时效中断,故本案未过诉讼时效。

(2)争议焦点二

在认定工程款的具体数额时,主要是因为存在两个不同工程款数额以及是否扣除部分数额的争议。当存在两个不同数额时,一般会看哪个数额是根据之前工程款数额一贯确认方式产生的,即使是审计部门的审计报告确定的数额,如果以审计报告作为结算依据的情形并未出现,也不会认可该数额。当存在是否扣除部分数额的争议时,一般会看合同双方是否都对这部分数额知情以及是否有证据证明该扣除部分数额与工程有关联性。

【以案为鉴】②

关于下欠款项数额的问题,虽双方均未提交市财政的审计,但被告电大在 2008 年 11 月 27 日向原告魏某出具的《关于原电大活动中心承建人魏某工程款结算清单及说明》中对下欠工程款数额 90 万元予以确定,原告也认可,本院予

---

① (2015)阿左商初字第 105 号。
② (2016)川 1702 民初 2720 号。

以确定。对于是否应当扣减该协议中确定的说明第 4 项,扣除谯某预借的 269750 元,对谯某预借的 269750 元,原告不予认可,综观全案中,从被告电大与原告签订的多次结算协议中均无提及有谯某预借的 269750 元工程款的内容,被告电大也未提交证据证明谯某预借的 269750 元工程款与原告魏某承建的工程有关联性,现原告要求按双方签章确认的送审结算价结算工程价款,符合法律规定,本院予以支持。对原告要求按合同约定从 2009 年 1 月起按年利率 10% 计算利息至付清时止的主张,系双方合同中的约定,按意思自治原则,本院予以支持。

(3)争议焦点三

认定原告是否是适格的诉讼主体时,主要会存在两个自然人是否可以作为共同原告起诉以及实际施工方与合同订立方不一致的情况。当有两个自然人作为共同原告起诉被告时,一般会看两个自然人之间的关系,在具体案件中虽然会存在原告没有相关证据证明他们之间的关系,但是只有当被告有充足的证据对抗原告提出的观点时才会认为某一个原告不是适格的诉讼主体。当实际施工方与合同订立方不一致时,一般会看被告是否知晓并认可实际施工方施工,由此认定实际施工方是否履行了建设工程施工合同中施工方的义务,在具体案件中如果被告知晓并认可,那么其提出的原告不是适格的诉讼主体的主张就不能得到支持。

【以案为鉴】①

关于第一点,被告电大认为,被告电大是与 A 公司签订的《建设工程施工合同》和《达州某大学西外教学培训基地男、女生宿舍、学生活动中心门窗和水电消防工程建筑施工合同》,合同的相对方为 A 公司,因此原告不是适格的诉讼主体。本院认为,本案中被告电大虽与 A 公司签订建设工程施工合同,涉案电大学生活动中心工程在建设过程中,A 公司将该部分工程交由原告魏某实际施工承建,从后面的一系列过程中可以看出被告电大知晓并认可原告魏某作为实际施工人施工,能够认定作为实际施工人的原告魏某履行了建设工程施工合同中施工方的义务,因此,原告魏某要求被告电大直接承担支付责任的主体适格,本院予以支持。

---

① (2016)川 1702 民初 2720 号。

（4）争议焦点四

在认定利息或逾期利息的具体数额时，一般先看是否存在欠付的工程款，如果不存在欠付的工程款就不可能存在利息；如果存在那么再看建设工程施工合同中有无约定具体的数额，有约定的按约定数额处理，没有约定的，按照中国人民银行发布的同期同类贷款利率计息。

【以案为鉴】①

原告主张被告支付利息是否应当得到支持的问题。原被告在《房屋建筑工程还款协议书》中约定了如不按协议付款则承担月利息。该月利息的约定就是双方当事人对履行《房屋建筑工程还款协议书》违约金的约定。违约金制度兼具补偿性和惩罚性两种法律功能，一方面对于守约方能够补偿因对方违约而造成的损失；另一方面对于违约者进行一定的经济惩罚，是对合同履行的一种保障。人民法院应当以实际损失为基础，兼顾合同的履行情况，当事人的过错程度以及预期利益等综合因素，根据公平原则和诚实信用原则予以衡量，并作出裁决。故被告未按时履行付款义务，应承担付款利息。

四、民间借贷纠纷

民间借贷纠纷，是指借款人与贷款人达成了借款协议后，因没有按期归还欠款而产生的纠纷。对于民间借贷，适用《民法典》第667条到第680条关于借款合同的规定，其中第680条规定："禁止高利放贷，借款的利率不得违反国家有关规定。借款合同对利息没有约定的，视为没有利息。借款合同对支付利息约定不明确，当事人不能达成补充协议的，按照当地或当事人的交易方式、交易习惯、市场利率等因素确定利息；自然人之间借款的，视为没有利息"。此外，最高人民法院关于民间借贷也制定了《关于审理民间借贷案件适用法律若干问题的规定》。

从裁判文书网上提取到的2015—2019年高等教育阶段民间借贷纠纷案件共816例。

---

① （2015）阿左商初字第108号。

（一）**数据纵览**

1. 时间与地域分布

（1）时间分布

在高等教育行业涉及到的纠纷中,借款合同纠纷案件共 1064 例,其中案由为"民间借贷纠纷"的案件总数为 816 例,占该类案件的 76.7%。从年份分布来看,该类案件数量先下降,再上升,进而又下降,在 2018 年案件数量最多,为 366例,在 2016 年案件数量最少,为 86 例。具体数量为 120 例（2015）、86 例（2016）、137 例（2017）、366 例（2018）、107 例（2019）。

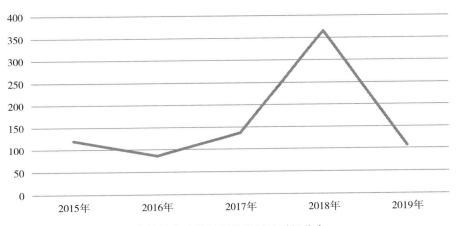

高等教育阶段民间借贷纠纷时间分布

（2）地域分布

从地域分布来看,民间借贷纠纷案件分布最多的前五个省级行政区为河北（363 例）、安徽（93 例）、江苏（38 例）、湖南（34 例）、湖北（32 例）。分布最少的省级行政区为山西（1 例）、广西（1 例）,海南、新疆兵团、西藏、江西、青海（均为0 例）。

2. 当事人情况勾勒

（1）原告身份情况分布

在高等教育阶段的民间借贷纠纷案件中,原告大多为非教育主体,其中绝大多数原告为单独的自然人。单独自然人作为原告的案件数量占全部案件数量的比例约为 95%。

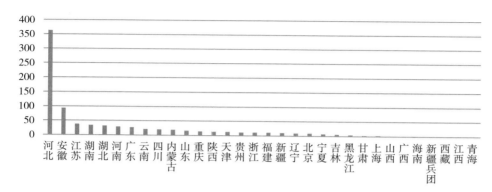

高等教育阶段民间借贷纠纷地域分布

（2）被告身份情况分布

在 816 例民间借贷纠纷案件中,教育主体作为被告被起诉的案件约 95%（775 例）,非教育主体作为被告被起诉的案件约 5%（40 例）。高等教育阶段的教育主体以大学、学院为主,大学、学院、大学的后勤服务中心单独作为被告或者有限公司或自然人与大学或学院作为共同被告。

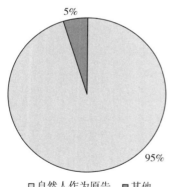

高等教育阶段民间借贷
纠纷原告身份情况分布

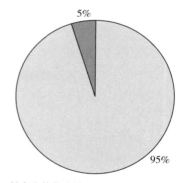

高等教育阶段民间借贷
纠纷被告身份情况分布

3. 裁判结果与律师参与

（1）裁判结果

如前所述,在高等教育阶段的民间借贷纠纷案件中,约 95% 的案件是教育主体作为被告被起诉。此时,原告的诉讼请求一般是请求偿还本金、利息,支付违约金等。在这部分案件中,法院基本上会支持原告的诉讼请求,并且绝大多数是全部支持,基本上不会出现驳回原告全部诉讼请求的情况。因为被告向原告借款的事实客观存在,原被告之间形成债权债务关系,若被告未偿还借款以及约定的利息未违反法律规定,法院就会支持原告的诉讼请求,判决被告偿还本金以及利息。因此,约有65%的案件,属于原告的诉讼请求全部得到支持,约有35%的案件,属于原告的诉讼请求得到部分支持。

大约有5%的案件是教育主体作为原告提起诉讼。在教育主体作为原告时,其诉讼请求基本上和非教育主体作为原告的诉讼请求类似,主要是要求被告偿还借款本金及利息。在这部分案件中,约75%的案件教育主体的诉讼请求得到支持,约25%的案件教育主体的诉讼请求被全部驳回。诉讼请求得到支持的主要原因在于教育主体能够提交证据证明被告向其借款的事实,借款人未依约定偿还借款本金及利息。全部驳回的主要原因在于《借款协议》约定的相关条件未成就等。

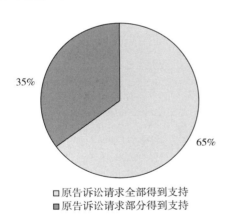

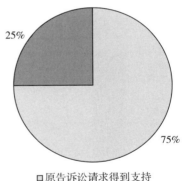

□原告诉讼请求全部得到支持　　　　　　□原告诉讼请求得到支持
■原告诉讼请求部分得到支持　　　　　　■驳回原告全部诉讼请求

高等教育阶段民间借贷纠纷教育　　　　高等教育阶段民间借贷纠纷教育
主体作为被告的裁判结果分布　　　　　主体作为原告的裁判结果分布

在民间借贷纠纷案件中,教育主体负有义务的判决约为810例,约占民间借贷纠纷案件判决总数的98.8%,教育主体不负有义务的判决约为10例,约占民间借贷纠纷案件判决总数的1.2%。

(2)律师参与

在816例民间借贷纠纷案件中,有348例案件的原告委托了代理律师,占全

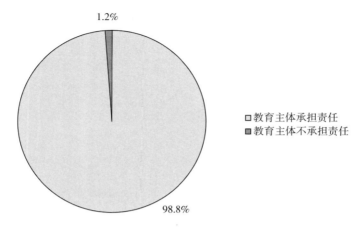

1.2%

□ 教育主体承担责任
■ 教育主体不承担责任

98.8%

高等教育阶段民间借贷纠纷教育主体承担责任的裁判结果分布

部案件的约 42.6%；其中，有 7 例案件属于法律援助律师，占原告律师参与的约 2%。有 245 例案件的被告委托了代理律师，占全部案件的约 30%；其中，有 1 例案件属于法律援助律师，占被告律师参与的约 1%。

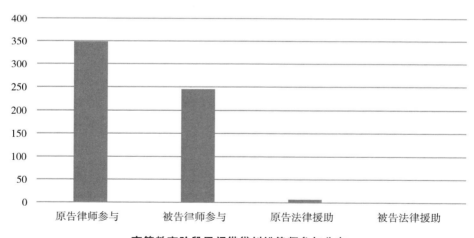

高等教育阶段民间借贷纠纷律师参与分布

（二）检视：案件特征与法院裁判

1. 案件特征

在高等教育阶段，民间借贷纠纷案件的原告、被告和第三人均有可能是教育主体，但教育主体在大多数案件中一般是以大学、学院、大学中的学院或大学后勤服务中心的身份作为被告参加诉讼,原告一般是自然人或有限公司,原告提出的诉讼请求主要是偿还本金及利息、支付违约金、承担诉讼费、保全费、律师费等费用。当教育主体作为原告的时候,一般是学院、大学基金会等,被告是有限公司或自然人,提出的诉讼请求主要是偿还本金及利息、承担诉讼费、保全费等费用。

法院在审理高等教育阶段的民间借贷纠纷案件时,对于偿还本金及利息的诉讼请求主要是看出借人与借款人之间是否有合法的借贷关系,合法的借贷关系是受法律保护的;对于支付违约金的诉讼请求主要是看出借人与借款人之间的借款合同中是否有约定违约责任,是否出现违约行为,出借人与借款人既约定逾期利率,又约定违约金或者其他费用,出借人可以选择主张逾期利息、违约金或者其他费用,也可以一并主张,但总计超过年利率24%的部分,人民法院不予支持;对于承担律师费等费用的诉讼请求可以看当事人对律师代理费承担是否做了约定,若做了约定且该费用没有超过规定标准,应依当事人意思自治原则予以支持;在具体案件中,对于承担律师费等费用若没有明确说明当事人之间有约定,则看当事人与律师事务所签订的《委托代理协议》中律师代理费的数额,协议是当事人的真实意思表示且律师事务所开具了相关金额的增值税发票,并且未超过规定的标准,一般予以支持。

2. 法院裁判

民间借贷纠纷案件的审理依据包括但不限于《民法典》第577条、第675条和第676条以及《最高人民法院关于审理民间借贷案件适用法律若干问题的规定》第26条、第29条和第30条。

在高等教育阶段的民间借贷纠纷案件,当教育主体单独作为被告时,人民法院在大多数的情况会判决教育主体偿还本金及利息,少数情况会驳回原告的诉讼请求;当教育主体与其他主体一起作为共同被告时,人民法院会判决教育主体对不能偿还部分的二分之一承担赔偿责任或教育主体不承担责任。

当判决教育主体偿还本金及利息时,人民法院主要审查双方当事人之间是否存在借款协议或事实的民间借贷法律关系且是双方当事人的真实意思表示、未违反法律法规定的强制性规定,出借人按合同约定履行了出借借款的义务,教育主体未能按期偿还借款,就应承担偿还借款、利息的责任。当驳回原告的诉讼请求时,一般是因为当事人没有证据证明自己提出的主张,原告未能提供证据或者证据不足以证明其事实主张的,由其承担不利的后果。当判决教育主体对不能偿还部分的二分之一承担赔偿责任时,主要是根据《担保法》相关规定①,学校不得为保证人,学校作出的保证为无效保证,在具体案件中,若学校对此无效担保存在过错且作为借款合同的主合同有效的情况下,担保人应承担不超过债务人不能清偿部分的二分之一的赔偿责任。当判决教育主体不承担责任时,主要是因为教育主体不是借款合同的当事人,因此不是适格的被告。

高等教育阶段民间借贷纠纷的争议焦点主要是给付利息有无事实及法律依据,是否应当得到支持。

对于此争议焦点,在具体案件中一般分为借款内利息以及逾期利息,借款内利息主要看双方当事人有无具体约定,一般双方之间都有书面约定,如果只是存在口头约定的情况会结合借款双方的身份、已生效的判决以及同类案件的事实等相关证据来认定是否存在借款内利息这一事实;逾期利息一般还会涉及违约金的问题,只要主张的逾期利息和违约金之和不超过法律规定(2020 年 8 月 20日之前的规定为不得超过年利率 24%②),存在借款以及未足额还款事实,一般会一并支持逾期利息和违约金的诉讼请求。

【以案为鉴】③

关于借款利率,被告提出借贷双方没有约定利息,出借人主张支付借期内利息的,人民法院不予支持的抗辩,本院认为,本案借款合同主体双方,非自然人之间借款,根据原告的双方口头约定按年利率 10%计付利息的陈述、发生法律效力的判决以及同类案件被告向职工借款的事实,结合钟某系某某大学退休干部等综合因素,根据证据的高度盖然性的规定,秉持诚信、公平的立场,可以认定年

---

① 编者注:《民法典》于 2021 年 1 月 1 日生效,《担保法》已经废止。由于本书提取文书为 2020 年 5 月 24 日之前上传于裁判文书网的文书,故此处法律规范依据现为《民法典》物权编第四分编的内容。

② 《最高人民法院关于审理民间借贷案件适用法律若干问题的规定》第 26 条:"借贷双方约定的利率未超过年利率 24%,出借人请求借款人按照约定的利率支付利息的,人民法院应予支持。借贷双方约定的利率超过年利率 36%,超过部分的利息约定无效。借款人请求出借人返还已支付的超过年利率 36%部分的利息的,人民法院应予支持"。

③ (2017)吉 0211 民初 2511 号。

利率按 10% 计付利息这一事实。故对原告给付利息的请求予以支持。

五、医疗损害责任纠纷

医疗损害责任是指医疗机构及其从业人员在医疗活动中,未尽相关法律、法规、规章和诊疗技术规范所规定的注意义务,在医疗过程中发生过错,并因这种过错导致患者人身损害所形成的民事法律责任。《民法典》第 1218 条至第 1228 条、最高人民法院制定的《关于审理医疗损害责任纠纷案件适用法律若干问题的解释》是处理该类纠纷的法律及相关司法解释依据。

从裁判文书网上提取到的 2015—2019 年高等教育阶段医疗损害责任纠纷案件共 206 例。

（一）数据纵览

1. 时间与地域分布

（1）时间分布

在高等教育行业涉及到的纠纷中,侵权责任纠纷案件共 591 例,其中案由为"医疗损害责任纠纷"的案件总数为 206 例,占该类案件的 34.9%。从年份分布来看,该类案件前三年数量基本不变,2018 年案件数量突然增加,2019 年案件数量又有所下降。具体为 40 例(2015)、39 例(2016)、40 例(2017)、53 例(2018)、34 例(2019)。

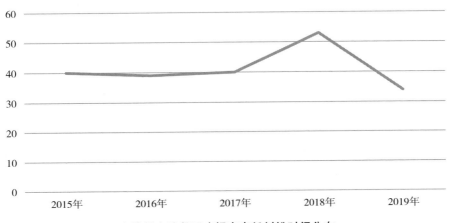

高等教育阶段医疗损害责任纠纷时间分布

（2）地域分布

从地域分布来看,医疗损害责任纠纷案件分布最多的前三个省级行政区为北京（132例）、安徽（33例）、四川（19例）。而吉林、河北、宁夏、海南、甘肃等15个省级行政区案件数量均为0例。

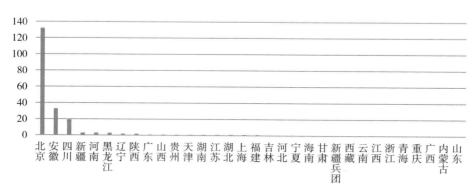

高等教育阶段医疗损害责任纠纷地域分布

2. 当事人情况勾勒

在206例医疗损害责任纠纷案件中,教育主体①基本上是作为被告被起诉的,其中约有85%的案件是教育主体单独作为被告,约有15%的案件是教育主体和其他医院作为共同被告。在此案由中,是将大学或学院的附属医院等作为教育主体的,比如北京某某学院北京某某医院、南京某某大学某某医院。

3. 裁判结果与律师参与

（1）裁判结果

如前所述,在高等教育阶段的医疗损害责任纠纷案件中,教育主体基本上是作为被告参加诉讼。② 此时,原告的诉讼请求一般是请求赔偿医疗费、误工费、护理费、交通费、住院伙食补助费、营养费等。在这部分案件中,原告的诉讼请求主要涉及损害赔偿,因此法院会根据被告的过错程度、过错与损害后果的因果关系等综合判定的责任比例,根据原被告提交的证据、相关规定等确定应当支持的

---

① 编者注:在此案由纠纷案件中,是将大学或学院的附属医院等作为教育主体的,比如中国医学科学院北京协和医院、中国医学科学院阜外医院。

② 编者注:因此,在高等教育阶段的医疗损害责任纠纷案件中,裁判结果分布从教育主体作为被告的视角进行统计说明。

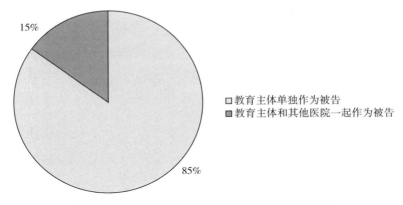

高等教育阶段医疗损害责任纠纷被告身份情况分布

费用金额,在裁判文书大数据上具体表现为约在 70% 的案件中,原告的诉讼请求得到部分支持。此外,约 30% 的案件,原告的诉讼请求被全部驳回。诉讼请求被全部驳回的主要原因包括原告的起诉时间超过诉讼时效、原告没有证据或者证据不足以证明其事实主张等。

在医疗损害责任纠纷案件中,教育主体负有义务的判决约为 140 例,占医疗损害责任纠纷案件判决总数的比例约为 70%,教育主体不负有义务的判决约为 60 例,占医疗损害责任纠纷案件判决总数的比例约为 30%。

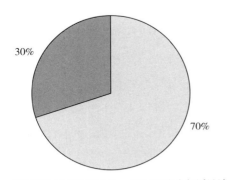

高等教育阶段医疗损害责任纠纷
教育主体作为被告的裁判结果分布

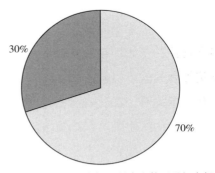

高等教育阶段医疗损害责任纠纷
教育主体承担责任的裁判结果分布

（2）律师参与

在206例医疗损害责任纠纷案件中，有151例案件的原告委托了代理律师，占全部案件的约73.3%；其中，有1例案件属于法律援助律师，占原告律师参与的约1%。有195例案件的被告委托了代理律师，占全部案件的约94.7%。

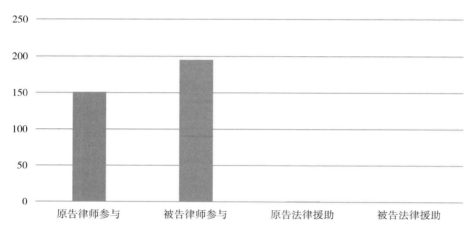

高等教育阶段医疗损害责任纠纷律师参与分布

（二）检视：案件特征与法院裁判

1．案件特征

在高等教育阶段，原告一般是因被告的医疗行为不当而提起诉讼，这种不当的医疗行为侵犯了原告或原告近亲属的身体权、健康权甚至生命权。承担医疗损害责任的主体即被告一般是与教育主体相关的医院，这些医院大多数是大学、学院等高等教育机构的教学医院，即这些医院与高等教育机构之间存在很强的互利互惠关系，有的医院院长甚至都是由高等教育机构来任命的。这些与教育主体相关的医院既可以单独作为被告，也可以与其他医院作为共同被告。提出诉讼的主体即原告一般是自然人，其诉讼请求一般是要求被告按照一定责任比例赔偿医疗费、护理费、交通费、住院伙食补助费、营养费、丧葬费、死亡赔偿金、残疾赔偿金等。

当法院在审理高等教育阶段医疗损害责任纠纷案件的时候，主要会对医院的医疗行为是否具有过错、自然人是否遭受了损害进行认定。若医院不存在过错，自然无需承担之后的医疗损害责任；若医院存在过错，还需要进一步认定过错行为与损害后果的因果关系,根据因果关系的大小来判定医院需要承担的责任比例,进而根据最高人民法院《关于审理人身损害赔偿案件适用法律若干问题的解释》来认定医院应当给付的医疗费、误工费、护理费、交通费、住宿费、住院伙食补助费、必要的营养费等费用,若受害人因伤致残还需要考虑到残疾赔偿金、残疾辅助器具费、被扶养人生活费等费用,若受害人因伤致死还需要考虑到死亡赔偿金、丧葬费等费用。

2. 法院裁判

医疗损害责任纠纷的审理依据包括但不限于《民法典》第 1218 条"患者在诊疗活动中受到损害,医疗机构或者其医务人员有过错的,由医疗机构承担赔偿责任"。

人民法院在审理高等教育阶段的医疗损害责任纠纷案件时,被告往往会承担一定比例的责任,且会根据原告诉讼请求、相关法律规定等判决被告支付原告一定数额的医疗费、误工费、护理费、交通费等费用。在认定被告承担责任的比例时,人民法院主要会参考司法鉴定中心出具的鉴定意见,鉴定意见对于损害后果与医疗过错之间的因果关系程度会给出明确的比例或大概的程度范围,人民法院会基于此确定赔偿责任比例。这说明鉴定意见对被告承担责任的比例是有较大影响的,虽然人民法院不会完全按照鉴定意见来确定比例,但是法官毕竟没有专业的医学知识和经验去判断医疗机构的过错行为对损害后果所起的作用,所以参照鉴定意见确定的责任比例来认定医疗机构的民事责任是大多数法院采取的方法。至于在认定各项费用的时候,人民法院主要会依据《最高人民法院关于审理人身损害赔偿案件适用法律若干问题的解释》中关于医疗费、误工费、护理费、交通费、住宿费的规定以及原告提出的相关证据,再结合被告应当承担的责任比例,最终确定被告应当支付的各项费用数额。

高等教育阶段的医疗损害责任纠纷案件争议焦点主要聚集在两个方面:一方面,医疗机构、医务人员作出的医疗行为是否存在过错;另一方面,若存在过错,该过错与受害人损害结果之间是否存在因果关系。

(1)争议焦点一

判断医疗机构、医务人员作出的医疗行为是否存在过错的标准是医务人员的注意义务。注意义务的具体标准一般表现为法律和规章所规定的具体医疗行为的操作规程及医界惯例。注意义务的抽象标准主要体现在医疗水准上,医疗水准即合理的注意与适当的技术,是医务人员在进行医疗行为时,根据其岗位与职称,尽到符合具有一般医疗专业水平的医务人员于同一情况下合理之注意义务。医务人员在实施医疗行为时,怠于履行依该水准所应尽之注意义务,致他人身体损害的,即应被认定为有过错。

【以案为鉴】[①]

本院认为,刘某1死亡,孙某某、刘某2作为刘某1的近亲属主张权利,于法有据。患者在诊疗活动中受到损害,医疗机构及其医务人员有过错的,由医疗机构承担赔偿责任。经鉴定、质询,北京某医院在对刘某1的诊疗行为中存在的过错是:一、由于北京某医院临床与病理沟通不足,北京某医院未能对活检组织全部进行刚果红染色,不利于提高阳性检出率,视为过错;二、根据刘某1外院会诊及北京某医院会诊结果,考虑北京某医院对于淀粉样变性的病理诊断有误,对刘某1淀粉样变性的诊断及特殊治疗造成一定延误,视为过错。另经鉴定、质询,由于北京某医院的医疗过错造成刘某1诊治存在一定延误,可对其生存期的延长造成不利影响,建议医方承担轻微责任。

(2)争议焦点二

在判断过错与受害人的损害结果之间是否存在因果关系时,就是在判断是否具有侵权法理论中事实上的因果关系,其中最重要的判断依据为是否存在相当因果关系。相当因果关系是指加害人必须对以他的不法行为为相当条件的损害负赔偿责任,但是对超出这一范围的损害后果不负民事责任。相当原因必须是损害后果发生的必要条件,并且具有极大增加损害后果发生的可能性即"客观可能性"。因此,如果医疗行为的过错与损害结果之间没有达到这种客观可能性,那么医疗机构就不承担侵权赔偿责任。

【以案为鉴】[②]

本院认为:医疗机构承担医疗侵权损害赔偿责任的前提条件是其医疗行为存在过错并与患者的损害后果有因果关系。作为原告的患方通常应对损害后

---

① (2015)东民初字第 10539 号。
② (2015)朝民初字第 08846 号。

果、医疗过错、医疗过错与损害后果之间的因果关系承担举证责任。本案中,从三原告申请的医疗过错司法鉴定结论看,被告对患者张某某 3 的医疗行为存在过错,过错程度为轻微,但该过错与张某某 3 最终死亡的损害后果之间不存在因果关系。可见,虽然被告的医疗行为在一定程度上存在不妥之处,但不构成患者张某某 3 死亡损害后果的原因力。故三原告以被告的医疗行为侵害患者张某某 3 的合法权益为由,要求被告赔偿三原告各项损失费用,无事实依据,本院不予支持。

第三节　见微:典型案例剖析

一、河南某学院与职工劳动纠纷案

韩某某与郑州某某学院劳动争议案

(2019)豫 0184 民初 12223 号

【关键词】

劳动争议　诉讼时效　社会保险　工资差额　加班费

【基本案情】

原告:韩某某,男,1992 年 12 月 17 日出生,汉族,住河南省鲁山县。

被告:郑州某某学院,住所地新郑市人民东路。

法定代表人:陈某某,理事长。

2016 年 8 月 20 日,原被告签订《劳动合同书》一份。2017 年 6 月 30 日,经原告申请,被告同意其试用工转正。2018 年 7 月 1 日,原被告签订《劳动合同书》一份,被告聘用原告为文学院学务秘书,合同期限自 2018 年 7 月 1 日起至 2021 年 6 月 30 日止;经考核称职岗位工资为每月 3690 元。2019 年 6 月 6 日,被告批准了原告的离职申请,原告于 2019 年 6 月 10 日离职。经审理,法院判决,被告应于本判决生效之日起十日内向原告支付加班费 11567.5 元;驳回原告的其他诉讼请求。

【原告诉称】

原告诉称,1. 判令被告支付原告试用期赔偿金 31500 元;2. 判令被告支付原告工资 37800 元;3. 判令被告支付原告社保补偿金 50000 元;4. 判令被告支付原告加班费补偿 15000 元;5. 判令被告支付原告试用期与试用期满的工资差额 3465 元;6. 判令被告赔偿原告的社保损失 5000 元。

【被告辩称】

被告辩称,1. 被答辩人要求答辩人支付实习期赔偿金 31500 元由于超过了仲裁时效而不应得到支持。2. 被答辩人要求答辩人支付工资 37800 元也因超过仲裁时效而不应得到支持。3. 被答辩人要求答辩人支付社保补偿金没有法律依据。4. 被答辩人于离职手续办完之后,财务处根据其所提交的《离职结算单》结算了其所有费用,其中就包括了加班费。而且被答辩人诉讼时所提出的 15000 元加班费的诉讼请求已经超出了其仲裁阶段所提出的 6000 元仲裁请求,超出部分没有经过仲裁前置的程序。5. 被答辩人的第五项诉讼请求没有经过仲裁前置程序,不符合相关规定。而且其自述见习期。6. 被答辩人的第六项诉讼请求也没有经过仲裁前置程序,不符合相关规定,而且也没有提供任何社保损失的证据。依法应予以驳回。

【裁判理由】

本案争议焦点为:一、韩某某诉请的要求郑州某某学院支付违反试用期规定的赔偿金 31500 元及未与其签订书面劳动合同的双倍工资赔偿 37800 元是否已过时效;二、韩某某诉请的要求郑州某某学院因未为其足额缴纳社会保险应向其支付经济补偿 50000 元是否有事实法律依据;三、韩某某诉请要求郑州某某学院支付试用期与试用期满的工资差额 3465 元及社保损失 5000 元应否支持;四、韩某某诉请要求郑州某某学院支付 15000 元加班费是否有事实与法律依据。针对第一个争议焦点,韩某某申请仲裁的为 2019 年 8 月 23 日,韩某某该两项请求在仲裁时已过时效,本院不予支持。针对第二个争议焦点,韩某某解除其与郑州某某学院的劳动关系,非因郑州某某学院未为其足额缴纳社会保险,本院不予支持。针对第三个争议焦点,韩某某诉请的要求郑州某某学院支付其试用期与试用期满的工资差额 3465 元及社保损失 5000 元的诉讼请求,未经劳动仲裁前置程序,故本院不予处理。针对第四个争议焦点,韩某某 2019 年度的加班时长其主张为 203 个小时,郑州某某学院对该加班时长予以认可并有郑州某某学院的"韩某某 2019 年人事档案考勤表"予以佐证,本院对该事实予以认定。郑州某某学院实际已向韩某某支付的 2019 年间加班费 507.5 元,故还应当支付韩某某 2019 年加班费 3968.65 元。

【案件点评】

劳动争议纠纷案件日益增多,也是常见的纠纷类型,但劳动争议纠纷案件比较特殊,适用仲裁前置程序,除《最高人民法院关于审理劳动争议案件适用法律问题的解释(一)》第 15 条"劳动者以用人单位的工资欠条为证据直接提起诉讼,诉讼请求不涉及劳动关系其他争议的,视为拖欠劳动报酬争议,人民法院按照普通民事纠纷受理"的情形外,均应遵照《劳动法》第 79 条"劳动争议发生后,当事人可以向本单位劳动争议调解委员会申请调解;调解不成,当事人一方要求仲裁的,可以向劳动争议仲裁委员会申请仲裁。当事人也可以直接向劳动争议仲裁委员会申请仲裁。对仲裁不服的,可以向人民法院提起诉讼"之规定,即当事人在就劳动争议案件向法院提起诉讼前,必须先仲裁,只有当事人对该劳动仲裁的裁决不服的,才能向法院提起诉讼。

本案中,由于原告韩某的第五项诉讼请求即要求被告郑州某某学院支付其试用期与试用期满的工资差额 3465 元及社保损失 5000 元的诉讼请求,因未经劳动仲裁前置程序,法院自然会依法不予处理。

其次,因用人单位未足额缴纳社会保险主张支付经济补偿金能不能得到法院支持的问题,其实实务界是存在不同裁判观点的,但除深圳等个别地区外,绝大多数的地方法院是不支持的,因为根据《劳动合同法》第 38 条第一款第三项"未依法为劳动者缴纳社会保险的"的规定的文义解释,未足额缴纳社会保险并不等同于未缴纳社会保险,不属于法律规定的"未依法缴纳社会保险"的情形,而且本案中原告韩某"离职申请书"载明系因个人原因,非因被告郑州某某学院未为其足额缴纳社会保险,得不到法院支持也在情理之中了。

最后,劳动争议纠纷的仲裁时效不同于普通的民事纠纷的诉讼时效,根据《劳动争议调解仲裁法》第 27 条"劳动争议申请仲裁的时效期间为一年。仲裁时效期间从当事人知道或者应当知道其权利被侵害之日起计算"之规定,劳动争议纠纷的诉讼时效是一年。本案中原告韩某主张的被告郑州某某学院超过法定试用期间的赔偿及不与劳动者签订书面劳动合同的双倍工资赔偿,两项赔偿的性质均为用人单位向劳动者支付的惩罚性赔偿,而非工资,不属于《最高人民法院关于审理劳动争议案件适用法律若干问题的解释(二)》第1条第三项规定支付工资、经济补偿金、福利待遇等争议的概念范畴,故上述两诉请的仲裁时效起算点应该为原告韩某知道或应当知道其权利被侵害之日,知道或应当知道的日期应该是2017年6月30日(试用期满)及2018年6月30日(未签订书面合同的最后日期),申请仲裁时间为2019年8月23日,很显然已经超过了法律规定的一年时效,法院不予支持就理所当然了。

点评人:四川韬鸣律师事务所　李勇

二、江苏某大学拖欠租金纠纷案

A物业管理有限责任公司与B大学房屋租赁合同纠纷案

(2018)苏0211民初3128号

【关键词】

房屋租赁　单方解除　重大违约　续签　拖欠租金

【基本案情】

原告(反诉被告):A公司,住所地无锡市惠河路。

法定代表人:沈某,系A公司执行董事。

被告(反诉原告):B大学,住所地无锡市滨湖区蠡湖大道。

法定代表人:陈某,系B大学校长。

第三人:范某某,男,1970年4月3日生,汉族,户籍地无锡市梁溪区,现住无锡市梁溪区。

涉案的位于房屋为B大学所有,原系学生住宿楼。2010年6月1日,B大学(甲方)与A公司签订《房屋租赁合同》一份,约定:甲方将涉案房屋出租给乙方使用,用途为写字楼、商业、公寓用房,租期8年,自2010年6月1日至2018年5月31日,年租金110万元,先付后用,签订合同时付清当年租金,次年租金应在前一年的12月20日及当年的6月20日前付清。乙方若逾期付款的,按照应付款,每逾期一日向甲方支付万分之五的逾期付款违约金。三年后于2013年

6 月 1 日起提高租金 3%,2016 年 6 月 1 日起提高租金 3%。经审理,法院判决,一、被告 B 大学于本判决生效之日十日内向原告 A 公司支付赔偿 1453778 元;二、反诉被告 A 公司、第三人范某某于本判决生效之日十日迁出承租的无锡市滨湖区房屋。三、反诉被告 A 公司于本判决生效之日十日内向反诉原告 B 大学支付租金损失至迁出上述房屋日止(2019 年 6 月 10 日前为 857260.27 元,自 2019 年 6 月 11 日起为 63 万元/年)。四、反诉被告 A 公司于本判决生效之日十日内向反诉原告 B 大学支付水电费 254773.6 元及滞纳金(自 2019 年 1 月 4 日起至给付之日止,按人民银行同期同类贷款基准利率计算)五、驳回原告 A 公司的其他诉讼请求。六、驳回反诉原告 B 大学的其他反诉请求。

【原告诉称】

原告诉称,1. 判令 B 大学向其赔偿损失 8519466.11 元,利润损失 4628317.31 元,合计 13147783.42 元。2. 本案的诉讼费用由 B 大学承担。

【被告辩称】

被告辩称,A 公司所述与事实不符,请求驳回全部诉请。首先,A 公司不仅没有按约履行且对其违约行为未能改正,A 公司存在拖欠水电费及租金,违约转租,违约改造及其他的违约行为。其次,续签合同必须满足明确具体的续签条件。提出反诉请求:1. 判令 A 公司及范某某限期搬出涉案房屋;2. 判令 A 公司拆除装修装饰物,并将房屋恢复原状;3. 判令 A 公司支付租金费用 857260.27 元(从 2018 年 2 月 1 日起至 2019 年 6 月 10 日止),至 2019 年 6 月 11 日起的占有使用费按照 1726 元每天计算,每年 63 万元;4. 请求本诉原告支付 2018 年 1 月 1 日起至 2019 年 1 月 4 日的水电费 254773.6 元及滞纳金(按照同期银行贷款利率计算,从 2019 年 1 月 4 日起算)。

【裁判理由】

民事活动,不但应遵照双方约定进行,亦应符合自愿、公平、诚信的法律原则。在处理相应事宜时,应本着信守承诺,公平友善的态度进行。纵观本案双方租赁的详细过程,虽然 A 公司在租赁涉案房屋过程中多次存在拖欠租金情形,并出现其他 B 大学不允许的行为,A 公司也就涉案房屋提出各方面的异议。但就该等在合同履行过程中产生的问题,双方均已在相关协议中做出了补充约定,应视为双方对租赁过程中产生的问题进行了补充。而 A 公司履行合同期内的拖欠租金等违约行为,并非导致双方此后未签订阶段性租赁合同的原因。违约期间,B 大学并未行使合同约定的解除权,仍旧接收 A 公司此后支付的租金且与 A 公司继续签订了阶段性租赁合同。根据 B 大学在 2018 年 3 月 16 日向 A 公司发送的《通知》及 A 公司的回函可以看出,双方未能继续签订阶段性合同的原因主要系双方对此后租金标准存在重大分歧。对此,结合双方对于 2010 年 6 月 1 日 B 大学出具的《有关青山湾研究生楼出租的说明》与各阶段性租赁合同之间的关系的争议,本院认为 B 大学提出新的租金标准通知 A 公司,A 公司未与之签约,B 大学以双方处于不定期合同而解除合同,理由并不充分。首先,2010 年 6 月 1 日的情况说明,是在租赁伊始就由 B 大学出具,且出具的背景系双方已经签订一份期限为 8 年的合同。从该份情况说明可以看出,改签 5 年期的合同完全是因为 B 大学一方的原因。虽然改签合同,但双方洽谈租赁期限为 16 年,是较为明确的,此点从该说明的原文"原来谈定的两个捌年租期 16 年就变换成 2—3 个伍年租期来兑现"可以明晰的表现,尤其"谈定"与"兑现"两词凸显对 16 年的租期双方是已经协商一致且需落实。若双方对此前的租期从真实意思的角度已经做出变更,在决定改签 5 年期合同后,双方理应按该合同履行,便无 B 大学出具情况说明的必要。显然,该份情况说明系 A 公司配合 B 大学按上级主管部门管理要求而改签合同的权利保证。其次,双方在合同履行一段时间后,在发生多项摩擦后的 2013 年 9 月 9 日签订的《青山湾原研究生楼〈房屋租赁合同〉变更协议书》第 3 条仍载明"双方原合同租赁期到期后,双方的续租合同租金递增比率在 3%—5% 之间商定,租赁期限每 5 年一期,其他合同条款按原合同执行。"对于第一份合同到期后的续租条件及合同主要内容均进行了明确,即租金递增在 3%—5%,租期为五年,其他条款按原合同执行。就此双方合同的主要条款均已确定,若非配合 B 大学一方,A 公司已无需再与 B 大学签订制式合同。而此协议的内容,每一个条款显然均系双方反复磋商形成。再次,即便续签合同并非无条件进行,但亦不代表可以随意提出条件。就 B 大学提出的签约要求,系将租金由 90 万元/年提高至 150 余万元/年,在双方对租金提升比例已有约定的情况下,显然属于不当要求。A 公司认为双方就此不能达成一致意见,按原有合同继续履行,符合双方此前约定。

【案件点评】

　　房屋租赁合同纠纷是一种较为常见的合同纠纷，经总结，常见的争议焦点主要围绕合同主体资格、逾期支付租金、提前解除合同、房屋交付与返还、转租、维修、装饰装修、拆迁等相关问题。

　　本案中被告 B 学校提出签约要求 90 万元/年提高至 150 余万元/年违反了双方原有约定，依据《民法典》的规定，民事法律行为是当事人真实意思表示才有效，2010 年 6 月 1 日，原被告双方签订的《房屋租赁合同》才是双方真实的意思表示，该合同签订时双方已经确定了租赁期限，以及租金金额，后续为了配合 B 大学，双方签订了内容不同的制式合同，这是我们常见的"阴阳合同"，"阴阳合同"只要内容合法，同样受到法律保护，2010 年 6 月 1 日签到的《房屋租赁合同》作为"阴合同"是双方真实意思表示应当认定为有效合同，而 B 大学违法"阴合同"，向原告 A 公司发函解除双方的租赁合同，属于违约行为，故法院判令 B 大学应当支付赔偿款。

　　关于拆除装饰装修及恢复原状问题，《最高人民法院关于审理城镇房屋租赁合同纠纷案件具体应用法律若干问题的解释》（2020 年修正）第 6 条至第 12 条，就房屋装饰装修问题进行了详细的规定，其中第 11 条"承租人未经出租人同意装饰装修或者扩建发生的费用，由承租人负担。出租人请求承租人恢复原状或者赔偿损失的，人民法院应予支持。"然而本案中从证据来看就房屋原状，B 学校并未能提供证据予以证明，且根据双方合同对于房屋返还的约定亦采取了灵活处理的方式，就涉案房屋实际情况，符合双方合同约定的不恢复原状的情形，对于 B 大学要求恢复原状的请求法院并未支持。

　　本案中还涉及了转租的问题，虽然没有成为本案的争议焦点，但这类情况在实践中较为常见，也容易成为租赁纠纷中常见的纠纷。依据《民法典》第 716 条规定"承租人经出租人同意，可以将租赁物转租给第三人。承租人转租的，承租人与出租人之间的租赁合同继续有效；第三人造成租赁物损失的，承租人应当赔偿损失。"经出租人同意，承租人可以将房屋进行转租，本案中根据合同约定，A 公司有权进行转租，但是对于合同解除后，房屋的收回问题，法院认定 B 大学系整栋房屋出租给 A 公司，A 公司自行对外分租，那么对于合

同解除后,A 公司理应整栋归还。即便有次承租人,也应当由承租人自行解决
与其之间的纠纷。

点评人:北京盈科(成都)律师事务所　陈逸萱

三、黑龙江某大学建设工程施工合同纠纷案

王某某与 A 大学建设工程施工合同纠纷案

(2018)黑 1004 民初 1294 号

【关键词】

债权转让　工程施工　招投标

【基本案情】

原告:王某某,女,1959 年 6 月 5 日出生,汉族,住牡丹江市东安区。

被告:A 大学,住所地牡丹江市爱民区西地明街。

法定代表人:吕某某,该学校校长。

2016 年 8 月,太行公司通过招投标承建被告 A 大学地下管网工程。后太行
公司雇佣原告王某某为其承包的 A 大学地下管网工程施工,工程竣工后,太行
公司尚欠原告王某某人工费 263978.93 元未予支付。2018 年 8 月 3 日,原告王
某某与太行公司签订《债权债务转让协议书》,太行公司将被告 A 大学欠其的债
权 263978.93 元转让给原告王某某。太行公司承建的 A 大学地下管网工程部分
工程设计未列入招投标项目,该部分工程经牡丹江市某某工程造价咨询有限公
司审核,工程造价为 263978.98 元,该部分工程款被告未给付太行公司。被告称
原告起诉后,被告得知太行公司将该债权转让给了原告,被告对债权转让一事不
持异议。经审理,法院判决,被告 A 大学于本判决生效后十日内给付原告王某
某工程款 263978.93 元。

【原告诉称】

原告诉称,1. 请求被告立即给付欠款 263978.93 元;2. 本案诉讼费用由被
告负担。

【被告辩称】

被告辩称,2016 年 8 月,被告通过政府采购将地下管网工程改造发包给太

行公司,施工过程中出现了原发包设计工程未包含的一部分维修工程。工程竣工后,太行公司上报增加工程款为417295.13元。经被告委托,牡丹江市某某工程造价咨询有限公司审核,确定了审计额度为263978.98元。因增加部分工程不包含在招投标的范围内,被告无法给付上述工程款,加之被告资金紧张,所以上述工程款至今未支付给太行公司。被告服从法院的判决。

【裁判理由】

关于本案案由应如何确定的问题。本案立案时的案由确定为建设工程施工合同纠纷,但经本院审理查明,本案系因太行公司将被告A大学欠其的债权转让给本案原告,继而原、被告形成债权债务关系而产生的纠纷,故本案案由应确定为债权转让合同纠纷。本案中,太行公司将被告A大学欠其的工程款263978.93元转让给原告王某某,太行公司虽未通知被告A大学,但被告对该债权转让一事不持异议,故该债权转让协议有效,被告A大学应向原告王某某支付工程款263978.93元。

【案件点评】

本案从争议主体身份来看,一方是发包方,一方是实际施工人,争议标的又是工程款,很自然地让人联想到这是一起建设工程施工合同纠纷案件,但是,法院查明的事实却并非如此,经过法院审理查明,原被告双方之间系因太行公司将确认的工程款(请求权)转让给原告才引发了原告向A大学提起诉讼,也就是原被告之间争议的基础法律关系是债权转让合同纠纷而非建设工程施工合同纠纷。在确定案由时,不仅要注意原被告的身份关系,更要严格审查发生争议的事实情况。

本案例中还有一个值得我们大家一起探讨的"债权转让"问题。相较于物权转让以登记和交付为公示手段,债权转让则具有更多的随意性和封闭性,且债权转让中还涉及债务人利益,这就使得债权转让更为复杂一些。本案中,提及了"债权转让"通知的问题。债权转让通知的目的在于避免债务人错误履行债务、双重履行债务或加重履行债务的负担。那么,为了保护债务人的利益,是否必须要将债权转让的事实通知债务人呢?《合同法》第80条是这样规定的,"债权人转让权利的,应当通知债务人。未经通知,该转让对债务人不发生效力。债权人转让权利的通知不得撤销,但经受让人同意的除外"。从《合同法》保护受让人的立法宗旨来看,债权转让人应当通知债务人。但是,对于通知债务人的必要性问题,最高院有裁判观点就认为,"债权转让通知义务是债权人在债权转让协议项下对受让人负有的一项合同义务,以使受让人获得向债务人主张债权的权利。债务人作为债权转让协议以外的第三人,并不享有该项请求权,且合同法规定债务人依据债权转让通知确定债权的归属,已经妥善保护了债务人的善意信赖和交易安定,因此债权人是否进行债权转让通知,无涉债务人的利益"。本案发生争议之时,《民法典》尚未颁布实施,现行有效的《民法典》对于通知义务在第546条有了新的规定,"债权人转让债权,未通知债务人的,该转让对债务人不发生效力。债权转让的通知不得撤销,但是经受让人同意的除外。"仔细对比《合同法》与《民法典》对于债权转让通知义务有了较大变化,取消了"应当通知债务人"的表述,由此也可以知道,通知与否是一种可选择的交易安排,并非债权让与的构成条件和生效要件。同时我们也认为,债权转让合同是诺成性的,合同一旦成立,受让人即取得债权,通知与债权转让合同效力无关,通知仅是债权转让对债务人生效的必要条件,当债务人在没有收到或没有明确收到债权转让通知前,债权转让对债务人并不发生法律效力,债务人仍应向原债权人履行债务,否则债务人也可能会因履行不当而承担不必要的损失。

既然通知对于债务人恰当履行债务具有积极意义,那么应该通过什么方式来通知?《民法典》其实没有限定通知的方式,我们通常认为,债权转让通知属于观念通知,口头、书面、微信、电子邮件等通知均可达到传达意思表示的效果,所以这些方式均可以作为通知的有效方式,但是为了方便举证,我们建议进行书面通知。对于通知形式,最高院在司法裁判中给出了更具有指导性的意见,"对于债权转让通知的形式,法律未作明确规定,债权人可自主选择通知形式,但应保证能够为债务人及时、准确的获知债权转让的事实。"

点评人:北京盈科(成都)律师事务所　张海亮

四、江西某学校民间借贷纠纷案

胡某某与张某、廖某某民间借贷纠纷案

（2016）赣 0502 民初 3104 号

【关键词】

借款合同 保证合同 融资中介

【基本案情】

原告：胡某某，男，1966 年 12 月 29 日生。

被告：张某，男，1969 年 2 月 11 日生。

被告：廖某某，男，1974 年 12 月 21 日生。

被告：建盟公司，住所地新余市渝水区下村工业平台。

法定代表人：廖某某，该公司董事长。

被告：建盛公司，住所地新余市经济开发区袁河工业平台。

法定代表人：王某某，该公司执行董事兼总经理。

被告：新能源学校，住所地新余市高新技术产业园区渝东大道。

法定代表人：张某，该校董事长。

2014 年，原告（出借人，甲方）与某某科技职业学院、（担保人 4，丙方）、被告张某（借款人，乙方）、廖某某（担保人 1，丙方）、建盟公司（担保人 2，丙方）、建盛公司（担保人 3，丙方）签订《借款及保证合同》，约定乙方向甲方借款 1000 万元；借期一个月，自 2014 年 8 月 1 日起至 2014 年 9 月 1 日止；月利率 2%，借款到期，先息后本，利随本清；如乙方未按期归还借款本金及利息，甲方通过法律途径主张权利的，则由此发生的律师服务费（按诉讼标的额的 5% 计算）、诉讼费用、保全费、公告费等甲方为实现债权的所有费用由乙方承担；丙方自愿为本合同项下的借款本金、利息、逾期利息、律师服务等甲方为实现债权的所有费用提供连带责任担保，担保期间为债务履行期限届满日次日起两年止。经审理，法院判决，一、被告张某于本判决生效之日起十日内归还原告胡某某借款本金 2582522 元并支付利息 1136310 元（利息暂算至 2016 年 8 月 17 日，之后的利息以 2582522 元为基数，按年利率 24% 计算）；二、被告张某于本判决生效之日起十日

内向原告胡某某支付法律服务费用 20000 元；三、被告廖某某、建盟公司、建盛公司、新能源学校对本判决第一、二项款项承担连带清偿责任；四、驳回原告胡某某的其他诉讼请求。

【原告诉称】

原告诉称，1. 被告张某立即向原告偿还借款本金 2720300 元，利息 1196932 元（暂算至 2016 年 8 月 17 日），共计 3917232 元，并自 2016 年 8 月 18 日起按月利率 2% 支付利息至实际付清上述款项之日止；2. 被告张某向原告支付法律服务费 50000 元；3. 被告廖某某、建盟公司、建盛公司、新能源学校对上述第一、二项款项承担连带清偿责任；4. 本案诉讼费由五被告承担。

【被告辩称】

被告辩称，1. 新能源学校并不是本案的担保人，该借款纯属被告张某的个人行为，与新能源学校无关；2. 新能源学校是一所民办学校，属于事业性质，不具备担保的资格。综上，请求法院驳回原告对新能源学校的诉讼请求。

【裁判理由】

本案属民间借贷纠纷。被告张某向原告借款，双方形成借贷关系，该借款合同系双方真实意思表示，未违反法律、法规的禁止性规定，依法成立，合法有效。现借款已到期，原告可以要求被告归还拖欠的借款本金及利息，关于约定的中介费，实际系利息，加上明确约定的月利率 2%，实际月利率为 3.5%，已超过法定上限，对于已支付的利息，可以按照年利率 36% 计算，尚未支付的利息，按照年利率 24% 计算，对于借款的时间，亦应当以实际出借日期开始计算，至 2014 年 9 月 5 日，利息为 $(4000000 \times 36/365 + 4000000 \times 23/365 + 2000000 \times 11/365) \times 36\% = 254466$ 元，被告张某归还 100 万元中，254466 元计入利息，尚欠本金 $10000000 - (1000000 - 254466) = 9254466$ 元，至 2014 年 9 月 22 日，利息为 $9254466 \times 17/365 \times 36\% = 155171$ 元，被告张某归还 155171 元，尚欠本金 $9254466 - (1000000 - 155171) = 8409637$ 元，至 2014 年 9 月 29 日，利息为 $8409637 \times 7/365 \times 36\% = 58061$ 元，尚欠本金 $8409637 - (2000000 - 58061) = 6467698$ 元，至 2014 年 10 月 17 日，利息为 $6467698 \times 18/365 \times 36\% = 114824$ 元，尚欠本金 $6467698 - (4000000 - 114824) = 2582522$ 元，故对于原告要求被告张某归还借款本金 2720300 元的诉讼请求，本院仅支持 2582522 元，2014 年 10 月 17

日之后的利息,应以 2582522 元为基数,按年利率 24% 计算至还清之日止,暂算至 2016 年 8 月 17 日,利息为 2582522×(1+10/12)×24% = 1136310 元,故对于原告要求被告张某支付利息 1196932 元(暂算至 2016 年 8 月 17 日)并按月利率 2% 支付自 2016 年 8 月 18 日起至还清之日止利息的诉讼请求,本院予以部分支持。

关于原告要求被告张某支付法律服务费用的诉讼请求,本院认为,合同已约定被告张某需承担该费用,且约定了费用比例为诉讼标的的 5%,本院认为,原告要求的法律服务费用 50000 元虽在合同约定范围内,但该约定过高,加重了合同另一方的负担,故对于原告要求被告张某支付法律服务费用 50000 元的诉讼请求,本院酌定支持 20000 元。

关于原告要求被告廖某某、建盟公司、建盛公司对上述借款本金、利息、法律服务费用承担连带清偿责任的诉讼请求,本院认为,被告廖某某、建盟公司、建盛公司已承诺担保,并注明担保形式为连带责任保证,担保范围包括了借款本金、利息、律师服务等费用,故对于原告要求被告廖某某、建盟公司、建盛公司对上述借款本金、利息、法律服务费用承担连带清偿责任的诉讼请求,本院予以支持。

关于原告要求被告新能源学校承担连带责任的诉讼请求,原告认为,被告新能源学校原名江西某某科技职业学院,而江西某某科技职业学院已承诺担保,且新能源学校系民办学校,办学经费并非出自国家,非公益性质单位,故新能源学校应承担担保责任;被告新能源学校认为在本案借款发生时,新能源学校已更改校名,"江西某某科技职业学校"的公章已停止使用,加盖该公章的合同应相应无效,与新能源学校无关,且新能源学校为民办学校,为公益性事业单位,不具备担保资格。本院认为,民办学校亦应当作为学校的一类,但民办学校是否具有公益性质存在争议,本院认为,应作具体分析,被告新能源学校为职业教育类学校,其办学经费并非出自国家财政,举办者亦可以从中获取收益,其虽然具有一定的公益性,但并非以公益为目的,故被告新能源学校可以作为担保人承担责任,至于被告新能源学校主张加盖的"江西某某科技职业学院"的公章系在被告新能源学校更名之后,应为无效的意见,本院认为,被告新能源学校已认可"江西某某科技职业学院"的公章尚在使用,且根据常理推断,该公章应为被告新能源学校的法定代表人即被告张某所盖,被告新能源学校与"江西某某科技职业学院"

系同一学校,故对于原告要求被告新能源学校承担连带清偿责任的诉讼请求,本院予以支持。

【案件点评】

自然人之间的借贷纠纷是生活中十分常见的情形。借款合同为实践合同,自出借人提供借款之日起成立。借贷双方可以约定借款种类、币种、用途、数额、利率、期限和还款方式、为实现行债权的费用承担方式、担保责任等。

本案中,出借人胡某与借款人张某,担保人廖某某(担保人1)、建盟公司(担保人2)、建盛公司(担保人3)、某某科技职业学院(担保人4),于2014年8月1日签订《借款及保证合同》,约定借款人向出借人借款1000万元,借期一个月,月利率2%。如借款人未按期归还本金及利息,出借人通过法律途径主张权利的,为实现债权所有费用由借款人及担保人承担连带责任。最终法院支持了出借人部分诉讼请求,对利息部分进行了调整。

如何计算自然人之间民间借贷合同的利息呢?借贷双方没有约定利息或对利息约定不明的,出借人主张支付利息的,人民法院不予支持;借贷双方约定了利息,出借人请求借款人按合同约定利率支付利息的,人民法院应予支持,但双方约定的利率超过合同成立时一年期贷款市场报价利率四倍的除外。

关于利息计算,要注意三个时间节点:一是2015年8月31日之前,民间借贷的利率可以适当高于银行的利率,但最高不得超过银行同类贷款利率的四倍(包含利率本数)。超出此限度的,超出部分的利息不予保护。二是2015年9月1日起至2020年8月19日,民间借贷债权人主张的年利率超过百分之三十六的利息部分,不能得到支持;年利率在百分之二十四至百分之三十六的部分,属于自然债务,未偿还的部分法院不予支持,已经偿还的部分也无需返还;约定的年利率少于或等于百分之二十四的部分,人民法院应予支持。三是2020年8月20日起,双方约定的利率超过合同成立时一年期贷款市场报价利率四倍的部分不能得到法院支持。

本案合同签订的时间为2014年8月1日,直至法院2016年8月30日立案受理之日,借款人仍有部分本金及利息未支付。法院适用的是2015年6月23

日,最高人民法院发布的《关于审理民间借贷案件适用法律若干问题的规定》,出借人主张的年利率已超过百分之三十六的法定上限,已经偿还的部分按百分之三十六计算,未偿还的部分按百分之二十四计算。因此,法院最终判定被告向原告归还的本金为 2582522 元并支付利息 1136310 元。

点评人：四川韬鸣律师事务所　易群慧

五、北京某学院附属医院医疗纠纷案

曾某与北京某学院北京某医院医疗损害责任纠纷案

（2016）京 0101 民初 6962 号

【关键词】

医疗损害　宫内孕　产后血栓

【基本案情】

原告:曾某,女,1984 年出生,住本市。

被告:北京某学院北京某医院。

法定代表人:赵某某,院长。

2015 年 7 月 6 日,原告曾某因宫内孕 39+4 周、引导流液 1 小时入住被告北京某医院。之后原告认为被告北京某医院存在过错导致原告颅内静脉窦血栓形成。经审理,法院判决,驳回原告曾某的全部诉讼请求。

【原告诉称】

原告诉称,1. 请求判令被告赔偿医疗费 15000 元、误工费 50000 元、精神损害抚慰金 300000 元,上述按照 100% 的比例主张,共计 365000 元;2. 本案诉讼费、鉴定费由被告承担。

【被告辩称】

被告辩称,不同意原告的全部诉讼请求。被告医院对原告的诊疗行为符合诊疗常规,充分履行了注意义务和告知义务,不存在医疗过错。颅内静脉窦血栓与高凝状态有关,与硬膜穿透无关,本例中硬膜穿破后出现低颅压头痛,之后出现颅内静脉窦血栓,属于耦合,相互之间不存在因果关系。目前原告神经系统查体均正常,抗癫痫药物不需要终身服用,是医院及时准确诊断治疗的成果。故被告医院不应承担赔偿责任。

【裁判理由】

患者在诊疗过程中受到损害,医疗机构及其医务人员有过错的,由医疗机构承担赔偿责任。医务人员在诊疗活动中应当向患者说明病情和医疗措施,需要实施手术、特殊检查、特殊治疗的,医务人员应当及时向患者说明医疗风险、替代医疗方案等情况,并取得其书面同意;不宜向患者说明的,应当向患者的近亲属说明,并取得其书面同意。医务人员未尽到前款义务,造成患者损害的,医疗机构应当承担赔偿责任。本案中双方争议的焦点包括:1. 被告医院在麻醉中造成脑脊液渗漏是否存在过错,未在病历中记录及告知患者实际病情是否存在过错;2. 原告 CVST 与脑脊液渗漏是否存在因果关系以及脑脊液渗漏后医院是否采取积极治疗措施。根据鉴定机构出具的鉴定意见以及鉴定人书面回复的结果,鉴定人认为脑脊液渗漏是腰硬联合麻醉难以完全避免的并发症,被告医院给予相应的积极处理不存在过错,原告 CVST 诊断困难,极易漏诊或误诊,无证据支持与脑脊液渗漏相关,被告医院在病历中未予明确脑脊液渗漏,与患者沟通不够,存在过错,但该过错与患者发生 CVST 无关。原告坚持认为 CVST 与脑脊液渗漏后医嘱要求平卧 48 小时之间具有因果关系,同时认为被告未能采取积极救治措施以防止脑脊液渗漏造成的不良后果,但根据鉴定人的意见以及相关病历材料的内容,被告医院在原告脑脊液渗漏后采取了平卧、超常规补液等措施予以处理。虽然产妇是高凝血的高发人群,但因 CVST 在临床中少见,早期临床缺乏明显症状,极易漏诊和误诊,且病因较多,即使长期平卧系产妇 CVST 的危险因素,被告医院也仅能针对原告当时脑脊液渗漏采取医嘱平卧 48 小时的应对措施,如不采取该措施原告头痛症状将会持续,相信原告及其亲属同样不会认可,此时我们就不能苛求医生能够兼顾脑脊液渗漏后的应对以及预防临床中难以明确诊断且当时并未明显显现相关症状的 CVST,被告医院当时的应对措施是合理的,与原告 CVST 的损害后果之间并无明确的因果关系。综上,本院认定被告北京某医院存在履行告知义务不足、未在病历中明确记载病情的过错,但该过错与原告的损害后果(CVST)之间不存在因果关系,被告医院的诊疗行为不存在过错。经本院充分释明,原告还基于被告医院存在 100% 的过错进而主张医疗费、误工费以及精神损害抚慰金的诉讼请求,于法无据,本院难以支持。但考虑到被告医院存在告知义务不足的过错从而引起原告及其家属的合理怀疑,作为具有专业知识的医务人员即使出于保护产妇产后恢复的良好愿望亦应在病历中如实记录病情或者及时与患者家属进行沟通,以引起医护人员的足够重视,取得患者家属的充分理解,减少患者及其家属对病情不确定性的猜疑,故本院在鉴定费的承担上将考虑上述因素,以警示被告北京某医院及其他相关医疗机构在此类问题上引起充分的重视,不断加强病历书写管理和履行充分的告知义务,减少医患纠纷的发生。

【案件点评】

本案属于典型的医疗损害责任纠纷案件,原告起诉认为被告医院在诊疗过程中存在过错,从而导致健康受到损害。我国《民法典》第1218条规定:患者在诊疗活动中受到损害,医疗机构或者其医务人员有过错的,由医疗机构承担赔偿责任。从法律规定可以知道,患者须对于医疗机构或者医务人员存在过错承担举证责任,也就是患者需要通过研究病历资料以及咨询专家提出明确的过错行为。病历资料是判断是否存在过错的主要证据材料。我们都知道病历资料是由医疗机构制作并保存,所以法律对于医疗机构必须确保资料的真实、完整性提出了严格的要求,《民法典》第1222条就规定:患者在诊疗活动中受到损害,有下列情形之一的,推定医疗机构有过错:(一)违反法律、行政法规、规章以及其他有关诊疗规范的规定;(二)隐匿或者拒绝提供与纠纷有关的病历资料;(三)遗失、伪造、篡改或者违法销毁病历资料。由此可知,如果医疗机构存在如上三种情形的,直接推定存在过错,不再需要患者予以举证证明。

目前,各级医学会和司法鉴定机构均可以开展医疗损害鉴定工作,至于最终由医学会还是司法鉴定机构进行鉴定,取决于原被告双方是否意见一致,若双方无法就鉴定机构达成一致意见,那么法院会通过摇号的方式从法院入库鉴定机构中随机选择一家作为鉴定机构。

在过错责任认定方面,通常我们认为,在不能排除医疗过错行为对损害后果影响的情况下,应认定医疗过错行为与损害后果间存在一定的因果关系,并酌情确定医疗机构承担相应的赔偿责任。我们大家可能经历过,医院在手术之前都会让家属签署各种文件,一般称为风险告知书、治疗风险提示,医院此举主要是为了履行告知说明义务。但是,我们认为,医疗机构履行告知说明义务不充分的,也应承担相应的责任。通常由医疗机构提供这些格式告知书,然后由患者家属签字,那么对于手写告知的内容,作为病历制作方和保管方,医疗机构应担负更大的谨慎义务,医疗机构应承担证明其已充分履行了告知该内容的义务,否则即应认定医疗机构未向患者或家属履行告知义务。患者或家属在风险告知书、治疗风险提示、手术同意书等文书上签字,意味着患者或家属知情并同意承担相关医疗操作所带来的风险,但这种风险承担应当限于医生遵照医疗规范实施医疗措施的范围内,对于违反诊疗规范、因医疗过错造成患者不应有的人身损害后果的,医疗机构仍要承担侵权责任。

点评人:北京盈科(成都)律师事务所　张海亮

第五章　职业技能培训及其他教育

　　职业技能培训是指按照国家职业分类和职业技能标准进行的规范性培训。国家规定一些职位必须经过职业培训，获得技能等级证书后方可上岗。较之学历教育，职业技能等教育公益性较弱、以营利为导向，同时涉及行业众多，国家监管难以细化到各个行业类别，因此行业乱象频出，法律风险众多。本章共计两三小节，第一节用客观数据总体呈现案件特征、当事人情况、裁判结果及律师参与情况，全方位呈现职业技能培训等教育主体面临的民事法律风险。第二节解读高发案由下的案件特征、争议焦点、法律适用等，全方位地分析了职业技能培训及其他阶段教育主体面临的民事法律风险。第三节剖析典型案例，呈现实践案例中的判决原貌。

第一节　纵览：总体数据呈现

　　2015—2019 年，全国各级人民法院审结职业技能培训、教育辅助及其他教育行业案件共 13449 例，涵盖 235 类案由，分布于全国 31 个省级行政区，案件数量逐年上升。当事人种类复杂，以开展各类职业教育培训机构为主。诉讼请求与裁判结果复杂多样。

一、案件特征

（一）案由分布

　　数量最多的是教育培训合同纠纷案件，共 3398 例，占总数的 25.2%。其次为与劳动争议相关案件，为 2152 例，占总数的 16%。其他合同纠纷类别案件总数虽为 2136 例，但其中包含了包括装修装饰合同纠纷、服务合同纠纷、投资协议纠纷、定作合同纠纷、拍卖合同纠纷等合同纠纷,以及不当得利、无因管理等准合同纠纷在内的近六十余种四级案由。其中,判决书标明"合同纠纷"的案件为1283 例,其余案由案件数量大部分在 50 例以下,故合并为"其他合同纠纷"类。

根据提取文书的案由分布特征,典型性案由包括:机动车交通事故纠纷(900 例),租赁合同纠纷(879 例),借贷合同纠纷(853 例),服务合同纠纷(674 例),买卖合同纠纷(603 例),建设工程合同纠纷(235 例)。

此外,其余案由案件由于数量较少,以一级或者二级案由进行分类:与知识产权有关的纠纷(572 例),物权纠纷(192 例),人格权纠纷(185 例),侵权纠纷(148 例)。

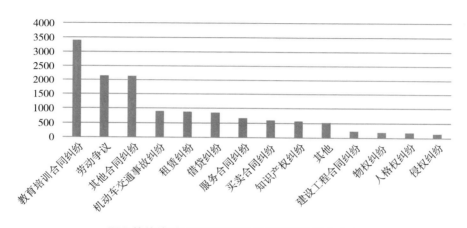

职业技能培训及其他教育阶段民事案件案由分布

(二)地域分布

13449 例判决书分布在 31 个省级行政区(省、自治区、直辖市)。文书分布数量最多的五个省级行政区分别是北京(5241 例),上海(2944 例)、广东(2739 例)、江苏(1799 例)、四川(1573 例)。数量最少的 5 个省级行政区则为甘肃(78 例),黑龙江(40 例),青海(17 例),江西(12 例),西藏(4 例)。

此外,重庆、山东、湖南的案件数量也超过了千例,分别为 1295 例、1213 例、1051 例。

(三)时间分布

从年份分布来看,全国各级人民法院审结的职业技能、教育辅助及其他教育

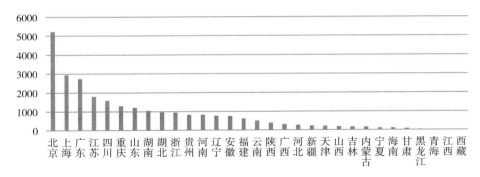

职业技能培训及其他教育阶段民事案件地域分布

行业案件呈逐年上升趋势,尤其在2019年急剧上升。2015年为1363例,2016年为1711例,2017年为2380例,2018年为2595例,2019年为5417例。相较于2015年,2019年判决书数量增长将近四倍。

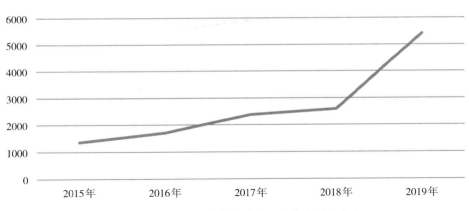

职业技能培训及其他教育阶段民事案件时间分布

二、当事人情况勾勒

在职业技能教育培训阶段,教育主体所涉及范围广泛、种类复杂,主要包括教育科技公司、教育培训公司、驾校、教育投资公司、教育培训机构、教育投资公司等。在该阶段的13449例案件中,教育主体作为原告提起的诉讼案件约占13.8%(1861例),教育主体作为被告被提起诉讼的案件约有86.2%(11587例)。

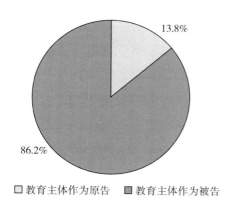

13.8%

86.2%

□ 教育主体作为原告　■ 教育主体作为被告

职业技能培训及其他教育阶段
民事案件教育主体诉讼地位分布

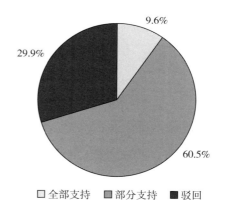

9.6%

29.9%

60.5%

□ 全部支持　■ 部分支持　■ 驳回

职业技能培训及其他教育阶段
教育主体做原告的裁判结果分布

三、律师参与

在 13449 例职业技能、教育辅助及其他教育行业案件中,有 7867 例案件的原告委托了代理律师,占全部案件的 58.4%;其中,有 126 例案件属于法律援助律师,占原告律师参与的 1%。有 4990 例案件的被告委托了代理律师,占全部案件的 37.1%;其中,有 31 例案件属于法律援助律师,占全部被告律师参与案件的 0.6%。

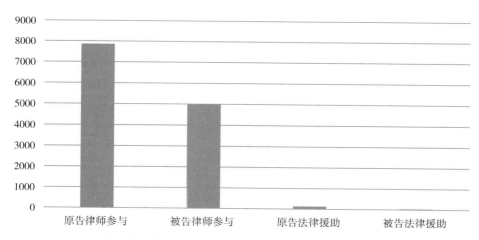

职业技能培训及其他教育阶段民事案件律师参与分布

四、裁判结果①

（一）教育主体作为原告时的裁判结果

在教育主体作为原告的情形下,存在约 9.6% 的情形,其诉讼请求得到全部支持;在约 29.9% 的情况下,其诉讼请求被全部驳回;占比最多的是请求得到部分支持,比例约为 60.5%。

（二）教育主体作为被告时的裁判结果

在教育主体作为被告的情形下,约有 8.9% 的情形,原告的诉讼请求得到全部支持;在约 14.4% 的情况下,其诉讼请求被全部驳回;占比最多的仍然是请求得到部分支持,比例约为 76.7%。

（三）教育主体负有义务的情况

从教育主体的角度看,无论其是作为原告还是被告,从裁判结果来说,其最终将负有义务的比例约为 89.6%,不负担义务的情况约为 10.4%。

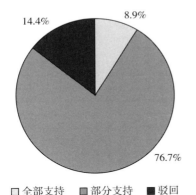

职业技能培训及其他教育阶段民事
案件教育主体做被告的裁判结果分布

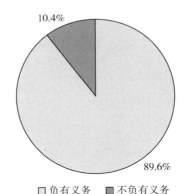

职业技能培训及其他教育阶段民事
案件教育主体负有义务情况分布

---

① 编者注:该裁判结果是基于对教育培训阶段的三类重点案由包括教育培训合同纠纷、劳动争议纠纷、机动车交通事故纠纷三类重点案由共 5707 例案件的数据进行统计和分析得出的。因为这三类案由总计超过总数 40%,而其余不到 60% 的文书包含了 232 类案由。案由类别多、文书数量少、纠纷发生频率低,样本规模不足以证明规律性。

第二节　聚焦:高发案由解读

一、教育培训合同纠纷

与一次给付便使合同内容实现的一时性合同不同,比如买卖、赠与等合同,也包括分期付款买卖[1],教育培训合同是一种单一性合同、非法定的继续性合同,因此教育培训合同应当归入继续性供给合同之中。[2] 教育培训合同属于教育类服务合同,虽不是《民法典》规定的典型合同类型,但可参照适用合同编通则及第 919 条到第 936 条关于委托合同相关条款的规定。

在涉及到的职业技能培训、教育辅助及其他纠纷中,2015—2019 年全国各级人民法院审结的有关教育培训合同纠纷案件的一审裁判文书共计 1191 例。

(一)数据概览

在涉及到的职业技能培训、教育辅助及其他纠纷中,2015—2019 年全国各级人民法院审结的有关教育培训合同纠纷案件的一审裁判文书共计 3398 例,占案件总数的 25.1%。

1. 时间与地域分布

(1)时间分布

从年份分布来看,该类案件整体呈上升趋势,尤其在 2019 年数量显著上升。分别为 338 例(2015)、236 例(2016)、579 例(2017)、446 例(2018)、1799 例(2019)。

(2)地域分布

从地域分布来看,教育培训合同案件数量最多的前 5 个省级行政区为上海(1035 例)、北京(590 例)、广东(312 例)、江苏(276 例)、湖北(215 例)。山西、内蒙古、河北、广西、云南、河南、宁夏、黑龙江、甘肃、西藏、江西、青海的案件数量都在 10 例以下,其中,江西、青海案件数量为 0。

---

[1] 林诚二:《民事债编各论(上)》,中国人民大学出版社 2007 年版,第 44 页。
[2] 管旻雯:《教育培训合同纠纷解决机制的完善》,兰州大学 2019 年硕士学位论文,第 5 页。

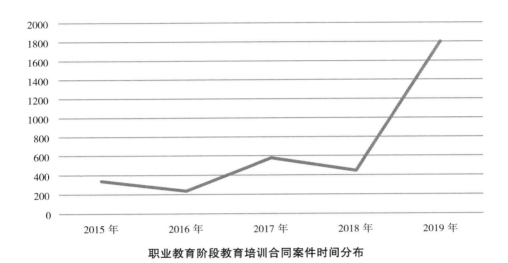

职业教育阶段教育培训合同案件时间分布

职业教育阶段教育培训合同案件地域分布

2. 当事人情况勾勒

教育培训合同纠纷所涉及的纠纷双方当事人主要是教育培训公司或机构与其所订立的教育培训合同的学员,少数纠纷的双方当事人均为教育培训公司或机构。①

（1）原告身份情况分布

在 3398 例案件中,约有 97.06% 的案件是学员作为原告,约有 2.65% 的案件

①　编者注:该案由项下所指的教育主体均为各种教育类培训公司或机构,包括总公司和分公司作为共同被告或原告的情况,但是不包括一般的公立学校、民办学校和学校的附属培训中心,学员均指的是与教育培训公司或机构签订了教育培训合同的学员。

是教育主体作为原告,约有 0.29% 的案件是例如幼儿园这类公立或私立学校作为原告。

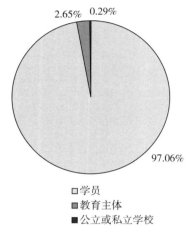

职业教育阶段教育培训
合同案件原告身份分布

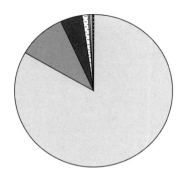

职业教育阶段教育培训
合同案件被告身份分布

(2)被告身份情况分布

在 3398 例案件中,约有 82.06% 的案件是教育主体单独作为被告;约有 9.71% 的案件为教育主体和自然人作为共同被告;①约有 4.41% 的案件是教育主体和一般公司作为共同被告;约有 1.18% 的案件是教育主体和公立或私立学校作为共同被告;约有 0.29% 的案件是教育主体、自然人和一般公司作为共同被告;剩下案件中的被告不涉及教育主体,约有 0.59% 的案件是一般公司作为被告;约有 0.29% 的案件是学校附属培训中心作为被告;约有 1.47% 案件被告有自然人(学员)。

3. 裁判结果与律师参与

(1)裁判结果

教育培训合同纠纷的诉讼请求主要围绕学员要求返还培训费用,少量案件涉及赔偿违约金。

_____

① 编者注:这里的自然人主要指在教育培训合同或者承诺书中教育主体的保证人。

如上所述,约有 82.06% 的案件是教育主体单独作为被告被起诉。在这部分案件中,原告的诉讼请求全部得到支持的案件占比约为 46.84%,原告的诉讼请求得到部分支持的案件占比约为 41.64%,原告的诉讼请求被全部驳回的案件占比约为 11.52%。

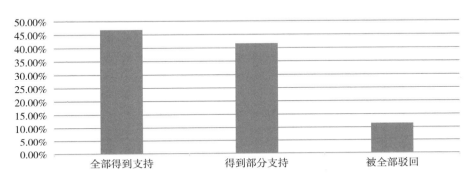

职业教育阶段教育培训合同案件教育主体单独作为被告被起诉的诉讼请求支持率

约有 15.59% 的案件是教育主体和其他相关主体作为共同被告被起诉。在这部分案件中,原告的诉讼请求全部得到支持的案件占比约为 15.87%,原告的诉讼请求得到部分支持的案件占比约为 82.54%,原告的诉讼请求被全部驳回的案件占比约为 1.59%。

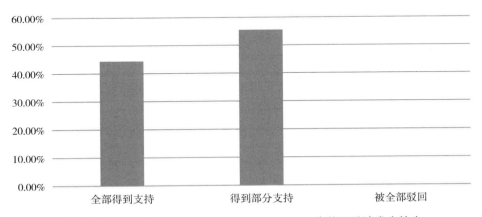

职业教育阶段教育培训合同案件教育主体作为原告的诉讼请求支持率

约有 2.65% 的案件是教育主体作为原告提起诉讼。在这部分案件中,教育主体的诉讼请求全部得到支持的案件占比约为 44.44%,教育主体的诉讼请求得到部分支持的案件占比约为55.56%,教育主体的诉讼请求被全部驳回的案件占比为0。

综合教育培训合同纠纷的数据统计,教育主体不论是作为原告单独或者共同起诉,还是作为被告单独或者共同被起诉,约有89.71%的案件教育主体负有义务,约有10.29%的案件教育主体不负有义务。

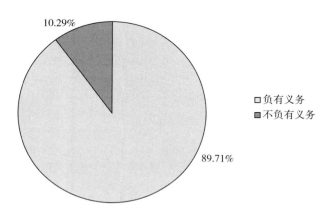

10.29%

89.71%

□ 负有义务
■ 不负有义务

职业教育阶段教育培训合同案件教育主体负有义务情况统计

(2)律师参与

在3398例教育培训合同案件中,有1592例案件的原告委托了代理律师,占全部案件的46.9%;其中,有71例案件属于法律援助律师,占原告律师参与的4%。有859例案件的被告委托了代理律师,占全部案件的25.2%,没有案件涉及法律援助。

(二)检视:案件特征与法院裁判

1. 案件特征

根据判决书的内容,教育培训机构或公司提供的各类教育培训服务种类繁多,包括儿童早教、机动车驾驶技能培训、高中科目培训、法语等语言课程培训、各类升学和证书考试培训及各类工作入职培训等课程。

此类纠纷产生的主要原因是教育机构经营不善、停止营业,无法按照签订的教育培训合同继续提供课程保证剩余学时正常完成,培训学员向教育公司讨要剩余课时费或学费,而教育公司一直未退还。故大多数的案件培训学员是作为原告,请求法院解除与教育公司之间签订的教育培训合同并退还剩余的课时服

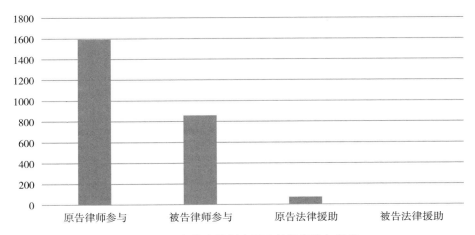

职业教育阶段教育培训合同案件律师参与程度

务费用,也不排除少部分案件学员是因自身客观原因或因自己过错而欲解除教育培训合同并要求退还课时费。

【以案为鉴】①

本院认为,原告江某某与被告新动态中心之间存在真实有效的教育培训合同关系。从现有证据看,仅能认定原告向被告新动态中心支付了学费 23100 元,对此被告新动态中心应当提供相应的培训课程。但被告新动态中心仅履行了部分义务就停止营业,致使原告的合同目的不能实现,系属根本违约,应承担相应的违约责任。就赔偿损失金额,本院结合原告的陈述酌定为 7700 元。被告新动态中心经本院合法传唤,无正当理由未到庭参加诉讼,应视为放弃相应的抗辩权利。

法院会根据案件的实际情况判断是否符合解除合同的条件而决定是否支持原告解除合同的诉讼请求,如果予以支持,法院会以原告的实际损失为基础,兼顾合同的履行情况、当事人过错程度以及预期利益等因素酌情予以支持退还课时费的诉讼请求;关于部分原告提出另行支付交通费、通话费、误工费的诉讼请求,一般会因没有充分证据予以证明而不予支持。需要注意的是,在教育主体作为原告提起诉讼时,其诉讼请求均在不同程度上得到了支持,并不存在驳回教育

---

① (2015)虎商初字第 0093 号。

主体全部诉讼请求的情况。

另外,教育培训机构在培训过程中负有保障学员人身安全的义务,如果在教育培训过程中发生人身损害,会引发此类合同纠纷和侵权责任纠纷的竞合,原告可以择一进行起诉。

【以案为鉴】①

原告何某某与被告长运公司、保险公司教育培训合同纠纷一案,本院于2015年6月16日受理后,依法适用简易程序,公开开庭进行了审理。

本院认为,原告何某某在接受机动车驾驶培训过程中发生交通事故造成人身损害,被告长运公司作为驾驶培训单位未能尽到安全管理义务,理应依法承担赔偿责任,同时,因事故车辆在被告保险公司投保了机动车交通事故责任强制保险,原告同时起诉培训单位与保险公司共同承担赔偿责任,其诉讼请求合法,本院予以支持。

2. 法院裁判

(1)教育培训合同是否有效

教育培训合同的效力至关重要,决定着原告下一步的诉讼方向和路径。如果该合同无效,原告则可以直接依据《合同法》第58条之规定"合同无效或者被撤销后,因该合同取得的财产,应当予以返还",请求被告直接返还课时费等。②如果该合同合法有效,原告只能通过寻求解除合同的请求权基础支撑退还课时费等诉讼请求。

教育机构是否经过审批机关批准设立、是否获得办学许可证开展教育培训服务是认定该教育培训合同是否有效的关键因素。根据《教育法》第27条"学校及其他教育机构的设立、变更和终止,应当按照国家有关规定办理审核、批准、注册或者备案手续"、《民办教育促进法》第12条"举办实施学历教育、学前教育、自学考试助学及其他文化教育的民办学校,由县级以上人民政府教育行政部门按照国家规定的权限审批;举办实施以职业技能为主的职业资格培训、职业技能培训的民办学校,由县级以上人民政府人力资源社会保障行政部门按照国家

---

① (2015)山民初字第1002号。

② 编者注:自2021年1月1日起施行的《民法典》后,《合同法》同时废止。该条款参照《民法典》第157条的规定。

规定的权限审批,并抄送同级教育行政部门备案"、第18条第一款"审批机关对批准正式设立的民办学校发给办学许可证"之规定,如果教育培训机构要从事民办非学历教育,其应按照前述法律规定提出设立申请,经审批机关批准设立、获得办学许可证后方可开展相应的教育培训业务。而案件中的部分被告是在未取得办学许可证的情况下即对原告进行有偿培训,规避了法律、行政法规对于民办教育机构设立条件的要求,游离于教育行政部门的监督管理之外。基于此,法院会认定被告与原告形成的教育培训合同违反法律、行政法规强制性规定,该合同应属无效。

在判断教育培训服务合同效力时,需要注意,不能因教育培训机构的经营范围在形式上未包含教学活动和培训而从事教学培训服务,就认定该机构违反《民办教育促进法》第12条之规定,据此认定双方订立的教育培训合同为无效合同,而是需要根据具体情况实质判断。根据《最高人民法院关于适用〈中华人民共和国合同法〉若干问题的解释(一)》第10条"当事人超越经营范围订立合同,人民法院不因此认定合同无效。但违反国家限制经营、特许经营以及法律、行政法规禁止经营规定的除外"之规定,因此,教育培训机构因超越经营范围签订的教育培训合同是否有效,其实质性判断标准是教育培训服务是否属于国家限制经营、特许经营的业务,是否需要相关行政部门的审批。

【以案为鉴】①

关于涉案教育培训合同的效力。被告某某公司与原告形成教育培训合同并提供培训服务的行为已超出营业执照载明的经营范围。被告海智诺公司因超越经营范围签订的教育培训合同是否有效,其实质性判断标准是教育培训服务是否属于国家限制经营、特许经营的业务。《民办教育促进法》第11条第一款规定,"举办实施学历教育、学前教育、自学考试助学及其他文化教育的民办学校,由县级以上人民政府教育行政部门按照国家规定的权限审批"。该法第17条第一款规定,"审批机关对批准正式设立的民办学校发给办学许可证"。被告从事民办非学历教育,其应按照前述法律规定提出设立申请,经审批机关批准设立、获得办学许可证后方可开展相应的教育培训业务。本案中,被告某某公司在

① (2016)辽 0291 民初 1465 号。

未取得办学许可证的情况下即对原告的孩子进行有偿培训,显然规避了法律、行政法规对于民办教育机构设立条件的要求,并游离于教育行政部门的监督管理之外。基于此,本院认为,被告某某公司与原告形成的教育培训合同违反了法律、行政法规强制性规定,该合同应属无效。对于原告要求确认涉案教育培训合同无效的诉讼请求,本院依法予以支持;对于三被告的相应抗辩意见,本院依法不予采纳。

(2)原告是否有权要求解除合同并请求被告返还相应的课时费或学费

第一,如果双方有约定解除合同的事由,则按照合同约定解除合同即可。如果原告与被告签订的教育培训合同系当事人真实意思表示,且内容不违反法律、行政法规的强制性规定或损害国家、集体或者第三人利益、社会公共利益,法院会认定该合同依法成立且有效,对当事人具有约束力,双方形成事实上的教育培训关系。当事人应当按照约定履行自己的义务,不得擅自变更或者解除合同。

【以案为鉴】①

经审理查明:2013年3月16日,北京某教育科技有限公司(甲方)与范某(乙方)签订了《2013年北京新青年国家司法考试培训超级VIP高通过率贵族班协议》。协议约定:乙方根据个人自身学习情况,自愿选择超级VIP高通过率贵族班,并向甲方交付培训费人民币39800元,如未通过当年司法考试,甲方将培训费全额退还乙方……乙方参加司法考试培训的目的是为了顺利通过2013年国家司法考试,应接受甲方如下规定并履行:"……;3. 乙方须参加甲方安排的相关的所有模拟考试并报考2013年国家统一司法考试,模拟考试及国家统一司法考试,均不得缺考;若因婚假、病假、出差、特殊原因未能参加考试,可退还学费。……注:乙方如有违反以上之规定,则所交学费不予退还。"

本院认为,依法成立的合同,对当事人具有法律约束力。本案中,原、被告签订的合同系双方当事人的真实意思表示,且不违反法律、行政法规的强制性规定,合法有效。双方均应按照合同约定履行各自的义务。当事人行使权利、履行义务应当遵循诚实信用原则。合同签订后,原告范某支付了教育培训费及住宿费。后因原告怀孕未能继续参加被告组织的培训也未能参加当年的司法考试。

---

① (2016)京0114民初2961号。

由于双方在协议中明确约定"若因婚假、病假、出差、特殊原因未能参加考试,可退还学费""如因事缺考、扣除资料费、住宿费后将剩余费用全额退还"。该约定内容系双方针对原告可能因怀孕而不能参加考试所订立的特别条款,合法有效。原告向被告支付了教育培训费29272元、住宿费7728元,依据上述约定扣除2000元及住宿费7250元后剩余部分27750元应该全部退还给原告。故,对于原告要求被告退还教育培训费27750元的诉讼请求,事实清楚,证据充分,本院予以支持。

第二,如果符合法定解除权的要件,当事人可依法请求解除合同。根据《合同法》第94条第一款第二项"在履行期限届满之前,当事人一方明确表示或者以自己的行为表明不履行主要债务,当事人可以解除合同"之规定,[①]在大多数案件中,在合同履行期届满前,原告已经按照合同约定向被告缴纳了相应的课时费,而作为负责教育培训的机构的被告,通常会因经营不善、暂停营业甚至停止营业等行为表明无法履行或者不履行合同中约定的向原告提供相应课程服务的主要义务,合同目的已无法实现,系属根本违约,应当承担相应的违约责任。原告有权主张构成根本违约并解除合同,被告应当退还原告已缴纳的课程费用。根据《合同法》第97条"合同解除后,尚未履行的终止履行;已经履行的根据履行情况和合同性质,当事人可以要求恢复原状或采取其他补救措施、并有权要求赔偿损失"之规定,[②]如果双方的合同已部分履行,原告已缴纳的培训费用应作相应的扣除;合同解除后,尚未履行的,终止履行,剩余部分的培训费会以原告的实际损失为基础,兼顾合同的履行情况、合同的性质、当事人过错程度以及预期利益等因素确认被告应予返还的培训金额。在少数情况下,法院会依据《合同法》第94条第一款第四项的规定"当事人一方迟延履行债务或者有其他违约行为致使不能实现合同目的"解除合同。比如在考试培训服务中,教育培训合同中约定教育培训机构为其提供代报名服务,但是因原告学历不满足报考要求而未能报名,当事人欲参加培训并通过考试的合同目的无法实现,此时法院会结合

---

①　编者注:《民法典》于2021年1月1日生效,《合同法》已经废止,此处的法律依据现为《民法典》第563条。
②　编者注:《民法典》于2021年1月1日生效,《合同法》已经废止,此处的法律依据现为《民法典》第566条。

案情对其要求退还费用的主张酌情予以支持。

【以案为鉴】①

本院认为,原告江某某与被告新动态中心之间存在真实有效的教育培训合同关系。从现有证据看,仅能认定原告向被告新动态中心支付了学费23100元,对此被告新动态中心应当提供相应的培训课程。但被告新动态中心仅履行了部分义务就停止营业,致使原告的合同目的不能实现,系属根本违约,应承担相应的违约责任。就赔偿损失金额,本院结合原告的陈述酌定为7700元。被告新动态中心经本院合法传唤,无正当理由未到庭参加诉讼,应视为放弃相应的抗辩权利。

第三,在一些案件中,学员因自身原因请求单方解除合同,该行为虽构成违约,应当承担违约责任,但同时法院会根据教育培训合同的特殊性而支持原告解除涉案合同的诉讼请求。虽然学员主张的相关事由并不属于导致合同解除的根本性违约事由,故以违约为由解除合同法院不会予以支持,但是,考虑到教育培训合同作为一种特殊的服务合同,其履行具有一定的人身性,强调双方的信任基础,不适合强制履行。如果教育机构要求学员继续履行,但学员此时主张解除合同,表明其不愿再继续履行合同,双方继续履行的信任基础已经丧失,故对于原告要求解除双方所订立合同的诉讼请求,法院一般会予以支持。同时,学员单方解除合同的行为构成违约,应当承担相应的违约责任,法院会根据合同约定、双方过错程度及实际损失酌情确定违约金数额,再决定返还剩余学费的金额。

【以案为鉴】②

本院认为,白某某与A教育公司对签订一级注册消防工程师培训协议的事实均无异议,该协议系双方当事人的真实意思表示,不违反法律、行政法规的强制性规定,合法有效。白某某与A教育公司签订培训协议的目的系通过参加培训学习,以考取一级注册消防工程师资格,因白某某为中专学历,不具备报名条件,故其合同目的不能实现。白某某虽未提出要求解除协议,但其要求退还费用

---

① (2015)虎商初字第0093号。
② (2019)鲁0112民初9960号。

系在协议解除的前提下,故对其要求退还费用的主张本院结合本案案情予以支持。白某某虽未提交直接证据证实A教育公司承诺为其代报名,但A教育公司作为专门的培训机构,应当为接受培训的学员提供报名资格及条件的咨询,并进行必要的告知,结合本院已受理的起诉A教育公司教育培训合同纠纷的其他案件中,A教育公司提供代报名服务事实,以及白某某提交的代报名退费凭证,本院认定A教育公司对白某某因合同目的不能实现导致的退费请求应承担一定的责任。A教育公司2019年7月份搬离原地址,未及时通知白某某,白某某陈述的无法联系上A教育公司的情况在本院受理的其他案件中亦存在,A教育公司亦未提交证据证实其已履行了合同义务,本院对白某某主张的联系不上A教育公司的事实予以认定。双方虽未约定A教育公司为白某某提供2019年版的新教材,但教材内容的变更对考试范围的确定有一定影响,并最终影响考试能否顺利通过,A教育公司应根据教材变更内容向白某某提供新的相关资料,其履行义务存在瑕疵。白某某自知其不符合报名资格,仍与A教育公司签订培训协议,白某某对该协议目的无法实现亦有一定过错。综上所述,本院根据协议履行情况、协议性质及双方过错情况,酌情确定A教育公司退还白某某80%的培训费,即3507元。

第四,在一些情况下,教育培训机构履行合同虽然存在瑕疵,但是法院认为该行为不足以构成根本违约,因而不会支持学员作为原告解除合同的诉讼请求。比如,双方仅于合同中约定教育培训公司对原告进行相关证书的培训,并未约定培训的目的是一定能够使其取得相关的资格证书,如果原告认可教育培训公司已完成教学和培训任务,即使原告最终参加考试并未顺利通过考试取得证书,但是由于双方之间的合同已实际履行完毕,原告主张教育公司不具备履行合同的能力和资质导致合同目的不能实现,法院对此不会予以支持。

二、劳动争议纠纷

劳动争议,是指劳动法律关系双方当事人即劳动者和用人单位,在执行劳动法律、法规或履行劳动合同过程中,就劳动权利和劳动义务关系所产生的争议。关于劳动争议,我国专门规定的基本法律有《民法典》《劳动法》以及《劳动合同法》。

从裁判文书网上提取到的 2015—2019 年职业技能培训阶段与劳动争议纠纷有关案件共 2152 例。

（一）数据纵览

1. 时间与地域分布

（1）时间分布

在职业技能培训行业涉及到的纠纷中,与劳动争议有关案件共 2152 例,其中案由为"劳动争议"的案件总数为 1409 例,占该类案件的 65.47%。从年份分布来看,该类案件整体呈上升趋势。具体为 122 例（2015）、204 例（2016）、256 例（2017）、290 例（2018）、537 例（2019）。

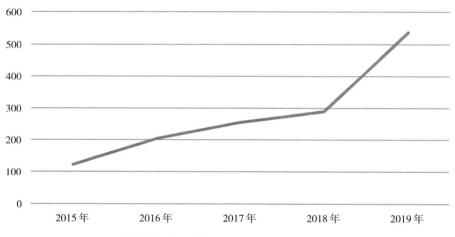

职业技能培训及其他教育阶段劳动争议时间分布

（2）地域分布

从地域分布来看,劳动争议案件分布最多的省级行政区为北京（405 例）,其余省份案件数量则均在 100 例以下,其中,西藏案件数量为 0 例。

2. 当事人情况勾勒

（1）教育主体身份分布

在 1409 例职业技能培训劳动争议案件中,教育培训机构主要以教育科技有限公司、机动车驾驶培训有限公司为主,包括少部分的艺术培训学校、财政干部培训中心。在提取到的 1409 例案件中,44.3% 左右的案件,该类教育主体作为

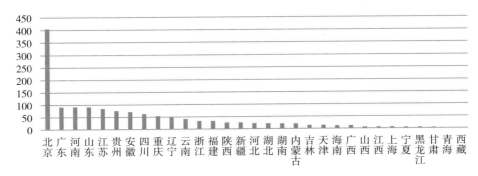

职业技能培训及其他教育阶段劳动争议地域分布

原告提起诉讼;约55.7%的案件是教育主体作为被告被起诉。

（2）教育主体相对人身份分布

在1409例职业技能培训劳动争议案件中,作为案件另一方当事人的主体主要包括管理人员、教学人员以及前述两类以外的人员。管理人员主要包括教育培训机构的人事管理、销售总监、教研主任、运营总监、副总裁等;教学人员主要是针对不同技能进行培训的人员,包括课程讲师、驾校教练、咨询师等。另外还有大部分培训机构中存在剪辑师等其他职工。

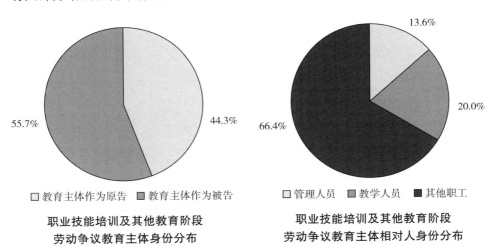

□ 教育主体作为原告　■ 教育主体作为被告	□ 管理人员　■ 教学人员　■ 其他职工
职业技能培训及其他教育阶段劳动争议教育主体身份分布	**职业技能培训及其他教育阶段劳动争议教育主体相对人身份分布**

3. 裁判结果与律师参与

（1）裁判结果

在659例教育主体作为被告的劳动争议案件中,劳动者作为原告的诉讼请求全部得到支持的比例约为 1.5%（10 例）；占比最多的为诉讼请求部分得到支持，约 68.2%（449 例）；约有 30.3%（200 例），原告的诉讼请求被全部驳回。

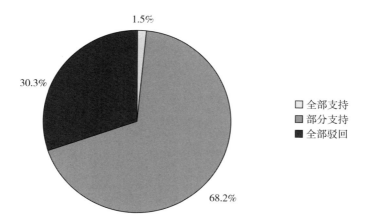

职业技能培训及其他教育阶段劳动争议教育主体作为被告的裁判结果分布

在 750 例教育主体作为原告的劳动争议案件中，教育主体作为原告的诉讼请求全部得到支持的比例约为 3.2%（24 例）；占比最多的为诉讼请求部分得到支持，约 61.9%（464 例）；约有 34.9%（262 例），原告的诉讼请求被全部驳回。

从最终裁判结果来看，教育主体负有义务的情况约占 17.1%，教育主体不负有义务的比例约为 82.9%。

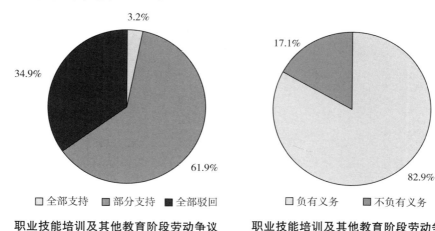

职业技能培训及其他教育阶段劳动争议　　**职业技能培训及其他教育阶段劳动争议**
教育主体作为原告的裁判结果分布　　　**教育主体负有义务的裁判结果分布**

（2）律师参与

在 1409 例劳动争议案件中,有 737 例案件的原告委托了代理律师,占全部案件的 52.3%;其中,有 20 例案件属于法律援助律师,占原告律师参与的 2%。有 613 例案件的被告委托了代理律师,占全部案件的 43.5%;其中,有 13 例案件属于法律援助律师,占全部被告律师参与的 3%。

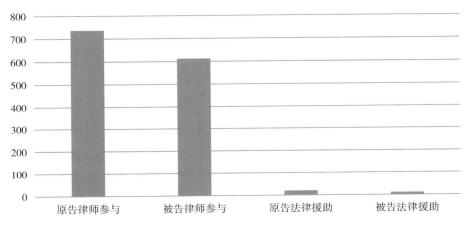

职业技能培训及其他教育阶段劳动争议律师参与分布

（二）检视:案件特征与法院裁判

1. 案件特征

在职业技能培训的劳动争议案件中,教育主体既可能是原告,也可能是被告,此阶段的教育主体以教育科技有限公司、机动车驾驶培训有限公司为主,包括少部分的艺术培训学校、财政干部培训中心,此阶段的非教育主体都是和教育主体有一定关系的,主要是教育主体的管理人员、教学人员等,包括教研主任、运营总监、讲师、咨询师、教练员、实习讲师等。当教育主体作为被告时,非教育主体一般会请求其支付工资、支付经济补偿金、支付双倍工资、支付违法解除劳动合同赔偿金、支付加班费等。当教育主体作为原告时,其一般会请求其不支付工资、不支付双倍工资、不支付解除劳动关系经济补偿金、无需缴纳社会保险和医疗保险,要求被告支付违约金以及继续履行保密义务及竞业限制协议书上的义务,确认与被告之间不存在劳动关系等。

当法院在审理职业技能培训中的劳动争议案件时,对于是否支持支付工资的诉讼请求,首先会看该诉讼请求是否经过仲裁前置程序,诉讼请求未经过仲裁前置程序,依法不予处理;其次会结合已有证据得到被告已支付给原告工资的数额,最终得到支持工资支付的数额。对于是否支持支付双倍工资的诉讼请求,主要会看是否存在支付双倍工资的情形,比如未签订书面劳动合同。对于是否支持支付加班费的诉讼请求,主要会看是否存在加班的事实。对于是否支持支付违法解除劳动合同赔偿金的诉讼请求,主要会看被告是否违法解除劳动合同,如果被告抗辩是依法解除劳动合同,被告需要提供合理有效的证据。

2. 法院裁判

人民法院一般会根据《劳动合同法》《劳动法》《社会保险法》《劳动争议调解仲裁法》《职工带薪年休假条例》《最高人民法院关于审理劳动争议案件适用法律若干问题的解释》《工资支付暂行条例》《企业职工带薪年休假实施办法》等法律法规来审理劳动争议案件,包括但不限于《劳动合同法》第 7 条、第 10 条、第 30 条、第 38 条、第 82 条,《劳动法》第 44 条、第 50 条。

人民法院在审理职业技能培训行业中的劳动争议案件时,当教育主体作为被告时,当原告主张的事实有证据证实时,大多数判决都会支持教育主体支付工资、经济补偿金、赔偿金、加班费等,只是在金额方面法院会结合相关规定以及证据重新认定,一般都是少于原告主张的金额。但是如果原告的诉讼请求中有与社会保险和住房公积金相关的内容时,法院一般不予支持,例如原告起诉要求被告补缴基本医疗保险、基本养老保险,因不属于人民法院受理民事案件的范围,法院不予支持;原告认为被告未为其缴纳社会保险费,主张社会保险损失,因原告未举证证明具体的损失,法院不予支持。当教育主体作为原告时,大多数判决结果都是不利于原告的,例如驳回原告全部诉讼请求;向被告支付工资、双倍工资、经济补偿金等。在少数有利于原告的判决中,判决结果一般是确定原被告之间不存在劳动关系、被告向原告支付违约金并继续履行《保密及竞业限制协议书》。

在职业技能培训中,劳动争议案件的争议焦点主要聚焦在四个方面:其一,原被告之间是否存在劳动关系;其二,原被告之间的劳动关系是于何时解除;其三,如果原被告之间存在劳动关系,原告主张的经济补偿金、赔偿金、保险损失等问题如何解决;其四,加班事实是否存在以及是否应当支付加班工资。

（1）争议焦点一

法院在认定原被告之间是否存在劳动关系时，主要存在两种情况。第一种情况是原被告之间没有签订书面合同，此时法院会根据相关证据认定是否形成事实劳动关系；第二种情况是原被告之间有签订书面合同，但是书面合同的名称不是劳动合同，此时法院会根据该合同的内容来认定原被告之间是否存在劳动关系，一般会看合同是否约定了工资计算办法、奖惩制度、社保缴纳、辞退办法等内容，双方是否按照合同实际履行，如果符合上述条件，该书面合同就属于实质意义上的劳动合同。

【以案为鉴】[①]

本案中，被告提交的银行转账记录显示原告法定代表人张某某按月通过银行转账形式向被告发放工资，结合双方庭审陈述，该证据能够初步证明原、被告之间曾存在劳动关系。原告虽主张原告法定代表人张某某不具有人事及财务管理权限，但其提供的任职声明仅为原告单方陈述，并无其他证据佐证，而其提供的记账凭证及 2018 年社会保险缴纳明细均系单方制作，记账凭证中应付工资亦无相应明细清单，故原告提供的证据不足以证明其主张，对原告的诉讼请求，本院不予支持。结合被告提交的银行转账记录及被告认可仲裁裁决的情况，本院确认原告与被告于 2018 年 1 月 4 日至 2019 年 1 月 31 日期间存在劳动关系。

（2）争议焦点二

法院在认定原被告之间劳动关系的解除时间时，会先确认原被告双方是否都认可同一个解除劳动关系的时间，如果不认可主要会结合原被告双方提供的证据予以认定。在具体案例中，若职业技能培训机构提出劳动者主动提出辞职的时间为解除劳动关系时间，就需要相关证据予以佐证，仅凭考勤打卡时间、地点可疑为由是不能得到法院的支持的。

【以案为鉴】[②]

原告称被告从 2017 年 1 月起未上班，且通过"逍客"系统向原告人事部门表示要解除劳动关系，故双方劳动关系于 2017 年元旦后因被告自动离职而解

---

① （2019）津 0104 民初 15531 号。
② （2017）鄂 0102 民初 7636 号。

除。原告为证明其陈述,向本院提交了被告2017年1月、2月考勤信息表,称被告打卡地点大多在其居住地附近的教育机构,且有些打卡时间在晚上23点以后,打卡地点、时间均很可疑,可以表明被告没有正常上班。被告称其在原告处正常上班至2017年2月21日止,被告作为外勤人员打卡地点、时间较灵活,原告提交的上述考勤信息表正可证明这一点。本院认为,原告仅以被告考勤打卡地点、时间可疑为由,在未进行调查、核实的情况下断言被告没有正常上班,证据不足,且原告未提交任何证据证明被告在2017年1月提出要解除劳动关系,故本院根据被告考勤打卡的情况,确认被告在2017年1月至2月21日间在原告处提供了劳动,仅2017年1月18日上午未上班,1月25日、26日未上班。

(3)争议焦点三

法院在解决原告主张的经济补偿金、赔偿金、保险损失等问题时,会根据具体情况予以处理。对于是否支持支付经济补偿金,主要会看是否存在支付经济补偿的情形;对于是否支持支付赔偿金,主要会看职业技能培训机构是否违法与劳动者解除合同;对于失业、养老等保险损失以及住房公积金的诉讼请求,因涉及社会保险行政部门行政职责,不属于人民法院受理民事案件的范围,法院都不会进行实际审理。

【以案为鉴】①

原、被告均认为劳动合同解除的时间为原告交车的时间,即2016年5月31日,原告认为是被告违法强行解除劳动合同,但对其主张未提供证据加以证明,应承担举证不能的法律后果,故本院对原告主张的违法解除劳动合同的双倍赔偿金不予支持。

关于原告主张的经济补偿金是否应当得到支持。原告认为被告未为其缴纳社会保险费且在原告在被告处已经工作几年时间,所以应当支付经济补偿金,因其已主张被告违法解除劳动劳动合同,主张经济补偿金不以解除劳动合同为条件,根据《劳动合同法》第38条"用人单位有下列情形之一的,劳动者可以解除劳动合同:(三)未依法为劳动者缴纳社会保险费的;"和《劳动合同法》第46条第一项"有下列情形之一的,用人单位应当向劳动者支付经济补偿:(一)劳动者

---

① (2016)川2021民初3159号。

依照本法第 38 条规定解除劳动合同的;"之规定,本院对原告的该诉讼请求不予支持。

原告主张的养老保险损失是否应当得到支持。原告认为被告未为其缴纳养老保险费,所以应当向原告赔偿养老保险损失,但未举证证明具体的损失应承担举证不能的法律后果,故本案中对原告的该诉讼请求,本院不予支持。

(4)争议焦点四

法院在认定是否存在加班事实以及是否支付加班工资时,主要会结合原被告对劳动合同的约定、岗位性质以及工作要求等因素综合认定劳动者是否存在加班,如果认定存在劳动者加班的事实就会支持用人单位支付加班工资,如果不存在劳动者加班的事实就不会支持支付加班工资。

【以案为鉴】[1]

首先,根据原告侯某提供的证人证言,被告某某驾校与社会辅助考试员建立劳动关系时均口头约定了工作内容、工作时间及绩效工资 100 元/天,其后双方均按口头约定履行义务;2015 年 1 月 1 日双方签订的《劳动合同书》约定"执行综合工时工作制度"。其次,原告侯某的工作岗位是社会辅助考试员,主要工作为驾照考试时的辅助考试员,考试时的工作时间由考员人数而定,没有固定结束时间;一天两场考试之间或白天考试结束后,原告侯某负责做学员陪练或休息,并不一定处于工作状态;周末双休日和法定节假日,原告侯某部分时间上班、部分时间休息;2016 年 6 月 14 日—2016 年 7 月 13 日驾照考试停考,原告侯某休息。结合双方劳动合同的约定、原告岗位性质以及工作要求等因素综合认定,双方实行的是综合计算工时工作制。虽双方于 2016 年 1 月 1 日最后签订的一次《劳动合同书》将"综合工时"改为"标准工时",但并不影响本院对双方实行综合工时制的认定。故原告侯某要求被告某某驾校支付加班费的主张,缺乏事实依据,本院不予支持。

三、机动车交通事故责任纠纷

机动车交通事故责任,是指机动车的所有人或者使用人在机动车发生交通

---

[1]　(2016)川 0311 民初 1213 号。

事故造成他人人身伤害或者财产损失时所应承担的侵权损害赔偿责任。关于机动车交通事故责任纠纷,我国专门规定的基本法律有《民法典》和《道路交通事故安全法》。

从裁判文书网上提取到的 2015—2019 年职业技能培训阶段机动车交通事故责任纠纷案件共 900 例。

(一)数据纵览

1. 时间与地域分布

(1)时间分布

在职业技能培训行业涉及到的纠纷中,机动车交通事故责任纠纷案件为 900 例,占案件总数的 6%。从年份分布来看,该类案件整体呈下降趋势。分别为 224 例(2015)、211 例(2016)、218 例(2017)、144 例(2018)、103 例(2019)。

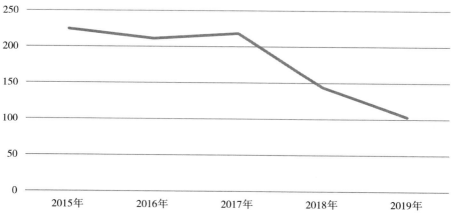

职业技能培训及其他教育阶段机动车交通事故责任纠纷时间分布

(2)地域分布

从地域分布来看,机动车交通事故责任纠纷案件分布最多的前五个省级行政区为广东(115 例)、四川(91 例)、江苏(83 例)、山东(83 例)、浙江(66 例),而西藏、青海及江西的案件数量为 0。

2. 当事人情况勾勒

在 900 例职业技能阶段的机动车交通事故责任纠纷中,约 91.1% 的案件中教育机构作为被告被起诉,约 8.9% 的案件中教育机构作为原告提起诉讼。

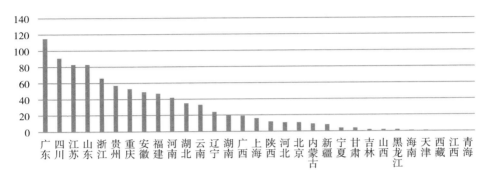

职业技能培训及其他教育阶段机动车交通事故责任纠纷地域分布

而作为案件另一方当事人,绝大部分是交通事故中的受伤者、受损者,但其身份并不特定,只有极少部分是驾驶培训学校的学员。

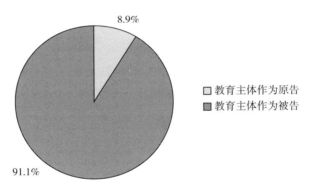

8.9%

☐ 教育主体作为原告
☐ 教育主体作为被告

91.1%

职业技能培训及其他教育阶段机动车交通事故责任纠纷教育机构身份分布

3. 裁判结果与律师参与

(1)裁判结果

在 80 例教育主体作为原告的案件中,约有 27.5% 的案件,教育主体诉讼请求被全部支持,其余的部分均为诉讼请求被部分支持,几乎没有诉讼请求被全部驳回的情况。而在其余 820 例左右教育主体作为被告被起诉的案件中,原告的诉讼请求都为得到部分支持。其中,涉及到金额的部分,由于法官需要根据事实及证据来认定原告的具体损失,因此金额并不会完全按照原告诉讼请求所判,该部分归为部分支持。

在最终的裁判结果中,教育主体负有义务的情况约为 97.7%(879 例),教育主体不负有义务的情况约为 2.3%（21 例）。

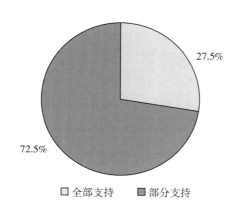

27.5%

72.5%

□ 全部支持　■ 部分支持

职业技能培训及其他教育阶段机动车交通事故责任纠纷教育主体作为原告的裁判结果分布

2.3%

97.7%

□ 教育主体负有义务　■ 教育主体不负义务

职业技能培训及其他教育阶段机动车交通事故责任纠纷教育主体负有义务的裁判结果分布

（2）律师参与

在 900 例机动车交通事故责任纠纷案件中，有 550 例案件的原告委托了代理律师，占全部案件的 61.1%；其中，有 12 例案件属于法律援助律师，占原告律师参与的 2%。有 474 例案件的被告委托了代理律师，占全部案件的 52.6%；其中有 10 例属于法律援助律师，占全部被告律师参与的 2%。

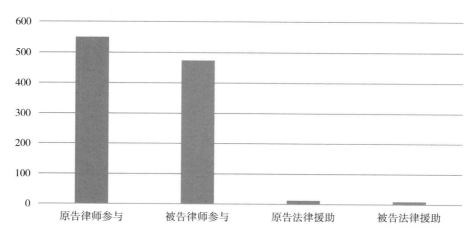

职业技能培训及其他教育阶段机动车交通事故责任纠纷律师参与分布

（二）检视：案件特征与法院裁判

1. 案件特征

在职业技能培训中，机动车交通事故责任纠纷的被告几乎都是教育主体，此案由的教育主体是以驾驶培训有限公司为主，包括少数教育培训中心，一般会与保险公司、自然人一起作为共同被告，原告几乎都是自然人，大部分与教育主体之间没有关系，但是少部分与教育主体存在一定关系，比如是教育主体的学员。当教育主体作为被告时，原告的诉讼请求一般是要求被告赔偿损失以及承担诉讼费用，这里的损失包括但不限于医疗费、住院伙食补助费、营养费、后续医疗费、护理费、误工费、残疾赔偿金、交通费、精神抚慰金、鉴定费以及被抚养人费用。

当法院在审理职业技能培训中的机动车交通事故责任纠纷时，对于原告要求被告赔偿损失的诉讼请求，会先根据交通警察大队作出的交通事故认定书来认定交通事故各方的责任，车辆若投保了交强险和商业第三者责任险，保险公司就应在保险责任限额内承担赔偿责任；再核算原告的损失，若其主张的费用有证据证明并且符合法律规定，法院就会支持，若主张的费用过高，法院会予以调整；此外，若原告主张了精神损害抚慰金，法院会根据侵权人的过错程度、被侵权人的损害后果等综合考虑支持认定的金额。

2. 法院裁判

人民法院一般会根据《民法典》①《道路交通安全法》《最高人民法院关于审理人身损害赔偿案件适用法律若干问题的解释》《最高人民法院关于审理道路交通事故损害赔偿案件适用法律若干问题的解释》等法律法规来审理机动车交通事故责任纠纷案件，包括但不限于《民法典》第1165条、第1179条、第1183条、第1208条，《道路交通安全法》第76条，《最高人民法院关于审理人身损害赔偿案件适用法律若干问题的解释》第16条。

人民法院在审理职业技能培训行业中的机动车交通事故责任纠纷案件时，交通事故发生后，通常由交警处理，因此会存在交通警察大队作出的道路

---

① 编者注：《民法典》于2021年1月1日生效，由于本书提取文书为2020年5月24日之前上传于裁判文书网的文书，故此处判决书中的规范依据为《侵权责任法》。

交通事故认定书;由于机动车都需要购买交通事故责任强制保险,所以被告都会有保险公司,有的案件中的机动车不仅有交通事故责任强制保险,还会有交通事故第三者责任险,因此判决结果基本都有让保险公司在保险限额内赔偿原告损失。

在职业技能培训行业中,对于教育主体是否承担责任主要有三种判决结果:1.职业技能培训机构不承担责任;2.职业技能培训机构承担责任;3.职业技能培训机构承担连带责任。对于第一种判决结果,其主要原因是因为机动车有交通事故责任强制保险或还有其他保险,在保险限额范围内是可以对原告的损失全额赔偿的,因此教育主体不承担责任。对于第二种判决结果,其主要原因是驾驶机动车的人与教育主体之间具有劳动关系,可以是教育主体的工作人员,在大多数案件中驾驶机动车的人是驾校的教练,并且是因为在执行工作任务中造成原告损害,也就是说工作人员不具有重大过错,此时教育主体就应承担责任。对于第三种判决结果,其主要原因是因为驾驶机动车的人与教育主体之间不具有劳动关系,但具有其他关系,比如挂靠关系,或者驾驶机动车的人是教育主体的工作人员,但在交通事故中承担全部责任,就构成重大过错,其应与教育主体承担连带赔偿责任,因此就会判决教育主体承担连带责任。

职业技能培训中机动车交通事故责任纠纷的案件的争议焦点主要聚集在三个方面:其一,事故责任的划分;其二,赔偿项目的核定;其三,职业技能培训机构是否承担赔偿损失责任或是否承担连带赔偿责任。

(1)争议焦点一

法院在认定交通事故责任的划分的时候,首先会根据《道路交通安全法实施条例》和《道路交通安全法》来认定谁负主要责任,谁负次要责任,再结合交通警察大队作出的道路交通事故认定书,还会综合事故发生的原因、当事人的过错程度,最终认定原被告承担赔偿责任的比例。

【以案为鉴】①

被告蔡某某违反《道路交通安全法实施条例》第52条第(三)项规定,未让原告吴某某驾驶的在其右侧同向直行的二轮摩托车先行,是造成此次事故的主

___
① (2018)赣0222民初134号。

要原因,应负主要责任。原告吴某某违反《道路交通安全法》第 8 条、第 19 条第一款规定,无证驾驶无牌二轮摩托车,是造成此次事故的次要原因,应负次要责任,浮梁县公安局交通警察大队作出的道路交通事故认定书,客观真实,合法有效,予以确认。综合事故发生的原因、当事人的过错程度,酌定被告蔡某某承担70%的赔偿责任,原告吴某某承担30%的赔偿责任。

（2）争议焦点二

法院在核定赔偿项目时,会参考医疗机构出具的证据、居民身份是城镇还是农村、本市护工同等级别护理的劳务报酬等来认定医疗费、误工费、护工费等赔偿项目,最终按责任比例进行赔偿。

【以案为鉴】[①]

原告吴某某因此次交通事故造成的各项费用,依照法律规定核定如下:1.被告保险公司未提供证据证明对非医保用药不赔的免责条款尽到提示与明确说明的义务,对其提出扣除非医保用药的意见,不予采纳。根据医疗机构出具的住院费、门诊治疗费票据,结合出院记录、疾病证明书等证据,原告吴某某主张医疗费 51641.91 元,于法有据,予以支持;2.事故发生前,原告吴某某无固定工作居住在城镇一年以上,故原告吴某某主张的误工费计算为 10212.30 元[28673元/年÷365 天×（100 天+30 天）];3.参照本市护工同等级别护理的劳务报酬,原告吴某某的护理费认定为 12000 元[120 元/天×100 天（2017 年 4 月 28 日至2017 年 8 月 6 日）];4.原告吴某某未提供住院期间的交通费票据,但交通费实际发生,本院酌定 1000 元（100 天×10 元/天＝1000 元）;5.原告吴某某在景德镇市住院治疗,住院伙食补助费认定为 5000 元[50 元/天×100 天（2017 年 4 月 28日至 2017 年 8 月 6 日）];6.医疗机构未对原告吴某某的营养费作出明确意见,根据其伤残情况酌定 3000 元[30 元/天×100 天（2017 年 4 月 28 日至 2017 年 8月 6 日）];7.原告吴某某为非农业家庭户口,残疾赔偿金参照江西省上一年度城镇居民人均可支配收入计算为 57346 元（28673 元/年×20 年×10%）;8.原告吴某某主张的精神抚慰金 5000 元,于法有据,予以支持;9.后续治疗费经司法鉴定评定为 12000 元,予以支持。以上共计 157200.21 元。

---

① （2018）赣 0222 民初 134 号。

被告保险公司应在交强险范围内赔偿原告吴某某医疗费、住院伙食补助费、营养费等各项费用共计95558.30元，在商业三者险范围内按照责任比例赔偿50149.34元[（157200.21元-95558.30元）×70%]，共计145707.64元。被告长春驾校垫付的医疗费27000元，在赔偿款145707.64元中予以返还。

（3）争议焦点三

法院在认定职业技能培训机构是否承担赔偿损失责任或是否承担连带赔偿责任时，先审查有无机动车交通事故责任强制保险、商业第三者责任保险，如果有则需要审查赔偿金额是否会超出保险限额；再审查在交通事故中承担赔偿责任的当事人与职业技能培训机构之间的法律关系，发生交通事故的时间，例如，当事人是某驾校的工作人员，因其在执行工作任务中造成原告损害，就应由驾校对原告因交通事故遭受的损失承担赔偿责任。

【以案为鉴】①

本院认为，公民的身体健康权利受法律保护，侵害他人造成人身损害的，应当承担民事侵权责任。本案交通事故系被告周某驾驶的机动车在道路上行驶时未注意观察道路上的交通状况、未确保安全直接造成。被告周某作为侵权人应对事故损失承担完全民事赔偿责任。由于被告周某系被告某某驾校雇请的教练，系在执行职务中发生交通事故致原告受到损害，故应由其雇主即被告某某驾校承担赔偿责任。因被告周某在本次交通事故中承担全部责任，构成重大过错，故其应与被告某某驾校承担连带赔偿责任。原告刘某某构成无责渝BHXXXX号大型客车的第三人，由于该无责车辆在被告某某财险重庆市分公司投保了交强险，故根据《道路交通安全法》第76条以及《最高人民法院关于审理道路交通事故损害赔偿案件适用法律若干问题的解释》第16条之规定，被告某某财险重庆市分公司应首先在无责交强险限额内承担赔偿责任。对原告超出交强险的损失，再由被告某某驾校承担，由被告周某与被告某某驾校承担连带赔偿责任。综上，原告诉请被告赔偿，理由正当，本院对其合理损失应予支持。

---

① （2015）巴法民初字第00074号。

第三节　见微:典型案例剖析

一、北京某教育科技公司教育培训纠纷案

于某与北京某教育科技有限公司
山东分公司等教育培训合同纠纷

（2019）鲁 0102 民初 10514 号

【关键词】

课程培训　协议约定　退还培训费　通知义务

【基本案情】

原告于某,女,1992 年出生,住山东省莱阳市。

被告北京某教育科技有限公司山东分公司,住所地济南市。

被告北京某教育科技有限公司,住所地北京市。

原告于某与被告某教育公司山东分公司签署十天十晚的《山东省某教育面试课程专用协议书》,明确约定了课程培训时间、金额及其他相关权利义务,后原告自称因面试提前,其于 10 月 24 日上午之后便未再继续参加课程培训,且原告最后通过了某士官学校助教招考面试。经审理,法院判决:驳回原告于某的全部诉讼请求。

【原告诉称】

原告认为,原告与被告北京某教育科技股份有限公司山东分公司签订《山东省某教育面试协议》,协议签订后原告依约向被告支付面试培训费 22800 元。因 2018 年武警部队文职人员招考面试早于培训结束,故原、被告协议约定的剩余课程原告并未参加,被告应当退还原告未参加的课程培训费 9120 元,被告北京某教育科技有限公司承担相应的连带责任。

【被告辩称】

被告辩称,按照原被告签订协议的约定,系原告未按我方要求参加课程培训,其自愿主动放弃继续参加我方组织的培训辅导课程,且未就提前终止与我方

进行协商,应认定为原告对自身权利的放弃,且我方继续按照合同约定履行,提供课程至 2018 年 10 月 28 日,原告已通过考试,合同目的已经实现,我方已经履行了合同主要义务,原告主张的请求无事实及法律依据,请求法院依法驳回原告诉讼请求。

【裁判理由】

北京某教育科技有限公司与于某签订的面试课程专用协议书合法有效,双方均应按照合同约定履行自己的义务。根据相关证据显示于某向北京某教育科技有限公司交纳培训费后,因于某面试早于课程结束,其在北京某教育科技有限公司参加相关课程培训七天七晚后便提前离开。因于某提供的证据不足以证明其已通知北京某教育科技有限公司其因参加面试需提前结束培训,亦无法证明其与北京某教育科技有限公司就提前终止协议进行过协商,故其未能享受剩余三天三晚的课程培训服务,应认定为其对自身权利的放弃,而非北京某教育科技有限公司未提供相关服务,且现于某已通过面试考试,北京某教育科技有限公司已经履行了合同的主要义务,合同目的已经实现,综上,于某要求两被告退还相关费用的诉讼请求,理由不当,证据不足,本院不予支持。

【案件点评】

近年来,市场上的各类教育培训机构,无论是线上教育还是线下教育都办得红红火火,部分培训机构通过"不过包退""小班教学"等宣传语招揽学员,许多时候当事人会因培训效果与宣传内容不一致要求退还培训费,法院基本都会酌情判决教育培训机构根据学生上课的时间长短,退还未实际支出的费用,然而本案中,原告于某仅参加相关课程培训七天七晚后便通过面试考试,原告以未能享受剩余三天三晚的课程培训服务要求被告退还课程培训费。然而,最终法院并未判决被告退还原告于某培训费用。

本案发生时间在 2018 年,适用《民法典》生效前的相关法律法规,根据《合同法》第 8 条规定:"依法成立的合同,对当事人具有法律约束力。当事人应当按照约定履行自己的义务,不得擅自变更或者解除合同。依法成立的合同,受法律保护。"原被告之间签订的《山东省某教育面试协议》系双方真实意思表达,内容亦未违反有关法律法规的强制性规定,应为合法有效。同时,《合同法》第 60 条规定:"当事人应当按照约定全面履行自己的义务。"被告某教育公司山东分公司已经履行了合同的主要义务向原告提供了培训服务,原告也应当履行支付培训费用的义务。

原告方主张因未享受剩余三天三晚的课程培训服务要求退费并不属于双方合同约定的可以退费的情形,被告也不存在违反法律强制性规定的情形,故原告要求退费属于单方面对合同进行变更,根据《合同法》第 77 条规定"当事人协商一致,可以变更合同。"第 93 条规定"当事人协商一致,可以解除合同。"不管就合同的变更或解除,均需双方协商一致。本案中,原告于某因其面试早于课程结束,自行提前离开培训课程且并未通知过被告,并未就合同履行的变更与被告进行协商,亦未提供证据证明其就提前终止协议与被告进行过协商。在不具备《合同法》第 94 条规定,当事人可以解除的情形,且被告已经履行了合同的主要义务,原告合同目的已经实现的情况下,原告自愿放弃参加后续的培训,提前终止合同的履行,无权要求被告退还培训费用。

点评人:北京盈科(成都)律师事务所　陈逸萱

二、山东某驾校与职工劳动争议案

贾某某与枣庄某驾驶培训学校有限公司劳动争议案

(2018)鲁 0402 民初 4273 号

【关键词】

劳动争议　失业保险金　加班工资　年休假工资　最低生活保障金

【基本案情】

原告:贾某某,男,1965 年 5 月 9 日出生,汉族,住枣庄市市中区。

被告:枣庄某驾驶培训学校有限公司,住所地枣庄市解放中路。

法定代表人:武某,总经理。

原告于 1982 年 12 月参加工作,后到枣庄市化纤厂处工作,并于 2005 年 10 月到被告处工作,且在被告处工作至 2017 年 3 月 5 日。被告给原告发放工资至 2017 年 2 月份。原告离岗前 5 个月的平均工资为 1,750 元。枣庄市化纤厂于

227

2014 年 12 月 29 日被宣告破产。原告于 2016 年 11 月办理失业登记,并在社保部门领取了 2 年的失业保险金。2017 年 4 月 19 日,原告作为申请人以被告为被申请人向枣庄市市中区劳动争议仲裁委员会提出仲裁申请。2017 年 4 月 19 日,枣庄市市中区劳动争议仲裁委员会作出枣劳人仲案字【2017】第 145—180 号不予受理通知书,原告不服该不予受理通知书,在法定期间内向本院提起诉讼。经审理,法院判决,一、被告枣庄某驾驶培训学校有限公司于本判决生效之日起十日内支付原告贾某某带薪年休假工资报酬 1,931 元;二、被告枣庄某驾驶培训学校有限公司于本判决生效之日起十日内支付原告贾某某最低生活保障金 2,170 元;三、驳回原告贾某某其他诉讼请求。案件受理费 10 元,由被告枣庄某驾驶培训学校有限公司承担。

【原告诉称】

原告诉称,1. 请求被告支付加班工资 115,325.6 元;2. 请求被告支付带薪年休假工资 49,900.5 元;3. 请求被告支付最低生活保障金每月 1,550 元;4. 请求法院依法确认原告与被告之间存在无固定期限劳动关系;5. 本案诉讼费由被告承担。

【被告辩称】

被告辩称,1. 原告的诉求不明确,部分超出仲裁的仲裁范围,也过了仲裁的时效,且原告确认劳动关系及变更部分请求没有经过仲裁。2. 原告的诉求没有事实及法律依据。3. 原告主张生活费用不符合法定情形,请求依法驳回其诉讼请求。4. 原告系枣庄市化纤厂职工,与枣庄市化纤厂存在劳动关系,与被告不存在劳动关系。枣庄市化纤厂自 2014 年 12 月 29 日被宣告破产,原告等 20 人自 2016 年 11 月在社保部门办理失业登记,并领取了两年的失业保险金,因此足以证明双方之间不存在劳动关系。枣庄市化纤厂破产之后,原告等人均与政府签订协议,约定自原告符合退休条件时由政府承担应当由用人单位承担的社会保险金部分,因此原告主张返还社会保险金没有依据。

【裁判理由】

劳动者的合法权益受法律保护。

争议焦点之一:原告主张"确认原告与被告之间存在无固定期限劳动关系"以及增加"最低生活保障金"的数额是否违反仲裁前置程序。本案中,原告变更

"最低生活保障金"的数额,该变更行为仅是一种量的变更,即请求数额的增加,因此应当合并审理,不违反仲裁前置程序,本院予以准许。原告主张"确认原告与被告之间存在无固定期限劳动关系",该诉讼请求属独立的劳动争议,应当先行仲裁。由于原告在本案中并未申请仲裁,违反了仲裁前置程序,本院不予处理。

争议焦点之二:原、被告之间是否存在劳动关系。本案中,被告未提交相关证据证明已解除其与原告的劳动关系,应承担举证不能法律责任,因此原、被告劳动关系依然存在。原告于 2017 年 4 月 19 日提出仲裁申请,本院仅确认原、被告自 2005 年 10 月至 2017 年 4 月 19 日期间存在劳动关系。

关于加班工资问题。本案中,原告提交的证据不足以证明存在加班事实,对此,原告应承担举证不能的责任,对该项主张,本院不予支持。

关于带薪年休假报酬问题。本案中,原告自 2017 年 3 月 5 日后一直在家待岗,并于 2017 年 4 月 19 日提起仲裁,且被告已提出时效抗辩,因此本院仅支持自 2016 年 4 月 19 日至 2017 年 3 月 5 日期间的应休未休年休假工资。原告累计工作时间已经超过 20 年,按照上述期间的工作时间折算,应享受 12 天的年休假天数,故带薪年休假工资为 1,931 元(1,750 元 21.75 天×12 天×200%)。

关于最低生活保障金问题。本案中,原告待岗期间,虽然非个人原因未向被告提供劳动,但最低生活保障金即基本生活费是用人单位依法承担的一种社会责任,并不是劳动者付出劳动的对价,因此被告应向原告支付基本生活费。原告于 2017 年 4 月提出仲裁申请,因此本院参照枣庄市市中区最低工资标准,仅支持自 2017 年 3 月至 2017 年 4 月基本生活费,计款 2,170 元(1,550 元×70%×2 个月)。

【案件点评】

劳动争议通常发生在劳动者与用人单位之间。发生劳动争议,除积极调解外,越来越多的劳动者采取申请劳动仲裁、提起劳动诉讼的方式来维护自身权益。本案中,贾某某先是向枣庄市市中区劳动争议仲裁委员会提出仲裁申请,仲裁委员会作出不予受理通知书后,又在法定期间内向法院提起劳动诉讼。从实践中看,劳动者的诉讼请求得到支持的概率非常高,但本案最终判决贾某某的诉讼请求只有小部分得到支持,枣庄某驾驶培训学校有限公司承担的责任比较低。

决定枣庄某驾驶培训学校有限公司承担责任较低的原因有如下几点:

1. 贾某某主张枣庄某驾驶培训学校有限公司支付加班工资 115325.6 元,提交考勤表一宗。因提交的证据不足以证明存在加班的事实,未能得到法院的支持。

2. 贾某某主张枣庄某驾驶培训学校有限公司支付带薪年休假工资 49900.5 元,因主张权利超过时效,且被告已提出时效抗辩,法院仅支持 1931 元。

3. 贾某某请求法院依法确认与枣庄某驾驶培训学校有限公司存在无固定期限劳动关系因未经过仲裁前置程序,法院不予受理。

本案双方建立劳动关系的时间为 2005 年 10 月,发生劳动争议的时间为 2017 年 3 月 5 日后,原告 2017 年 4 月 19 日提起仲裁。适用的法律依据有《劳动合同法》《劳动争议调解仲裁法》《最高院关于审理劳动争议案件适用法律若干问题的解释》(法释〔2001〕14 号)、《最高院关于审理劳动争议案件适用法律若干问题的解释(三)》(法释〔2010〕12 号)、《职工带薪年休假条例》等。

需要注意的是,劳动争议案件中的举证责任分配原则上遵循普通民事诉讼规则,即谁主张谁举证。但是,由于在劳动关系中,用人单位处于强势地位,劳动者一般处于弱势地位,很多证据都在用人单位的掌控中,劳动者往往难以获得这些证据材料。因此,劳动争议案件在责任分配上有一些特殊的规定。比如法释〔2001〕14 号第 13 条规定:"因用人单位作出的开除、除名、辞退、解除劳动合同、减少劳动报酬、计算劳动者工作年限等决定而发生的劳动争议,用人单位负举证责任。"本案中,被告对不存在劳动关系的抗辩,就需提交相关证据证明其已解除与原告的劳动关系,被告未能提交相关证据,就被法院认定为双方存在劳动关系。法释〔2010〕12 号第 9 条在主张加班费方面的规定,用人单位也承担了一定的举证责任。

除此之外,关于劳动争议的仲裁时效也需要注意。《劳动争议调解仲裁法》第 27 条规定了劳动争议申请仲裁的时效为一年,从当事人知道或应当知道其权利被侵害之日起计算。本案原告提出的带薪年休假报酬就因超过仲裁时效,而被法院仅支持提出仲裁前一年的应休未休年休假工资。

基于以上两点,本案原告提交的证据不足,且部分诉讼请求超过诉讼时效,所以大部分诉讼请求才未得到法院支持。

点评人:四川韬鸣律师事务所 易群慧

三、内蒙古某驾校机动车交通事故责任纠纷案

李某某与阿某、孙某某等机动车交通事故责任纠纷案

(2018)内 0782 民初 8 号

【关键词】

交通事故 陪练 驾校 保险 伤残

【基本案情】

原告:李某某,男,1961 年 6 月出生,蒙古族,住内蒙古自治区呼伦贝尔市。

被告:阿某,女,1977 年 3 月出生,蒙古族,住内蒙古自治区呼伦贝尔市。

被告:孙某某,男,1965 年 5 月出生,住内蒙古自治区呼伦贝尔市。

被告:保险公司,住所地内蒙古自治区呼伦贝尔市。

负责人:刘某某,经理。

被告:昌顺驾校,住所地内蒙古自治区牙克石市。

法定代表人:孙振海,校长。

2017 年 4 月 21 日 8 时 25 分许,原告乘坐张某某驾驶的 xxx 号北京牌小型客车,在牙克石市牙莫公路由南向北行驶至 2.2 公里 T 型路口处,与对向行驶至该路口左转弯的、由被告阿某驾驶的 xxx 车牌号现代牌小轿车相剐撞,造成原告等人受伤的交通事故。原告于 2017 年 4 月 21 日至 2017 年 5 月 9 日在牙克石市人民医院住院治疗 18 天后,自行出院,住院期间陪护一人。原告的伤情经内蒙古林业总医院司法鉴定所鉴定,被评定为一处八级伤残,两处十级伤残。经审理,法院判决,一、被告保险公司在交强险限额内赔付原告李某某医疗费、住院伙食补助费、误工费、护理费、交通费、伤残赔偿金、精神抚慰金 12 万元;二、被告阿某赔偿原告李某某医疗费、住院伙食补助费、误工费、护理费、交通费、伤残赔偿金、精神抚慰金、复印费、查体鉴定费合计 203,076.85 元的 15% 即 30,462 元;三、被告孙某某赔偿原告李某某医疗费、住院伙食补助费、误工费、护理费、交通

费、伤残赔偿金、精神抚慰金、复印费、查体鉴定费合计 203,076.85 元的 15% 即 30,462 元;四、驳回原告李某某其他的诉讼请求。

【原告诉称】

原告诉称,1. 判令被告张某某、阿某、孙某某在各自责任范围内赔偿原告医疗费 58,668.75 元、住院伙食补助费 3,000 元、交通费 1,323 元、住院期间护理人员住宿费 1,058 元,残疾赔偿金 211,040 元、误工费 36,915 元、营养费 3,000 元、护理费 37,417 元、精神损害抚慰金 9,600 元,鉴定费及检查费 2,596.10 元,以上共计 367,581.61 元;2. 请求被告保险公司在伤残赔偿范围内优先赔偿精神抚慰金,并在保险赔偿范围内赔偿原告上述损失。

【被告辩称】

被告辩称,原告对其中责任人张某某及平某保险公司撤回起诉,原告也就是放弃了张某某应承担部分的赔偿权利的主张,不应由其他被告承担。被告孙某某在事故中有过错但无责任,只承担过错责任,不应承担连带责任。原告要求被告承担 40% 的赔偿责任,没有法律依据,不同意按此标准赔偿。如经审理后由保险公司在保险限额内先行垫付,保险公司保留对相应责任人的追偿权。本案交通事故与昌顺驾校无关,涉案人员及事故车辆驾校方不认识,不应承担任何责任。

【裁判理由】

原告乘坐张某某驾驶的 xxx 车牌号车辆与被告阿某驾驶的 xxx 车牌号车辆相刮撞,造成原告受伤,经交警部门责任认定,张某某应承担事故的主要责任,被告阿某承担事故的次要责任,该道路交通事故认定书合法有效,本院予以确认。被告孙某某具有过错行为,应对原告的人身损害结果承担相应的赔偿责任。被告保险公司不同意在商业险范围内承担赔偿责任的主张,本院予以支持。本院认为根据交通事故责任划分张某某承担 70%、被告阿某、孙某某各承担 15% 为宜。因 xxx 车牌号车辆在被告保险公司投保交强险,根据相关法律规定,首先由被告保险公司在交强险赔偿限额内对原告给予赔偿。关于原告的各项诉讼请求,合理经济损失为 323,076.85 元,根据相关法律规定,首先由被告保险公司在交强险 12 万元限额内赔偿,不足部分 203,076.85 元由被告阿某、孙某某各自承担 15% 即 30,462 元。

【案件点评】

机动车交通事故责任纠纷属于日常生活中比较常见的民事纠纷,但由于本案中被告有"驾校学员""教练"以及驾校等主体,使得本案法律关系显得错综复杂,因此本案中被告阿某的"学员"身份能否成立直接关系到被告孙某及被告昌顺驾校的责任承担。

本案发生的时间是 2017 年,适用的是 2010 年 7 月 1 日实施的《侵权责任法》及自 2012 年 12 月 21 日起施行的《最高人民法院关于审理道路交通事故损害赔偿案件适用法律若干问题的解释》(法释〔2012〕19 号)。《最高人民法院关于审理道路交通事故损害赔偿案件适用法律若干问题的解释》第 7 条规定,接受机动车驾驶培训的人员,在培训活动中驾驶机动车发生交通事故造成损害,属于该机动车一方责任,当事人请求驾驶培训单位承担赔偿责任的,人民法院应予支持。同时,《侵权责任法》第 34 条规定,用人单位的工作人员因执行工作任务造成他人损害的,由用人单位承担侵权责任。很显然,如果本案中被告阿某是在驾驶培训机构学习期间的"学员",那本案中被告阿某以及作为"教练"的被告孙某均可免除赔偿责任,而是由被告昌顺驾校独自承担侵权赔偿责任。

但本案中,被告阿某仅提供了被告昌顺驾校收取场地费的收据证据,而且发生事故时是其自行联系的被告孙某做陪练,驾驶的车辆也是被告孙某的个人车辆,这些事实与证据不足以证明其是驾驶培训机构学习期间的"学员"身份,因此法院认定所发生的交通事故与被告昌顺驾校无关,并根据《最高人民法院关于审理道路交通事故损害赔偿案件适用法律若干问题的解释》第 1 条第(二)项"知道或者应当知道驾驶人无驾驶资格或者未取得相应驾驶资格的;"的规定及《侵权责任法》第 49 条"因租赁、借用等情形机动车所有人与使用人不是同一人时,发生交通事故后属于该机动车一方责任的,由保险公司在机动车强制保险责任限额范围内予以赔偿。不足部分,由机动车使用人承担赔偿责任;机动车所有人对损害的发生有过错的,承担相应的赔偿责任"的规定,判决被告阿某和孙某在保险公司交强险限额范围内赔偿后的不足部分各自承担 15% 的赔偿责任也是合情合理的。

点评人:四川韬鸣律师事务所 李勇

第六章　教育行业民事法律风险防范

第一节　教育行业民事法律风险的基本特征

一、教育行业民事法律风险基本特征概述

（一）民事法律风险呈逐年上升趋势

检索 2015 年 1 月 1 日至 2019 年 12 月 30 日上传至裁判文书网的教育行业裁判文书,2015 年共 7634 例;2016 年共 8862 例;2017 年共 11518 例;2018 年共 10056 例;2019 年共 13700 例。① 从年份分布来看,虽然在 2018 年教育行业案件数量略有下降,但整体上,教育行业民事法律风险呈上升趋势。

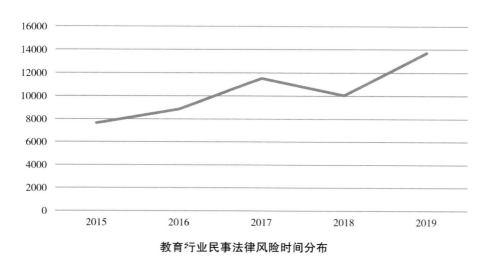

教育行业民事法律风险时间分布

---

① 　编者注:检索条件设置为 2015 年 1 月 1 日至 2019 年 12 月 30 日,操作时间为 2021 年 5 月,由于裁判文书网文书上传本身存在延迟以及 2020 年疫情影响,2020 年裁判文书存在缺失。

（二）民事法律风险高发于经济发达区域

从地域分布来看,在上传了裁判文书的 31 个省级行政区中,案件具体分布从高到低为:北京 4265 例、河南 4009 例、广东 3296 例、安徽 3080 例、吉林 2989 例、山东 2866 例、四川 2699 例、江苏 2278 例、上海 2076 例、湖南 1955 例、河北 1943 例、福建 1746 例、浙江 1681 例、湖北 1675 例、重庆 1657 例、辽宁 1605 例、陕西 1411 例、贵州 1278 例、云南 1243 例、广西 1108 例、山西 1106 例、新疆 1009 例、内蒙古 919 例、黑龙江 707 例、天津 685 例、海南 591 例、青海 545 例、甘肃 500 例、宁夏 395 例、江西 27 例、西藏 24 例。

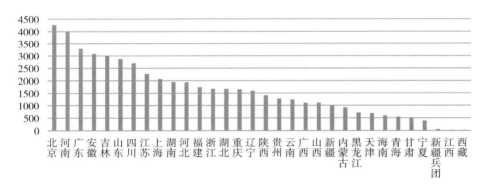

教育行业民事法律风险地域分布

按照四大经济区域①将案件进行分类整理,东部地区案件共 21427 例,占全部案件的 42.1%;中部地区案件共 11852 例,占全部案件的 23.3%;西部地区案件共 12288 例,占全部案件的 24.2%;东北地区案件共 5301 例,占全部案件的 10.4%。从数据分布来看,单东部地区案件数量即超过 40%。另外,值得单独关注的省份是河南,因为河南虽然不属于东部地区,但其案件数量远超同类中部经济区的其他省份,在所有省份中案件数量排行第二。

---

① 编者注:根据《中共中央、国务院关于促进中部地区崛起的若干意见》《国务院发布关于西部大开发若干政策措施的实施意见》等文件精神,我国的经济区域划分为东部、中部、西部和东北四大地区。其中,东北地区包括辽宁、吉林、黑龙江;东部地区包括北京、天津、河北、上海、江苏、浙江、福建、山东、广东、海南、台湾、香港、澳门;中部地区包括山西、安徽、江西、河南、湖北、湖南;西部地区包括内蒙古、广西、重庆、四川、贵州、云南、西藏、陕西、甘肃、青海、宁夏、新疆。

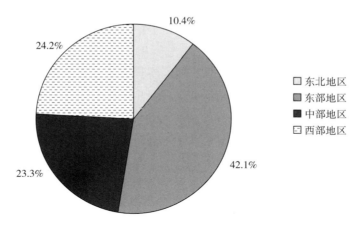

教育行业民事法律风险经济地域分布

（三）民事法律风险高发于中高等及职业教育阶段

检索 2015 年 1 月 1 日至 2019 年 12 月 30 日上传至裁判文书网的教育行业裁判文书共 52380 例,其中学前教育阶段案件共 5266 例,占全部案件的 10.05%;初等教育阶段案件共 9645 例,占全部案件的 18.41%;中等教育案件共 12266 例,占全部案件的 23.42%;高等教育案件共 11754 例,占全部案件的 22.44%;职业技能培训及教育辅助阶段案件共 13449 例,占全部案件的 25.68%。

从案件分布可以看出,教育行业民事法律风险高发于中等、高等及职业技能培训及教育辅助阶段,三者的案件份数均超过一万例,其合计占比超过全部案件的 70%。

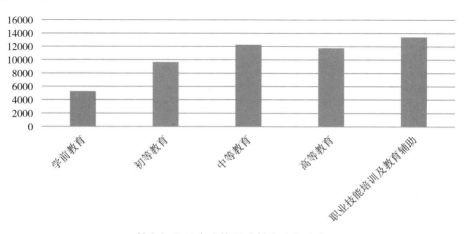

教育行业民事法律风险教育阶段分布

（四）民事法律风险案由种类繁多，分布在学校运行的各个环节

民事案件一级案由的数量具体为：人格权纠纷 6659 例，占全部案件的 12.74%；物权纠纷 1332 例，占全部案件的 2.55%；合同、准合同纠纷 24999 例，占全部案件的 47.82%；知识产权与竞争纠纷 1388 例，占全部案件的 2.66%；劳动争议、人事争议 8826 例，占全部案件的 16.88%；侵权责任纠纷 7497 例，占全部案件的 14.34%；其他类①纠纷 1578 例占全部案件的 3.01%。

根据上述各类案由的案件数量统计可知，教育行业民事法律的风险主要集中在合同领域和侵权领域。包括四类案由：合同、准合同纠纷，劳动争议、人事争议，侵权责任纠纷和人格权纠纷。合同领域的风险主要发生在从合同、准合同纠纷和劳动争议、人事争议案件中。合同、准合同纠纷的案件占据了全部案件的 47.82%，所涉二级、三级案由超过五十类。二级案由中，数量占前五的分别为：民间借贷纠纷，4242 例；教育培训合同纠纷，3784 例；租赁合同纠纷，3407 例；建设工程合同纠纷，3085 例；买卖合同纠纷，2786 例。劳动争议、人事争议的案件占据了全部案件的 16.88%。由此可知，在合同领域中，教育行业风险主要发生在教职工聘任环节、行政管理环节、学校财务管理环节、场地租赁环节、后勤维护环节及采购环节。

另外，侵权领域的风险是从侵权责任纠纷和人格权纠纷中反映出来的。侵权责任纠纷的案件占据了全部案件的 14.34%，人格权纠纷的案件占据了全部案件的 12.74%。在人格权纠纷中，90% 以上的二级案由为生命权、身体权、健康权案件。因此，教学管理环节与安全管理环节同样也是教育行业民事法律风险的高发环节。

二、不同场景环节中民事法律风险特征

（一）校方在安全管理环节的安全注意义务贯穿于全过程②

在学前和初等教育阶段，由于学生年龄低、身体及认知能力尚未发展完全。

---

① 编者注：由于教育行业中几乎没有或者只有极少数量第二部分婚姻家庭、继承纠纷、第七部分海事海商纠纷、第八部分与公司、证券、保险、票据等有关的民事纠纷及第十部分非讼程序案件，因此合并为其他类。

② 编者注：在判决文书中最直观的表现为在生命权、健康权、身体权纠纷以及教育机构责任纠纷中校方易承担法律责任。

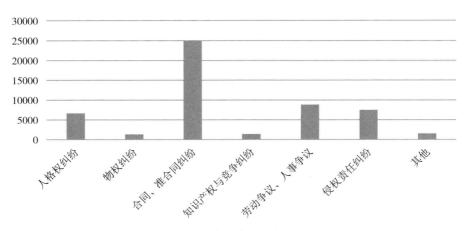

教育行业民事法律风险案由分布

相比于中学生,幼儿园和小学学生的认知能力和自我保护能力更弱,在学校的日常活动中更容易遭受人身损伤,幼儿园和小学等教育主体应当对其校内的学生尽到更高的注意义务。在初等教育的 671 例判决书样本中,近九成的案件都是由教育主体承担赔偿责任。因为案件的当事人,无民事行为能力的学生在遭受伤害之后基本上无法清晰回忆与描述事发经过,学生的监护人也无从得知事件发生的真实情况;同时由于处于该阶段的学生认知能力和自我保护能力更弱、更容易遭受损害,教育主体有较重的注意义务和职责,任何一方面监管义务的不足都可能导致被认定"未尽到教育、管理职责"。因此,教育主体很难通过举证来有效防范该风险的发生。

虽然相比于学前和初等教育阶段,中等教育阶段、高等教育阶段、职业技能培训及辅助教育阶段的学校或者其他教育机构承担的是一般过错责任下的安全管理职责,但是这些教育阶段教育主体负有的安全注意义务同样贯穿于学生伤害事故防范与控制的全过程,法院在审查教育主体是否尽到安全监管义务时,如果教育机构只是口头辩称尽到了安全管理职责但是没有提供证据证明或者提供的证据不充分,法院一般会认定学校没有尽到安全监管职责,在主观上存在过错,需要对此时发生的损害承担相应的法律责任,这也是校方在学生安全事故中承担责任的案件占多数的原因。以组织学生进行校外集体活动的安全监管为例:出发前,学校应当对学生进行相关的安全教育,对活动地点预先踩点、现场考察及排除隐患,制定切实可行的应急方案;活动时,应由导游带队并配备医务人员,应当控制学生活动的范围,教师视线不得离开学生,统一作息时间,每次集合均清点人数;出现安全事故时,应当及时实施救治措施,及时告知受伤学生的监护人,及时向有关主管部门报告,必要时到当地派出所报案,最大限度地减少事故造成的损害等等。学校对学生伤害事故的防范与控制也就是履行教育、管理和保护义务的过程,在此过程中任一环节未尽安全注意义务,学校均有可能被认定为存在过错。

需要注意的是,虽然在法院的裁判中学校被认定没有尽到安全注意义务的可能性较大,但是如果学生伤害事故的确是由于非因学校责任的其他原因造成的,学校是不需要承担责任的。根据《学生伤害事故处理办法》第 12 条第四款、第五款的规定,因下列情形之一造成的学生伤害事故,学校已经履行了相应职责,行为并无不当的,无法律责任:(1)学生自杀、自残的;(2)在对抗性或者具有风险性的体育竞赛活动中发生意外事故的。根据《学生伤害事故处理办法》第 13 条的规定,下列情形下发生的造成学生人身损害后果的事故,学校行为并无不当的,不承担事故责任,事故责任应当按有关法律法规或者其他有关规定认定:(1)在学生自行上学、放学、返校、离校途中发生的;(2)在学生自行外出或者擅自离校期间发生的;(3)在放学后、节假日或者假期等学校工作时间以外,学生自行滞留学校或者自行到校发生的;(4)其他在学校管理职责范围外发生的。但是需要强调的是,上述各种情形下学校不承担责任的前提是已经履行相应的职责,自身的行为并无不当。

(二)校方在人员管理环节经常被起诉且易承担赔偿责任

随着学校人事制度改革的不断深入,校方用工形式日趋灵活:除了事业编制人员外,工作在校的人员当中相当一部分是企业编制、集体编制、合同编制人员以及临时工、季节工等等。一方面,在学校用人上,国家的政策倾向是放宽搞活,实现单位与个人的双向选择,基本上是企业化的做法,尤其是对于教师以外的非在编人员,通过劳动合同来明确相应的权利义务关系;而对于教师等在编人员的聘任以及工资福利待遇,则倾向于统一管理,基本上是机关化的做法[1]。简而言之,学校在劳动用工上,编制是一条分水岭[2]。编制内聘用人员,包括管理、专业

① 高校劳动人事争议处理问题研究课题组:《关于高校劳动人事争议处理问题的思考》,《国家教育行政学院学报》2008 年第 2 期。
② 刘仲铭、罗杰:《高校劳动人事争议特点和预防、调处机制研究》,《西南石油大学学报(社会科学版)》2012 年第 14 期。

技术、工勤岗位聘用人员和无须签订聘用合同的校领导。编制外用工,有两种典型形式:一是劳动合同制,即学校直接与劳动者签订劳动合同,建立劳动关系;二是劳务派遣制,学校与被派遣的劳动者不发生直接的法律关系。前者是按指令和服从、组织和监督建立起来的隶属关系,后者是受劳动基准限制的平等契约关系;前者受《公务员法》调整,后者受《劳动法》调整①。

教育行业中劳动争议的劳动者身份已突破我们固有的认知,不仅仅具有教学岗身份的劳动人员才会和校方发生劳动、人事争议,与学校开展各项职能工作有关的工作人员均有可能成为纠纷的劳动相对方,比如食堂工作人员、宿舍管理人员等后勤服务人员等,并且教育行业劳动争议的主要对象是后勤工作人员。这是因为随着人事制度改革的不断深入,学校用工形式日趋灵活,工作在学校的人员当中相当一部分是企业编制、集体编制、合同编制人员以及临时工、季节工等等。这部分非事业编制人员数量多、流动性强、人事管理难度大,而学校一般还没有出台完善的非事业编制人员规定,基层用人单位在管理中随意性较大,常有支付工资低于本地区最低工资标准、不依法参保、延长工作时间以及解除劳动合同不支付经济赔偿金等情况发生,容易发生劳动、人事争议。

劳动者提起的劳动争议诉讼请求主要集中在劳动报酬、保险福利和劳动合同三个方面。例如,在劳动报酬方面,常常因为用人单位支付工资低于法定最低工资标准、没有依法支付加班工资以及克扣、拖欠工资而引发争议。在社会保险方面,常常是因为用人单位没有依法给劳动者参加社会保险,或者虽然参加了社会保险但是参加保险的险种不齐全,或者未按用工时间缴费,或者未按实际报酬足额交费而引发争议。在劳动合同方面,常常因为合同条款不完备、试用期规定不合法、工资福利待遇约定不明确、合同执行不规范等原因发生劳动争议。

在校方被起诉的劳动、人事争议中,从判决的裁判结果来看,校方最终被法院要求按照劳动合同法承担相应的赔偿金、补偿金等情况占大多数。

(三)校方在资产管理环节易陷入资金危机

随着教育改革的推进,教育领域内的法律关系错综复杂,呈现出一种复合的社会关系,在一定程度上亦使得学校债务纠纷主体呈多元性趋势。学校债务纠

---

① 胡丹丹、卜亮:《劳动关系的界定及其法律适用》,《甘肃行政学院学报》2004 年第 4 期。

纷主体主要包括学校、金融机构、投资者、教师与学生。虽然教育关系复杂,但在众多的教育法律纠纷中学校仍作为一个基本的主线,贯穿于不同主体之间。曾有学者做过统计,若以学校为空间域,学校的教育法律纠纷可分为涉内法律纠纷和涉外法律纠纷,而一般的教育法律纠纷则以涉内法律纠纷为主,即以学校与教师、学校与学生、教师与学生之间的法律纠纷为主。民办高校的特性决定了其需通过自身努力拓宽融资渠道、内部管理失范等,使得其债务纠纷既包含涉外纠纷亦包括涉内纠纷,因此决定了民办高校的债务纠纷主体呈多元性趋势。

当学校一方作为借款人时,向他人借款一般是出于对学校建设需要或者发展需要的考虑,因资金短缺而对外借款以供学校资金周转,资金的出借人多为学校以外的个体或者融资公司,少量为校方内部的工作人员。与高等教育阶段相比,由于中等教育阶段的教育主体体量较小,故案件所涉及借款金额相对较小。

此外,教育服务机构最近几年也容易陷入财务危机,学员要求教育机构退还教育培训费的退费纠纷在全国各地呈井喷式爆发。在新京报教育频道联合千龙智库发布的《2020 年度"UP 新力量"教育品牌影响力舆情报告》也重点描述了该问题,报告中提到多家品牌教育机构都曾因退费难、霸王条款等问题被媒体及消费者曝光,"教育机构退费难、退费规则复杂、退费周期长等学员退费问题成为教育行业消费者重点投诉对象之一。"根据判决书统计,教育培训合同纠纷在多个省份频发,且该类合同纠纷的争议焦点大多数都与退费有关,一般包括以下三种与退费相关的情况:一是以教育机构存在欺诈为由要求撤销合同,进而要求退款;二是以教育机构违约为由要求解除合同,机构退款,并承担违约责任;三是因学员自身原因要求解除合同并退款。针对同一教育服务机构因自身经营问题而与大量学员发生的退费纠纷,法院对这类案件进行了分案处理,属于系列案件。

第二节 教育行业民事法律风险的原因分析

一、教育行业民事法律风险原因概述

2012 年 11 月,党的十八大报告提出:全面贯彻党的教育方针,坚持教育为社会主义现代化建设服务、为人民服务,把立德树人作为教育的根本任务,培养德智体美全面发展的社会主义建设者和接班人。对教育方针的内容进行了新的丰富和发展,提出了"把立德树人作为教育的根本任务"的要求。

2015 年 12 月,全国人大常委会审议通过修改的《中华人民共和国教育法》,将教育方针规定为:"教育必须为社会主义现代化建设服务、为人民服务,必须与生产劳动和社会实践相结合,培养德、智、体、美等方面全面发展的社会主义建设者和接班人。"这一规定,在教育基本途径中增加与"社会实践"相结合,在教育的目标上增加了美育方面的要求。这一规定,把党的教育方针通过法律形式转化为国家意志。

党的十八大以来,以习近平同志为核心的党中央更加高度重视教育工作,把教育摆在优先发展战略地位。2014 年 9 月,习近平总书记在同北京师范大学师生代表座谈时指出,当今世界的综合国力竞争,说到底是人才竞争,人才越来越成为推动经济社会发展的战略性资源,教育的基础性、先导性、全局性地位和作用更加突显;2018 年 9 月,在全国教育大会上的讲话中强调,教育是民族振兴、社会进步的重要基石;2020 年 9 月,在教育文化卫生体育领域专家代表座谈会上指出,人力资源是构建新发展格局的重要依托;2020 年 1 月,在位于云南师范大学校园内的国立西南联合大学旧址考察时强调,教育要同国家之命运、民族之前途紧密联系起来;等等。习近平总书记在治国理政中,对教育工作提出了一系列富有创见的新理念新思想新观点,系统回答了一系列方向性、全局性、战略性重大问题,形成了习近平总书记关于教育的重要论述,标志着我们党对教育规律的认识达到了新高度,为推进新时代教育改革发展提供了强大思想武器。

正如习近平总书记强调指出的,"两个一百年"奋斗目标的实现、中华民族伟大复兴中国梦的实现,归根到底靠人才、靠教育。中国这么多人,教育上去了,将来人才就会像井喷一样涌现出来。一个国家教育是否成功决定着能否培养出足够多的国家所需要的人才,这决定着一个国家的未来发展走向,这也是我国着重强调发展教育的原因。随着我国经济不断的发展,对教育的投入比例不断增大,人口素质的不断提高也使民众对教育的重视程度越来越高,大量的资金也随之涌入教育行业,各类民事主体通过各种身份参与到教育行业民事法律关系中,教育行业民事法律关系的逐渐复杂化也不可避免地使得民事法律风险逐渐增加。

教育行业的民事法律风险程度、频率及范围大小受各种原因的影响。

第一,就样本大小而言,各地区的经济发展与人口素质、对教育的重视程度呈正相关,越是经济发达地区,其教育事业范围、类型、广度及受重视程度都更大、更高,经济欠发达地区对教育的重视程度稍低,即使发生纠纷也未必会进入法律程序,因此我国四大经济区域的案件数量存在差异。东部地区的经济较为发达,对教育的重视程度较高,更多的民事主体会参与到与教育行业中,也就容易产生各类民事法律风险,纠纷发生时也更倾向于诉诸法律解决问题。需要指出的是,虽然河南属于中部地区,但该省份案件数量高居不下的主要原因在于河南属于人口大省和著名的"高考"大省,纠纷与人口比例呈正相关①。

第二,从教育主体对学生的管控程度来看,通常情况下中等教育的学生已经属于限制民事行为能力人;而高等教育阶段的学生也大部分属于完全民事行为能力人,学校对学生的管理不能不考虑学生随着年龄的增长、认知能力的提高所需要的更大自由空间,而另一方面,这种自由空间同时也是学校对学生管理中风险的暗藏点。

第三,从学校日常运营来看,学校除了教育主体这一特别身份以外,它还作为普通民事主体参与借贷、买卖、租赁等一般民事行为,中学、大学相较于小学、幼儿园来说,体量与规模都更大,参与此类活动的范围、频率与标的数额也更大,是风险高发的一个原因。

第四,由于职业技能培训与教育辅助阶段并非学历教育的环节之一,故教育主体涉及的教育类型众多、种类繁杂,受教育和培训的学生年龄、身份、职业均跨度较大,再加之国家各项严管政策的出台,导致该类教育主体的民事风险系数不断升高。

第五,教育主体民事风险高发还在于教育主体法律意识淡薄,未将法律至上的基本法治观念牢记在心,尤其是教育主体中的领导层和管理层。以教育主体与劳动者之间发生的劳动争议为例,双方当事人法律意识淡薄是导致劳动争议

---

① 编者注:从河南省的教育阶段分布也可以看出,其案例分布最高阶段为中等教育阶段,为1513例,是高等教育阶段(610例)的两倍多,职业技能培训及教育辅助阶段(417例)的将近4倍。

产生的主要原因,既可能是对法律缺乏了解,又可能是不遵守法律。从用人单位的角度来看,教育主体在聘用非事业编制工作人员时往往有较大的选择权,出于流动和试用的原因,未能及时签订劳动合同。更有些教育主体为了降低用工成本,随意延长劳动时间却不依法支付加班费,不为工作人员依法参加社会保险,更严重的还会出现拖欠工资等现象。从劳动者的角度来看,教育主体聘用的非在编人员一般文化层次较低、不了解法律,就容易出现不遵守劳动合同内容的情况,随意离岗;如果教育主体按照所规定的内容解除合同和给予处分,劳动者会强行用各种理由要求续聘或赔偿。《劳动法》《劳动合同法》等是社会法,并不是私法,所以这些法律会更偏向对劳动者的保护,赋予了用人单位很多强制性义务,很多劳动争议的发生主要是因为教育主体违反了相关的法律法规。又以教育主体与劳动者之间发生的房屋租赁合同纠纷为例,出租房屋不合法和出租行为不合法是产生纠纷的原因之一。当房屋不满足相应的出租法律要件和民事要件时,单就为了获取经济利益就将房屋出租,这既是一种违法行为,同时又是一种侵害他方权益的行为,不仅自己会受到处罚,还会给承租方带来损失,进而进行赔偿损失。这说明教育主体法律意识淡薄,不能意识到自己行为的违法性,这样不仅会损害他人的利益,还会让自己承担相应的违法责任。

因此,很多学校的领导并没有从根本上意识到法治对教育的重要性,这也是在办学过程中法律问题频发的重要根源。与其他行业相比,在学校工作的人更追求理想、更讲究情感、更愿意将相互认可的道理作为判断依据,而这与以理性判断为基础的法律框架和规范刚好相背离,大多数学校的管理者缺乏依法办学的意识。同时,学校深受中国传统政治文化的影响,校园内法治建设需要的文化基础和文化氛围还未形成,法治精神缺乏,这也影响了教育主体法治的发展和完善。目前,专门的法治工作机构并没有在大多数学校设立起来,一些高校会让校长办公室中的一位主任监管处理学校法律事务,但是该处理主要为应诉。这说明,学校的法治工作缺乏专门工作机构,未能建立常设机构开展常规管理,没有对法律事务实行事前预防,总是以事后补救、临时工作、应急为主。现今在各行业都追求法治化常态管理,学校只有在法律框架下办学,让自身的合法权益得以保证,促进学校的快速发展,才能保证教师和学生的合法权益,进而增强教师队伍工作的积极性和主动性,给学校带来更多优质生源。

二、不同场景环节中民事法律风险原因分析

(一)校方在安全管理环节的风险大小受学生的心智成熟度影响

校方安全管理义务最为典型的体现在教育机构责任纠纷,从幼儿园、小学到初中、高中,几乎所有阶段的教育主体都必须面对由于未尽到教育管理职责带来的纠纷与风险。但各个主体在该环节的风险程度及大小并非完全相等。如前所述,在学前及初等,即在校学生通常为无民事行为能力人的教育阶段,近九成的案件都是由教育主体承担赔偿责任,教育主体面临较高的安全管理风险。

按照《国民经济行业分类标准》,中等教育包括普通初中教育、职业初中教育、成人初中教育、普通高中教育、成人高中教育和中等职业学校教育,中学学校是在校学生集中学习和生活的场所,且在校学生基本上都是未成年人,学校作为教育管理者,除了负有对在校学生的教育、管理外,对学校的饮水、运动、路面安全、楼道等设备设施也负有风险防控等职责。

处于该中等教育阶段的学生主要为限制民事行为能力人,虽然相比于处于初等教育阶段的未成年人来说心智已经较为成熟,在一定程度上能够认识到自己实施的行为可能会引起的后果,对自己的行为可能造成的后果具备基本的判断和控制能力,但是相比于作为完全民事行为能力人的成年人,该类未成年人仍不能完全控制自己的行为、在纠纷发生时不能完全冷静地妥善处理问题,并且在学校内与同学相处时间长,易与同学之间发生矛盾产生纠纷,导致安全事故的发生。

另外,学校也需要针对学生的身心特点设置各类教学课程,开展各项教学活动。由于各学习阶段学生体育学习培养目标的差异,各阶段课程标准要求的具体内容也不尽相同①。各类纠纷中最典型的就是体育课,小学阶段注重的是体育兴趣的培养,运动强度和对抗性相对较低;初中阶段重点在于培养学生体育锻炼习惯的养成,对他们已经有了一定运动强度要求,他们虽然对体育运动规律有

---

① 闫建华:《学校体育运动伤害事故的特征、法律归责及风险防控措施研究》,《成都体育学院学报》2017 年第 5 期。

了初步认知,但对于运动技能、运动强度和运动风险的控制尚不能准确把握,成为运动伤害的高发人群;而高中阶段更加注重运动项目的学习和实践,虽然大多数高中生仍是限制民事行为能力人,但他们对运动风险的认识、身体素质、运动技能掌握都有了进一步提高,具备了一定运动风险防控能力。而在高等教育阶段,大学生虽然是学生,但其多已为完全民事行为能力人,自身必然负有更高的安全注意义务,对其实施的体育运动行为负有更多责任①。中小学生特别是低年级小学生是限制民事行为能力或无民事行为能力,在此状况下,举证责任及承担责任方面对学校具有更高的要求与更多的义务,所以此类学生事故案件频发在学前、初等以及中等教育阶段,而高等教育阶段该类纠纷发生较少。总体来说,体育课的课程设置目的是让学生能够增强体质、磨炼意志,是应该得到提倡和鼓励的,但这些体育课程本身存在一定的危险性,学校作为管理者,在进行体育训练时,应充分考虑运动特点和学生不同阶段的实际身心状况,谨慎组织实施,确保学生人身安全,避免情况事故的发生。

(二)校方在人员管理环节未依法妥善处理劳动关系

校方在人员管理环节不规范会导致相关材料的缺失,进而承担不该承担的责任。相比于普通企业、政府部门等用人单位,校方的员工一般都享有寒暑假,根据《职工带薪年休假条例》的规定,原则上员工享受了寒暑假就不能享受年假。但是,在实践中,校方很多后勤人员享受了寒暑假仍主张享受年假,并且最终法院还支持了这一诉讼请求,原因就在于校方用人管理不佳,没有相应的寒暑假放假安排、排班时间表、考勤记录等提供。

最为典型的是教师与教育主体之间的劳动争议。依据教师与教育主体之间法律关系的不同,教师聘用具体上可分为两类。1995年《教育法》确立了学校法人制度后,改变了此前"教师是'国家干部',其工作甚至生活皆有政府安排,与政府之间是命令与服从、领导与被领导"的内部行政法律关系②。聘任制被引入教育领域后,教师成为由学校聘任的专业技术人员,教师可在自愿、平等的前提下与学校缔结合同,该法律关系由《劳动法》《劳动合同法》调整。另外,公立学

---

① 徐豪君:《高校体育运动伤害事故法律问题研究》,《沿海企业与科技》2014年第4期。
② 余雅风、王祈然:《教师的法律地位研究》,《华东师范大学学报(教育科学版)》2021年第1期。

校仍在所有教育主体中占据重要位置,公立学校大部分教师岗位具有事业单位编制。此种情况下,教师与教育主体之间以教育行政法律关系为基础,同时兼具部分自愿、平等的特征,属于行政合同法律关系。正是其行政属性决定了公立学校与教师之间地位的不平等性。

其典型风险体现为教师择业自由与服务期约定的冲突碰撞。《事业单位人事管理条例》第 17 条规定:事业单位工作人员提前 30 日书面通知事业单位,可以解除聘用合同。但是,双方对解除聘用合同另有约定的除外。问题即在于教师是否享有单方解除聘用合同的权利。在支持该观点的裁判意见中:法院倾向于将教师履行工作年限未满服务期所须履行的违约责任,作为教师辞聘的前提,而拒绝将学校批准教师辞聘作为前置条件。反之,教师不具备单方解除聘用合同的权利,教师申请辞职必须获得学校的同意。换言之,即便教师承担了违反服务期约定所需承担的违约责任,根据"另有约定"的要求,教师也不得单方面解除与高校之间的聘用合同。

在劳动争议中,法律风险形成的原因可以从劳动关系的建立、存续以及终止三个阶段进行分析:第一,大量的案件中表现出劳动者和学校的纠纷产生是由于校方没有及时与劳动者订立书面劳动合同,以致劳动者的合法劳动权益未得到充分的保障,根据《劳动合同法》第 7 条、第 10 条、第 14 条、第 82 条以及《劳动合同法实施条例》第 6 条,与劳动者签订劳动合同,应当及时订立,并采用书面形式。第二,在劳动关系存续期间校方没有向劳动者支付足额工资,为劳动者依法购买社会保险、养老保险等,导致劳动者在离职或者退休后没有依法享有的劳动福利。第三,学校在和劳动者解除或者终止劳动关系时没有依照《劳动合同法》相应的规定支付经济补偿金。根据《劳动合同法》第 48 条、第 87 条以及《劳动合同法实施条例》第 25 条,教育机构不得违法解除或终止劳动合同,否则需要承担相应的责任;根据《劳动合同法》第 46 条、第 47 条、第 50 条、第 85 条,在一些情形下解除或终止劳动合同,教育机构需要向劳动者支付经济补偿。在这其中,当劳动者具有重大过错时,校方会单方解除合同,然而因为校方管理不规范、管理规章制度制定不细致、相关记录缺失,校方反而会承担违法解除劳动合同的相应责任。

(三)校方在资产管理环节未充分合理利用资金

我国教育长期是处于计划经济的运行模式下,校方已经习惯了无偿使用资金的方式,基本上不会进行成本核算,不重视预算管理。无论是学校管理者,还是政府主管部门的领导,都没有很强的资金成本观念和财务风险意识,对银行贷款和民间借贷过大影响到学校正常的财务支付、无法按时偿还借款本金和利息的危害性不够重视。校方对于借款不严格按照预算执行使用,盲目和随意地开支资金或将资金挪作他用都会造成资金浪费和投资损失的结果,致使资源不良配置、设施使用率低,最终浪费本就有限的教育资源。

从提取到的裁判文书看,教育机构易于陷入债务违约风险,以民间借贷为例:第一,涉案金额大,双方当事人争议大。民间借贷以经营性借贷为主,该类借款涉及金额往往较大,单一案件涉及金额从 10 万以上到 100 万以上均有。而亦因系为:经营融资需要,借款人所许的利息承诺亦较高,存在的风险较高。该类纠纷产生后,双方当事人往往对借款本金数额、利息计算标准等存在较大的争议,甚至对借款事实存在争议。第二,隐藏非法行为,存在疑点的借贷越来越多。随着近年民间资金的活跃,民间借贷纠纷速增,大量涌进法院的民间借贷案件,往往是以民间借贷纠纷这一合法外衣,隐藏着其非法本质,主要有高利贷、赌债等形式。

而就房屋租赁来说,当发生纠纷的时候,校方主要会请求返还房屋以及附属设施、恢复原状、支付拖欠租金、支付违约金等,这些风险的发生虽然是承租人造成的,但是在一定程度上来说,作为出租人的校方也有一定的责任。因为出租人在一定条件下拥有对承租人行为的监督权,在租赁期间可以监督承租人使用房屋行为和经营性行为,如果发现承租人有违反合同约定的行为或者存在给出租人造成风险的动向,校方就可以及时地制止其行为或者采取相应的措施,以此来消除或者降低风险。但是,大部分校方在出租房屋之后并没有利用好监督这一权利,对承租人的行为一无所知,当风险发生之后,损失已经无法避免。

就借款来说,无论是金融借款还是民间借贷,学校对资金的使用应当坚持合理的投资方向,将学校需要资金的项目分出轻重缓急,优先解决学校的"瓶颈"项目,比如食堂、教学楼、图书馆、宿舍等,再建设学校教学基础设施,改善办学的硬件条件,而不是把资金一开始就用于投资、日常运营问题、教职工的福利等。一些学校负债规模不必要的增加以及资源浪费就是因为学校盲目建设、重复建设,这也反映了学校在建设项目和规模、资金使用等方面没有自我约束,监管机制不够健全,以至于资金投向管理水平不高。

(四)校方在合同管理环节风险防控能力低

校方在与其他民事主体签订合同的时候不够重视合同的严密性、不清晰合同的基本条款和特殊条款、不全面和明确约定相关内容等,都表现出校方合同风险防控能力低。

校方签订合同的人员缺乏专门的知识,管理合同手段也极为落后。合同管理是建设市场非常重要的环节,合同管理岗位和人员都极为重要,合同管理人员必须具备丰富的法律知识和业务知识。以建设工程合同为例,目前并没有建设工程合同管理人员职业资格制度,因此校方在签订建设工程合同时主要由基建管理部门牵头,财务、审计等部门参与签订,但是这些人员并不具备专门的知识,无法将合同条款理解透彻,从而会带来经济上的损失;校方对建设工程合同的管理也十分混乱,合同没有台账,更没有专人管理,管理手段无法发挥其应有的作用。此外,建设工程合同也能反映出校方不够重视合同的严密性。因为建设工程具有投资数额大、建设周期长、涉及面广以及管理复杂的特点,因此合同在客观上尽可能要求做到条款严密细致。但是校方在实际工作中存在着以下三个方面的问题。第一,合同的承包方必须是法人,并且应当有相应的资质。但是在目前的建筑市场中仍然存在着大量无资质或者资质等级低的单位可以作为建设工程合同的主体,因为这些单位采用了挂靠有施工资质和能力的单位来投标;或者这些单位是因为具备相应资质和能力的投标单位在中标后进行转包和违法分包而成为了合同主体。因此,中标单位和实际施工单位不一致可能会引发纠纷。第二,合同条款不完整。在建设工程合同中,关于工期、质量、造价和不可抗力的合同条款应描述清晰、用词准确,然而在实际中,这些条款经常描述不清、存在歧义。第三,校方作为发包方时,与承包方之间的职责划分不清,工程变更和合同变更的程序经常缺少,索赔的处理和合同纠纷的协调等问题也未规定。

不清晰合同的基本条款和特殊条款、不全面和明确约定相关内容都可以以租赁合同为例。完整的租赁合同包括着基本条款和特殊条款,其基本条款一般包括:标的物描述、租金收取、合同期限等;其特殊条款一般包括:承租人优先购买权、租赁物用途的限制、承租人与实际经营人不同、对第三人的赔偿责任等。

当校方与他人签订租赁合同时,如果合同缺少一些基础条款或是特殊条款,或者约定了相关条款但是不明确,这可能就会导致合同无法按约定履行。当一些情况出现时,租赁合同中却没有相关的约定或者是约定得不清楚,就给合同履行造成了障碍,合同的目的也就无法实现,最终可能会导致合同终止或者是校方承担赔偿责任。校方作为出租方在与承租方签订租赁合同时,一般会明确约定双方的权利义务、违约责任和违约赔偿。但是也会因为为了尽快促成合作协议、双方觉得一些情况不会发生等原因,出租人和承租人都未对一些条款进行约定或者对一些条款约定得不明确,对签订合同的细节问题也没有深入地进行思考,那么如果在合同签订后因为这些不明确事项产生纠纷,双方也不能就此达成新的协议的话,就会影响租赁合同的继续履行。

(五)校方在纠纷处理环节纠纷处理机制不合理

校方解决纠纷成本高、解决纠纷的行政化色彩严重以及解决纠纷的公信力不够都反映出校方纠纷处理机制不合理。

首先,解决纠纷成本高。校方在处理矛盾纠纷的过程中付出了原本应该用于教学、科研的人力和财力,大量的额外成本由此产生。其次,解决纠纷的行政化色彩严重。校方由于会考虑到自身利益关系,用行政手段处理矛盾和纠纷往往无法体现公平、公正,从而问题可能非但没有解决,反而加剧了矛盾纠纷。最后,解决纠纷的公信力不够。校方在行使教育管理权的时候经常会发生教育纠纷,因为其对法治原则不够重视、主观随意性较大。当制定或者执行相关规章制度的时候,会片面强调学校的权力,未能重视教师、学生的权益,因此,绝大多数学校工作人员和学生都会认为处理结果不公平、不公正。此外,很多人认为校方内部调解制度是当前形势下解决涉校纠纷的有效形式,但该制度并没有真正建立起来,目前仅处于探索阶段,缺乏相应配套的运行和保障机制。

以高校劳动调解机制为例,该机制的不合理使劳动争议事前调解失灵。解决劳动争议问题的组织是高校劳动争议调解委员会,其在解决劳动争议问题中扮演着十分重要的角色。但是该委员会的工作人员基本上都是由学校工会人员或者人事干部担任,职工不会对他们产生信任,认为他们无法保证调解的公正性,因此不愿意申请调解。因此,长期缺少调解任务的高校劳动争议调解委员会根本不能起到争议之前的调解作用。

(六)外部国家政策变化导致教育培训机构生存艰难

全国教育事业发展统计公报(2019年)显示,我国各级各类学历教育在校生2.82亿人,专任教师1732.03万人①。这是世界上最大规模的教育体系,也是中国教育的基本国情。随着素质教育如火如荼地开展,全民受教育程度也在不断提升。《中国教育改革和发展纲要》(1993年)从政策层面提出了素质教育,第二次全国教育工作会议(1994年)提出基础教育必须从"应试教育"转到"素质教育"的轨道上来,1999年6月中共中央、国务院召开全国教育工作会议,6月13日中共中央、国务院颁布《关于深化教育改革全面推进素质教育的决定》(以下简称《决定》),它是指导21世纪教育改革发展的纲领性文件,标志着素质教育成为国家的教育政策。习近平总书记在全国教育大会上的重要讲话中指出,要扭转不科学的教育评价导向,坚决克服唯分数、唯升学、唯文凭、唯论文、唯帽子的顽瘴痼疾,从根本上解决教育指挥棒问题。要坚持中国特色社会主义教育发展道路,培养德智体美劳全面发展的社会主义建设者和接班人。德智体美劳全面发展是对人的素养的基本定位,这是素养定性的问题。构建德智体美劳全面培养的教育体系,五育并举是构建和完善教育体系的基本准则。

在积极推行素质教育的国家政策之下,尤其是2016年《中国学生发展核心素养》的发布成为素质教育领域的标志性事件,该事件表明国家更加注重学生的综合素质。由于市场供给的需要,教育投资愈加火爆,互联网巨头、传统培训机构、新兴公司都开始纷纷进入教育培训市场,催生了各种各样的教育培训机构,其培训内容、培训对象、培训方式也日趋多样,数据表明,2021年中国素质教育行业市场规模达7922.6亿元②。

教育培训市场日益繁荣的同时,也导致了该行业存在野蛮生长的情况,国家相继出台了大量政策保障校外培训行业的健康发展,但同时也导致一大批教育培训机构面临经营危机。2018年,国务院办公厅发布《关于规范校外培训机构发展的意见》、教育部发布《关于切实做好校外培训机构专项治理整改工作的通

---

① 中华人民共和国教育部:《2019年全国教育事业发展统计公报》,资料来源:http://www.moe.gov.cn/jyb_sjzl/sjzl_fztjgb/。

② 艾瑞咨询:《2021年中国素质教育行业趋势洞察报告》,资料来源:https://report.iresearch.cn/report/202106/3795.shtml。

知》、2019 年 6 月,教育部等六部门印发了《关于规范校外线上培训的实施意见》、2020 年,教育部与市场监管总局联合印发了《中小学生校外培训服务合同(示范文本)》、2020 年 8 月,教育部印发了《关于公布 2020—2021 学年面向中小学生的全国性竞赛活动的通知》《教育部办公厅关于进一步加强面向中小学生的全国性竞赛活动管理工作的通知》,这些政策的出台对培训机构老师的资质、服务合同的订立和签署、培训服务的行为等方面进行了具体规定,在国家政策日益紧缩的外部环境下,大量的培育培训机构无法继续按照合同约定为学员提供教学服务,濒临经营危机,在培训学员的教育培训服务无法得到保障时,其当然会要求退还提前预付的学费或者课时费。

此外,该类教育服务合同本身的特点也决定了学员在订立合同时会承担更大的风险。与普通的买卖合同相比,具有"预付"的属性。"预付费"作为时下经营者常用的一种营销模式,即消费者在实际消费前就预先向经营者支付一定费用,再由经营者提供相应的商品或服务。通常情况下,经营者以此种方式给消费者享有一定的价格优惠,但与此同时,消费者往往承担较大风险。在大量的教育培训合同纠纷中,很多消费者被教育培训机构的优惠信息所吸引,提前一次性交纳了大量预付款,导致了一旦教育培训机构经营出现问题甚至是"跑路"的情况,学员本应得到相应培训服务的权益就无法得到保障,因此产生需要要求教育服务机构退还相关费用的问题。

第三节 教育行业民事法律风险的防范建议

一、教育行业民事法律风险防范建议概述

在依法治国、依法治教背景下,教育主体要加大对《民法典》《劳动法》《劳动合同法》《劳动争议调解仲裁法》《建筑法》《招标投标法》等法律法规的学习,树立良好的法律意识,学会利用法律和依法订立的合同来维护自己的合法权益。

二、不同场景环节中民事法律风险防范建议

(一)校方在安全管理环节需加强制度建设、人员培训及校方应急能力

在安全事故案件中,校方败诉的原因,通常是在过错责任推定的前提下,校

方无法举证证明自己已经尽到"教育、管理职责",或者在承担过错责任的情况下,学校抗辩已经对学生尽到了安全管理教育职责不成立。因为教育、管理职责的范围广泛且模糊,难以从校方的主观态度来判断其过错。因此,法院往往代之以一种客观义务的标准判断校方是否具有过错,即:如果校方没有按照相应法律法规规章的要求来履行教育、管理的职责,就存在过错,应当就由此给学生造成的损害承担赔偿责任。

从这一角度,校方防范风险最有效的方式就是建立健全安全管理防范制度并严格遵守,以确保尽到教育管理职责,对各项工作做好记录,保存相关证据。具体可从以下几方面进行完善:

(1)建立健全各项管理规章制度。学校应当遵守有关安全工作的法律、法规和规章,建立健全校内各项安全管理制度和安全应急机制,及时消除隐患,预防发生事故,对发生的紧急事故能快速反应,降低自身成本。对于日常的教育教学管理活动,应当符合学生的心理、生理特点和身体健康状况。与此同时,健全权责明晰的管理责任制度,将各项管理工作落实到个人,对各个安全管理环节安排必要的管理人员,明确所承担的安全职责。

(2)组织教师、学生以及学生监护人开展各项安全教育学习,了解安全事故发生的严峻性,提高自身风险防控意识,与学生家长建立制度化、常态化、有效的联系机制。鉴于中等教育阶段的绝大多数学生系未成年人,数据显示在此教育阶段的学校承担责任的此类案件十分集中,因而涉事学生绝大多数为未成年人,且学校承担责任的法律依据包括未尽到对未成年学生的保护和注意义务。对未成年人学生,学校依法负有独立的教育和管理职责,也负有与学生家长共同教育和管理学生的职责,且两种职责存在交叉的空间,因而应当强化与学生家长的沟通联系机制,并通过一定的软件工作,做到沟通常态、工作留痕、有效互动,避免因家校沟通不及时或无效等原因导致发生安全事故。

(3)购买校方责任险,降低败诉赔偿压力。在幼儿生命、身体权益受损的情况下,医疗费、护理费等赔偿是一笔不小的数额。而无论是公办幼儿园还是民办幼儿园往往经费有限,巨额赔偿费将会给学校的正常运营造成负担。保险是分散风险的重要手段。以某保险公司的校方责任险条款为例:由被保险人(校方)在教学活动中或由被保险人统一组织或安排的活动过程中,因过失造成注册学员的人身伤亡,依照中华人民共和国法律应由被保险人承担的经济损失赔偿责任,保险人按照本保险合同约定负责赔偿。购买校方责任险能够大大降低校方败诉情形下的赔偿压力。且校方务必重视保险条款的特殊约定。因为在一些案件中即使保险公司被起诉,但是在一些情况下法院也认定保险公司不需要承担责任,因此学校与保险公司签订侣保险合同时应当重视保险条款,避免购买了保险,但在发生事故时却得不到理赔的情形。

(4)校园安全事故发生后校方要恰当应对。首先,应当及时对学生实施救治措施,尽量把损失降到最低,应急处置过程中注意保护公民合法权益,及时告知受伤学生的监护人或者其他家庭成员,尽量安抚学生及家长的情绪;其次,在善后阶段,校方注意要尽到疏导等法定善后义务,以及对于学生有争议的行政处置,为学生提供合理合法的申诉渠道。在一些案例中,学生方最终撤诉或是与校方达成了调解,最终妥善处理了学生事故;最后,对于学生方不合理的要求一定要坚持底线,以法律手段解决。

(二)校方在人员管理环节需加强合法合规用工意识

从校方与员工建立劳动关系开始到最终因用工期届满或其他原因劳动关系的终止,校方可以从以下几个方面加强对员工的管理,增加自身的法律防范意识。

(1)学校应当坚持合法用工。《劳动合同法》和《劳动争议调解仲裁法》在《劳动法》的基础上进一步规范了用工制度、完善了劳动合同制度、明确了双方当事人的权利义务、保护了劳动者的合法权益,对构建和发展和谐的劳动关系提供了重要的法律保障,对双方当事人都是"护身符"。校方只有通过认真学习、深刻理解和自觉遵守才能充分利用法律手段进而维护自身的合法权益,实现"双赢";才能充分发挥人力资源的作用,将劳动力作为资本,展现出劳动力价格的价值,降低可持续成本,促进公平竞争。具体来讲,第一,用工必须签订合法、规范的劳动合同。在用工之日起一个月内与劳动者签订书面劳动合同,超过一个月签订或不予签订的即为违法。"用工之日"此一具体日期,需要学校提供入职登记、职工名册、考勤记录、工资支付凭证等资料证明,因此学校应当保存好此类证据,否则发生纠纷时将承担举证不能的法律后果。其中"职工名册"是学校依法应当建立的资料,学校更应予以建立并妥善保存,以备不时之需。根据《劳动合同法实施条例》的规定，职工名册应当包括劳动者姓名、性别、公民身份号码、户籍地址及现住址、联系方式、用工形式、用工起始时间、来的合同期限等内容。假如是学校在用工之日起一个月内提出与劳动者订立书面劳动合同，而劳动者拒绝订立的，则学校应当保存好劳动者拒绝签订劳动合同的相关证据，如录音或者其他劳动者的证言，以备发生纠纷时抗辩之需。第二，按劳付酬，支付劳动报酬不得低于国家法定的最低工资标准，不得拖欠、克扣劳动报酬；因工作需要延长劳动时间要支付加班费，节假日加班要依法支付多倍工资；加强劳动安全和劳动保护，保障劳动者的身体健康。需要特别指出的是，高等学校相当一部分的劳动争议是由于非事业编制人员的社会保险问题引起的，因此，依法参保至关重要。第三，要灵活用工方式，对于技术含量低的工作可以引入劳务派遣。校方在引入劳务派遣时要注意相关的法律法规，因为劳务派遣用工只是劳动合同用工的补充形式，为了避免大规模的劳务派遣，法律规定在临时性、辅助性或者替代性的工作岗位上可以实施劳务派遣。校方在引入劳务派遣时，主要是针对后勤岗位，需要合理区分哪些岗位可以使用，哪些不可以使用，对于可以使用的岗位应当经职工代表大会或者全体职工讨论通过，并最终公示。同时，在用工数量方面需要注意，其数量不得超过用工总量的10%，用工总量为签订劳动合同人数和被派遣劳动者人数之和。校方还应当审查劳务派遣机构的资质、风险承担能力和信誉。虽然在我国从事劳务派遣业务采用的是行政许可制度，国家对劳动派遣机构设立的注册资本、经营场所等也有明确的规定，但是目前劳务派遣公司运行很不规范，经常容易和劳动者发生争议，劳动者更倾向于找用工单位解决纠纷，尤其是在用工单位是学校的情况下，劳动者认为找学校更容易解决问题，因此教育主体在选择劳务派遣机构时要秉持着谨慎负责的态度，选择风险承担能力强、信誉好的机构。

此外，学校因劳动者的原因在以下各种情形下行使劳动合同解除权而解除劳动合同的，学校不需要支付经济补偿金：劳动者在试用期间不符合录用条件的；劳动者严重违反学校的规章制度；劳动者严重失职，营私舞弊，给学校造成重大损害的；劳动者同时与其他用人单位建立劳动关系，对完成本校的工作任务造成重大影响，或者经学校提出，拒不改正的；劳动者以欺诈的手段，使学校在违背真实意思的情况下订立或者变更劳动合同，致使劳动合同无效；劳动者依法被追究刑事责任的。上述的各种情况都需要校方提供充足的证明材料予以佐证。

（2）学校应重视自身劳动规章制度的建立和完善。根据《劳动合同法》第4条的规定，①校方应当依法建立和完善劳动规章制度，在招聘前期，列明具体明确的录用条件、录用过程公开透明、完善招聘流程的管理。这些规章制度虽然不能与国家的法律体系相比，但也必须具备相应的形式和实体内容，体现了用人单位内部的法治体系，包含了劳动人事管理中各种各样的事务，比如考勤管理规定、奖惩规定、加班休假制度等。许多劳动争议的产生都是由于学校内部的人事劳动规章制度不健全以及执行过程有漏洞而引发的，例如应该签订的劳动合同没有签订，或者签订了劳动合同但条款不够清楚，或者人事档案历史资料记录不全，或者合同到期没有提前通知，或者人事处通知未送达劳动者本人等等。而劳动规章制度是学校行使管理权和法院审理劳动争议案件的重要依据，故学校在建立和完善劳动规章制度时应当注意如下事项：劳动规章制度必须经过民主程序方具有法律约束力、劳动规章制度须经过公示方具有法律约束力、劳动规章制度的内容必须合法、劳动规章制度的内容不得违反集体合同或者劳动合同的约定、校内劳动者严重违反学校劳动规章制度的，学校可以解除劳动合同。

（3）学校要重视主动调解。主动调解是解决劳动争议的有效途径。按照目前《劳动法》的规定，解决劳动争议的程序是单位调解、劳动仲裁委仲裁和法院裁决。在解决劳动争议的过程中，由于对用人单位的不信任，劳动者一般不愿意找单位调解，而更愿意选择仲裁和司法途径。而事实上，通过仲裁和诉讼解决劳动争议的成本很高，而且仲裁和司法案件最终还可能是通过调解得以解决。因此，在处理与员工之间的劳动、人事关系时，学校应积极主动调解，同时综合考虑纠纷的具体性质和相关情况、纠纷解决成本、与劳动者感情的维系、纠纷对学校的负面影响等因素，在协商、调解、仲裁、诉讼这四种纠纷解决方式中作出理性的选择。

（三）校方在资产管理环节要健全监管措施

校方在借款时要构建监测指标，建立借款风险预警机制。校方应当构建监

---

① 《劳动合同法》第4条第一款规定："用人单位应当依法建立和完善劳动规章制度，保障劳动者享有劳动权利、履行劳动义务。"

测指标来反映学校债务的负担状况、学校的偿债能力以及学校的发展能力。负担状况可以通过资产负债率、债务负担率、债务依存度来反映,偿债能力可以通过近期支付能力、远期支付能力来反映,发展能力可以通过收入增长率、净资产回报率、收入支出比率来反映。这些指标可以分析、评价校方的财务问题,对潜在的财务风险起到预警作用。校方就应当根据自身的财务状况建立风险预警制度,合理控制借款规模和数额,降低借款风险。校方借款之后必须支付利息,并且必须到期归还,财务风险大。因此,校方在借款资金的日常管理上应当更加严格,加强管理,建立健全借款资金使用的内部控制和项目管理责任制,促进借款资金的合理利用。根据建设计划和投资进度,校方应合理安排资金的投放,精打细算,以免造成不必要的资金闲置和借款利息支出。应当加强对借款资金的审计,主要从借款资金审批手续、支出方向、使用效益、使用计划执行情况和偿还计划执行情况等方面进行,明确合规审计范围、制定合规审计方案、准备合规审计表、形成明确的合规审计结论要定期进行审计以及时发现存在的问题,进而及时调整、及时处理。校方使用资金的情况应当接受全校教职工、群众和社会有关部门的监督,充分利用公示的舆论效果,从而保证教育资源使用的效益。

校方在出租房屋时要了解承租人的信用,加强监管。不管是承租人不当使用房屋及附属设施还是承租人进行经营活动亦或者承租人拖欠租金,这些风险都可以通过出租人使用好监督权利这一方式来预防和控制。出租的过程并不等同于一个简单的房屋交付和使用的过程,校方作为出租人往往会因为承租人的原因不可避免地承担一些风险,但如果校方能监督承租人的行为,在很大程度上是可以预防和控制这些风险的发生。

（四）校方在合同管理环节要树立合同主体意识

校方要加强日常合同管理,完善相关工作机制。校方应当建立健全合同内部管理制度,加强对合同订立的管理,有效监控合同的履行情况。第一,要加大合同风险事前分析和防控,注意考察相对人的经济实力及信誉,消除合同文本歧义。第二,要严格合同风险事中控制,在合同中加强刚性约束,将解除合同的具体情形规定清楚。第三,要有效监督合同履行的整个过程,让监督人员发现的问题能够及时上报并得到具体指导。第四,要用好风险防控专业人员,理解他们在对外交涉、对内求助方面的担忧和难处,肯定其贡献,提升其待遇。第五,要加大合同责任追究力度,揭示监管和处置不力问题,让当为而不为者得到应有的惩处。第六,要加强索赔管理工作,针对合同订立过程中相对人假借订立合同,实则损害教育主体利益或者有其他违背诚实信用原则的行为,合同履行过程中相对人不履行合同义务或者不按约定履行合同义务的行为,校方有权要求相对人给予赔偿。合同是索赔的依据,索赔是合同管理的延续。校方平时要善于收集和整理与索赔有关的证据,一旦发生索赔就需要以合同为依据,提供相应真实的证据,及时、合理地进行索赔。

校方作为社会主义法治国家中普通一员,在对外签订合同时需要提高依法防控合同风险的能力,树立合同主体意识。校方要从传统的官办学府观念中走出来,充分意识到自己是民事主体,与社会进行交流与合作要通过有效的合同行为,要积极主张和维护合同权利,可以通过协商、谈判、仲裁、诉讼等方式依法积极作为,维护合同权益。

当校方签订租赁合同时,如果涉及到的风险性比较大,可以聘请专业律师,其不仅可以全程提供法律支持,还能有效地解决存在的法律问题,促进相关事务的进程,避免后期因谈判不明确或谈判中存在遗漏而产生法律风险。对于租赁合同,校方应该对未来的可变性进行充分的预期,合同中应规定可能发生的情况,尽可能将合同条款细化明确,不留争议条款。此外,校方要加强对合同风险点的分析、判断和防控,需要特别注意以下四点:第一,要把来路不明、信誉不佳的承租人拒之门外,防控承租人品质不良风险。第二,要把经营理念不明、管理方式不佳、经营业绩不良的承租人坚决摒弃,防控承租人能力不足风险。第三,要监管承租人的分租情况,防控恶意超期分租风险。第四,要监控租金收取,约定须向学校指定账户缴款,特别是分租人要优先向学校缴款,优先保证学校应收租金足额到位,防控恶意拖欠租金风险。

当校方签订建设工程合同时,对合同主体是否有履行义务的资格能力要充分了解,对合同内容是否合法、权利义务是否对等要进行审查,尤其是工程造价结算方式必须表达准确。校方应采用建设工程合同示范文本进行订立合同,此文本用语比较准确,可以规范合同管理,减少矛盾和错误;还应重视招投标管理,因为合同中的合同条件是招投标文件的重要组成部分,招投标文件也是工程合同的组成部分,并且招投标过程是合同的谈判和订立过程,因此,合同管理和招投标管理是相辅相成的,不可将二者分割开来。此外,校方应重视对合同管理人员素质的培养,所有建设工程合同管理人员都必须经过专业培训,并且考试合格后才能持证上岗;还应建立合同台账,并且需要专人管理,利用好计算机管理系统,让合同管理网络化、规范化,以便收集、整理、存续和使用信息资料。

（五）校方在纠纷处理环节应建立纠纷预防处理机制和多方调解机制

校方应建立纠纷预防处理机制,化解争议矛盾。纠纷预防是指对可能发生纠纷的问题、环节、分歧等采取必要的措施,进行预先防范。也就是说,校方应该将事前的纠纷事后处理转化为事前采用措施积极应对预防,力争将纠纷消灭在萌芽状态,从而达到预防纠纷发生的目的。任何纠纷都有一定的潜伏期,一般从纠纷产生到爆发都需要一个时间过程,那么在这一过程中校方就应该及时发现问题、解决问题。如果问题能够处理得当,一些纠纷就能够有效避免。目前,校方应增强控制纠纷发生的能力,可以在学校内部建立一个全方位、多层次、立体化的纠纷预警信息管理系统,这样校方就可以分析和预测各类民事法律关系发展趋势,对法律关系中存在的问题及时提出对策,化解矛盾,消除纠纷隐患。

校方应构建多方调解机制,发挥非正式组织作用。学校多方调解机制是为了切实保障教职工、学生权益而设立的一种调解机制,主要是由学校有威望的退休职工组成。如果发生纠纷,教职工、学生可以找多方调解机制请求调解,该调解结果对当事人同样具有一定的约束力。多方调解机制具有一定的行政独立性,可以避免行政干扰,做出相对公正的调解,容易取得教职工、学生的信任。此外,在医疗损害责任纠纷中,通过调解的方式处理医患纠纷,医患双方之间可以架起沟通的桥梁,医务人员可以向患方揭示纠纷背后的原因,对已造成的伤害表示遗憾,患方可以原谅和理解医方,这样有利于缓解医患矛盾,对双方都是一种解脱,避免了医患之间不必要的争论,往往可以取得双赢的效果。因此,校方应积极发展多方调解机制,改变之前主要依靠行政性的手段调解民事法律关系的被动局面。

（六）面对外部国家政策变化教育培训机构应加强自身各项管理

2020年,教育领域尤其是在线教育领域的融资大战再度升级,出现企业竞争加剧、获客成本高企、行业内耗严重等问题。校外培训的快速发展,不可避免地出现了培训机构良莠不齐、学生学习压力加大、教育资源分配不均、家庭时间成本与经济负担增加等现象和问题。从教育政策导向来看,更加重视校外培训机构的规范和治理,持续对培训机构的办学条件、培训内容、收费管理等进行查验,打击整治唯利是图、师德失范等不当行为。因此,教育培训机构要严格按照教育主管部门要求,规范培训行为,合法合规为社会提供优质的教育服务。第一,教育培训机构需要注意机构的必须依法经批准设立,获取所开课程的教育培训资质。未经批准设立并取得相关资质,擅自展开教育培训活动的,属于依法应予以取缔的违法行为,在未经批准设立并取得相关资质的情况下与学员签署的教育培训合同是无效的,不受法律保护。第二,注意学员的民事行为能力。教育培训机构应当注意报名参加教育培训的人员的年龄和健康状况,避免因合同无效或者效力待定带来的法律风险。比如不满 8 周岁的未成年人,以及不能辨认自己行为的精神病人,不能自行订立教育培训合同。教育培训机构更需要增加自身的法律风险防范意识,顺利解决与学员之间的纠纷。比如,教育培训机构要妥善保管与学员、员工等往来文件。与学员协商、沟通的 QQ、微信等聊天记录注意定期备份保管,以免员工离职无从查询。如果因服务器空间问题或要求员工备份聊天记录有难度,建议将与学员具有实质性变更的记录保留下来,特别重要的还要打印出来与对方确认,特殊情况还可以通过公证的方式保存。还应及时合法地制定和调整收退费制度并做好公告。及时关注收退费政策,并作出相应调整。规章制度及时做好公告,必要时请学员签字确认。公告及确认程序做好证据留存和备份。

此外,教育培训机构应更多兼顾教育的公益性属性,为社会提供更多公益性、高品质的教育培训。教育培训机构要充分利用好科技创新带来的红利,借助专家力量加强教育教学的研究,推动科技和教育教学的深度融合。

行政编

第一章　学前教育

　　作为基础教育开端的学前教育,在儿童的身心发展中具有至关重要的作用。学前教育阶段接受教育的对象是身心均处于尚未健全的幼儿,学前教育机构应对幼儿承担管理、保护的义务,同时各级政府及其职能部门在学前教育规划、投入、教师队伍建设、监管等方面具有行政上的监管责任。于学前教育机构而言,在办学的全流程中均受到行政机关的监管,因自身未达到法律规范的办学、管理要求的将产生承担相应警告、责令整改、停止招生、吊销办学许可等行政责任的风险。这些行政法律风险一旦成为现实,不仅直接影响到幼儿、家长、教职工的切身利益,同时也对学前教育事业的发展造成了阻碍。本章将重点展示学前教育阶段幼儿园、教职工、幼儿及其家长作为行政相对人与行政主管、监管部门之间行政一审案件的基本数据、高发案由分析和经典案例情况。

第一节　纵览:总体数据呈现

　　2014—2020 年,全国各级人民法院审结的学前教育阶段行政一审判决案件共计 245 例。本节从年份、地域、法院层级、适用程序、案由分布五个方面纵览了案件的基本特征,从原告情况、被告类型、级别、出庭情况和第三人情况勾勒了案件当事人特征,分析了原被告与第三人的律师参与情况,呈现了原告视角下和律师参与下的判决结果。

一、案件特征

(一)年份分布

　　从时间分布来看,2014—2019 年全国各级人民法院审结的学前教育案件数量整体上呈现上升趋势。其中,2015 年审结案件的一审判决书数量为 60 例,相较于 2014 年的 8 例,上升了 650 个百分点。2020 年受疫情、判决文书公开上网上传缓慢等因素影响,案件数量最少,仅 27 例。

学前教育阶段行政一审案件审结数年份分布(例)

(二)地域分布

2014—2020 年,全国各级人民法院审结的学前教育阶段行政一审案件多发于中部、东南沿海地区。审结案件数量最多的三个省级行政区为湖南(61 例)、广东(27 例)、浙江(23 例)。审结案件数量最少的四个省级行政区为黑龙江、宁夏、青海、上海,均为 1 例。

(三)法院层级分布

从审理法院层级分布来看,学前教育阶段一审行政案件中审理法院多为基层法院,占比大约为 73%。具体而言,2014—2020 年基层人民法院、中级人民法院、高级人民法院审结的一审行政案件判决书数量依次为 179 例、66 例、0 例,各自在总数中的占比依次为 73.06%、26.94%、0。

(四)适用程序分布

从审理程序的适用来看,2014—2020 年审结的学前教育阶段一审行政案件中,适用普通程序的案件占了绝大多数,一共 240 例占比为 97.96%;适用简易程序审结的案件为 5 例占比为 2.04%。

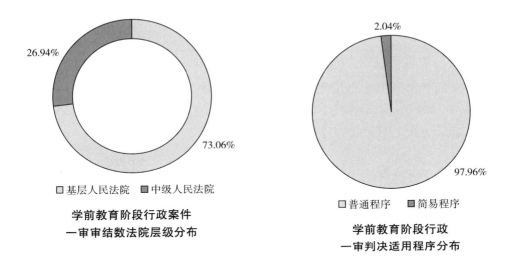

26.94%

73.06%

2.04%

97.96%

□ 基层人民法院　■ 中级人民法院

学前教育阶段行政案件
一审审结数法院层级分布

□ 普通程序　■ 简易程序

学前教育阶段行政
一审判决适用程序分布

（五）案由分布

从案由分布来看,根据被诉行政行为的具体类型,学前教育阶段一审行政案件主要多发于行政确认（46例）、行政命令（43例）、行政处罚（40例）领域,三种类型的案件合计占2014—2020年学前教育阶段一审行政案件的52.65%。其次在政府信息公开、不履行法定职责、行政许可领域案件也较为频发。

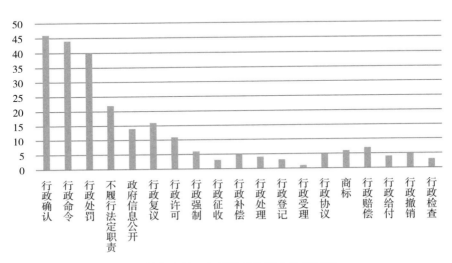

学前教育阶段一审行政案件案由分布（例）

二、当事人情况勾勒

（一）原告情况

从一审判决书中提取到原告情况来看，原告多为幼儿园（203 例）占比 82.86%，其次为公民（37 例）占比 15.10%，少部分为法人和其他组织（4 例）占比 1.63%、学校（1 例）占比 0.41%。

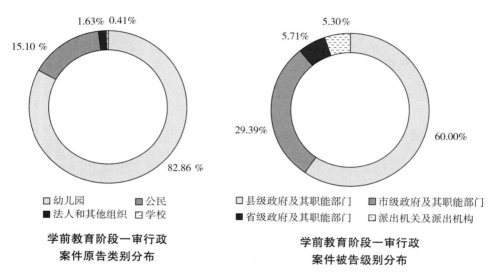

学前教育阶段一审行政
案件原告类别分布

学前教育阶段一审行政
案件被告级别分布

（二）被告情况

1. 被告类型

从判决中提取到的被告也就是行政机关来看，涉诉行政机关数量最多的依次为政府（68 次）、承担社会保障职能的部门（50 次）、承担教育事业主管职能的部门（48 次）；涉诉最少的职能部门为发改委、疾控部门、不动产登记中心，均为 1 次。①

2. 被告级别

从被告级别来看，县级政府及其职能部门作为被告的案件最多，且已过半。前述被告中，省部级政府及其职能部门作为被告的案件为 14 例占比 5.71%；市级政府及其职能部门作为被告的案件为 72 例占比 29.39%；县级政府及其职能

① 编者注：在统计被告类型中，可能存在 2 个以上共同被告情形，故以被告出现次数为统计口径。为便于统计，在被告级别中以案件中第一被告的级别为准。后续章节均同此。

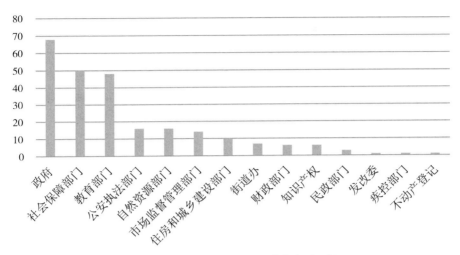

学前教育阶段一审行政案件被告类型（次）

部门的一审案件为 146 例占比 60.00%；派出机关及派出机构作为被告的一审案件为 13 例，占比为 5.30%。

3. 被告出庭情况

2014—2020 年所有学前教育阶段一审行政案件中，行政机关出庭应诉率较高，其中行政机关负责人出庭应诉超过一半。行政机关出庭的案件为 235 例占比 95.92%，行政机关未出庭的案件为 10 例占比为 4.08%。在行政机关出庭的案件中，行政机关负责人出庭的案件为 130 例占比为 55.32%，行政机关负责人未出庭的案件为 105 例占比 44.68%。

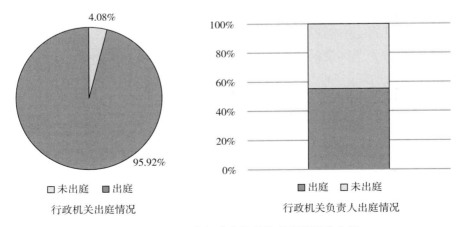

学前教育阶段一审行政案件被告出庭情况分布图

（三）第三人情况

从一审判决书提取到的第三人看,没有第三人参与案件的为 148 例,有第三人参与的为 97 例,涉及第三人诉讼主体 104 个,在有第三人参与的案件中,第三人的类型主要为幼儿园 44 个占比 42.31%,公民 37 个占比 35.57%,法人和其他组织 23 个占比 22.12%。

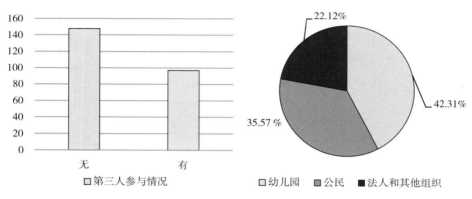

学前教育阶段一审行政案件第三人参与情况

三、律师参与

（一）原被告律师参与情况

在学前教育阶段的所有一审行政案件中,律师参与率高于其他教育学段。有律师参与的为 233 例占比 95.10%,无律师参与的为 12 例占比 4.90%。其中双方都有律师参与的案件为 165 例,仅原告有律师参与的为 45 例,仅被告有律师参与的为 23 例。

（二）第三人律师情况

从学前教育阶段一审行政判决书中提取到的第三人律师参与情况来看,97 例有第三人参与的案件中 58 例第三人有律师参与占比 59.79%,39 例判决书无律师参与占比 40.21%。

四、裁判结果

（一）判决结果（原告视角）

从学前教育阶段 245 例一审行政判决书中提取以原告视角的判决结果来

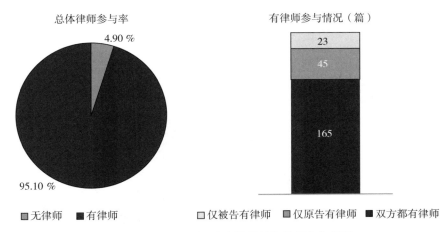

总体律师参与率　　　　　有律师参与情况（篇）

□无律师　■有律师　　　□仅被告有律师　■仅原告有律师　■双方都有律师

学前教育阶段一审行政案件原被告律师参与情况

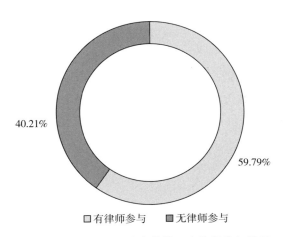

□有律师参与　　■无律师参与

学前教育阶段一审行政案件第三人律师参与情况

看,原告完全胜诉的一审行政判决书为 57 例占比 23.27%,部分胜诉 15 例占比 6.12%,败诉 173 例占比 70.61%。总体而言,原告诉讼请求全部得到支持、部分得到支持的仅为 30% 左右,败诉率较高。

（二）律师参与视角下的裁判结果

从学前教育阶段一审行政案件有律师参与①的 233 份判决中,原告完全胜

---

① 编者注:此处的有律师参与为原被告双方均有或一方有律师参与。

诉的为 53 例占比 22.75%,部分胜诉 13 例占比 5.58%,败诉 167 例占比 71.67%。原告诉讼请求全部或部分得到支持的占比为 29%左右,与总体情况下获支持率相当。

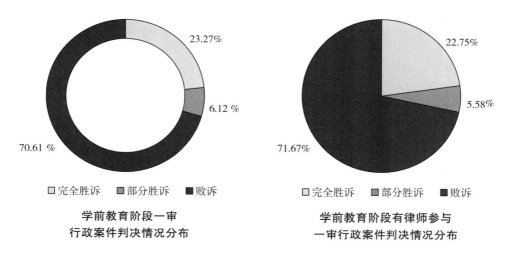

学前教育阶段一审
行政案件判决情况分布

学前教育阶段有律师参与
一审行政案件判决情况分布

其中双方均有律师参与的 165 份判决中,原告完全胜诉的为 36 例占比 21.81%,部分胜诉 11 例占比 6.67%,败诉 118 例占比 71.52%。

仅原告有律师参与的 45 例判决中,原告完全胜诉的为 12 例占比 26.67%,部分胜诉的 1 例占比 2.22%,败诉 32 例占比 71.11%。

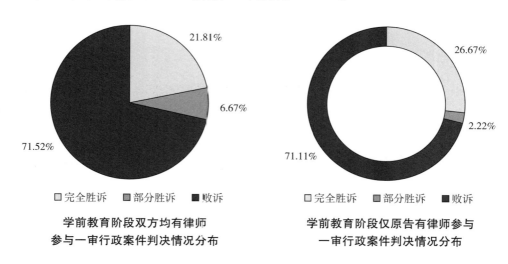

学前教育阶段双方均有律师
参与一审行政案件判决情况分布

学前教育阶段仅原告有律师参与
一审行政案件判决情况分布

仅被告有律师参与 23 例判决中,原告完全胜诉的为 6 例占比 26.08%,部分胜诉的 1 例占比 4.35%,败诉 16 例占比 69.57%。

没有律师参与的 12 例判决中,原告完全胜诉的为 3 例占比 25%,部分胜诉的 2 例占比 16.67%,败诉的 7 例占比 58.33%。总体而言有无律师参与对判决结果的相关性较低。

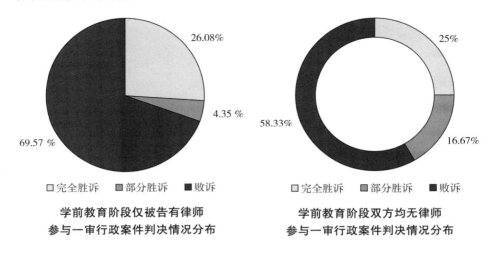

<table>
<tr><td>学前教育阶段仅被告有律师
参与一审行政案件判决情况分布</td><td>学前教育阶段双方均无律师
参与一审行政案件判决情况分布</td></tr>
</table>

第二节　聚焦:高发案由解读

学前教育阶段一审行政纠纷主要集中于工伤认定之行政确认、校车问题整改的行政命令、幼儿食品安全、办学许可未过年检行政处罚领域,三种案由的案件合计 129 例,占 2014—2020 年学前教育阶段一审判决案件的 52.65%。

一、行政确认之工伤认定

在 46 例行政确认类案件中,涉及工伤认定的案件为 43 例,反映出在学前教育领域内教职工人事管理和劳动争议多发。其中幼儿园作为原告的案件有 25 例、教职工作为原告的案件 18 例。主要争议焦点集中于如何合理认定用人单位(幼儿园)和劳动者(教职工)之间是否存在劳动关系、视同工伤、工作时间、工作职责、上下班途中途经父母住所而发生交通事故能否属于"上下班途中"等问题。

（一）数据纵览

1. 年份与地域分布

（1）年份分布

2014—2020 年学前教育阶段工伤认定行政确认案件共 43 例,7 年期间的案件数量呈波浪式分布。两个峰值分别分布在 2017 年（11 例）与 2019 年（12 例）;2018 年案件略有回落（4 例）;2014 年没有检索到学前教育阶段行政确认纠纷的案例;截至 2021 年 3 月 18 日,2020 年受疫情或其他因素影响,上传到裁判文书网的案件数量较少,共 4 例。

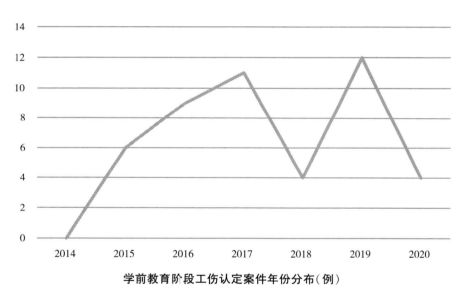

学前教育阶段工伤认定案件年份分布（例）

（2）地域分布

2014—2020 年,学前教育阶段的工伤认定行政确认一审行政案件共涉及全国 20 个省、自治区、直辖市,地域分布呈现出一定的地域差异。案件分布最多的前三个省级行政区分别为河北（6 例）、湖南、江西、山东（均为 4 例）、新疆、内蒙古、辽宁（均为 3 例）。安徽、北京等省级行政区均为 1 例。

2. 当事人情况勾勒

（1）原告及第三人性质

涉及工伤认定 43 例案件中,其中用人单位（幼儿园）作为原告的案件有 25 例、劳动者（教职工）作为原告的案件 18 例。幼儿园作为第三人的案件 18 例,劳动者作为第三人的案件为 25 例。

（2）当事人律师参与情况

在 43 例工伤行政确认案件中，原被告双方均有律师参与的案件为 17 例，仅原告有律师参与的案件为 20 例，仅被告有律师参与的案件为 2 例，原被告双方均无律师参与的案件为 4 例。总体而言，律师参与率较高，原告的律师参与率较被告律师参与率高。从律师来源来看，原被告双方律师主要是自行委托律师，作为行政相对人的原告法律援助律师比例高于被告。

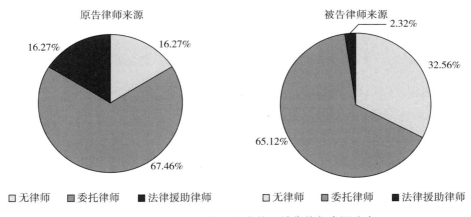

学前教育阶段一审工伤认定案件原被告律师来源分布

3. 程序参与

在 43 例工伤行政确认案件中，经过听证的案件为 3 例占比 6.98%，未经听证案件为 40 例占比 93.02%。在工伤认定决定作出后，经过复议的案件为 5 例占比 11.63%，未经复议的案件为 38 例占比 88.37%。总体而言，行政相对人较少依靠听证、行政复议等行政机关的内部救济和监督途径，一般在行政机关作出工伤认定决定后即行起诉。

4. 判决结果

在学前教育阶段工伤行政确认一审案件中，行政相对人败诉的案件为 31 例，部分胜诉 1 例，胜诉 11 例。其中用人单位（幼儿园）作为原告 25 例，其中 22 件败诉，3 件胜诉。劳动者（教职工）作为原告的 18 例，其中 9 件败诉，8 件胜诉，1 件部分胜诉。总体而言，幼儿园作为用人单位提起诉讼的案件，大部分均

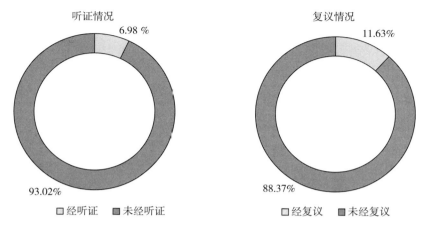

听证情况　　　　　　　　　复议情况

6.98%　　　　　　　　　　11.63%

93.02%　　　　　　　　　　88.37%

□ 经听证　■ 未经听证　　　□ 经复议　■ 未经复议

学前教育阶段一审工伤认定行政案件听证、复议情况

被法院驳回,工伤认定事实清楚、证据充分。而教职工作为劳动者提起诉讼的案件,胜诉率高于幼儿园提起诉讼的案件。

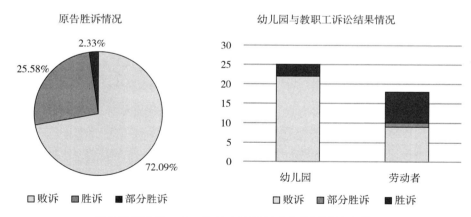

原告胜诉情况　　　　　　　幼儿园与教职工诉讼结果情况

2.33%

25.58%

72.09%

□ 败诉　■ 胜诉　■ 部分胜诉　　□ 败诉　■ 部分胜诉　■ 胜诉

学前教育阶段一审工伤认定案件行政案件诉讼结果情况

(二)案件争议焦点类型化分析

　　工伤是指劳动者因工作遭受事故伤害或者患职业病所造成的身体损害。①工伤保险,又称为职业伤害保险,是指劳动者在工作过程中或者在法定的情形下

---

　　① 毛清芳、张桂芝:《工伤的法律救济制度研究——中国工伤保险制度的发展与完善》,《兰州大学学报(社会科学版)》2007 年第 4 期。

因工作原因发生事故或因接触职业性有害因素,导致劳动者暂时或长期丧失劳动能力、死亡时,对劳动者本人或其近亲属提供医疗救治、职业康复、经济补偿等必要物质帮助的一项社会保险制度。① 工伤认定是指工伤认定机关按照法定的程序,依据一定的标准对职工遭受事故伤害或者患职业病是否属于工伤进行确认的行为。② 认定工伤是劳动者享受工伤保险待遇的前提,因此工伤认定尤为重要。

根据《工伤保险条例》之规定,幼儿园作为适格的用人单位应当为其教职工缴纳工伤保险,并在教职工发生工伤时积极向社会保障部门申请工伤认定并支付用人单位应承担的部分工伤保险待遇。同时《工伤保险条例》还明确了地方人力资源和社会保障部门在工伤认定中的法定职责。

认定工伤最基本需要坚持"三工"原则③,即在工作时间和工作场所内,因工作原因受到事故伤害的应当认定为工伤。学前教育阶段中,幼儿园作为用人单位与其教职工的工伤认定纠纷中,最主要的争议便在于是否存在劳动关系、是否为工作原因、是否在工作时间、是否在工作场所内受到伤害。

1. 存在劳动关系是工伤认定的前提

通说认为劳动关系是指劳动者与用人单位之间为实现劳动过程而发生的一方有偿提供劳动力由另一方用于同其生产资料相结合的社会关系。④ 劳动关系是劳动者享有劳动者权利、承担劳动者义务的前提。在劳动纠纷中,确认劳动关系存在是劳动者享受劳动者保障、工资待遇等福利的前提条件⑤。在某市新星幼儿园不服某市人力资源和社会保障局行政确认一案⑥中法院认为用人单位与劳动者之间存在劳动关系是认定工伤的前提。目前,我国的《劳动法》《劳动合同法》等劳动法律法规并未对"劳动关系"的概念和界定标准作出明确规定,但

---

① 邱妮斐、宋秉宏主编:《劳动法与社会保障法》,电子科技大学出版社 2017 年版,第 140 页。
② 张晓红主编:《劳动与社会保障法学》,北京交通大学出版社 2013 年版,第 270 页。
③ 李雄:《劳动法理论与实务热点难点问题研究》,法律出版社 2016 年版,第 242 页。
④ 王全兴:《劳动法》,法律出版社 2015 年版,第 29 页。
⑤ 林嘉:《劳动法的原理、体系与问题》,法律出版社 2016 年版,第 82 页。
⑥ (2020)湘 8601 行初 254 号。

《劳动法》《劳动合同法》明确了劳动关系的主体,一方为用人单位,另一方为劳动者。① 现行认定劳动关系的主要依据为原劳动和社会保障部发布的《关于确立劳动关系有关事项的通知》(劳社部发〔2005〕12 号)提出了订立劳动合同时认定劳动关系的四项要件:一是双方当事人主体资格合法;二是用人单位依法制定的各项劳动规章制度适用于劳动者;三是劳动者受用人单位的劳动管理,从事用人单位安排的有报酬的劳动;四是劳动者提供的劳动是用人单位业务的组成部分。②

在司法实践中存在劳动关系的举证责任分配需要参照民事诉讼证据规则的有关规定执行③,根据《最高人民法院关于适用〈中华人民共和国民事诉讼法〉的解释》第 90 条以及第 91 条"人民法院应当依照下列原则确定举证证明责任的承担,但法律另有规定的除外:(一)主张法律关系存在的当事人,应当对产生该法律关系的基本事实承担举证证明责任"之规定,若劳动者主张与用人单位劳动关系的,依法应由其承担初步的举证责任,否则将承担举证不能的法律后果。

如用人单位未与劳动者签订劳动合同,认定双方存在劳动关系时可参照下列凭证,也即劳动者应当注意收集和留存下列证据:

(1)工资支付凭证或记录(职工工资发放花名册)、缴纳各项社会保险费的记录;

(2)用人单位向劳动者发放的"工作证""服务证"等能够证明身份的证件;

(3)劳动者填写的用人单位招工招聘"登记表""报名表"等招用记录;

(4)考勤记录;

(5)其他劳动者的证言等。

2. 工伤认定申请期限的中止、中断、终止

工伤认定申请期限是指在工伤事故发生后用人单位或职工及其近亲属、工会组织向社会保险行政主管部门申请认定工伤的一定期限。《工伤保险条例》

---

① 《劳动法》第 2 条规定,"在中华人民共和国境内的企业、个体经济组织(以下统称用人单位)和与之形成劳动关系的劳动者,适用本法",《劳动合同法》第 7 条规定,"用人单位自用工之日起即与劳动者建立劳动关系。用人单位应当建立职工名册备查"。

② 林嘉:《劳动法的原理、体系与问题》,法律出版社 2016 年版,第 84 页。

③ 《劳动人事争议仲裁办案规则》第 8 条规定,"争议处理中涉及证据形式、证据提交、证据交换、证据质证、证据认定等事项,本规则未规定的,可以参照民事诉讼证据规则的有关规定执行。"

第 17 条规定用人单位应在事故伤害发生之日或职工被诊断、鉴定为职业病之日起 30 日内向统筹地区社会保险行政部门提出工伤认定申请。若用人单位未按前款规定提出工伤认定申请的,工伤职工或其近亲属、工会组织在事故伤害发生之日或者被诊断、鉴定为职业病之日起 1 年内,可以直接向用人单位所在地统筹地区社会保险行政部门提出工伤认定申请。《工伤保险条例》对于劳动者申请工伤认定的规定很简单,但"1 年期限"在司法实践中的理解与运用却产生争议。"1 年期限"究竟是除斥期间不因任何原因而改变其期限的长短,还是诉讼时效适用中止、中断的时效规定,抑或根本就不能用民事诉讼关于时效问题的相关规定来处理,而只是行政法规体现的一种特有时限规定等关于"1 年时限"的性质问题都没有一个明确的定性。

关于工伤认定申请时限的性质,争议较大。有观点认为工伤认定的申请时限是除斥期限,没有规定申请时限的中止、中断,属于不变期限。[1] 故申请主体在法定期限内没有提出认定申请的,丧失的应是实体权利,而不是胜诉权。有观点认为工伤认定申请时限应当是诉讼时效,超过时效后并不会丧失实体权利。[2]

笔者认为申请工伤认定 1 年的时限,是一种特殊的时效即消灭时效,或者说是一种可中止的除斥期间。申请认定工伤的 1 年时限从发生事故之日起计算,在 1 年的期间内未能及时提出申请则权利被除斥,即社会行政部门有权不予受理申请主体的申请,因此该 1 年期限符合除斥期间的特征。除斥期间结束,权利人相应的实体权利亦随之消灭。但除斥期间是不变期间,不因任何事由而中止、中断或者延长。而基于《工伤保险条例》第 17 条第四款规定,用人单位未在规定的期限内提交工伤认定申请,在此期限内发生的符合《工伤保险条例》的工伤待遇由该用人单位负担。该规定表明未在法定期限内申请工伤认定的,劳动者并未丧失实体权利。此外,根据《最高人民法院关于审理工伤保险行政案件若干问题的规定》(法释〔2014〕9 号)第 7 条的规定,由于不属于职工或者其近亲属自身原因超过工伤认定申请期限的,被耽误的时间不计算在工伤认定申请期

---

① 李勃:《工伤认定申请时效的历史视角与耽误机制的研究》,《劳动保障世界》2017 年第 32 期。

② 周湖勇:《工伤认定申请时效的完善》,《福建师范大学学报》2010 年第 1 期。

限内。因此,申请认定工伤的一年时限可以中止,期间发生的法定事由所占时间可以在一年的时限内不予计算。因此严格意义上讲申请工伤认定一年的时效是一种可以中止的除斥期间,不能中断。

高某某不服被告某市人力资源和社会保障局工伤认定一案中①,原告主张其未在1年期限内提起工伤认定申请是由于第三人幼儿园,法院认为《工伤保险条例》第17条对工伤申请期限的起算日的规定十分明确,工伤申请期限的中断、中止或延长,必须有明确的法律规定,而不能任意解释。《工伤保险条例》规定的申请时限的延长情形为"遇有特殊情况,经报社会保险行政部门同意,申请时限可以适当延长",因此,即使遇到第三人否认双方存在劳动关系等因素,原告亦应履行报请被告同意延长申请时限的程序,或者在法定时限内提出申请后再由被告中止审查以等待确认劳动关系之诉的结果。其次,按照最高法相关司法解释,劳动关系确认之诉的审判期间,可以在申请工伤认定的一年时限中扣除。但本案原告自述的受伤时间为2012年10月15日,向劳动仲裁机关申请仲裁的时间为2014年11月10日,即申请仲裁之日距受伤之日已经超过了一年,故不存在一年时限内扣除的问题。原告递交工伤认定申请,已经超过了法定的一年申请时限。

3. 工伤认定的核心要素及举证责任分配

（1）工作原因

工作原因是工伤认定的核心要素。但对工作原因的理解不能仅限于表面含义而限缩为用人单位常主张的"从事本职岗位工作",其他为用人单位的利益所付出的劳动亦构成"工作原因"。其包括但不限于如"因从事用人单位临时指派的工作受伤、因从事工作而解决必要生理需要（如喝水、用餐、上厕所、正常的休息）时受伤及为了用人单位的利益,从事超出本职岗位工作范围活动受伤"等情形。对"因工作原因受到伤害",从我国现行法律规定来看,只要求受到伤害的结果与从事的工作有相当程度的关联性即可。

某市幼儿园不服被告某市人力资源和社会保障局工伤认定一案中②,原告

---

① （2016）辽0202行初54号。
② （2016）渝0153行初151号。

主张第三人去厨房为幼儿端饭菜不属于其工作职责,在此过程中摔倒不属于工伤认定范围。法院认为原告单位制定的"保育员职责"中有照顾幼儿进食的相应规定,第三人去厨房为幼儿端饭菜,与其工作职责具有很强的关联性,系从事与原告的经营范围相关的事项,故第三人端饭菜中不慎摔伤属于因工作原因受伤,第三人在工作时间和工作场所内,因工作原因受到事故伤害,符合《工伤保险条例》第 14 条第 1 项规定的情形。某市幼儿园不服被告某市人力资源和社会保障局工伤认定一案中①,原告认为第三人在吃饭时间受伤,并未从事任何有关其工作内容的事项,不属于认定为工伤的法定情形。法院认为第三人在原告食堂打饭途中摔倒受伤,食堂系工作场所的合理延伸,吃饭系满足人体正常生理、生活需要的必要活动。《最高人民法院关于审理工伤保险行政案件若干问题的规定》第 4 条第 4 项规定,其他与履行工作职责相关,在工作时间及合理区域内受到伤害的,社会保险行政部门认定为工伤的,人民法院应予支持。据此,被告认定第三人所受伤害为工伤,符合《工伤保险条例》及前述司法解释的规定。

(2)"上下班途中"的合理路径

《工伤保险条例》第 14 条第一款第六项规定"在上下班途中,受到非本人主要责任的交通事故或者城市轨道交通、客运轮渡、火车事故伤害的"应当认定为工伤,但在如何判定"上下班途中"的合理路径方面,以往的行政和司法实践中遇到的具体情况却难以有统一的认识,为此最高人民法院与人力资源和社会保障部出台了相关文件予以解释。

《最高人民法院关于审理工伤保险行政案件若干问题的规定》(法释〔2014〕9 号)第 6 条:对社会保险行政部门认定下列情形为"上下班途中"的,人民法院应予支持:(一)在合理时间内往返于工作地与住所地、经常居住地、单位宿舍的合理路线的上下班途中;(二)在合理时间内往返于工作地与配偶、父母、子女居住地的合理路线的上下班途中;(三)从事属于日常工作生活所需要的活动,且在合理时间和合理路线的上下班途中;(四)在合理时间内其他合理路线的上下班途中。

《最高人民法院办公厅关于印发〈行政审判办案指南(一)〉的通知》(法办

① (2018)闽 0203 行初 131 号。

〔2014〕17号）第26条认为"上下班途中"应当包括职工在合理时间内为上下班而往返于居住地和工作单位之间的合理路径。《人力资源社会保障部关于执行〈工伤保险条例〉若干问题的意见（二）》（人社部发〔2016〕29号）规定：职工以上下班为目的、在合理时间内往返于工作单位和居住地之间的合理路线，视为"上下班途中"。

孙某某不服某市劳动和社会保障局工伤认定一案中①，原告在第三人处从事幼师工作，法院认为，在其工作地租住房屋，下班后驾驶摩托车返回老家途中发生交通事故并承担同等责任。符合《最高人民法院关于审理工伤保险行政案件若干问题的规定》第6条第二项"在合理时间内往返于工作地与配偶、父母、子女居住地的合理路线的上下班途中"应认定为"上下班途中"的规定，且情形符合《工伤保险条例》第14条第六项"在上下班途中，受到非本人主要责任的交通事故或者城市轨道交通、客运轮渡、火车事故伤害的"规定，依法应当认定为工伤。某市幼儿园不服被告某市人力资源和社会保障局工伤认定一案中②，法院认为第三人作为原告处幼师，从第三人自其母亲家前往原告处上班行驶的时间到原告处的时间综合分析属于上班的合理时间。上班路线结合南通市道路交通实际状况来看，事故发生地点处在第三人从其母亲家前往单位上班路线之中，行驶路线并不存在不合理绕道的情形。

（3）"上下班途中"负伤原因

《工伤保险条例》第14条第一款第六项对上下班途中所受的伤害规定仅限于"非本人主要责任的交通事故或者城市轨道交通、客运轮渡、火车事故伤害"，工伤认定实践中常出现职工因上下班途中步行摔倒、无证驾驶发生事故受伤、乘坐交通工具受伤等情形是否符合工伤认定情形而产生纠纷。由本条规定可以得知上下班途中，职工受伤符合工伤认定情形的仅限于因交通事故、城市轨道交通、客运轮渡、火车事故伤害且要求职工对上述事故的发生不承担主要责任。交通事故发生后，交警部门会根据事故双方的行为对交通事故所起的作用以及过错的严重程度确定交通事故责任。把责任划分为"全部责任""主要责任""同等

---

① （2015）原行初字第43号。
② （2017）苏0611行初142号。

责任""次要责任"和"无责任"。按照当然解释,《工伤保险条例》规定的"非本人主要责任"的情况涵盖了"无责任""次要责任"和"同等责任"三种情形。即当劳动者在上下班途中遭受交通事故须负担"全部责任"和"主要责任"的两种情形时,不能认定为工伤。除此之外均可纳入该项规定的"非本人主要责任"的范畴,符合该规定,则可界定为符合工伤认定的要素之一。

根据《道路交通安全法》第 119 条第五项的规定,"交通事故"是指车辆在道路上因过错或者意外造成的人身伤亡或者财产损失的事件。"车辆"是指机动车和非机动车;"道路"是指公路、城市道路和虽在单位管辖范围但允许社会机动车通行的地方,包括广场、公共停车场等用于公众通行的场所①。因此职工因上班途中步行摔倒受伤,不属于交通事故,职工乘坐交通工具发生非本人主要责任的交通事故受伤属于工伤认定的法定情形。此外,即便职工符合"上下班途中",也符合"非本人主要原因发生交通事故"但在事故中职工无证驾驶,也不应认定为工伤。

宋某某不服某市人力资源和社会保障局工伤认定一案中②,原告宋某某系第三人某幼儿园的幼师,其从住所地华旭小区步行至第三人处上班途中时不慎摔倒跌伤左脚。法院认为原告虽然是在上班途中的合理时间受伤,但其是因自身原因受到的伤害,不属于交通事故范畴及其他事故伤害,故不符合《工伤保险条例》可以认定工伤的情形。

某市幼儿园不服某市人力资源和社会保障局工伤认定一案中③,第三人刘某某从原告处下班后乘坐公交车回家途中,因司机急刹车将在车内玩手机、未把扶的刘某晃倒,造成刘某右前臂受伤,后第三人与公交车驾驶员牟某某达成《事故结案协议书》。法院认为根据《道路交通安全法》第 119 条第五项的规定,"交通事故",是指车辆在道路上因过错或者意外造成的人身伤亡或者财产损失的事件。本案中,第三人乘坐的公交车因踩刹车致使其被晃倒受伤,应当符合上述规定。某市幼儿园不服某市人力资源和社会保障局工伤认定一案中,盛某某系

---

①　人力资源和社会保障部办公厅《关于工伤保险有关规定处理意见的函》(人社厅函〔2011〕339 号),2011 年 6 月 23 日发布。

②　(2015)临行初字第 1 号。

③　(2019)辽 0204 行初 102 号。

原告所聘保育员,盛某某无驾驶证普通二轮摩托车并搭乘陈某某前往原告处上班途中发生交通事故救治无效死亡。后市公安分局交警大队对本次交通事故认定盛某某与他人承担此次道路交通事故的同等责任。法院认为根据《道路交通安全法》规定,无证驾驶机动车是具有主观故意的严重违法行为,湖南省人力资源和社会保障厅作出湘人社函〔2013〕193号《关于工伤认定中适用法律条文的复函》中,亦明确对无证驾驶等行为造成本人伤亡的不纳入工伤的范围。被告某市某人力资源和社会保障局认定盛某某为因工死亡明显不当,依法应予撤销。

二、行政命令之校车安全

安全工作是幼儿园教育教学的保障线,校车作为幼儿园学生每天乘坐的交通工具,其安全问题不容忽视。在43例行政命令类案件中,涉及校车安全的案件为42例,反映出在学前教育领域校车安全管理纠纷多发。主要争议焦点集中于原告使用接送幼儿的车辆是否符合《校车安全管理条例》第60条规定的"应当使用专用校车国家标准设计和制造的幼儿专用校车"规定;是否取得校车使用许可和校车标牌;原告用于接送幼儿的车辆是否适用有关过渡期的规定以及被告作出停运通知是否违反该过渡期的规定。

(一)**数据纵览**

1. 年份与地域分布

2014—2020年学前教育阶段校车安全行政命令案件共42例,地域上均分布在湖南,年份上均发生于2015年。

2. 当事人情况勾勒

(1)原告及被告性质

涉及校车安全42例学前教育阶段一审行政判决书中,42名原告均为获得民办学校办学许可证设立的民办幼儿园,被告均为县级人民政府。

(2)当事人律师参与情况

在42例校车安全行政命令案件中,原被告双方均有律师参与的案件为42例,总体而言,律师参与率高于其他案由。

3. 程序参与

在42例校车安全行政命令案件中,经过听证的案件为0例,未经听证案件为 42 例。在行政命令作出后,经过复议的案件为 0 例,未经复议的案件为 42 例。总体而言,行政相对人在此纠纷中未采取听证、行政复议等行政机关的内部救济和监督途径。

4. 裁判结果

在学前教育阶段校车安全行政命令一审案件中,行政相对人败诉的案件为 42 例,部分胜诉 0 例,胜诉 0 例。

(二)案件争议焦点类型化分析

校车安全一直是社会所关注的焦点。近年来,校车事故时有发生,这些惨痛的教训警醒具有行政管理职能的行政机关、学校、校车运营主体、家长都应当积极作为,只有全社会对校车安全形成共识,才能更好地保护幼儿上学路上的人身安全。

未取得"校车标牌""校车许可证"等非校车运载学生、校车超员、不按规定路线行走、安全设施不全和老化、私自更改座椅及车辆内部结构等问题都是校车安全领域的常见问题,为此 2012 年 4 月 5 日国务院第 617 号令《校车安全管理条例》公布施行,将学生用车及幼儿用车的校车安全管理纳入行政法规管理范围。工业和信息化部组织全国汽车标准化技术委员会制定修订了《专用校车安全技术条件》(GB24407-2012)《专用校车学生座椅系统及其车辆固定件的强度》(GB 24406—2012)两项关于校车的强制性标准。

《校车安全管理条例》第 62 条第三款规定"本条例施行后,用于接送小学生、幼儿的专用校车不能满足需求的,在省、自治区、直辖市人民政府规定的过渡期限内可以使用取得校车标牌的其他载客汽车",《专用校车安全技术条件》(GB24407-2012)将专用校车划分为幼儿专用校车、小学生专用校车和中小学生专用校车,并规定三类专用校车的乘坐对象分别为 3 周岁以上学龄前幼儿、小学生和九年制义务教育阶段学生(小学生和初中生),既符合了《校车安全管理条例》中运送幼儿、小学生应使用专用校车的规定,又充分考虑了农村地区九年制义务教育阶段学生使用同一辆专用校车上下学的可能性,有利于在保证学生上下学安全的同时提高专用校车使用率。关于校车安全的地方性规范中,湖南省教育厅、湖南省公安厅、湖南省交通运输厅联合下发《关于进一步加强全省校车安全管理工作的通知》(湘教通〔2013〕82 号)第 1 条第三款规定"确保过渡交通安全。根据《条例》规定,《条例》实施允许存在过渡期,我省初定过渡期为6至8年。过渡期内,县级人民政府要按照'既保证安全、又不让学生无车可乘'的原则,先行制订交通安全方案,组织建立并严格落实校车使用许可制度和校车驾驶人资格审批制度"。

在某市幼儿园与某县人民政府行政命令一案中①,原告系经教育局批准,获得民办学校办学许可证设立的民办幼儿园,2010年7月,原告购买11座金杯车作为接送幼儿的车辆,并在县教育局和交警大队备案登记、粘贴校车标志和校车颜色,作为"非专用校车"使用接送幼儿。2012年6月11日,被告办公室下发某政办发〔2012〕12号《某县农村中小学学生用车管理暂行办法》(已于2017年失效)的通知,成立以县政府县长任组长、主管教育和交通的副县长任副组长的学生用车管理工作领导小组。此后,被告又下发某政办发〔2012〕24号《某县农村中小学生用车管理实施方案》(已于2017年失效)的通知,2013年4月15日,某县学生用车管理领导小组办公室印发《关于取得幼儿园校车服务资质的客运公司及其服务对象划分的通知》,将全县83所幼儿园的校车划分给某县兴达客运公司和兴隆客运公司。2015年6月11日,被告设立的县学生管理领导小组办公室作出停运通知,指出投入接送幼儿入园的车辆不符合校车安全国家标准,不能继续作为校车使用,自接到通知后立即停运,不再提供校车服务。该县42家幼儿园不服,诉至法院。

法院认为被告作出的停运通知中所称原告用于接送幼儿的车辆,系原告自行购买并登记在以法定代表人名下的载客车辆,不属于专用校车;《校车安全管理条例》后,原告没有取得校车使用许可证,也没有取得公安机关交通管理部门核发的校车标牌。按照《校车安全管理条例》第60条第二款:"入园幼儿应当由监护人或者其委托的成年人接送。对确因特殊情况不能由监护人或者其委托的成年人接送,需要使用车辆集中接送的,应当使用按照专用校车国家标准设计和制造的幼儿专用校车,遵守本条例校车安全管理的规定"及第62条第二款规定"本条例施行前已经配备校车的学校和校车服务提供者及其聘用的校车驾驶人应当自本条例施行之日起90日内,依照本条例的规定申请取得校车使用许

---

① (2015)张中行初字第79号。

可、校车驾驶资格。"的规定,被告作出停运通知并无不当;被告在作出停运通知前,依照相关程序告知原告所使用的车辆不符合接送幼儿的"专用车辆"国家标准,又不能通过车辆技术改造,其接送幼儿的车辆不符合《校车安全管理条例》中所称"专用校车"的规定;同时,原告接送的车辆也没有取得校车标牌,不属于"省级人民政府规定的过渡期限内可以使用取得校车标牌的其他载客汽车"的情形,因此,原告提出应当适用"过渡期"的规定继续使用停运所称"车辆"用于接送幼儿的理由不能成立。原告要求被告赔偿因停运车辆造成的损失没有证据证实,依法不予支持。综上,被告作出停运通知行政行为证据确凿、适用法规正确,符合法定程序。原告请求撤销被告作出停运通知及附带提出主张赔偿损失于法无据,不予支持。

三、行政处罚

在 40 例行政处罚类案件中,涉及幼儿园食品安全的案件为 12 例,幼儿人身安全的案件 3 例,幼儿园未处理好外部经济纠纷导致办学存在危险和漏洞的案件 6 例,未取得建设工程规划许可证违法建设案件为 4 例,反映出在学前教育阶段幼儿园的办学风险多发于食品安全、外部性经济纠纷处理不当、违法建设等领域。

(一)数据纵览

1. 年份与地域分布

(1)年份分布

2014—2020 年学前教育阶段行政处罚案件共 40 例,7 年期间的案件数量呈波浪式分布。最高峰值出现在 2019 年(11 例);2017 年案件略有回落(2 例);截至 2021 年 3 月 18 日,2020 年受疫情或其他因素影响,上传到裁判文书网的案件数量较少,共 8 例。

(2)地域分布

2014—2020 年,学前教育阶段的行政处罚一审行政案件共涉及全国 17 个省、自治区、直辖市,地域分布呈现出一定的地域差异。涉案最多的前三个省级行政区分别为广东(6 例)、安徽、河南(均为 5 例)、内蒙古(4 例)。广西、辽宁、北京等省级行政区均为 1 例。

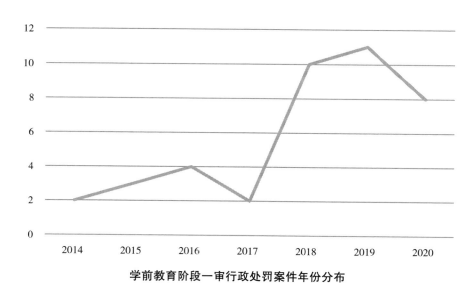

学前教育阶段一审行政处罚案件年份分布

2. 当事人情况勾勒

（1）原告及第三人性质

在 40 例行政处罚案件中，其中幼儿园作为原告的案件有 34 例，公民作为原告、幼儿园作为第三人的案件 6 例。

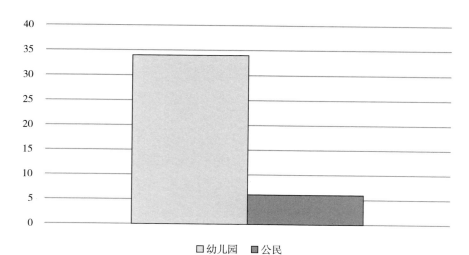

□ 幼儿园　■ 公民

学前教育阶段一审行政处罚案件原告及第三人情况（例）

（2）被告情况

从学前教育阶段一审行政处罚案件提取到的被告来看,教育主管部门作为被告的案件 14 次,市场监督管理部门作为被告的案件 13 次,公安部门作为被告的案件 8 次,财政部门作为被告的案件 4 次,社会保障部门作为被告的案件 1 次。

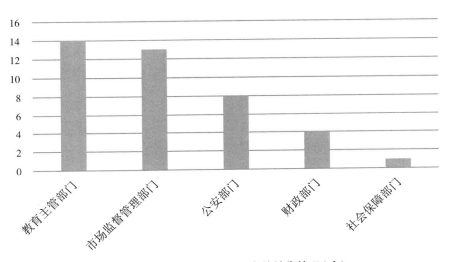

学前教育阶段一审行政处罚案件被告情况（次）

（2）当事人律师参与情况

在 40 例行政处罚案件中,原被告双方均有律师参与的案件为 24 例,仅原告有律师参与的案件为 6 例,仅被告有律师参与的案件为 7 例,原被告双方均无律师参与的案件为 3 例。总体而言,律师参与率较高,被告的律师参与率较原告律师参与率高。从律师来源来看,原被告双方律师主要是自行委托律师,作为行政相对人的原告法律援助律师比例高于被告。

3. 程序参与

在 40 例行政处罚案件中,经过听证的案件为 11 例占比 27.50%,未经听证案件为 29 例占比 72.50%。在行政处罚决定作出后,经过复议的案件为 7 例占比 17.50%,未经复议的案件为 33 例占比 82.50%。总体而言,行政相对人较少依靠听证、行政复议等行政机关的内部救济和监督途径,一般在行政机关作出工伤认定决定后即行起诉。

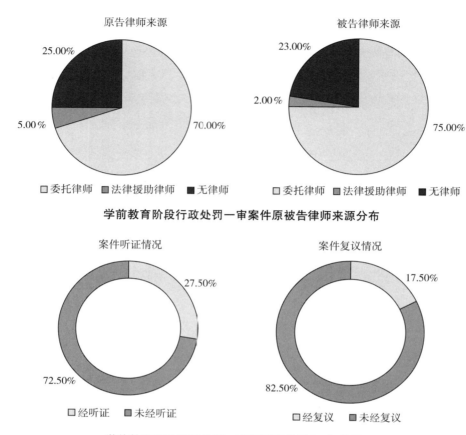

学前教育阶段行政处罚一审案件原被告律师来源分布

学前教育阶段行政处罚一审行政案件听证、复议情况

4. 行政处罚的种类

在学前教育阶段行政处罚一审案件中,行政机关对幼儿园共处以停止办学处罚 9 次、吊销办学许可 10 次,没收违法所得 4 次。没收用于违法经营的物品 10 次、罚款 20 次、警告 4 次;对个人处以行政拘留 2 次。

5. 判决结果

在学前教育阶段行政处罚一审案件中,行政相对人败诉的案件为 28 例,部分胜诉 4 例,胜诉 8 例。总体而言,行政相对人提起诉讼的案件,大部分均被法院以行政处罚决定事实清楚、证据充分驳回。

(二)案件争议焦点类型化分析

行政处罚,是指由法律所特定的行政主体依法对违反行政管理秩序而尚未

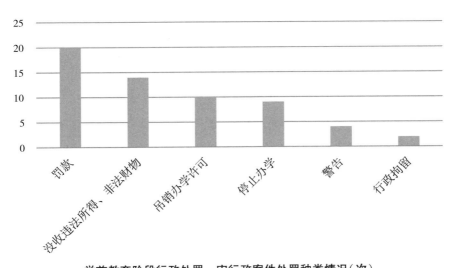

学前教育阶段行政处罚一审行政案件处罚种类情况（次）

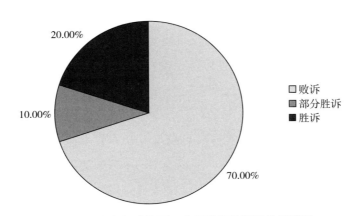

学前教育阶段行政处罚一审行政案件诉讼结果情况

构成犯罪的行政相对人所给予的行政制裁。① 行政处罚是我国行政执法的一种重要方式,集中创设行政处罚制度、规制行政处罚行为的法是《行政处罚法》,现行《行政处罚法》已由中华人民共和国第十三届全国人民代表大会常务委员会第二十五次会议于 2021 年 1 月 22 日修订通过,自 2021 年 7 月 15 日起施行。新修订的《行政处罚法》增设了行政处罚的定义、增加了行政处罚的种类,将通

---

① 顾建亚主编:《行政法:案例与分析》,浙江大学出版社 2016 年版,第 97 页。

报批评作为行政处罚的一种,但本书的案例均发生于新修《行政处罚法》颁布施行之前,故本书分析所用的法律条文将以案件审理时生效适用的法律文本为准。

学前教育阶段中的行政处罚案件主要多发于幼儿园食品安全领域、幼儿园基础设施、幼儿人身安全等领域,主要争议焦点是行政处罚决定依据的事实是否清楚、程序是否合法。

1. 食品安全

(1)幼儿园是否为《食品安全法》规定的食品经营单位

《食品安全法》第2条规定"食品生产指的是食品生产和加工,食品经营指的是食品销售和餐饮服务",第35条规定"国家对食品生产经营实行许可制度。从事食品生产、食品销售、餐饮服务,应当依法取得许可。但是,销售食用农产品,不需要取得许可"。因此凡是提供餐饮服务的幼儿园均应当按照《食品安全法》《行政许可法》的相关规定向县级以上地方人民政府食品安全监督管理部门申请办理食品经营许可证。在某市幼儿园被某市食品药品监督管理局行政处罚一案中①,被告某市某食品药品监督管理局对原告进行现场检查中发现原告食堂工作人员在为学生备制午餐,且未能提供食品经营许可证。被告以未取得食品生产经营许可从事食品生产经营活动作出没收违法所得9630元、用于违法生产经营的工具、罚款50000元的处罚决定。法院认为《食品安全法》第35条规定"国家对食品生产经营实行许可制度。从事食品生产、食品销售、餐饮服务,应当依法取得许可",第122条规定,未取得食品生产经营许可从事食品生产经营活动,由县级以上人民政府食品药品监督管理部门没收违法所得和违法生产经营的食品以及用于违法生产经营的工具、设备、原料等物品;违法生产经营的食品货值金额不足一万元的,并处五万元以上十万元以下罚款。本案原告违法所得是9630元,不足一万元,被告对其作出行政处罚适用法律正确、程序合法。

(2)幼儿园未履行食品采购查验义务

《食品安全法》第53条第一款规定:"食品经营者采购食品,应当查验供货者的许可证和食品出厂检验合格证或者其他合格证明。"根据该规定,幼儿园在

---

① (2018)皖0403行初43号。

采购食材时,应当建立食品进货查验记录制度,按规定查验销售者的许可证和产品的合格证明。在某市幼儿园不服被告某市食品药品监督管理局行政处罚一案中①,被告到原告所在区域进行监督检查过程中发现原告在购买食品、食品添加剂时未查验产品的合格证明文件,未完全履行进货查验义务,事先告知原告拟作出的警告的行政处罚,并告知了原告依法享有陈述、申辩的权利,原告提出申辩意见,被告复核后,决定对原告作出警告处罚。法院认为,《食品安全法》第53条第一款规定:"食品经营者采购食品,应当查验供货者的许可证和食品出厂检验合格证或者其他合格证明。"根据该规定,原告在购买涉案腐竹时,作为食品经营者,应按规定查验销售者的许可证和产品的合格证明。根据被告在对邓某作的询问调查笔录显示,原告在购进涉案腐竹时有查验供货者的营业执照及食品经营许可证,但是并未查验涉案腐竹的《检验报告》等其他合格证明文件。结合原告向被告提供的供货商的营业执照、食品生产许可证等证据,可证明原告在购进涉案腐竹时未向销售者索要或查看产品的合格证明文件。原告的上述行为违反了《食品安全法》第53条第一款的规定。同时,《食品安全法》第126条第一款第三项规定:"违反本法规定,有下列情形之一的,由县级以上人民政府食品药品监督管理部门责令改正,给予警告;拒不改正的,处五千元以上五万元以下罚款;情节严重的,责令停产停业,直至吊销许可证:(三)食品、食品添加剂生产经营者进货时未查验许可证和相关证明文件,或者未按规定建立并遵守进货查验记录、出厂检验记录和销售记录制度。"被告根据查明的事实,认定原告未按规定查验产品的合格证明文件,根据上述法律的规定对原告作出警告的处罚并无不当。在某幼儿园有限公司不服某市场监督管理局行政处罚一案中②,被告在调查中发现未建立食品进货查验记录制度,在履行告知、送达等法定程序后决定给予原告公司警告行政处罚。法院认为被诉行政处罚决定,事实清楚,证据充分,程序合法,适用法律法规正确,处罚适当。

2. 幼儿园外部债务纠纷导致幼儿人身安全隐患

幼儿的人身安全保障工作贯穿于幼儿园办学过程的始终,保障幼儿安全的

---

① (2018)粤0606行初1210号。
② (2020)桂1322行初2号。

工作重点不仅仅局限于园区内部设备、设施、内部人员的安全等,更要防范外部风险导致的安全隐患。

(1)校舍租赁纠纷导致重大安全隐患

在某幼儿园不服某区教育局行政处罚一案中①,原告幼儿园的举办者在未详尽调查义务的情况下,租赁存在权属纠纷的房屋作为幼儿园的办学场所,后遭到权属纠纷当事人多次用瓶装的大便或汽油对幼儿园的玻璃大门进行泼洒、污损,且携带瓶装的汽油到幼儿园的大厅内,将瓶内汽油泼洒在大厅内,准备用打火机点燃汽油时,被幼儿园工作人员和在场幼儿家长及时制止,当时园内共有幼儿100余名。因此被告对原告作出责令停止招生、吊销办学许可证的行政处罚。法院认为:原告在李某某多次用瓶装的大便或汽油对其玻璃大门进行泼洒、污损的情况下,未提高安全意识,未采取安全防范措施消除安全隐患,导致发生李某某在幼儿园上课期间携带瓶装汽油来到幼儿园大厅内,欲实施放火犯罪(未遂)。该事件产生恶劣社会影响,证明原告幼儿园存在重大安全隐患,属于情节严重的情形。被告以原告幼儿园存在重大安全隐患为由,依据《民办教育促进法》第62条的规定,对原告作出责令停止招生、吊销办学许可证的行政处罚决定,该决定系、认定事实清楚,证据充分,适用法律法规正确,符合法定程序。

(2)幼儿园法定代表人债务纠纷导致安全隐患

在张某某不服被告某区公安分局行政处罚一案中②,原告为讨要债务,多次对案外人杨某某扬言欲对第三人幼儿园实施放火、爆炸,加害第三人幼儿园及入园儿童。被告根据《治安管理处罚法》第26条、第25条第三项、第16条的规定,决定对原告以扬言实施放火、爆炸行政拘留七日、以寻衅滋事行政拘留十二日,合并执行行政拘留十九日。法院认为原告第一次实施对第三人轿车堵门时,被告民警已经指出其行为违法,并告知了解决经济纠纷的途径,而原告为了实现其讨债目的,明知其行为违法却再次对第三人实施轿车堵门,并打报警电话称购买汽油自焚。原告的行为不仅影响了第三人的正常经营秩序,也影响了幼儿园入

① (2016)湘0521行初19号。
② (2020)豫0803行初14号。

园儿童的学习生活,并对入园儿童的人身安全构成潜在威胁,且报警扬言实施放火、爆炸更是对公安机关和公共安全的公然挑衅。被告根据《治安管理处罚法》第 16 条、第 25 条、第 26 条的规定,对原告作出的行政处罚事实清楚,证据确凿,适用法律正确,符合法定程序。

3. 内部管理混乱存在安全隐患应受行政处罚

（1）人员管理不当

幼儿园内部管理有管职工、管事、管幼儿三个维度。管人即管好幼儿园教职工,管事即管好幼儿教育的相关事务,管幼儿指的是管理有关幼儿在园日常饮食、健康等事务。幼儿园内部管理不当,存在安全隐患的应受行政处罚。

在某幼儿园不服被告某区教育局行政处罚一案中①,原告的保安黄某某因猥亵该园幼儿被人民法院判处有期徒刑。被告因此根据《民办教育促进法》第 62 条的规定,作出责令原告停止招生、吊销办学许可证的教育行政处罚。法院认为原告的保安黄某某猥亵该园幼儿,侵犯了受教育者的合法权益,产生了恶劣的社会影响,其行为具有严重的社会危害性,作为其管理单位的原告理应承担相应法律责任,受到行政处罚。

（2）私自喂药受处罚

儿童正处于生长发育的时期,许多脏器功能都没有发育完善,肝、肾的解毒和排泄功能以及血脑屏障的作用也不健全,对药品的适应性要求更加苛刻,对药品的安全性要求更高,不合理用药、用药错误都有可能会对孩子造成终身的伤害。根据教育部《幼儿园工作规程》第 20 条第三款"幼儿园应当建立患病幼儿用药的委托交接制度,未经监护人委托或者同意,幼儿园不得给幼儿用药。幼儿园应当妥善管理药品,保证幼儿用药安全"。《托儿所幼儿园卫生保健工作规范》第二部分第 4 条:"患病儿童应当离园休息治疗,如果接受家长委托喂药时,应当做好药品交接和登记,并请家长签字确认",未经监护人委托或同意,幼儿园不得给幼儿服用,且幼儿园没有义务给孩子喂药,是否接受委托由幼儿园自行判断,若幼儿园私自给幼儿用药的可能涉嫌非法行医罪。

---

① （2015）邵东行初字第 35 号。

在某幼儿园不服被某区教育局行政处罚一案①中,原告擅自给在园幼童喂病毒灵感冒药引发幼儿家长上访,其负责人也遭受处罚,被告遂对其作出停止办园,吊销办学许可的行政处罚,并得到法院维持。

第三节　见微:典型案例剖析

一、吉林某幼儿园人身安全处罚纠纷案

某幼儿园不服某教育局行政处罚纠纷案

（2014）昌行初字第 10 号

【关键词】

幼儿人身安全　私自喂药　行政处罚

【基本案情】

2014 年 3 月,市某公安分局分别接到市某幼儿园四分园工作人员和幼儿家长报警。该院工作人员报警称有多名孩子家长围堵幼儿园发生纠纷,家长报案称幼儿园给幼儿集体喂食病毒灵,孩子表现出不良症状。调查后发现自 2013 年 7 月起该幼儿园无处方给幼儿集体服用病毒灵,遂作出立案决定书,后该幼儿园相关负责人被采取刑事强制措施。该事件后被教育部办公厅、国家卫生计生委办公厅通报。

后被告区教育局接到幼儿家长对该事件的上访,经调查后遂对原告吉林某幼儿园作出行政处罚告知书并于作出之日向原告法人代表纪某某送达。随后,被告决定给予原告停止办园、吊销《民办学校办学许可证》的行政处罚,原告不服遂诉至法院,本案经二审维持原判。

【原告主张】

原告主张其系为预防疾病在幼儿园之间相互传播,给部分幼儿喂食了一种抗病毒的药物。被告在事情未调查核实之前,将原告的《民办学校办学许可证》

---

① （2014）昌行初字第 10 号。

予以吊销,被告的处罚行为违反了法定程序,无事实依据,依据的法律、法规部分错误,侵犯了原告的合法权益,请求法院确认被告所作行政处罚决定违法并予以撤销。

【被告辩称】

被告对原告的行政处罚既有事实根据,又有法律依据,证据确凿充分,处罚程序合法。原告的违法行为已由公安机关查证属实,喂药事件在媒体曝光,家长集体上访,并受到国家部委的通报批评,经幼儿园的行业主管部门区教育局立案调查,情况属实。程序上,被告根据相关法律规定充分告知了原告应享有的提出听证申请、进行陈述和申辩的各项权利以及行使各项权利的期限。

【裁判理由】

法院认为被告作出的行政处罚决定认定事实清楚,原告擅自给幼儿喂食病毒灵及产生重大社会影响的事实有公安机关对纪某某、沈某某及其他分园园长的讯问笔录及被告对幼儿园教师的询问笔录为证,并有相关媒体报道、家长群体信访的照片予以佐证,证据充分。

关于原告认为被告作出处罚决定程序违法、适用法律错误,法院认为,虽然处罚决定告知书系纪某某被羁押期间送达,但并不影响其做出陈述和申辩以及提出听证申请,且纪某某在取保候审后,亦未提出向被告提出申辩、听证申请,且其签收《教育行政处罚决定书》时明确表示放弃上述权利,故被诉具体行政行为在程序上并未剥夺原告的相关权利。

关于适用法律问题,《民办教育促进法》第 62 条规定:"民办学校有下列行为之一的,由审批机关或者其他有关部门责令限期改正,并予以警告;有违法所得的,退还所收费用后没收违法所得;情节严重的,责令停止招生、吊销办学许可证;构成犯罪的,依法追究刑事责任:……五、管理混乱严重影响教育教学,产生恶劣社会影响的……。《幼儿园管理条例》第 27 条规定:"违反本条例,具有下列情形之一的幼儿园,由教育行政部门视情节轻重,给予限期整顿、停止招生、停止办园的行政处罚:……二、园舍、设施不符合国家卫生标准、安全标准,妨害幼儿身体健康或者威胁幼儿生命安全的……"。本案原告没有聘请有资质的医护人员,未设立医护区域,未经家长同意,擅自给幼儿喂药的行为应视为设施不齐备、管理混乱,且该行为已造成家长群体信访、由多家媒体报道并被教育部办公厅、国家卫生计生办公厅通报,已造成了恶劣的社会影响,被告适用法律条款并无不当。

【案件点评】

本案属于典型的教育行政领域的行政处罚案件,本案事实清楚、证据确实充分。幼儿园作为学前教育的重要场所,是教育行政领域重要的关照对象。目前我国学前教育机构主要包括民办幼儿园和公立幼儿园两种类型,民办幼儿园与公立幼儿园都不具有盈利性质,即便民办幼儿园也需要严格按照国家法律规定进行管理和教育,其中对幼儿园的管理规定适用于所有类型幼儿园的设立和管理。

民办幼儿园在教育管理过程中应当严格按照《幼儿园管理条例》的规定履行相关教育管理职能。《幼儿园管理条例》第27条规定了教育行政部门视情节轻重,给予限期整顿、停止招生、停止办园的行政处罚的情形,包括:(一)未经登记注册,擅自招收幼儿的;(二)园舍、设施不符合国家卫生标准、安全标准,妨害幼儿身体健康或者威胁幼儿生命安全的;(三)教育内容和方法违背幼儿教育规律,损害幼儿身心健康的。

本案中法院将对私自给幼儿喂药的行为界定为"不符合国家卫生标准和安全标注的医务设施和医务人员,违规使用处方药妨害幼儿身体健康或威胁幼儿生命安全的行为"。由于民办幼儿园与公立幼儿园在举办者上存在差异,因此民办幼儿园举办者和负责人(园长)在办学过程中容易忽略法律强制性规定,因此对民办教育机构在举办和运营过程中应当指导和监督其教育和管理过程,因此对其管理过程中出现的问题应当进行符合比例原则的处罚。

本案中法院在认定行政机关的行政处罚行为的合法性过程中,关注了处罚主体的权限、处罚程序、处罚依据以及处罚程度,同时对民办幼儿园的"集体喂药"行为的性质和背后凸显的管理混乱和资质缺失进行了剖析,结合本案中"违法行为"的性质恶劣、造成的重大不良社会影响,综合认定本案的行政处罚行为并无不当、故驳回诉讼请求。

点评人:四川上行律师事务所　宇龙

二、重庆某幼儿园职工工伤认定纠纷案

某幼儿园不服某人社局工伤认定纠纷案

（2016）渝 0153 行初 151 号

【关键词】

幼儿园职工　劳动关系　工作职责　工伤认定

【基本案情】

原告区某幼儿园系依法成立的民办非企业组织,具备合法的用工主体资格。第三人赖某某是符合法定劳动年龄、具备履行劳动合同义务以及相应行为能力的自然人。第三人于 2015 年 9 月 1 日起到原告处从事保育员工作,在原告食堂给学生取餐时不慎跌倒摔伤,手被烫伤。经第三人申请区劳动人事争议仲裁委员会作出仲裁裁决书,确认第三人与原告从 2015 年 9 月 1 日起劳动关系成立。2016 年 5 月 16 日,第三人向被告区人社局提出工伤认定申请。被告于受理后,依法向原告送达了举证通知书、审查原告提交的证据,经调查核实,作出《认定工伤决定书》,认定第三人 2015 年 9 月 17 日受伤属于工伤,并将该决定书送达了原告及第三人。

【原告主张】

第三人受伤系本人安全意识淡薄,违规所致,且不在其工作场所内,更不是保育员的工作职责,不符合认定工伤的情形。被告作出的认定工伤决定事实不清,请求法院依法判决撤销被告作出的工伤认定决定。

【被告辩称】

第三人系原告聘用员工。2015 年 9 月 17 日,第三人在为幼儿准备午饭时在厨房摔倒受伤。2016 年 4 月 14 日,区劳动人事争议仲裁委员会裁决第三人与原告从 2015 年 9 月 1 日起存在劳动关系。被告根据《工伤保险条例》第 14 条第一项的规定对第三人受伤认定为工伤。综上,请求法院依法驳回原告的诉讼请求。

【第三人意见】

同意被告人社局的答辩意见。

【裁判理由】

原告单位制定的"保育员职责"中有照顾幼儿进食的相应规定,第三人去厨房为幼儿端饭菜,与其工作职责具有很强的关联性,系从事与原告的经营范围相关的事项,故第三人端饭菜中不慎摔伤属于因工作原因受伤,第三人在工作时间和工作场所内,因工作原因受到事故伤害,符合《工伤保险条例》第 14 条第一项规定的情形,被告据此认定第三人受伤属于工伤,事实清楚,适用法律法规正确。综上,被告作出的认定工伤决定事实清楚,证据确凿,适用法律、法规准确,程序合法。

【案件点评】

本案涉及学前教育机构内员工职责规定以及工伤认定的依据适用问题。人社机关在进行工伤认定时需要关注如下几点事实:

(1)原告的办学资格,明确其具有聘用员工开展学前教育的资格;

(2)第三人与原告之间存在劳动关系;

(3)第三人受伤是工作原因所致。

本案焦点主要是"保育员职责"的认定与受伤之间的关联认定。法院认为本案中第三人在为幼儿提供照顾进食服务过程中进厨房为幼儿端菜的行为属于与其照顾幼儿进食行为具有强关联的行为,故而认定其受伤是属于工作时间、工作场所内的工伤。

法院针对"保育员"的裁判观点实际上体现了对学前教育的参与主体的劳动权利的保障目的。学前教育作为我国教育体系中最前端的教育阶段,在过去教育法治发展过程中一直处于较为边缘化的地位,在近几年随着教育法治的不断提高,学前教育从教育和管理两个层面得到了重大改革,其中针对教育参加者的幼儿教师以及保育员的劳动权利的保障得到进一步改善,尤其是针对保育员的相关社会保障得到关注。对教育参加者的权利保障实际上对学期教育的投入和队伍的质量提高起到助推作用,从而保障学前教育阶段儿童能够获得持续、稳定、高质量的照顾和陪伴。

因此,本案法院判决体现了这一价值趋向,也进一步提醒教育机构在日常管理中提高安全标准,确保教育参与者和学生的人身安全得到切实保障。

点评人:四川上行律师事务所　宇龙

三、广西某幼儿园食品安全处罚纠纷案

某幼儿园不服某市场监管局食品安全行政处罚案

(2020)桂 1322 行初 2 号

【关键词】

幼儿食品安全　食品经营许可　行政处罚

【基本案情】

余某某于 2019 年 7 月 2 日取得办学许可证。原告暑假班于 2019 年 7 月 8 日开始招生,并为幼儿提供餐饮服务,2019 年 7 月 17 日,被告的执法人员到原告公司检查,发现原告公司开设暑假班从事餐饮服务,但无食物留样记录、食品及食品原料采购记录、日常用品消毒记录等。被告在现场检查时还发现原告购买回来用于向幼儿提供餐饮服务的泰香米 1 袋(净含量 25kg)、金鼎纯香花生油 1 桶(净含量 5 升)。被告于 2019 年 7 月 17 日作出实施行政强制措施决定书,对上述两物品予以扣押,并向原告送达了决定书。并于同日作出责令改正通知书,要求原告改正违法行为,向原告送达了上述通知书。原告于同年 7 月 18 日停止开办暑假班,2019 年 7 月 19 日被告对原告涉嫌未取得食品经营许可证从事食品经营活动进行立案,2019 年 9 月 12 日被告作出行政处罚听证告知书,向原告告知其有权进行陈述、申辩,并可要求举行听证的权利。被告于同日向原告送达了上述告知书,原告在收到告知书后未提出陈述、申辩,也未要求举行听证。2019 年 9 月 23 日被告作出行政处罚决定书,决定对原告给予警告、没收违法所得、处罚款 15000 元。并于同日向原告送达了行政处罚决定书。

【原告主张】

原告认为,原告于 2018 年 3 月起就向县教育局申请办学许可证,也一同向市场监督管理局申请办理就餐的《食品经营许可证》,同时也在教育局及相关部门的监督指导下开始招生试业。由于幼儿园为特殊行业,新的法规在申请《办学许可证》时,并未允许同时申请办理《营业执照》和《食品经营许可证》。要求

先取得《办学许可证》后，才能办理《营业执照》，最后办理《食品经营许可证》。原告依法积极办理各种相关证照，但是申办《办学许可证》是一个漫长和繁杂的过程，由于办证制度的设计缺失，没有规定取得《办学许可证》后多长时间内应办理《营业执照》《食品经营许可证》。原告认为应给一定合理时限，如在合理时限内未进行办理，则可以进行行政处罚。

【被告辩称】

被告辩称：

一、被告作出的认定事实清楚。被告在此前的执法检查过程中，发现原告属于无证经营，于 2019 年 4 月 19 日向该幼儿园下达《监督意见书》，责令该幼儿园停止餐饮服务经营。2019 年 7 月 17 日，在现场检查过程中，原告未能出示《食品经营许可证》。在未取得食品经营许可证情况下为在园的幼儿学生提供餐饮服务并按每天 11 元的标准收取伙食费。虽然建立食品采购记录、餐饮具消毒食品安全管理制度，但没有建立就餐人数记录及考勤记录。原告在采购食品时，未索取相关票据、未建立采购记录，未对每餐加工的食品成品进行留样、未建立消毒记录。并下达《责令改正通知书》。被告处罚程序合法，处罚结果正确、合理。基于原告存在违法行为，被告在 2019 年 7 月 19 日对原告进行立案查处，在查处过程中，依法收集相关的证据，扣押涉案物品，并告知当事人享有要求回避、听证等相关权利和义务。案件经过集体讨论后，于 2019 年 9 月 23 日作出行政处罚决定，程序合法。

二、原告涉嫌未按要求留样的行为，给予警告的行政处罚。原告涉嫌未建立食品进货查验记录行为，给予警告的行政处罚。原告未取得食品经营许可证为学生提供餐饮服务，属于涉嫌未取得食品经营许可证从事食品经营活动的行为，违反《食品安全法》第 35 条第一款的规定，应当依据《食品安全法》第 122 条第一款的规定处以五万元以上十万以下的处罚。但考虑到原告积极进行整改，停止违法行为，主动消除、减轻违法行为危害后果。截至案件调查终结前没有接到幼儿食用食品出现食品安全事故的举报，没有造成社会危害后果。依据《行政处罚法》的规定，依法对原告违法行为给予适当的减轻处罚。

三、国家放宽办学准入条件，并不能免除原告依法办理教学时应当履行的审批事项，也不能免除其在为学生提供食品餐饮服务中应当履行的食品安全制度。

食品安全关乎到每一名学生、每一个家庭、每一个学校甚至整个社会的安全。被告作为食品安全的主管部门,应当做好学校食品安全预防措施和检查工作。

【裁判理由】

本案中,被告在调查中发现原告在没有取得食品经营许可的前提下从事了食品经营活动,即依法责令原告公司改正违法行为。被告最终认定原告公司未取得食品经营许可从事食品经营活动,未建立食品进货查验记录制度、未按要求对加工制作的食品进行留样等违法行为,在履行告知、送达等法定程序后决定给予原告公司被诉行政处罚。被诉行政处罚决定,事实清楚,证据充分,程序合法,适用法律法规正确,处罚适当。

【案件点评】

本案围绕学前教育机构的办学行政许可取得展开,我国的学前教育机构举办资格被纳入行政许可事项中,需要国家有权机关通过受理、审查等方式予以确认后,方可取得。学前教育作为我国教育体系中的重要一环,未取得许可办学属于法律禁止的行为。

本案在办学初期未取得办学许可证,经执法机关责令停止餐饮服务经营后方可办理办学许可证,后在执法检查中发现其在未取得食品经营许可的情况下为幼儿提供餐食,并发现一系列违法行为,行政机关按照行政处罚法的规定依法对被告作出了处罚决定。针对处罚决定,幼儿园主张其已经具有办学许可证,其他相关行政许可尚在申请过程中,并认为相关法律规范性文件没有禁止其在申请食品经营许可证过程中不得开展具体的办园活动。

法院针对这一核心争议作出的判决体现了如下观点:

一、《民办教育促进法》等相关法律虽然对民办幼儿园的举办资格予以放宽,但作为一项行政许可事项,其举办资格在基础条件方面与公办幼儿园是一致,将幼儿人身安全等方面的保障性条件作为基础性审批条件之一。

二、立法规定举办幼儿园等学前教育机构需先申请《办学许可证》,后申请办理《营业执照》和《食品经营许可证》。这种申请模式的设置主要体现了国家对举办幼儿园等学前教育机构的相关行政许可时,采取审慎原则。

三、幼儿园等学前教育机构在办学过程中需要严格遵守食品安全卫生制度，必须在取得《食品经营许可证》后方可进行许可范围内的食品经营活动。作为教育机构，其应该严格遵守制度要求履行建立食品进货查验记录、按要求对加工制作的食品进行留样等义务。

点评人：四川上行律师事务所　宇龙

第二章 初等教育

初等教育阶段行政法律风险首先集中于因初等教育机构内部教职工管理保障体系不完善导致的职工提起工伤行政确认之诉的风险,其次是初等教育机构向行政机关申请行政作为的行政机关不履行法定职责的风险,再次是因学校用地而导致的被拆除的行政强制风险。这些风险将会影响到日常的教学管理工作,从而影响到办学机构的运转。本章将重点展示初等教育机构、教职工、学生及其家长作为行政相对人与行政主管、监管部门之间的案件基本数据、高发案由解读和经典案例剖析情况。

第一节 纵览:总体数据呈现

2014—2020 年,全国各级人民法院审结的初等教育阶段行政一审判决案件共计 229 例。本节从年份、地域、法院层级、适用程序、案由分布五个方面纵览了案件的基本特征,从原告情况、被告类型、级别、出庭情况和第三人情况勾勒了案件当事人特征,分析了原被告与第三人的律师参与情况,呈现了原告视角下和律师参与下的判决结果。

一、案件特征

(一)年份分布

从时间分布来看,2014—2019 年审结案件的判决文书数量整体上呈现出上升的趋势。其中,2015 年审结案件的一审判决书数量为 42 例,相较于 2014 年的 16 例,上升了 162.5 个百分点。

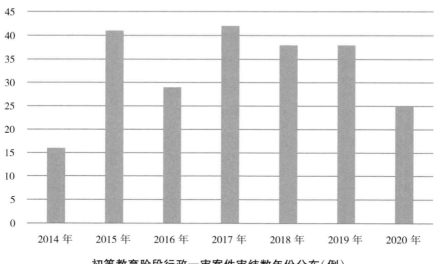

初等教育阶段行政一审案件审结数年份分布（例）

（二）地域分布

2014—2020 年,全国各级人民法院审结的初等教育阶段行政一审案件多发于中部、西南地区。判决书数量最多的三个省级行政区为湖南(22 例)、河南(22 例)、四川(18 例)。一审审结案件的判决书数量最少的五个省级行政区为北京、天津、山西、内蒙古、新疆,均为 1 例。

（三）法院层级分布

从审理法院层级分布来看,初等教育阶段一审行政案件中审理法院大多为基层法院,占 91.70%。具体而言,2014—2020 年基层人民法院、中级人民法院、高级人民法院审结的一审行政案件判决书数量依次为 210 例、19 例、0 例,各自在总数中的占比依次为 91.70%、8.30%、0。

（四）适用程序分布

从审理程序的适用来看,2014—2020 年全国基层人民法院、中级人民法院、高级人民法院、专门人民法院审结的一审行政案件中,适用普通程序的案件占了绝大多数(226 例),占 98.69%;适用简易程序审结的一审案件(3 例)占 1.31%。

（五）案由分布

从案由分布来看,根据被诉行政行为的具体类型,初等教育阶段一审行政案

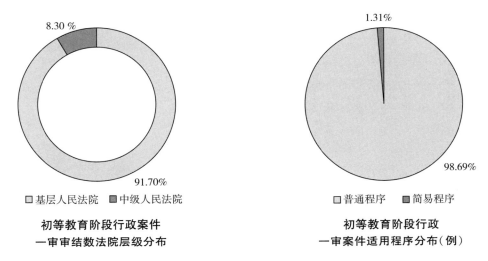

8.30 %

91.70%

□ 基层人民法院　■ 中级人民法院

初等教育阶段行政案件
一审审结数法院层级分布

1.31%

98.69%

□ 普通程序　■ 简易程序

初等教育阶段行政
一审案件适用程序分布（例）

件主要多发于行政确认（121 例）、不履行法定职责（19 例）、行政强制（14 例），
三种类型的案件合计占 2014—2020 年初等教育阶段一审判决案的 67.25%。其
次在行政处罚、行政登记、行政确权领域案件也较为频发。

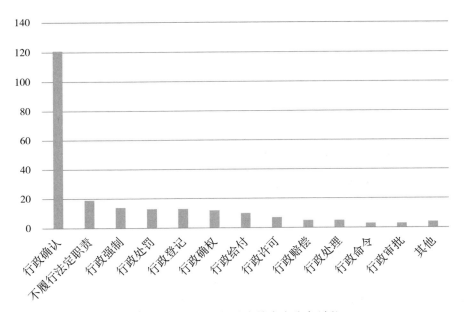

初等教育阶段一审行政案件案由分布（例）

二、当事人情况勾勒

（一）原告情况

从一审判决书中提取到原告主体来看，原告多为公民（162 例）占比 70.74%，其次为学校（53 例）占比 23.15%，法人或其他组织（14 例）占比 6.11%。

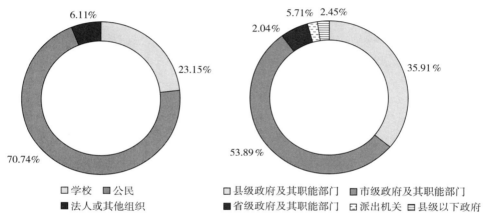

初等教育阶段一审行政案件原告类别分布　　初等教育阶段一审行政案件被告级别分布

（二）被告情况

1. 被告类型

从一审判决书中提取到的被告也就是行政机关来看，涉诉行政机关数量最多的依次为社会保障部门（143 次）、各级人民政府（67 次）、自然资源主管部门（18 次）。

2. 被告级别

前述被告中，省部级政府及其职能部门作为被告的案件为 14 次占比 5.71%；市级政府及其职能部门作为被告的案件为 132 次占比 53.89%；县级政府及其职能部门的作为被告 88 次占比 35.91%；县级以下镇政府作为被告为 6 次占比 2.45%，派出机关及派出机构作为被告为 5 次占比为 2.04%。

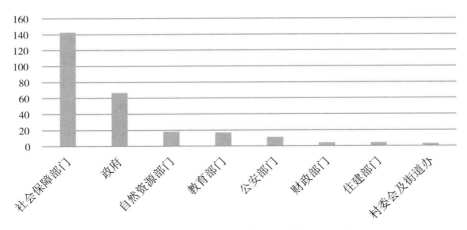

初等教育阶段一审行政案件被告类型分布（例）

3. 被告出庭情况

2014—2020 年所有初等教育阶段一审行政案件中，行政机关出庭的案件为 213 件占比 93.01%，行政机关未出庭的案件为 16 件占比为 6.99%。在行政机关出庭的案件中，行政机关负责人出庭的案件为 75 件占比为 35.21%，行政机关负责人未出庭的案件为 138 件占比 64.79%。

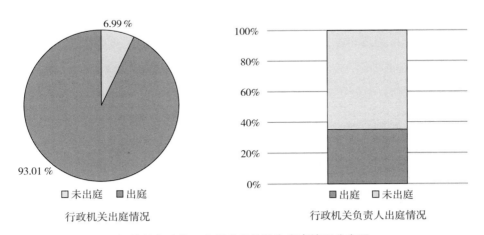

初等教育阶段一审行政案件被告出庭情况分布图

（三）第三人情况

从 229 份一审判决书中提取到的第三人看，没有第三人参与的为 23 例，有第三人参与的为 206 例。在有第三人参与的案件中，学校作为第三人参加诉讼

176 次,占 81.48%;公民 27 次占 12.50%;法人及其他组织 8 次占 3.70%;行政机关 5 次占比 2.32%。

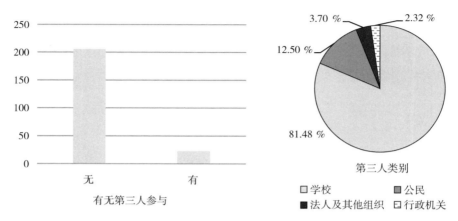

初等教育阶段一审行政案件第三人参与情况

三、律师参与

(一)原被告律师参与情况

在初等教育阶段的 229 例一审行政案件中,律师参与率较高。有律师参与的为 211 例,占 92.14%;无律师参与的为 18 例,占 7.86%。其中双方都有律师参与的案件为 132 例,仅原告有律师参与的为 58 例,仅被告有律师参与的为 21 例,原告律师参与率较被告律师参与率高。

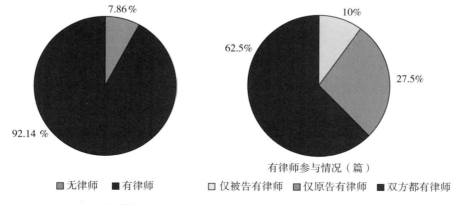

初等教育阶段一审行政案件原被告律师参与情况

（二）第三人律师情况

从初等教育阶段一审行政判决书中提取到的第三人律师参与情况来看,206例有第三人参与的案件中150例有律师参与,占72.82%;56例判决书无律师参与,占27.18%。

四、裁判情况

（一）判决结果（原告视角）

从初等教育阶段229例一审行政判决书中提取以原告视角的裁判结果来看,原告完全胜诉的一审行政案件为103件占比44.98%,部分胜诉7件占比3.05%,败诉119件占比51.97%。

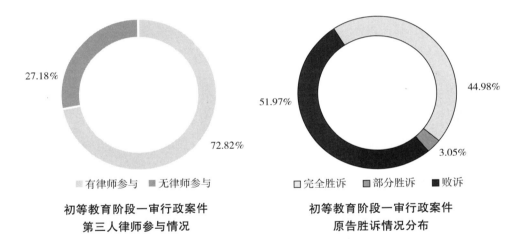

初等教育阶段一审行政案件
第三人律师参与情况

初等教育阶段一审行政案件
原告胜诉情况分布

（二）律师参与视角下的裁判结果

在初等教育阶段有律师参与的211例判决中,原告完全胜诉的为94件,占44.55%;部分胜诉7件,占3.32%;败诉110件,占52.13%。

其中双方都有律师参与的132例中,原告完全胜诉的为61件,占46.21%;部分胜诉的为4件,占3.03%;败诉的67件,占50.76%。

仅原告有律师参与的58例判决中,原告完全胜诉的29件,占50%;部分胜诉0件,占比0;败诉的29件,占50%。

仅被告有律师参与的21例判决中,原告完全胜诉的为4件,占19.05%;部分胜诉的 3 件,占 14.29%;败诉的 14 件,占 66.66%。

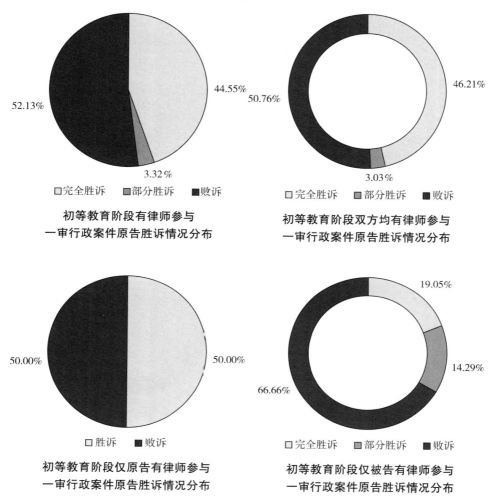

52.13%　　　　　　44.55%

3.32%

□完全胜诉　□部分胜诉　■败诉

初等教育阶段有律师参与
一审行政案件原告胜诉情况分布

50.76%　　　　　　46.21%

3.03%

□完全胜诉　□部分胜诉　■败诉

初等教育阶段双方均有律师参与
一审行政案件原告胜诉情况分布

50.00%　　　　　　50.00%

□胜诉　■败诉

初等教育阶段仅原告有律师参与
一审行政案件原告胜诉情况分布

19.05%

14.29%

66.66%

□完全胜诉　□部分胜诉　■败诉

初等教育阶段仅被告有律师参与
一审行政案件原告胜诉情况分布

没有律师参与的 18 例判决中,原告完全胜诉的为 9 件,占 50%;部分胜诉的
0 件占比 0;败诉的 9 件,占 50%。

第二节　聚焦:高发案由解读

初等教育阶段的主要纠纷集中于工伤认定行政确认、社保部门不履行法定
职责、教学用地行政强制领域,三种案由的案件合计为 154 例,占 2014—2020 年

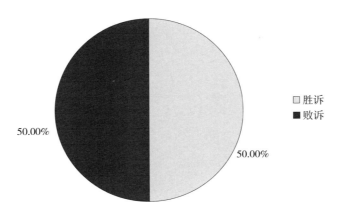

初等教育阶段无律师参与一审行政案件原告胜诉情况分布

初等教育阶段一审行政案件的 67.25%。

一、行政确认之工伤认定

在 121 例行政确认类案件中,涉及工伤认定的案件为 116 例,反映出在初等教育领域内教职工人事管理和劳动争议多发。其中小学作为原告的案件有 25 例、教职工作为原告的案件 91 例。主要争议焦点集中于如何合理认定劳动者(教职工)受伤是否属于工伤,具体是否符合"三工"原则、视同工伤、因工外出期间受伤的认定等领域。

(一)数据纵览

1. 年份与地域分布

(1)年份分布

2014—2020 年初等教育阶段工伤认定行政确认案件共 116 例,7 年期间的案件数量总体上呈上升趋势。最高峰值分别分布在 2017 年(23 例);2018 年、2019 年案件略有回落(20 例),截至 2021 年 3 月 18 日,2020 年受疫情或其他因素影响,上传到裁判文书网的案件数量较少,共 14 例。

(2)地域分布

2014—2020 年,初等教育阶段的工伤认定行政确认一审行政案件共涉及全国 24 个省、自治区、直辖市,地域分布呈现出一定的地域差异。案件最多的前三个省级行政区分别为湖南(18 例)、河南(12 例)、河北(8 例)。海南、吉林、宁夏

初等教育阶段工伤认定一审行政案件年份分布(例)

等省级行政区均为 1 例。

2. 当事人情况勾勒

(1)原被告及第三人性质

涉及工伤认定的 116 例案件中,其中用人单位(学校)作为原告的案件有 25 例、劳动者(教职工)作为原告的案件 91 例。学校作为第三人的案件 91 例,教职工作为第三人的案件为 25 例。

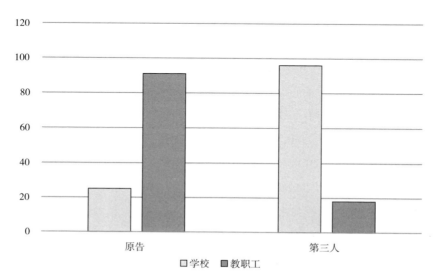

初等教育阶段工伤认定一审行政案件原告及第三人情况(例)

社会保障部门作为工伤认定的职能部门负责处理工伤认定的相关事务,因此在工伤认定行政确认案件中被告均为社会保障部门。

（2）当事人律师参与情况

在 116 例工伤行政确认案件中,原被告双方均有律师参与的案件为 67 例,仅原告有律师参与的案件为 37 例,仅被告有律师参与的案件为 6 例,原被告双方均无律师参与的案件为 6 例。总体而言,律师参与率较高,原告的律师参与率较被告律师参与率高。从律师来源来看,原被告双方律师主要是自行委托律师,作为行政相对人的原告法律援助律师比例高于被告。

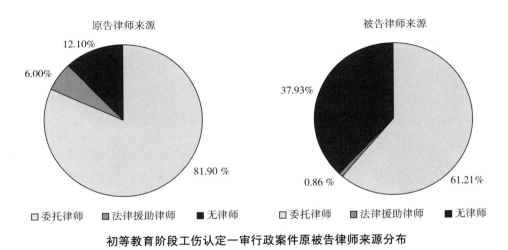

初等教育阶段工伤认定一审行政案件原被告律师来源分布

3. 程序参与

在 116 例工伤行政确认案件中,全部未经过听证。在工伤认定决定作出后,经过复议的案件为 28 例,占 24.14%;未经复议的案件为 88 例,占 75.86%。总体而言,行政相对人较少依靠听证、行政复议等行政机关的内部救济和监督途径,一般在行政机关作出工伤认定决定后即行起诉。

4. 判决结果

在初等教育阶段工伤行政确认一审案件中,行政相对人败诉的案件为 46 例,部分胜诉 0 例,胜诉 70 例。其中用人单位（学校）作为原告 33 例,其中 31 件败诉,2 件胜诉。劳动者（教职工）作为原告的 91 例,其中 30 件败诉,61 件胜诉,0 件部分胜诉。总体而言,学校作为用人单位提起诉讼的案件,大部分均被

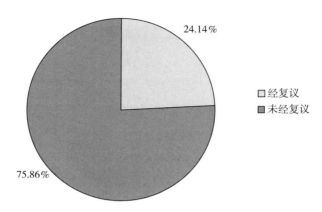

初等教育阶段工伤认定一审行政案件复议情况

法院以工伤认定事实清楚、证据充分驳回。而教职工作为劳动者提起诉讼的案件,胜诉率高于学校提起诉讼的案件。

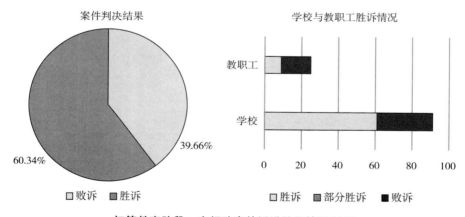

初等教育阶段一审行政案件诉讼结果情况(例)

(二)案件争议焦点类型化分析

此前学前教育阶段已经就工伤行政确认中的部分重点问题进行分析,故初等教育阶段中存在重合的部分不再赘述,重点选取学前教育阶段中没有涉及的问题进行分析。

1. 因工外出的外出期间界定

因工外出工伤认定重在"因工"。《工伤保险条例》第 14 条第五项规定"劳动者因工外出期间,由于工作原因受到伤害或发生事故下落不明的应认定为工伤",从逻辑结构上分析,该项规定包括了两个"因工"。其中之一强调了"因工外出期间",主要涉及时间和空间因素,是前提条件。①《最高人民法院关于审理工伤保险行政案件若干问题的规定》第5条规定,职工受用人单位指派或者因工作需要在工作场所以外从事与工作职责有关的活动期间,人社部门认定该情形为"因工外出期间"的,人民法院应予支持。也就是说,因工外出可以是受领导指派,也可以是因职责需要自行决定。

在吴某某与被告市某人力资源和社会保障局、市人民政府行政确认及行政复议一案中②,原告之夫张某1系第三人迁西县某小学的校长,张某1因工作需要自驾车到迁西县某初级中学,后被人发现在车中发病,经迁西县某医院抢救无效于当日死亡。被告认为张某1系私自外出,不符合因工外出认定的规定,故不予认定工伤。法院认为,迁西县某教育办公室出具的《关于张某某工伤认定的情况说明》并结合张某2等的调查笔录,能够证实张某1因工作原因到迁西县某中学,而被告提供的证据不足以证明张某1因私外出,故其所作出的《不予认定工伤决定书》依法应予撤销。

2. 因工外出工伤认定需坚持因工受伤原则

《工伤保险条例》第14条第五项规定的第二个"因工"是指"由于工作原因受到伤害或者发生事故下落不明",涉及的是因果关系因素,这是核心条件。工伤认定的基本原则之一就是劳动者因工受伤,因工外出期间受到伤害的需秉承着因工受伤原则。根据《最高人民法院关于审理工伤保险行政案件若干问题的规定》第5条规定,职工因工外出期间从事与工作或者受用人单位指派外出学习、开会无关的个人活动受到伤害,社会保险行政部门不认定为工伤的,人民法院应予支持。

在全某某与市某人力资源和社会保障局行政确认一案中③,原告全某作为第三人上海市某某小学的带队教师,在带领学生参加素质教育活动的当天参加"绝顶雄风"游玩项目后,原告至医院就诊,结果为胆道感染、梗阻性黄疸、胆囊结石、胆囊炎、左侧总肝管结石伴左侧肝内胆管扩张、小肠梗阻。被告以原告参

---

① 白显勇等:《"因工外出"工伤的判定与思考》,《中国社会保障》2015年第6期。
② (2018)冀0203行初305号。
③ (2014)青行初字第24号。

加"绝顶雄风"项目并非因工作原因,且被告所患疾病与参加该项目并无直接关联关系。法院认为:原告作为低年级学生的带队老师,而绝顶雄风项目风险大,低年级学生不符合该项目的游玩要求,故原告称游玩该项目出于工作原因无事实依据。本案原告未因工作原因受到事故伤害,病发亦非因工作原因导致,被告工伤认定事实清楚、适用法律法规正确。

3. 因工外出期间突发疾病的工伤认定

《最高人民法院关于审理工伤保险行政案件若干问题的规定》第5条对"因工外出期间"的概念范围作出了规定,即与工作职责有关的活动期间、外出学习或者开会期间、因工作需要的其他外出活动期间。同时规定了"职工因工外出期间从事与工作或者受用人单位指派外出学习、开会无关的个人活动受到伤害,社会保险行政部门不认定为工伤的,人民法院应予支持"。但对因工外出期间的起止点并未作出规定。实践中,对因工外出期间需要作合理的界定,不能仅仅理解为到达出差地之后正式开始工作的时间。单位的职工到外地工作不同于在单位内工作,其到外地工作的期间可以适当界定为:从离开单位或居住地前往目的地时起至回到单位或居住地时止。

在彭某、肖某等与市某人力资源和社会保障局行政确认一案①中,彭某系第三人某某小学教师,其受县教育和体育局及第三人某某小学的安排和指派,到江安某校参加学科教学研讨活动。其与同行教师至惠民餐馆吃工作餐,就餐完毕准备离开时突然晕倒,经医院急救站抢救无效死亡。法院认为,单位的职工到外地工作不同于在单位内工作,其到外地工作的期间可以适当界定为:从离开单位或居住地前往目的地时起至回到单位或居住地时止,彭某受单位指派出差开会,出差期间日常工作与就餐密切联系,不可分割,工作有一定的延续性,工作地点有一定的延展性,不宜不分实际情况,将其出差期间的工作理解为从开会上下班的,工作地点理解为仅在开会场所。况且彭某并未从事与用人单位组织或安排的与工作无关的活动。因此,彭某在因工外出期间就餐突发疾病死亡属于在工作和工作岗位突发疾病死亡的情形。

---

① (2020)川 1521 行初 22 号。

二、不履行法定职责

根据《行政诉讼法》第 12 条第一款第六项之规定"申请行政机关履行保护人身权、财产权等合法权益的法定职责,行政机关拒绝履行或者不予答复的;"行政机关不履行法定职责的不作为案件被纳入行政诉讼的受案范围。不履行法定职责是指行政机关负有法律、法规、规章明确规定的行政管理职责,在公民、法人或者其他组织要求履行职责时不予答复、拖延履行或拒绝履行。

(一)数据纵览

1. 年份与地域分布

(1)年份分布

2014—2020 年初等教育阶段不履行法定职责案件共 19 例,主要高发于 2016 年(6 例),2017 年到 2019 年均为 3 例,截至 2021 年 3 月 18 日,2020 年受疫情或其他因素影响,上传到裁判文书网的案件数量较少,共 2 例。

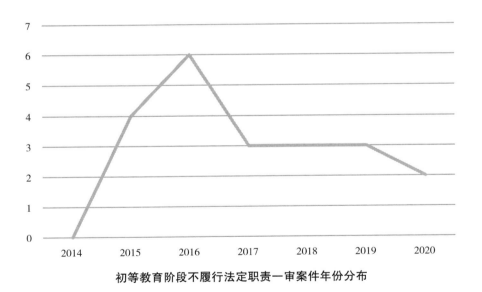

初等教育阶段不履行法定职责一审案件年份分布

(2)地域分布

2014—2020 年初等教育阶段不履行法定职责一审案件地域上涉及全国 9 个省、直辖市,主要集中于江苏(6 例)、广东和河南(3 例)、重庆(2 例),其他省级行政区均为 1 例。

2. 当事人情况勾勒

（1）原被告及第三人情况

涉及不履行法定职责案件的 19 例初等教育阶段一审行政判决书中,有 3 名原告为小学,16 名原告为公民。19 个案件中 14 个案件有第三人参与,第三人均为小学。

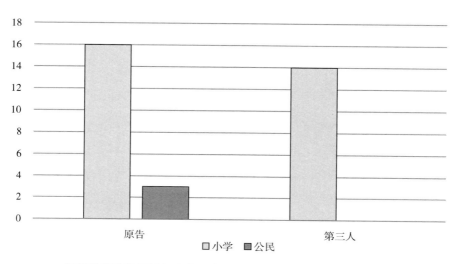

初等教育阶段不履行法定职责一审案件原告及第三人情况（例）

共有 24 名被告参与到诉讼中来,其中社会保障部门作为被告参加诉讼 9 次,教育部门参加诉讼 8 次,政府参加诉讼 5 次,自然资源部门参加诉讼 1 次,小学参加诉讼 1 次。

（2）当事人律师参与情况

在 19 例不履行法定职责案件中,原被告双方均有律师参与的案件为 9 例,仅原告有律师参与的案件 3 例,仅被告有律师参与的案件 4 例,双方均无律师参与的案件 3 例。总体而言,律师参与率较高,被告律师参与率较原告律师参与率高。从律师来源来看,原被告双方律师主要是委托律师,在初等教育阶段不履行法定职责案件中,原告律师均为委托律师,被告法律援助律师比例高于原告。

3. 程序参与

在 19 例不履行法定职责案件中,经过听证的案件为 0 例,经过复议的案件为 2 例,未经复议的案件为 17 例。总体而言,行政相对人在此类纠纷中采取行

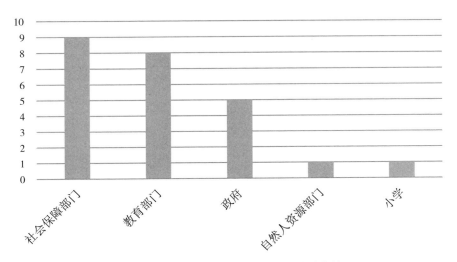

初等教育阶段不履行法定职责一审案件被告情况

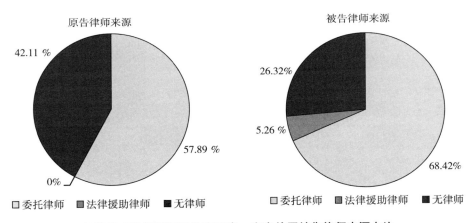

初等教育阶段不履行法定职责一审案件原被告律师来源占比

政复议方式进行救济的比例较低。

4. 裁判结果

在初等教育不履行法定职责一审案件中,行政相对人完全胜诉的案件为6例,占31.58%,败诉的案件为13例占比68.42%。

(二)案件争议焦点类型化分析

在19例不履行法定职责类案件中,主要涉及教师的教龄补贴、社保费用缴纳、退休金给付;学校办学过程监控;学生就近入学等领域。

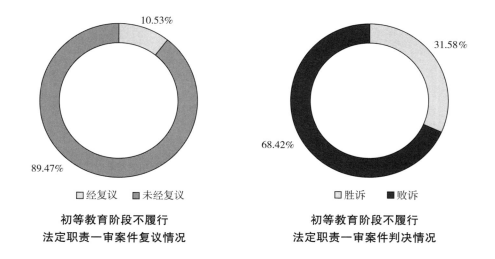

初等教育阶段不履行
法定职责一审案件复议情况

初等教育阶段不履行
法定职责一审案件判决情况

1. 申请人不符合条件排除法定职责的履行

根据中组部等三部门《关于事业单位工作人员和机关工人被采取强制措施和受行政刑事处罚工资待遇处理有关问题的通知》的规定,被判处刑罚后要求补发退休待遇不予支持。

在刘某某与市某人力资源和社会保障局、市某财政局不履行法定职责一案①中,原告刘某某原系某村小学教师,其退休后因犯强奸罪被人民法院判处有期徒刑三年。自原告刘某某被判处刑罚起,其退休金被停发。法院认为,苏人核(1992)20号原江苏省人事局《关于惩戒工作有关问题的复函》第5条规定:"劳动人事部老干部服务局关于离休干部受刑事处分后待遇问题的复函(劳人老函〔1987〕5号)和其他奖惩文件明确,对已离休、退休、退职人员被判处刑罚的,不需要办理开除手续,而应在法院判决后,由原在单位附法院刑事判决书,作出丧失离休、退休、退职干部条件的书面决定,按照干部管理权限报请上级主管部门批准或备案,并其户口所在地和本人,收回离、退休荣誉证,并停止其政治、生活待遇。执行期满后,对生活确实没有依靠来源的人员,可以由原单位报请主管部门批准,酌情发给一定的生活费。"原告刘某某以教师身份退休,属于退休干部身份,其退休后被法院判处有期徒刑三年后,相关部门停止其政治、生活待遇符

———————————
① (2016)苏8601行初79号。

合上述规定。原告要求两被告为其恢复退休待遇并补发退休金无事实根据和法律依据。

2. 违法监控学校办学资金产生法定返还职责

资金是民办学校加速发展的保障,更是政府部门监管的重地。在办学资金监控过程中,要遵循依法依规监控原则。

在福州某小学与市某教育局、市某人民政府不履行法定职责一案①中,原告向被告教育局之银行账户中存入"监控款"人民币 10 万元整,后支取又存入之后,被告教育局账户中有原告"监控款"9 万元整。原告之法定代表人徐某某前往被告教育局窗口提交书面申请,申请提取上述款项,被告要求原告提交系列文件。后经被告人民政府行政复议予以维持。法院认为,根据《福州市民办学校办学资金监控使用管理暂行办法》之规定可知,民办学校资金监控专户是民办学校在银行开设的,学校根据比例将监控资金存入学校自己的监控专户,主管的教育行政部门监督民办学校使用监控资金。而非教育行政部门向学校收取、侵占资金。本案中,原告提交的证据基本可以证明其依被告教育局要求将监管资金存入以教育局名义开立的资金监管账户内。而被告教育局以其名义开立的账户对辖区内的民办学校进行资金监管及其作出的《关于某某小学要求提取办学监控资金的答复》均不符合《福州市民办学校办学资金监控使用管理暂行办法》之规定。据此认定被告教育局作出《关于某某小学要求提取办学监控资金的答复》缺乏法律依据,属未履行法定职责之情形,其应依原告之申请,退还上述账户中的"监管资金"人民币 9 万元。

3. 未对申请事项进行回复构成行政不作为

行政不作为主要是指行政主体本负有某种职责义务,在应当作为且有可能作为的情况下,却消极地不履行法定义务的行为。② 行政机关对行政相对人的申请事项消极的不予回复构成行政不作为。

在朱某某与被告市某教育体育局不履行法定职责一案③中,原告朱某某之母肖某以原告户籍在第三人九小学区,并在该户籍所属地址长期居住为由,向第

---

① （2018）闽 0103 行初 6 号。

② 姜明安主编:《行政法论丛》(第 19 卷),法律出版社 2016 年版,第 4 页。

③ （2019）豫 1302 行初 175 号。

三人递交相关材料为原告朱某某报名上学。第三人审查相关资料后认为朱某某未持有房产证原件,走访调查后告知原告母亲肖某原告朱某某不符合第三人入学资格。原告母亲肖某即向被告基础教育科反映关于朱某某入学的问题,被告未给予回复。法院认为《义务教育法》第 5 条、《河南省实施中华人民共和国义务教育法办法》第 5 条第二款、《2019 南阳市城区中小学招生办法》之规定,被告作为县(区)级人民政府教育行政部门,具有保障适龄儿童在其户籍所在地就近入学的法定职责,并根据相关招生办法组织协调招生工作。原告母亲肖某向被告反映相关情况,被告在接到原告口头入学资格申请后,应当对原告申请事项作出处理。根据《行政诉讼法》第 47 条"公民、法人或者其他组织申请行政机关履行保护其人身权、财产权等合法权益的法定职责,行政机关在接到申请之日起两个月内不履行的,公民、法人或者其他组织可以向人民法院提起诉讼",被告未对原告申请作出书面处理,仅南阳市某政府对原告信访事项进行信访回复,被告构成行政不作为。

三、行政强制

一般来说,行政强制是行政强制措施和行政强制执行的合称,是指行政机关和人民法院为实现具体行政行为的内容,或为维护公共利益和社会秩序,预防和制止违法行为和危害事件的发生而实施强行限制相对人权利的行为。[①]《行政强制法》对"行政强制执行"第 2 条第三款规定:"行政强制执行,是指行政机关或者行政机关申请人民法院,对不履行行政决定的公民、法人或者其他组织,依法强制履行义务的行为",初等教育阶段行政强制案件主要集中在房屋拆迁领域。

(一)数据纵览

1. 年份与地域分布

(1)年份分布

2014—2020 年,初等教育阶段行政强制案件共 14 例,2014 年没有相关案例产生,2015、2017、2018 年均为 3 例,2016 年 1 例,截至 2021 年 3 月 18 日,2020

---

① 应松年主编:《行政法与行政诉讼法学》,法律出版社 2009 年版,第 283 页。

年受疫情或其他因素影响,上传到裁判文书网的案件数量较少,共 2 例。

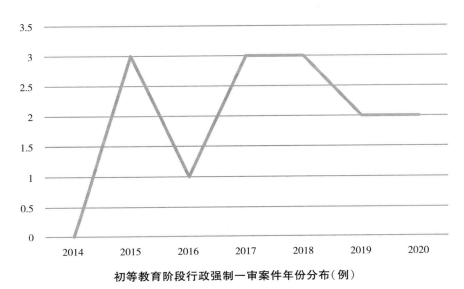

初等教育阶段行政强制一审案件年份分布(例)

(2)地域分布

2014—2020 年,初等教育阶段的行政强制一审行政案件共涉及全 6 个省、自治区、直辖市,涉案最多的前三个省级行政区分别为海南(4 例)、浙江(3 例)、河南(2 例)。

2. 当事人情况勾勒

(1)原被告及第三人性质

在 14 例强制执行案件中,其中小学作为原告的案件有 3 例、公民作为原告的案件 11 例。共 11 例案件有第三人参与,第三人均为小学。

从被告分布来看,政府单独或共同作为被告次数最多(9 例),自然资源部门作为被告 5 次,公安部门作为被告 5 次,街道办作为被告 1 次。

(2)当事人律师参与情况

在 14 例行政强制案件中,原被告双方均有律师参与的案件为 8 例,仅被告有律师参与的案件为 2 例,原被告双方均无律师参与的案件为 4 例。总体而言,初等教育阶段不履行法定职责一审行政案件中律师参与度较高,被告的律师参与率较原告律师参与率高。

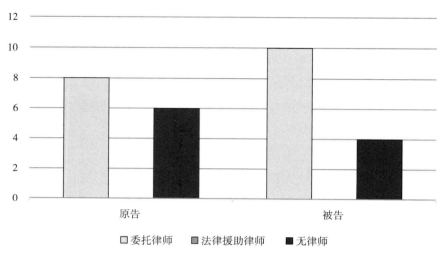

初等教育阶段行政强制一审案件原被告律师来源分布（例）

3. 程序参与

在 14 例行政强制案件中，经过听证的案件为 0 例，经过复议的案件为 4 例，未经复议的案件为 10 例。总体而言，行政相对人较少依靠听证、行政复议等行政机关的内部救济和监督途径，一般在行政机关采取强制措施后即行起诉。

4. 判决结果

在初等教育阶段行政强制一审案件中，行政相对人败诉的案件为 7 例，部分胜诉 2 例，完全胜诉 5 例。总体而言，行政相对人因行政机关行政强制而提起诉讼的案件，得到法院支持的概率大于被驳回的概率。

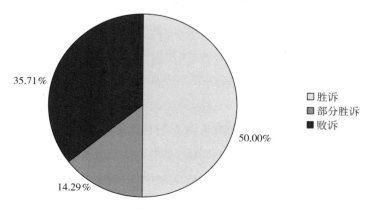

初等教育阶段行政强制一审行政案件诉讼结果

(二)案件争议焦点类型化分析

行政强制执行权是国家权力的体现,受到行政强制法、行政处罚法、行政诉讼法和其他有关法律的规制。涉及行政强制执行权的配置问题。行政强制执行权的分配原则为法律规定行政机关具有行政强制执行权的,行政机关才有行政强制执行权;法律未作规定,或者规定由人民法院实施强制执行的,都由行政机关申请人民法院强制执行(这在行政诉讼中称"非诉行政行为执行")。从而形成了"以人民法院执行为原则,行政机关申请为例外"的格局。没有强制执行权的行政机关实施强制执行行为的属于超越职权的违法行为。

在列某某不服某县自然资源局、某县乡人民政府行政强制一案①中,被告乡人民政府征收土地用于该乡小学校扩建项目,后乡人民政府组织、实施了对原告房屋的拆除。法院认为,程序合法是行政法的基本原则之一,行政机关作出任何行政行为,均应按照相应的法定程序进行。房屋征收对于被征收人来说意义重大,征收主体理应按照严格、正当的程序进行征收。首先,本案中,被告乡人民政府在诉讼中未提交批准征地机关、批准文号等相关材料,而直接作出了《征收土地公告》。原告房屋所在地系农民集体所有的土地,没有证据证明该土地已经被四川省人民政府批准征收,也没有证据证明相关县级以上人民政府对该土地具体实施过征收。征收集体土地上的房屋和土地应当依据《土地管理法》的规定进行,需要省、自治区、直辖市人民政府或者国务院的批准,其他地方各级人民政府无权批准征收土地。批准征收后由市、县级以上人民政府予以公告并组织实施,对地上附着物应当进行补偿。本案在农民集体所有的土地未经合法征收、土地权属性质并未改变的情况下,直接作出对该农民集体所有土地进行征收决定,该行为明显违反《土地管理法》的规定。其次,即使被强制拆除房屋的农民集体所有土地系合法予以征收,但对于强制拆除原告房屋,仍然应当依据《土地管理法实施条例》第 45 条"违反土地管理法律、法规规定,阻挠国家建设征用土地的,由县级以上人民政府土地行政主管部门责令交出土地;拒不交出土地的,申请人民法院强制执行。"的规定。根据上述行政法规规定,对于违反土地管理法律、法规规定,阻挠国家建设征用土地的被征地拆迁人,由县级以上人民政府土地行

①　(2020)川 3431 行初 5 号。

政主管部门对其作出责令交出土地的行政决定,并根据《行政强制法》第 53 条"当事人在法定期限内不申请行政复议或者提起行政诉讼,又不履行行政决定的,没有行政强制执行权的行政机关可以自期限届满之日起三个月内,依照本章规定申请人民法院强制执行。"的规定,对在法定期限内不申请行政复议或者提起行政诉讼,又不履行责令交出土地决定的被征地拆迁人,应当向人民法院申请,强制执行其作出的责令交出土地的行政决定。

有权必有责,用权受监督是现代行政法治的基本理念和要求。而法无授权不可为,行政机关应当在法律、法规授权范围内依法行政而不宜逾越法定职权界限。根据《行政强制法》第 13 条"行政强制执行由法律设定。法律没有规定行政机关强制执行的,作出行政决定的行政机关应当申请人民法院强制执行。"的规定。在涉及农民集体所有土地征收中,《行政强制法》和《土地管理法》均未赋予乡级人民政府强制拆除被征收土地上房屋的权利。在法律只赋予人民法院强制执行权,未赋予乡级人民政府或其他组织强制执行权的情况下,乡级人民政府和其他组织均无权强制执行,否则构成违法。本案中,被告并未提交其合法强拆的相关证据。在法律未赋予其强制执行权的情况下,未依法申请人民法院强制执行,即自行组织对原告涉案房屋进行强制拆除,没有法律依据,属于超越职权,违反法定程序,依法应予撤销。因强制拆除行为已经完成,不具有可撤销内容,故依法应确认违法。

第三节　见微:典型案例剖析

一、河南某小学教职工社会保险行政处罚案

某小学不服某人社局社会保险行政处罚案

（2017）豫 0825 行初 19 号

【关键词】

社保缴纳　主体关系承继　行政处罚

【基本案情】

第三人刘某某于 1989 年 4 月被聘到县南关小学任教。该小学于 2016 年 6

月 10 日办理机构注销手续,现已合并至原告县松林小学。2013 年暑假结束后,原告被县南关小学解聘,第三人向县劳动人事仲裁委员会申请仲裁,该仲裁委员会作出裁决驳回了第三人要求原告为其补办养老、医疗、失业保险的请求。第三人不服,向县人民法院提起民事诉讼,县人民法院作出判决确认第三人与原告之间存在劳动关系,并判令原告支付第三人工资,该判决经二审程序维持。之后,第三人的丈夫多次到县信访局和县纪委反映被告县人力资源和社会保障局对第三人要求其责令南关小学为第三人缴纳社会保险支付工资问题置之不理,存在行政不作为。二审法院审理后作出(2016)豫 08 行终第 194 号行政判决书判令被告县人力资源和社会保障局在判决生效后六十日内对第三人的请求依法作出处理。2016 年 11 月 15 日,被告向原告发出劳动保障监察限期整改指令书,认为原告未为第三人办理社会保险,未按规定发放工资,责令原告在 2016 年 11 月 18 日 17 时前改正以上违法行为,并把整改情况以书面形式报被告。2016 年 11 月 25 日,被告作出行政处罚决定书,以原告县松林小学在接到被告下达的劳动保障监察限期整改指令书后在规定时间内未履行,违反了《国务院劳动保障监察条例》第 30 条为由,对原告作出继续改正违法行为并罚款叁仟元的行政处罚。本案经二审维持原判。

【原告主张】

被告对原告作出的行政处罚决定没有事实和法律依据,第三人系县南关村村民委员会临时聘用的编外民办教师,县南关小学是事业单位法人。2013 年暑假结束,县南关小学因合并已不存在,结合国家清退民办教师的相关规定,县南关小学告知第三人不用上班,作出对其的解聘,第三人和县南关小学的事实劳动关系已解除。原告认为被告作出的行政处罚所适用的《国务院劳动保障监察条例》和《河南省人力资源和社会保障部门实施行政处罚裁量标准》不是适用法律的依据,原告是事业单位,在 2014 年 10 月 1 日前国家没有对机关、事业单位交社会保险的规定,更何况第三人是编外的临时人员,原告不存在违法行为,不应受到处罚。

【被告辩称】

被告辩称,原告县松林小学所诉事实及理由已经河南省温县人民法院(2016)豫 0825 行初 08 号行政判决书和焦作市中级人民法院(2016)豫 08 行终第 194 号行政判决书确认。被告依据焦作市中级人民法院(2016)豫 08 行终第 194 号行政判决结果第 2 条"县人力资源和社会保障局于本判决书生效后六十日内对第三人提出的请求依法作出处理"的要求,对原告县松林小学下达了劳动保障监察期限整改指令书,原告在规定的期限未履行。2016 年 11 月 25 日,被告根据《劳动保障监察条例》第 30 条第一款第三项规定,向原告下达了行政处罚决定书,该决定书事实清楚,程序合法,请求法院驳回原告的诉讼请求。

【第三人意见】

第三人答辩称,我与县松林小学存在劳动关系,事实清楚,证据确凿。县南关小学未为我缴纳社会保险的行为是违法的。县人力资源和社会保障局作出的行政处罚决定事实清楚,法律适用正确,依法应当予以维持。

【裁判理由】

本院认为,2011 年 7 月 1 日颁布实施的《社会保险法》第 57 条第一款"用人单位应当自成立之日起三十日内凭营业执照、登记证书或者单位印章,向当地社会保险经办机构申请办理社会保险登记"、第 58 条"用人单位应当自用工之日起三十日内为其职工向社会保险经办机构申请办理社会保险登记。未办理社会保险登记的,由社会保险经办机构核实其应当缴纳的社会保险费"。第三人于 1989 年 4 月被招聘至县南关小学工作至 2013 年 6 月被县南关小学解聘。县南关小学合并至原告县松林小学后,原告县松林小学应承继县南关小学在法律上的权利义务。原告应当为第三人办理社会保险登记并发放工资。因此,被告针对原告"未为第三人刘某某办理社会保险,未按规定发放工资"的违法行为下达限期整改指令书后,原告未能改正其违法行为,被告根据《劳动保险监察条例》第 30 条的规定对原告进行处罚并无不当之处。综上所述,被告所作处罚决定事实清楚、程序合法、适用法律正确。

【案件点评】

为劳动者缴纳社会保险费、及时足额支付劳动报酬是用人单位的法定义务,在实践中,由于一些用人单位法律意识淡薄或存侥幸心理,拒不为员工缴纳社保、拖欠员工工资的现象时有发生。劳动保障行政部门作为实施劳动保障监察的责任主体,具有纠正和查处违反劳动保障法律规范相关行为的法定职责。

本案起因为公办学校未为其编外教师缴纳社会保险费、拖欠工资。公办学校属于公益类事业单位,这类学校除聘用编制内教师外,通常还会招聘编外教师作为师资补充。公办学校与编外教师之间的法律关系受《劳动法》调整,自用工之日起,双方建立劳动关系。本案第三人刘某某自1989年4月至2013年6月就职于县南关小学,我国自2011年7月1日即《社会保险法》实施之日起全面施行社会保险费强制征缴,县南关小学应当为刘某某办理参保手续并依法交纳社保费。后县南关小学合并至县松林小学,县南关小学的权利义务不因合并而灭失,依法由合并后的县松林小学承担。县松林小学未为第三人缴纳社保、拖欠员工工资的行为违反《社会保险法》第4条"中华人民共和国境内的用人单位和个人依法缴纳社会保险费……"以及《劳动法》第50条"工资应当以货币形式按月支付给劳动者本人。不得克扣或者无故拖欠劳动者的工资。"之规定。

在公办学校中,通常存在两种用人制度,一是通过公开招聘并订立聘用合同的方式聘用教师,通常具有事业编制,聘用制教师与学校之间建立聘用关系,受《事业单位人事管理条例》《国务院办公厅转发人事部关于在事业单位试行人员聘用制度意见的通知》等法律规范的调整,对于学校人事管理工作中的违法违纪行为,聘用制教师可向学校人事综合管理部门、主管部门或者监察机关投诉、举报;二是通过签订劳动合同的方式招聘编外教师,二者之间形成劳动关系,受《劳动法》《劳动合同法》等法律规范调整,合同制教师认为学校侵犯其劳动保障合法权益时,有权向劳动保障行政部门投诉。就学校而言,应厘清不同人事制度之间的区别,准确把握不同用人方式法律规范的要求,平等、充分地保障各类教师的合法权益。

点评人:四川上行律师事务所 张敏

二、福建某教育主管部门违法监控办学资金案

某小学不服教育局不履行法定职责案

(2018)闽0103行初6号

【关键词】

办学资金监管 非法收取办学资金 职权法定

【基本案情】

2009 年 3 月 15 日,原告某某小学向被告区教育局之银行账户中存入"监控款"人民币 10 万元整。同年 6 月 15 日,原告从上述账户中支出人民币 38000 元用以支付工资。同年 9 月 15 日,原告再次向上述账户中存入"监控款"人民币 28000 元。2017 年 10 月,原告之法定代表人徐某某前往被告窗口提交书面申请,申请提取上述账户中的"监控款"共计人民币 9 万元。10 月 13 日,被告作出《关于原告要求提取办学监控资金的答复》,告知原告"贵校暂不符合提取、使用受监控办学资金的条件,贵校可在满足如下条件的情况下申请提取受监控办学资金:1. 提交终止办学的报告、董事会会议纪要、所有教师解除劳动的合同书学校财务清算报告并登报声明"。原告对该书面答复不服,于 10 月 20 日向被告区政府申请行政复议,区政府以原告"要求区教育局停止执行《福州市民办学校资金监控使用管理暂行办法》并返还监控资金的请求,于法无据"为由,驳回了原告的复议请求。

【原告主张】

原告认为:根据《福州市民办学校办学资金监控使用管理暂行办法》,资金监控专户是民办学校在银行开设的。学校根据比例将监控资金存入学校自己的监控专户,主管的教育行政部门监督民办学校使用监控资金。而非教育行政部门向学校收取、侵占资金。监控资金被被告区教育局直接收取,存放在教育局的账户上,违反了《民办教育促进法》第 37 条之规定。

【被告辩称】

被告区教育局辩称:

一、经统一安排原告应停止办学,原告举办者徐某某未接受安排仍继续在原址办学,收取学生的学费。根据《福州市民办学校办学资金监控使用管理暂行办法》第 2 条、第 10 条的规定,原告未终止办学,暂不符合提取、使用受监控办学资金的条件。

二、根据《福州市民办学校办学资金监控使用管理暂行办法》,原告应在满足以下条件的情况下申请提取受监控办学资金:提交终止办学的报告、董事会会议纪要、所有教师解除劳动的合同书、学校财务清算报告并登报声明后方可满足提取监控办学资金条件。

三、《福州市民办学校办学资金监控使用管理暂行办法》现行有效,在该规范性文件发布单位尚未宣布该办法失效的情况下,作为下级部门,应当按照上级部门的文件规定履行相关责任,故被告区教育局请求驳回原告的诉讼请求。

被告区政府辩称:其作出的《复议决定书》事实清楚、程序合法;原告现在若同意出具承诺负责原学校教职员工的工资已落实,则被告区教育局可直接向原告退还该笔资金。

【裁判理由】

根据《福州市民办学校办学资金监控使用管理暂行办法》之规定可知,民办学校资金监控专户是民办学校在银行开设的,学校根据比例将监控资金存入学校自己的监控专户,主管的教育行政部门监督民办学校使用监控资金。而非教育行政部门向学校收取、侵占资金。本案中,原告提交的证据基本可以证明其依被告教育局要求将监管资金存入以被告名义开立的资金监管账户内。而被告区教育局以其名义开立的账户对辖区内的民办学校进行资金监管及其作出的《关于原告要求提取办学监控资金的答复》均不符合《福州市民办学校办学资金监控使用管理暂行办法》之规定。据此,法院认定被告区教育局作出《关于原告要求提取办学监控资金的答复》缺乏法律依据,属未履行法定职责之情形,其应依原告之申请,退还上述账户中的"监管资金"人民币9万元。

《最高人民法院关于适用〈中华人民共和国行政诉讼法〉的解释》第135条第一款规定,"复议机关决定维持原行政行为的,人民法院应当在审查原行政行为合法性的同时,一并审查复议决定的合法性。"本案中,一方面,被告区政府经受理、告知、审查后作出本案被诉行政复议行为符合法律规定的程序;另一方面,该复议决定以原告某某小学"要求某市教育局停止执行《福州市民办学校资金监控使用管理暂行办法》并返还监控资金的请求,于法无据"为由,驳回了原告的复议请求,上述理由缺乏法律依据,故本院对原告关于撤销本案被诉复议决定的主张予以支持。

【案件点评】

民办学校的首要目标应是办学的稳定和长期可持续发展,而资产的稳定是办学稳定的关键因素。因民办学校自我监督意识和能力的欠缺,同时为了防止非营利性民办学校脱离社会公益属性而追求经济效益,政府有必要对民办学校资产使用进行有效监管。我国《民办教育促进法》第39条"民办学校资产的使用和财务管理受审批机关和其他有关部门的监督……"明确了教育行政部门等行政机关对民办学校资产使用的监督职责,《民办教育促进法实施条例》第44条"非营利性民办学校收取费用、开展活动的资金往来,应当使用在有关主管部门备案的账户。有关主管部门应当对该账户实施监督……"亦就主管部门对非营利性民办学校资金监督作出规定。值得注意的是,上述规定对资产资金监管的要求仅限于"监督",在汉语使用规则中,"监督"一词包括检查、指导、督促等含义,并不包括命令、决定的含义。也就是说,"监督"的方式为行政检查、行政指导等,并未包含行政许可、行政处罚等强制性内容。基于此,《福州市民办学校办学资金监控使用管理暂行办法》亦要求由民办学校在银行开设监控专户,主管的教育行政部门监督使用监控资金。本案中的被告区教育局显然没有理解到资产"监督"的非强制性含义。

作为教育行政主管部门,应坚守"法定职责必须为,法无授权不可为"的理念,准确理解法律规范的含义,全面规范行政行为,避免行政复议纠错和行政诉讼败诉风险,树立执法权威。

本案虽法院认为被告区教育局属于未履行法定职责之情形,但该观点值得商榷。未履行法定职责的前提是行政机关具有法定职责,当事人向行政机关申请履行,行政机关未履行。本案中,相关法律规范并未赋予教育行政主管部门收取办学监控资金的职权,当然亦不会赋予教育行政主管部门返还办学监控资金的职权,故教育行政主管部门不具有返还办学监控资金的法定职权,本案原告向被告提交的返还监控资金书面申请亦并非履行法定职责之申请,而是要求被告解除收取办学监控资金的违法状态。点评人认为,本案的诉讼标的应为被告区教育局收取办学监控资金的事实行为,因收取资金的行为未解除,被告收到原告的解除申请后仍未解除,该行为一直处于存续状态,原告可依法寻求救济。对于判决方式的选择,应为确认被告收取办学监控资金的行为违法,并责令被告返还。

点评人:四川上行律师事务所　张敏

三、四川某小学校车行政处罚纠纷案

某小学不服县教育局行政处罚纠纷案

（2015）宣汉行初字第 6 号

【关键词】

小学校车　校车使用资格　行政处罚

【基本案情】

原告某某希望小学是一所经被告县教育局批准成立的民办教育学校。2012年 12 月,原告向被告申请校车使用许可,经被告及县公安局审核同意后,县人民政府于 2013 年 2 月 1 日批准了原告在校车过渡期使用非专用校车的资格。2014 年 11 月 4 日被告向原告发出《关于取消原告非专用校车校车使用资格的通知》,作出了取消原告非专用校车使用资格的决定。后原告不服,向市教育局申请复议,市教育局经审查后予以维持。

【原告诉称】

原告经县人民政府批准已取得非专用校车使用资格,该使用校车符合法律规定,应予保护。该校在校车使用期间,严格按照《校车安全管理条例》有关规定执行,从未出现任何交通事故和安全事故,被告取消原告校车使用资格无事实依据。根据国务院《校车安全管理条例》第 54 条之规定,取消校车使用许可的行政机关为地方人民政府,被告无权作出取消原告校车使用许可的决定。被告在作出取消原告校车使用资格之前,未告知原告听证权利以及作出处罚决定的事实、理由及依据,剥夺了原告的陈述、申辩权,违反了《行政处罚法》的规定,程序严重违法。

【被告辩称】

被告辩称:原告在非专用校车过渡期内未按校车安全管理条例的相关规定使用校车,依法应予取消。被告作出取消原告非专用校车使用资格的通知仅是告知行为,并没有对其采取强制措施。被告作出取消原告非专用校车使用资格的《通知》的主体确有不当,已向原告发出撤销通知,纠正了被诉行政行为。校车不能以营利为目的,更不能收取费用。

【裁判理由】

法院认为,2014 年 11 月 4 日,被告决定取消原告非专用校车使用资格,该决定虽是以通知的形式作出,但从其内容可认定被告作出的该通知对原告的权利义务产生了实际影响,属于行政处罚类的行政行为。因此,原告对被诉具体行政行为具有诉讼主体资格。

根据国务院《校车安全管理条例》第 54 条之规定,吊销校车使用许可的行政主体是地方人民政府,被告系县人民政府的职能部门,其虽受政府安排行使对校车的管理职责,但不能以其自己的名义作出取消原告非专用校车使用资格的决定,且该处罚决定未按《行政处罚法》的相关规定履行告知、听证程序,也未载明处罚决定的事实、理由、依据及告知原告享有的救济权利。故被告作出的被诉具体行政行为,超越了其行政职权范围,处理程序违法,依法应予撤销。鉴于被告对被诉具体行政行为已自行撤销,原告不撤回起诉的情形,依照《行政诉讼法》第 74 条第二款第二项之规定,应当确认被告作出的被诉具体行政行为违法。

【案件点评】

校车安全关乎学生的人身安全,我国实施校车使用许可制度,《校车安全管理条例》第 15 条规定"学校或者校车服务提供者申请取得校车使用许可,应当向县级或者设区的市级人民政府教育行政部门提交书面申请和证明其符合本条例第 14 条规定条件的材料。教育行政部门应当自收到申请材料之日起 3 个工作日内,分别送同级公安机关交通管理部门、交通运输部门征求意见,公安机关交通管理部门和交通运输部门应当在 3 个工作日内回复意见。教育行政部门应当自收到回复意见之日起 5 个工作日内提出审查意见,报本级人民政府。本级人民政府决定批准的,由公安机关交通管理部门发给校车标牌,并在机动车行驶证上签注校车类型和核载人数;不予批准的,书面说明理由。"第 54 条规定"取得校车使用许可的学校、校车服务提供者违反本条例规定,情节严重的,原作出许可决定的地方人民政府可以吊销其校车使用许可,由公安机关交通管理部门收回校车标牌。"根据上述规定,校车使用许可批准及吊销的责任主体均为县级或设区的市级人民政府,其他行政机关无权行使。本案被告县教育局作出的《关于取消原告非专用校车校车使用资格的通知》超越法定职权。

　　一般而言,取消行政许可事项的原因有三:一是基于行政许可所依据的客观情况发生重大变化,为了公共利益的需要,行政机关撤回行政许可;二是由于行政机关的原因违法准予许可,或因申请人不符合条件、以欺骗/贿赂等不正当原因取得许可,行政机关予以撤销;三是因当事人违法使用许可,行政机关吊销行政许可证件。撤回、撤销均不属于行政处罚,不适用行政处罚的相关程序要求,吊销属于行政处罚,教育行政部门除遵守职权要求外,还应根据《行政处罚法》《教育行政处罚暂行实施办法》等相关规定,依法履行立案、调查、告知、听证等程序。

点评人:四川上行律师事务所　张敏

第三章 中等教育

中等教育阶段行政法律风险主要集中于因中等教育机构内部教职工管理保障体系不完善导致的职工提起工伤行政确认之诉和教职工社保补缴、工龄计算，学生学籍管理等行政机关不作为的风险，其次是办学许可的申请、延续，校舍修建的建设工程规划和施工许可等领域的风险。这些风险将会影响到日常的教学管理工作，从而影响到办学机构的正常运转和受教育学生的安排。本章将重点展示中等教育机构、教职工、学生及其家长作为行政相对人与行政主管、监管部门之间的案件总体数据、高发案由解读和经典案例剖析情况。

第一节 纵览：总体数据呈现

2014—2020 年，全国各级人民法院审结的中等教育阶段行政一审判决案件共计 360 例。本节从年份、地域、法院层级、适用程序、案由分布五个方面纵览了案件的基本特征，从原告情况、被告类型、级别、出庭情况和第三人情况勾勒了案件当事人特征，分析了原被告与第三人的律师参与情况，呈现了原告视角下和律师参与下的判决结果。

一、案件特征

（一）年份分布

从时间分布来看，2014—2019 年审结案件的裁判文书数量整体上呈现出上升的趋势。其中，2015 年审结案件的一审判决书数量为 61 例，相较于 2014 年的 22 例，上升了 177 个百分点。

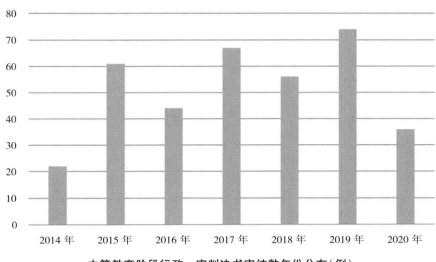

中等教育阶段行政一审判决书审结数年份分布（例）

（二）地域分布

2014—2020年,全国各级人民法院审结的中等教育阶段行政一审案件多发于中部、西南地区。一审审结案件数量最多的三个省级行政区为湖南（60例）、河南（40例）、湖北（23例）。一审审结案件数量最少的四个省级行政区为海南、宁夏、青海、上海,均为1例。

（三）法院层级分布

从审理法院层级分布来看,中等教育阶段一审行政案件中审理法院为基层法院的大约为73%。具体而言,2014—2020年基层人民法院、中级人民法院、高级人民法院、专门人民法院审结的一审行政案件判决书数量依次为323例、35例、0例、2例,各自在总数中的占比依次为89.72%、9.72%、0、0.56%。

（四）适用程序分布

从审理程序的适用来看,2014—2020年基层人民法院、中级人民法院、专门人民法院审结的中等教育阶段案件中,适用普通程序的案件占了绝大多数,其占比为98.89%;适用简易程序审结的案件占比为1.11%。

（五）案由分布

从案由分布来看,根据被诉行政行为的具体类型,中等教育阶段一审行政案件主要多发于行政确认（168例）、行政许可（29例）、不履行法定职责（26例）,

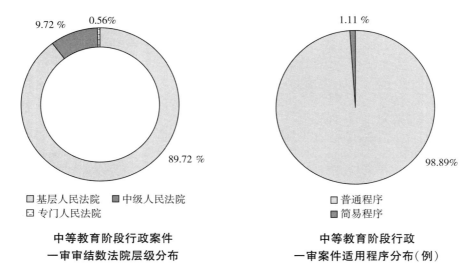

中等教育阶段行政案件
一审审结数法院层级分布

中等教育阶段行政
一审案件适用程序分布（例）

三种类型的案件合计占 2014—2020 年中等教育阶段一审行政案件的 61.94%。其次在行政强制、行政处罚、行政给付等领域案件也较为频发。

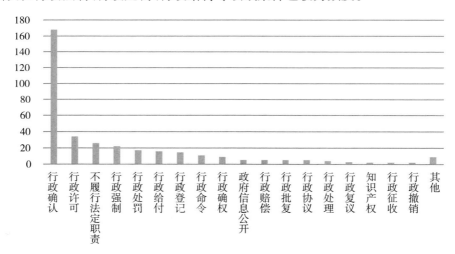

中等教育阶段行政一审案件案由分布（例）

二、当事人情况勾勒

（一）原告情况

从一审判决书中提取到原告主体来看，原告多为公民（253 例）占比 70.29%，其次为学校（84 例）占比 23.33%，少部分为公司（11 例）占比 3.05%、村民委员会(9例)占比 2.50%、其他(3例)占比 0.83%。

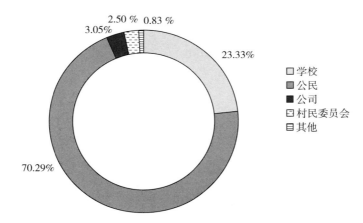

2.50 % 0.83 %
3.05%
23.33%
70.29%

□ 学校
■ 公民
■ 公司
□ 村民委员会
目 其他

中等教育阶段一审行政案件原告类别分布

(二)被告情况

1. 被告类型

从一审判决书提取到的被告也就是行政机关来看,涉诉行政机关数量最多的依次为承担社会保障职能的部门(211 次)、政府(64 次)承担教育事业主管职能的部门和自然资源主管部门(38 次);涉诉最少的职能部门为不动产登记中心,涉诉 1 次。

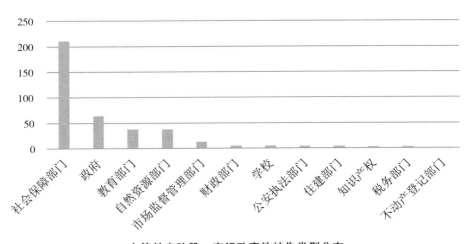

中等教育阶段一审行政案件被告类型分布

2. 被告级别

前述被告中,省部级政府及其职能部门作为被告的案件有 4 例占比 1.11%;市级政府及其职能部门作为被告的案件为 193 例占比 53.61%;县级政府及其职能部门的一审案件为 159 例占比 44.18%;派出机关及派出机构作为被告的一审案件为 1 例,占比为 0.27%,学校作为被告的案件为 3 例占比 0.83%。

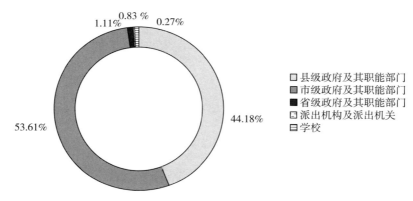

中等教育阶段一审行政案件被告级别分布

3. 被告出庭情况

2014—2020 年中等教育阶段所有一审行政案件中,行政机关出庭的案件为 321 件占比 89.17,行政机关无出庭的案件有 39 件占比为 10.83%。在行政机关出庭的案件中,行政机关负责人出庭的案件为 130 件占比为 40.50,行政机关负责人未出庭的案件为 191 件占比 59.50%。

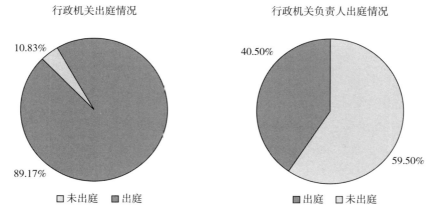

中等教育阶段一审行政案件被告出庭情况分布图

（三）第三人情况

从一审判决书中提取到的第三人看,有第三人参与的325例,没有第三人参与的为35例。在有第三人参与的案件中,学校作为第三人参加诉讼274次占比75.07%,公民参加诉讼51次占比13.97%,公司参加诉讼26次占比7.12%,行政机关作为第三人参加诉讼14次占比3.84%。

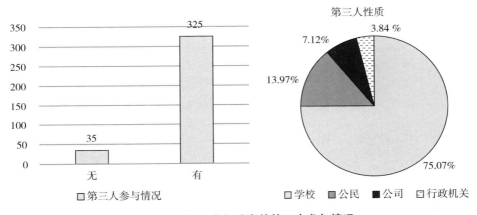

中等教育阶段一审行政案件第三人参与情况

三、律师参与

（一）原被告律师参与情况

在中等教育阶段的所有一审行政案件中,律师参与率较高,有律师参与的为340例,占94.44%;无律师参与的为20例,占5.56%。其中双方都有律师参与的案件为207例,仅原告有律师参与的为84例,仅被告有律师参与的为49例。

（二）第三人律师情况

从中等教育阶段一审行政判决书中提取到的第三人律师参与情况来看,有第三人参与的案件325例中有律师参与的为170例,占52.31%;无律师参与155例,占47.69%。

四、裁判情况

（一）判决结果（原告视角）

从中等教育阶段360例一审行政判决书中提取以原告视角的判决结果来

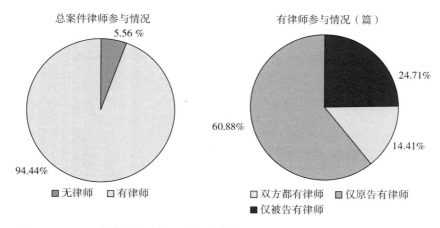

中等教育阶段一审行政案件原被告律师参与情况

看,原告完全胜诉的为 166 件,占 46.11%;部分胜诉 11 件,占 3.06%;败诉 183 件,占 50.83%。总体而言,原告的胜诉率与败诉率相当。

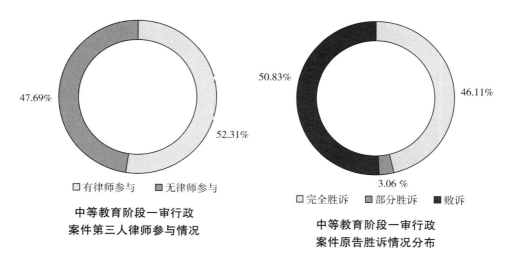

中等教育阶段一审行政
案件第三人律师参与情况

中等教育阶段一审行政
案件原告胜诉情况分布

(二)律师参与视角下的裁判结果

中等教育阶段有律师参与的 340 例判决中,原告完全胜诉的为 159 例,占 46.76%;部分胜诉 9 例,占 2.65%;败诉 172 例,占 50.59%。

原被告双方均有律师参与的 207 例判决中,原告完全胜诉的为 90 例,占 43.48%;部分胜诉的为 8 例,占 3.86%,败诉的为 109 例,占 52.66%。

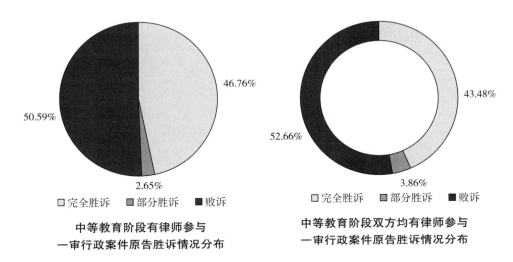

中等教育阶段有律师参与
一审行政案件原告胜诉情况分布

中等教育阶段双方均有律师参与
一审行政案件原告胜诉情况分布

仅原告有律师参与的 84 例判决中,原告完全胜诉的为 46 例,占 54.76%;部分胜诉 0 例,占比 0;败诉的 38 例,占 45.24%。在整个教育行业内中等教育阶段仅原告有律师参与的情况下,原告胜诉率唯一一次超过败诉率。

仅被告有律师参与的 49 例判决中,原告完全胜诉的为 23 例,占 46.94%;部分胜诉 1 例,占 2.04%;败诉 25 例,占 51.02%。

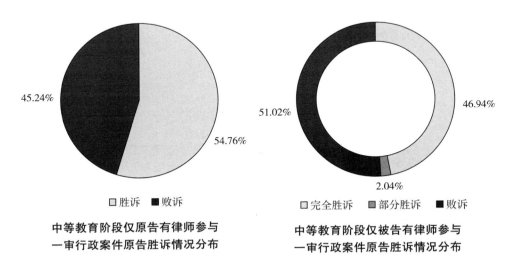

中等教育阶段仅原告有律师参与
一审行政案件原告胜诉情况分布

中等教育阶段仅被告有律师参与
一审行政案件原告胜诉情况分布

双方均无律师参与的 20 例判决中,原告胜诉的为 7 例,占 35.00%;部分胜诉 2 例,占 10.00%;败诉 11 例,占 55.00%。

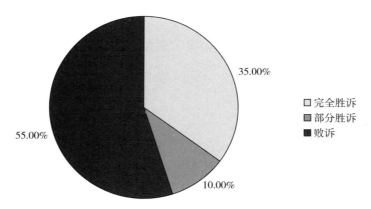

中等教育阶段无律师参与一审行政案件原告胜诉情况分布

第二节　聚焦：高发案由解读

中等教育阶段的主要纠纷集中于工伤认定之行政确认、校区规划行政许可、工龄计算、退休办理等不履行法定职责领域，三种案由的案件合计 223 例，占 2014—2020 年中等教育阶段一审判决案件的 61.94%。

一、行政确认之工伤认定

在 168 例行政确认类案件中，涉及工伤认定的案件为 167 例，反映出在中等教育领域内教职工人事管理和劳动争议多发。其中中学作为原告的案件有 33 例、教职工作为原告的案件 134 例。主要争议焦点集中于突发疾病时间点的理解、"因工外出"期间工伤认定问题等。

（一）数据纵览

1. 年份与地域分布

（1）年份分布

2014—2020 年，中等教育阶段工伤认定行政确认案件共 167 例，7 年期间的案件数量呈波浪式分布。两个峰值分别分布在 2017 年（31 例）与 2019 年（33 例）；2018 年案件略有回落（26 例）截至 2021 年 3 月 18 日，2020 年受疫情或其他因素影响，上传到裁判文书网的案件数量较少，共 22 例。

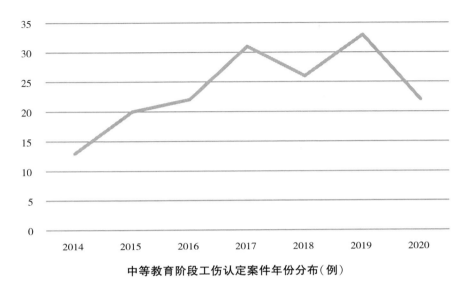

中等教育阶段工伤认定案件年份分布（例）

（2）地域分布

2014—2020年,中等教育阶段的工伤认定行政确认一审行政案件共涉及全国27个省、自治区、直辖市,地域分布呈现出一定的地域差异。涉案人数最多的前三个省级行政区分别为湖南（33例）、河南（20例）、河北（13例）。青海、海南、宁夏等省级行政区均为1例。

2. 当事人情况勾勒

（1）原告及第三人性质

涉及工伤认定的167例案件中,其中用人单位（学校）作为原告的案件有33例、劳动者（教职工）作为原告的案件134例。学校作为第三人的案件134例,其中学校和行政机关作为第三人的案件2例,学校和劳动派遣单位作为第三人的案件1例,劳动者作为第三人的案件为32例。

社会保障部门作为工伤认定的职能部门负责处理工伤认定的相关事务,因此在工伤认定行政确认案件中被告均为社会保障部门。

（2）当事人律师参与情况

在167例工伤行政确认案件中,原被告双方均有律师参与的案件为95例,仅原告有律师参与的案件为50例,仅被告有律师参与的案件为9例,原被告双方均无律师参与的案件为13例。总体而言,律师参与率较高,原告的律师参与

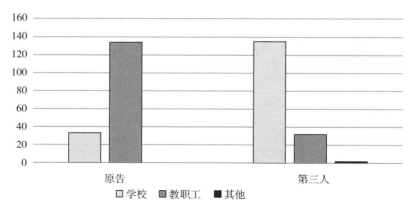

中等教育阶段工伤认定一审行政判决原告及第三人情况

率较被告律师参与率高。从律师来源看,原被告双方律师主要是自行委托律师,作为行政相对人的原告法律援助律师比例高于被告。

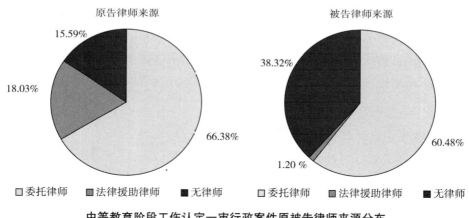

中等教育阶段工伤认定一审行政案件原被告律师来源分布

3. 程序参与

在 167 例工伤行政确认案件中,全部未经过听证。在工伤认定决定作出后,经过复议的案件为 30 例占比 17.96%,未经复议的案件为 137 例占比 82.04%。总体而言,行政相对人较少依靠听证、行政复议等行政机关的内部救济和监督途径,一般在行政机关作出工伤认定决定后即行起诉。

4. 判决结果

在中等教育阶段工伤行政确认一审案件中,行政相对人败诉的案件为 89 例

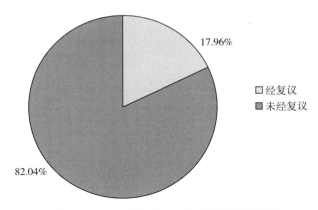

中等教育阶段工伤认定一审行政案件复议情况

占 53.29%,部分胜诉 6 例占 3.60%,胜诉 72 例占 43.11%。其中用人单位(学校)作为原告 33 例,其中 31 件败诉,2 件胜诉。劳动者(教职工)作为原告的134 例,其中 59 件败诉,69 件胜诉,6 件部分胜诉。总体而言,学校作为用人单位提起诉讼的案件,大部分均被法院驳回,工伤认定事实清楚、证据充分。而教职工作为劳动者提起诉讼的案件,胜诉率高于学校提起诉讼的案件。

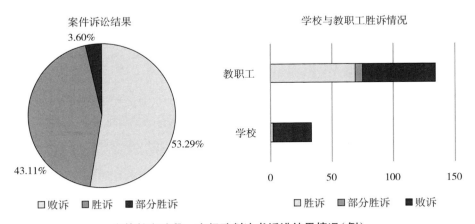

中等教育阶段一审行政判决书诉讼结果情况(例)

(二)案件争议焦点及类型化分析

此前学前教育及初等教育阶段已经就工伤行政确认中的部分重点问题进行分析,故中等教育阶段中存在重合的部分不再赘述,重点选取前两个阶段中未涉及的问题进行分析。

《工伤保险条例》第 15 条第一款规定了"在工作时间和工作岗位上,突发疾病死亡或者在 48 小时之内经抢救无效死亡的,视同工伤"的规定,近年来,劳动者因突发疾病经抢救无效死亡申请认定工伤的案件比较多见,但究竟如何把握"突发疾病""抢救无效死亡"及其之间的关系,行政机关在认识上还不够统一。

1."突发疾病"必须在工作时间和工作岗位

"突发疾病死亡或者在 48 小时内经抢救无效死亡"的前提条件是疾病在工作时间和工作岗位上发生,若是上下班途中发生且在 48 小时之内死亡的,即使疾病产生的原因可能是工作原因,原则上亦不能认定为工伤。如薛某某诉某县人力资源和社会保障局、某县人民政府工伤不予工伤认定一案①中,最高法认为在上班途中突发疾病死亡,而非受到"非本人主要责任的交通事故或者城市轨道交通、客运轮渡、火车事故伤害",故不符合《工伤保险条例》第 14 条的规定。因上班乘车途中不属于工作岗位也不属于工作时间,故也不符合该条例第 15 条规定:"职工有下列情形之一的,视同工伤:(一)在工作时间和工作岗位,突发疾病死亡或者在 48 小时之内经抢救无效死亡的;"的规定,驳回薛某某的再审申请。

"在工作时间和工作岗位"不局限于正常工作日的工作时间和工作岗位,还包括特殊的工作时间和工作岗位。主要有以下三种情形:

第一,因工外出的工作时间和工作岗位。原则上只要因工外出期间所涉及的时间和区域均为工作时间和工作岗位,如"突发疾病死亡或者在 48 小时内经抢救无效死亡",应当依据《工伤保险条例》第 15 条第一项规定认定视同工伤。

第二,与工作有关的预备、收尾工作的工作时间和工作岗位。这是依据《工伤保险条例》第 14 条第二项规定,对工作时间和工作岗位作出的合理延伸。在此期间,职工突发疾病死亡的,依法认定视同工伤。

第三,劳动者在工作岗位上发病后短时间内因个体认知的差异没有马上到医院救治,亦可以属于工作时间、工作岗位的合理延伸。在李某某、王某某等不服被告合肥市某人力资源和社会保障局工伤行政确认一案②中,法院认为,《工

① (2018)最高法行申 10944 号。
② (2017)皖 0102 行初 3 号。

伤保险条例》第15条第1款第1项明确了职工被视同工伤应同时符合三个要件：一、在工作时间内；二、在工作岗位上；三、突发疾病死亡或者48小时内经抢救无效死亡。本案中，周某某于2016年10月11日中午即出现脸色及精神状态不好，在坚持上完下午的两节课后，提前一小时请假回家休息；2016年10月12日凌晨5时许，周某某在家中晕倒，家人拨打120急救电话将其送往合肥市第一人民医院抢救，经诊断：呼吸心跳骤停（脑出血），2016年10月12日7时15分左右，周某某经抢救无效，宣布死亡。"突发疾病"的症状与发病者的身体素质及个人的耐受能力密切相关，疾病的发生、发展有一个过程，发病者通常依照日常生活经验决定是去医院还是暂时回家休息予以观察。不可苛求一名普通人在发病后对疾病可能导致的死亡后果做出预判。从时间的延续上看，周某某的发病死亡可视为在工作时间、工作岗位上，突发疾病。

2."突发疾病"的类型

劳动和社会保障部《关于实施〈工伤保险条例〉若干问题的意见》（劳社部函〔2004〕256号）第3条规定"《工伤保险条例》第15条规定，职工'在工作时间和工作岗位，突发疾病死亡或者在48小时之内经抢救无效死亡的'，视同工伤。这里'突发疾病'包括各类疾病"。即如果是在工作时间和工作岗位上发生的疾病，即使该疾病产生原因不是工作原因，而是自身原因也可以认定为工伤。在周某不服被告某县人力资源和社会保障局不予认定一案①中，法院就认为根据《工伤保险条例》第15条第一款"职工有下列情形之一的，视同工伤；（一）项在工作时间和工作岗位，突发疾病死亡或者在48小时之内经抢救无效死亡的；"，从该条规定来看，其对"突发疾病"的疾病类型、疾病是否与工作原因有关、是否是因有疾病未作限制性规定，故不能排除职工原有或已有疾病在工作岗位和工作时间突发疾病死亡适用该条规定的情况。

3."48小时"的计算

"在工作时间和工作岗位，突发疾病死亡或突发疾病48小时之内经抢救无效死亡"包含了两种情形，即在工作时间和工作岗位上突发疾病未经抢救立即死亡，和在工作时间和工作岗位上突发疾病48小时之内经抢救无效死

---

① （2018）湘0602行初41号。

亡。第一种情况在实践中的认定基本上没有争议,第二种情况中关于"48 小时"的起算点、"48 小时"是指抢救时间还是指疾病发生时间却产生了较大的争议。

关于"48 小时"的起算时间,原劳动和社会保障部在《关于实施〈工伤保险条例〉若干问题的意见》(劳社部函〔2004〕256 号)中提出:"条例第 15 条规定的'突发疾病'包括各类疾病,'48 小时'的起算时间以医疗机构的初次诊断时间作为突发疾病的起算时间",意见明确"初次诊断"的时间为"突发疾病"的抢救起算时间。作出诊断意见必定要经医生进行初步的检查从而得出诊断结论,故"初次诊断时间"不等同于接诊时间。接诊时间仅指医疗机构接收病人的时间。

"48 小时"应当指的是抢救时间,而不是发病时间。如前所述,发病时间必须在工作时间及工作岗位上,起算"48 小时"的为送医之后的初次诊断时间,两个时间必定存在前后的间隔,有一定的时间差。

在阮某某不服被告某县人力资源和社会保障局工伤行政确认一案①中,原告阮某的女儿乐某生前系第三人某初级中学的教师,乐某于 2018 年 10 月 26 日(星期五)上午在校上课期间感觉头晕并咳嗽,于是向第三人的校长请假半天,准备去武汉检查身体,武汉市某医院于 2018 年 10 月 26 日 21 时 10 分对乐某进行诊断,后乐某于 2018 年 10 月 27 日 15 时许死亡。被告以乐某被医疗机构初次诊断时间并未发生在其工作时间内和工作岗位上,不予认定为工伤。法院认为,乐某于 2018 年 10 月 26 日上午在上课期间感觉头晕并咳嗽,故乐某是在工作时间和工作岗位上突发疾病的。《关于实施〈工伤保险条例〉若干问题的意见》(劳社部函〔2004〕256 号)第 3 条中所指"48 小时"的起算时间,仅是对突发疾病的起算时间作出规定,而不是指实际突发疾病的时间,也不是以该起算时间点来确定突发疾病是否在工作时间内和工作岗位上。

二、行政许可

中等教育阶段行政许可案件共 29 例,主要涉及办学许可的申请、延续,校舍

① (2019)鄂 1224 行初 11 号。

修建的建设工程规划和施工许可等领域。

（一）数据纵览

1. 年份与地域分布

2014—2020 年中等教育阶段行政许可案件共 29 例，主要多发于 2015 年（20 例），地域上涉及全国 10 个省、自治区和直辖市，主要集中于湖南（10 例）、江西（3 例）、河南（2 例），其余省级行政区均为 1 例。

2. 当事人情况勾勒

（1）原被告及第三人情况

涉及行政许可的 29 例中等教育阶段一审行政判决中，有 3 名原告为学校，24 名原告为公民，2 名原告为村民小组。29 个案件中 27 个案件有第三人参与，其中学校作为第三人参加诉讼 27 次，法人（公司）作为第三人参加诉讼 16 次，行政机关作为第三人参加诉讼 1 次。

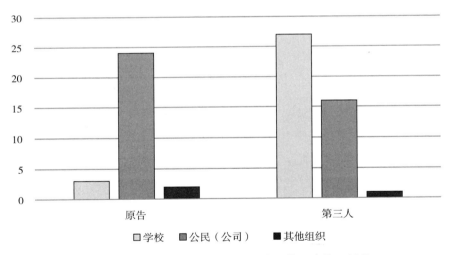

中等教育阶段行政许可一审案件原告及第三人情况（例）

共有 30 名被告参与到诉讼中来，其中自然资源部门参加诉讼 21 次，教育部门参加诉讼 3 次，政府参加诉讼 6 次。

（2）当事人律师参与情况

在 29 例行政许可案件中，原被告双方均有律师参与的案件为 23 例，仅原告有律师参与的案件 2 例，仅被告有律师参与的案件 3 例，双方均无律师参与的案

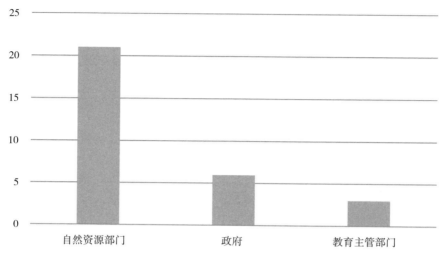

中等教育阶段行政许可一审案件被告情况（例）

件 1 例。总体而言,律师参与率较高,原被告双方律师参与率相当。从律师来源来看,原被告双方律师均为自行委托律师,并无法律援助律师参与。

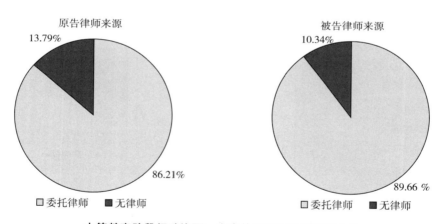

中等教育阶段行政许可一审案件原被告律师来源占比

3. 程序参与

在 29 例行政许可案件中,经过听证的案件为 0 例,经过复议的案件为 27 例,未经复议的案件为 2 例。总体而言,行政相对人在此纠纷中采取听证这样的行政许可程序进行中的救济渠道,在行政许可决定作出后采取行政复议方式进行救济的比例较高。

4. 裁判结果

在中等教育行政许可一审案件中,行政相对人败诉的案件为 24 例占 82.76%,部分胜诉 1 例占 3.45%,完全胜诉 4 例占 13.79%。

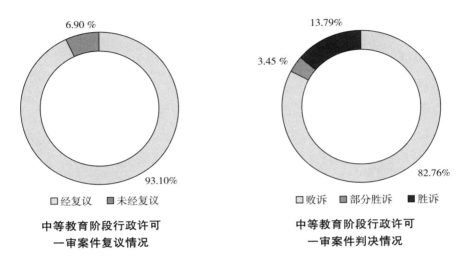

中等教育阶段行政许可   中等教育阶段行政许可
一审案件复议情况   一审案件判决情况

(二)案件争议焦点类型化分析

一般认为,行政许可是指在法律一般禁止的情况下,行政主体根据行政相对方的申请,通过颁发许可证或执照等形式,依法赋予特定的行政相对方从事某种活动或实施某种行为的权利或资格的行政行为。[①]《行政许可法》第 2 条对行政许可的定义为:行政许可,是指行政机关根据公民、法人或者其他组织的申请,经依法审查,准予其从事特定活动的行为。《最高人民法院关于审理行政许可案件若干问题的规定》(法释〔2009〕20 号)第 1 条规定"公民、法人或者其他组织认为行政机关作出的行政许可决定以及相应的不作为,或者行政机关就行政许可的变更、延续、撤回、注销、撤销等事项作出的有关具体行政行为及其相应的不作为侵犯其合法权益,提起行政诉讼的,人民法院应当依法受理。"

在中等教育阶段 29 例行政许可类案件中,涉及办学许可的案件 3 例,国有土地划拨的案件 6 例,建设工程规划许可的案件 20 例,本书主旨在于为教育行业提出建议,故在此重点以办学许可的内容进行重点分析。

---

① 杜慧等编:《行政法学》,延边大学出版社 2016 年版,第 94 页。

《民办教育促进法》明确规定举办实施学历教育、学前教育、自学考试助学及其他文化教育的民办学校，由县级以上人民政府教育行政部门按照国家规定的权限审批；举办实施以职业技能为主的职业资格培训、职业技能培训的民办学校，由县级以上人民政府人力资源社会保障行政部门按照国家规定的权限审批，取得办学许可证，方可办学。

1. 办学许可的变更

《行政许可法》第49条规定"被许可人要求变更行政许可事项的，应当向作出行政许可决定的行政机关提出申请；符合法定条件、标准的，行政机关应当依法办理变更手续。"根据《民办教育促进法》的规定，办学许可的变更包括以下三种情形，一是变更举办者；二是民办学校名称、层次、类别的变更；三是变更为其他学校。民办学校举办者的变更须由举办者提出，进行财务清算后，经学校理事会或董事会同意，报审批机关核准。

在周某某诉被告某县教体局行政许可及批复一案①中，法院认为，《行政许可法》第49条规定"被许可人要求变更行政许可事项的，应当向作为行政许可决定的行政机关提出申请，符合法定条件、标准的，行政机关应当依法办理变更手续"。该法第50条规定"被许可人需要延续依法取得的行政许可有效期限的，应当在该行政许可有效期限届满前三十日向作出行政许可决定的行政机关申请。但是，法律、法规、规章另有规定的，依照其规定"。由此可见，行政许可的变更是指，行政机关根据被许可人的请求，对许可事项的具体内容在许可被批准后加以变更的行为。

学校举办者的变更是一种行政许可行为，应按照《行政许可法》《民办教育促进法》的规定程序办理，由举办者提出申请，审批机关依法核准，而不是上下级行政机关的请示与批复形式。教行(2010)30号文第5条规定"办学许可证如有变更事项，必须填写《变更事项审批表》并按有关规定完善一切手续。《行政许可法》第36条规定"行政机关对行政许可申请进行审查时，发现行政许可事项直接关系他人重大利益的，应当告知该利害关系人。申请人、利害关系人有权进行陈述和申辩。行政机关应当听取申请人、利害关系人的意见。该法第47条

---

① （2019）豫1602行初130号。

规定"行政许可直接涉及申请人与他人之间重大利益关系的,行政机关在作出行政许可决定前,应当告知申请人、利害关系人享有听证的权利"。本案被告是根据县教体局的请示做出的同意举办者由"周某某、王某某"变更为"王某某等"的周教审批(2019)85号批复,该批复与原告有利害关系,有权提起行政诉讼。由于被告在作出被诉批复前并未按照上述规定办理,其批复事实不清、程序违法。

2. 办学许可的延续

行政许可通常都有一定的期限,被许可人在许可到期后需要申请延续其行政许可。《行政许可法》第50条第三款规定:"行政机关应当根据被许可人的申请,在该行政许可有效期届满前作出是否准予延续的决定。逾期未作决定的,视为准予延续"。根据《民办教育促进法实施条例》第22条第二款之规定"办学许可的期限应当与民办学校的办学层次和类型相适应。民办学校在许可期限内无违法违规行为的,有效期届满可以自动延续、换领新证。"此处的"自动续期"并不意味着被许可人无须向许可机关提出延续申请(办学许可领域称为"换证申请"),被许可人仍应当在法定期限内提出延续申请,而仅仅是延续的审查标准为"许可期限内无违法违规行为的"办学许可自动延续,许可机关应履行换证义务。若被许可人未在法定期限内提出延续申请的,按照行政许可法的规定,可视为被许可人放弃该行政许可,到期后该行政许可可依法予以收回,被申请人不能主张行政赔偿或行政补偿。

在市某中学不服被告县教育局注销办学许可一案[1]中,法院认为,本案系因原告未在法定期限内向被告递交延续办学申请,而由被告对原告的《办学许可证》予以注销的行政案件。《行政许可法》第50条第一款规定:"被许可人需要延续依法取得的行政许可的有效期的,应当在该行政许可有效期届满三十日前向作出行政许可决定的行政机关提出申请。"本案中,原告应提供出合法有效的证据证明其在法定期限内向被告提交了延期办学申请,但原告向本院提交的证据材料,不能反映出原告在其办学许可证届满三十日之前向被告递交了延期办学申请。故被告依据《甘肃省民办学校办学许可证管理办法》第25条关于"有

---

[1]　(2016)甘05行初55号。

下列情形之一的,审批机关依法注销办学许可证:(一)办学许可证有效期届满未申请延续的,或者延续申请未被批准的"的规定,依法注销原告的《办学许可证》,并在注销《办学许可证》之前,向原告送达了拟注销办学许可证的告知书。故被告作出注销原告《办学许可证》的行政行为证据确凿,程序合法,适用法律、法规正确。

三、不履行法定职责

中等教育阶段不履行法定职责案件共 26 例,主要集中于教职工社保补缴、工龄计算,学生学籍管理等方面。

(一)数据纵览

1. 年份与地域分布

(1)年份分布

2014—2020 年,中等教育阶段不履行法定职责案件共 26 例,7 年期间的案件数量呈波浪式分布。最高峰值出现在 2016 年(6 例);2017 年案件略有回落(2 例);截至 2021 年 3 月 18 日,2020 年受疫情或其他因素影响,上传到裁判文书网的案件数量较少,共 2 例。

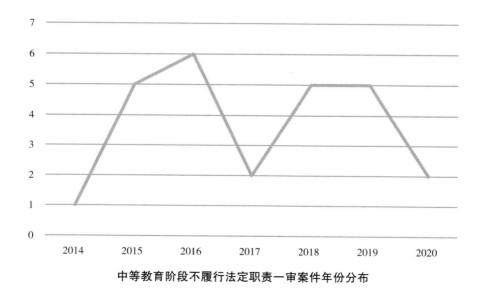

中等教育阶段不履行法定职责一审案件年份分布

（2）地域分布

2014—2020 年，中等教育阶段的不履行法定职责一审行政案件共涉及全 15 个省、自治区、直辖市，地域分布呈现出一定的地域差异。案件数量最多的前三个省级行政区分别为河北（4 例）、江苏（3 例）、山东、陕西、贵州、广东、福建等省级行政区（均为 2 例）。

2. 当事人情况勾勒

（1）原被告及第三人性质

在 26 例不履行法定职责案件中，其中学校作为原告的案件有 4 例、公民作为原告的案件 22 例；一共 22 例有第三人参与，其中学校作为第三人参加诉讼 20 次，行政机关作为第三人参加诉讼 2 次，法人和其他组织作为第三人参加诉讼 1 次，公民作为第三人参加诉讼 2 次。

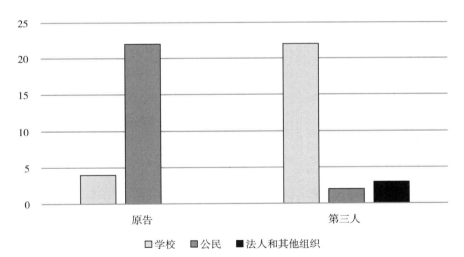

中等教育阶段不履行法定职责一审案件原告及第三人情况

社会保障部门作为被告 12 次，教育部门作为被告 8 次，自然资源部门作为被告 3 次，政府作为被告 2 次，学校作为被告 1 次，住建部门作为被告 2 次。

（2）当事人律师参与情况

在 26 例不履行法定职责案件中，原被告双方均有律师参与的案件为 10 例，仅原告有律师参与的案件为 2 例，仅被告有律师参与的案件为 13 例，原被告双方均无律师参与的案件为 1 例。中等教育阶段不履行法定职责一审行政案件中

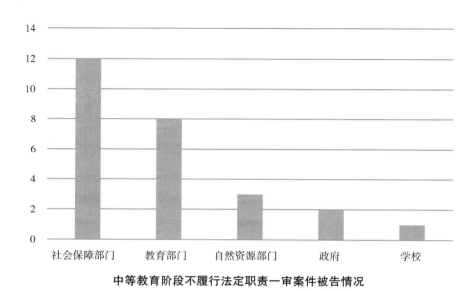

中等教育阶段不履行法定职责一审案件被告情况

律师参与度较高,总体而言,被告的律师参与率较原告律师参与率高。从律师来源来看,原被告双方律师主要是自行委托律师,本案由项下仅原告有法律援助律师参与。

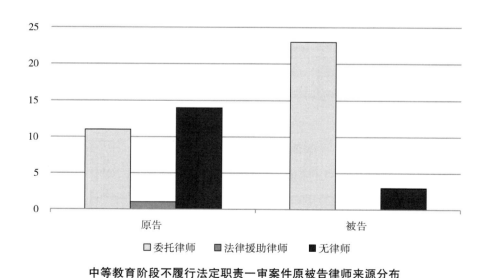

中等教育阶段不履行法定职责一审案件原被告律师来源分布

3. 程序参与

在26例不履行法定职责案件中,经过听证的案件为0例,经过复议的案件为

1例,未经复议的案件为25例。总体而言,行政相对人较少依靠听证、行政复议等行政机关的内部救济和监督途径,一般在行政机关不履行法定职责后即行起诉。

4. 裁判结果

在中等教育阶段不履行法定职责一审案件中,行政相对人败诉的案件为12例,部分胜诉1例,完全胜诉13例。总体而言,行政相对人因行政机关不履行法定职责而提起诉讼的案件,得到法院支持的概率与被驳回的概率相当。

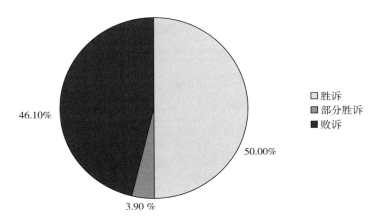

中等教育阶段不履行法定职责一审行政判决书诉讼结果情况

(二)案件争议焦点类型化分析

构成不履行法定职责需满足以下条件:一是行政机关必须是法律、法规、规章明确规定的机关;二是该行政机关有法律、法规规章规定的职权;三是一般要有相对人的合法申请。

1. 不履行法定职责的前提是行政机关具有相应法定职责

在履行法定职责案件中,从保护行政相对人利益角度出发,《行政诉讼法》第12条规定的"法定职责"的依据应做广义理解,既包括法律、法规、规章规定的行政机关职责,也包括上级和本级规范性文件确定的职责,还包括行政机关本不具有的但基于行政机关的先前行为、行政允诺、行政协议而形成的职责。

在原告张某某诉被告某县人力资源和社会保障局不履行法定职责纠纷一案①

───────────

① (2015)滨行初字第29号。

中,法院认为,《社会保险费征缴暂行条例》第 5 条规定:县级以上地方各级人民政府劳动保障行政部门负责本行政区域内的社会保险费征缴管理和监督检查工作。被告作为社保行政主管部门具有相应职责,被告主张《劳动合同法》实施前无行使征缴职责的答辩意见,本院不予支持。被告对原告的投诉作出的劳动保障监察行政处理决定,对原告申请的 2001 年 10 月至 2007 年 12 月第三人欠缴的社会保险费,被告既没有支持也没有说明不支持原告请求的理由,没有做出任何处理。被告对原告请求向第三人征缴 2001 年 10 月至 2007 年 12 月社会保险费的请求应当作出处理。

2. 行政机关履行法定职责的认定

根据《行政诉讼法》第 12 条第二项的规定可以看出行政机关不履行法定职责的主要拒绝履行、不予答复两种,拒绝履行是一种明示的不予履行法定职责的行为,不予答复则是实质上和形式上均不作为的不履行法定职责。法定职责是否已经履行应当从履职行为和结果两个方面进行考察。① 从履职行为上来说,行政机关或其工作人员针对行政相对人要求履行法定职责的申请作出了具体行政行为;从履职行为的效果来说行政机关已作出的具体行政行为要能实现行政相对人要求其履行法定职责维护其合法权益的需要。

在市某高中诉被告某市教育局、教育厅履行法定职责及行政复议一案②中,法院认为,被告在收到原告为其 2016 年招收的外省市户籍学生共计 179 人的学籍办理申请书后在法定时间内作出答复称:"已超出被告的职权范围,无法为此类学生办理高中学籍。"被告教育局在《答复》中对原告 2016 年无计划招生导致学生学籍无法建立予以说明,对我国有关高中学生学籍的办理规定进行了阐述,已履行其教育管理的法定职责。

3. 不履行法定职责纠纷中超过起诉期限的认定

根据权利限度理论和权利保障理论,行政诉讼中起诉期限的功能定位应当修正为行政诉讼的时间限制③。行政诉讼中的起诉期限不同于民事诉讼中的诉

---

① 陈德敏、谢忠洲:《论行政公益诉讼中"不履行法定职责"之认定》,《湖南师范大学社会科学学报》2020 年第 1 期。

② (2018)苏 8602 行初 1855 号。

③ 范伟:《行政诉讼起诉期限功能定位之反思与修正》,《行政法学研究》2021 年第 2 期。

讼时效,行政诉讼的起诉期限有以下特点:一是起诉期限从相对人知道或应当知道行政行为之日起计算;二是起诉期限是一个固定期间,不存在中止、中断的情形,除非有正当事由,并由人民法院决定,才可以将被耽误的时间予以扣除或延长期限;三是人民法院可以依职权审查起诉期限,相对人超过起诉期限起诉的,人民法院将裁定不予受理,受理后发现超过起诉期限的,裁定驳回起诉,即相对人丧失了起诉权。《行政诉讼法》针对不同的诉讼类型确定了不同的起诉期限,针对不履行法定职责类型的案件,根据《行政诉讼法》第47条:"公民、法人或者其他组织申请行政机关履行保护其人身权、财产权等合法权益的法定职责,行政机关在接到申请之日起两个月内不履行的,公民、法人或者其他组织可以向人民法院提起诉讼。法律、法规对行政机关履行职责的期限另有规定的,从其规定。公民、法人或者其他组织在紧急情况下请求行政机关履行保护其人身权、财产权等合法权益的法定职责,行政机关不履行的,提起诉讼不受前款规定期限的限制。"《最高人民法院关于适用〈中华人民共和国行政诉讼法〉的解释》(法释〔2018〕1号)第66条"公民、法人或者其他组织依照《行政诉讼法》第47条第一款的规定,对行政机关不履行法定职责提起诉讼的,应当在行政机关履行法定职责期限届满之日起六个月内提出。"

行政机关没有履行法定职责,且没有作出处理决定的,其履责义务呈持续存在状态,不因为超过起诉期限而免除。超过六个月起诉期限,公民、法人或者其他组织再次提出履责申请,行政机关有义务继续履行,否则仍然构成不履行法定职责。在齐某某诉被告某县教育局不履行法定职责一案[①]中,法院认为,因原告为工作安置问题多次上访,被告也进行调查并达成协议书,达成协议后原告又向被告提交了申诉书,要求被告履行职责,被告应当履职,属于行政诉讼范围。2019年1月15日原、被告为此达成协议,被告为齐某某一次性补缴养老保险27379.8元。原告对此协议书不服,于2019年3月22日提出申诉书,要求被告解决工作安置及事业编制、社保、医保等问题,被告至今未作处理决定未超过法定的起诉期限。

---

① (2019)冀0184行初12号。

第三节 见微:典型案例剖析

一、湖北某公司教辅产品商业贿赂行政处罚案

某中学不服县市场监管局行政处罚案

（2019）鄂 1125 行初 59 号

【关键词】

教辅产品 商业贿赂 行政处罚

【基本案情】

省某书店分公司于 2013 年 7 月 20 日与县勤工俭学总公司签订《省中小学教辅材料推荐目录教辅产品业务合作协议》,协议约定的合作产品为列入当年省教育厅《省中小学教辅材料推荐目录》中的教辅产品,合作方式为服务外包。服务外包的内容包括产品宣传与售后服务、协助收款等;县勤工俭学总公司有责任协助省某书店分公司确保《省中小学教辅材料推荐目录》中长江出版传媒(含其租型版)教辅产品平均配套率及重点推荐产品市场占有率不低于 70%;省某书店分公司向县勤工俭学总公司按不同教育阶段支付外包服务费。同日,双方又签订了补充协议,将外包服务费提高到 15%。根据上述协议,省某书店分公司于 2013 年 9 月 13 日向原告县某高级中学给付教师节慰问金 5000 元、同年 12 月 17 日给付高考奖 19600 元、2014 年给付高考慰问金 1000 元、2015 年给付高考慰问金 1000 元、2016 年给付高考慰问金 1000 元、2017 年 6 月 7 日给付高考慰问金 1000 元。原告除未将 2014 年、2015 年及 2016 年高考慰问金入账外,其他款项均在学校账目其他收入中入账。

2017 年 8 月 25 日原县工商行政管理局接到举报,对县勤工俭学总公司进行调查,县勤工俭学总公司就与省某书店分公司劳务外包费的收支情况进行了说明,陈述高考奖及教师节慰问款是由学校在省某书店分公司直接开票拿款,款项在外包服务费内。2017 年 10 月 12 日原县工商行政管理局对原告进行调查,提取相关单据及会计记账凭证。原告向原县工商行政管理局出具书面说明,原

告因教学需要,需征订教材、教辅、作业等,省某书店分公司向其销售,省某书店分公司自 2013 年至 2017 年向原告捐赠、教师节慰问金、高考奖共计 28600 元,并对入账情况进行了说明。同年 11 月 14 日,原县工商行政管理局对省某书店分公司进行调查,提取有关单据,省某书店分公司对支付外包服务费进行说明。根据初步查明的事实,2017 年 12 月 14 日,原县工商行政管理局以原告收受省某书店分公司为销售教辅材料给付的捐款、教师节慰问金、高考慰问金共计 28600 元,涉嫌商业贿赂,违反了相关规定,决定立案。因在规定的期限不能办结,原县工商行政管理局决定延期。经听证后,10 月 26 日,原县工商行政管理局以原告利用其在学生中的特殊影响力和地位,借高考奖励、高考慰问金名义收受省某书店分公司给付财物的行为,违反《反不正当竞争法》相关规定,对原告作出行政处罚决定,责令原告改正违法行为,没收原告高考慰问金、教师节慰问金及捐款 28600 元。

【原告主张】

原告县某高级中学诉称:

一、被告作出的行政处罚决定认定的事实和定性错误。原告认为教师节慰问金、高考慰问金、高考奖金,是对原告教师工作的肯定,是省某书店分公司作为社会组织,对原告及其教师工作的一种奖励、慰问和激励行为,是社会捐助性质的行为,不同于商业贿赂行为。

二、被告作出行政处罚决定适用法律错误。被告适用 1993 年 12 月 1 日起施行的《反不正当竞争法》(1993)第 8 条第一款、第 22 条之规定,于 2018 年 10 月 26 日作出行政处罚决定,但该法已由第十二届全国人民代表大会常务委员会第三十次会议于 2017 年 11 月 4 日修订,自 2018 年 1 月 1 日起施行。故被告适用《反不正当竞争法》(1993)作出行政处罚决定属适用法律错误。

三、即使原告有一定的违法行为,也因超过了行政处罚时效,不应予以处罚。2013 年 9 月 13 日的教师节慰问金 5000 元和 2013 年 12 月 17 日的高考奖金 19600 元均只有一次,不具有连续性。依据《行政处罚法》第 29 条规定,违法行为在二年内未被发现的,不再给予行政处罚。法律另有规定的除外。被告在 2018 年 10 月 26 日作出行政处罚,其间隔时间长达五年之久,已超过了法定的处罚时效,不应给予处罚。

【被告辩称】

被告县市场监督管理局辩称：

一、原告的行为构成了商业受贿行为，并排挤了竞争对手的公平竞争。自2013年至2017年期间，原告在与省某书店分公司购销教辅材业务活动中，收受该公司以"教师节慰问金""高考奖金"等名义给付的现金共计28600元。原告收受的上述财物虽然入了单位财务账，但在财务账上并未按财务会计制度如实记载经营活动收入，而是以"慰问金""奖励"名义转入其他财务账并作其他收入作虚假记载。而在县境内，从事教辅材料经营业务的有多家经营者，原告利用其在学生中的特殊影响力和地位，在教材教辅发行中起到关键性的作用的条件，限制学生独自选择商家购买教辅材的自由，同时排挤其他经营者公平竞争权力，再从省某书店分公司给付县勤工俭学总公司所谓外包劳务费，从服务费中收受所谓的教师节慰问金、高考慰问金、高考奖金等非法收入，其行为明显属于商业贿赂。原告的上述行为违反了《反不正当竞争法》(1993)第8条规定，依法应当受到处罚。

二、被告对原告作出行政处罚决定适用法律正确。本案发生在2013年至2017年期间，查处时，原告的商业贿赂行为已经终了。《反不正当竞争法》是2017年11月14日修订，并于2018年1月1日实施，依据我国《立法法》的规定，法律不溯及既往效力，故被告适用行为时即修改前的《反不正当竞争法》是正确的。

三、本案并未超过法定处罚时效。《行政处罚法》第29条"违法行为在二年内未被发现的，不再给予行政处罚。法律另有规定的除外。前款规定的期限，从违法行为发生之日起计算；违法行为有连续或者继续状态的，从行为终了之日起计算。"原告收受他人财物自2013年开始一直到2017年才结束，处于连续状态。被告在2018年6月立案查处，并未超过两年的处罚时效。

四、被告对原告作出行政处罚适当，且程序正确。在本案立案调查过程中，原告能够积极配合，并主动停止了违法行为，避免了违法后果继续发生。故被告作出没收违法所得的从轻处罚并无不当。同时，被告在本案调查处理过程中，履行了《行政处罚法》规定的保障被处罚人陈述、申辩及听证的权利等相关程序。

【裁判理由】

本院认为,根据《行政诉讼法》第 26 条第六款的规定,行政机关被撤销或者职权变更的,继续行使其职权的行政机关是被告。县市场监督管理局承继原县工商行政管理局查处经营者不正当竞争违法行为的行政职责,为本案适格被告。

根据发改价格〔2010〕1619 号国家发展改革委、教育部《关于规范中小学服务性收费和代收费管理有关问题的通知》、新出政发〔2011〕12 号新闻出版总署《关于进一步加强中小学教辅材料出版发行管理的通知》、教基二〔2012〕1 号教育部、新闻出版总署、国家发展改革委、国务院纠风办《关于加强中小学教辅材料使用管理工作的通知》、发改价格〔2012〕975 号国家发展改革委、新闻出版总署、教育部《加强中小学教辅材料价格监管的通知》、新出政发〔2013〕5 号国家发展改革委、新闻出版总署、教育部、国务院纠风办《关于严厉禁止和坚决查处中小学教辅材料出版发行违法违规行为的通知》、新广出发〔2015〕45 号《中小学教辅材料管理办法》、鄂办文〔2006〕32 号湖北省委办公厅、省人民政府办公厅《关于全省教育行政管理部门与所办书报刊经营实体脱钩划转的通知》及鄂教基〔2012〕20 号湖北省教育厅、湖北省纠风办、湖北省新闻出版局、湖北省物价局《关于加强中小学教辅材料使用管理工作的通知》的相关规定,任何单位和个人不得以任何形式强制或变相强制学校或学生购买教辅材料,学校可以统一代购,做好服务,不得从中牟利。严禁任何部门、单位和个人在教辅材料编写、出版、发行等环节,以拿取折扣、回扣、索要赞助等方式,违规收取费用。严禁出版发行单位与教育行政主管部门、学校、老师进行地下交易和一切形式的商业贿赂行为,严禁出版发行单位在中小学教辅材料出版发行活动中违规收取费用或向中小学生和家长统一征订、搭售教辅材料。学校和教师在为学生服务、代办有关事项的过程中不得获取任何经济利益,不得收取任何形式的回扣。确有折扣的,须全额返还学生。中小学教辅材料出版发行单位不得委托不具备发行资质的部门、单位和个人发行中小学教辅材料,同时明确了在教辅材料发行、销售过程中不得以任何形式给付、收取任何费用。2006 年省教育厅、省财政厅、省新闻出版局《关于全省教育行政管理部门与所办书报刊经营实体脱钩划转实施方案》中规定"脱钩划转工作完成后,由省教育书刊发行社按照各地教育书刊发行总码洋的一定比例返还给当地财政部门,单独列入当地教育部门预算,用于弥补教育经费的不足或资助贫困学生"。原告县某店高级中学收受省某书店分公司高考慰问金、教师节慰问金及捐款 28600 元是基于省某书店分公司与县勤工俭学总公司签订《省中小学教辅材料推荐目录教辅产品业务合作协议》,省某书店分公司给付外包服务费的一部分,该款项按上述规定应当返还给当地财政部门,单独列入当地教育部门预算,用于弥补教育经费的不足或资助贫困学生。原告收受上述款项虽然已入单位财务账,但在财务账上并未按财务会计制度如实记载经营活动收入,而是以转入其他财务账并作其他收入记载。根据《关于禁止商业贿赂行为的暂行规定》第 5 条的规定,原告收受省某书店分公司财物的行为构成受贿。

《反不正当竞争法》(1993)第 8 条规定,经营者不得采用财物或其他手段进行贿赂以销售或购买商品。国家工商行政管理局对苏工商〔2000〕88 号请示的答复,对《反不正当竞争法》(1993)第 8 条规定中的贿赂进一步明确,贿赂既包括行贿也包括受贿。当事人在商品购买中收受贿赂的行为,工商行政管理机关应当按照《反不正当竞争法》的有关规定和国家工商行政管理局《关于禁止商业贿赂行为的暂行规定》进行查处。原告对其在校就读的学生有着特殊的影响力,对教辅材料的使用具有举足轻重的作用。省某书店分公司不是教辅材料唯一发行单位,其以高考慰问金、教师节慰问金及捐款的名义向原告给付财物以获取发行教辅材料优势地位。原告的行为违反了该规定,被告作出行政处罚决定事实清楚。

《反不正当竞争法》(1993)第 22 条规定,经营者采用财物或者其他手段进行贿赂以销售或者购买商品,不构成犯罪的监督检查部门可以根据情节处以一万元以上二十万元以下的罚款,有违法所得的予以没收。同时,《行政处罚法》第 27 条规定了从轻和减轻处罚的情形,被告考虑原告的实际状况,只作出没收违法所得 28600 元,适用法律正确。

被告对原告的行为进行立案、调查取证、告知原告拟处罚的事实、理由及依据,并告知原告享有陈述申辩及听证的权利、案审会对案件进行讨论、作出行政处罚决定并送达,行政处罚程序符合《行政处罚法》有关程序的规定。

新的《反不正当竞争法》(2018)自 2018 年 1 月 1 日起施行,该法第 7 条亦规定经营者不得采用财物或者其他手段贿赂利用职权或者影响力影响交易的单位或者个人,以谋取交易机会或者竞争优势。该法第 19 条对经营者商业贿赂行为行政处罚更重,没收违法所得,处十万元以上三百万元以下的罚款。原告违反《反不正当竞争法》的行为发生在 2016 年前,1993 年 12 月 1 日起施行的《反不正当竞争法》(1993)对经营者商业贿赂行为行政处罚较轻。根据"从旧兼从轻"的法律适用原则,被告对原告作出行政处罚适用 1993 年 12 月 1 日起施行的《反不正当竞争法》(1993)并无不当。《关于禁止商业贿赂行为的暂行规定》是根据《反不正当竞争法》的有关规定制定的,该规定并未废止,仍是查处经营者采取商业贿赂行为谋取交易机会或者竞争优势不正当竞争行为的法律依据。原告多次收受省某书店分公司财物,违法行为处于连续状态。其最后收受财物的时间是 2017 年 6 月 7 日,即为违法行为终了之日,而被告立案查处原告违法行为在 2017 年 12 月,根据《行政处罚法》第 29 条及国发函〔2005〕442 号《国务院法制办公室对湖北省人民政府法制办公室〈关于如何确认违法行为连续或继续状态的请示〉的复函》的规定,被告对原告行政处罚未超过两年的追责时效期限。

【案件点评】

教育行业中,学校对校车费、校服费、伙食费、书本费等等多种费用采用"代收代付"的方式,即学校在收取这类费用后,要全额交付给对应的服务商或者供应商,学校并不做截存。而对于服务商和供应商的选择上,一般是通过学生及家长的民主选择确定。因此,学校方往往会辩解自己不属于合同相对方且不会对合同签订有影响。但是,学校在上述系列合同签订过程中的身份和作用,应结合实际综合判断。第一,在供应商或者服务商的选择上,学生及其家长可能会由于对行业的不熟悉而无从选择,转而向学校寻求建议,因此学校往往可以举荐供应商及服务商;第二,在合同履行过程中,学校也有相当程度的参与,类似及时反馈合同履行过程中出现的问题。因此,学校在选择供应商或服务商的问题上,是具有相当的话语权,对学生及其家长的选择有相当的影响作用,学校在特定情况下会成为"商业贿赂"的主体而面临行政处罚。

新《反不正当竞争法》(2018)在 2018 年 1 月 1 日施行后,在第 7 条对收受商业贿赂的主体进行了明确,包括交易相对方的工作人员;受交易相对方委托办理相关事务的单位或者个人;利用职权或者影响力影响交易的单位或者个人。新《反不正当竞争法》下的商业贿赂的外延不再仅限于"以销售或者购买商品"为目的,而是扩大到了"以谋取交易机会或者竞争优势"为目的。同时,新《反不正当竞争法》对商业贿赂的对象、内容及罚则等都做了重新界定。新法第19条对商业贿赂的处罚进行了规定,"经营者违反本法第七条规定贿赂他人的,由监督检查部门没收违法所得,处十万元以上三百万元以下的罚款。情节严重的,吊销营业执照",大幅提高了商业贿赂的罚款额度,由原先的1至20万元提高到10至300万元。结合本案案情,原告违反《反不正当竞争法》的行为发生在2016年前,1993年12月1日起施行的《反不正当竞争法》(1993)对经营者商业贿赂行为行政处罚较轻。根据"从旧兼从轻"的法律适用原则,被告对原告作出行政处罚适用1993年12月1日起施行的《反不正当竞争法》(1993)并无不当。

我国对"商业贿赂"的打击力度日益加强,行政、司法机关对此的态度也是日渐严格。因此,学校的内部合规制度的设立和审查尤为重要,对此提出以下建议:一、建立内部廉洁自查和举报制度,对于学校所涉各类交易要建立风控和廉洁审核制度;二、加强廉洁培训以及对法律法规的学习,明确对不合规及违法行为的详细界定;三、完善财务制度,建立第三方财务审查制度。"商业贿赂"问题不可轻视,学校应对此类问题保持警醒,在遇到相关问题时,要及时自查和进行专业咨询,阻断风险的形成。

点评人:四川上行律师事务所 张元译

二、山东某学校迎检行政赔偿案

某中学与某教育局行政赔偿案

(2020)鲁0406行赔初1号

【关键词】

办学许可 确认违法 行政赔偿

【基本案情】

2016年12月19日,被告区教育局向全区各民办中小学下发《关于开展民办学校2016年度年检及办学许可证换发的通知》,要求全区各民办中小学按该通知要求提交年检材料,对符合新修订《民办教育促进法》规定的学校,确定为年检合格学校,并将结果予以公布,年检合格学校统一换发新的《民办学校办学许可证》。

在年检过程中,根据区教育局的要求,原告天成中学向被告提交了《学校租赁合同》,该合同载明"出租方(原某某市区华耀中学举办方)为甲方,代表人为华某1,租赁方为乙方,人员为侯某某、满某某、闫某,代表人为侯某某,租赁目的用于天成中学继续办学,签订时间为2016年8月11日"。

因华某2的投诉及华某2提交的某某市山亭区人民法院作出(2017)鲁0406民初1316号民事判决书判决已经确认华某1与侯某某、满某某、闫某于2016年8月11日的签订《学校租赁合同》无效。2017年8月25日,被告制作并向天成中学下发通知,内容为"天成中学:因你校提供的'学校租赁合同',甲方(原某某市区华耀中学)主体不存在(已变更为天成中学),该合同效力待定,请你校提供校舍产权(或使用权)的有效证明,并重新签订有效合同"。原告未按照该通知提交材料。

2017年8月30日,被告向全区各民办中小学下发通知,民办学校年检问题整改期延至2017年12月31日。

2018年3月9日,被告向天成中学下发《关于天成中学终止办学的通知》,内容为"天成中学:根据《民办教育促进法》及《民办教育促进法实施条例》有关规定,经检查验收,你校尚未达到新的办学条件要求,未能取得民办学校办学许可证,自2018年1月1日起,你校已不具备办学资格,办学行为不再受法律保护,请你校立即终止办学,妥善处理有关事项,否则造成的不良后果由举办者自行负担。希望你校高度重视,严格执行《民办教育促进法》第57条、第58条有关规定:'民办学校终止时,应当妥善安排义务教育阶段学生继续就学,依法进行财务清算,及时到有关部门按规定办理终止办学其他有关手续',特此通知"。

2018年5月9日,原告和区桑村镇教育委员会达成《天成学校学生转交分流协议》,原告在籍学生可选择去某某市第三十一中学或区桑村镇中心小学就读,原告负责原学生的生活与学习到本学期结束(2018年7月5日),2018年9月3日,原告原学生可按就读意向,持通知书到相应学校报到。

2018年6月4日,被告向桑村镇教委下发通知,内容为"桑村镇教委:你镇天成中学至今没有换发新的《民办学校办学许可证》,为进一步规范办学行为,请督促天成中学按照《民办教育促进法》及其他文件规定要求,及时提交有关材料,经区教育局审验合格后,重新为天成中学换发新的《民办学校办学许可证》,继续办学"。桑村镇教委将该通知内容向天成中学传达。

2018年6月24日,原告向区人民法院提起诉讼,2018年10月19日,区人民法院作出(2018)鲁0406行初23号行政判决书,判决"被告区教育局在法定期限内对是否给予原告某某天成中学换发新的《民办学校办学许可证》重新作出处理",2019年1月,被告作出新的《民办学校办学许可证》,2019年3至4月份,天成中学领取了该《民办学校办学许可证》。

【原告诉称】

原告在换发新的民办学校办学许可证过程中按照被告批准的书面整改方案全部履行了自己在新民办学校办学许可证换发过程中所负的全部整改义务。被告不但未按承诺履行自己的验收换证职责,反而于2018年3月9日,以"天成中学提交的校舍租赁合同效力待定,未按要求提供所租赁房屋产权证或租赁协议书"为由,作出不予天成中学换发新民办学校办学许可证,并责令天成中学终办学的决定。经天成中学提起行政诉讼并多方呼吁,被告区教育局最终给天成中学换发了新民办学校办学许可证,以实际行动纠正自己作出"不予天成中学换发新民办学校许可证,并责令天成中学终止办学"的错误,但其拒不履行法定职责的行为已给天成中学的声誉造成不可挽回的影响,给原告的经济造成无可估量的损失,致原告已实际不能继续办学。为此,原告特根据《国家赔偿法》的相关规定提起本诉讼,敬请人民法院依法裁决。

【被告辩称】

被告辩称,被告为天成中学颁发《民办学校办学许可证》,适用法律正确,程序合法,应当依法驳回原告的诉讼请求,理由如下:行政赔偿的前提是应当确认行政行为违法,在没有确定之前,没有行政赔偿一说,本案并没有有效的法律文书确定被告行政行为违法,也就不存在要求被告进行行政赔偿的问题。在年检过程中,原告提供的《学校租赁合同》虽说明租赁的目的是用于原告办学,但是无法保证不用于其他用途,因此该合同不是原告办学场所的合法证明。且其间有多方主体就学校租赁问题提起诉讼,且被判决该租赁合同无效,由于学校租赁协议有纠纷,办学场所不稳定,被告工作人员于 2017 年 6 月 20 日及 7 月 27 日电话通知原告法定代表人侯某某提交,并于 2017 年 8 月 25 日向某 1 中学下达书面通知要求原告提交校舍产权或使用权的有效证明,原告迟迟没有提交,2018 年 3 月 9 日,被告根据(2017)鲁 0406 民初 1316 号民事判决书及原告没有提供有效办学场所的证明的情况下,向原告下达终止办学的通知并无不妥。

原告对拆除房屋的损失应当自行承担。根据原告 2017 年 6 月 5 日出具的《关于落实教育局"年检整改意见"的实施方案》可以看出,天成中学拆除的砖木结构厂房、面食加工房屋、钢板房变压器、拆除工钱等系天成中学为迎检而自行决定、自行拆除的,拆除整改后经验收已经达到安全标准,可以用于办学,这是其获得颁发新的《民办学校办学许可证》的一个前提条件,被告履行法定的年检职责要求原告提出整改意见并落实并无不妥,原告的起诉无事实及法律依据。

原告的租金及人员工资系其办学需要支出的必要的经费开支,延期办学是因为其延迟具备办学条件,责任在原告,而不是被告的过错造成,关于上述两项开支应自行承担。

【裁判理由】

被告于 2017 年 8 月 30 日向全区各民办中小学下发通知明确载明"民办学校年检问题整改期延至 2017 年 12 月 31 日",故被告区教育局在 2017 年 12 月 31 日前并未对原告造成损害。被告虽于 2018 年 3 月 9 日向某 1 中学下发《关于天成中学终止办学的通知》,但被告于 2018 年 6 月 4 日又通过桑村镇教委通知原告天成中学"按照《民办教育促进法》及其他文件规定要求,及时提交有关材料,经区教育局审验合格后,重新为天成中学换发新的《民办学校办学许可证》,继续办学",原告和桑村镇教育委员会于 2018 年 5 月 9 日达成的《天成学校学生转交分流协议》明确载明"天成中学负责天成中学原学生的生活与学习到本学期结束(2018 年 7 月 5 日)",故在 2018 年 7 月 5 日之前,天成中学原学生的生活与学习并不受影响。故在 2018 年 7 月 5 日前,原告天成中学并不存在损失。区教育局的行为即使对原告天成中学造成损失,也只能是 2018 年 7 月 5 日后发生的损失。

被告之所以未向原告天成中学颁发《民办学校办学许可证》,系因枣庄市山亭区人民法院作出的(2017)鲁 0406 民初 1316 号民事判决书判决已经确认华某

1与侯某某、满某某、闫某于2016年8月11日的签订《学校租赁合同》无效,该判决书虽未生效,区教育局对原告天成中学的教学场所是否稳定确实存在顾虑,2018年3月12日,侯某某已经收到(2017)鲁04民终1921号民事判决书,该判决书已明确载明撤销原判并驳回起诉,可见原告完全可以在2018年6月4日收到被告督促通知后,提交(2017)鲁04民终1921号民事判决书,以便被告为其换发新的《民办学校办学许可证》,继续办学,不影响其新学年正常开学,但原告天成中学并未提交该判决,以致被告不能及时向其颁发《民办学校办学许可证》,原告的行为存在不积极配合审验的情形。

关于原告请求赔偿的第一项损失:"为迎检,共拆除砖木结构房屋18间,320平方米,建筑成本及废物外运,按每平方米300元计,为90500元;拆除面食加工房屋两间(铺的瓷砖,新型天花板,四墙装饰),42平方米,按成本折价450元每平方米,为18900元;拆除钢板房16间(钢结构),246平方米,为69000元;拆除、移动变压器并安装,用工及物料,新建变压器房,为13200元;拆除工钱为21000元。以上五项共损失212600元",即使原告主张的212600元损失属实,该损失系原告根据被告年检时提出的整改意见而进行落实的必要支出,目的系为年检合格而换发新的《民办学校办学许可证》,被告已经向其颁发了新的《民办学校办学许可证》,故原告请求的第一项损失,不予支持。

关于原告请求赔偿的第二项、第三项损失"从2018年7月至2019年10月间三名人员工资及各项支出共计208000元;两年租金400000元",该支出即使属实,也系原告办学过程中的正常支出,不属于因被告的行为而造成的损失,与被告的行为无因果性,故原告请求赔偿的第二项、第三项损失,不予支持。

综上,原告天成中学请求被告赔偿损失400000元,无法律根据,不予支持。

【案件点评】

民办教育是义务教育的一项重要补充,为规范民办教育发展,国家出台《民办教育促进法》《民办教育促进法实施条例》等法律法规,以维护民办学校、教职工和受教育者的合法权益,规范民办教育的办学行为和管理行为。

《民办教育促进法》第12条之规定:"举办实施学历教育、学前教育、自学考试助学及其他文化教育的民办学校,由县级以上人民政府教育行政部门按照国家规定的权限审批…",本案中被告区教育局具有对民办学校办学许可的审批职责。《行政许可法》第34条规定:"行政机关应当对申请人提交的申请材料进行审查。申请人提交的申请材料齐全、符合法定形式,行政机关能够当场作出决定的,应当当场作出书面的行政许可决定。根据法定条件和程序,需要对申请材料的实质内容进行核实的,行政机关应当指派两名以上工作人员进行核查。"由此,行政机关对申请材料要做两个层次的审查,一为形式审查,二为实质审查。如法条所述,形式审查是检查材料是否齐全,是否符合法律规定的形式要求;实质审查则是审查材料内容,本案中,区教育局对原告提供的租房合同的效力问题的审查就属于实质性审查。而租房合同系办学场所的合法证明,若存在租赁纠纷则可能对办学稳定性产生严重影响,继而影响正常教学秩序。因此,被告向原告下发停止办学通知是在其职责范围内的合法行为,在原告将办学许可的相关材料递交齐全后,区教育局向其颁发了新的《民办学校办学许可证》,区教育局的行政行为合法,也并未对原告造成不必要之损失,因此本案原告的行政赔偿请求于法无据不能获得支持。

就促进教育多样化和高品质而言,民办学校是对公办教育的一种有力补充,有效地增加了教育服务供给,为推动教育建设,促进经济社会发展,满足人民群众多样化、个性化、特色化的教育需求做出了积极贡献。国家对于民办教育有扶持也有规束,民办教育在办学过程中也要注意以下问题:第一,规范办学条件,严格按照教育部和各地要求,对照办学的基本条件要求,完善办学条件。行政机关也要严格审核办学条件,对于办学许可证的颁发要严而精;第二,规范招生行为,坚决杜绝违规招生,保持教育大环境的廉洁自律。第三,规范收费管理。民办学校应根据办学成本、市场需求等因素确定收取费用的项目和标准,并接受有关主管部门的监督,不能因为过分追求营利而不按照法律法规要求制定收费标准。第四,规范课程管理,执行国家课程标准,使用国家指定教材,保证教学课时,严格执行学程安排。国家对民办学校进行规范与管理,实为国家对于教育体制改革的举措,目的是为净化和规范国内教育环境,促进国内教育体制进步发展,各民办学校应该要有大格局,规范自身,为中国教育体制改革作出应尽之力。

点评人:四川上行律师事务所 张元译

三、山东某中学食品安全行政处罚案

某中学不服某市场监管局食品安全行政处罚案

（2019）鲁 1311 行初 79 号

【关键词】

中学食品安全　一事不再罚　惩罚与教育相结合

【基本案情】

2019 年 5 月 31 日，山东某检测试检验有限公司受被告县监管局委托对原告兰陵某中学的食堂购买的干辣椒面进行了抽样检测，检验结论为不合格。被告当场作出警告的处罚决定，后被告作出 832 号处罚决定没收干辣椒面 1.7 公斤、并处罚款人民币五万元（50000.00 元）整。

【原告主张】

原告诉称被告例行对原告食品进行监督检查，其中对原告采购的干辣椒面进行检测并确定为不合格食品原料。原告进行了申辩并提供了有关材料，但被告未予采纳即作出处罚决定。原告认为，被告处罚决定认定事实错误，程序违法，适用法律错误，原告行为属于不予处罚范围。

【被告辩称】

被告辩称原告采购食品明知应当查验供货者的许可证和食品出厂检验合格证或其他证明，而未进行检验，导致不符合食品安全标准的食品原料进入学校食堂，事实清楚，其行为违反了《食品安全法》第 55 条第一款的规定，适用法律清楚。

【裁判理由】

根据《食品安全法》第 87 条规定，"县级以上人民政府食品药品监督管理部门应当对食品进行定期或者不定期的抽样检验，并依据有关规定公布检验结果，不得免检。进行抽样检验，应当购买抽取的样品，委托符合本法规定的食品检测机构进行检验，并支付相关费用；不得向食品生产经营者收取检验和其他费用。"山东某检测试检验有限公司系受被告委托对原告购买的食品进行抽样检测，并未收取费用，符合法律规定，且被告提交的证据显示山东某检测试检验有

限公司具有相应的检测资格，原告在行政处罚前对《检验报告》的结果也明确表示无异议。原告关于《检验报告》不合法且其被诱导才未表示异议的辩解意见，未提交相关证据证实，本院不予采纳。

在检验报告下达后，依据原告存在采购使用不符合食品安全标准的干辣椒面的违法事实，被告进行了调查取证。《检验报告》、照片、询问笔录等证据足以证明原告存在采购使用不符合食品安全标准的干辣椒面的违法事实。被告依据《食品安全法》第125条第一款第四项的规定："食品生产经营者采购或者使用不符合食品安全标准的食品原料、食品添加剂、食品相关产品，由县级以上人民政府食品安全监督管理部门没收违法所得和违法生产经营的食品、食品添加剂，并可以没收用于违法生产经营的工具、设备、原料等物品；违法生产经营的食品、食品添加剂货值金额不足一万元的，并处五千元以上五万元以下罚款；货值金额一万元以上的，并处货值金额五倍以上十倍以下罚款；情节严重的，责令停产停业，直至吊销许可证。"及《行政处罚法》的规定，结合原告的相关情形，没收购买的原料并处以罚款的行政处罚，适用法律正确。此外，被告履行了抽样、检测、调查询问、处罚告知等法定程序，行政程序符合法律规定。

关于被诉行政处罚决定罚款数额是否明显不当的问题。根据《行政处罚法》第4条第二款之规定，设定和实施行政处罚必须以事实为依据，与违法行为的事实、性质、情节以及社会危害程度相当。本案中，原告所购买的干辣椒面货值不足一万元，没有违法所得，未产生危害后果，应处五千元以上五万元以下罚款。被告县监管局认为在其调查取证过程中，原告提供巩某的虚假陈述材料掩盖事实规避调查，依照《山东省食品药品监督行政处罚裁量权适用规则》第12条第九项的规定应当从重处罚。本院根据庭审中查明的事实，原告对被告认定其采购食品时未检验供货者的许可证和食品出厂检验合格证或其他合格证明，导致不符合食品安全标准的食品原料进入学校食堂的事实予以认可，在被告调查取证过程中，原告已尽到了配合调查的基本义务，其向被告提供的证人巩某的证言，仅是围绕干辣椒面数量的情况进行了陈述，原告对处罚的基本事实并没有否认，不能据此认定为《山东省食品药品行政处罚裁量权适用规则》中的第12条第九项规定的情形。本案中，原告购买的不合格辣椒面仅有6斤，货值金额仅为72元，没有违法所得，未产生危害后果，被告以提供虚假证言规避调查为由对原告从重处罚,作出罚款 50000 元的处罚决定,明显畸重,超过了其行使行政管理措施的必要性,手段和目的不具有相称性。《行政诉讼法》第 77 条第一款规定:"行政处罚明显不当,或者其他行政行为涉及对款额的确定、认定确有错误的,人民法院可以判决变更",本院将罚款数额变更为二万元。

关于原告认为被告对其当场处罚后又作出被诉行政处罚属于重复处罚,违反了《行政处罚法》第 24 条"一事不二罚"处罚原则的意见。《行政处罚法》第 24 条规定"对当事人的同一个违法行为,不得给予两次以上罚款的行政处罚"。所谓一事不再罚,是指行政机关不得以同一事实和同一依据,对当事人的同一个违法行为给予两次罚款的行政处罚。庭审已查明,被告对原告作出的当场处罚决定书系被告对原告购买干辣椒面时未查验供货者的许可证和食品出厂检验合格证或者其他合格证明的违法行为作出的处罚,本案被诉行政处罚决定书系被告对原告购买使用不符合食品安全标准的干辣椒面的违法行为作出的处罚,不符合上述法律规定。故原告的该意见不能成立,本院不予采纳。

综上,被告行政处罚决定认定事实清楚,适用法律正确,程序合法,但罚款数额畸重,违反了过罚相当原则,属明显不当。本院综合考量原告违法行为的事实、情节、性质、后果、社会危害程度以及原告的实际承受能力等因素,本着惩罚与教育相结合的原则,对涉案行政处罚决定的罚款数额予以核减变更。

【案件点评】

教育领域的食品安全是近年来社会关注的热点问题,国家逐渐加大对此领域违法行为的处罚力度。但是,行政机关作出行政处罚虽有裁量权,但是处罚的力度和范围都应当遵循比例原则进行裁量,不应突破过罚相当的原则。

过罚相当原则要求行政机关在作出行政处罚时,应当坚持过罚相当,即行政处罚应当与违法行为的事实、性质、情节以及社会危害程度相当。本案原告在食堂采购工作中未尽到查验的义务,采购不符合食品安全标准的食品原料进入学校食堂并使用,违反《食品安全法》的相关规定,应受到相应的行政处罚。被告针对原告的两个行为分别作出处罚,一是处罚未尽查验义务的行为;二是处罚使用不符合食品安全标准的食物原料行为。《行政处罚法》第 5 条规定:"行政处罚遵循公正、公开的原则。设定和实施行政处罚必须以事实为依据,与违法行为的事实、性质、情节以及社会危害程度相当。"第45条规定:"当事人有权进行陈述和申辩。行政机关必须充分听取当事人的意见,对当事人提出的事实、理由和证据,应当进行复核;当事人提出的事实、理由或者证据成立的,行政机关应当采纳。行政机关不得因当事人陈述、申辩而给予更重的处罚。"因此,人民法院在判决中综合考量原告违法行为的事实、情节、性质、后果、社会危害程度以及原告的实际承受能力等因素,本着惩罚与教育相结合的原则,对本案被告作出的行政处罚进行了核减变更。《行政处罚法》第6条规定:"实施行政处罚,纠正违法行为,应当坚持处罚与教育相结合,教育公民、法人或者其他组织自觉守法。"行政处罚应当是行政机关进行行政管理的手段而不是目的,行政机关监管执法应当尊重既有事实、考虑公众合理的需求,在作出行政处罚决定时,应当兼顾个案特殊情况,根据《行政处罚法》的相关规定并遵守比例原则进行裁量。

在教育领域的食品安全问题上,近年来食品安全事故频发,成为社会关注热点问题。食品安全是民生问题,尤其涉及到青少年领域,更易成为舆情。教育领域的食品安全监督要坚决落实习近平总书记提出的最严谨的标准、最严格的监管、最严厉的处罚、最严肃的问责的"四个最严"要求,建立健全食品安全治理体系,织就严密的"防护网",强化学校的主体责任,严格实施全过程监管,创新监管方式和手段,保障青少年的用餐安全。

点评人:四川上行律师事务所　张元译

第四章 高等教育

高等教育肩负着培养具有创新精神和实践能力的高级人才、发展科学技术文化、促进社会主义现代化建设的使命。在高等教育领域,高校作为"法律法规授权组织",具有由教育法律法规授权的对学生行使学籍管理和颁发学历学位等权力。基于高校这一特殊身份,此阶段发生行政法律风险主要集中于高校学生与高校之间的学籍、学位管理领域,高校与其他主体之间的知识产权纠纷以及高校内部教职工管理之间的纠纷。本章将重点展示高等教育阶段高校与学生、教职工以及其他主体之间的案件的总体数据、高发案由解读和经典案例剖析情况。

第一节 纵览:总体数据呈现

2014—2020 年,全国各级人民法院审结的高等教育阶段行政一审判决案件共计 638 例。本节从年份、地域、法院层级、适用程序、案由分布五个方面纵览了案件的基本特征,从原告情况、被告类型、级别、出庭情况和第三人情况勾勒了案件当事人特征,分析了原被告与第三人的律师参与情况,呈现了原告视角下和律师参与下的判决结果。

一、案件特征

(一)年份分布

从时间分布来看,2014—2019 年审结案件数量整体上呈现出上升的趋势。其中,2015 年审结案件的一审判决书数量为 117 例,相较于 2014 年的 27 例,上升了约 333 个百分点。

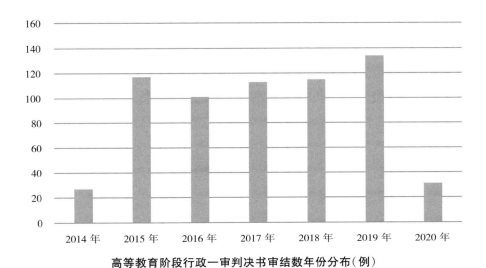

高等教育阶段行政一审判决书审结数年份分布（例）

（二）地域分布

2014—2020 年，全国各级人民法院审结的高等教育阶段行政一审案件多发于北部、中部、东南沿海地区。一审审结案件数量最多的三个省级行政区为北京（195 例）、江苏（38 例）、广东（33 例）。一审审结案件数量最少的两个省级行政区为甘肃、青海，均为 1 例。

（三）法院层级分布

从审理法院层级分布来看，高等教育阶段一审行政案件中审理法院为基层法院的大约为 71%。具体而言，2014—2020 年基层人民法院、中级人民法院、高级人民法院、专门人民法院审结的一审行政案件判决书数量依次为 453 例、54例、0 例、131 例，各自在总数中的占比依次为 71.00%、8.47%、0、20.53%。

（四）适用程序分布

从审理程序的适用来看，2014—2020 年基层人民法院、中级人民法院、专门人民法院审结的高等教育阶段一审行政案件中，适用普通程序的案件占了绝大多数，其案件数量占比为 99.06%；适用简易程序审结的案件数量占比为 0.94%。

（五）案由分布

从案由分布来看，根据被诉行政行为的具体类型，高等教育阶段一审行政案

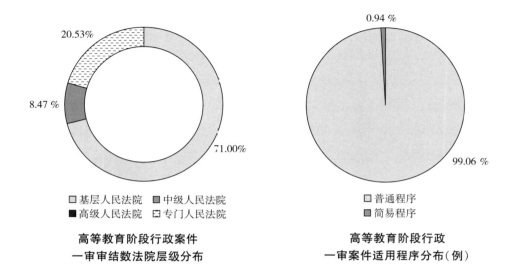

高等教育阶段行政案件
一审审结数法院层级分布

高等教育阶段行政
一审案件适用程序分布（例）

件主要多发于行政处理（243 例）、知识产权纠纷（94 例）、行政确认（87 例），三种类型的案件合计占 2014—2020 年高等教育阶段一审判决案的 66.46%。其次在政府信息公开、不履行法定职责、行政处罚领域案件也较为频发。

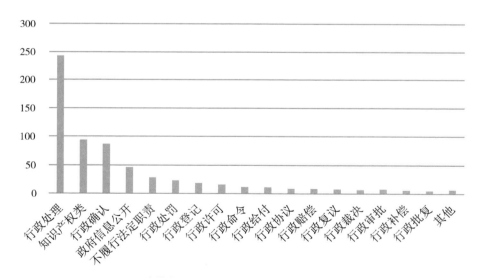

高等教育阶段一审案件案由分布（例）

二、当事人情况勾勒

(一)原告情况

从一审判决书中提取到原告主体来看,原告多为公民(432 例)占比 67.71%,其次为学校(131 例)占比 20.53%,少部分为公司(51 例)占比 8.00%、高校附属机构(24 例)占比 3.76%。

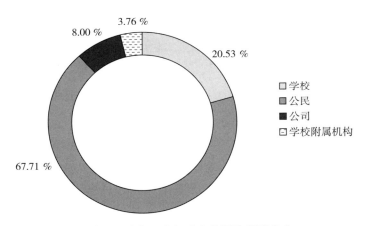

高等教育阶段一审行政案件原告类别分布

(二)被告情况

1. 被告类型

从一审判决书中提取到的被告也就是行政机关来看,涉诉行政机关数量最多的依次为高校(176 次)、承担社会保障职能的部门(123 次)、承担知识产权管理的部门(95 次);涉诉最少的职能部门为环保部门、农业农村部门、林业部门、邮政部门、通信部门,均为 1 次。

2. 被告级别

前述被告中,省部级政府及其职能部门作为被告的案件为 158 例占比 24.77%;市级政府及其职能部门作为被告的案件为 205 例占比 32.13%;县级政府及其职能部门的一审案件为 87 例占比 13.64%;派出机关及派出机构作为被告的一审案件为 5 例,占比为 0.78%;高校作为被告的案件为 166 例,占比为 26.02%;高校附属机构作为被告的案件共 17 例,占比 2.66%。

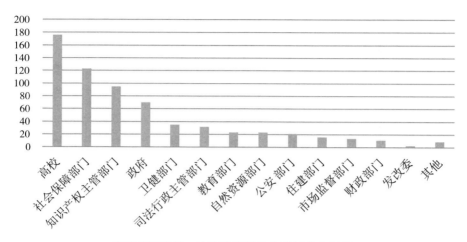

高等教育阶段一审行政案件被告类型分布（例）

3. 被告出庭情况

2014—2020 年所有高等教育阶段一审行政案件中,行政机关出庭的案件为 618 件占比 96.87%,行政机关未出庭的案件为 20 件占比为 3.13%。在行政机关出庭的案件中,行政机关负责人出庭的案件为 90 件占比为 14.11%,行政机关负责人未出庭的案件为 548 件占比 85.89%。

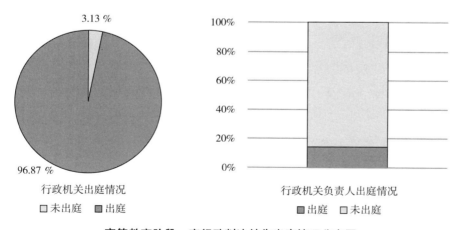

高等教育阶段一审行政判决被告出庭情况分布图

（三）第三人情况

从一审判决书提取到的第三人看,没有第三人参与的为 280 例,有第三人参与的为 358 例。在有第三人参与的案件中,第三人的类型主要为高校,参加诉讼 192 次,占比 45.28%,公民 62 次占比 14.62%,公司 40 次占比 9.43%,行政机关 17 次占比 4.00%,高校附属机构 113 次占比 26.65%。

三、律师参与

(一)原被告律师参与情况

在高等教育阶段的所有一审行政案件中,律师参与率较高,有律师参与的为 569 例占比 89.18%,无律师参与的为 69 例占比 10.82%。其中双方都有律师参与的案件为 226 例,仅原告有律师参与的为 190 例,仅被告有律师参与的为 153 例。

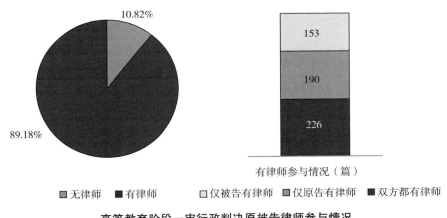

高等教育阶段一审行政判决原被告律师参与情况

(二)第三人律师情况

在高等教育阶段 358 例有第三人参与的案件中,193 例判决书中有律师参与,占比 53.91%,165 例判决书无律师参与,占比 46.09%。

四、裁判情况

(一)判决结果(原告视角)

从高等教育阶段 638 例一审行政判决书中提取以原告视角的裁判结果来看,原告完全胜诉的一审行政判决书为 166 件,占 26.02%;部分胜诉 14 件,占 2.19%;败诉 458 件,占 71.79%。

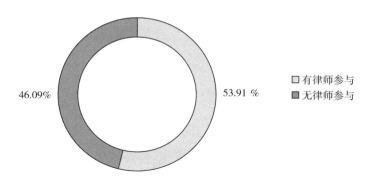

高等教育阶段一审行政案件第三人律师参与情况

（二）律师参与视角下的裁判结果

在高等教育阶段有律师参与的 569 例案件中,原告完全胜诉的为 148 例占比 26.01%,部分胜诉 12 例占比 2.11%,败诉 409 例占比 71.88%。

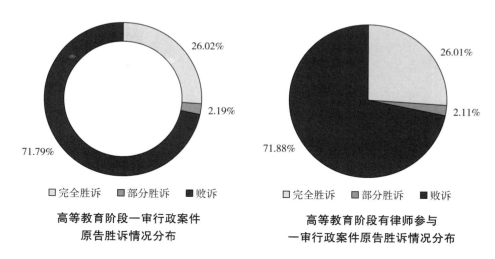

高等教育阶段一审行政案件
原告胜诉情况分布

高等教育阶段有律师参与
一审行政案件原告胜诉情况分布

其中原被告双方均有律师参与的 226 件案件中,原告完全胜诉的为 70 例占比 30.97%,部分胜诉的为 6 例占比 2.66%,败诉的为 150 例占比 66.37%。

仅原告有律师参与的 190 例判决书中,原告完全胜诉的为 57 例占比 30.00%,部分胜诉 5 例占比 2.63%,败诉的 128 例占比 67.37%。

仅被告有律师参与的 153 例判决书中,原告完全胜诉的为 21 例占比 13.73%,部分胜诉 1 例占比 0.65%,败诉 131 例占比 85.62%。

双方均无律师参与的 69 例判决书中,原告完全胜诉的为 18 例占比

26.09%,部分胜诉 2 例占比 2.90%,败诉 49 例占比 71.01%。

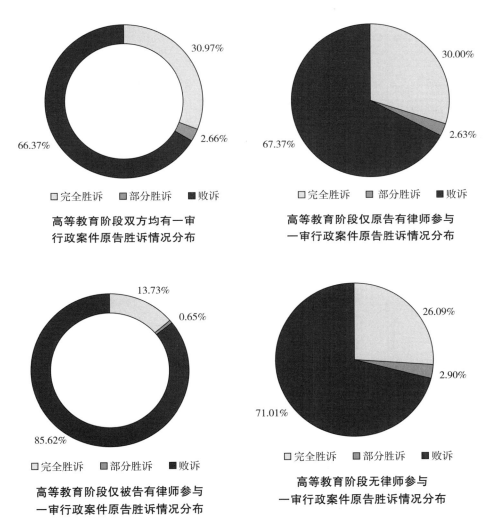

高等教育阶段双方均有一审
行政案件原告胜诉情况分布

高等教育阶段仅原告有律师参与
一审行政案件原告胜诉情况分布

高等教育阶段仅被告有律师参与
一审行政案件原告胜诉情况分布

高等教育阶段无律师参与
一审行政案件原告胜诉情况分布

第二节 聚焦:高发案由解读

高等教育阶段的主要纠纷集中于学籍管理、学位证学历证书的颁发,高校附属机构或挂名机构司法、医疗纠纷投诉等行政处理,知识产权和行政确认等领域,三种案由的案件合计占 2014—2020 年高等教育阶段一审判决案件的 66.46%。

一、行政处理纠纷

在 243 例行政处理纠纷案件中,涉及学生学籍、学位学历证书管理的案件为153 例,涉及其他领域内的纠纷如司法投诉处理、医疗投诉处理、招投标投诉处理纠纷的案件为 90 例。反映出在高等教育领域内招生录取、学生学籍、学位学历证书管理争议多发。

(一)数据纵览

1. 年份与地域分布

(1)年份分布

2014—2020 年,高等教育阶段行政处理案件共 243 例,7 年期间的案件数量呈波浪式分布。最高峰值分别分布在 2017 年(49 例),2018 年案件略有回落(41 例),截至 2021 年 3 月 18 日,2020 年受疫情或其他因素影响,上传到裁判文书网的案件数量较少,共 12 例。

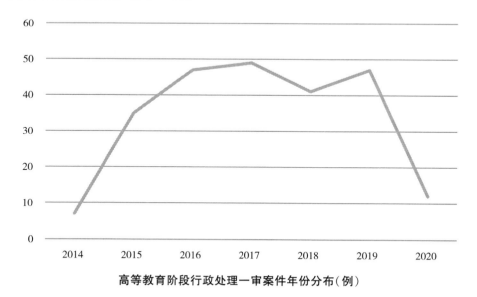

高等教育阶段行政处理一审案件年份分布(例)

(2)地域分布

2014—2020 年,高等教育阶段的行政处理一审行政案件共涉及全国 25 个省、自治区、直辖市,地域分布呈现出一定的地域差异。涉案最多的前三个省级行政区分别为北京（43 例）、广东（20 例）、天津（13 例）。贵州、海南、黑龙江等省级行政区均为 1 例。

2. 当事人情况勾勒

（1）原告及第三人性质

在涉及行政处理的 243 例案件中，其中公民作为原告的有 222 例、高校及其附属机构作为原告的案件 6 例，法人及其他组织作为原告的案件 15 例。高校及其附属机构作为第三人的案件 33 例，公民作为第三人参加诉讼的案件 14 例，法人和其他组织作为第三人的案件 16 例。

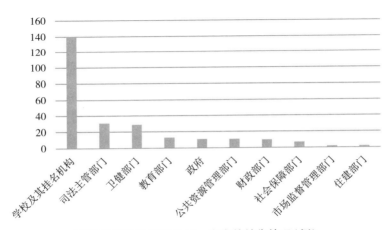

高等教育阶段行政处理一审案件被告情况（例）

高校及其附属机构作为被告参加诉讼的案件 140 次，司法主管部门作为被告 31 次，卫健部门作为被告 30 次，政府作为被告 11 次，公共资源管理部门 11 次，财政部门作为被告 10 次，社保部门作为被告案件 7 次，市场监督管理部门与住建部门作为被告 2 次。

（2）当事人律师参与情况

在 243 例行政处理案件中，原被告双方均有律师参与的案件为 110 例，仅原告有律师参与的案件为 26 例，仅被告有律师参与的案件为 85 例，原被告双方均无律师参与的案件为 22 例。总体而言，律师参与率较高，被告的律师参与率略高于原告的律师参与率。从律师来源来看，原被告双方律师主要是自行委托律师，行政相对人作为原告法律援助律师比例高于被告。

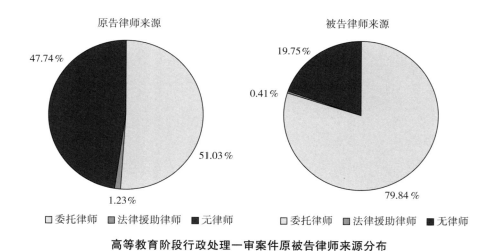

高等教育阶段行政处理一审案件原被告律师来源分布

3. 程序参与

在 243 例行政处理案件中,经过听证 14 例占比 5.77%,未经过听证的案件 229 例占比 94.23%。在行政处理决定作出后,经过复议的案件为 48 例占比 19.75%,未经复议的案件为 195 例占比 80.25%。总体而言,行政相对人较少依靠听证、行政复议等行政机关的内部救济和监督途径,一般在行政机关作出处理决定后即行起诉。

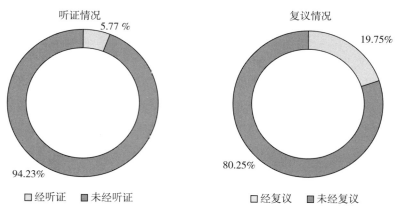

高等教育阶段行政处理一审案件听证、复议情况

4. 判决结果

在高等教育阶段行政处理一审案件中,行政相对人败诉的案件为 187 例占

比 76.95%,部分胜诉 1 例占比 0.41%,完全胜诉 55 例占比 22.64%。

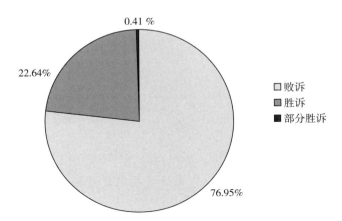

高等教育阶段行政处理一审行政案件诉讼结果

(二)案件争议焦点类型化分析

行政处理是行政机关应相对人申请或依职权处理涉及特定相对人权益的行政事务的具体行政行为。[①] 高等教育行政处理纠纷中主要表现为两大类型,一是高校学生管理纠纷,二是附属挂名机构其他投诉处理纠纷。

1. 高校学生管理纠纷

我国高校教育行政诉讼始于 1999 年田永诉北京科技大学拒绝颁发毕业证、学位证案(简称"田永案"),该案于当年入选最高人民法院公报案例,明确高等学校可以成为行政诉讼的适格被告。自此,高等教育领域的学生管理行政诉讼纠纷如雨后春笋勃发。

从学生的管理过程来说,高校学生管理活动中存在以下几种阶段性的风险,入学前主要是招生录取纠纷;入学后主要是学籍管理纠纷、日常管理处分纠纷;毕业时和毕业后主要是学历证书和学位证书颁发纠纷。

(1)招生录取纠纷

入学前主要包括招生阶段和录取阶段,是指考生从报名考试开始到正式入学的这个阶段。从高校在招生中的自主性来看,此阶段可分为高校自主招生和国家统一招生,我国《教育法》第 29 条、《高等教育法》第 9 条、第 32 条明文规定

---

① 　姜明安:《行政法与行政诉讼》,中国卓越公司出版社 1990 年版,第 168 页。

了高校享有自主招生权。

第一，依法制定的招生简章可作为高校招生行为的依据。从名称上"招生章程"与"招生简章"只有一字之差，但法律地位上、效力却存在着差别。教育部历年的《全国普通高等学校招生工作规定》中均明确规定了高校依据《教育法》《高等教育法》和教育部有关规定制订本校的招生章程。高校的招生章程是高校向社会公布有关招生信息的必要形式，其内容必须合法、真实、准确、表述规范，经其主管部门依据国家有关法律和招生政策规定核定后方能向社会公布。招生章程一经公布，不得擅自更改。各高校在招生宣传（广告）中应当准确描述本校的办学类型、层次，使用与办学许可证或批准文件相一致的学校名称，不得使用简称，国家另有规定的除外。学校法定代表人应对学校招生章程及有关宣传材料的真实性负责。高校依据招生章程开展招生工作。

由此可见招生章程全部经过了教育部的备案，具有规范作用和法律效力。而招生简章只在《教育部办公厅关于进一步加强高校自主选拔录取改革试点管理工作的通知》（教学厅〔2013〕10号）中规定各自主招生高校要"周密制定自主选拔录取招生简章，内容须包括招生计划、招生专业、报名条件、报名方式、考核办法、工作程序、入选考生确定规则、录取优惠分值、咨询方式、监督机制、申诉渠道等信息，招生简章报经教育部核准备案后方可向社会公布，并据此开展有关工作。"

虽然"招生简章"只在自主招生高校里的相关规定体现，但从实际情况来看，"招生简章"由来已久，具有很广的覆盖面和认知度。根据《教育法》第29条、《高等教育法》第32—38条，在法律法规规范性文件的框架下，高校对其工作如何开展具有自主权。而"招生简章"在高校内部也需要民主制定程序、讨论之后再行公布，且招生简章一般是招生章程的简化，内容方面基本保持一致。因此"招生简章"作为高校自主权的具体行使方式的表现之一，在不违背法律法规和规范性文件的情况下可作为高校自主招生的依据。

在刘某不服被告某美术学院不予招生录取行为一案①中，法院认为被告在2015年1月份在校网上发布了《简章》，公布了设置专业、录取人数、录取方式及

___

① （2015）朝行初字第723号。

条件等事项,并据此组织开展专业考试工作。此后按照教育部要求的时间,被告人在"阳光高考"平台上公布了向教育部报送并审核备案的《章程》。对此法院认为,首先,《章程》履行了审核、备案、公布程序,《简章》也以在网站上发布的形式向社会公布,上述两份文件的发布程序符合法律及规范性文件的规定;其次,关于《章程》和《简章》的内容,符合国家关于高考的法律及政策的规定,同时在内容上被告自行制定的《简章》是对《章程》内容的细化,但基本原则保持一致。具体结合原告报考的建筑学专业,《章程》和《简章》在对该专业录取的条件、方式等事项的规定上是一致的,且不违反国家法律及有关政策的规定,上述文件中与本案相关部分的内容是合法有效的,能够作为判断原告是否符合被告设立的建筑学专业录取条件的依据。

第二,高校招生工作人员发出的录取通知视为职务行为。根据《民法典》第170条之规定无论是法人和非法人组织的工作人员,就其职权范围内的事项,以法人或者非法人组织的名义实施的民事法律行为,对法人或者非法人组织发生效力。

在原告赵某某诉被告某大学招生录取行为一案①中,法院认为,研究生院及法律硕士学院均是被告的内设机构,故两机构及其相关工作人员在涉案招生录取工作中实施的行为的法律责任,应由被告承担。本案中,法律硕士学院工作人员在落实招生录取具体工作中向原告拨打电话、发送短信的行为应系其履行职务的行为,且从短信的内容来看,原告收到的短信与被告向其他拟被录取的考生发送的短信内容基本一致,均是告知收信人已被录取并通知学费缴纳等事项,故该行为经向原告作出,足以让原告产生自己被录取的合理信赖。因此,本院认为,法律硕士学院工作人员向原告发送的短信应视为被告对原告作出了录取决定。被告关于短信系误发的主张,事实根据不足,本院不予支持。

（2）在校生日常管理

学生管理是高校内部治理的重要组成部分,对学生的管理涉及学生校园生活的方方面面,其中主要有学籍管理、校园秩序与课外活动管理以及学生奖励补助方面的管理等。教育部《普通高等学校学生规定》是高等学校学生管理的重

---

① （2016）京 0114 行初 103 号。

要依据和基本制度,对于维护学校正常教育教学秩序、保障学生权益、规范学生行为、促进学生全面发展发挥了重要作用。

第一,高校开除学生学籍的处分决定具有可诉性。学籍是指一个学生属于某学校的一种法律上的身份或者资格,专指作为某校学生的身份或者资格。目前,全国已经实现各级各类教育的学籍管理制度和电子学籍系统,在高等教育领域,主要依据是教育部 2014 年印发的《高等学校学生学籍学历电子注册办法》,规定了高等学校对报到新生进行录取、入学资格复查,对复查合格的学生予以学籍注册,复查不合格者取消入学资格;对放弃入学资格、保留入学资格、取消入学资格的学生予以标注。省级教育行政部门组织相关机构按照国家招生规定审核考生录取数据,将审核通过的数据报送教育部汇总复核后作为高等学校新生入学资格复查和学籍电子注册(以下简称学籍注册)的依据。关于高校学籍管理的规定已然形成一套较为完备的规范体系①,《教育法》第 29 条和《高等教育法》第 41 条均规定学校享有对学生学籍管理的权利,《普通高等学校学生管理规定》《全日制普通高等学校学生学籍管理办法》等均对高校学生学籍的取得、管理和撤销等方面作出规范。因此,高校具有学籍管理权,有权制定相应的内部文件对学籍的取得和丧失的进行细化规定,在学生违反相关规定时取消或开除该学生的学籍。虽然对高校开除学生学籍的行为性质是属于行政处罚还是行政处分学理上存在不同分歧,但无论支持何种观点的学者均认为高校开除学籍的行为具有可诉性已成为共识②。

在沈某某不服被告某大学对其作出的开除学籍处分一案③中,原告原系被告某大学在读研究生,沈某某因打架斗殴被被告开除学籍处分,被告辩称本案不属于行政诉讼受案范围,学校对学生作出的处分决定不是行政处罚,学校是事业单位,不是国家行政机关,被告对原告作出的处分决定书不是具体行政行为,不具有可诉性。且《普通高等学校学生管理规定》规定的救济方式是向教育行政主管部门提出书面申诉,并没有赋予可以直接提起行政诉讼的权利。法院认为,《教育法》第 28 条规定:学校及其他教育机构对受教育者进行学籍管理、实施奖

① 张弘:《高校开除学籍处分规定的法律审视》,《福建江夏学院学报》2018 年第 6 期。
② 申素平等:《论高校开除学籍处分的法律性质》,《中国高教研究》2018 年第 3 期。
③ (2015)蜀行初字第 00046 号。

励或者处分。据此被告是经法律授权对学生进行学籍管理的组织,在学籍管理方面处于行政管理者的地位。故被告对原告所作的开除学籍处分决定是根据法律授权作出的影响原告合法权益的行政行为,原告对此不服提起行政诉讼属行政诉讼受案范围。

第二,高校作出学籍处理决定应遵循正当程序原则。正当程序原则,亦称为"正当法律程序原则",在我国宪法及教育法律体系中都有体现。正当程序要求事先告知具体的行为内容,事中允许陈述、申辩、听证及事后送达决定、告知救济途径等。① 《普通高等学校学生管理规定》中专章规定学生的奖惩规定,其中第53条至第57条对高校作出不利于学生的处分决定的行为的程序性规定,第55条规定"在对学生作出处分或者其他不利决定之前,学校应当告知学生作出决定的事实、理由及依据,并告知学生享有陈述和申辩的权利,听取学生的陈述和申辩。"

在王某某诉被告某职业学院教育行政处分一案②中,原告因在考试中贩卖考试答案,被告对其作出开除学籍处分决定前未告知事由、依据,也未告知原告有申述和申辩的权利。法院认为,根据《教育法》第79条、《普通高等学校学生管理规定》第18条、第55条规定,被告虽然有权依照查证的学生违纪事实对学生进行处分,但应当在对学生作出处分决定之前,告知学生作出决定的事实、理由及依据,并告知学生享有陈述和申辩的权利,听取学生的陈述和申辩。本案中,被告在对原告王某某作出处分决定前,未告知其作出决定的事实、理由及依据,也未告知学生享有陈述和申辩的权利,并听取学生的陈述和申辩。被告作出的处分决定未履行正当程序。

（3）学历证书发放纠纷

《教育法》第21条规定我国实行学业证书制度,《高等教育法》第20条规定,接受高等学历教育的学生,符合相关条件的,按照国家有关规定,发给相应的学历证书或者其他学业证书,《普通高等学校学生管理规定》第6条规定,高等学校学生有权在思想品德、学业成绩等方面获得科学、公正评价,完成学校规定

---

① 徐晨:《行政法理论与判解研究》,中国政法大学出版社2017年版,第331页。
② （2018）鲁0112行初287号。

学业后获得相应的学历证书、学位证书。同等学历学生在学校规定学习年限内，修完教育教学计划规定内容，成绩合格，达到学校毕业要求的，学校应当准予毕业，并在学生离校前发给毕业证书。学历是指人们在教育机构中接受科学文化教育和技能训练的学习经历，我国的学历证书分为毕业证书、结业证书、肄业证书三种，学位是标志被授予者的受教育程度和学术水平达到规定标准的学术称号，分学士、硕士、博士三级。因此毕业证与学位证作为学生接受教育的经历和学术水平达到规定要求的一种证明，对学生的求职至关重要，高等教育阶段此类纠纷频发。

第一，未缴纳学费高校拒发毕业证书合理。在原告高某诉被告某学院履行法定职责一案①中，法院认为，根据《普通高等学校学生管理规定》第 6 条第四项规定，缴纳学费及有关费用是学生在校期间应当依法履行的义务。根据《普通高等学校学生管理规定》第 68 条之规定，被告经干院制定《吉林省某学院学籍管理规定》，对学生管理相关工作进行了细化。该规定第 38 条载明：有正式学籍且学籍状态在中国高等教育学生信息网上为"注册学籍"的学生，在学院规定年限内，修完教育教学计划规定内容，德、智、体考核合格，按规定缴纳学费准予毕业，毕业证书中培养层次为"专科（高职）"。本案中，原告虽在学校规定年限内，修完教育教学计划规定内容，德、智、体达到毕业要求，但原告作为被告经干院的在籍学生，未能履行学业年限内缴清学费的义务。被告作为高等学校，可以在其办学自主权范围内自行制定与教育教学相关的具体要求。针对原告高某欠缴学费事宜，被告经干院草拟《协议》，约定还款期限及要求原告提供担保人，随后即为原告发放毕业证书，此举并未超过合理范围，并无不当。原告拒不签订该《协议》，原告的行为属显失诚信，不应倡导，且被告经干院对原告暂缓发放毕业证书并不违反法律法规及学校自订对学生学籍管理的规定，故原告在此情况下要求被告经干院为其颁发毕业证书理由不成立。

第二，根据学校规定在受处分期间不予颁发毕业证。在沈某要求确认被告某学院不予颁发毕业证与学位证的行为违法一案②中，法院认为，《普通高等学

① （2015）朝行初字第 70 号。
② （2018）京 0108 行初 863 号。

校学生管理规定》第51条规定:对有违反法律法规、本规定以及学校纪律行为的学生,学校应当给予批评教育,并可视情节轻重,给予如下纪律处分:(一)警告;(二)严重警告;(三)记过;(四)留校察看;(五)开除学籍。第67条亦规定,学校应当根据本规定制定或修改学校的学生管理规定或者纪律处分规定,报主管教育行政部门备案(中央部委属校同时抄报所在地省级教育行政部门),并及时向学生公布。被告根据该规定制定了学院《本科生学籍管理规定》,其第40条规定:毕业是指学校对完成培养方案所规定的学业要求以及满足学校所要求的其他毕业条件的学生所做出的学业考核以及思想品德考核、身体健康状态考核结果。学生达到下列要求时,学校准予毕业,并发给毕业证书。(一)修满所属专业培养方案规定的全部课程和实践环节学分,符合学校人才培养目标。(二)在学习年限内无未解除的"记过"及以上处分。学院制定的上述学籍管理规定并不违反《普通高等学校学生管理规定》的相关规定,属于学校自主行使学籍管理的教育自治原则。被告作为高等学校具有相应的教育自主权,有权制定校纪、校规,对在校学生是否符合发放毕业证书的要求作出具体规定。

(4)学位证书发放纠纷

我国高等教育阶段存在学历证书和学位证书"双证并存"的特殊现象。[①] 学位制度由以《学位条例》为核心的一系列法律规范所确立,其第8条有关学位由国务院授权单位授予之规定,构成我国学位授权审批制度的法律基础。[②] 我国实行国家学位制度,学位的认可程度、信誉背书与国家信用相联结。因此,相关的授予标准由国家统一立法设定。主要规定在《高等教育法》和《学位条例》中,重点强调学术条件需要包括专业成绩(含论文成绩)、答辩结果、知识基础、科研能力、学术成果等要件,同时明确不同学位等级的不同要求。虽然我国的学位制度被视为较为典型的国家学位制度,但鉴于生源质量、教学资源、提升水平等方面的区域和校际差异,不同高校学位授予的学术标准千差万别,甚至作为大学自治的重要内容为部分司法判例所肯认。同时,学位制度的"放管服"改革也在不断深化,高校的自主权限不断扩大,导致国家学位制度在实施逻辑上呈现出大学

[①]　侯嘉淳:《教育法上学历与学位制度的规范定位及实践功能》,《高等教育管理》2023年第2期。

[②]　徐靖、徐纪元:《学位授权审批的法律问题及其解决》,《高等教育研究》2021年第9期。

学位制度的色彩。①

第一,论文查重未通过不授予学位。在原告马某某要求被告某大学颁发毕业证一案②中,法院认为,按照我国的学制体系,受教育者必须在学校规定年限内,按培养计划的规定,修满应修学分,完成必修环节,通过毕业论文答辩,准予毕业者,可获得不同阶段的学业证书和学位证书。通过毕业论文答辩系受教育者取得学业证书和学位证书的必要条件。对受教育者的毕业论文进行查重系教育机构对学术不端的检测,旨在规范学术诚实和严谨的风格,制止剽窃的不公平行为,教育者有对毕业论文进行查重的责任,受教育者更应对毕业论文创新性负责。本案中,原告在被告提供的三次送审答辩中未达到要求,2017 年 5 月原告在论文第三次送审后未通过外审,未能取得论文答辩资格。故原告的情况不符合颁发学业证和学位证的条件,对于原告的诉讼请求不予支持。

第二,学校有权依据依法制定的规章制度不予颁发学位证。在陆某某不服被告某大学不予颁发学位证书纠纷一案③中,原告陆某某因与他人发生纠纷被公安机关予以行政处罚,被告依据其依法制定的《学士学位授予工作细则》《全日制本、专科学生学籍管理办法》和创新学分实施办法确定原告陆某某不在授予学士学位的范围内。法院认为,根据《学位条例》第 8 条"学士学位由国务院授权的高等学校授予;……"《学位条例暂行实施办法》第 3 条第一款:"学士学位由国务院制授权的高等学校授予。"的规定,被告某大学属于法律法规明确授权的组织,是合法的学位授予单位。其次,《学位条例暂行实施办法》第 25 条规定:"学位授予单位可根据本暂行实施办法,制定本单位授予学位的工作细则。"该办法赋予学位授予单位可根据《学位条例暂行实施办法》规定授予学士学位基本原则的基础上,在自治范围内制定学士学位授予标准的权力和职责。被告依法行使自主权,在明确"根据《学位条例》《学位条例暂行实施办法》制定细则;对拥护中国共产党的领导,拥护社会主义制度,具有良好的道德品质,遵守纪律,并达到本细则第四条规定的学术水平者,均可按本细则的规定,授予学士学位。"等为前提的情况下,制定的《学士学位授予工作细则》,系其自行对所培

---

① 靳澜涛:《国家学位制度的现实考察与立法完善》,《重庆高教研究》2020 年第 2 期。
② (2019)辽 0104 行初 2 号。
③ (2018)云 0114 行初 15 号。

养的本科生教育质量和学术水平作出具体的规定和要求,是对授予学士学位的标准的细化,属高等学校根据各自的办学理念、教学实际情况和对学术水平的理想追求自行决定,并没有违反《学位条例》及《学位条例暂行实施办法》的原则性规定。因此,被告依照《学士学位授予工作细则》对原告不授予学士学位主体适格,适用法律正确。最后,原告因在校学习期间与同学斗殴,被公安机关处以拘留九日的行政处罚,其行为因违反《学生违纪处分办法》第 13 条第一款第一项的规定,被告处以留校察看处分,符合《学士学位授予工作细则》第一条第一款第二项"有下列情况之一者,不授予学士学位:…(二)在校学习期间受过'留校察看'纪律处分者…"的规定,被告某大学依照上述规定对原告陆某某不授予学士学位具备事实依据。原告因违反《治安管理处罚法》而被行政处罚,被告某大学给予其留校察看处分后,依据《学士学位授予工作细则》原告不符合被告学士学位的授予条件,被告不授予其学士学位的行为有事实及法律依据,原告的诉讼请求应予驳回。

2. 高校教师管理纠纷

优秀师资队伍是高等教育事业可持续发展的决定性因素之一,高校教师管理的相关纠纷不断出现,对高校的教学和科研活动产生负面影响,一定程度上也影响了师资队伍的稳定。一般来说,高校教师与高校之间的行政纠纷主要集中于支付社保和工资待遇争议、解除聘任合同争议、申请信息公开纠纷、履行法定职责争议、申请退休争议等领域。[①] 但需要特别注意的是高校教师降级申诉属于行政复议受案范围。在原告周某某不服被告某教育厅所作申诉处理决定及行政复议一案[②]中,法院认为,《教师法》第 39 条第一款规定,教师对学校或者其他教育机构侵犯其合法权益的,或者对学校或者其他教育机构作出的处理不服的,可以向教育行政部门提出申诉,教育行政部门应当在接到申诉的 30 日内,作出处理。据此,省教育厅作为省教育行政主管机关,具有受理教师申诉并作出相应处理的法定职责。根据《行政复议法》的规定,教育部作为省教育厅的上一级行政主管部门,依法具有对省教育厅作出的行政行为进行复议的法定职责。

---

① 郑宁:《高校教师管理纠纷的法治思考——基于 113 份裁判文书的实证分析》,《教师教育论坛》2020 年第 3 期。
② (2019)京 0102 行初 398 号。

3. 高校附属机构行政处理纠纷

（1）高校附属医院医疗投诉处理纠纷

高校附属医院是医学人才培养主阵地，医学人才培养是高校附属的重大使命，高校附属医院的主要任务包括处理好医疗、教学和科研工作的关系，健全教学组织机构，加大教学投入，围绕人才培养优化临床科室设置，加强临床学科建设，落实教育教学任务。临床研究生能否从事医疗活动、医学教育实践中"指导方式"的认定是高校附属医院投诉的重点。在朱某某不服被告某区卫计委、某区人民政府行政回复及行政复议一案①中，法院认为卫政法发〔2004〕178 号《卫生部关于取得医师资格但未经执业注册的人员开展医师执业活动有关问题的批复》第 3 条的规定，对于取得医师资格但未经医师注册取得执业证书而从事医师执业活动的人员，按照《执业医师法》第 39 条的规定处理。在教学医院中实习的本科生、研究生、博士生以及毕业第一年的医学生可以在执业医师的指导下进行临床工作，但不能单独从事医师执业活动。根据卫科教发〔2008〕45 号《医学教育临床实践管理暂行规定》第 12 条的规定，医学生在临床带教教师的监督、指导下，可以接触观察患者、询问患者病史、检查患者体征、查阅患者有关资料、参与分析讨论患者病情、书写病历及住院患者病程记录、填写各类检查和处置单、医嘱和处方，对患者实施有关诊疗操作、参加有关的手术。本案中，第三人的实习医生陈某在带教医师指导下从事的诊疗活动，符合上述文件的规定；同时，被告卫计委已对第三人存在的违反《医疗机构病历管理规定》的行为，给予了医疗机构不良执业行为积分处理。据此，被告卫计委已经依法履行了对原告投诉举报事项进行查处的法定职责，其对原告作出被诉回复认定事实清楚、证据确凿，程序合法，适用法律得当。同时，区政府作出的被诉复议决定履行了相关复议程序，程序合法。故，原告的诉讼请求缺乏事实和法律依据，本院不予支持。

（2）高校附属司法鉴定机构投诉处理纠纷

根据《关于健全统一司法鉴定管理体制的实施意见》的导向与专业教学质量国家标准，规定了司法鉴定机构进行人才培养的战略定位，高校在学科建设

---

① （2017）京 0108 行初 175 号。

中,设立附属鉴定机构,不仅满足了自身学科教育发展的需要,也借助自身高校学术研究优势,[1]在面向并服务于社会时难免发生相应纠纷。

司法行政机关对司法鉴定机构及其司法鉴定人员的监管范围是投诉处理的核心,在张某某不服被告区司法局行政回复及被告人民政府行政复议一案[2]中,法院认为,根据司法部《司法鉴定执业活动投诉处理办法》第 8 条的规定,司法行政机关对司法鉴定机构及其司法鉴定人履行行政监管的范围,主要体现在司法鉴定机构及其司法鉴定人有无超出登记业务范围或职业类别、是否违反司法鉴定程序规则从事司法鉴定活动、是否私自接受司法鉴定委托等程序性事项方面,对鉴定本身并不进行实体审查。即上述法规未赋予司法行政机关对司法鉴定机构及司法鉴定人运用科学技术或者专业知识对专门性问题作出的司法鉴定意见进行评判和撤销的职权。

二、知识产权纠纷

高校是国家创新体系的重要组成部分,是科技成果的重要供给侧,同时高校的校名等标识是高校所拥有的用以表明自己并区别于其他高校的识别性标志,蕴含巨大的商业价值,实践中高等教育领域的知识产权行政纠纷集中于高校校名商标(68 例)和专利(26 例)领域。

(一)数据纵览

1. 年份与地域分布

2014—2020 年,高等教育阶段知识产权案件共 94 例,7 年期间的案件数量总体上呈上升趋势,于 2019 年达到最高峰值(40 例),2020 年受疫情或其他因素影响,上传到裁判文书网的案件数量较少,共 2 例;地域上均在北京市。

2. 当事人情况勾勒

(1)原被告及第三人情况

涉及知识产权的 94 份案件中,学校及其附属机构作为原告参加诉讼 70 次,法人和其他组织作为原告参加诉讼 28 次,公民作为原告参加诉讼 3 次。94 份

---

① 云利兵等:《新时代司法鉴定机构在法医学人才培养中的战略意义》,《中国司法鉴定》2018 年第 4 期。

② (2016)渝 0112 行初 177 号。

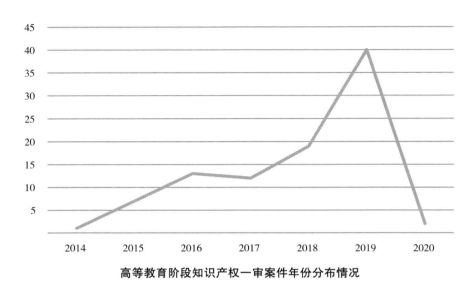

高等教育阶段知识产权一审案件年份分布情况

案件中 33 个案件有第三人参与,其中高校及其挂名机构作为第三人参加诉讼 27 次,法人及其他组织作为第三人参加诉讼 5 次,公民作为第三人参加诉讼 3 次,被告均为国家知识产权局①。

(2)当事人律师参与情况

在 94 例知识产权案件中,仅原告有律师及专利代理人参与案件(89 例),被告均无律师参与,总体而言,律师参与率较高。

3. 程序参与

在 94 例知识产权案件中,经过听证的案件为 0 例,经过复议的案件为 0 例,行政相对人在此纠纷中未采取听证、复议等内部监督程序进行救济。

4. 裁判结果

在高等教育知识产权一审案件中,行政相对人败诉的案件为 67 例,部分胜诉 0 例,胜诉 27 例,其中商标案件中败诉 47 例,胜诉 21 例,专利案件中败诉 20

① 根据中共中央印发的《深化党和国家机构改革方案》"(四十三)重新组建国家知识产权局。强化知识产权创造、保护、运用,是加快建设创新型国家的重要举措。为解决商标、专利分头管理和重复执法问题,完善知识产权管理体制,将国家知识产权局的职责、国家工商行政管理总局的商标管理职责、国家质量监督检验检疫总局的原产地地理标志管理职责整合,重新组建国家知识产权局,由国家市场监督管理总局管理。"为方便表述和统计,此前以国家工商行政管理总局为被告的案件的被告均称为国家知识产权局。

例,胜诉 6 例。总体而言,行政相对人败诉率较高,专利纠纷败诉率较商标纠纷
败诉率高。

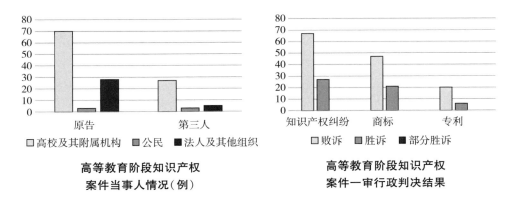

高等教育阶段知识产权　　　　　高等教育阶段知识产权
案件当事人情况(例)　　　　　案件一审行政判决结果

(二)案件争议焦点类型化分析

在 94 例知识产权类案件中,涉及商标案件 68 例,专利的案件 26 例,故在此
按照商标和知识产权两个方面进行分析。

1. 商标

(1)撤销已注册商标应经合法程序

注册商标撤销制度是目前各国商标法中普遍设立的一种退出机制。① 撤销
注册商标程序的启动,可由商标局主动依职权启动,也可由相关权利人或第三人
向商标局提起申请而启动。② 行政法基本原则之信赖保护原则要求行政程序设
计以及依该程序运作的行政过程应当满足诚实守信之法则。受其拘束,行政机
关在行使行政职权过程中,应当恪守信用,保护公民、法人或者其他组织对行政
机关正当合理的信赖。③ 商标撤销的法律后果是商标权利人已经获得的商标专
用权丧失,为保护商标权人利益,因此对商标局依职权启动商标撤销制度的情形
应当加以规范。《商标法》第 49 条规定"自行改变注册商标、注册人名义、地址
或者其他注册事项的"先由地方工商行政管理部门责令改正,拒不改正的商标
局才予以撤销。

---

① 参见赵克:《注册商标撤销制度的功能刍议》,《中华商标》2016 年第 3 期。
② 参见王洪友主编:《知识产权理论与实务》,知识产权出版社 2016 年版,第 325 页。
③ 参见邓刚宏:《行政法与行政诉讼法》,华东理工大学出版社 2014 年版,第 28 页。

在农大公司不服被告国家工商行政管理总局商标评审委员会商标异议复审裁定一案①中,法院认为,被告作为国务院工商行政管理部门设立的负责处理商标争议事宜的行政机关,应当严格遵守法定程序依法行使职权,以维护商标信誉,维护商标权人的合法权利,维护相关公众对行政行为的合理预期。本案中,被告针对同一异议复审申请,先后作出了三次结论不同的复审裁定,特别是在前次,即被告作出第141961号裁定后,原告及第三人均未起诉,双方有理由认为该裁定已经生效。而在原告已经取得了商标注册证,且商标注册公告也已于2014年6月7日被刊登在第1410期公告上后,相关公众通过这一"公示",亦有合理理由相信诉争商标的权利已经产生并确定了归属。被告在没有任何法律依据的情况下,重新启动异议复审程序,对诉争商标进行再次审查,并作出结论相反的裁定,该行为有违行政行为的合法性要求。同时,该行为损害了原告基于之前决定所产生的权利,以及相关公众基于商标公告所产生的信赖利益。因此,被告作出被诉裁定违反法定程序,应予撤销。原告的诉讼请求具有事实及法律依据,法院予以支持。

(2)以欺骗或其他不正当手段取得注册的认定

《商标法》第44条第一款规定,以欺骗手段或者其他不正当手段取得商标注册的,由商标局宣告该注册商标无效;其他单位或者个人可以请求商标评审委员会宣告该注册商标无效。商标局和商标评审委员会2005年12月颁布的《商标审查及审理标准》明确,所谓"欺骗手段",是指以弄虚作假的手段欺骗商标行政主管机关取得商标注册的行为,包括伪造申请书件签章、申请人主体资格证明或者其他证明文件的行为。

在某大学与国家知识产权局商标权无效宣告请求行政纠纷一案②中,法院认为,审查判断诉争商标是否属于以欺骗或其他不正当手段取得注册,要考虑其是否属于以虚构事实或故意隐瞒真实情况的方式提交伪造、变造的相关文件而取得商标注册的行为,或是属于欺骗手段以外的扰乱商标注册秩序、损害公共利益、不正当占用公共资源或者以其他方式谋取不正当利益的手段。本案中,无证

---

① (2015)京知行初字第3723号。

② (2017)京73行初9205号。

据证明诉争商标的申请注册存在以欺骗手段或者其他不正当手段取得注册、扰乱商标注册秩序、损害公共利益的行为。

2. 专利

（1）不具备创造性驳回专利复审申请

创造性是衡量一项专利对现有技术贡献的大小，我国《专利法》第 22 条第三款对其有明确规定：创造性是指与现有技术相比，该发明具有突出的实质性特点和显著的进步。① 创造性是发明专利授权的基本条件，不具有创造性的申请将被驳回。

在某大学与国家知识产权局专利复审委员会发明专利申请驳回复审行政纠纷一案②中，法院认为，《专利法》第 22 条第三款规定："创造性，是指与现有技术相比，该发明具有突出的实质性特点和显著的进步，该实用新型有实质性特点和进步。"

首先是在判断涉案专利申请与最接近的现有技术之间的区别特征时，应当基于本申请权利要求限定的内容进行比较。涉案专利申请与现有技术的比较中二者角度不同，但外延存在交叉。对于本领域技术人员而言，涉案专利申请所述并不能必然排除其某种一般状况下的情形，而对比现有的技术方案。原告所称的二者原理上的差别，并非基于本申请权利要求限定的内容进行的比较，因此，被诉决定有关本申请权利要求 1 与对比文件 1 之间区别特征的认定并无不当，本院予以确认。

其次是申请权利要求的技术方案对本领域技术人员来说是否显而易见。判断要求保护的发明创造对本领域技术人员来说是否显而易见，不能忽视本领域技术人员的常规实验能力。在本领域技术人员也具备基本的实验能力的情况下，在本领域技术人员根据常规实验手段验证得出某特定参数的技术方案取得了最佳的效果，因而并不属于创造性劳动的范畴。因此，在对比文件 1 的基础上得到本申请权利要求 1 的技术方案对本领域技术人员来说是显而易见的。故被诉决定的认定并无不当，涉案申请权利要求 1 不具备《专利法》第 22 条第三款规定的创造性。

---

① 沈世娟、杨伟红：《知识产权法原理与案例》，中国政法大学出版社 2018 年版，第 19 页。
② （2016）京 73 行初 1038 号。

（2）对专利文件修改申请不得超过原权利说明书和权利要求书范围

在发明专利申请提出后，申请人既可以主动对申请文件进行修改（即主动修改），也可以应国家知识产权局的要求对申请文件进行修改（即被动修改）。该条的立法目的在于实现先申请制下专利申请人与社会公众之间的利益平衡：一方面，允许专利申请人对其专利申请文件进行修改和补正，以保证确有创造性的发明创造取得专利权；另一方面，将专利申请人的修改权限制在申请日公开的技术信息范围内，以保护社会公众对原专利申请文件的信赖利益。因此，可以将《专利法》第33条的含义作如下分解：第一，专利申请人有权对其专利申请文件进行修改。一方面，可以通过修改补正专利申请文件中的撰写瑕疵；另一方面，可以通过修改对专利申请文件中公开的技术信息以适当的方式进行表述，对要求保护的范围作出调整。第二，基于先申请原则，专利申请人对发明和实用新型专利申请文件的修改不得超出原说明书和权利要求书记载的范围。究其原因，一是为了鼓励专利申请人在申请日充分公开其发明创造；二是为了防止专利申请人将其在申请日未公开的发明创造通过修改纳入申请文件而不正当地获得先申请利益。但是，不论是主动修改还是被动修改，都应当根据《专利法》第33条的规定，在允许的范围内进行修改，不能随意增加、删除或者替换申请文件中的内容。

在北京某大学与国家知识产权局专利复审委员会发明专利权无效行政纠纷一案①中，诉争专利为2008年6月18日授权公告的，名称为"一种同时实现热调节和热计量的方法"的发明专利，其专利号为200610114686.2，申请日为2006年11月21日，专利权人是北京某大学。本专利授权公告的权利要求书包括2项权利要求。针对该专利，程某某于2016年6月22日向专利复审委员会提出了无效宣告请求，其无效理由是：权利要求1不符合《专利法》第33条，第26条第三、四款，第22条第二、四款，第9条及2001年实施的《专利法实施细则》第20条第二款的规定；权利要求2不符合《专利法》第26条第三款、第22条第四款，《专利法实施细则》第20条第二款、第21条第五款的规定。并提交了4份证明材料。后专利复审委员会作出被诉决定，宣告本发明专利权全部无效，北京某大学对该决定不服，遂提起诉讼。

---

① （2017）京73行初2309号。

法院认为,其修改的术语不能代表"占空比",进而本领域技术人员不能由该表述直接地、毫无疑义地确定"单个周期内的占空比"。因此,北京某大学的上述主张缺乏事实和法律依据,本院不予支持,本专利权利要求1的修改超出原说明书和权利要求书记载的范围,不符合《专利法》第33条的规定。

三、行政确认纠纷

在87例行政确认纠纷案件中,主要涉及工伤认定、养老退休、公共资源确认等。反映出在高等教育领域人事、劳动争议较为多发。

(一)数据纵览

1. 年份与地域分布

(1)年份分布

2014—2020年,高等教育阶段行政确认案件共87例,7年期间的案件数量呈波浪式分布。最高峰值分别分布在2015年(19例)、2018年(18例),2016年案件略有回落(13例),截至2021年3月18日,2020年受疫情或其他因素影响,上传到裁判文书网的案件数量较少,共8例。

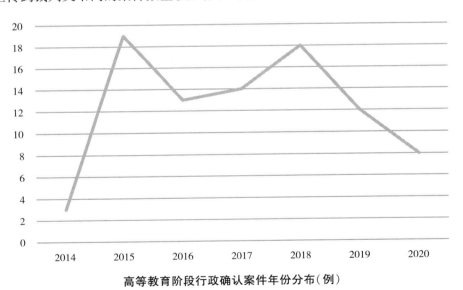

高等教育阶段行政确认案件年份分布(例)

(2)地域分布

2014—2020年,高等教育阶段的行政确认一审行政案件共涉及全国24个省、自治区、直辖市,地域分布呈现出一定的地域差异。涉案最多的前三位省级行政区分别为四川(7例)、湖南、吉林等省份(6例)、河南(5例)。广西、上海、辽宁等省级行政区均为1例。

2. 当事人情况勾勒

(1)原告及第三人性质

涉及行政确认的87例案件,其中公民作为原告的有63例、高校及其附属机构作为原告的案件22例,法人及其他组织作为原告的案件2例。有第三人参与的案件86例,高校及其附属机构作为第三人参加诉讼65次,公民作为第三人参加诉讼25次,法人和其他组织作为第三人参加诉讼2次。

社会保障部门作为被告参加诉讼的案件86次,政府作为被告7次,公共资源管理部门作为被告1次。

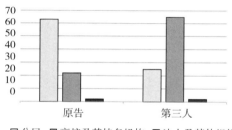

□公民 ■高校及其挂名机构 ■法人及其他组织

高等教育阶段行政确认案件一审
原告及第三人情况(例/次)

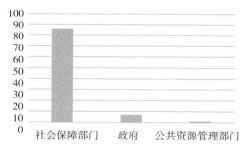

高等教育阶段
行政确认案件一审被告情况

(2)当事人律师参与情况

在87例行政确认案件中,原被告双方均有律师参与的案件为34例,仅原告有律师参与的案件为34例,仅被告有律师参与的案件为5例,原被告双方均无律师参与的案件为14例。总体而言,律师参与率较高,被告的律师参与率略高于原告的律师参与率。从律师来源来看,原被告双方律师主要是自行委托律师,行政相对人作为原告法律援助律师比例高于被告。

3. 程序参与

在87例行政确认案件中,全部未经过听证。在行政确认决定作出后,经过复议的案件为19例占比21.84%,未经复议的案件为68例占比78.16%。总体

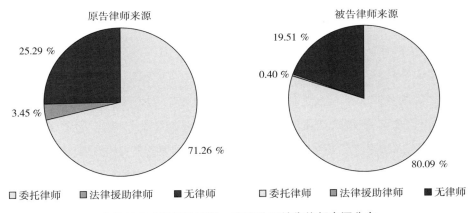

高等教育阶段行政确认一审案件原被告律师来源分布

而言,行政相对人较少依靠听证、行政复议等行政机关的内部救济和监督途径,
一般在行政机关作出确认决定后即行起诉。

4. 判决结果

在高等教育阶段行政确认一审案件中,行政相对人败诉的案件为 57 例占比
65.52%,部分胜诉 1 例占比 1.15%,胜诉 29 例占比 33.33%。

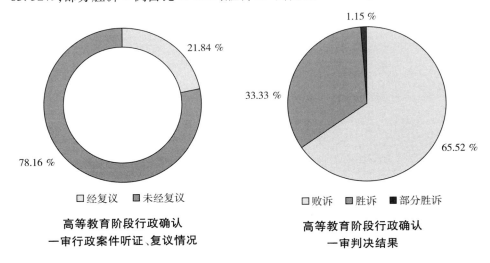

高等教育阶段行政确认	高等教育阶段行政确认
一审行政案件听证、复议情况	一审判决结果

(二)案件争议焦点类型化分析

高等教育阶段行政确认纠纷主要涉及工伤认定、工龄计算、养老和退休金待
遇审核确认等方面。鉴于前述学前教育阶段、初等教育阶段、中等教育阶段已对

工伤认定中的"三工"原则、突发疾病如何认定、因工外出期间的工伤认定、视同工伤认定等问题进行了细致讨论,故本节在工伤认定问题上不做讨论,重点讨论教职工的工龄计算、养老和退休待遇审核。

1. 多份材料中职工出生日期不一致的以最先记载的为准

根据《国务院关于工人退休、退职的暂行办法》的规定全民所有制企业、事业单位和党政机关、群众团体的工人男年满六十周岁,女年满五十周岁,连续工龄满十年的应该退休。出生日期的认定关乎教职工能否办理退休、享受退休待遇,而基于当时的时代局限,对于出生日期的登记常常不规范,甚至在多份文件中出现完全不同的出生日期的现象,导致了在办理退休时难以界定出生日期的情况频发。为此原劳动和社会保障部发布《关于制止和纠正违反国家规定办理企业职工提前退休有关问题的通知》(劳社部发〔1999〕8 号)规定了对职工出生时间的认定,实行居民身份证与职工档案相结合的办法。当本人身份证与档案记载的出生时不一致时,以本人档案最先记载的出生时间为准。对于干部的出生日期认定依据是中共中央组织部、人事部、公安部《关于认真做好干部出生日期管理工作的通知》(组通字〔2006〕41 号),其中明确规定:"对个别干部的出生日期,档案记载与户籍登记不一致的,应当以干部档案和户籍档案中最先记载的出生日期为依据。"

在包某某不服被告某县人力资源和社会保障局行政确认一案[1]中,原告包某某原系第三人某大学职工,干部身份,在第三人处工作至 2013 年 5 月。同年第三人向被告申请办理原告退休待遇核定。被告经过审查原告干部档案和户籍材料进行审查,认为原告干部档案中最先记载出生日期的材料是入团志愿书,该入团志愿书系 1975 年 5 月 3 日原告自己填写,上面记载的出生日期为 1956 年 5 月 16 日,因此退休时间为 2011 年 5 月 16 日核定了原告的退休待遇。原告认为其出生日期为原告户籍登记的出生日期为 1958 年 5 月 17 日。法院认为,根据组通字〔2006〕41 号《中共中央组织部、人事部、公安部关于认真做好干部出生日期管理工作的通知》第 1 条规定:"对个别干部的出生日期,档案记载与户籍登记不一致的,应当以干部档案和户籍档案中最先记载的出生日期为依据",原告

---

[1] (2015)南行初字第 37 号。

档案记载与户籍登记的出生日期不一致,应以该两份档案中最先记载的出生日期为依据,本案向被告提交审核的档案材料中最早记载出生日期的是原告 1975 年自己填写的入团志愿书,根据上述规定该入团志愿书应当作为原告退休待遇审核中认定出生日期的依据,即 1956 年 5 月 16 日。故本案被告作出的退休待遇核准符合法律规定,故驳回原告诉讼请求。

2. 服刑之后重新工作应当重新计算工龄

工龄的计算与养老金、退休待遇挂钩,关于服刑人员服刑完毕后重新工作不应当连续计算此前的工作年限,以服刑后工作年限认定工龄。

在彭某某不服某县企业养老保险管理中心社会保障行政确认一案[①]中,首先,虽被告提供的证据中无因原告被判处刑罚开除除名的证据,但相关证据能够证实原告于服刑后也即 1989 年 3 月被重新录用的基本事实。原告依此认为其服刑期间仍保留职工身份,不符合客观事实。其次,根据《内务部关于工作人员曾受过开除、劳动教养、刑事处分工龄计算问题的复函》第 1 条规定,工作人员受过开除处分或者刑事处分的,应当从重新参加工作之日起计算工作年限。根据该规定,并结合(〔80〕劳险便字 82 号)《国家劳动总局保险福利局关于刑满就业人员工龄计算问题的复函》、(〔82〕劳总劳字 29 号)《国家劳动总局关于刑满释放人员就业安置问题给贵州省劳动局的复函》,被告对原告从 1989 年 3 月重新录用计算工龄,并无不当。

第三节　见微:典型案例剖析

一、北京某高校开除学籍行政处理案

王某某不服某大学开除学籍行政处理纠纷案

(2018)京 0105 行初 754 号

【关键词】

考试作弊　开除学籍　法定程序

---

① (2019)皖 0104 行初 102 号。

【基本案情】

原告系被告2016级经济与管理学院工商管理专业的学生。2017年6月10日,原告在2016学年—2017学年第2学期战略管理课程期末考试中找社会人员替考,被监考老师当场查获。

后原告正常缴纳学费并学习,时隔一年后,被告依据2017年9月1日生效的《北京某大学学生违纪处分办法》对原告作出开除学籍处分,经原告陈述、申诉后维持该处分决定。本案经二审维持原判。

【原告主张】

原告诉称,从原告作出不当行为到学校发出《处分决定》,已经过去一年零两个月。期间,原告向被告交了学费并进行课程学习。申诉后,被告仍维持该决定。原告认为,被告的处分决定事实不清,法律法规适用以及依据错误,程序违法且缺乏正当性,其调查过程以及处分结果不适当、不公平、不公正。综上所述,请求人民法院判决撤销被告对原告作出的《处分决定》。

【被告辩称】

被告辩称,依据《北京某大学学生违纪处分办法》第5条规定,原告替考的行为符合开除学籍处分的条件,被告给予原告开除学籍的处分。同时,被告作出《处分决定》的程序正当,充分保障了原告听证、申诉等权利。关于原告仍旧缴纳学费、选课等问题,在整个事件调查过程中至学校最终做出正式处理决定前原告仍为被告在籍学生,享有正常在校学生的权利和义务。因此,原告可以主动缴纳学费、自主选修五门课程。后正式处分决定公布后,被告按照学校规定,退回了原告2017学年—2018学年的学费。综上所述,被告所作出的《处分决定》主体合法不存在滥用职权的行为,事实清楚、证据确凿、适用规范性文件及学校规定准确、程序正当,请求人民法院在查明事实的基础上,依法驳回原告的诉讼请求。

【裁判理由】

本院认为,行政机关或者经法律、法规、规章授权的组织在行使行政管理职权时应当正确适用法律,依据行为发生时有效的规定认定行为的性质,作出相应的处理。本案中,被告认定原告于2017年6月10日实施了找他人替考的考试作弊行为,并依据该大学[2017]34号《北京某大学学生违纪处分办法》的规定,对原告作出开除学籍的处理决定。但是,根据《北京某大学学生违纪处分办法》第 107 条的规定,该办法施行的日期为 2017 年 9 月 1 日,即原告上述行为发生之时《北京某大学学生违纪处分办法》尚未实施。因此,被告适用该办法对原告作出处理显属适用法律错误。同时,被告于 2017 年 6 月发现原告存在考试作弊行为,直到 2018 年 5 月才形成初步处理意见,2018 年 8 月 1 日才作出最终处理决定。学籍管理相关的法律、法规虽然未对处理期限作出规定,但考虑到开除学籍这一处理决定对学生造成的影响,教育机构应当在合理期限内作出处理决定,以便学生尽快对其之后的生活作出安排。本案中,被告的上述期限明显过长,超过了合理期限,已构成违反法定程序的违法行为。综上所述,被诉《处理决定》适用法律错误、违反法定程序,依法应当予以撤销。

【案件点评】

本案涉及两个法律问题:第一,学校适用"替考"行为发生时尚未施行的规定对该行为作出处分,为何构成适用法律错误? 第二,如何理解学校在违法行为发生后一年两个月才作出处分构成程序违法?

第一个问题涉及一个重要的法治原则,即"法不溯及既往"。最高人民法院《关于审理行政案件适用法律规范问题的座谈会纪要》第 3 条规定,行政相对人的行为发生在新法施行以前,具体行政行为作出在新法施行以后,人民法院审查具体行政行为的合法性时,实体问题适用旧法规定,程序问题适用新法规定,但下列情形除外:(一)法律、法规或规章另有规定的;(二)适用新法对保护行政相对人的合法权益更为有利的;(三)按照具体行政行为的性质应当适用新法的实体规定的。即除法律、法规或规章另有规定或为保护行政相对人而作的特别规定,均应遵守"法不溯及既往"原则。本案"替考"行为发生时,《北京某大学学生违纪处分办法》尚未实施,被告不应武断地适用新规处分此前尚未处分的行为,该行为明显违反了"法不溯及既往"这一原则,因此被人民法院认定为适用法律错误。

第二个问题涉及行政法中的行政合理性原则。行政合理性原则是一种对行政自由裁量权的限制,其中一方面是,行政主体作出行政行为时,需要考虑权利与义务、个人受损害与社会所获利益、个人利益与国家集体利益之间的平衡。具体到本案中，虽然法律、法规对学校应当在多长期限内作出处理决定进行规定，但开除学籍这一处分明显与其他一般处分有区别，属于最严重的处分，一旦作出，学生未来几年的生活规划可能面临重大改变。在这种情况下，学校更应当在合理期限内尽快作出处理，以尽可能将学生遭受的损失降到最低。本案被告却在长达一年两个月后才作出处分，明显缺乏合理性，虽然返还了学费，却耽误了学生更多的时间，故认定为程序违法。

对此，学校首先需要根据法律法规，及时制定一个合法、合理、具有普遍适用性的管理制度，在充分保障自身的教育自主权同时，也要保障学生的合法权益。其次，在作出相关处分前要对客观事实作全面审查，在适用依据上，仔细核实行为发生时间和拟适用依据的施行时间，在涉及新旧规更迭时，不能武断适用"新规"或"旧规"，应当按照从旧兼有利于被处分人员的原则，尽可能高效、合理地作出处理决定。

点评人：四川上行律师事务所　苏罗娜

二、河南某大学冒名上学行政赔偿案

张某某与某大学行政赔偿纠纷案

（2017）豫 7101 行赔初 2 号

【关键词】

冒名上学　注销学籍　注销学历　行政赔偿

【基本案情】

原告张某某原用名张 X，参加高考并被被告录取，当年被他人冒名顶替入学取得组建后的河南某大学学籍，就读至 2007 年 6 月毕业取得大学专科毕业证书。2008 年 9 月，原告张某某通过公安户籍信息系统将曾用名张 X 更名为现用名张某某。

2016 年 6 月 30 日、2016 年 7 月 12 日原告张某某分别向被告河南某大学、河南省教育厅实名举报称自己被他人冒名顶替入学，请求被告河南某大学注销冒名顶替者的学历。2016 年 9 月 16 日，原告张某再次在河南省教育厅网上信访实名举报称,冒名顶替者张 X 的学历学籍信息仍然没有撤销,影响没有消除。

2017 年 2 月 23 日,原告以被告河南某大学、河南省教育厅消极不作为对其精神造成重大损害为由向本院提起行政赔偿诉讼。2017 年 3 月 24 日,被告河南某大学对冒名顶替者张 X 做出《注销学历告知书》,因其本人不配合,河南某大学于次日将该告知书送达给其母亲王某某。3 月 29 日,河南某大学向被告河南省教育厅提交了《关于注销我校 2007 届毕业生张 X 学历的报告》(校政教〔2017〕12 号)。2017 年 3 月 31 日,中国高等教育学生信息网上张 X 学历信息被注销。

【原告主张】

原告请求被告履行注销顶替者学历学籍程序,截至 2017 年 2 月 9 日,顶替者的学历学籍信息仍能通过学信网查询到,被告消极不作为,严重侵害原告人身权益。故请求判令被告支付原告精神抚慰金五万元。

【被告辩称】

被告河南某大学辩称,张某某诉请的五万元精神损害赔偿,没有事实和法律依据,依法应当予以驳回。

被告河南省教育厅辩称,被告没有侵权行为存在,对原告主张的行政赔偿依法不予支持。请求驳回原告的诉讼请求。

【裁判理由】

本院认为:首先,《普通高等学校学生管理规定》第 38 条规定:对违反国家规定入学者,学校不得发给学历证书、学位证书,已发的学历证书、学位证书,学校应当予以追回并报教育行政部门宣布证书无效。《高等学校学生学籍学历电子注册办法》(教学〔2014〕11 号)第 26 条规定:对违反国家规定入学的学生,学校不得为其注册学籍和学历,已经注册的应予以注销。根据上述规定,被告河南某大学和河南省教育厅对于违反国家法律规定入学并取得学历证书的河南某大学学生,负有注销其所取得学历的法定职责。但上述行政规章并未对撤销学历的程序、时限等作出相应规定,被告河南某大学、河南省教育厅在接到原告张某某的申请后也一直在进行相关调查工作,且在本案诉讼期间已将冒名顶替者的学历予以注销,不存在不履行法定职责之事实。其次,《国家赔偿法》第 35 条规定:"有本法第 3 条或者第 17 条规定情形之一,致人精神损害的,应当在侵权行为影响的范围内,为受害人消除影响,恢复名誉,赔礼道歉;造成严重后果的,应当支付相应的精神损害抚慰金。"该法第 3 条规定"行政机关及其工作人员在行使行政职权时有下列侵犯人身权情形之一的,受害人有取得赔偿的权利:(一)违法拘留或者违法采取限制公民人身自由的行政强制措施的;(二)非法拘禁或者以其他方法非法剥夺公民人身自由的;(三)以殴打、虐待等行为或者唆使、放纵他人以殴打、虐待等行为造成公民身体伤害或者死亡的;(四)违法使用武器、警械造成公民身体伤害或者死亡的;(五)造成公民身体伤害或者死亡的其他违法行为"。根据上述法律规定,受害人提起行政赔偿诉讼要求精神损害赔偿的,须存在违法行政行为侵犯人身权的情形。本案原告基于"被告消极不作为"而提出"精神抚慰金"的主张,显然不属于《国家赔偿法》第 35 条规定的情形,其诉讼请求于法无据。综上,原告张某某所提精神损害赔偿请求缺乏事实及法律依据,不予支持。

【案件点评】

"法定职责"可以理解为,行政主体依据法律、行政法规、地方性法规、自治条例和单行条例以及规章的规定或授权进行与其职权范围一致的某些行政管理活动。本案充分体现了在法律法规具有明确规定的情况下,教育机构在学籍管理方面应当履行"有错必纠"的职责。《普通高等学校学生管理规定》第 37 条和《高等学校学生学籍学历电子注册办法》第 26 条均规定了对于违反国家法律规定入学并取得学历证书的学生,教育机构负有注销其所取得学历的法定职责。与本章中第一个"替考"案例相同的是,上述行政规章同样未对撤销学历的程序、时限等作出相应规定,但不同的是,本案中的冒名学生在 2007 年 6 月就已经取得学历证书,而原告在 2016 年 6 月 30 日才向被告举报,要求注销冒名学生的学历。被告接到举报后即开展调查并向冒名学生进行询问,于 2016 年 10 月 31 日网上答复原告调查结果,正在履行有关手续拟注销冒名学生的学历证书。2016 年 11 月 14 日,被告做出注销学历告知书并告知冒名学生。2017 年 3 月 24 日,被告将冒名学生的学历予以注销。从原告举报到被告注销冒名学生学历历时九个月左右,被告要作出注销已经取得的学历的行为,改变既定的事实状态,严谨的调查前置程序必不可少,故被告作出的注销行为明显在合理期限内,且在诉讼期间,违法状态已经更正,对原告的不利影响已经消除,可见被告并不存在拒不履行法定职责的情形。此外,《国家赔偿法》第3条和第17条明确规定了应当进行赔偿的法定情形,对国家赔偿案件应严格按照法律法规进行认定,本案明显不符合赔偿条件。

法律、法规、规章对教育机构设定的法定职责,教育机构应依法履行。收到类似投诉举报案件时,教育机构首先应当依法审查投诉事项是否属于自身的法定职责,如属于职责范围应当及时根据法定程序进行调查核实,在查清事实后依法作出处理,同时应向投诉举报人书面回复调查情况及拟作出的处理决定;如不属于职责范围,建议也将这一情况向投诉举报人进行书面回复,以免产生不必要的信访、诉累。此外,从赔偿的角度来看,本案也提醒教育机构要及时疏导师生矛盾,维护和谐温馨的教育环境,全力避免在日常教学管理活动中出现人身侵权情形。

点评人:四川上行律师事务所　苏罗娜

三、山东某大学教师工伤认定案

某大学教师不服市人社局工伤认定纠纷案

(2015)芝行初字第 20 号

【关键词】

大学教师　远程电话指导　工作时间　工作岗位　工伤认定

【基本案情】

曲某某生前系原告交通学院物流教研室教师,第三人系曲某某之女。在电话指导学生毕业论文过程中,因身体不适送入医院抢救无效死亡。第三人以其父曲某某在课外辅导学生修改毕业论文期间突发疾病,经抢救无效死亡为由,向市人力资源和社会保障局提出工伤认定申请,该局于当日受理后,于 2014 年 3 月 28 日作出《工伤认定决定书》,认定曲某某非因工死亡。第三人不服,向被告提出行政复议。被告受理后,2015 年 2 月 9 日,被告市人民政府作出《行政复议决定书》,以曲某某生前用电话指导学生完成毕业论文,属于工作时间和工作场所的延伸。曲某某在指导学生完成毕业论文过程中,突发疾病在48小时内经抢救无效死亡,符合《工伤保险条例》第15条第一项的规定。撤销了市人力资源和社会保障局作出的《工伤认定决定书》,责令市人力资源和社会保障局在六十日内重新作出具体行政行为。原告不服遂诉至法院,本案经二审维持原判。

【原告诉称】

原告认为曲某某发热两天,从家中被送往医院前曲某某有与学生通话指导论文的事实,但从整个过程看,不足以证明其符合《工伤保险条例》规定的“工作时间”“工作岗位”“突发疾病在48小时内经抢救无效死亡”等条件。市人力资源和社会保障局作出的《工伤认定决定书》不予认定为工伤,这一认定与事实相符。被告市政府作出的《行政复议决定书》撤销了市人力资源和社会保障局的上述《工伤认定决定书》,认定事实不清,证据不足。

【被告辩称】

被告辩称,高校教师实行不坐班是我国高校的普遍做法。曲某某生前用电话指导学生完成毕业论文,不违反原告制定的该大学校发(2007)36号文件规定,属于工作时间和工作场所的延伸。曲某某在指导学生完成毕业论文过程中,突发疾病在48小时内经抢救无效死亡,符合《工伤保险条例》第15条第一项的规定。市人力资源和社会保障局作出的《工伤认定决定书》认定事实不清,证据不足。2015年2月9日,被告根据《行政复议法》第28条第一款第三项第一目的规定,作出撤销上述《工伤认定决定书》的事实清楚,适用依据正确。请求依法予以维持。

【第三人意见】

第三人述称,曲某某一生为教育事业兢兢业业,在病床上还接电话指导学生的毕业论文,死于工作状态中,依法应该享受工伤待遇。原告不认可工伤是不负责任的,也是不合法的。从举证责任分担来看,《工伤保险条例》有明确规定,用人单位不认为是工伤的,应该提供证据予以证明。原告一方面承认高校教师不坐班制,另一方面未提供证据证明如何界定不坐班制老师的工作时间和工作岗位,在这种情况下,不坐班制老师的校外工作理应视为校内工作岗位和工作时间的延伸。被告作出的行政复议决定是正确的,请求予以维持。

【裁判理由】

被告受理第三人的行政复议申请后,将行政复议申请书副本、行政复议答复通知书及第三人参加行政复议通知书分别发送给市人力资源和社会保障局及本案原告,要求其在限定的时间内提出书面答复、意见并提交相关的证据、依据和其他材料,后根据复议当事人提交的证据认定了相关事实,在作出行政复议决定书后送达了各方当事人。复议程序合法。

《工伤保险条例》第 15 条第一款第一项规定,职工在工作时间和工作岗位,突发疾病死亡或者在 48 小时之内经抢救无效死亡的,视同工伤。关于此项规定的"突发疾病",劳动保障部 2004 年第 256 号《关于实施若干问题的意见》已作了明确规定,即"突发疾病"是指各类疾病。原告关于曲某某"突发疾病""工作""死亡"之间关系的辩解,不符合相关法律、法规的规定,本院不予采纳。

高校教师实行不坐班制是我国普通高校的普遍做法。这种做法在原告制定的工作规程中也得到充分的体现。该规程明确规定了课外辅导和答疑是课堂教学的辅助形式,是整个教学的组成部分;辅导与答疑的方式和时间由教师根据课程类型和教学条件确定。在原告没有为教师配备电脑和固定办公桌椅的情况下,曲某某于事发前的 2013 年 5 月 24 日上午 7 时 37 分至 10 时 25 分多次用电话指导学生完成毕业论文,不违反原告上述规程的规定,应视为其工作时间和工作岗位的延伸。其在指导学生完成毕业论文过程中,突发疾病在 48 小时内经抢救无效死亡,符合《工伤保险条例》第 15 条第一款第一项之规定,应当认定为工伤。市人力资源和社会保障局作出的《工伤认定决定书》,认定事实不清,证据不足。被告依据各方当事人提供的证据,经调查核实,依据相关法律规定作出的《行政复议决定书》,认定事实清楚,证确凿,程序合法,适用法律正确。

【案件点评】

本案是一起"视同工伤"的特殊案例。我国现行法律法规中对工伤并无明确的定义,《工伤保险条例》第 14 条和第 15 条直接列举了应当认定为工伤和视同工伤的情形,从《工伤保险条例》第 15 条的规定来看,视同工伤涵盖了传统工伤认定中所不能包含的特殊情形,弱化了事故结果与工作相关的因果关系,对于解决在工作岗位上突发疾病死亡视同工伤、保护劳动者权益方面发挥着至关重要的作用。"视同"一词意味着"视同工伤"不等于工伤,将其纳入工伤仅是一种法律上的拟制,扩大了工伤认定的范围,目的是保障了弱势群体或公益行为者的合法权益。

具体到本案而言,高校教师因其职业的特殊性,具有上课教学、指导学生科研、答疑等多项工作内容,结合该教师前后多次在非一般工作时间为学生指导论文及学校《教学与教学管理工作规程》的规定可以认定,指导论文属于本案教师的教学组成部分,完成教学内容并不局限于固定时间地点和形式,结合《关于实施〈工伤保险条例〉若干问题的意见》(劳社部函〔2004〕256号)第3条明确了《工伤保险条例》第15条第一款中的"突发疾病"包括各类疾病,本案认定符合《工伤保险条例》第15条第一款第一项规定的前提条件,符合相对合理性的认定标准,除了前述条件外,适用《工伤保险条例》第15条第一款第一项规定还应达到48小时内经抢救无效而死亡的严重后果,符合社会公众对生命予以最大尊重的基本价值观。具体问题具体分析的情况下,本案认定为视同工伤,很好地保护了高校教师这一特殊职业同样作为劳动者应当享受的合法权益。

在尊重高校教师工作灵活性、自主性、多样性的前提下,教育机构在招聘教师人员时,应落实职工入职体检、定期体检等,积极预防因特殊疾病引发"视同工伤"事故,同时及时缴纳工伤保险费用,对实践中不能交纳工伤保险费用的超龄退休人员,也可尝试与相关部门反映情况、积极争取,同时也建议考虑购买其他商业保险降低自身的工伤赔偿风险,如雇主责任险等。在遇到工伤后,应当做好工伤职工的救治和护理,及时做好工伤认定、劳动能力鉴定、工伤保险待遇给付等手续的办理。

点评人:四川上行律师事务所　苏罗娜

第五章 技能培训、教育辅助及其他教育

技能培训、教育辅助及其他教育在分类上较为宽泛。其包含了我国学校教育制度以外,经社会上各个主体举办的职业培训、就业培训和各种知识、技能的培训活动,以及教育辅助和其他教育活动。相对应的本阶段的行政案件也最多,主要集中在各教育机构与相关监管部门的知识产权纠纷、不履行法定职责和政府信息公开纠纷等领域。本章将重点展示等技能培训、教育辅助及其他教育阶段各主体间行政案件的基本数据、高发案由分析和经典案例情况。

第一节 纵览:总体数据呈现

2014—2020 年,全国各级人民法院审结的高等教育阶段行政一审判决案件共计 1537 例。本节从年份、地域、法院层级、适用程序、案由分布五个方面纵览了案件的基本特征,从原告情况、被告类型、级别、出庭情况和第三人情况勾勒了案件当事人特征,分析了原被告与第三人的律师参与情况,呈现了原告视角下和律师参与下的判决结果。

一、案件特征

(一)年份分布

从时间分布来看,2014—2019 年审结案件数量整体上呈现出上升的趋势。其中,2015 年审结案件数量为 182 例,相较于 2014 年的 52 例,上升了 250 个百分点。

(二)地域分布

2014—2020 年,全国各级人民法院审结的行政一审案件多发于北部、东部

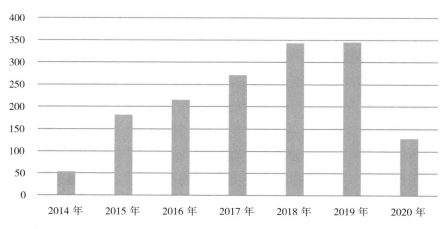

技能培训、教育辅助及其他教育阶段行政一审判决书审结数年份分布（例）

沿海地区。一审审结案件数量最多的三个省级行政区为北京（619 例）、江苏（97 例）、山东（95 例）。一审审结案件数量最少的三个省级行政区为西藏（1 例）、新疆（3 例）、宁夏（4 例）。

（三）法院层级分布

从审理法院层级分布来看，技能培训、教育辅助及其他教育教育阶段一审行政案件中审理法院为基层法院的大约为 62%。具体而言，2014—2020 年基层人民法院、中级人民法院、高级人民法院、专门人民法院审结的一审行政案件数量依次为 965 例、103 例、1 例、469 例，各自在总数中的占比依次为 62.78%、6.70%、0、30.52%。

（四）适用程序分布

从审理程序的适用来看，2014—2020 年基层人民法院、中级人民法院、专门人民法院审结的一审行政案件中，适用普通程序的案件占了绝大多数，占比为 96.62%；适用简易程序审结的一审案件占比为 3.38%。

（五）案由分布

从案由分布来看，根据被诉行政行为的具体类型，技能培训、教育辅助及其他教育阶段一审行政案件主要多发于商标类（469 例），不履行法定职责（192 例）、政府信息公开（166 例），种类型的案件合计占 2014—2020 年技能培训、教育辅助及其他教育教育阶段一审判决案件的 53.81%。其次在行政确认、行政处罚领域案件也较为频发。

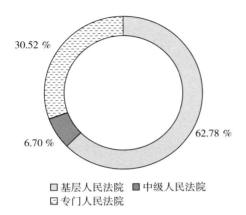

基层人民法院　■中级人民法院
□专门人民法院

技能培训、教育辅助及其他教育阶段
行政案件一审审结数法院层级分布

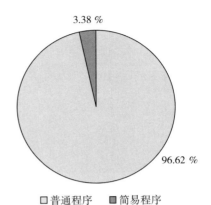

□普通程序　■简易程序

技能培训、教育辅助及其他教育阶段
行政一审案件适用程序分布（例）

二、当事人情况勾勒

（一）原告情况

从一审判决书中提取到原告主体来看,原告多为公民（858 例）占比
55.82%,其次为教育培训机构（678 例）占比 44.11%,检察院作为公益起诉人提
起诉讼 1 例。

（二）被告情况

1. 被告类型

从一审判决书提取到的被告也就是行政机关来看,涉诉行政机关数量最多
的依次为教育部门（509 次）、知识产权主管部门的部门（469 次）、社会保障部门
（233 次）;涉诉最少的职能部门为工信部门、应急管理部门,均为 1 次。

2. 被告级别

前述被告中,县级政府及其职能部门作为被告的案件为 643 例占比
41.83%;市级政府及其职能部门作为被告的案件为 189 例占比 12.30%;省部级
政府及其职能部门的一审案件为 619 例占比 40.27%;派出机关及派出机构作为
被告的一审案件为 12 例占比为 0.78%;县级以下人民政府作被告的案件为 74
例占比为 4.82%。

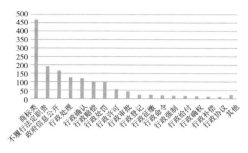

技能培训、教育辅助及其他教育阶段
一审行政案件案由分布（例）

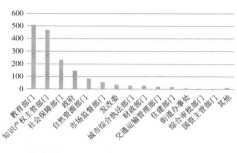

技能培训、教育辅助及其他教育阶段
一审行政案件被告类型分布（例）

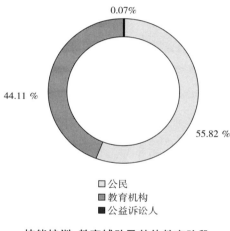

技能培训、教育辅助及其他教育阶段
一审行政案件原告类别分布

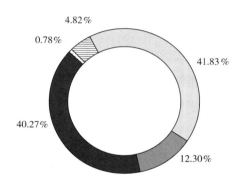

技能培训、教育辅助及其他教育阶段
一审行政案件被告级别分布

3. 被告出庭情况

2014—2020 年所有技能培训、教育辅助及其他教育教育阶段一审行政案件中，行政机关出庭的案件为 1452 件占比 94.47%，行政机关未出庭的案件为 85 件占比为 5.53%。在行政机关出庭的案件中，行政机关负责人出庭的案件为 386 件占比为 26.58%，行政机关负责人未出庭的案件为 1066 件占比 73.42%。

（三）第三人情况

从一审判决书提取到的第三人看，没有第三人参与的为 1016 例，有第三人参与的为 521 例。在有第三人参与的案件中，第三人的类型主要为公民参加诉讼 194 次，教培机构参加诉讼 270 次，行政机关参加诉讼 131 次，法人以及其他

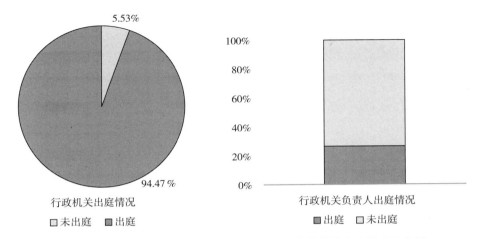

技能培训、教育辅助及其他教育阶段一审行政案件被告出庭情况分布图

组织参加诉讼 116 次。

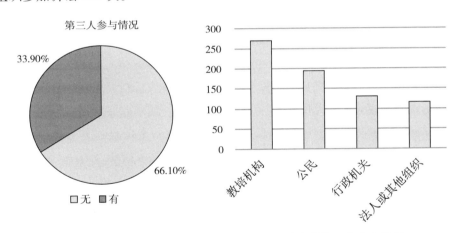

技能培训、教育辅助及其他教育阶段一审行政案件第三人参与情况

三、律师参与

(一)原被告律师参与情况

在技能培训、教育辅助及其他教育阶段的所有一审行政案件中,律师参与率较高,有律师参与的为 1330 例占比 86.52%,无律师参与的为 207 例占比 13.48%。其中双方都有律师参与的案件为 499 例,仅原告有律师参与的为 540 例,仅被告有律师参与的为 291 例。

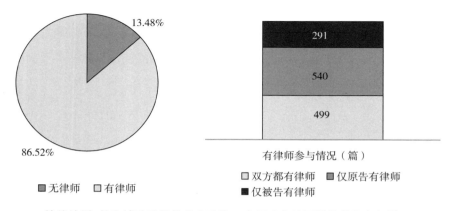

技能培训、教育辅助及其他教育阶段一审行政案件原被告律师参与情况

（二）第三人律师情况

从技能培训、教育辅助及其他教育阶段一审行政判决书中提取到的第三人律师参与情况来看，521例有第三人参与的案件中242例判决书中有律师参与，占比46.44%，279例判决书无律师参与，占比53.56%。

四、裁判情况

（一）判决结果（原告视角）

从技能培训、教育辅助及其他教育阶段1537例一审行政判决书中提取以原告视角的裁判结果来看，原告完全胜诉的一审行政判决书为433例占比28.17%，部分胜诉46例占比2.99%，败诉1058例占比68.84%。

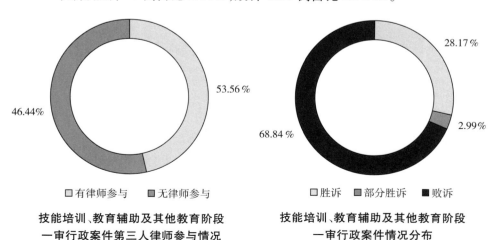

技能培训、教育辅助及其他教育阶段
一审行政案件第三人律师参与情况

技能培训、教育辅助及其他教育阶段
一审行政案件情况分布

（二）律师参与视角下的裁判结果

技能培训、教育辅助及其他教育阶段 1537 例中有律师参与的 1336 例判决书中,原告完全胜诉的为 365 例占比 27.32%,部分胜诉 42 例占比 3.14%,败诉 929 例占比 69.54%。

其中原被告双方均有律师参与的 499 例判决书中,原告完全胜诉的为 127 例占比 25.45%,部分胜诉的为例 22 占比 4.41%,败诉的为 350 例占比 70.14%。

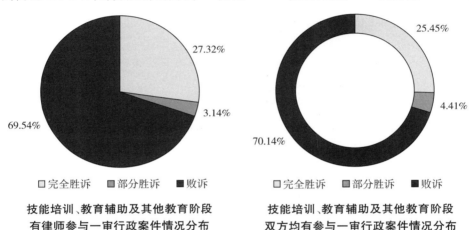

技能培训、教育辅助及其他教育阶段
有律师参与一审行政案件情况分布

技能培训、教育辅助及其他教育阶段
双方均有参与一审行政案件情况分布

仅原告有律师参与的 540 例案件中,原告完全胜诉的为 134 例占比 24.73%,部分胜诉 8 例占比 1.46%,败诉的 398 例占比 73.81%。

仅被告有律师参与的 291 例案件中,原告完全胜诉的为 103 例占比 35.40%,部分胜诉 12 例占比 4.12%,败诉 176 例占比 60.48%。

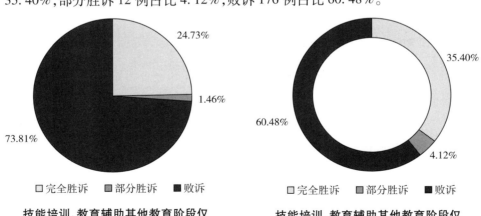

技能培训、教育辅助其他教育阶段仅
原告有律师参与一审行政案件情况分布

技能培训、教育辅助其他教育阶段仅
被告有律师参与一审行政案件情况分布

双方均无律师参与的 201 例案件中,原告胜诉的为 68 例占比 33.83%,部分胜诉 4 例占比 1.99%,败诉 129 例占比 64.18%。

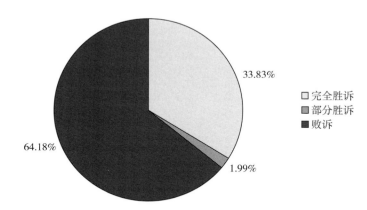

技能培训、教育辅助其他教育阶段双方均无律师参与一审行政判决情况分布

第二节　聚焦:高发案由解读

技能培训、教育辅助及其他教育阶段的主要纠纷集中于知识产权之商标类（469 例）、教育部门或社会保障部门不履行法定职责（192 例）以及政府信息公开（166 例）等领域,三种案由的案件合计占 2014—2020 年技能培训、教育辅助及其他教育阶段一审判决案件的 53.81%。鉴于此前已经专门分析过知识产权纠纷与不履行法定职责类的纠纷,故本节重点分析政府信息公开类案件纠纷。

一、知识产权商标纠纷

商标作为区分商品和服务来源的标志,在整个市场环境中起着重要作用,教培行业也不意外。技能培训、教育辅助及其他教育阶段的商标纠纷共 469 例,主要集中于商标的申请、商标"撤三"、商标近似等领域。

（一）数据纵览

1. 年份与地域分布

2014—2020 年,技能培训、教育辅助及其他教育阶段商标类共 469 例,7 年期间的案件数量总体上呈上升趋势,于 2019 年达到最高峰值（189 例）,2020 年受疫情或其他因素影响,上传到裁判文书网的案件数量较少,共 60 例;基于知识产权行政案件专属管辖因素上述案件均在北京市。

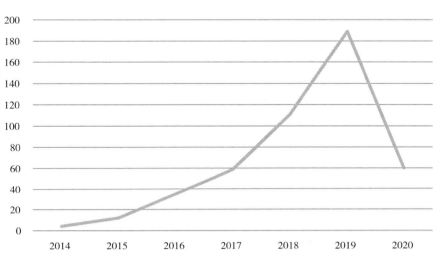

技能培训、教育辅助及其他教育阶段知识产权纠纷一审案件年份分布情况

2. 当事人情况勾勒

(1)原被告及第三人情况

涉及知识产权商标纠纷的 469 个案件中,公民作为原告提起诉讼的为 6 例,教培机构作为原告提起诉讼的 430 例,法人和其他组织作为原告提起诉讼的 53 例。469 个案件中 74 个案件有第三人参与,其中教培机构作为第三人参加诉讼 43 次,法人及其他组织作为第三人参加诉讼 23 次,公民作为第三人参加诉讼 8 次,被告均为国家知识产权局。

(2)当事人律师参与情况

在 469 例知识产权案件中,仅原告有律师参与。其中原告委托律师参与的 404 例,法律援助律师参与 1 例,无律师参与 64 例,被告均无律师参与,总体而言,律师参与率较高。

3. 程序参与

在 469 例知识产权案件中,经过听证的案件为 0 例,经过复议的案件为 0 例,行政相对人在此纠纷中未采取听证、复议这样的内部监督程序进行救济。

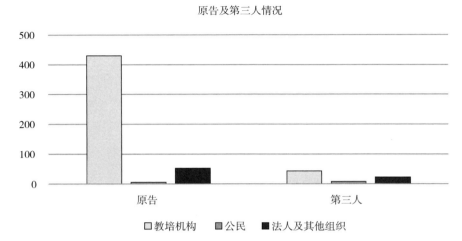

技能培训、教育辅助及其他教育阶段知识产权案件当事人情况（例）

4. 裁判结果

在技能培训、教育辅助及其他教育阶段知识产权一审案件中，行政相对人败诉的案件为 362 例，部分胜诉 2 例，胜诉 105 例，分别占比 77. 19%、0. 42% 和 22. 39%。

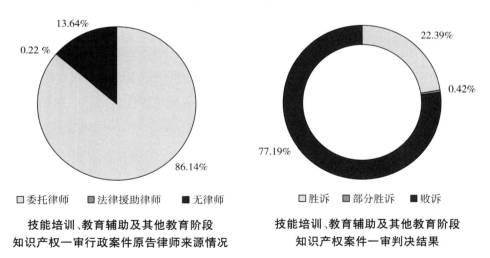

技能培训、教育辅助及其他教育阶段
知识产权一审行政案件原告律师来源情况

技能培训、教育辅助及其他教育阶段
知识产权案件一审判决结果

（二）案件争议焦点类型化分析

在 469 例知识产权类案件中，主要涉及商标抢注、损害在先著作权、显著识别部分相同或近似的商标驳回复审纠纷。

1. 恶意抢注商标不予注册

商标的申请注册以不损害他人在先权利为基本原则,但基于商业行为的逐利性,明知是他人在先使用的商业标识而以不正当的手段抢先申请商标注册的行为时有发生。商标抢注指的是未经在先商标使用者许可,将其商业标识申请商标注册的行为。① 商标抢注与商标恶意抢注是两个不同的概念需加以区分,恶意抢注商标行为中强调商标抢注者的主观心理状态是恶意的,即明知他人在先使用且具有一定影响商标而以不正当手段抢先注册。"明知"的含义是抢注人具有将有一定的商业信誉商业标识通过抢先注册据为己有的主观故意,不正当手段指的是恶意抢注人使用的是不符合市场秩序、诚实信用原则以及相关法律规定的手段和方法。② 而商标抢注中的抢注人可能是不知有权利人的在先权利,主观上不必然存在恶意。

我国《商标法》对恶意抢注的规定较为分散。首先第 7 条规定了"申请注册和使用商标,应当遵循诚实信用原则"作为恶意抢注规制的基本原则。其次,在第 15 条和第 32 条规定了不得恶意抢注他人的商标和申请商标注册不得损害他人现有的在先权利,也不得以不正当手段抢先注册他人已经使用并且有一定影响力的商标。再次,《商标法》第 33 条为恶意抢注提供了救济的程序。第 33 条规定了商标注册异议程序。对于商标抢注,权利人和利害关系人可以商标申请阶段提出商标异议。

在北京某教育科技有限公司与国家工商行政管理总局商标评审委员会商标异议复审行政纠纷一案③中,原告向被告提出在"计算机编程、计算机软件设计、把有形的数据和文件转换成电子媒体、替他人创建和维护网站、托管计算机站(网站)、计算机软件咨询"注册"达索 DASSAULTSYSTEMES"商标,后第三人达索特系统提出异议,被告以原告在上述服务申请注册商标的行为损害了第三人在先权利为由驳回了原告申请。法院认为,第三人作为在先使用人在使用时间方面早于原告、在使用领域上广于原告、在使用区域方面广泛、在销售量方面多

① 李扬:《我国商标抢注法律界限之重新划定》,《法商研究》2012 年第 3 期。
② 邢程程:《规制商标恶意抢注的制度反思和立法完善——以我国商标法第四次修改为背景》,《吉林工商学院学报》2020 年第 1 期。
③ (2015)京知行初字第 328 号。

于原告、在广告宣传及获奖方面被多方位的报道且获得了相关的荣誉认证。综上,可以认定在诉争商标申请注册日之前(即 2008 年 2 月 29 日之前),第三人的"达索/DASSAULTSYSTEMES"商标在"PLM 系统"计算机编程服务上且在中国大陆范围内已经进行了使用及宣传且具有一定的知名度,构成在先使用并有一定影响的商标。而原告诉争商标指定使用的"计算机编程、计算机软件设计、把有形的数据和文件转换成电子媒体、替他人创建和维护网站、托管计算机站(网站)、计算机软件咨询"服务与第三人"达索/DASSAULTSYSTEMES"商标使用的"PLM 系统"计算机编程服务,在功能用途上均属于计算机编程及相关服务;在使用领域上存在重合;在消费对象及销售渠道上亦存在相同或相近,因此构成类似服务。诉争商标为"达索 DASSAULTSYSTEMES",第三人的商标为"达索/DASSAULTSYSTEMES",二者在呼叫、文字构成上完全一致。考虑到第三人"达索/DASSAULTSYSTEMES"商标的知名度,原告在类似服务上申请注册与其商标相同的商标,具有明显的恶意,且易导致相关消费者发生混淆或误认。综上,原告在"计算机编程、计算机软件设计、把有形的数据和文件转换成电子媒体、替他人创建和维护网站、托管计算机站(网站)、计算机软件咨询"服务商申请注册诉争商标,构成了《商标法》第 32 条规定的"以不正当手段抢先注册他人已经使用并有一定影响的商标"之情形。

2. 损害他人在先著作权商标不予注册

商标法确立的保护在先权利原则,对防止申请注册商标损害他人在先著作权行为进行了有效遏制。在不存在足以推翻或质疑作品权属问题的证据时,在先著作权应当得到保护。

在上海某教育科技有限公司不服被告国家工商行政管理总局商标评审委员会商标无效宣告裁定一案[①]中,原告申请注册了第 4728686 号"baby Art 及图(指定颜色)"商标(即诉争商标),第三人韩国某公司认为诉争商标损害了其在先著作权申请无效宣告,被告据此作出认定诉争商标无效的裁定。法院认为,2002 年 12 月李某龙接受第三人委托,为其设计"六色花瓣"图形美术作品,并于 2003 年 1 月 6 日设计完成。韩国某公司提交本案的天一印刷工作内容事实关系确认

---

① (2015)京知行初字第 5082 号。

书、印刷税务发票及相关广告样本照片及韩国中央日报广告进行确认书和韩国中央日报广告费财务内容事实确认书等可以证明第三人于 2003 年 10 月 6 日在韩国公开发行"六色花瓣"图形美术作品。第三人提交的其在中国登记的国作登字-2012-F-00064031 号《著作权登记证书》亦可以证明"六色花瓣"图形作品属于我国著作权法所保护的作品，以及第三人以委托作品著作权人身份依法享有著作权。综合考量本案证据，在并无相反证据的情况下，本案中可以认定在诉争商标申请注册之前，第三人已对"六色花瓣"图形作品享有著作权。原告上海某教育科技有限公司在未经第三人授权的情况下，擅自将包含第三人"六色花瓣"图形作品的诉争商标申请注册的行为，损害了第三人的在先著作权。诉争商标的注册违反了 2001 年《商标法》第 31 条中关于"不得损害他人现有的在先权利"的规定。

3. 显著识别部分相同构成近似不予注册

在判定商标是否构成近似，应当以相关公众的一般注意力为标准，既要考虑商标标志构成要素及其整体的近似程度，也要考虑相关商标的显著性和知名度、所使用商品的关联程度，以是否容易导致混淆作为判断标准。

在北京某教育科技有限公司不服国家工商行政管理总局商标评审委员会驳回复审决定一案①中，原告申请注册"优才辅导"商标，被告认为与在先商标"优才"构成近似，故不予注册。原告不服遂提起诉讼，法院认为诉争商标"优才辅导"与引证商标"优才"的显著识别部分均包含"优才"二字，二者使用在相同或类似商品上易使相关公众对商品的来源产生误认或者认为两者之间存在特定的联系。因此，诉争商标与引证商标构成使用在相同或类似商品上的近似商标。

二、不履行法定职责

在技能培训、教育辅助及其他教育阶段中，不履行法定职责的案件主要集中于工伤保险给付、人才引进落户、考试、异地入学、监督办学等领域。

---

① （2019）京 73 行初 1909 号。

（一）数据纵览

1. 年份与地域分布

（1）年份分布

2014—2020 年,技能培训、教育辅助及其他教育阶段不履行法定职责案件共 192 例,7 年期间的案件数量呈先增后减趋势。最高峰值出现在 2017 年(66 例),截至 2021 年 3 月 18 日,2020 年受疫情或其他因素影响,上传到裁判文书网的案件数量较少,共 3 例。

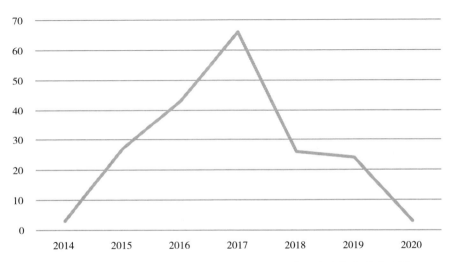

技能培训、教育辅助及其他教育阶段不履行法定职责一审案件年份分布情况

（2）地域分布

2014—2020 年,技能培训、教育辅助及其他教育阶段的不履行法定职责一审行政案件共涉及全国 23 个省、自治区、直辖市,地域分布呈现出一定的地域差异。涉案最多的前三个省级行政区分别为江苏(35 例)、上海(33 例)、湖南(21 例)。涉案最少的省级行政区有陕西、四川、云南等,均为 1 例。

2. 当事人情况勾勒

（1）原告及第三人性质

在 192 例不履行法定职责案件中,其中公民作为原告的案件 152 例,教培机构作为原告的案件 34 例,法人和其他组织作为原告的案件 6 例。192 个案件中,有 27 个案件有第三人参与,其中教培机构作为第三人参加诉讼 21 次,法人和其他组织作为第三人参加诉讼 7 次。

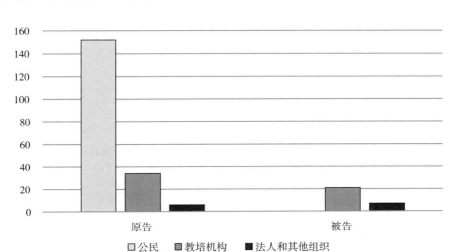

技能培训、教育辅助及其他教育阶段不履行法定职责案件原告及第三人情况

（2）被告情况

教育部门作为被告 160 次,社会保障部门作为被告 42 次,发改委作为被告 29 次,政府作为被告 20 次,财政部门作为被告 5 次,公安部门作为被告 3 次,市场监督部门作为被告 2 次,农业部门作为被告 2 次,自然资源部门作为被告 2 次。

（3）当事人律师参与情况

在 192 例不履行法定职责案件中,原被告双方均有律师参与的案件为 82 例,仅原告有律师参与的案件为 36 例,仅被告有律师参与的案件为 58 例,原被告双方均无律师参与的案件为 16 例。该阶段不履行法定职责一审行政案件中律师参与度较高,总体而言,被告的律师参与率较原告律师参与率高。

3. 程序参与

在 192 例不履行法定职责案件中,经过听证的案件为 0 例,经过复议的案件为 15 例,未经复议的案件为 177 例。总体而言,行政相对人较少依靠听证、行政复议等行政机关的内部救济和监督途径,一般在行政机关不履行法定职责后即行起诉。

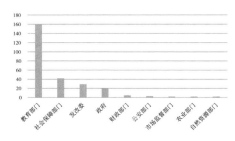

技能培训、教育辅助及其他教育阶段不履行法定职责一审案件被告情况

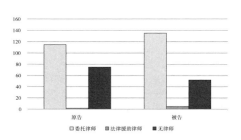

技能培训、教育辅助及其他教育阶段不履行法定职责案件原被告律师来源分布

4. 判决结果

在技能培训、教育辅助及其他教育阶段不履行法定职责一审案件中,行政相对人败诉的案件为 142 例,部分胜诉 9 例,胜诉 41 例。总体而言,行政相对人因行政机关不履行法定职责而提起诉讼的案件,得到法院支持的比率较低。

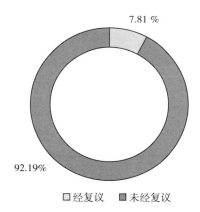

技能培训、教育辅助及其他教育阶段
不履行法定职责一审案件复议情况

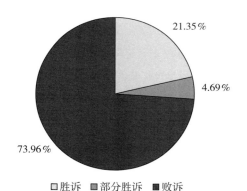

技能培训、教育辅助及其他教育阶段
不履行法定职责一审案件诉讼结果情况

(二)案件争议焦点类型化分析

在技能培训、教育辅助及其他教育阶段中,不履行法定职责的案件主要集中于工伤保险给付、人才引进落户、考试、异地入学、监督办学等领域。

1. 向履职机关工作人员提出履职申请视为向履职机关提出申请

在行政机关不存在法定职权时,须行政相对人向行政机关提出履职申请,行政机关审查行政相对人的申请后,判断自己有无法定职权,再作出具体行政行为。

在陈某某不服苏州市某教育局不履行教育行政许可法定职责一案①中,法院认为,根据《教育法》《江苏省学前教育条例》《苏州市学前儿童看护点建设管理暂行办法》之规定,被告有处理相关事宜的法定职责。原告向被告提出学前儿童看护点的申请,虽收件人为张某某个人,但鉴于原告的申请按规定应提交给被告,而收件人系被告普教科工作人员,且原告此前曾向该工作人员咨询过相关申请事宜,该工作人员对此事项系已知晓,故原告向被告工作人员张某某邮寄要求履职的申请可视为要求被告相履行相关法定职责。被告关于邮件系工作人员的私人信件而无权进行干涉的抗辩,与事实不符,不能成立。被告以相城区相关部门的联合发文认为原告的申请部门有误,依据不足,不予支持。《行政诉讼法》第47条规定,公民、法人或者其他组织申请行政机关履行保护其人身权、财产权等合法权益的法定职责,行政机关在接到申请之日起两个月内不履行的,公民、法人或者其他组织可以向人民法院提起诉讼。法律、法规对行政机关履行职责的期限另有规定的,从其规定。法律、法规对于本案所涉教育审批事项的履职期限未有明确规定,被告在收到原告要求履职申请后,未在上述规定的两个月内作出处理,已构成行政不作为。

2. 已有相关政策进行统筹安排行政相对人未达到条件的不属于不履行法定职责

行政机关享有法定职责,对于影响大、涉及范围广的涉及行政机关法定职责的事项,行政机关通过事先制定普遍适用的规范性文件的,视为已履行法定职责。

在袁某与昆山市某教育局不履行法定职责一案②中,袁某达到法定入学年龄后,其父母为其申请昆山高新区某学校,因其新市民积分未达未能入读,遂要求被告解决原告入学问题。

法院认为,《义务教育法》《江苏省实施〈中华人民共和国义务教育法〉办法》、昆政规〔2017〕1号文件均规定被告具有教育管理领域的行政职责。原

---

① (2018)苏0508行初53号。
② (2017)苏0582行初177号。

告属于流动人口,其想要在昆山市就读,需向昆山市教育局申请,由昆山市教育局统筹解决。对于流动人口的就读,昆山市政府制定了昆政规〔2017〕1 号文件,实行积分入学的办法解决非户籍人口的义务教育,这是昆山市统筹解决办法。昆山市教育局已经履行了统筹解决对流动人口入学的法定职责,由于原告未达到积分办法规定的积分而未能入读公办学校,并非昆山市教育局不履行法定职责。

三、政府信息公开案件

为保障人民群众依法获取政府信息、提高政府工作的透明度,国务院于 2008 年 5 月 1 日起施行《政府信息公开条例》。在《政府信息公开条例》施行 10 年后,国务院根据施行后人民群众对政府信息公开的广度及深度要求,结合实践中容易引发争议的问题,于 2019 年对《政府信息公开条例》进行了修订,并于 2019 年 5 月 15 日开始施行。自从《政府信息公开条例》施行以来,社会公众对政府信息公开愈加关切,政府信息公开申请量逐年增加,因政府信息公开的特殊性及对行政机关行政职责履行的较高要求,使得政府信息公开行政纠纷案件频发。

(一)数据纵览

1. 年份与地域分布

(1)年份分布

2014—2020 年,技能培训、教育辅助及其他教育阶段政府信息公开案件共 166 例,7 年期间的案件数量呈波浪式分布。最高峰值分布在 2018 年(40 例),2019 年案件略有回落(26 例),截至 2021 年 3 月 18 日,2020 年受疫情或其他因素影响,上传到裁判文书网的案件数量较少,共 16 例。

(2)地域分布

2014—2020 年,技能培训、教育辅助及其他教育阶段的政府信息公开一审行政案件共涉及全国 22 个省、自治区、直辖市,地域分布呈现出一定的地域差异。涉案最多的前三个省级行政区分别为北京(31 例)、江苏(27 例)、四川(22 例)。宁夏、甘肃、吉林等省级行政区均为 1 例。

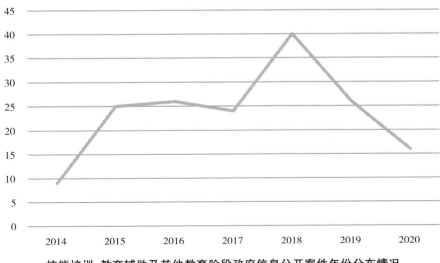

技能培训、教育辅助及其他教育阶段政府信息公开案件年份分布情况

2. 当事人情况勾勒

（1）原告及第三人性质

涉及政府信息公开的 166 例案件,其中公民作为原告的有 157 例、教培机构作为原告的案件 6 例,法人及其他组织作为原告的案件 3 例,该案由项下无第三人参与。

（2）被告情况

学校及其挂名机构作为被告参加诉讼的案件 129 次,政府作为被告 9 次,交通运输管理部门作为被告 2 次,市场监督管理、社会保障、财政、工信部门均作为被告 1 次。

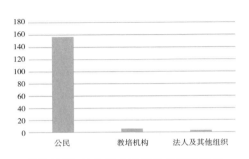

技能培训、教育辅助及其他教育阶段政府信息公开案件原告及第三人情况

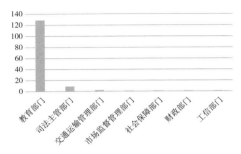

技能培训、教育辅助及其他教育阶段一审政府信息公开案件被告情况

(3)当事人律师参与情况

在166例政府信息公开案件中,原被告双方均有律师参与的案件为43例,仅原告有律师参与的案件为6例,仅被告有律师参与的案件为97例,原被告双方均无律师参与的案件为20例。总体而言,律师参与率较高,被告的律师参与率高于原告的律师参与率。从律师来源来看,原被告双方律师主要是自行委托律师,在本案由项下,无法律援助律师参与。

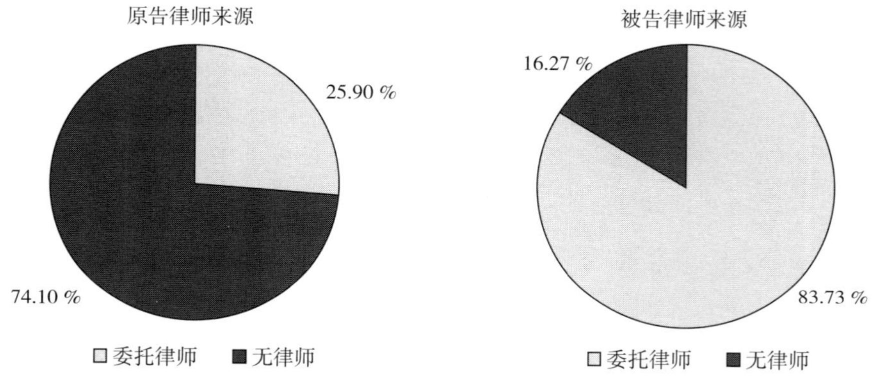

技能培训、教育辅助及其他教育阶段政府信息公开一审行政案件原被告律师来源分布

3. 程序参与

在166例政府信息公开案件中,全部未经过听证。经过复议的案件为44例占比26.51%,未经复议的案件为122例占比73.49%。总体而言,行政相对人较少依靠听证、行政复议等行政机关的内部救济和监督途径,一般在行政机关作出处理决定后即行起诉。

4. 判决结果

在技能培训、教育辅助及其他教育阶段政府信息公开一审案件中,行政相对人败诉的案件为113例占比68.07%,部分胜诉6例占比3.62%,胜诉47例占比28.31%。

(二)案件争议焦点类型化分析

根据《政府信息公开条例》第2条对于政府信息作出定义"本条例所称政府信息,是指行政机关在履行职责过程中制作或者获取的,以一定形式记录、保存的信息。"

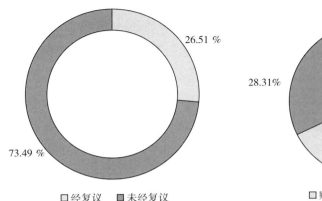

技能培训、教育辅助及其他教育阶段
政府信息公开一审行政案件复议情况

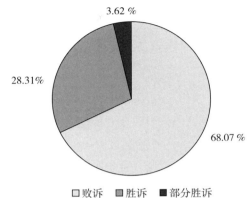

技能培训、教育辅助及其他教育阶段
政府信息公开一审行政案件诉讼结果

政府信息公开是指行政机关在履行职责过程中制作或者获取的,以一定形式记录、保存的信息,应当依照法律法规或根据当事人的申请及时、准确地公开发布。政府信息"以公开为原则,不公开为例外",是加强监督政府依法决策、增强决策透明的必然要求,是建设"阳光"政府的关键措施。

1. 政府信息的范围界定

从主体上来说,政府信息的制作者或获取者主要是指行政机关。顾名思义,政府信息公开主要是以"政府"为调整对象。此处的政府指狭义的政府,意即为行政机关。政府信息即是由行政机关作为主体属性形成的信息,在我国的法律框架下,法律法规和规章授权的组织,一般也具有行政机关的地位。

从属性上来说,政府信息与行政机关履行行政职责有关。即政府信息必然是行政机关在履行职责过程中形成的。

从获取方式来看,政府信息的形成是双向的。《政府信息公开条例》规定了政府信息形成的两种方式:一种是制作,主要是指行政机关自身在履行职责过程中制作、汇总、加工形成的信息;另一种是获取,主要是指从其他主体处获取的信息。

在省某职业培训学校与县工业和信息化局、县人民政府信息公开一案①中,

---

① （2020）闽 0104 行初 66 号。

法院认为,《政府信息公开条例》(2019 修订)第 2 条规定:"本条例所称政府信息,是指行政机关在履行行政管理职能过程中制作或者获取的,以一定形式记录、保存的信息。"本案中,原告申请公开的内容所涉及的《房屋租赁合同》系被告市工业和信息化局与原告作为平等民事主体签订的合同,被告市工业和信息化局涉及该合同履行、解除等行为均为民事主体的民事法律行为,而非履行行政管理职责的行政行为,因此原告申请公开的信息不属于政府信息。被告市工业和信息化局于法定期限内作出被诉告知书,告知原告不予公开的理由并依法送达原告,程序合法,依据充分,并无不当。被告市人民政府所作的复议决定程序合法、结论正确、法律适用无误。原告诉请缺乏依据,不予支持。

2. 不属于政府信息公开的范围不予公开

政府信息公开的范围,以公开为原则,不公开为例外,《政府信息公开条例》对不予公开的范围进行了列举式的规定:

(1)依法不得公开的

依法确定为国家秘密的政府信息,法律、行政法规禁止公开的政府信息,以及公开后可能危及国家安全、公共安全、经济安全、社会稳定的政府信息,一律不公开。

(2)涉及商业秘密和个人隐私的,原则上不公开

政府信息涉及商业秘密和个人隐私的,原则上不公开,但是权利人同意公开或者行政机关认为不公开会对公共利益造成重大影响的,予以公开。

(3)内部事务信息不公开

行政机关的内部事务信息,包括人事管理、后勤管理、内部工作流程等方面的信息,此类信息一般只涉及行政机关的内部管理事务,对外并不产生约束力,对相对人的权利义务并不会产生实际影响,因此可不予公开。但需注意的是,行政机关的内部事务信息并非可一概不予以公开,当内部事务信息的效力发生外化时,即对外产生约束力、对相对人的权利义务产生实际影响时,则应当予以公开。

(4)过程性信息不公开

行政机关在履行行政管理职能过程中形成的讨论记录、过程稿、磋商信函、请示报告等过程性信息以及行政执法案卷信息,具有过程性和非终局性,对外不直接产生约束力,对申请人的权利义务不产生实际影响,可不予公开。过程性信

息一般是指行政决定作出前行政机关内部或行政机关之间形成的研究、讨论、请示、汇报等信息,此类信息一律公开或过早公开,可能会妨害决策过程的完整性,妨害行政事务的有效处理。但过程性信息不应是绝对的例外,当决策、决定完成后,当事人申请的信息处于确定的实施阶段,此前处于调查、讨论、处理中的信息即不再是过程性信息,如果公开的需要大于不公开的需要,就应当公开。

(5)涉及第三人商业秘密且第三人不同意的公开的不予公开

在金某某与市汽车驾驶员培训管理处信息公开一案①中,法院认为,《政府信息公开条例》第23条规定:"行政机关认为申请公开的政府信息涉及商业秘密、个人隐私,公开后可能损害第三方合法权益的,应当书面征求第三方的意见;第三方不同意公开的,不得公开。但是,行政机关认为不公开可能对公共利益造成重大影响的,应当予以公开,并将决定公开的政府信息内容和理由书面通知第三方。"第24条规定:"行政机关收到政府信息公开申请,能够当场答复的,应当当场予以答复。行政机关不能当场答复的,应当自收到申请之日起15个工作日内予以答复;如需延长答复期限的,应当经政府信息公开工作机构负责人同意,并告知申请人,延长答复的期限最长不得超过15个工作日。"本案中,原告申请公开的政府信息系南京市江宁区和溧水区18所驾校土地使用权证明或者产权证明复印件、占地面积、教练车车型及数量等信息。被告依法向原告公开了占地面积、教练车车型、教练车数量等信息。关于原告申请公开的"土地使用权证明或者产权证明"信息,被告认为该信息涉及驾校的商业秘密。所谓商业秘密,是指不为公众所知悉、能为权利人带来经济利益、具有实用性并经权利人采取保密措施的技术信息和经营信息。原告申请的土地使用权证明及产权证明上记载的信息涉及驾校的土地面积、权属情况等经营信息,能够给驾校带来经济利益。因此,被告认为上述信息涉及驾校的商业秘密并无不当。被告于2015年10月20日,就是否同意公开上述信息书面征求驾校的意见,18所驾校均书面回复不同意公开。被告据此对原告申请公开的"驾校土地使用权证明或产权证明复印件"信息不予公开,于法不悖。

3. 依申请的政府信息公开的方式

政府信息公开的形式有两种,一是主动公开;二是依申请公开。关于主动公

---

① (2015)鼓行初字第197号。

开,实践中各级行政机关均会在自己的官方网站进行专栏公开。对于依申请的政府信息公开的答复则规定了不同情况下如何进行答复,对答复的是否必须采用书面形式未作特别规定。

在孙某与被告省教育厅政府信息公开及被告省人民政府行政复议一案①中,法院认为,《政府信息公开条例》第 24 条规定:"行政机关收到政府信息公开申请,能够当场答复的,应当当场予以答复。行政机关不能当场答复的,应当自收到申请之日起 15 个工作日内予以答复;如需延长答复期限的,应当经政府信息公开工作机构负责人同意,并告知申请人,延长答复的期限最长不得超过 15 个工作日。"本案中,省教育厅于 2018 年 9 月 20 日、9 月 21 日收到孙伟的三份政府信息公开申请,于 2018 年 9 月 21 日统一进行回复,程序符合以上法规规定,并无不当。关于原告提出省教育厅未予书面回复答复程序不合法的诉讼理由,本院认为,《政府信息公开条例》第 26 条规定,行政机关依申请公开政府信息,应当按照申请人要求的形式予以提供;无法按照申请人要求的形式提供的,可以通过安排申请人查阅相关资料、提供复制件或者其他适当形式提供。省教育厅工作人员电话联系原告,告知原告申请信息公开主体及公开的方式和途径,属于以其他形式提供申请公开的政府信息,并未违反《政府信息公开条例》相关规定。原告该项诉讼理由,于法无据,法院不予采纳。

第三节　见微:典型案例剖析

一、江苏某教育培训机构广告宣传行政处罚案

某教育培训机构不服市监管局行政处罚案

(2019)苏 0583 行初 2 号

【关键词】

教育培训　广告宣传　行政处罚

---

① (2019)苏 01 行初 231 号。

【基本案情】

2018 年 3 月 14 日,被告市监管局执法人员原告某教育培训中心经营场所进行检查,发现在经营场所前台放置纸质广告宣传单供顾客拿取、在经营场所门外公共区域走廊及大厅放置易拉宝展示,其中制作含有"全国最高端的青少年口才表演连锁品牌、市某某艺术学校成立于 2008 年,是全市最高端的幼儿艺术培训中心"等字样的宣传单 100 份;制作含有"全国最高端的青少年口才表演连锁品牌"字样的易拉宝 4 块。经调查、告知原告相关权利义务并听取原告陈述申辩后,被告市监管局依据《广告法》第 57 条第一项的规定和《行政处罚法》第 27 条第一款第一项的规定,决定对原告作出责令停止发布广告、处 80000 元罚款的行政处罚并向原告送达。后被告市人民政府予以维持。

【原告主张】

原告认为,原告在市教培类型同行业中确实属于最高端的培训机构,并不构成虚假宣传,也无主观虚假宣传的故意;现在已经对这批宣传页全部封存并销毁。被告市监管局所作的处罚,事实不清楚,法律依据不当,处罚理由不充分,有滥用职权的嫌疑,应当予以撤销;被告市政府的行政复议决定,对原告的正当请求没有采纳,对法律的明文规定没有适用,其维持的决定是错误的,应该撤销。为此,提起诉讼。

【被告辩称】

被告市监管局辩称,我局出的行政处罚决定事实清楚、证据充分。2018 年 3 月 14 日,我局执法人员至原告处进行现场检查,发现涉案宣传单及易拉宝。2018 年 3 月 16 日,我局对原告立案调查。依法制作询问笔录并举行听证会。作出处罚决定前,告知其享有陈述、申辩、申请听证的权利,并举行听证会听取陈述申辩后完成直接送达。根据《广告法》第 9 条规定:"广告不得有下列情形:(三)使用'国家级''最高级''最佳'等用语"。最高人民法院《关于印发〈关于审理行政案件适用法律规范问题的座谈会纪要〉》指出,"法律规范在列举其适用的典型事项后,又以'等''其他'等词语进行表述的,属于不完全列举的例示性规定。以'等''其他'等概括性用语表示的事项,均为明文列举的事项以外的事项,且其所概括的情形应为与列举事项类似的事项"。这里应该是指"等外等",即是一种不完全列举的方式。本案中,原告将"全国最高端""全市最高端"

等内容的宣传单及易拉宝置于其经营场所,其目的是向消费者和相关公众宣传其实力和形象,对相关公众造成影响产生误导,具有社会危害性。因此原告的行为已违反了《广告法》第9条第三项规定,应追究其法律责任。本案中,原告发布的宣传单、易拉宝数量少,影响范围小,案发后及时收回宣传单。故我局对原告作出了责令停止发布广告,处80000元罚款、上缴国库的行政处罚适用法律准确。

被告市政府辩称答辩人作出行政复议决定的程序合法,经审查会后认为市监管局作出的行政处罚决定事实清楚、证据确凿、法律适用正确,程序合法,根据《行政复议法》第28条第一款第一项的规定,答辩人作出了维持的复议决定。

【裁判理由】

一、被告市监管局所作行政处罚决定书认定事实清楚、适用法律正确、处罚适当。本案中,原告将"全国最高端""全市最高端"等内容的宣传单及易拉宝放置于经营场所,宣传单及易拉宝出现的"最高端",属于与"国家级""最高级""最佳"类似的禁止使用用语,该绝对化用语容易误导消费者,客观上起到了抬高自己、不正当地贬低了全市乃至全国同类型的培训机构和竞争对手,因此原告的行为违反了《广告法》第9条第三项的规定,由于原告发布的宣传单、易拉宝数量少,影响范围小,案发后能及时自行销毁,被告市监管局根据《行政处罚法》第27条第一款第一项的规定,对原告的违法行为给予减轻处罚,故被告市监管局所作处罚认定事实清楚,适用法律正确,处罚适当,原告相关主张不能成立。

二、被告市监管局所作行政处罚决定程序合法。本案中,被告市监管局依调查情况被告太仓市监管局于2018年5月31日对当事人进行了变更,期间,因案情复杂,被告市监管局经批准延长期限三十日。原告向被告市监管局提交了《申辩及听证申请》,被告进行了听证。2018年8月2日,被告市监管局作出行政处罚决定书并送达,程序基本合法。但是关于当事人的变更,被告市监管局应对原告公司销案后另行以原告为当事人重新立案,现被告市监管局直接变更当事人在程序上存在瑕疵,由于对原告的权利并无影响,本院予以指正。

三、被告市政府的复议行为合法。原告不服处罚决定,于2018年8月31日向被告市政府提出行政复议申请。2018年11月9日,被告市政府在法定期限内作出《行政复议决定书》并依法送达,上述行政复议程序符合法律规定。

【案件点评】

广告宣传是各行业吸引客户常见的手段,为追求效果,最高级用语、绝对化用语俨然成为企业最喜爱的宣传手段之一。然而近年因不当使用绝对化宣传用语被行政处罚的案例屡见不鲜。本案中,市某教育培训中心将印有"全国最高端""全市最高端"等内容的宣传单及易拉宝放置于经营场所。市监管局在工作检查中发现后,认定该行为违反了《广告法》第9条第三项:广告不得使用"国家级""最高级""最佳"等用语的规定,遂依据《广告法》第57条第一款第一项对其进行处罚。由于原告发布的宣传单、易拉宝数量少,影响范围小,案发后及时自行销毁。被告市监管局适用《行政处罚法》第27条第一款第一项之规定,对原告的违法行为予以减轻处罚。最终作出责令其停止发布广告;罚款八万元的行政处罚。

实践中,因广告宣传涉及绝对化用语而触及监管风险的案件屡禁不止。广告宣传中绝对化用语的边界在何处,这是许多涉及广告宣传企业最大的疑惑。由于经济社会生活是不断发展变化的,对商品或者服务的任何表述都不应当是绝对化的。在广告中使用绝对化用语,不但容易误导消费者,而且可能不正当地贬低同类商品或者服务。因此

《广告法》第9条第三项明确规定"广告应当真实、客观地介绍商品和服务,不得使用'国家级''最高级''最佳'等绝对化用语。"国家市场监督管理总局于2023年3月20日发布的《广告绝对化用语执法指南》亦对广告绝对化用语提供了指引。据此,对于绝对化用语的界定,应当从广告内容、具体语境来进行判定。首先,是否与"国家级""最高级""最佳"等词语具有相同性,是否使用表程度的最高级形容词;其次,绝对化用语是否用于修饰宣传的商品以及服务;最后,绝对化用语的使用是否可能会损害同行竞争者,也即贬低同行的商品或服务。对此,教育机构在广告中应避免使用"国家级""最高级"等用语,一旦使用绝对化用语,即满足违法要件,则面临触犯广告宣传合规风险。

点评人:四川上行律师事务所　李莹

二、重庆某高校教育考试不履行法定职责案

谭某某诉某区自考办不履行法定职责案

（2016）渝 0112 行初 168 号

【关键词】

自考缺考　不履行法定职责　适格被告

【基本案情】

原告谭某某经重庆某大学集体报名参加了 2015 年 10 月份的本科自考合同法考试。后原告规定的考点参加考试时，因未携带准考证，考室监考老师、考点工作人员告知其须持有本人身份证和准考证才能进场考试并阻止其进场考试。因原告未在指定时间到达考场和座位，监考老师将其记录为缺考，后原告该次考试成绩为 0 分（备注为缺考）。原告对此不服，于 2015 年 11 月 2 日以电子邮件的方式向被告市教育考试院递交了行政复议申请，申请事项为请求被告市教育考试院撤销区教育考试院对其作出的缺考决定。被告市教育考试院先后于 2015 年 11 月 9 日、2016 年 5 月 25 日回复原告"你于 2015 年 11 月 2 日提出的行政复议申请收悉。经查，你所申诉内容与事实不符。根据国家教育考试考务相关规定，必须持有有效身份证和准考证才能进入考场参考，二者缺一不可，区教育考试院及考点对你的处理符合国家教育考试规定"。

【原告主张】

被告区自考办拒不履行保护原告合法权益的法定职责，当场作出了缺考决定。被告区自考办没有以电子化的方式履行服务考生的工作，玩忽职守、不为自学考试考生做好服务工作，没有做好应急预案，不具备自考考点资历。被告区自考办也没有审核原告的身份就剥夺了原告合法、正当的考试权益。被告区自考办违反《国家教育考试违规处理办法》第 13 条、第 14 条，《重庆市国家教育考试条例》第 41 条之规定，玩忽职守不让原告如期参加考试。原告向被告市教育考试院申请行政复议，结果被告市教育考试院不尊重事实维持"缺考"原决定。综上，请求确认被告区教育考试院不允许原告进入考场、作缺考处理以及被告市教育考试院针对原告的复议申请所作出的回复违法。

【被告辩称】

被告区教育考试院辩称:一、被告区教育考试院不是行政诉讼适格被告,只是承办考试的国家事业编制法人,非行政机关,也非法律法规授权组织,不是行政诉讼适格被告。二、被告区教育考试院也无权作出行政行为。原告称被告对其作出了缺考处理决定不是事实,被告没有也无权对其作出。原告因报名参加2015年10月17日自学考试时,未携带准考证而被监考人员阻止其参加考试,导致未能参考这一缺考事实是因原告未携带准考证造成的,不是被告的行为所致,不属于行政诉讼受案范围。三、监考人员阻止其参加考试的做法正确。按照《高等教育自学考试考务工作规定》和《重庆市高等教育自学考试考务工作细则》之规定,原告参加合同法自学考试必须出示身份证和准考证,原告不能出示准考证,因而被监考人员阻止其参加考试合规合理。请求人民法院驳回原告的起诉。

被告市教育考试院辩称:一、市教育考试院不是行政诉讼适格被告。被告只是承办有关考试的事业单位法人,非行政机关也非法律法规授权的组织,不是行政诉讼的适格被告;被告不是行政复议机关,也没有受理过行政复议申请和作出过行政复议决定;原告提出的行政复议申请,实际上是信访事项,被告按照信访事项予以了答复,不能视为维持的行政复议决定;原告对被告区教育考试院的行为不服,应当向其上一级机关区教委或区人民政府申请行政复议。二、被告市教育考试院的信访处理行为正确。市教育考试院不是行政复议机关,原告不能向其提出行政复议申请;原告缺考的原因系其自己未携带准考证不能参加考试所致,是自己的过错造成;原告不能出示准考证,监考人员不允许其参加考试符合法律规定。综上,请求人民法院驳回原告的起诉。

【裁判理由】

根据《高等教育自学考试暂行条例》第9条及区编委发〔2010〕73号《关于设立区教育考试院的通知》之规定,被告区教育考试院承办辖区教育考试事务工作,属于法规授权的事业单位,具有在法规授权范围内负责辖区高等教育自学考试的组织工作的法定职责。

对于原告请求确认被告区教育考试院不允许原告入场考试、作出缺考处理的行为违法的主张,首先,《高等教育自学考试公务工作规定》第32条规定"考生本人凭《准考证》和有效身份证件及省自考办规定的其他证件参加考试。"及其附件 4 考生须知第 2 条规定"凭《准考证》和有效身份证件及省自考办规定的其他证件,按规定时间和地点参加考试",故参加考试应当携带准考证和其他相应证件,原告作为自学考试的考生,应当积极主动了解考试的相关规定;同时,携带准考证参加考试也是一名考生应当具备的常识,原告亦应当积极主动按照前述规定领取准考证。因原告在 2015 年 10 月 17 日上午进入考场时未携带准考证,被告区教育考试院工作人员不允许其进入考场考试、并因其未参加考试而在试卷上记录为缺考并无不当。故原告请求确认被告区教育考试院不允许其入场考试、作出缺考处理的行为违法的主张于法无据。

对于原告请求撤销被告市教育考试院作出的《关于对谭某某考生提出的"行政复议申请"回复》的主张,被告市教育考试院针对原告所提出的行政复议申请,于 2015 年 11 月 5 日作出《关于对谭某某考生提出的"行政复议申请"回复》,其中载明"区教育考试院及考点对你的处理符合国家教育考试规定",该回复应当认定为对原告的行政复议申请所作出的复议决定。根据《重庆市办公厅关于印发重庆市教育考试院机构编制方案的通知》,被告市教育考试院为重庆市教育委员会所属副局级事业单位,不是行政机关,其应当按照《高等教育自学考试暂行条例》第 8 条、第 9 条之规定行使法规所授权范围内的行政职权、履行法定职责。根据《行政复议法》第 15 条第三项"对本法第 12 条、第 13 条、第 14 条规定以外的其他行政机关、组织的具体行政行为不服的,按照下列规定申请行政复议:(三)对法律、法规授权的组织的具体行政行为不服的,分别向直接管理该组织的地方人民政府、地方人民政府工作部门或者国务院部门申请行政复议"之规定,因被告区教育考试院系法规授权的事业单位,原告对其所作出的行为不服申请复议,应当向直接管理被告区教育考试院的地方人民政府、地方人民政府工作部门提出。对于被告市教育考试院认为其不是行政复议机关的主张,被告市教育考试院于 2015 年 11 月 2 日收到原告以电子邮件的方式提交的不属于其受理范围的复议申请后,未按照《行政复议法》第 17 条第一款之规定的程序,告知申请人向有关行政复议机关提出,超越职权范围作出了回复,同时,该回复于 2016 年 5 月 25 日才以书面的形式送达原告,亦不符合《行政复议法》第 31 条之规定。综上,被告市教育考试院于

2015 年 11 月 5 日作出的回复依法应予撤销。

【案件点评】

本案原告因参加本科自考合同法考试时，未携带准考证被考点工作人员阻止进入考场，因未在指定时间到达考场和座位，该次考试成绩为 0 分（备注为缺考）。原告以请求撤销区教育考试院对其作出的缺考决定为由，向重庆市教育考试院提起行政复议申请。市教育考试院作出区教育考试院对谭某某的处理符合国家教育考试规定的回复。原告不服起诉到法院，法院未支持其请求确认被告区教育考试院不允许其入场考试、作出缺考处理的行为违法的主张；但依法撤销了重庆市教育考试院对谭某某作出的回复。

《高等教育自学考试暂行条例》第 9 条赋予了区教育考试院行政职权，承办辖区教育考试事务工作，履行法规授权范围内负责辖区高等教育自学考试的组织工作的法定职责。原告对区教育考试院在自学考试工作中对其作出的行为不服，有权申请行政复议。但根据《行政复议法》的相关规定，原告应当依法向直接管理区教育考试院的地方人民政府、地方人民政府工作部门申请复议。

值得注意的是，法律并没有苛刻要求相对人明确知道具有复议职责的行政机关，故《行政复议法》规定了不属于本机关受理的行政复议申请，应当告知申请人向有关行政复议机关提出。本案中，市教育考试院对原告作出的区教育考试院对谭某某的处理符合国家教育考试规定的回复被法院依法予以撤销。正是由于市教育考试院未依照法定程序告知原告向有关行政复议机关提出行政复议申请而是作出了复议决定。职权法定是行政权行使的重要原则，行政权需严格依照法律法规规定的范围、条件、标准行使。市教育考试院收到复议申请后，未告知申请人向有关行政复议机关提出，超越职权范围作出了回复，行使了直接管理区教育考试院的地方人民政府、地方人民政府工作部门的复议权。

行政管理涉及社会生活的方方面面，越来越多法律、法规、规章授权的组织承担起行政管理的职责。但值得注意的是，经法定授权行使行政权的组织必须在法定范围内行使职权。在实践中，行政机关及授权组织的越权行为除上述事务越权外，常见的还包括无权限、级别越权以及地域越权等。本案对行政机关以及授权行使行政权的组织起到了警示作用,牢记职权法定,依法行政。

点评人:四川上行律师事务所　李莹

三、湖北某学校教师招录行政处理案

某代理教师不服县教育局、人社局行政处理案

(2018)鄂 0222 行初 34 号

【关键词】

代课教师　教师招录　伪造年龄

【基本案情】

原告系县某小学代课教师,2017 年 12 月被告教育局与社保局联合发布《面向全县代课人员定向招聘公办教师公告》,原告依当时身份证出生日期 1973 年 10 月 3 日报名参加了考试。考试成绩公布后,原告向被告申诉其实际出生日期为 1970 年 10 月 3 日,其考试成绩符合招聘公告《面向代课教师定向招聘公办教师体检考核人员公示》,原告系该公示体检考核人员之一,因他人反映原告年龄造假,二被告未通知原告体检。2018 年 11 月 8 日二被告发布《面向代课教师定向招聘公办教师拟聘人员公示》,原告不属于拟聘人员。

2018 年 1 月 29 日阳新县公安局更正原告户口簿,更正登记原告出生日期为 1970 年 10 月 3 日。

【原告主张】

原告参加被告组织的教师招录考试,后考试通过原告系师定向招聘公办教师体检考核人员,但在 2018 年 11 月 8 日发布的《面向代课教师定向招聘公办教师拟聘人员公示》中明确不招录原告为公办教师,二被告的行为没有事实根据和法律依据,请求确认二被告不招聘原告为公办教师的具体行政行为违法,并依法定向招聘原告为公办教师。

【被告辩称】

被告教育局辩称,原告是以出生日期 1973 年 10 月 3 日报名参加考试的,考试成绩出来后,原告申诉其实际出生日期为 1970 年 10 月 3 日,符合 45 周岁以上年龄段录取范围,因此原告在县面向代课教师定向招聘公办教师体检考核人

员中,后由于他人投诉原告年龄造假,在 2018 年 11 月 8 日发布的《面向代课教师定向招聘公办教师拟聘人员公示》中就没有招录原告。二被告的行为属于行政机关内部招录行为,具有不可诉性,请求驳回原告的诉讼请求。

被告县人力资源和社会保障局辩称,原告报名年龄与档案年龄不相符,被他人举报后不符合录用条件;招聘录用公办教师是县教育局的行为,与县人力资源和社会保障局无关,请求驳回原告的诉讼请求。

【裁判理由】

本院认为,公民、法人或者其他组织认为行政机关和行政工作人员的行政行为侵犯其合法权益,有权向人民法院提起诉讼。本案被告在招聘过程中未录用原告,对原告的权利义务产生了实际影响,属于可诉行为。被告县人力资源和社会保障局与县教育局联合发布招聘公告,共同决定录用人员,是本案的适格被告。二被告在招聘过程中,认为原告出生年龄造假而不予录用,主要证据不足,故对原告要求确认二被告不招聘原告为公办教师行为违法的诉讼请求,本院予以支持;原告要求二被告定向招聘原告为公办教师,不属于本案审理范围,应不予支持。

【案件点评】

本案原告通过了二被告联合发布公办教师招聘公告考试,系公办教师体检考核人员公示名单的人员之一。后因他人反映其年龄造假,二被告未通知其体检,且发布的公办教师拟聘人员公示中没有原告。原告不服起诉到法院,法院认为二被告以原告年龄造假而不予录用的主要证据不足,从而确认二被告不招聘原告为公办教师的行政行为违法。

行政机关作出行政行为,必须具有相应的事实和法律依据。根据《行政诉讼法》《最高人民法院关于行政诉讼证据若干问题的规定》的相关规定,被告对其作出的具体行政行为承担举证责任。被告不提供或者无正当理由逾期提供的,应当认定该具体行政行为没有证据、依据。本案原告提供的证据证明其于 2018 年 1 月对其出生日期进行了更正,同年 3 月公示的公办教师体检考核人员亦认定了其体检考核资格。二被告并没有提供证据证明其未通知原告体检系因为其自身过错(提供虚假资料、信息),因此法院判决确认二被告不招聘原告为公办教师行为违法。

不同于民事诉讼,由于行政诉讼中原被告之间存在力量上的悬殊以及优劣势,为了平衡此种悬殊,行政诉讼法规定了举证责任倒置的制度。由行政机关承担证明行政行为合法性的义务,如果行政机关对此未予以举证证明,则应当承担不利的法律后果。除以具体规则来规范行政权,行政权行使还受诸如程序正当、信赖保护、诚实守信以及比例原则等基本法律原则规制。行政权在行使过程中除要遵守具体法律规范外,还要符合基本法律原则的要求,否则也会被认定为不合法。

点评人:四川上行律师事务所　李莹

第六章　教育行业行政法律风险防范

　　党的十八大以来,我国特色教育法律体系不断完善,以良法保障善治,促进教育高质量发展,为推进教育治理体系与治理能力现代化提供有力法治保障的新格局逐渐形成。[①] 《家庭教育促进法》《教育法》《高等教育法》《义务教育法》《民办教育促进法》《未成年人保护法》《预防未成年人犯罪法》等教育领域法律的密集制定出台或升级更新,国家立法顺应时代发展和教育综合改革发展实际,回应人民群众关心关注的一系列教育焦点、难点问题,成为推进教育治理体系和治理能力现代化的重要抓手、构筑护佑教育领域综合改革的制度基石。[②] 教育治理体系与治理能力的现代化有赖于国家依法监督(政府责任)与教育机构依法治理双重面向的协调。教育争议的实质性化解以及教育治理与监管效能提升是教育行业行政法律风险的两个基点。本章从教育行业的行政法律风险特征入手,分析教育行业行政法律风险的产生原因,并以教育机构为主体提出行政法律风险防范建议。

第一节　教育行业行政法律风险的特征

一、教育行业行政法律风险特征概述

(一)行政法律风险总体呈逐年上升趋势

　　总体而言,前述各教育阶段行政一审案件共计 3013 例。从时间跨度来看,

---

① 姚荣:《中国式教育治理现代化的法治逻辑》,《重庆高教研究》2023 年第 2 期。

② 张维炜、李倩文:《国之大计! 教育立法进入高质量发展"提速期"》,资料来源:http://www.npc.gov.cn/npc/kgfb/202204/f07fa53109f34a49bf1c9c79f12b960b.shtml。

从 2014 年的 125 件到 2019 年的 641 件,教育行业领域内的案件总体上呈现逐年增长趋势,在 2016 年略有回落(426 件),2020 年受疫情或其他因素影响,上传到裁判文书网的案件数量较少,共 248 件。

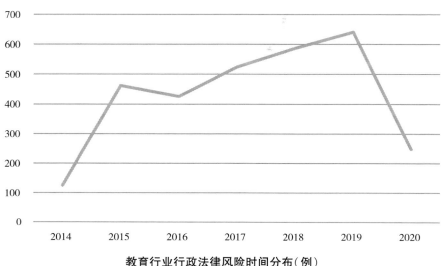

教育行业行政法律风险时间分布(例)

(二)行政法律风险高发于经济发达地区

从地域分布来看,31 个省、自治区、直辖市中教育行业一审行政判决分布最多的前五个省级行政区分别是北京(822 例)、湖南(250 例)、江苏(228 例)、河南(151 例)、山东(149 例),分布最少的三个省级行政区为宁夏(11 例)、青海(8例)、西藏(1 例)。分区域①看,东部地区为 1702,占比 56.49%;中部地区 628例,占比 20.84%,西部地区 541 例,占比 7.96%;东北地区 142 例,占比 4.71%。各个区域的案件数量与该地区的人口数量、经济发展水平呈现正相关趋势,人口越多、经济越发达的区域案例数量越多。

(三)行政法律风险高发于教育辅助及高等教育阶段

涉及六个教育阶段的案件共 3013 件。其中学前教育阶段 245 件,约占教育行业行政一审案件的 8.13%。初等教育阶段 229 件,约占教育行业行政一审案

---

① 编者注:东部地区是指北京、天津、河北、上海、江苏、浙江、福建、山东、广东和海南 10 省(市);中部地区是指山西、安徽、江西、河南、湖北和湖南 6 省;西部地区是指内蒙古、广西、重庆、四川、贵州、云南、西藏、陕西、甘肃、青海、宁夏和新疆 12 省(区、市);东北地区是指辽宁、吉林和黑龙江。

件的7.60%。中等教育阶段360件,约占教育行业行政一审案件的11.95%。高等教育阶段638件,约占教育行业行政一审案件的21.17%。特殊教育阶段4件,约占教育行业行政一审案件的0.13%。技能培训、教育辅助及其他教育阶段1537件,约占教育行业行政一审案件的51.01%。总体而言,特殊教育阶段相关案件较少,技能培训、教育辅助及其他教育阶段案件最多。

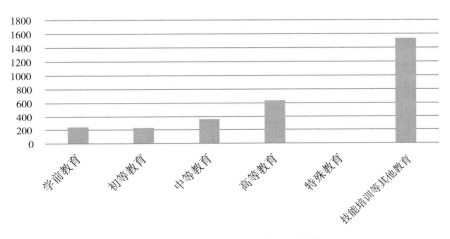

教育行业行政法律风险阶段特征(例)

二、教育行业行政法律风险重要特征

行政法律风险贯穿于教育行业各个阶段,所涉行政行为种类广泛。根据被诉具体行政行为来划分,所有教育阶段的行政案件多发于知识产权领域(571例)、工伤等行政确认(544例)、学位毕业证发放等行政处理(381例)、不履行法定职责(287例)以及政府信息公开(231例)等领域。

(一)知产类纠纷频发于高等教育和技能培训、教育辅助及其他教育阶段

教育培养人才、人才创新科技、科技支撑发展。教育、科技、人才是全面建设社会主义现代化国家的基础性、战略性支撑。相较于其他教育阶段而言,高等教育阶段是知识人才的聚集地,是前沿科学、尖端技术、先进文化的发源地,在引领知识产权的布局和发展中有人才和知识上的有利条件。故在高等教育阶段,因商标与专利纠纷而发生纠纷的案例占该阶段行政纠纷一定比重。技能培训、教

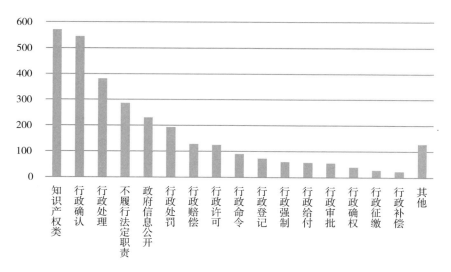

教育行业行政法律风险案由特征(例)

育辅助及其他教育阶段则涵盖了大多数可以追求盈利性的教育主体,商标具有识别商品和服务来源、品质保证、广告宣传、财产交易、信誉保证与文化推广的功能,在商标申请和使用过程中因侵犯在先权利、商标相似、禁止注册商标等原因而被驳回注册提起行政诉讼的占此阶段行政纠纷的 31.53%。

(二)社保、工伤争议频发是教育行业的行政纠纷共性特征

教职工是学校等提供教育服务机构开展教育事业的重要保障,教职工管理是学校等教育机构日常管理的重要内容。《社会保险法》明确规定职工应当参加社会保险,并由用人单位和职工按照法律规定负担相应费用。"应当"属于义务性表述,即,参加社会保险是用人单位和职工应尽的义务,社会保险费用为强制缴纳。学校等教育服务提供主体作为用人单位应当依法为其教职工缴纳社会保险,在其教职工发生工伤事故积极申请工伤认定并按照《工伤保险条例》的规定支付工伤待遇。此外还应妥善保管教职工尤其是教师的人事资料,在教职工申请退休时,合理认定教师的教龄。从教育行业一审行政判决书中提取到的情况来看,学校等教育服务提供主体作为用人单位与教职工的纠纷主要集中于教职工工伤认定、民办学校未为教职工缴纳社会保险、教师教龄认定和退休审批等领域。其中工伤行政确认在学前、初等、中等以及高等教育阶段数量占比均为该

阶段行政案件的前三,据统计五个阶段涉及教职工工伤行政确认的行政一审案例共计 520 例,占所有案件总数的 17.26%。

(三)校园安全纠纷频发贯穿于各个教育阶段

校园安全具有校园环境的特殊性和局限性,确保校园安全是各级政府部门、学校和教育工作者义不容辞的责任。校园安全是一个庞杂的概念,从地域上划分不仅包括校园内部安全,也包括校园周边一定距离的周边环境安全;从类型上说包括课堂教学安全、食品卫生安全、水电气安全、实验室安全、学生意外事故安全、消防安全等,以上校园安全分类之间没有明确的界限,难免存在交叉,这也正体现了校园安全问题的复杂性。从教育行业一审行政判决书中提取到的情况概览,从社会关注度来看,未成年教育阶段的校园安全隐患更为突出。特别是低学龄阶段,受教育学生缺乏风险辨别能力和自我保护能力。因此,此类风险在学前教育阶段呈现高发趋势。从具体风险来看,主要集中在食品安全、因外部原因导致的学生人身伤害等领域。

第二节　当前教育行业行政法律风险原因分析

从提供教育服务的主体来看,教育机构行政法律风险主要分为内部风险和外部风险,内部风险是指教育机构在自身设立、办学过程中违反相关法律法规,因而引起的行政法律风险。外部风险是指,由于教育机构以外的社会环境、法律环境、政策环境等外在因素引发的法律风险。包括立法不完备、法律变迁、执法不公正、竞争对手或合同相对人的人为因素及不可抗力等。

一、教育机构内部行政法律风险原因分析

学校等提供教育服务的机构在办学过程管理内容主要包括教育教学管理、学生管理、教职工管理、财产财务管理以及安全管理等方面,从实践中来看,教育教学属于学校办学自主权的内容,行政不得过多干预。办学资源管理、学生学籍管理、教职工管理、财产财务管理、安全管理方面行政法律风险较为高发。

(一)办学资源管理不当

民办教育是我国社会主义教育事业的重要组成部分。改革开放以来,民办

教育事业不断发展壮大,形成了从学前教育到高等教育、从学历教育到非学历教育,层次类型多样、充满生机活力的发展局面。民办教育学校必须依法取得办学许可,合法开展教育事业。根据教育行业一审行政判决提取到的情况来看,实践中民办学校因办学许可管理意识薄弱,违法出借办学许可导致办学许可被撤销的风险不容忽视。

《民办教育促进法》第 62 条明确禁止伪造、变造、买卖、出租、出借办学许可证。一些民办学校,名为合作办学,实际上将招生、收费、教育教学管理等都交给合作方,仅收取管理费,这是明显的出租、出借办学许可证的行为。此种行为因违反"不得买卖、出租、出借办学许可证"的法律强制性规定,导致学校转让协议(合作协议)无效,还将受到教育行政主管部门依据《民办教育促进法》作出的处罚。

典型案例:原告广州市某小学、某初级中学与广州市某县教育局、广州市教育局行政处罚及行政复议一案①,二原告与吕某签订《承包协议》,约定将其名下的民办中小学承包给吕某经营管理,承包项目为该中小学的一切人事、财物(包括厨房、小卖部)场地以及教育教学工作进行全面的承包管理。后法院判决认为二原告与吕某签订的《承包协议》实质是两学校出租教育资质、办学许可证给吕某办学,属于无效民事行为,遂向广州市教育局发出《司法建议书》,就审理吕某与二原告合同纠纷一案中发现的本市民办学校监督管理问题提出司法建议。被告遂对二原告进行调查,听取原告申辩、陈述、听证后责令两原告于 30 日内作出整改并对两原告作出警告、没收违法所得的行政处罚。

(二)未构建完善的安全管理制度

提供教育服务的机构,传道授业解惑是其本职工作,保证受教育者的安全是教育工作开展的基础和前提。依据国务院《中小学幼儿园安全管理办法》和教育部《学生意外伤害事故处理办法》的内容,学校需要注意交通、消防、食堂食品、校舍、设施、住宿等方面安全问题。从提取到的教育行业一审行政判决的情况来看,教育服务提供者在安全管理领域安全意识淡薄,提供餐饮服务的教育机构未按照《食品安全法》的相关规定把控食品原料的采购、学校主体建筑设施修建过程中未把好安全关、交通安全未管控校车安全等问题频发,在发生问题后没

---

① (2017)粤 7101 行初 3546 号。

有及时的响应和处理机制,是产生风险的主要原因。

典型案例:某县幼儿园不服县市场监督管理局、县人民政府行政处罚及行政复议一案①,被告市场监督管理局执法人员对原告幼儿园进行执法检查时,发现原告库房一袋白色塑料包装的小米,计 0.9 千克,内可见米虫及米成絮状,发现原告食堂加工场所操作台下方的柜子内一袋白色塑料袋装的白糖,内可见数只蚂蚁,经听取原告陈述、申辩并听证后,对原告作出没收涉案的白糖 2.88 千克并处罚款人民币 6 万元整的行政处罚决定,并送达给原告。原告不服该行政处罚决定,向繁昌县人民政府申请复议。经法院审理维持了该处罚决定。

典型案例:原告某县第一中学不服被告县应急管理局行政处罚一案②,原告在没有取得建筑施工许可证的情况下,将学校外墙涂装工程违法发包给不具备安全生产条件和相应专业施工资质的装修公司施工,原告在工程施工过程中未履行建设单位安全职责,没有采取有效措施防止生产安全事故的发生,造成一死一伤事故发生,被告县安监局根据《安全生产法》第 109 条第一款第一项的规定,对原告作出罚款人民币贰拾伍万元的行政处罚。原告不服诉至法院,经一审二审判决维持后拒不缴纳罚款。

(三)缺乏合理的教职工管理体系

教职工是教育机构确保教育机构能够正常运行的核心要素,相反,若教职工管理不当,则可能影响教育机构正常提供教育资源。教职工与教育机构是管理与被管理的劳动关系,教育机构作为用人单位理应建立起完善合理的教职工管理体系,全流程地管理教职工从入职到退休的相关事宜,特别是在社会保障福利待遇方面,应按照国家的相关规定执行。实践中,多数教育机构未建立起合理的教职工管理体系,尤其是在职工的社会保障福利方面存在较大漏洞,不为教职工购买基本社会保险,在职工发生工伤事故时也不积极承担用人单位应尽的积极申请工伤认定、工伤待遇赔付等义务。

典型案例:原告某理工学院与某市人力资源和社会保障局、第三人牛某民行政确认一案③,原告以其系财政全供事业单位,日常经费由财政全额拨款,无用

---

① (2020)皖 0222 行初 3 号。

② (2017)苏 0830 行初 14 号。

③ (2018)豫 1302 行初 45 号。

工自主权主张其所属卫生工牛某民在打扫卫生过程中遭受机动车交通事故伤害不属于工伤,且第三人牛某民已获得民事侵权赔偿为由主张其不应承担工伤赔付责任。法院认为,根据原告和第三人之间签订的劳动合同及社会保险费缴费单据、牛某民社会保险账户信息、工资表等足以认定,原告和第三人之间存在劳动关系,且第三人是否获得民事赔偿不妨碍第三人依法申请工伤认定,也不妨碍行政机关依法作出认定;第三人是否获得民事赔偿,仅涉及工伤认定事宜后续因工伤纠纷引发的权利义务。

典型案例:原告某市第二高级中学与某市人力资源和社会保障局、第三人陈某、张某行政处理一案①,第三人陈某、张某到被告处投诉,称其在原告处工作期间未依法为其办理和缴纳养老保险费,被告遂对原告作出行政处理,限原告自接到行政处理决定书之日起十五日内依法为第三人陈某办理和缴纳养老保险费本金并自欠缴之日起按日加收万分之五的滞纳金。原告对该行政处理决定不服,称其已将社会保险费以现金的方式发放给第三人陈、张二人,陈、张二人已领取并同意单位不另行为其购买社会保险。法院认为,根据《劳动法》《社会保险法》的相关规定,用人单位为员工缴纳社会保险费属法定的强制性义务,该强制义务不因双方的约定或第三人的承诺而免除。原告未为第三人缴纳社会保险费,被告责令原告为第三人缴纳社会保险费的行政处理,符合法律规定。

(四)学籍学位管理程序缺位

学籍是指学生属于某学校的一种法律上的身份或者资格。原指登记学生姓名的册子,转指作为某校学生的资格。2013年9月1日起,全国已经初步建立了小中大学籍的信息管理系统。按照《学位条例》的规定,我国实施三级学位制度,学位分为学士、硕士、博士三级。我国的学位分级与高等教育的不同阶段相联系。学士学位,由国务院授权的高等学校授予;硕士学位、博士学位,由国务院授权的高等学校和科学研究机构授予。《学位条例》对各级学位的授予标准作出了明确的规定,分别具体规定了各级学位获得者应具备的学术水平。学籍管理是各个教育阶段学校教育必然涉及到的领域,学位管理则主要体现在高等教育阶段。学籍和学位是学生接受教育的身份识别和受教育成果的体现,因此学

---

① (2020)湘8601行初540号。

校开除学籍和授予学位的相关程序规定严格。根据教育行业一审行政判决提取到的情况来看,实践中,不严格履行程序,处理、处分决定前不进行合法性审查;未设立校内救济制度,学生申诉的规则不明,程序不清;学校学籍和学位管理程序缺位、在作出对学生不利的处理决定时未履行法定听取学生的申辩、陈述的义务,未告知学生申诉的权利等情况频发。

典型案例:原告安某与被告某民族师范学院开除学籍处理决定一案①,原告安某系被告某民族师范学院 2014 级美术教育专业本科班学生。被告发现原告在期末考试中多次作弊,对原告处以安某开除学籍处分。但该决定未告知安某可以提出申诉及申诉的期限,且并未送达给原告。法院认为根据《普通高等学校学生管理规定》(教育部令第 21 号)第 58 条规定:"学校对学生作出处分,应当出具处分决定书,送交本人。开除学籍的处分决定书报学校所在地省级行政部门备案。"第 59 条规定:"学校对学生作出的处分决定书应当包括处分和处分事实、理由和依据,并告知学生可以提出申诉及申诉的期限。"被告对原告作出的处分决定未告知原告可以提出申诉及申诉的期限,亦未送达给原告,违反法律规定,属于程序违法。

典型案例:原告何某某与被告某师范学院不予授予学位一案②,原告系被告汉语言文学(文化传媒)全日制本科专业学生,于 2012 年 9 月入校学习。被告先后制定学校学士学位授予工作实施细则,针对不同年级学生学位授予要求作出要求。后原告先后达到被告关于授予学士学位的要求(英语四级和计算机二级以及全部课程修完),原告向被告申请授予学位,被告称原告不符合学位授予条件,不予授予。法院认为,被告在其作出的不予授予学位决定中不仅没有针对原告进行直接告知,而且也没有在告知书中明确告知原告不授予原告学士学位的具体原因,存在事实不清,证据不足的情形,应予以撤销。

(五)未积极履行信息公开义务

《政府信息公开条例》将政府信息公开义务主体限定为行政机关、法律法规授权的具有管理公共事务职能的组织以及与人民群众利益密切相关的公共企事

---

① (2017)黔 2328 行初 109 号。

② (2020)渝 0108 行初 38 号。

业单位。在教育领域,许多公共企事业单位也制作或获取了很多与人民群众利益密切相关的信息,如教育领域的各级各类学校在招生就业、教学管理等方面都制作或获取了大量信息,这些信息的公开直接关系到社会公众的切身利益,关系到教育公平。从教育行业一审行政判决中提取到的数据来看,学校作为信息公开主体未及时主动公开信息,在收到申请人公开政府信息的申请时不积极履行公开义务的情况时有发生。

典型案例:原告贾某某与被告某大学政府信息公开一案①,原告于 2017 年 10 月 13 日通过挂号信的方式向被告邮寄了信息公开挂号信申请,挂号信跟踪查询单显示被告于 2017 年 10 月 19 日签收,被告收到原告的信息公开申请后,未在法定期限内针对原告申请的信息事项予以答复。原告认为被告未履行信息公开的法定职责,提起诉讼。法院认为根据《政府信息公开条例》《高等学校信息公开办法》的相关规定,被告作为教育方面的公共事业单位,具有接受原告的信息公开申请并作出相应处理的法定义务。被告未在法定期限内针对原告的政府信息公开申请履行答复职责,已构成行政不作为的违法行为,另原告所提申请亦具有可处理性,故原告要求判令被告履行信息公开法定职责的诉讼请求,法院予以支持,责令被告对原告的申请的公开事项予以答复。

典型案例:原告赵某某与被告海门某中学信息公开一案②,原告向被告申请政府信息公开,要求公开"2006 年 4 月 16 日被告(东校区)内原老操场金属材质隔离护栏,原二层综合楼学陶室、党支部会议室铁栅栏防盗门,实验楼(行知楼)二层电脑教室防盗门以及楼道隔离门,扬帆楼学校食堂就餐大厅内铸铁材质连体餐桌椅等由学校占有、管理的国家财产的原物去向、报废处置程序、具体处置主体、审批人、处置结果及其证据(凭据)、残值缴入学校账户金额"。被告收到上述申请后,未作出答复。法院认为,原告申请公开的内容为学校资产的管理使用和处置情况,属于中学在办学或提供社会公共服务过程中制作或者获取的以一定形式记录、保存的信息,即政府信息。被告作为从事教育、提供社会公共服务的事业单位,具有受理其职责范围内的信息公开申请并依法作出处理答复的

① (2018)京 0105 行初 46 号。
② (2018)苏 0682 行初 68 号。

法定职责。判决被告于本判决生效后 15 个工作日内向原告作出答复。

二、教育机构外部行政法律风险原因分析

教育机构外部行政法律风险主要来源于相关行政机关的执法原因。基于行政机关管理职能的划分,对教育行业实施"多头管理"。提供教育服务的机构在设立、办学过程中,不仅要受到教育管理部门的主管,还要受到市场监督管理部门、税务管理部门、社会保障部门、消防管理部门、安全管理部门等多部门的行政管理。

(一)认定事实不清与材料审查不严

2014—2020 年,教育行业全国行政一审判决中行政机关因事实认定不清,证据不足败诉的案件占了大多数,主要集中教职工工伤认定、土地行政处罚、房屋行政登记等领域。其中,部分行政机关仅关注主要事实,对部分事实未予重视,未进行全面的进一步调查核实,以致对该部分事实认定不清;部分行政机关认定的事实没有进行调查取证或不能提供足够证据证明;部分行政机关在行政程序中未严格审查材料,作出行政行为缺乏充分证据支撑。

典型案例:原告某县直第一小学诉某县国土资源局行政处罚一案①,清河县国土资源局作出清国土资罚字行政处罚决定书,认定原告未经县级以上人民政府土地行政主管部门批准,非法占用土地建设初中部操场等设施的行为,违反了相关法律规定,对其处罚退还非法占用的土地、没收在非法占用的土地上新建的建筑物和其他设施、罚款人民币 191,400 元。后原告不服遂向县人民政府申请行政复议,行政复议认定:当事人(顾庄村委会、某县直第一小学)询问笔录中所述涉案土地面积不一致(顾庄村委会主任顾某所述面积为 13.9 亩,某县直第一小学法定代表人赵英顺所述面积为 16.42 亩),被告县国土资源局虽然绘制了现状图,但面积与双方当事人所述均不一致(现状图认定违法占地面积为 19.14 亩),且现状图所标土地面积自相矛盾(总面积与分块面积之和不相等),没有记载绘制时间,没有执法人员及当事人签字认可。卷宗内作为证据材料的"用地协议书""变更协议书""转让交接手续"等均为复印件,未进行核实。对涉案土

___

① (2017)冀 0531 行初 15 号。

地使用情况（建设情况、使用者）未做调查，卷宗内没有证据材料，不能证实清河县县直第一小学持续违法占地状态。某县人民政府认为：清河县国土资源局作出的清国土资罚字〔2016〕第53号行政处罚决定书认定事实不清，证据不足故予以撤销。清河县国土资源局在收到上述复议决定书后重新立案，重新勘测了现场，作出了前述处罚决定书。后被告清河县国土资源局在重新立案调查时仍未对涉案土地使用情况（建设情况、使用者）该事实进行调查，甚至在庭审中表示不清楚使用涉案土地的学校的名称，涉案土地上有无地上附着物，更不清楚地上附着物的所有人、使用人。导致该处罚决定被撤销。

典型案例：原告某小学不服某国土资源局资源行政处罚一案①，被告在未查清涉案土地现状、地上附着物现状及相关权利人的基础上作出的行政处罚显然认定事实不清。县政府在行政复议决定书中已经明确指出，清河县国土资源局对涉案土地使用情况（建设情况、使用者）未做调查，卷宗内没有证据材料。而被告在原处罚决定被撤销后仍未对该事实进行调查，甚至在庭审中表示不清楚使用涉案土地的学校的名称，涉案土地上有无地上附着物，更不清楚地上附着物的所有人、使用人。在这种情况下被告无法证明原告对非法占地具有持续使用状态，同时被告作出的没收在非法占用的土地上新建的建筑物和其他设施的处罚决定，有可能剥夺了他人对涉案土地的地上附着物的相关权利，对其重大财产权益产生不利影响，清河县国土资源局既未事前告知，亦未给予其陈述和申辩的机会，程序明显不当被告作出被诉行政行为主要证据不足，依法予以撤销。

（二）责任意识不强、期限把握不严

教育行业的行政案件中因行政机关因不履行或怠于履行、违反法定期限履行法定职责而导致教育行业主体涉诉的案件也时有发生，主要集中于政府信息公开、工伤保险待遇支付等领域。行政机关不履行或者拖延履行法定职责，主要表现为自始不履行法定职责，或未在法定期限内履行法定职责等情形。原因一是因行政机关疏忽引起，原因二是行政机关责任感不强，执法效率不高，也存在行政机关片面期待当事人自觉消除违法行为而未积极履职情形。在当事人起诉至法院后，部分案件因行政机关履行相关职责后，协调原告撤诉结案。协调不成功

---

① （2017）冀0531行初15号。

的,则依法被确认违法。

典型案例:原告陈某诉被告苏州市某教育局不履行教育行政许可法定职责一案①,原告于2017年10月18日通过邮政EMS快递的方式向被告工作人员张某某邮寄学前儿童看护点申请书一份,就申办幼儿看护点的基本情况进行了说明,并于次日妥投,虽然教育行政审批事项的履职期限未有明确规定,但依据《行政诉讼法》第47条规定,公民、法人或者其他组织申请行政机关履行保护其人身权、财产权等合法权益的法定职责,行政机关在接到申请之日起两个月内不履行的,公民、法人或者其他组织可以向人民法院提起诉讼。法律、法规对行政机关履行职责的期限另有规定的,从其规定。因此,被告在收到原告要求履职申请后,未在上述规定的两个月内作出处理,已构成行政不作为。法院判决被告在六十日内对原告的申请事项予以处理。

典型案例:原公益诉讼人江苏省某县人民检察院诉被告县农业委员会、第三人某县洪源驾驶员培训中心不履行林业行政处罚执行法定职责一案②,2016年9月20日,被告作出盱林罚决字〔2016〕第8号林业行政处罚决定书,确认第三人未经县级以上林业主管部门批准,占用省级生态公益林地和国家级生态公益林地共计13300平方米的事实,责令第三人于2016年10月26日前恢复原状,并处133000元罚款。被告作出行政处罚决定后,既未依法进行催告,也未采取代履行措施或在法定期限内申请人民法院强制执行;在第三人缴纳部分罚款后,制作了行政处罚结案报告,致使已经发生法律效力的行政处罚决定的在指定期限内恢复原状的内容未能得到执行,罚款未全部收缴,已经构成怠于履行行政职责的不作为行为。公益诉讼人向被告发出检察建议后,被告仍未纠正,被告怠于履行法定职责的不作为行为违法。

(三)对举证责任、法规理解适用不当

行政机关在查处社会保障类违法案件,如行政给付、行政确认,以及其他相对人之间纠纷时如土地确权纠纷时,担任中立裁判者角色,此时则要求行政机关合理划分举证责任,正确适用法律法规。在教育行业行政诉讼中行政机关因举

① (2018)苏0508行初53号。
② (2018)苏0812行初9号。

证责任分配错误,对法律、法规理解适用偏差而导致教育主体涉诉的案件频发。

典型案例: 原告杨某某诉被告江门市某人民政府、第三人江门市某幼儿园劳动和社会保障行政确认复议纠纷一案①,原告主张自己与第三人存在事实劳动关系,在第三人处从事清洁工作过程中受伤,遂向区人社局申请工伤认定,该局作出不予认定工伤决定。原告不服,向被告申请行政复议,复议决定撤销新会人社局作出的不予认定工伤决定,对原告于2015年11月7日的交通事故中受到"脑震荡、全身多处软组织挫伤"的伤害认定为工伤。根据《工伤保险条例》第19条第二款"职工或者其近亲属认为是工伤,用人单位不认为是工伤的,由用人单位承担举证责任"的规定,本案现有证据显示,区中医院于2016年2月1日诊断结果包括7项内容,第三人作为用人单位并未提供不属于工伤的证据,因此本应由用人单位承担举证不能的法律责任,但被告只认定其中2项诊断结果,即"脑震荡、全身多处软组织挫伤"为工伤,另外5项没有认定为工伤,属于认定事实不清,适用法律错误,法院予以纠正。

典型案例: 原告李某某与被告济南市某教育局教育信息公开一案②,2014年12月22日,原告李某某向被告提交《政府信息公开申请表》,申请公开自己的人事档案材料。次日,被告适用《干部档案工作条例》第31条第五款作出(2014)第001号《政府信息不予公开告知书》,并送达原告。原告提起行政复议后,复议机关于2015年2月3日作出行政复议决定书,维持了被告的具体行政行为。此后,原告不服,诉至法院。法院认为参照《干部档案工作条例》第31条第五项"任何人不得查阅或者借用个人及其直系亲属的档案"的规定,原告无权查阅或者借用本人的人事档案材料。被告依照上述规定作出(2014)第001号政府信息不予公开告知书,适用法律法规正确。但应当指出,被告适用的《干部档案工作条例》第31条第五款,应为第五项,属于引用法律法规瑕疵。

(四)超越、滥用职权的行政行为时有发生

法律法规的不断完善,促进了行政机关在行使行政权力时守规矩、有界限,行政决策程序更加规范;公众以网络等途径广泛参与监督,行政机关责任清单、

---

① (2016)粤07行初76号。
② (2015)历城行初字第13号。

负面清单,绩效考核等多重因素共同促使行政机关法治意识不断强化,普遍树立了"法无授权不可为,法定职责必须为"的意识。在法规规范、公众监督、内部监督下多数普遍能够做到依法履职,但仍偶有超越职权范围、滥用职权、违反法律规定程序的情况出现,从而导致教育行业主体涉诉。

典型案例:原告宋某某不服被告教育局、人社局及第三人社保中心教育行政审批一案①,原告经某市人事局给原告颁发专业技术人员任职资格证书,评定原告为实验师,并被聘用。2003年3月取得教师资格证。2015年7月,被告教育局在事业单位工作人员退休审批表主管部门意见栏及审批部门意见栏签写"同意"并盖章,2015年6月,第三人在保险机构意见栏签写"2014年2月1日起退休,2015年8月1日起执行养老金"并盖章,该审批表"退休时聘任职务(技术等级)"栏签写"实验师"。2015年8月4日,被告教育局作出蓝教人发〔2015〕18号关于马某某等11位同志退休的通知,原告不服遂提起诉讼。行政机关应当在法律、法规、规章的授权范围内依法履行职责。被告教育局以其名义审批原告退休,于法无据;被告人社局认为应由被告教育局审批原告退休,但未提供相关依据,故被告教育局以其名义审批原告退休,属超越职权,且所作的退休审批行为主要证据不足,适用法律、法规错误,予以撤销。

典型案例:原告某市英华汽车驾驶培训有限责任公司与被告某城乡规划局行政强制一案②,某市住房和城乡规划建设局向原告作出《责令限期拆除决定书》,责令原告对违法建筑进行拆除,原告未予拆除。后被告作出达川规划《行政强制执行决定书》,认定原告于在其驾驶培训场地搭建临时活动板房和彩钢棚,未办理任何建设手续,属违法建设。被告认为前述行为违反了《城乡规划法》,将于近期对该违法建(构)筑物进行强制拆除。并向原告送达该决定书。根据《城乡规划法》第68条:"城乡规划主管部门作出责令停止建设或者限期拆除的决定后,当事人不停止建设或者逾期不拆除的,建设工程所在地县级以上地方人民政府可以责成有关部门采取查封现场、强制拆除等措施"的规定,区人民政府作为地方人民政府,具有对辖区范围内由城乡规划主管部门责令限期拆除

---

① (2016)陕0122行初1号。

② (2017)川1702行初52号。

的建(构)筑物责成有关部门强制拆除的法定职责。被告虽提供《请示、报告处理笺》,但该证据显示区人民政府系责成"住建局""牵头组织,按程序强拆",并未责成被告强制拆除。被告未提交其他证据证明其具有相应行政职权。因此,被告区规划局作出被诉行政行为,属超越职权。该强拆决定应予以撤销。

第三节　教育机构行政法律风险防范建议

一、建立现代学校制度,规范学校管理

学校管理是一个复杂的系统工程,涉及教学课程体系建设、学生全面发展、教师专业发展、学校文化建设,人事、经费以及对外交往等方方面面。在新形势下,学校管理活动的自主性、复杂性、权利义务关系的多样性显著增强,法律问题、管理漏洞与矛盾纠纷日渐突出,给学校管理带来了许多新的问题与挑战。学校必须通过依法治校,实现管理的制度化、规范化和法治化,必须在管理中重视对自身法定义务的遵守,依法实现与公民、社会其他组织的对话与合作,获得人民群众的认可与支持。现代学校制度是指学校以完善的学校法人制度为基础,以现代教育观念为指导,学校依法自主、民主管理,能够促进学生、教职工、学校、学校所在社区的协调和可持续发展的一套完整的制度体系。[①] 建设现代学校制度需要注意以下方面:

(一)章程为基——奠定制度基础,依据章程自主管理是学校的法定权利。章程是各级各类学校依法治校的直接依据。要遵循法制统一、坚持社会主义办学方向,坚持以促进改革、增强学校自主权为导向,按照有利于调动教职工的积极性和创造性、激发学校的办学活力和竞争力、规范治理结构和权力运行规则的原则,开展章程建设。章程要充分反映广大教职员工、学生的意愿,凝练共同的理念与价值认同,体现学校的办学特色和发展目标,着力解决学校办学、管理中的重大问题,突出科学性和可操作性,成为学校依法办学、自主管理、履行公共职责的基本规则。

---

① 朱家存、周毛毛:《现代学校制度对完善校长负责制的意义》,《教育发展研究》2007 年第 6 期。

（二）以学校章程为统领，配套完善相关规章制度，形成"1+N"的现代学校制度体系。以学校的主要人群为主体制定相应的权利保障规范，以学生为主体制定《学生校内申诉处理办法》，以教师为主体制定《教师校内申诉处理办法》，健全师生权益保障机制，依法健全教职工代表大会制度，保证教职工代表大会的组织和运行符合规定，充分发挥其民主监督和参与学校管理的作用。依法妥善解决学校利益纠纷。建立完善家校合作机制，加强家长、社区对中小学事务的参与和监督。

（三）科学设置内部职能机构，完善治理结构。要根据学校特点和需要，以教学、科研为中心，在规定的机构限额内，按照精简、高效的原则自主设置各种职能部门，按照有利于为教师、学生提供便利服务的要求，明确各个职能部门的职责、权限与分工，健全重要部门、岗位的权力监督与制约机制。要在机构设置和职能上，实现行政权力与学术权力的相对分离，保障学术权力按照学术规则相对独立行使。要实行校企分离，学校不直接参与举办经营性组织；已经举办的，要与学校之间建立清晰的法律关系，形成规范的管理制度。

二、加强构建校园安全风险防控体系

对于学校安全工作的方方面面，有各级文件规定，学校等教育机构应当认真学习总结各级文件的规定。具体可把安全工作分为四大项：安全组织、安全管理、安全教育、安全保障。

（一）安全组织。"安全组织"可以直观地理解为如何组织做好学校安全工作。这是学校安全的基础和先导。包括四点：一是组织领导机构。就是学校的安全工作领导小组，或者叫"学校安全（稳定）工作委员会"，落实"一岗双责"要求，形成有效的工作机制，定期研究和及时解决学校安全工作中的突出问题，切实为学校正常开展教育教学活动和课外实践活动提供支持和保障。二是学校安全工作机构，就是安全科（处、办）。机构负责人职位为中层正职及以上，以便于牵头协调学校安全工作，工作机构配备专兼职管理及工作人员，保证其专职或主要精力用于安全工作。三是全员安全岗位职责。学校制定完善教职员工岗位安全职责，通过培训、考核等方法，形成和落实安全全员目标责任机制。四是协调社会资源。学校通过安委会、家委会、学生欺凌治理委员会等组织形式和平台实现社会资源参与学校安全共同治理。

（二）安全管理。安全管理是指总结学校安全工作常规,研判学校安全风险,学校应重点做好防控。主要包括如下方面安全管理:学校交通安全风险防控、学校消防安全风险防控、学校食堂食品安全风险防控、学校校舍安全风险防控、学校设施安全管理、学生住宿安全风险防控、学生拥挤踩踏风险防控等。

（三）安全教育。学校要健全安全教育机制,将提高学生安全意识和自我防护能力作为素质教育的重要内容,着力提高学校安全教育的针对性与实效性。将安全教育与法治教育有机融合,把尊重生命、保障权利、尊重差异的意识和基本安全常识从小根植在学生心中。在教育中要适当增加反欺凌、反暴力、反恐怖行为、防范针对未成年人的犯罪行为等内容,引导学生明确法律底线、强化规则意识。根据学生群体和年龄特点,有针对性地开展安全专题教育,定期组织应对地震、火灾等情况的应急疏散演练。教育部门要将安全知识作为校长、教师培训的必要内容,加大培训力度并组织必要的考核。各相关部门和单位要组织专门力量,积极参与学校安全教育,广泛开展"安全防范进校园"等活动。鼓励各种社会组织为学校开展安全教育提供支持,设立安全教育实践场所,着力普及和提升家庭、社区的安全教育。

（四）安全保障。积极探索建立学生安全区域制度,加强校园周边综合治理,在学校周边探索实行学生安全区域制度。探索建立学校安全风险防控专业服务机制,积极培育可以为学校提供安全风险防控服务的专业化社会组织。

三、坚持以人为本思想构建完善的教职工管理体系

教育事业要想实现健康发展,以人为本的教职工管理思想是关键。学校对教职工进行管理的过程中,应始终贯彻以人为本的管理思想。学校只有具备以人为本的管理意识,才能在日常的管理工作当中时刻做到以教职工为中心,充分认识到教职工对学校发展的重要价值,让所有教职工都能感受到学校对自身的肯定。依法为教职工购买社保,在教职工发生工伤时积极配合协助教职工申请工伤认定,按照法律规定支付工伤保险待遇。妥善保管教职工的人事档案,对离退休的教职工尽到最低的生活保障义务。

（一）依据《教师法》和相关法律法规的规定,进一步建立和完善教师聘任和

管理制度。依法在职务评聘、继续教育、奖惩考核等方面建立完善的制度规范，保障教师享有各项合法权益和待遇。要充分尊重教师在教学、科研方面的专业权力，落实教师职业道德规范，强化师德建设，明确教师考核、监督与奖惩的规则与程序。

（二）充分发挥教职工代表大会作为教职工参与学校民主管理和监督主渠道的作用。学校专业技术职务评聘办法、收入分配方案等与教职工切身利益相关的制度、事务，要经教职工代表大会审议通过；涉及学校发展的重大事项要提交教职工代表大会讨论。

（三）设立教师申诉或者调解委员会，就教师因职责权利、职务评聘、年度考核、岗位职责、待遇及奖惩等，与学校及有关职能部门之间发生的纠纷，或者对学校管理制度、规范性文件提出的意见，及时进行调处，做出申诉或者调解意见。教师申诉或者调解委员会应当有广泛的代表性和权威性，主要成员应当经教职工代表大会认可。

四、完善学籍学位管理程序，提升正当程序适用实效

（一）完善学籍学位管理程序性规定，作出处理决定要"严格履行程序，进行合法性审查"。区分处分的性质，对于学术类处分，应提供程序的组织性保障机制，如引入和规范同行评议规则、提升学术的民主程度、实行必要性公开原则等。

（二）提高学籍学位处理决定的可接受性，以实现效率价值，给予学术问题适当的信息公开，确保当事人信息获取充足和提高辩解能力，降低当事人面对令人失望的实体内容的愤慨程度；在行政合理性上，正当程序是一个审查基准，内含决定不偏不倚、考虑与不考虑相关因素、同等对待、禁止反复无常等要求。

（三）完善学生申诉机制。在实施学籍管理行为，对学生做出不利处分前，应当给予学生陈述与申辩的机会，对未成年学生应当听取其法定监护人的意见。学校应当建立相对独立的学生申诉处理机构，完善学生处分程序。学生申诉处理机构的组成、申诉申请的受理及处理规则，应当体现公开、公正的原则。

五、完善信息公开机制，公开透明办学

（一）不规避"雷区"，不回避矛盾，逐渐成为学校等公共服务提供主体信息

公开的一种常态。学校可以通过自身网站、校园公报栏、新媒体等途径进行信息公开。学校除了应主动公开的内容之外,还应积极审查申请公开的内容是否属于政府信息、审查政府信息是否存在,审查政府信息公开的主体,审查后及时按照申请人的要求作出答复。

（二）按照《高等学校信息公开办法》以及中小学信息公开的规定,建立健全信息公开的机构、制度,落实公开的具体措施,保证教职工、学生、社会公众对学校重大事项、重要制度的知情权,重点公开经费使用、培养目标与课程设置、教育教学质量、招生就业、收费等社会关注的信息。要创新公开方式、丰富公开内容,建立有效的信息沟通渠道,使学生、家长以及教师对学校的意见、建议能够及时反映给学校领导、管理部门,并得到相应的反馈。面向师生提供管理或者服务的部门、机构,要全面推进办事公开制度,公开办事依据、条件、要求、过程和结果,充分告知办事项目有关信息,并公开岗位职责、负责人信息、工作规范、监督渠道等内容,提供优质、高效、便利的服务。

刑 事 编

第一章　学前教育

近年来,学前教育阶段刑事犯罪问题凸显,幼儿园因各种各样的安全问题而引发的法律风险日益严重,家校之间的法律纠纷日益增多。可能涉及的学前教育阶段涉罪行为主体包括含幼儿园、托儿所等学前教育机构的园长、教师、校车司机等与学前教育密切相关的人员。存在刑事法律风险的原因主要有:一是部分幼儿园的管理者和教职工对幼儿园的安全责任意识不够强,仍抱着侥幸心理实施教育和管理行为;二是部分幼儿园管理者和教职工对事故的法律后果的认识也不准确,误认为发生事故后只需要做出经济赔偿就可了事,不知道幼儿园的安全事故也会带来刑事责任风险。在全国各地高度重视开展幼儿园及班级安全教育工作的背景下,只有提升园长与教师的执业法律风险防控意识,做好危机管理,防患于未然,才能使幼儿园避免安全事故,加强法律风险防控,促进园所规范发展。本章通过对裁判文书网上 2015—2020 年上传的公开案件进行犯罪现状分析,从而为学前教育阶段法律风险应对提出更多建议,共计三小节,分别从总体数据呈现、高发罪名解读、典型案例剖析等多个维度,全方面地对学前教育阶段主体的犯罪特征作出分析。

第一节　纵览:总体数据呈现

本小节主要从罪名分布、地域分布、时间分布分析该教育阶段案件的基本特征;从被告人职业、性别、年龄、学历分析被告人基本情况;以及分析该教育阶段刑事犯罪的律师参与情况及法院裁判结果。该教育阶段提取到与教育行业主体(含幼儿园、托儿所等学前教育机构的园长、教师、校车司机等与学前教育密切相关的人员)相关的刑事一审案件,共计 181 例,其中 2017 年上传的刑事裁判文书最多,达 74 例;中部个别省份的案发数量远高于其他省份;学校主要行政管理人员作为被告的有 85 例、校长有 76 例、教师有 20 例;高发罪名主要集中于危险驾驶罪;并且该阶段无律师参与的案件量占比较大,占总案件量的 70.72%。

一、案件特征

(一)罪名分布

从裁判文书的罪名统计来看,学前教育阶段刑事犯罪共涉及 22 个具体罪名,根据我国《刑法》分则的规定,这些罪名广泛分布在除了危害国家安全罪、危害国防利益罪、军人违反职责罪以外的其他七章。根据涉案人数由高到低的顺序,结合犯罪所侵犯的客体类型,将学前教育阶段涉及的前三大罪名排列如下:

1. 第二章"危害公共安全罪"涉及 3 个罪名,占罪名总数的 13.63%,具体罪名为危险驾驶罪、交通肇事罪、教育设施重大安全事故罪。此类案件共 137 例,占学前教育阶段案件总数的 75.70%,其中,犯危险驾驶罪的最多,有 130 例,占学前教育阶段案件总数的 71.82%。

2. 第五章"侵犯财产罪"涉及 4 个罪名,占总罪名的 18.18%,具体罪名为诈骗罪、故意毁坏财物罪、职务侵占罪和敲诈勒索罪。此类案件共 12 例,占学前教育阶段案件总数的 6.63%,其中,犯诈骗罪的有 7 例,占学前教育阶段案件总数的 3.87%。

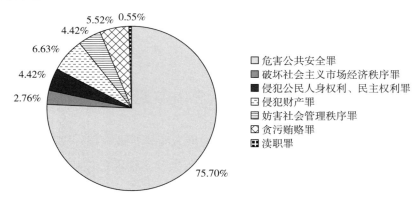

学前教育阶段刑事一审案件案由分布

3. 第八章"贪污贿赂罪"涉及 3 个罪名,占总罪名数的 13.63%,具体罪名为贪污罪、挪用公款罪、受贿罪。此类案件共 10 例,占学前教育阶段案件总数的 5.52%,其中,犯贪污罪的有 6 例,占学前教育阶段案件总数的 3.31%。

(二)地域分布

2015—2020 年,学前教育阶段的一审刑事案件共涉及全国 25 个省、自治区、直辖市,地域分布呈现出一定的地域差异。案件数量最多的前三个省级行政区分别为河南(66 例)、广东(17 例)、云南(16 例),三个省的案件数量合计占比超过了学前教育阶段全国案件数量的 1/2。而案件数量最少的省级行政区为青海、新疆、内蒙古等,均为 1 例。

需要注意的是,上述省级行政区教师犯罪案件数量的多少,不能直接作为判断该地区教师犯罪率高低的依据,教师犯罪率高低需结合各个地区的人口基数、注册教师总人数等因素综合判断。

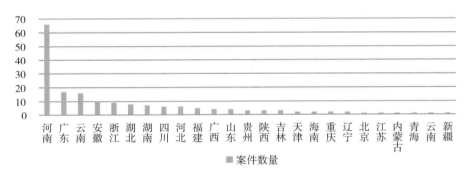

学前教育阶段刑事一审案件地域分布

(三)时间分布

2015—2020 年,6 年期间学前教育阶段的案件数量呈波浪式分布。总体而言,2017 年审结案件最多,达 74 例,占学前教育阶段案件总数量的 40.88%;2018 年案件数量下降,而后 2019 年案件数量略有回升,2020 年受疫情或其他因素影响,案件数量最少,仅 8 例。

二、被告人情况勾勒

(一)职业分布

本次从裁判文书提取的学前教育阶段刑事案件,主要选取了教师、校长(包

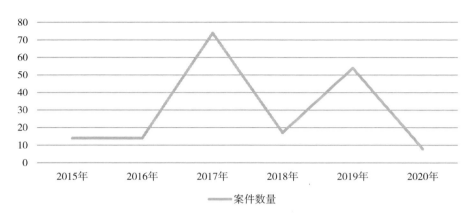

学前教育阶段刑事一审案件时间分布

括副校长且以下所有职业都包含副职)、学校主要行政管理人员三大类教育行业主体,其中学校主要行政管理人员包括处长、科长、主任、校车管理人员等。从被告人职业分布来看,统计的 181 例数据样本中,学校主要行政管理人员作为被告的情形最多,占比约为 46.96%;其次为校长,占比约为 41.99%;教师犯罪的情形最少,占比约为 11.05%。

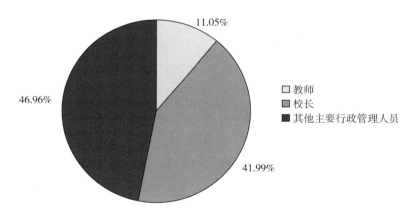

学前教育阶段刑事一审案件被告人职业分布

(二)性别分布

从被告人的性别分布来看,统计的 181 例数据样本中,男性主体作为被告的情形为绝大多数,共计 78 例,占比约为 43.09%;女性主体作为被告的情形较男性更少,共计 21 例,占比约为 11.6%;其中有 82 例样本不能确定主体性别。

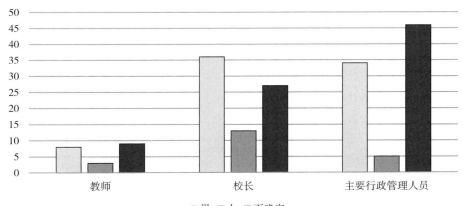

学前教育阶段刑事一审案件被告人性别分布

（三）年龄分布

在裁判文书网提取的 181 例文书中，载明被告人年龄的裁判文书共计 97 例。在这 97 例有效裁判文书中，1970—1979 年间出生的人最多，共计 35 例，占有效文书总数的 36.08%；其次是 1980—1989 年出生的人，共计 32 例，占有效文书总数的 32.99%。总体来看，被告人以 30—50 岁的中年人居多，60 岁以上老人及 18—30 岁青年人较少，这与教育行业主体多为中年人也有一定关系。

（四）文化程度

在裁判文书网提取的 181 例文书中，载明被告人文化程度的裁判文书共计 102 例。总体而言，在学前教育阶段，被告人的受教育偏低，专科及以下文化程度人数占比约为 78.43%，大学及以上文化程度人数占比约为 21.57%，收集到的样本中没有硕士文化程度人员犯罪。

三、律师参与

（一）律师参与率与律师来源

分析学前教育阶段，律师参与帮助被告人辩护的情况，可以看到，无律师参与的案件量占比较大，占总案件量的 70.72%，需要注意的是，此处的"无律师参与"既包括实际上没有律师参与办案，也包括有些裁判文书中没有记录关于律师参与的情况；有律师参与的案件量占总案件量的 29%，其中 26% 的律师是被告人委托有律师,3%的律师是法律援助律师。

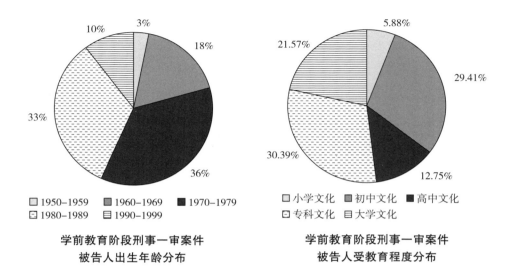

学前教育阶段刑事一审案件
被告人出生年龄分布

学前教育阶段刑事一审案件
被告人受教育程度分布

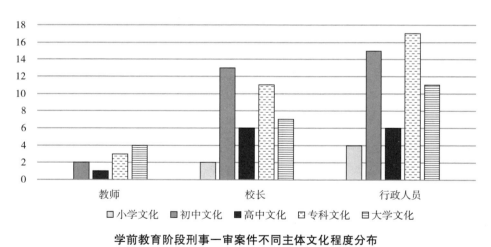

学前教育阶段刑事一审案件不同主体文化程度分布

（二）不同职业下律师参与情况

从裁判文书检索到的有效裁判文书中,学前阶段教师犯罪共有 20 例,其中无律师参与办案的案件共有 12 例,占比约为 60%,超过教师犯罪总案件量的 1/2;学前教育阶段校长犯罪 76 例,其中无律师参与办案的案件共有 40 例,占比约为 52.63%;主要行政管理人员犯罪共有 85 例,无律师参与办案的案件共有

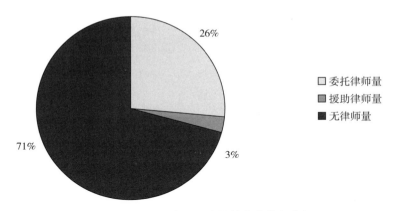

26%

□ 委托律师量
■ 援助律师量
■ 无律师量

71%

3%

学前教育阶段刑事一审案件被告人律师来源

76 例,占比约为 89.41%。

三类主体中,有律师参与办案的案件数量都低于无律师参与办案的案件数量;在有律师参与办案时,委托律师数量占绝大多数,仅有一小部分是法律援助律师,这与当事人从事教育行业有关,经济状况大都不符合法律援助律师的条件。学前教育阶段律师参与率较低,这可能与所判处的刑罚较轻缓有关,并且教育行业主体学历一般较高,有能力处理简单刑事案件。整体而言,律师参与辩护率提高的空间较大。

四、裁判结果

(一)自由刑

2015—2020 年,从被告人被判处的自由刑情况来看,刑罚选择趋于集中且较轻缓,被判处拘役的案件数量最多,共有 125 例,占比约为 69.06%;被判处缓刑的案件共有 78 例,占比约为 43.09%;被判处有期徒刑的案件共有 48 例,占比约为 26.52%。

(二)财产刑

在裁判结果中,关于财产的信息,共提取了支付鉴定费、精神损害抚慰金、退还费用、并处罚金、没收财产五项内容。其中判处支付精神损害抚慰金、退还费用、没收财产的案件数量都为 0 例,判处支付鉴定费的案件数量为 6 例,并处罚金的案件数量最多,有 150 例,意味着有 82.87% 的被告人被判处罚金。究其原因,与教育主体所犯罪名有关:教育主体犯罪罪名多为贪污类犯罪。我国《刑法修正案(九)》增加了对贪污、受贿罪并处罚金刑的规定,因此,并处罚金的适用率很高。

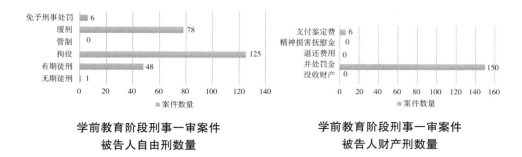

学前教育阶段刑事一审案件
被告人自由刑数量　　　　　　　**学前教育阶段刑事一审案件**
　　　　　　　　　　　　　　　　　被告人财产刑数量

关于其他附加刑的适用,在裁判文书网相关案例中共提取了剥夺政治权利、撤销教师资格、降低岗位等级、免除职务、赔礼道歉五项内容。从提取结果来看,这几项的适用率都较低,其中,被判处剥夺政治权利的有 3 例,占案件总量的 1.65%。

(三)律师参与情况与刑罚适用

为研究有律师参与、无律师参与时的刑罚的差异,选取了刑罚中比较有代表性的四个维度:"免予刑事处罚""缓刑""有期徒刑""无期徒刑",用以比较。学前教育阶段被判处无期徒刑的案件只有一例,并且有律师参与辩护,从数据上来看无期徒刑的辩护率是 100%,实际上,由于可供参考样本较少,不能由此得出

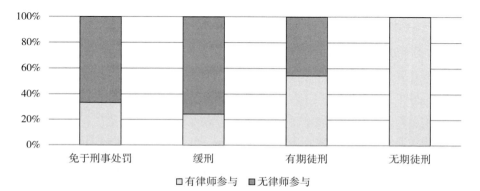

学前教育阶段刑事一审案件律师参与与刑罚适用

"被告人被判处无期徒刑时,辩护率较高"的结论。被告人被判处"免予刑事处罚"与"缓刑"时,无律师参与率都远远大于有律师参与率,与之相反的是,当被告人被判处"有期徒刑"时,有律师参与率大于无律师参与率。

第二节　聚焦:高发罪名解读

学前教育阶段有关教育主体涉及的罪名分布较为集中,主要是针对幼儿园管理人员及校车运输时出现的各种风险问题。本小节主要从时间与地域分布、被告人情况勾勒、裁判结果及律师参与情况等几方面,针对学前教育阶段三大高发罪名作出进一步分析,含危险驾驶罪、诈骗罪、交通肇事罪。

在本章第一节总体数据呈现中可发现,罪名集中在危害公共安全类犯罪,例如危险驾驶罪、交通肇事罪、教育设施重大安全事故罪等,此类案件共 137 例,占学前教育阶段罪名总数的 75.69%。也体现出,学前教育阶段的刑事法律风险与校园安全密切相关,最主要的就是幼儿园校车运营问题,无证"黑校车"驾驶、校车人员超载、非法校车危险驾驶案件等都是严重违反刑事法律规定的行为。例如 2019 年 5 月四川雅安市雨城区法院公开开庭审理全区首例"非法校车"危险驾驶案件,该案被告人韦某某、田某系夫妻关系,在雅安市雨城区碧峰峡镇共同开办某某幼儿园,田某是该幼儿园的主要管理者,二人自购"东风牌"小型面包车一辆,在该车未取得校车标牌的情况下长期非法从事校车业务,用于接送该幼儿园就读的学生。2019 年 3 月,该车超员 18 人,超过车辆核定人数 200% 以上,严重超过额定乘员载客。被告人韦某某、田某到案后均如实供述上述犯罪事实。在学前教育阶段,校车问题是必须引起高度重视,从事校车业务,必须严格按照校车驾驶资格进行审核并不能超载。未取得校车驾驶资格和超载上路,均隐藏着事故发生的重大隐患,一旦发生交通事故,后果将不堪设想。

一、危险驾驶罪

危险驾驶罪,是指在道路上驾驶机动车追逐竞驶,情节恶劣的;醉酒驾驶机动车的;从事校车业务或者旅客运输,严重超过定额乘员载客,或者严重超过规定时速行驶的;违反危险化学品安全管理规定运输危险化学品,危害公共安全的行为。

在裁判文书网检索 2015—2020 年与教育行业有关的刑事一审裁判,其中,学前教育阶段教育主体(教师、校长、其他主要行政管理人员),犯危险驾驶罪的共计 130 例,涉及相关教育工作主体人员共计 144 人。学前教育阶段的危险驾驶罪高发,主要原因是学前教育主要体现在幼儿园对学龄前儿童的教育启蒙,而在此阶段全国各地绝大多数幼儿园都采用校车接送儿童上下学的方式,故校车驾驶人员的危险驾驶行为高发,存在严重安全隐患①。

(一)时间与地域分布

1. 时间分布

2015—2020 年,6 年期间的涉案人数呈波浪式分布。两个峰值分别分布在 2017 年(涉案 61 人)与 2019 年(涉案 51 人);2016 年与 2017 年涉案人数略有回落,分别是 8 人和 17 人;2015 年没有检索到学前教育阶段与危险驾驶罪相关的案例;2020 年受疫情或其他因素影响,上传到裁判文书网的案件数量较少,共涉案 7 人。

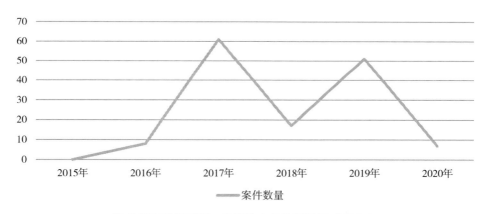

学前教育阶段刑事一审案件中危险驾驶罪时间分布

2. 地域分布

2015—2020 年,学前教育阶段的一审刑事案件共涉及全国 18 个省、自治区、直辖市,地域分布呈现出一定的地域差异。涉案人数最多的前三个省级行政

---

① (2019)云 0111 刑初 1613 号。

区分别为河南(70人)、云南(19人)、安徽(11人),三个省份的涉案被告人数量合计占比超过了总被告人数的 2/3。而涉案人数较少的省级行政区为陕西、青海、辽宁、内蒙古,均为 1 人。

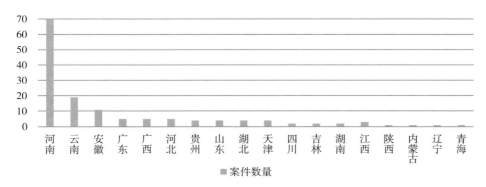

学前教育阶段刑事一审案件中危险驾驶罪地域分布

(二)被告人情况勾勒

1. 职业分布

分析被告人职业可以看到,144 名犯危险驾驶罪的被告人中,幼儿园园长共计 51 名,幼儿园园长兼司机共计 10 名,幼儿园聘请的专职校车司机或无校车驾驶资格的司机共计 82 名,其他工作人员驾驶校车犯罪共计 1 名。

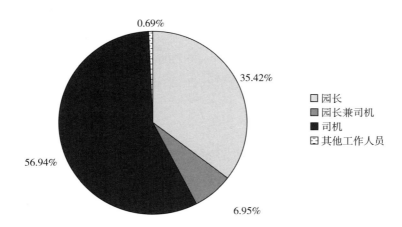

学前教育阶段刑事一审案件中危险驾驶罪被告人职业分布

2. 性别分布

分析被告人性别可以看到,144 名犯危险驾驶罪的被告人中,男性共有 109 名,约占被告人总数的 75.69%;女性共有 30 名,约占被告人总数的 20.83%;还有 5 名被告在裁判文书中没有注明性别。其中,职业为幼儿园园长的被告人性别比比较平衡,男性、女性各占 1/2 左右;职业为校车司机的被告人性别比差异较大,且绝大多数为男性。

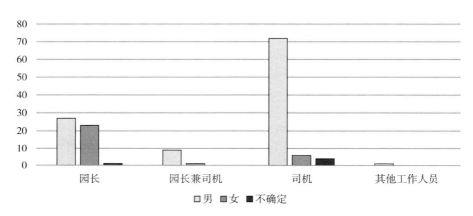

学前教育阶段刑事一审案件中危险驾驶罪被告人性别分布

3. 年龄分布

分析被告人年龄可以看到,144 名犯危险驾驶罪的被告人中,1970—1979 年出生的人数最多(41—50 岁),共计 47 人,约占被告人总数的 32.64%;其次是出生日期在 1980—1989 年(31—40 岁)以及 1960—1969 年(51—60 岁),分别为 43 名、32 名;大于 60 岁与小于 31 岁的被告人都较少,还有 7 名被告在裁判文书中没有注明年龄。

4. 文化程度

分析被告人文化程度可以看到,学前教育阶段,犯危险驾驶罪的被告人文化程度总体偏低。高中文化及以下共计 90 人,约占被告人总数的 62.50%;专科文化共计 35 人,约占被告人总数的 24.31%;大学本科文化共计 5 人,约占被告人总数的 3.47%;还有 14 名被告在裁判文书中没有注明文化程度。其中,幼儿园园长绝大多数为初中文化,幼儿园园长兼司机多为专科文化。

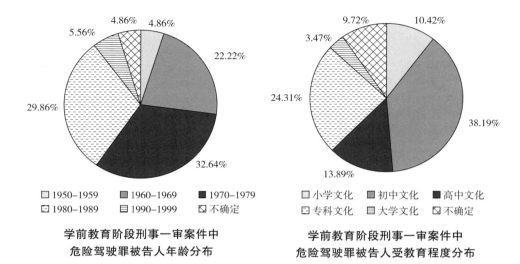

学前教育阶段刑事一审案件中
危险驾驶罪被告人年龄分布

学前教育阶段刑事一审案件中
危险驾驶罪被告人受教育程度分布

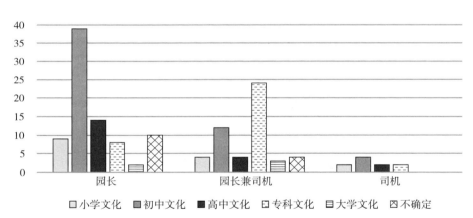

学前教育阶段刑事一审案件中危险驾驶罪不同主体文化程度分布

（三）裁判结果及律师参与

1. 裁判结果

在 144 名犯危险驾驶罪的被告人中,除 1 名被告人免除刑事处罚,其他被告人都被判处拘役,并处罚金;其中,有 75 人被判处缓期执行。

2. 律师参与率与律师来源

学前教育阶段犯危险驾驶罪的被告人,委托律师为其辩护的有 19 人,接受法律援助为其辩护的有 8 人,有 117 名被告人没有律师为其辩护。总体而言,律师辩护率较低。

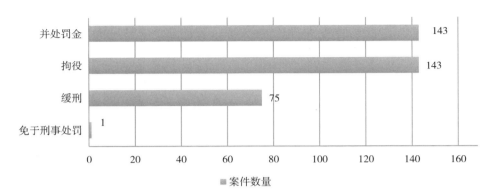

学前教育阶段刑事一审案件中危险驾驶罪被告人刑罚情况分布

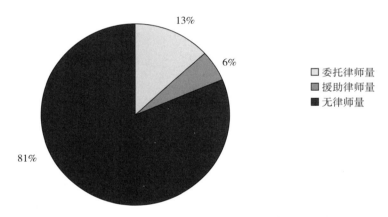

学前教育阶段刑事一审案件中危险驾驶罪被告人律师来源

3. 不同职业下律师参与情况

分析不同职业下律师参与情况可以看到,职业为幼儿园园长的被告人,委托律师为其辩护的比例最大,约占园长总数的20%;其次是职业为校车司机的被告人,委托辩护率约为10%;园长兼司机以及工作人员,都没有委托律师为其辩护。

4. 律师参与对裁判结果的影响

分析该阶段被告人所受处罚与律师参与辩护之间的关系,可以看到,唯一一名免除刑事处罚的被告人,有委托律师为其辩护;在被判处拘役并缓期执行的75名被告人中,有9名被告人委托律师为其辩护,有5名被告人受法律援助律师的辩护,共计14名律师,占阶段律师参与总量的51.85%。

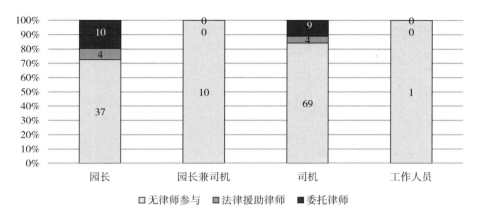

学前教育阶段刑事一审案件中危险驾驶罪不同职业下律师参与情况

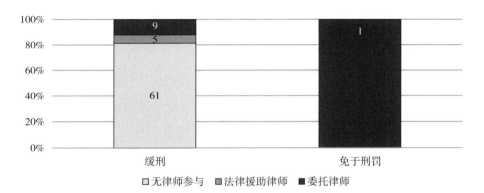

学前教育阶段刑事一审案件中危险驾驶罪律师参与与刑罚适用

二、诈骗罪

诈骗罪,是指以非法占有为目的,用虚构事实或者隐瞒真相的方法,骗取数额较大的公私财物的行为。

在裁判文书网检索 2015—2020 年与教育行业有关的刑事一审裁判,其中,学前教育阶段教育主体(教师、生活老师、保安),犯诈骗罪的共计 7 例,学前教育阶段的诈骗罪主要是教师或者学校行政人员假借学校的名义或是虚假的身份,利用家长对学校的信任,以"管理费、托管费"为由向儿童家长收取费用,构成诈骗罪。以(2020)浙 0212 刑初 550 号案件为例,教育行业主体诈骗罪被害人众多,涉案范围广,虽案件数量较少,但是案情典型,应引起重视。[①]

(一)时间与地域分布

1. 时间分布

2015—2020 年,6 年期间的案件数量存在一定的差异。涉案人数最多的年份是 2017 年,共计 4 人;2015 年、2019 年、2020 年涉案人数较少,均为 1 人;2016 年、2018 年没有检索到学前教育阶段与诈骗罪相关的案例。

2. 地域分布

2015—2020 年,学前教育阶段诈骗罪的一审刑事案件共涉及全国 5 个省、自治区、直辖市,地域分布呈现出一定的地域差异。涉案人数最多的省级行政区为浙江,共计 3 人;涉案人数较少的省级行政区为北京、广东、湖北、湖南,均为 1 例。

(二)被告人情况勾勒

1. 职业分布

分析被告人职业可以看到,7 名犯诈骗罪的被告人中,教师共计 3 名,生活老师共计 3 名,保安 1 名。如被告人应某敏作为宁波市鄞州区某某幼儿园保安,虚构自己代为收取幼儿园托管费等费用为由,向被害人赵某、陶某等 38 名家长收取 39 笔费用共计人民币 38950 元。[②]

2. 性别分布

分析被告人性别可以看到,7 名犯诈骗罪的被告人中,男性共有 5 名,约占被告人总数的 71.43%;女性共有 2 名,约占被告人总数的 28.57%。其中,职业为教师、生活老师的被告人性别比差异较大,且大多数为男性,男女之比均为 2∶1;职业为保安的一名被告人为男性。

3. 年龄分布

分析被告人年龄可以看到,7 名犯诈骗罪的被告人中,1980—1989 年出生的人数最多(31—40 岁),共计 4 人,约占被告人总数的 57.14%;其次是出生日期在 1970—1979 年(41—50 岁),共计 2 人;小于 31 岁的被告人较少,仅有 1 人。

---

① 因犯罪案件数量较少,该部分不采用图示方式,仅采用文字方式进行描述。
② (2020)浙 0212 刑初 550 号。

4. 文化程度

分析被告人文化程度可以看到,学前教育阶段,犯诈骗罪的被告人文化程度总体偏低。高中以下文化程度共计 3 人,占被告人总数的 42.86%;专科文化共计 2 人,约占被告人总数的 28.57%;大学本科文化共计 1 人,约占被告人总数的 14.29%;还有 1 名被告人在裁判文书中没有注明文化程度。其中,教师绝大多数为专科文化,生活老师多为初中文化,仅有的 1 名职业为保安的被告人系初中文化。

(三)裁判结果及律师参与

1. 裁判结果

在 7 名犯诈骗罪的被告人中,7 名被告人均被判处有期徒刑,并处罚金,其中有 4 名被告人被判处三年以下有期徒刑,1 人被判处缓期执行;2 名被告人被判处三到十年有期徒刑;还有 1 名被告人被判处十年以上有期徒刑;其中,有 4 人被判处退还费用。

2. 律师参与率与律师来源

学前教育阶段犯诈骗罪的被告人,委托律师为其辩护的有 3 人,接受法律援助律师为其辩护的有 1 人,有 3 名被告人没有律师为其辩护。总体而言,律师辩护率较低。

3. 不同职业下律师参与情况

分析不同职业下律师参与情况可以看到,职业为生活老师的被告人,委托律师为其辩护的比例最大,约占生活老师总数的 66.67%;其次是职业为教师的被告人,委托辩护率约为 33.33%;职业为保安的被告人,没有委托律师为其辩护。

4. 律师参与对裁判结果的影响

分析该阶段被告人所受处罚与律师参与辩护之间的关系,可以看到,唯一一名被判处缓期执行的被告人,有委托律师为其辩护;在被判处三年以下有期徒刑的 3 名被告人中,有 1 名被告人接受法律援助律师的辩护;在其余 3 名被判处有期徒刑的被告人中,3 名被告人都有委托律师为其辩护,占该阶段律师参与总量的 71.4%。

三、交通肇事罪

交通肇事罪,是指违反道路交通管理法规,发生重大交通事故,致人重伤、死亡或者使公私财产遭受重大损失,依法被追究刑事责任的犯罪行为。

在裁判文书网检索 2015—2020 年与教育行业有关的刑事一审裁判,其中,学前教育阶段教育主体(教师、司机),犯交通肇事罪的共计 5 人,在学前教育阶段,教育行业主体的构成交通肇事罪的情况没有危险驾驶罪突出,其原因之一是相比之下,交通肇事罪为重罪,犯罪行为更加恶劣。但教育行业主体因其身份的特殊性及职业伦理要求,更加应该严格自身行为,避免造成重大交通事故。

(一)时间与地域分布

1. 时间分布

2015—2020 年,6 年期间的案件数量存在一定的差异。涉案人数最多的年份是 2016 年,共计 2 人;2015 年、2017 年和 2019 年涉案人数较少,均为 1 人;2015 年、2018 年和 2020 年没有检索到学前教育阶段与交通肇事罪相关的案例。

2. 地域分布

2015—2020 年,学前教育阶段交通肇事罪的一审刑事案件共涉及全国 4 个省、自治区、直辖市,地域分布呈现出一定的地域差异。涉案人数最多的省级行政区为河南,共计 2 人;涉案人数较少的省级行政区为山东、广东、湖北,均为 1 例。

(二)被告人情况勾勒

1. 职业分布

分析被告人职业可以看到,5 名犯交通肇事罪的被告人中,教师共计 2 名,司机共计 3 名。

2. 性别分布

分析被告人性别可以看到,5 名犯交通肇事罪的被告人中,除有一名被告人未注明其性别之外,其余 4 名被告人均为男性。

3. 年龄分布

分析被告人年龄可以看到,5 名犯交通肇事罪的被告人中,1980—1989 年出生的人数最多(31—40 岁),共计 2 人,约占被告人总数的 40%;其次是出生日期在 1990—1999 年(20—30 岁),共计 1 人;还有 2 名被告人未注明其出生日期。

4. 文化程度

分析被告人文化程度可以看到,学前教育阶段,犯危险驾驶罪的被告人文化程度总体偏低。高中以下文化程度共计 3 人,占被告人总数的 60%;其余 2 名被告人在裁判文书中没有注明文化程度。

（三）裁判结果及律师参与

1. 裁判结果

在 5 名犯交通肇事罪的被告人中,5 名被告人均被判处有期徒刑,其中有 4 名被告人被判处三年以下有期徒刑,2 人被判处缓期执行;2 名被告人被判处三到十年有期徒刑,1 人被判缓期执行。

2. 律师参与率与律师来源

学前教育阶段犯交通肇事罪的被告人,委托律师为其辩护的有 1 人,受法律援助为其辩护的有 1 人,有 3 名被告人没有律师为其辩护。总体而言,律师辩护率较低。

3. 不同职业下律师参与情况

分析不同职业下律师参与情况可以看到,职业教师的被告人,委托律师为其辩护的比例最大,占教师总数的 50%;职业司机的被告人,均没有委托律师为其辩护,有 1 名被告人接受法律援助律师的辩护。

4. 律师参与对裁判结果的影响

分析该阶段被告人所受处罚与律师参与辩护之间的关系,可以看到,3 名被判处三年以下有期徒刑的被告人,均没有委托律师为其辩护;在被判处三到十年有期徒刑的 2 名被告人中,有 1 名被告人委托律师为其辩护,有 1 名被告人接受法律援助律师的辩护,律师参与量占阶段律师参与总量的 100%。

第三节 见微:典型案例剖析

"见微知著"是指见到细微的苗头,就能预知事物发展的方向,能透过微小的现象看到本质,推断结论或结果;刑事典型案例的"见微",就是希望通过对具有代表性案例的"解剖",分析案件发生的原因、法院判决的理由、未来预防的建议,从而由个案的裁判延伸到类案的预防与治理,最终达到减少案件发生的目的。本章前两节主要是针对学前教育阶段教育行业主体犯罪情况进行宏观上的数据纵览,与微观上聚焦于高发罪名分析,可以对该阶段的刑事法律风险的识别有一个初步的把握。但是仅针对高发罪名分析还是不够全面,故该小节除列举高发案由中的案例进行分析外,还在样本案例中筛选出虽不高发但具有典型性的案例进行分析,这部分案例更能展示出该教育行业主体的犯罪特性。本小节主要从关键词列举、基本案情梳理、检察意见、辩护要点、裁判理由五个方面进行案件呈现,同时每个案例都有专业律师提出分析要点及防范建议。

一、云南某幼儿园职工危险驾驶校车案

鲍某平、施某萍无牌照、无资格危险驾驶案

（2019）云 0111 刑初 1613 号

【关键词】

幼儿园学生　校车驾驶资格　严重超载　危险驾驶

【基本案情】

被告人鲍某平,昆明市某幼儿园驾驶员。

被告人施某萍,昆明市某幼儿园园长。

2018 年 5 月 17 日 16 时 36 分,被告人鲍某平在既未取得校车驾驶资格,也未获得校车标牌的情况下,驾驶"金杯"牌 9 座小型面包车载乘昆明市某幼儿园师生共 16 人,行驶到昆明市附近时被民警查获。被告人施某萍作为昆明市某幼儿园园长知道鲍某平驾驶该车超员拉载学生,但并没有制止,在送学生回家前幼儿园并没有安排专人对运送车辆进行检查,随车老师带着学生上车后便离开。经审理,法院判决:一、被告人鲍某平犯危险驾驶罪,判处拘役二个月,缓刑七个月;并处罚金人民币一万元。二、被告人施某萍犯危险驾驶罪,判处拘役二个月,缓刑七个月;并处罚金人民币一万元。

【检察意见】

公诉机关认为,被告人鲍某平在既未取得校车驾驶资格,也未获得校车标牌的情况下,从事校车业务在道路上严重超过额定乘员载客,被告人施某萍对此负有直接责任,二人的行为已触犯刑律,应以危险驾驶罪追究其刑事责任。

【辩护要点】

被告人鲍某平及其指定辩护人对指控事实、罪名表示无异议。

被告人施某萍对指控事实、罪名有异议,其认为被查获接送幼儿车辆的驾驶员并非幼儿园职工,自己有管理失误的直接责任,但未造成重大影响,不应当构成犯罪。

被告人施某萍的辩护人认为:幼儿园与被告人鲍某平之间无劳动合同关系,幼儿园对鲍某平不具有管理义务;施某萍未实施强迫、教唆司机超载的行为;现有证据不能证实施某萍主观上明知鲍某平超载的行为;被告人施某萍情节显著轻微,危害不大;综上,被告人施某萍不构成犯罪。

【裁判理由】

一、施某萍的辩护人提出幼儿园与被告人鲍某平之间无劳动合同关系的辩护意见,云南省昆明市官渡区人民法院认为,幼儿园与鲍某平签署过租车协议,且客观上鲍某平也为幼儿园接送幼儿,并从幼儿园领取用车费用,已存在实际劳动关系,故法院对施某萍的辩护人提出的上述辩护意见不予采纳。

二、施某萍的辩护人提出幼儿园对鲍某平不具有管理义务,施某萍已尽到管理职责,未实施强迫、教唆司机超载的行为的辩护意见,法院认为,幼儿园对接送学生的车辆具有法定管理义务及对乘车学生具有安全保障义务,从事校车业务应当取得许可。鲍某平使用车辆接送学生,幼儿园对鲍某平具有法定管理义务,确保乘车学生的安全。施某萍作为幼儿园的法人,系法定的管理人,负有法定的管理义务,其明知学生增多,存在超载情况,未采取有效措施予以解决,放任接送学生车辆超员不管,其行为已构成危险驾驶罪,故法院对施某萍的辩护人提出的上述辩护意见不予采纳。

三、鲍某平的指定辩护人、施某萍及其辩护人均提出未实际造成危害后果及重大影响,情节显著轻微,危害不大的辩护意见,法院认为,本罪侵犯的客体为社会公共安全和国家交通管理秩序,从事校车业务,严重超载危害性大,不以是否造成严重后果,作为该罪的构成要件,故法院对施某萍、鲍某平及施某萍的辩护人提出的上述辩护意见不予采纳。

综上所述,法院认为,被告人鲍某平从事校车业务,严重超过额定乘员载客,被告人施某萍对此负有直接责任,二人的行为已触犯《刑法》第 133 条之规定,构成危险驾驶罪。公诉机关指控被告人鲍某平、施某萍犯危险驾驶罪的事实清楚,证据确实、充分,指控罪名成立,法院予以支持。

【案件点评】

本案中,幼儿园园长因校车超载被追究刑责的案例,对于落实交通安全的法律具有警示意义。

其一,校车超载是行为罪而不是结果罪,没有发生安全事故的严重超载也应该办罪。过去,校车严重超载,司机并不一定会以危险驾驶罪被刑事处罚,只有校车因为超载发生了事故,他们的超载问题才会被发现,也才会被处罚。这也正是校车超载屡禁不止的原因。《刑法修正案(九)》规定,"在道路上驾驶机动车,有下列情形之一的,处拘役,并处罚金",其第3条是"从事校车业务或者旅客运输,严重超过额定乘员载客,或者严重超过规定时速行驶的"。由此可见,只要校车"严重超过额定乘员载客"就是犯罪,并不一定需要"造成严重后果"。要让这条法律规定得到落实,要求交警不能等到发生事故后才发现校车超载,即使校车没有发生事故,只要被发现超载,责任人员也必须依法受到处罚,这样才能有效治理校车超载。

其二,不仅是司机应该对超载负责,校车的所有人和管理人也需要对此担责。这是因为《刑法修正案(九)》中规定,"机动车所有人、管理人严重超载行为负有直接责任的,依照前款的规定处罚"。本案中司机长期驾驶被告人幼儿园园长施某萍所有的鄂XXXXXX号牌"金杯"牌小型普通客车从事校车业务,因为孩子太多,为省时省力,核载八人的面包车里,每次都会挤下十几个学生,施某萍作为机动车所有人、管理人和驾驶员负有同样的责任,如果超载就是园长要求的,其责任甚至更大。

其三,在上述法律规定中,还有一些条款需要继续"激活"。例如,对于超载的司机和车辆所有人、管理人追究刑责,不仅适用于校车,也适用于客运车辆,但我们并没有看到对追究客运车辆责任时,也追究客车的所有人和管理人的责任,基本上都是处罚司机。再例如,应该追究刑责的不仅是超载,还应该包括"严重超过规定时速行驶的",但是到目前为止,似乎并未出现司机因为严重超速行驶被追究刑责的案例。

点评人:四川卓安律师事务所　姚振宇

二、浙江某幼儿园保安诈骗托管费等费用案

应某敏虚构事实骗取托管费等费用案

（2020）浙 0212 刑初 550 号

【关键词】

职务关系　虚构事实　入学资格　不当得利

【基本案情】

被告人应某敏,宁波市某幼儿园保安。

2019 年 4 月 28 日至 6 月 17 日,被告人应某敏作为宁波市某幼儿园保安,虚构自己代为收取幼儿园托管费等费用为由,向被害人赵某、陶某等 38 名家长收取 39 笔费用共计人民币 38950 元。同年 6 月 18 日,被告人应某敏接公安民警的电话通知至公安机关投案。案发后,该幼儿园园长夏某代为退还 4 名家长托管费共计人民币 4000 元,剩余 35 名幼儿在该幼儿园接收就读。后被告人应某敏家属就经济赔偿与该幼儿园达成了协议,取得了该幼儿园以及全部被害人的谅解。经审理,法院判决:被告人应某敏犯诈骗罪,判处有期徒刑一年六个月,缓刑二年,并处罚金人民币六千元。

【检察意见】

公诉机关认为,被告人以非法占有为目的,采用虚构事实、隐瞒真相的方式骗取公民财物,数额较大,应当以诈骗罪追究其刑事责任;被告人应某敏构成累犯,依法应当从重处罚;被告人应某敏能自愿承认指控的犯罪事实,愿意接受处罚,可以从宽处理;建议对被告人有期徒刑一年六个月,缓刑二年,并处罚金人民币六千元。

【辩护要点】

被告人应某敏对指控事实、罪名及量刑建议没有异议,同意适用简易程序,且签字具结,在开庭审理过程中亦无异议。

【裁判理由】

法院认为,被告人应某敏的行为已触犯《刑法》第 266 条之规定,构成诈骗罪。公诉机关的指控成立。被告人应某敏能自愿认罪,愿意接受处罚,并取得各

被害人的谅解,依法可以酌情从轻处罚并可适用缓刑。公诉机关的量刑建议适当,法院予以采纳。

【案件点评】

本案被告人应某敏,凭借自己在幼儿园当保安的身份,以代为收取幼儿园托管费的名义,向欲就读自己幼儿园的家长虚假承诺,实施诈骗。如果没有案发后,对幼儿就读和经济赔偿等事项的妥善处理,应某敏恐怕很难因此获得缓刑处罚。

也正是因为应某敏的保安身份,所以当他向有意就读自己幼儿园的家长,以代取托管费为名收取费用时,轻易就取得了家长们的信任。诈骗罪的核心是"虚构事实、隐瞒真相,骗取他人财物"。应某敏通过职务便利,隐瞒自己无权承诺的事实,虚构"托管费用"并进行收取,非法收受他人3万余元,从而涉嫌犯罪,触发了诈骗罪的刑事法律风险。

值得注意的是,如果没有应某敏的保安身份加持,就读幼儿的家长可能并不会轻易相信和交费。如果在收取托管费用前,家长向幼儿园进行核实,通过财务正常手续进行交费,也就不会给应某敏犯罪提供机会。

除此之外,根据律师办理案件情况看,相当数量的诈骗案件,被害人或者是信息被屏蔽,缺少正常了解事件真实性的渠道,或者是所办之事,本身有一定的非法性,比如公开政策上不允许,购房资格受到限制,但又想要购买房屋等,当承诺无法兑现时,才发现自己上当受骗,往往钱财损失已不可挽回,或难以挽回。对于非正常途径收取费用,本案提供了一个良好的素材,希望起到警示教育的作用。

点评人:四川卓安律师事务所　何春莉

三、福建某幼儿园园长教育设施重大安全事故案

郑某甲雇佣无资质工人致重大安全事故案

(2015)永少刑初字第9号

【关键词】

教学楼　建筑安全　行业标准　重大安全事故

【基本案情】

被告人郑某甲。

2006 年 3 月,被告人郑某甲独自经营某幼儿园并任校长,负责幼儿园全面工作。2012 年 8、9 月份和 2013 年 8、9 月份,郑某甲租用原徐街村小学东院的 3 间房屋,作为某幼儿园开设的小学一年级教室使用。在使用过程中发现东院的 3 间房屋出现漏雨、房梁松动、后房山墙下沉等安全隐患。2014 年 2 月份,郑某甲找无建筑资质人员对房屋进行了修缮,修缮过程中在房屋的铁梁下支撑了一根铁管用以加固,将该房屋继续作为一年级教室使用。2014 年 12 月 13 日下午 4 时许,该教室坍塌,致教室内学生 3 人死亡 2 人受伤。经鉴定,修缮时进行的不当支顶以及屋架下弦采用塑性、韧性、冲击韧性及冷弯性能极差的钢材是造成该建筑屋架瞬间垮塌的主要原因。事故发生后,被告人郑某甲参与现场抢救,被传唤到案后如实供述了事实经过。经审理,法院判决:被告人郑某甲犯教育设施重大安全事故罪,判处有期徒刑三年六个月。

【检察意见】

公诉机关认为,被告人郑某甲作为某幼儿园校长,明知校舍有危险,而不及时采取有效措施,致使发生重大伤亡事故,其行为已触犯《刑法》第 138 条之规定,构成教育设施重大安全事故罪。被告人郑某甲到案后如实供述了自己的罪行,适用《刑法》第 67 条第三款的规定,提请法院依法追究被告人郑某甲的刑事责任。

【辩护要点】

被告人郑某甲对公诉机关指控的事实和罪名无异议。

被告人郑某甲的辩护人的辩护意见为:被告人郑某甲发现某幼儿园校舍存在一定隐患后,及时报告并积极采取了相应措施,校舍意外坍塌与被告人郑某甲之间不具备法律上的因果关系。郑某甲的行为不构成教育设施重大安全事故罪。

【裁判理由】

法院认为,被告人郑某甲作为幼儿园校长,明知自己擅自扩大的 3 间校舍房屋铁梁不符合安全标准,且在发现房梁松动变形等情况后,雇佣无建筑资质人员进行简单修缮,未采取有效措施,仍将安全性能不达标的房屋继续作为教室使用,致使发生伤亡事故,被告人郑某甲的行为与损害结果之间存在刑法上的因果关系,其后果特别严重,事实清楚,证据充分,其行为触犯了《刑法》第138条之规定,构成教育设施重大安全事故罪。公诉机关指控的罪名成立。被告人郑某甲到案后如实供述自己的罪行,依法从轻处罚;被告人郑某甲取得了部分被害人亲属的谅解,酌情从轻处罚。

【案件点评】

本案系幼儿园园长明知房梁不符合验收标准,不及时采取有效措施,教室坍塌后致使3人死亡2人受伤的刑事案件。该园长发现安全隐患后,未雇佣有建筑资质人员进行有效修缮,因而发生了重大伤亡事故,其行为构成教育设施重大安全事故罪,属于"后果特别严重"的加重处罚情节。

本罪是专门为保障学校教学设施安全、保护师生安全而设立的罪名,目的在于提高学校设施管理人员的责任心。考虑到现实状况及经费投入限制,本罪针对的不是明知校舍或者教育设施存在危险而正常使用的行为,而是明知校舍或者教育教学设施有危险,而不采取措施或者不及时报告,致使重大伤亡事故的行为。这里所谓的"校舍",是指各类学校及其他教育机构的教室、教学楼、行政办公室、宿舍、图书阅览室等,"教学设施",是指用于教育教学的各类设施、设备,如实验室及实验设备、校车、体育活动场地及器械等。

根据案件发生率来看,幼儿教育阶段和初中教育阶段发生此类案件的几率更高。防范校园教育设施安全事故刑事风险,应在以下方面做好事前预防:1. 加强校园安全管理制度建设、定期进行校园设施安全隐患大排查、建立安全隐患报告制度,对教学楼、公寓楼、办公室、公用设施等处的安全隐患报到学校,由学校安排专人及时加以落实解决。2. 强化教育设施管理人、教师及学生的安全意识,落实安全教育和培训制度,实现安全教育培训的常态化。3. 落实对教室、实训室、体育器材、校车等设施定期检查制度,加强使用过程中的监管。4. 对于校舍、教学设施存在安全风险,暂无法采取有效措施,应该及时向上级安全责任部门汇报。

点评人:山东矩量律师事务所　朱恒伟

四、海南某幼儿园教师虐待被看护人案

李某梅虐待被看护人案

（2016）琼 9003 刑初 389 号

【关键词】

监护责任 临时看护 故意伤害 虐待儿童

【基本案情】

被告人李某梅，某幼儿园教师。

2019 年 9 月，被告人李某梅担任某幼儿园本部中（4）班副主任期间，在该教室及午休室内，对该班级学生李某、彭某、黄某、刘某 1、程某、汪某、成某、余某、刘某 2 等九名幼儿（其中八名出生于 2015 年，一名出生于 2014 年），多次使用班级内用于固定幼儿画作的大头针，对上述九名幼儿的手背、手臂、颈部、腰背部等处进行扎、刺。案发后，部分被害人的亲属对被告人李某梅的行为表示谅解。经审理，法院判决：一、被告人李某梅犯虐待被看护人罪，判处有期徒刑一年五个月。二、禁止被告人李某梅自刑罚执行完毕之日起从事幼儿教育职业，期限为三年。

【检察意见】

公诉机关认为，被告人李某梅对被害幼儿负有看护职责，其多次采用针扎、刺等手段虐待多名被看护的幼儿，情节恶劣，其行为已触犯《刑法》第 260 条之规定，犯罪事实清楚，证据确实、充分，应当以虐待被看护人罪追究其刑事责任。被告人李某梅利用职业便利实施了违背职业要求特定义务的犯罪，根据《刑法》第 37 条之规定，可以适用从业禁止的处罚。

【辩护要点】

1. 被告人从案发后到现在一直被关押，为自己的行为已付出了惨痛的代价，被告人李某梅触犯了刑法，构成了犯罪，应当在法定量刑幅度内进行惩罚。

2. 从被告人的犯罪动机和目的来看，被告人并不是出于伤害的目的，而是出于一种管理的想法，只是采取的方式过激；从犯罪后果来看，被害人也没有达到轻微伤的程度。

3. 被告人没有任何的劣迹、前科，是初犯、偶犯，自愿认罪认罚，有悔罪表现，已经认识到自己的行为给社会造成的危害。被告人从事这个行业这么多年，对这个行业有一定贡献。综上所述，建议法庭对被告人李某梅从轻处罚。

【裁判理由】

法院认为：被告人李某梅身为人民教师，在担任幼儿园副班主任期间，多次用针扎、刺被看护的九名幼儿，情节恶劣，其行为已触犯《刑法》第 260 条之规定，构成虐待被看护人罪。县人民检察院指控被告人李某梅的罪名成立。被告人李某梅到案后及庭审中对主要事实如实供述，属坦白，可对其从轻处罚。案发后，被告人取得了部分被害人亲属的谅解，酌情对其从轻处罚。被告人李某梅自愿认罪认罚，对其从宽处理。公诉机关量刑建议适当，法院予以采纳。对辩护人的相应辩护意见法院亦予以采纳。被告人李某梅利用职业便利实施犯罪，对其适用从业禁止的处罚。

【案件点评】

近些年来，幼儿园教师虐待幼儿等事件时有发生，引发社会高度关注，而本案即是较为典型的教师虐待幼儿的案例。本案中该名教师利用担任幼儿园副班主任的职业便利，多次用针扎、刺被看护的九名幼儿，情节恶劣。

虐待被监护、看护人罪中规定的未成年人、老年人、患病的人和残疾人这四类犯罪对象中，幼儿是最没有反抗能力、最不容易被发现、最容易造成终生身心伤害的一类。在孩童时期遭受虐待，长大后很容易走极端，滋生各种心理疾病。同时，虐待幼儿的行为，不仅仅伤害的是幼儿本身，更是在摧毁一个家庭，造成的社会危害更加恶劣，因此办案单位在办理相关案件时也会着重从实施虐待行为的持续时间、次数、频率、虐待手段以及所造成的社会危害后果等多个因素考虑。同时依据刑法相关规定，因利用职业便利实施犯罪，或者实施违背职业要求的特定义务的犯罪被判处刑罚的，人民法院可以根据犯罪情况和预防再犯罪的需要，禁止其自刑罚执行完毕之日或者假释之日起从事相关职业，期限为三年至五年。最终法院对该名教师适用从业禁止的处罚，客观上也能够较为有效地防止相关行为人继续在同类行业中从业，符合预防再犯罪的客观需要。

需要特别说明的是,从幼儿园、养老院等特定机构经营者的管理角度,需要经营者多角度加强、规范园区管理,从而防范刑事法律风险:一是加强对于相关从业工作者的刑事法律风险培训;二是加强园区的动态监管,如增设摄像监控设备数量等;三是做好与幼儿家属的沟通工作,及时有效地掌握和了解情况等等。

点评人:四川蜀瑞律师事务所　张龙

五、四川某幼儿园教师过失致人死亡案

朱某春过失致人死亡案

(2019)川 1603 刑初 27 号

【关键词】

幼儿园　校园安全　教师责任　过失犯罪

【基本案情】

被告人朱某春,广安市某幼儿园小班老师。

2018 年 6 月 12 日 9 时许,被告人朱某春将上课期间睡着的被害人欧某 2(2015 年 10 月 23 日出生)抱至幼儿园寝室内一休息床的上铺睡觉,之后未向保育员作任何交代便继续回教室上课,在此期间,被害人欧某 2 一直处于无人照看的环境中。10 时 40 分许,幼儿园工作人员王某发现欧某 2 颈部被休息床上铺的护栏卡住,身体悬空,遂将被害人欧某 2 送至广安市某卫生院进行救治,后经抢救无效死亡。经鉴定,被害人欧某 2 系缢死。同时查明,案发后,被告人朱某春对被害人家属进行了赔偿,并取得了被害人家属的谅解。经审理,法院判决:被告人朱某春犯过失致人死亡罪,判处有期徒刑一年,缓刑两年。

【检察意见】

公诉机关认为,被告人朱某春作为幼儿园教师,明知被害人欧某 2 系无生活自理能力的幼儿,仍将被害人置于无人照看的环境中睡觉,致其死亡,其行为触犯了《刑法》第 233 条之规定,犯罪事实清楚,证据确实、充分,应当以过失致人死亡罪追究其刑事责任。

【辩护要点】

被告人朱某春对公诉机关指控的事实无异议,但辩称自己的行为不构成过

失致人死亡罪,认为上课期间自己的主要职责是上课,当时所处的环境无法预见到会发生幼儿死亡的结果,幼儿死亡系意外事件。

被告人朱某春的辩护人提出的辩护意见是:幼儿的死亡并非出于被告人的故意或者过失,而是由不能预见的原因引起的,被告人不构成过失致人死亡罪,同时被告人对被害人的家属进行了补偿,并取得了被害人家属的谅解,应当从轻处理。

【裁判理由】

一、从主体方面看,被告人朱某春身为幼儿园小班老师,其担负的重要职责之一即是确保幼儿在校期间的人身安全,并且被告人朱某春对被害人欧某 2 产生了先前行为之作为义务。

二、从主观方面来看,被告人具有过失。被告人明知被害人欧某 2 无生活自理能力又具有一定的活动能力且没有危险意识,还将被害人单独留在寝室上铺睡觉,或许其不能准确预料幼儿可能受到何种具体形式的伤害,但能够也应当预料到被害幼儿可能会受到伤害,可能会发生危险。即便是普通人也能够预料到将一名两岁多幼儿单独留在寝室睡觉可能会发生危险状况,被告人作为一名从事多年幼教工作的老师更应当具有较高的安全防范意识,但被告人却因疏忽大意而未能预见。

三、从客观方面来看,因被告人的疏忽大意,直接将被害幼儿置于危险境地,从而导致被害幼儿死亡结果的发生。

综上所述,法院认为,被告人的行为符合过失致人死亡罪的构成要件,触犯了《刑法》第 233 条之规定,应当以过失致人死亡罪追究其刑事责任。公诉机关指控被告人的犯罪事实清楚,证据确实、充分,罪名成立。对被告人及辩护人提出的被告人不构成犯罪,上课期间不具有照顾职责,该事件系意外事件的无罪辩护意见,法院不予支持。被告人朱某春到案后能够如实供述自己的罪行,依照《刑法》第 67 条第三款之规定,系坦白,可以从轻处罚。被告人的犯罪情节较轻,有悔罪表现,积极赔偿被害人家属损失并取得谅解,在量刑时综合予以考虑。

【案件点评】

本案发生于学前教育阶段。幼师在对幼儿保育、教育过程中,因主体意识、安全意识和责任意识欠缺导致悲剧发生,教训深刻、引人深思。

案件审理过程中,控辩双方的争议焦点为:本案属于疏忽大意的过失犯罪(有罪),抑或属于不可预见的意外事件(无罪)。焦点的核心则在于判断行为人是否预见了损害结果发生的可能性。那么,应该如何判断被告人朱某春是否预见到被害人欧某2的死亡结果呢?本律师采用的是张明楷教授提倡的"从知能水平到规范能力"的判断标准,即:在确定朱某春的行为导致了欧某2死亡的前提下,首先从知能水平上,判断朱某春所属的幼师群体能否预见结果的发生;其次,判断朱某春本人的知能水平是高于还是低于幼师群体;最后从规范能力上做比较,如果幼师从业者的基本素质能够预见损害结果发生,且朱某春具备这一基本素质,那么朱某春就有预见结果发生的能力,即使其马虎大意,也不能免除责任。具体到本案中,幼师具有保障幼儿在校人身安全的责任,通常能够预见到将幼儿安置在无人照顾的环境,有侵害幼儿人身安全的高度危险。朱某春作为从业多年的幼师,理应具备高于常人的经验和安全防范意识,朱某春没有保持通常应当具备的认真、慎重态度,才导致没有预见到欧某2死亡的结果,据此,可以判断朱某春对欧某2的死亡有预见可能性。正因如此,法院认定朱某春有预见可能性,朱某春构成过失致人死亡罪。

有人可能会问:正如朱某春自行辩护所言,其在教室上课,并未直接伤害欧某2,为何说是朱某春的行为导致欧某2死亡,从而认定其构成犯罪呢?法院对此已有回答:"被告人朱某春对被害人欧某2产生了先前行为之作为义务",言下之意是,被告人朱某春构成不作为的过失致人死亡罪。所谓不作为,是指行为人有义务且有能力履行某种行为的情况下不履行该义务。不作为同样属于刑法中的危害行为。朱某春将教室中熟睡的欧某2,单独安置在无人看护的房间,正是朱某春事先的这一做法产生了必须积极保证幼儿安全的义务,即朱某春应当积极保护欧某2的安全不受伤害。朱某春没有审慎地尽到安全保障的义务,因此其需要对损害后果承担法律责任。此外,刑法以处罚故意犯罪为原则,以处罚过失犯罪为例外。朱某春客观上确未预见到危害后果,情节较轻,加上已经积极赔偿被害人家属并取得谅解,对朱某春适用缓刑,罪责相当,符合罪责刑相适应的原则。

痛定思痛,为了让类似事件不再发生,提醒各位学前教育管理者、工作者注意以下几点:一是,明确职工责任范围,规范工作交接和责任转移。本案幼师未与保育员进行工作对接,是导致悲剧发生的原因之一。学前教育过程中会有大量需要工作对接的环节,从室内学习到室外活动,从进食饮水到盥洗,特别是不同时段、不同区域由不同的教职工负责的情形下,应当规范地明确工作交接的方式及责任主体,避免因交接不当发生安全责任、互相推诿扯皮的现象。二是,重视安全知识和技能的培训,岗前培训和定期培优不可或缺。"新手"教职工可能因为缺乏经验导致危险行为发生,有经验的教职工也容易因麻痹大意忽视日常风险。对新入职的教职工,应当进行足够的岗前培训,特别是安全警示教育方面的培训;对有经验的教职工,应当注重安全技能的提升和安全意识的强化。三是,应当采购符合安全标准的教育设施设备,定期排查安全隐患。试想,如果幼儿园的床铺是安全可靠的,如果在日常排查中发现可能导致幼儿头颈部,并采取必要措施,就有可能避免悲剧发生。因此,管理者在设备采购方面须严格把关,按照国家要求的安全标准选购教育设施设备,将安全标准置于成本要求之上,加强对校内设备的安全排查,发现隐患及时处理。

点评人:四川省人民检察院　张铁韬

第二章 初等教育

　　初等教育阶段是青少年受教育的重要阶段,初等教育阶段的刑事涉罪法律风险主要是指小学校长、教师、教务处主任等相关人员在教育教学过程中,由于不懂法律、疏于法律审查或者无视法律,没有依法履行义务或依法行使权利,导致因违反法律法规或者规章制度而承担法律责任的风险。在实践中,除教育主体的职务犯罪外,初等教育阶段因学生年龄较小,学校教育与安全保护义务重,多涉及到因校园安全而产生的法律风险问题,尤其是,学生的安全教育管理职责最终落实到参与教育教学的教师身上。若教师在执业中没有尽到安全教育与管理职责,就会构成学校在教育与管理方面的"过错",学校就会因此承担相应责任,教师也因此承担法律风险。因此,该教育阶段的法律风险识别与防控具有重大意义。本章共计三小节,分别从案件总体数据呈现、高发罪名解读、典型案例剖析等多个维度,全方位的对初等教育阶段主体的犯罪特征作出分析。

第一节 纵览:总体数据呈现

　　该教育阶段提取到 2015—2020 年上传的与教育行业主体(含初等教育阶段学校的校长、教师、教务处主任等与初等教育密切相关的人员)相关的刑事一审案件,共计 1388 例,所涉及为裁判文书网上的公开案例,部分案例因其罪名特殊性,或是涉及当事人隐私,故不予公开,其中 2019 年上传的刑事裁判文书最多,达 491 例;同学前教育阶段一样,河南的案发数量远高于其他省份;学校主要行政管理人员作为被告的有 674 例、校长有 205 例、教师有 509 例;高发罪名主要集中于贪污罪与受贿罪;该阶段无律师参与的案件量与有律师参与的案件量相差不大,分别约占总案件量的 52% 与 48%。

一、案件特征

（一）罪名分布

从裁判文书的罪名统计来看,初等教育阶段刑事犯罪共涉及 98 个具体罪名,根据我国《刑法》分则的规定,这些罪名广泛分布在除了危害国家安全罪、危害国防利益罪、军人违反职责罪以外的其他七章。根据涉案人数由高到低的顺序,结合犯罪所侵犯的客体类型,将初等教育阶段涉及的前三大罪名排列如下:

1. 第八章"贪污贿赂罪"涉及 8 个罪名,占总罪名数的 8.16%。具体罪名为贪污罪、受贿罪、挪用公款罪、行贿罪、单位行贿罪、单位受贿罪、介绍贿赂罪、私分国有资产罪。此类案件共 409 例,占初等教育阶段犯罪总数的 29.47%。其中,犯贪污罪的数量最多,有 117 例,占初等教育阶段犯罪总数的 8.43%;犯受贿罪的有 100 例,占初等教育阶段犯罪总数的 7.20%;犯挪用公款罪的有 58 例,占初等教育阶段犯罪总数的 4.18%;犯本章其他 6 类罪的共计 192 例,占初等教育阶段犯罪总数的 13.83%。

2. 第二章"危害公共安全罪"涉及 9 个罪名,占罪名总数的 9.18%。具体罪名为危险驾驶罪、交通肇事罪、以危险方法危害公共安全罪、重大责任事故罪、放火罪、非法持有、私藏枪支、弹药罪、非法制造、买卖、运输、邮寄、储存枪支、弹药、爆炸物罪、非法制造、买卖、运输、储存危险物质罪、破坏电力设备罪。此类案件共 250 例,占初等教育阶段犯罪总数的 18.01%。其中,与学前教育阶段相似,犯危险驾驶罪的最多,有 177 例,占初等教育阶段犯罪总人数的 12.75%;犯交通肇事罪的共有 55 例,占初等教育阶段犯罪总数的 3.96%;犯本章其他 7 类罪的共计 18 例,占初等教育阶段犯罪总人数的 1.30%。

3. 第五章"侵犯财产罪"涉及 9 个罪名,占总罪名的 9.18%。具体罪名为诈骗罪、职务侵占罪、挪用特定款物罪、挪用资金罪、故意毁坏财物罪、破坏生产经营罪、盗窃罪、抢劫罪、敲诈勒索罪。此类案件共涉案 239 例,占初等教育阶段犯罪总数的 17.22%。其中,犯诈骗罪的有 77 例,占初等教育阶段犯罪总数的 5.55%;犯盗窃罪有 72 例,占初等教育阶段犯罪总数的 5.19%;犯职务侵占罪的有 40 例,占初等教育阶段犯罪总人数的 2.88%;犯本章其他 7 类罪的共计 50 例,占初等教育阶段犯罪总数的 3.60%。

此外,第六章"妨害社会管理秩序罪"共涉及 34 个罪名,占涉案总罪名的 34.69%;此类案件共涉案 205 例,占初等教育阶段犯罪总人数的 14.77%,可以看出,在这一章节,罪名分布较分散。其中,犯寻衅滋事罪的最多,有 63 例,占初等教育阶段犯罪总数的 4.53%。第四章"侵犯公民人身权利、民主权利罪"共涉及 15 个罪名,犯故意伤害罪的最多,有 79 例,占初等教育阶段犯罪总人数的 5.69%。

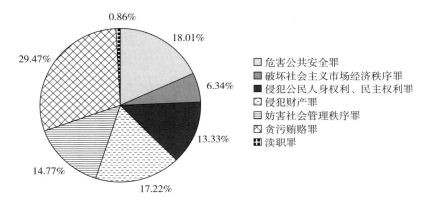

初等教育阶段刑事一审案件案由分布

（二）地域分布

2015—2020 年,初等阶段的一审刑事案件共涉及全国 32 个省、自治区、直辖市,地域分布呈现出一定的地域差异。案件数量超过 100 例的省级行政区分别为河南(208 例)、云南(128 例)、福建(109 例)、广东(104 例),四个省的案件数量合计占比超过了初等教育阶段全国案件数量的 2/5,值得注意的是,河南、云南、广东也是学前教育阶段,审结案件数量最多的前三大省。审结案件数量低于 10 例的省级行政区为青海、海南、宁夏、江西、天津、上海、北京、西藏、新疆兵团等 9 个省份,其中西藏和新疆兵团各 1 例。

（三）时间分布

2015—2020 年,6 年期间初等教育阶段的案件审结数量年变化呈波浪状起伏,与学前教育阶段案件审结年变化具有相似性。总体而言,案件量最多的两个峰值分别是:2019 年审结 491 例,占初等教育阶段案件总数量的 35.37%;2017 年审结 395 件,占初等教育阶段案件总数量的 28.46%。而 2016 年与 2018 年案

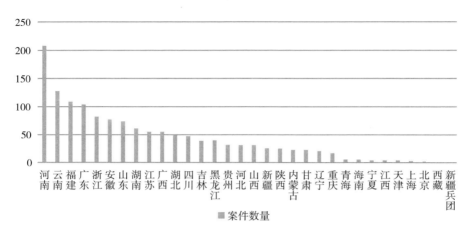

初等教育阶段刑事一审案件地域分布

件数量下降,分别是 2016 年共计 65 例,占初等教育阶段案件总数量的 4.68%;2018 年共计 134 例,占初等教育阶段案件总数量的 9.65%。2020 年受疫情或其他因素影响,案件数量较少,共计 197 例。

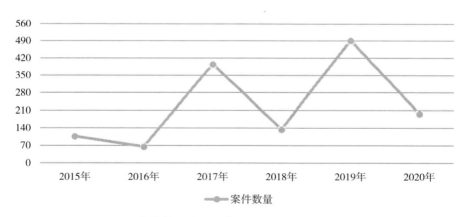

初等教育阶段刑事一审案件时间分布

二、被告人情况勾勒

(一)职业分布

本次从裁判文书提取的初等教育阶段刑事案件,主要选取了教师、校长、学校主要行政管理人员三大类教育行业主体,其中学校主要行政管理人员包括处长、科长、主任、校车管理人员等。从被告人职业分布来看，统计的 1388 例数据样本中，学校主要行政管理人员作为被告的情形最多，占比约为 48%；其次为教师，占比约为 37%；校长犯罪的情形最少，占比约为 15%。

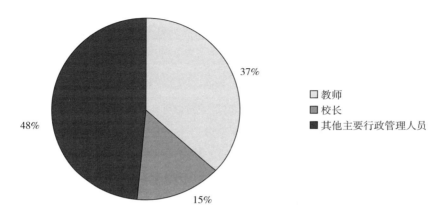

初等教育阶段刑事一审案件被告人职业分布

（二）性别分布

从被告人的性别分布来看，统计的 1388 例数据样本中，男性主体作为被告的情形为绝大多数，共计 901 例，占比约为 64.91%；女性主体作为被告的情形较男性而言更少，共计 92 例，占比约为 6.63%；其中有 395 例左右的样本因当事人段未写明当事人性别情况，不能确定主体性别。

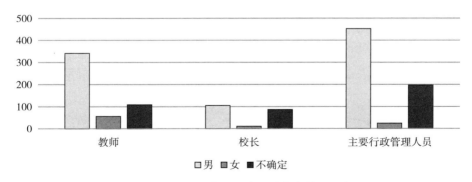

初等教育阶段刑事一审案件被告人性别分布

（三）年龄分布

从裁判文书网提取的 1388 例文书中，载明被告人年龄的裁判文书共计 944

例。在这 944 例有效裁判文书中,1970—1979 年间出生的人最多,共计 284 例,占有效文书总人数的 30.08%;其次是 1960—1969 年出生的人,共计 246 例,占有效文书总人数的 26.06%;再次是 1960—1969 年出生的人,共计 180 例,占有效文书总人数的 19.07%。总体来看,被告人以 30—60 岁的中年人居多,60 岁以上老人及 18—30 岁青年人较少,这与教育行业主体多为中年人也有一定关系。

(四)文化程度

在裁判文书网提取的文书中,有效载明被告人文化程度的裁判文书共计 520 例。初等教育阶段,小学文化程度的被告人较多,这与校车司机犯危险驾驶罪较多有一定关系;其次是专科文化程度,占比约为 25.96%;校长中,有 2 例是研究生学历,行政管理人员中,有 1 例是研究生学历。总体而言,在初等教育阶段,犯罪被告人的受教育偏低,专科及以下文化程度人数占比约为 80.38%,大学及以上文化程度人数占比约为 19.62%。

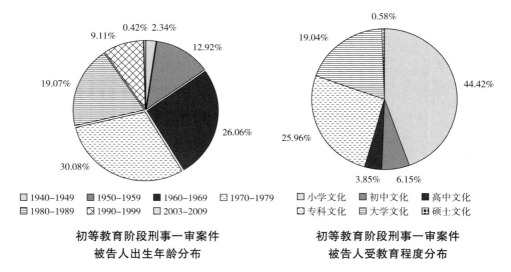

初等教育阶段刑事一审案件
被告人出生年龄分布

初等教育阶段刑事一审案件
被告人受教育程度分布

三、律师参与

(一)律师参与率与律师来源

分析初等教育阶段,律师参与帮助被告人辩护的情况,可以看到,无律师参与的案件量略大于有律师参与的案件量。无律师参与的案件量占总案件量的

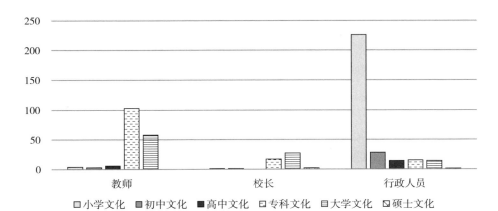

初等教育阶段刑事一审案件不同主体文化程度分布

51.51%,需要注意的是,此处的"无律师参与"既包括实际上没有律师参与办案,也包括有些裁判文书中没有记录律师参与的情况;有律师参与的案件量占总案件量的 48.48%,其中 45.10%的律师是被告人委托有律师,3.38%的律师是法律援助律师。

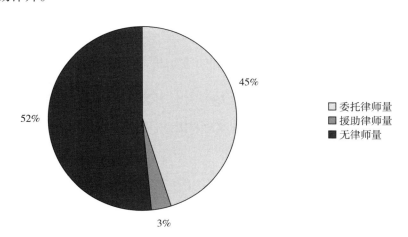

初等教育阶段刑事一审案件被告人律师来源

(二)不同职业下律师参与情况

从裁判文书检索到的有效裁判文书中,初等教育阶段教师犯罪共有 509 例,其中无律师参与办案的案件共有 275 例,占比约为 54.03%,超过总案件量的 1/2;初等教育阶段校长犯罪共有 205 例,其中无律师参与办案的案件共有 100

例,占比约为48.78%;主要行政管理人员犯罪共有674例,无律师参与办案的案件共有336例,占比约为49.85%。三类主体中,有律师参与办案的案件数量与无律师参与办案的案件数量相差不大,都接近案件总量的50%。在有律师参与办案时,委托律师数量占绝大多数,仅有一小部分是法律援助律师。

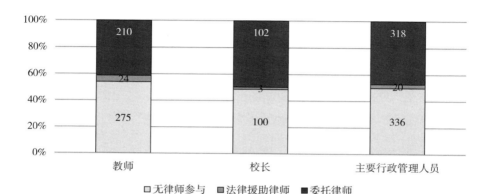

初等教育阶段刑事一审案件不同职业下律师参与情况

四、裁判结果

(一)自由刑

2015—2020年,从裁判文书提取到的被告人被判处的自由刑来看,刑罚选择趋于集中,判处有期徒刑的案件共有918例,占比约为66.14%;被判处无期徒刑的案件共有10例,占比约为0.72%。

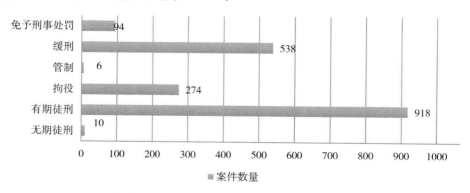

初等教育阶段刑事一审案件被告人自由刑数量

（二）财产刑

在裁判结果中,判处没收财产的案件数量为 1 例,判处支付鉴定费的案件数量为 6 例,并处罚金的案件数量最多,有 743 例,意味着有 53.53% 的被告人被判处罚金。

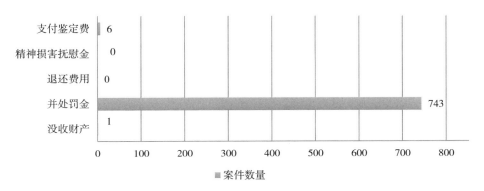

初等教育阶段刑事一审案件被告人财产刑数量

其他附加刑的适用,在裁判文书网相关案例中提取了剥夺政治权利、撤销教师资格、降低岗位等级、免除职务、赔礼道歉五项内容。从提取结果来看,这几项的适用率都较低,其中,被判处剥夺政治权利的有 26 例,占案件总量的 1.87%;被判处赔礼道歉的有 1 例,其余均为 0 例。

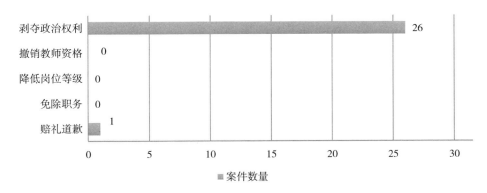

初等教育阶段刑事一审案件被告人其他刑数量

（三）律师参与情况与刑罚适用

为研究有律师参与、无律师参与时,刑罚的差异,选取了刑罚中比较有代表性的四个维度:"免予刑事处罚""缓刑""有期徒刑""无期徒刑",用以比较。被告人被判处免予刑事处罚时,无律师参与案件所占比例远高于有律师参与时的比例;与之相反的是,被告人被判处无期徒刑时,有律师参与案件所占比例远高于无律师参与时的比例。可以看出,简单案件,教育行业主体通常选择不聘请律师,自己为自己辩护,而遇上复杂案件,教育行业主体的专业能力不足以应付时,才选择聘请律师。

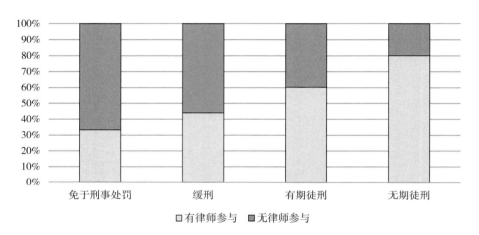

初等教育阶段刑事一审案件律师参与与刑罚适用

第二节　聚焦:高发罪名解读

本小节主要从时间与地域分布、被告人情况勾勒、裁判结果及律师参与情况等几方面,针对初等教育阶段三大高发罪名进一步分析,含贪污罪、危险驾驶罪、受贿罪。

分析初等教育高发案由可以发现,该教育阶段最主要的刑事法律风险为公办学校工作人员的职务犯罪问题,其中最关键的是该教育阶段犯罪主体的国家工作人员身份识别问题。首先,《刑法》第382条规定,贪污罪是指国家工作人员(或准国家工作人员)以非法占有财物为目的,利用其职务活动形成的便利,以侵吞、窃取、骗取或者以其他手段非法占有公共财物的犯罪行为,严重侵犯了国家公共财物所有权和国家工作人员职务廉洁性的双重法益。其次,根据现行《刑法》第93条、第382条之规定,贪污罪的特殊犯罪主体包括四类:第一,在国家机关中从事公务的人员;第二,国有公司、企业、事业单位、人民团体中从事公务的人员;第三,国家机关、国有公司、企业、事业单位委派到非国有公司、企业、事业单位、社会团体从事公务的人员;第四,其他依照法律从事公务的人员。无论是理论界还是实务界,有关何谓"从事公务"的理解都围绕着"管理""领导""监督""组织"等关键词,并且对公务以及国家工作人员内涵的把握上,都强调"职权性"或者"管理性"。同时需要指出的是,部分分析处考虑裁判文书本身的模糊性、分析对象的关联性与典型性,未全面完整所有对象。

一、贪污罪

贪污罪,是指国家工作人员利用职务上的便利,侵吞、窃取、骗取或者以其他手段非法占有公共财物的行为。受国家机关、国有公司、企业、事业单位、人民团体委托管理、经营国有财产的人员,利用职务上的便利,侵吞、窃取、骗取或者以其他手段非法占有国有财物的,以贪污罪论。与前两款所列人员勾结,伙同贪污的,以共犯论处。

通过在裁判文书网检索 2015—2020 年与教育行业有关的刑事一审裁判文书发现,其中初等教育阶段教育主体(教师、校长、其他主要行政管理人员),犯贪污罪的共计 117 人。教育行业构成贪污罪的主体是公立院校的在编工作人员,即国家事业单位工作人员。以某农业大学附中的会计贪污案为例,王某作为农大附中会计是国家工作人员,通过不同的方式冒领学校职工的工资,数额达到 395 万元,达到了贪污数额特别巨大的标准,应当判处十年以上有期徒刑、无期徒刑或死刑。在教育行业中对于贪污罪适格主体的识别是需要重点关注的问题。

(一)时间与地域分布

1. 时间分布

2015—2020 年,6 年期间的案件数量呈波浪式分布。两个峰值分别分布在 2015 年(涉案 36 人)与 2017 年(涉案 48 人);2016 年涉案人数略有回落,为 24 人;2018 年和 2019 年涉案人数较少,分别为 2 人、7 人;2020 年没有检索到初等教育阶段与贪污罪相关的案例。

2. 地域分布

2015—2020 年,初等教育阶段贪污罪的一审刑事案件共涉及全国 23 个省、

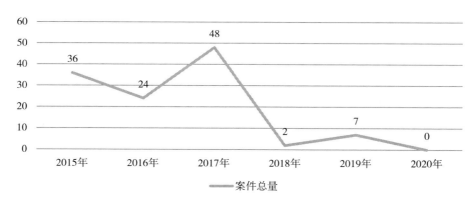

初等教育阶段刑事一审案件中贪污罪时间分布

自治区、直辖市,地域分布呈现出一定的地域差异。涉案人数最多的前三个省级行政区分别为云南(27人)、广东(16人)、山东(12人),三个省份的涉案被告人数量合计占比超过了总被告人数的2/3。而涉案人数较少的省级行政区为湖北、吉林、江苏、辽宁和青海,均为1例。

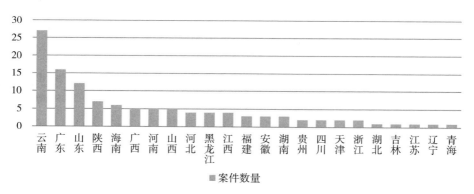

初等教育阶段刑事一审案件中贪污罪地域分布

(二)被告人情况勾勒

1.职业分布

分析被告人职业可以看到,117名犯贪污罪的被告人中,教师共计12名,约占被告人总数的10.26%;校长共计60名,约占被告人总数的51.28%;其他主要行政管理人员共计45名,约占被告人总数的38.46%。

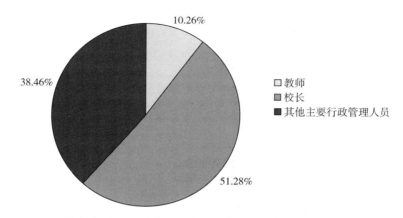

初等教育阶段刑事一审案件中贪污罪被告人职业分布

2. 性别分布

分析被告人性别可以看到,117 名犯贪污罪的被告人中,男性共有 93 名,约占被告人总数的 79.49%;女性共有 17 名,约占被告人总数的 14.53%;还有 7 名被告在裁判文书中未注明性别。其中,职业为其他主要行政管理人员的被告人男女之比为 3∶1;职业为教师和校长的被告人性别比差异较大,绝大多数为男性。

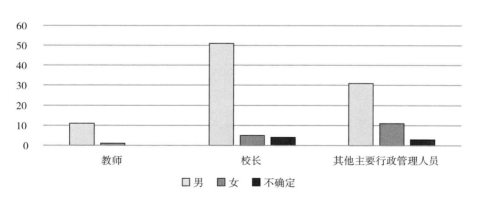

初等教育阶段刑事一审案件中贪污罪被告人性别分布

3. 年龄分布

分析被告人年龄可以看到,117 名犯贪污罪的被告人中,1970—1979 年出生的人数最多(41—50 岁),共计 36 人,约占被告人总数的 30.77%;其次是出生日

期在 1960—1969 年(51—60 岁),共计 34 名;再次是出生日期在 1950—1959 年
(61—70 岁),共计 15 名;1980—1989 年(31—40 岁)的被告人较少,还有 20 名
被告在裁判文书中未注明年龄。

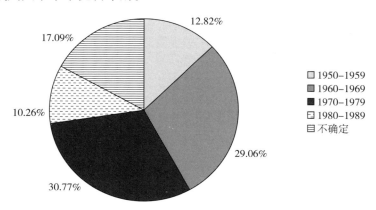

初等教育阶段刑事一审案件中贪污罪被告人年龄分布

4. 文化程度

分析被告人文化程度可以看到,初等教育阶段,犯贪污罪的被告人文化程度
总体偏高,无被告人系高中以下文化程度。专科文化共计 59 人,约占被告人总
数的 50.44%;大学本科文化共计 37 人,约占被告人总数的 31.62%;高中文化及
硕士文化程度的被告人人数较少,分别为 2 名、1 名;还有 18 名被告在裁判文书
中未标明文化程度。其中,教师绝大多数为大学文化,校长及其他主要行政管理
人员多为专科文化。

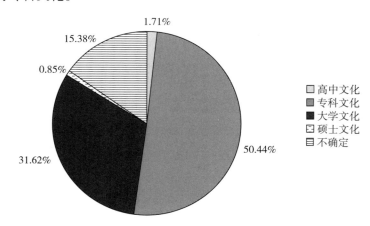

初等教育阶段刑事一审案件中贪污罪被告人受教育程度分布

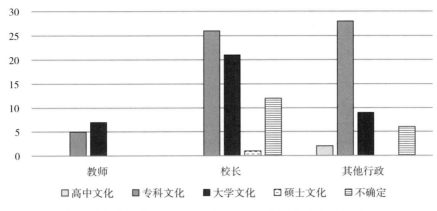

初等教育阶段刑事一审案件中贪污罪不同主体文化程度分布

（三）裁判结果及律师参与

1. 裁判结果

在 117 名犯贪污罪的被告人中,除 1 名被告人无罪、51 名被告人免除刑事处罚,其他 60 名被告人被判处有期徒刑,5 名被告人被判处拘役;其中,有 62 人被判处罚金,有 20 人被判处缓期执行。

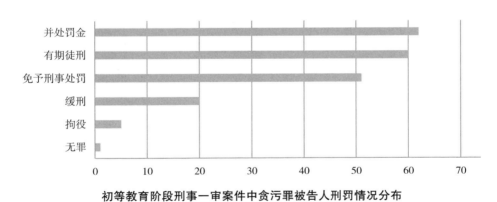

初等教育阶段刑事一审案件中贪污罪被告人刑罚情况分布

2. 律师参与率与律师来源

初等教育阶段涉及贪污罪的 117 名被告人中,委托律师为其辩护的有 72人,受法律援助为其辩护的有 1 人,有 44 名被告人没有律师为其辩护。总体而言,律师辩护率较高,约为 62.39%。

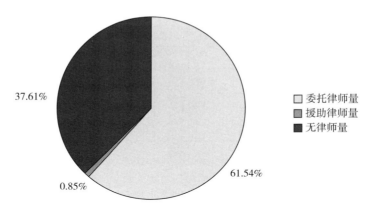

初等教育阶段刑事一审案件中贪污罪被告人律师来源

3. 不同职业下律师参与情况

分析不同职业下律师参与情况可以看到,职业为教师的被告人,委托律师为其辩护的比例最大,占教师总数的 75.00%;其次是职业校长的被告人,委托辩护率为 70.00%;职业为其他主要行政管理人员的被告人的委托辩护率为 46.67%。

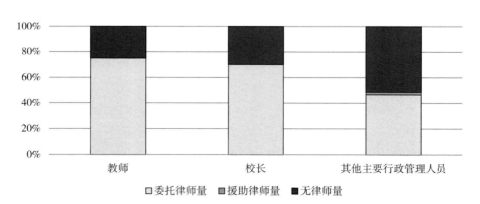

初等教育阶段刑事一审案件中贪污罪不同职业下律师参与情况

4. 律师参与对裁判结果的影响

分析该阶段被告人所受处罚与律师参与辩护之间的关系,可以看到,在 51 名免除刑事处罚的被告人中,有 24 名被告人委托律师为其辩护;在被判处三年以下有期徒刑的 38 名被告人中,有 31 名被告人委托律师为其辩护,有 1 名被告人受法律援助律师的辩护,共计 32 名律师,占阶段律师参与总量的 43.84%。

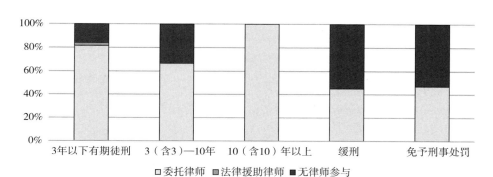

初等教育阶段刑事一审案件中贪污罪律师参与与刑罚适用情况

二、危险驾驶罪

危险驾驶罪,是指在道路上驾驶机动车追逐竞驶,情节恶劣的;醉酒驾驶机动车的;从事校车业务或者旅客运输,严重超过定额乘员载客,或者严重超过规定时速行驶的;违反危险化学品安全管理规定运输危险化学品,危害公共安全的行为。

在裁判文书网检索 2015—2020 年与教育行业有关的刑事一审裁判,其中,初等教育阶段教育主体(教师、校长、其他主要行政管理人员),犯危险驾驶罪的共计 159 人。危险驾驶罪是教育行业主体涉及到的高发罪名之一,其与校车运营安全问题密不可分,最容易出现的就是因超载校车构成危险驾驶罪。《刑法》第 133 条之一规定"在道路上驾驶机动车,有下列情形之一的,处拘役,并处罚金:…(三)从事校车业务或者旅客运输,严重超过额定乘员载客…"这里的"校车",是指学校或依法设立的道路旅客运输经营企业、城市公共交通企业以及专门的校车经营单位依照国务院颁布的《校车安全管理条例》取得适用许可,用于接送义务教育的学生上下学的 7 座以上的载客汽车;"旅客运输",是指道路旅客运输经营企业或城市公共交通企业依照《道路运输条例》取得客运经营许可而从事道路旅客运输经营。但是需要注意的是:是否取得相关许可或者具备相关经营或驾驶资质,是否造成严重后果,都不影响本罪的成立。只要实际从事了校车业务或旅客运输,并且严重超员,就可以构成本罪。

(一)时间与地域分布

1. 时间分布

2015—2020 年,6 年期间的案件数量分布差异较大。2019 年涉案人数最多,共计 90 人,2020 年涉案人数相较于 2019 年有所减少,共计 47 人,其次是 2017 年,涉案人数共计 18 人;2015 年与 2018 年涉案人数较少,分别是 1 人和 3 人;2016 年没有检索到初等教育阶段与危险驾驶罪相关的案例。

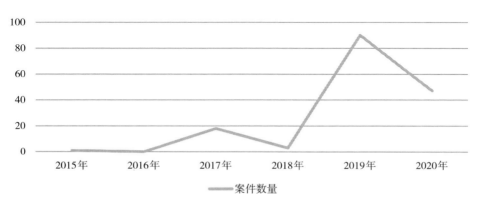

初等教育阶段刑事一审案件中危险驾驶罪时间分布

2. 地域分布

2015—2020 年,初等教育阶段的一审刑事案件共涉及全国 24 个省、自治区、直辖市,地域分布呈现出一定的地域差异。涉案人数最多的前三个省级行政区分别为河南(52 人)、安徽(21 人)、新疆(13 人),三个省份的涉案被告人数量合计占比超过了总被告人数的 2/3。而涉案人数较少的省级行政区为北京、广东、海南、河北、陕西、宁夏,均为 1 例。

(二)被告人情况勾勒

1. 职业分布

分析被告人职业可以看到,159 名犯危险驾驶罪的被告人中,教师共计 119 名,约占被告人总数的 74.84%;驾驶员共计 34 名,约占被告人总数的 21.38%;其他主要行政管理人员共计 3 名,约占被告人总数的 1.89%;校长共计 3 名,约占被告人总数的 1.89%。

2. 性别分布

分析被告人性别可以看到,159 名犯危险驾驶罪的被告人中,男性共有 143

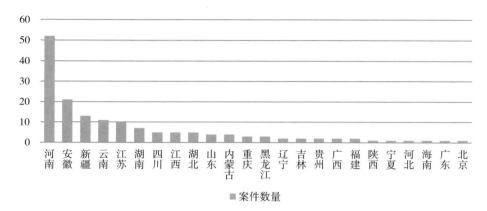

初等教育阶段刑事一审案件中危险驾驶罪地域分布

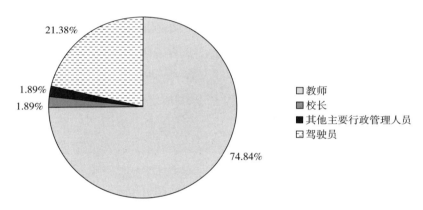

初等教育阶段刑事一审案件中危险驾驶罪被告人职业分布

名,约占被告人总数的 89.94%;女性共有 11 名,约占被告人总数的 6.92%;还有 5 名被告在裁判文书中没有注明性别。其中,职业为教师的被告人性别比差异最大,女性被告人仅约占被告人总数的 6.72%;职业为驾驶员的被告人性别比差异相对较小,女性被告人约占被告人总数的 8.82%。

3. 年龄分布

分析被告人年龄可以看到,159 名犯危险驾驶罪的被告人中,1970—1979 年出生的人数最多(41—50 岁),共计 57 人,约占被告人总数的 35.84%;其次是出生日期在 1980—1989 年(31—40 岁),共计 40 人,约占被告人总数的 25.16%;以及 1960—1969 年(61—60 岁),共计 28 名,约占被告人总数的 17.61%;大于 60 岁与小于 31 岁的被告人都较少,还有 9 名被告人在裁判文书中未注明年龄。

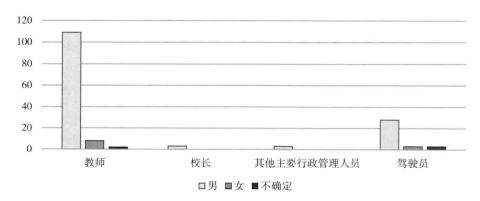

初等教育阶段刑事一审案件中危险驾驶罪被告人性别分布

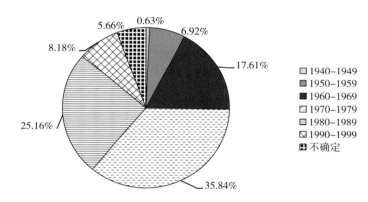

初等教育阶段刑事一审案件中危险驾驶罪被告人年龄分布

4. 文化程度

分析被告人文化程度可以看到,初等教育阶段,犯危险驾驶罪的被告人文化程度总体偏高。高中文化及以下共计 38 人,约占被告人总数的 23.90%;专科文化共计 68 人,约占被告人总数的 42.77%;大学本科文化共计 41 人,约占被告人总数的 25.79%;还有 12 名被告人在裁判文书中未注明文化程度。其中,教师绝大多数为专科文化,驾驶员多为初中文化。

(三)裁判结果及律师参与

1. 裁判结果

在 159 名被告人中,除 1 名被告人被宣告无罪,12 名被告人被免予刑事处罚,1 名被告人被判处有期徒刑,其他被告人都被判处拘役,并处罚金;其中,有

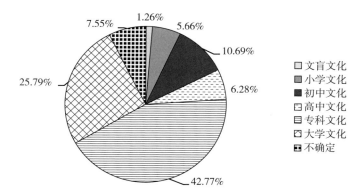

初等教育阶段刑事一审案件中危险驾驶罪被告人受教育程度分布

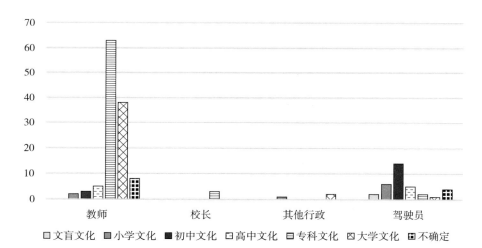

初等教育阶段刑事一审案件中危险驾驶罪不同主体文化程度分布

73 人被判处缓期执行。

2. 律师参与率与律师来源

初等教育阶段犯危险驾驶罪的被告人,委托律师为其辩护的有 24 人,受法律援助为其辩护的有 3 人,有 132 名被告人没有律师为其辩护。总体而言,律师辩护率较低,仅约为 17.00%。

3. 不同职业下律师参与情况

分析不同职业下律师参与情况可以看到,职业为校长的被告人,委托律师为其辩护的比例最大,约占校长总数的 66.67%;其次是职业为教师的被告人,委

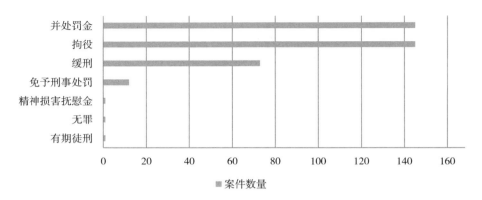

初等教育阶段刑事一审案件中危险驾驶罪被告人刑罚情况分布

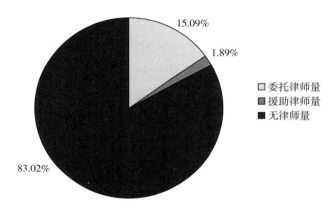

初等教育阶段刑事一审案件中危险驾驶罪被告人律师来源

托辩护率约为15.13%;职业为驾驶员的被告人,委托辩护率约为11.76%;其他主要行政管理人员没有委托律师为其辩护。

4. 律师参与对裁判结果的影响

分析该阶段被告人所受处罚与律师参与辩护之间的关系,可以看到,唯一一名被判处有期徒刑的被告人,没有委托律师为其辩护;在被判处拘役并缓期执行的73名被告人中,有10名被告人委托律师为其辩护,约占阶段律师参与总量的37.04%。

三、受贿罪

受贿罪,指国家工作人员利用职务上的便利,索取他人财物,或者非法收受

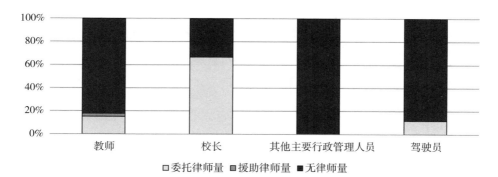

初等教育阶段刑事一审案件中危险驾驶罪不同职业下律师参与情况

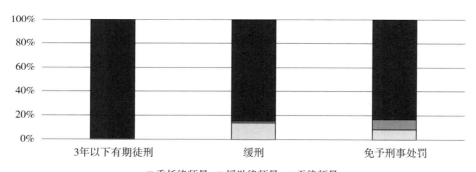

初等教育阶段刑事一审案件中危险驾驶罪律师参与与刑罚适用情况

他人财物,为他人谋取利益的行为。

在裁判文书网检索 2015—2020 年与教育行业有关的刑事一审裁判,其中,初等教育阶段教育主体(校长、主要行政管理人员),犯受贿罪的共计 78 人。在教育行业中最常见的就是家长送礼,老师收礼的行为,那么学校的老师收礼构成受贿罪吗? 这在实践中是需要分情况而论,如果是私立学校一般不构成受贿罪,如果是公办教师也要分情况来对待,因为我国的受贿罪的主体主要针对的是国家工作人员。所以老师如果行使的是公权力职务,在这个过程中收礼,就很可能构成受贿罪,如果行使的是技术性职务的情况,一般不会以受贿罪定罪。

(一)时间与地域分布

1. 时间分布

2015—2020 年,6 年期间的案件数量呈波浪式分布。两个峰值分别分布在

2015 年(涉案 27 人)与 2017 年(涉案 28 人);2016 年涉案人数略有回落,为 11 人;2018 年和 2019 年涉案人数均为 6 人;2020 年没有检索到初等教育阶段与贪污罪相关的案例。

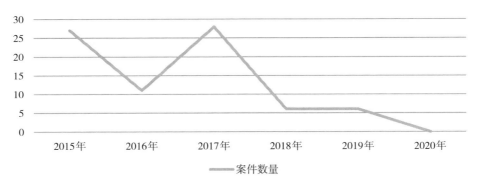

初等教育阶段刑事一审案件中受贿罪时间分布

2. 地域分布

2015—2020 年,初等教育阶段的一审刑事案件共涉及全国 17 个省、自治区、直辖市,地域分布呈现出一定的地域差异。涉案人数最多的前三个省级行政区分别为云南(16 人)、福建(11 人)、广东(8 人),三个省份的涉案被告人数量合计占比超过了总被告人数的 2/5。而涉案人数较少的省级行政区为湖南、贵州、江西、上海、新疆,均为 1 例。

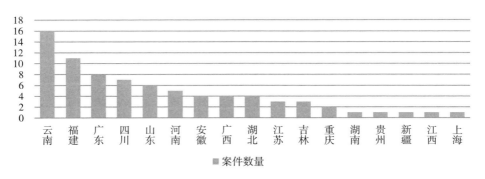

初等教育阶段刑事一审案件中受贿罪地域分布

（二）被告人情况勾勒

1. 职业分布

分析被告人职业可以看到,78 名犯受贿罪的被告人中,校长共计 58 名,约占被告人总数的 74.36%；其他主要行政管理人员共计 20 名,约占被告人总数的 25.64%。

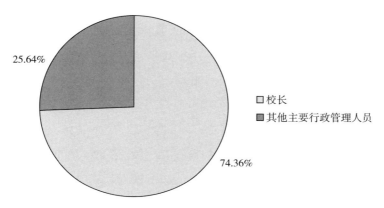

初等教育阶段刑事一审案件中受贿罪被告人职业分布

2. 性别分布

分析被告人性别可以看到,78 名犯受贿罪的被告人中,男性共有 70 名,占被告人总数的 89.74%；女性共有 2 名,约占被告人总数的 2.56%；还有 6 名被告在裁判文书中未注明性别。其中,职业为校长的被告人男性与女性之比为 26∶1；在职业为其他主要行政管理人员的被告人中,2 名在裁判文书中未注明性别,其他均为男性。

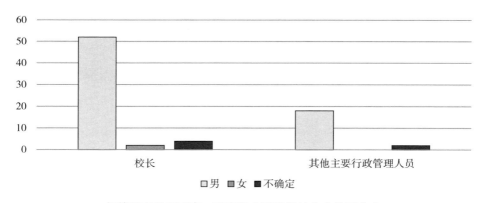

初等教育阶段刑事一审案件中受贿罪被告人性别分布

3. 年龄分布

分析被告人年龄可以看到,78名犯贪污罪的被告人中,1960—1969年(51—60岁)出生的人数最多,共计34人,约占被告人总数的43.59%;其次是出生日期在1970—1979年(41—50岁)的被告人,共计29人,约占被告人总数的37.18%;出生日期在1950—1959年(61—70岁)的被告人共计7人,约占被告人总数的8.97%;出生日期在1980—1989年(31—40岁)的被告人人数较少,还有7名被告人在裁判文书中未注明年龄。

4. 文化程度

分析被告人文化程度可以看到,初等教育阶段,犯受贿罪的被告人文化程度总体偏高。高中文化及以下文化程度仅1人,占被告人总数的1.28%;专科文化共计21人,约占被告人总数的26.92%;大学本科文化共计39人,约占被告人总数的50.00%;硕士文化共计2名,约占被告人总数的2.56%;还有15名被告人在裁判文书中未注明文化程度。其中,校长绝大多数为大学文化,其他主要行政管理人员主要为大学文化和专科文化。

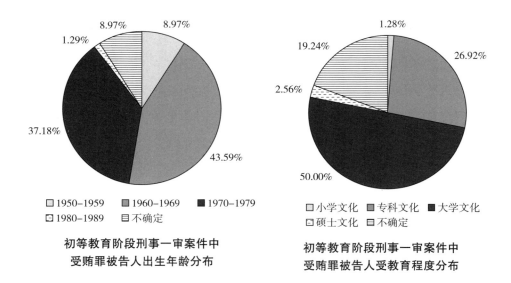

初等教育阶段刑事一审案件中
受贿罪被告人出生年龄分布

初等教育阶段刑事一审案件中
受贿罪被告人受教育程度分布

(三)裁判结果及律师参与

1. 裁判结果

在78名犯受贿罪的被告人中,22名被告人免予刑事处罚;55名被告人被判

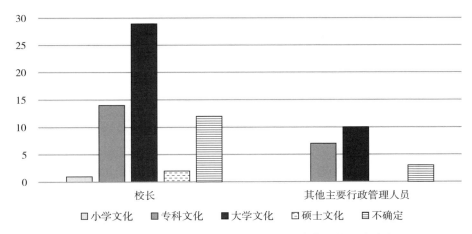

初等教育阶段刑事一审案件中受贿罪不同主体文化程度分布

处有期徒刑,1 人被判处拘役;31 人被判处缓期执行,49 人被判并处罚金,3 人被判并处没收财产。

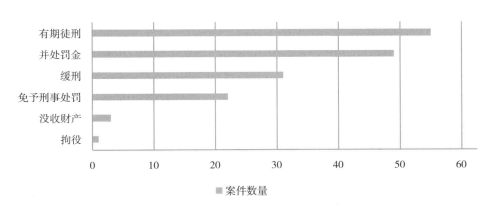

初等教育阶段刑事一审案件中受贿罪被告人刑罚情况分布

2. 律师参与率与律师来源

78 名被告人中,委托律师为其辩护的有 65 人,受法律援助为其辩护的有 1 人,有 12 名被告人没有律师为其辩护。律师辩护率约为 84.62%。

3. 不同职业下律师参与情况

分析不同职业下律师参与情况可以看到,职业为校长的被告人,委托律师为其辩护的比例最大,约占校长总数的 84.48%;其次是职业为其他主要行政管理人员的被告人,委托辩护率为 80.00%。

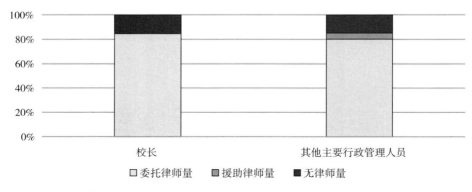

初等教育阶段刑事一审案件中受贿罪不同职业下律师参与情况

4. 律师参与对裁判结果的影响

分析该阶段被告人所受处罚与律师参与辩护之间的关系,可以看到,在22名免予刑事处罚的被告人中,有18名被告人委托律师为其辩护;在被判处三年以下有期徒刑的37名被告人中,有32名被告人委托律师为其辩护,约占阶段律师参与总量的47.76%。

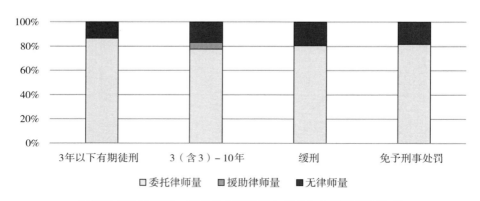

初等教育阶段刑事一审案件中受贿罪律师参与与刑罚适用情况

第三节　见微:典型案例剖析

本章前两节主要是针对初等教育阶段教育行业主体犯罪情况进行宏观上的数据纵览,与微观上聚焦于高发罪名分析,可以对该阶段的刑事法律风险的识别有一个初步的把握。但是仅针对高发罪名分析还是不够全面,初等教育阶段涉及"贪污贿赂罪"中 8 个罪名、"危害公共安全罪"中 9 个罪名、"侵犯财产罪"中 9 个罪名、"妨害社会管理秩序罪"中 34 个罪名,共计 60 个罪名,详细分析了贪污罪、危险驾驶罪、受贿罪三个高发罪名,但如故意伤害罪案件、猥亵儿童罪案件虽不高发但十分具有典型性,涉及青少年的人身安全,更需要引起重视。故该小节除列举高发案由中的案例进行分析外,还在样本案例中筛选出其他典型案例进行分析,展示教育行业主体的犯罪特性。本小节主要从关键词列举、基本案情梳理、检察意见、辩护要点、裁判理由五个方面进行案件呈现,同时每个案例都有专业律师提出分析要点及防范建议。

一、河北某小学工作人员贪污案

赵某东、陈某斗贪污案

(2017)冀 0528 刑初 1 号

【关键词】

学校校长　国家工作人员　非法占有　骗取公共财产

【基本案情】

被告人赵某东,曾任宁晋县某学区校长。

被告人陈某斗,曾任宁晋县某学区会计,现在该学区任教。

被告人赵某东自 2008 年 8 月至 2014 年 2 月担任某学区校长期间,将该学区连某 1、郑某 1、罗某 1 等 12 名教师在编不在岗问题隐瞒不报,县财政局在不知情的情况下依正常程序发放了上述教师的基本工资及奖励性绩效工资。因该 12 名教师不在岗,工资卡由校长赵某东代为保管。为顺利申领并非法占有该 12 名教师的绩效工资部分,赵某东于 2010 年至 2013 年间指使被告人陈某斗以该 12 名教师名义申领绩效工资,自 2010 年至 2014 年初,从该 12 人工资卡中合计支取人民币 1023370.4 元,其中,向顶岗教师发放代课费 375600 元,向该 12 名教师发放工资 351384.41 元,剩余 296385.99 元与陈某斗私分,陈某斗分得 4 万元,赵某东分得 256385.99 元。经审理,法院判决:一、被告人赵某东犯贪污罪,判处有期徒刑三年六个月,并处罚金二十万元。二、被告人陈某斗犯贪污罪,判处有期徒刑一年,并处罚金十万元。

【检察意见】

公诉机关认为,被告人赵某东、陈某斗身为国家工作人员,以非法占有为目的,骗取公共财物,数额巨大,其行为触犯了《刑法》第 382 条之规定,构成贪污罪。

【辩护要点】

被告人赵某东对起诉书指控的罪名无异议,主要辩称发放老师工资应加上朱某 1 的 24600 元和罗某 2 的 25000 多元。被告人赵某东的辩护人的辩护意见为:本案应当以赵某东的个人实际所得认定他的贪污数额;而赵某东的所得数额中,还应当减去已经支付给朱某 1 的 24600 元补发工资和支付给罗某 2 的绩效工资;被告人赵某东用涉案款项为某学区购买福利及定制服装的支出,应当从赵某东的犯罪数额中扣除,并在量刑时从轻处罚;被告人赵某东到案后坦白交代犯罪事实,当庭认罪,已经退回部分赃款,请求法庭对其从轻处罚。

被告人陈某斗对起诉书指控的事实及罪名无异议,无辩解。被告人陈某斗的辩护人的辩护意见是:被告人陈某斗是在接到办案机关电话通知后主动到案,且如实交代了犯罪事实,应当认定为自首;被告人陈某斗是受赵某东的指使行事,分得的 4 万元也是赵某东主动给的,其处于被安排、被指挥的地位,所起作用较小,应认定为从犯;案发后,被告人陈某斗退回了全部赃款,且系初犯,请求法庭对其从轻、减轻或者免除处罚。

【裁判理由】

一、被告人赵某东及其辩护人张某提出的应当以赵某东实际占有数额认定贪污数额,并减去已经支付给朱某 1 的 24600 元和支付给罗某 2 绩效工资的辩护意见,经查,被告人赵某东供述的另外支付给朱某 1 补发工资 24600 元以及两次支付罗某 2 绩效工资合计 26284.80 元,证人朱某 1、罗某 2、罗某 3 否认,也缺乏其他证据证明,故而不能认定;又根据有关司法解释,行为人将贪污款项用于单位公务支出或者社会捐赠的,不影响贪污罪的认定。故而其为学区老师购买福利及工装所支出的数额,应当计算在贪污犯罪的数额中;而其伙同被告人陈某斗采取欺骗手段非法占有公共财物,应当以骗取公共财物的总数额认定犯罪数额,故该辩解不能成立,不予采纳。

二、鉴于被告人赵某东将贪污款项大部分用于了公务支出,到案后如实供述犯罪事实,自愿认罪,主动退赔部分犯罪所得,依法予以从轻处罚。辩护人张某的相关辩护意见,与事实相符,予以采纳。关于辩护人提出的被告人陈某斗系从犯的辩护意见,经查,所有不在岗老师的绩效工资表的制作与数额的确定,均系被告人陈某斗所为,其在骗取公共财产的犯罪中,起到了不可或缺的作用,因此,被告人陈某斗在共同犯罪中所起作用不属辅助或次要,不是从犯。故该辩解不予采纳。鉴于被告人陈某斗在接到司法机关电话通知后,主动到案,并如实供述自己的犯罪事实,构成自首;且主动退缴赃款,依法予以减轻处罚。辩护人的相关辩护意见,与事实相符,予以采纳。

综上所述,法院认为,被告人赵某东、陈某斗身为国家工作人员,利用职务上的便利,以骗取手段非法占有公共财物,数额巨大,其行为均已触犯《刑法》第382条之规定,构成贪污罪。公诉机关指控的事实及罪名成立,予以支持。

【案件点评】

关于本案的判决,本案公诉人的指控罪名与事实,有充分的证据支撑,法庭审理也可谓事实清楚,证据确凿,适用法律正确。辩护律师关于贪污款中具体数额的分配和共同犯罪中作用大小的辩护,前者可能是对于司法解释的理解不透,后者是对于共同犯罪中作用大小的理解不同所致。

导致该犯罪发生的制度漏洞一个重要方面就是,2005年4月,国家《公务员法》颁布后,国家公务员停薪留职规定便被取消。据此,国家公务员和参照公务员管理单位人员一律不得停薪留职,确需离开工作岗位的公务员和参照公务员管理的人员,按照《公务员辞去公职规定(试行)》的规定办理辞职手续。实践中,对于《公务员法》的落实却不尽理想。目前教师缺口较大,教育行业需要解决的两个相辅相成的问题,即在岗不在编与在编不在岗。

所谓在岗不在编主要是指:各地违反国家不得再招聘新的代课教师的规定而大量招聘的代课教师,代课教师与正式在编教师同工,甚至从事更多的工作内容,却同工不同酬,工资待遇不及正式在编教师的三分之一,缺乏机制保障。招聘大量代课教师虽然可以部分缓解教师的缺口,但极低的待遇严重侵犯了代课教师的合法权益。

更大的危害在于,该制度漏洞可能会导致很多地方之所以宁愿占着教师编制不用,而去招聘大量的代课教师,用以套现编制财政拨款,从而导致刑事风险。这对该项财政资金的贪欲,致使部分教育行业的领导们,以身试法、涉嫌刑事犯罪。本案就是一起典型的,通过"在编不在岗"的制度漏洞,骗取财政资金犯罪案件。显而易见,若要杜绝此类犯罪,教育行业应当认真落实《公务员法》的相关规定,增强刑事合规意识,建立健全在编在岗制度。这样,既可以解决我国目前教师队伍缺口的问题,也能够帮助广大教育工作者降低甚至规避刑事犯罪风险。

点评人:北京蓝鹏(成都)律师事务所　鲁兰

二、江苏某小学校长受贿案

杨某明受贿案

(2016)苏 0581 刑初 1347 号

【关键词】

小学校长　利用职务便利　收受他人财物　为他人谋取利益

【基本案情】

被告人杨某明,常熟市某小学校长。

被告人杨某明在担任常熟市某小学校长期间,利用职务便利,在负责学校物资采购、工程建设以及日常管理等事务的过程中,为他人谋取利益,于 2003 年 1、2 月至 2016 年 3、4 月间,多次非法收受苏州某科技有限公司法定代表人徐某 1、苏州某教学设备有限公司负责人毛某等人所送的贿赂款物,共计人民币 140000 元。被告人杨某明于 2016 年 6 月 1 日经纪检监察部门通知后主动至常熟市教育局接受调查,到案后如实供述了犯罪事实。案发后,被告人杨某明已退出全部赃款。经审理,法院判决:一、被告人杨某明犯受贿罪,判处有期徒刑二年,缓刑三年,并处罚金人民币十五万元。二、暂扣于常熟市人民检察院的赃款人民币十二万元予以没收,上缴国库。

【检察意见】

公诉机关认为,被告人杨某明身为国家工作人员,利用职务便利,多次非法收受他人贿赂款物合计人民币140000元，为他人谋取利益，其行为触犯了《刑法》第383条、第385条、第386条的规定，应当以受贿罪追究其刑事责任。被告人杨某明系自首，可以从轻处罚。

【辩护要点】

被告人杨某明对起诉书指控的犯罪事实没有提出异议。

被告人杨某明的辩护人对受贿罪名没有异议，在受贿金某上，徐某1部分，证人徐某1对行贿时间前后多次更改，杨某明办公室的具体地点与被告人杨某明供述办公地点不一致，证人证言存在瑕疵，不应该认定；徐某2部分，证人徐某2未明确交付钱财具体时间及金某，证据不充分。在量刑情节上，被告人杨某明系自首，系初犯，主动退赃，请求对被告人杨某明减轻处罚并适用缓刑。

【裁判理由】

一、被告人杨某明经办案机关电话通知后接受调查，归案后如实供述主要犯罪事实，该事实已被办案机关掌握，不能认定自首，构成坦白，可以从轻处罚，故对辩护人提出的该点辩护意见不予采纳。

二、对辩护人提出收受徐某1、徐某2部分，该两笔事实，两名证人和被告人杨某明供述在细节上相互印证，且比较稳定，证据充分，应予采纳，故对辩护人提出的该辩护意见，不予采纳；对辩护人提出的其他辩护意见，经查属实，予以采纳。

三、公诉机关起诉指控被告人杨某明犯受贿罪的罪名正确，应予采纳。

综上所述，被告人杨某明身为国家工作人员，利用职务便利，多次非法收受他人贿赂款物合计人民币140000元，为他人谋取利益，数额较大，其行为已触犯《刑法》第385条第一款之规定，构成受贿罪，应当以受贿罪追究其刑事责任。

【案件点评】

教育领域中有不少环节，是受贿案件的高发环节，例如，招投标、设备采购、工程建设等环节。在这些环节中，也由于受贿罪自身的特征，导致了受贿罪在侦办和审理过程中存在一定的难度，主要有以下几方面：一是收集证据困难。受贿犯罪绝大部分是在受贿人和行贿人之间单独进行，没有其他的证人，也不会像贪污罪，留下书证等材料；二是对口供的依赖性大。虽然"证据之王"口供，不是认定犯罪的唯一标准,但被告人一旦翻供往往就导致事实认定出现较大难度;三是证据的稳定性差。受贿案件的证据多为言词证据,言词易反复,易更改,可变性大;四是证明标准不确定。由于"证据确实、充分"是一个十分笼统、抽象的证明标准,尤其是在出现受贿人不供、翻供,行贿人不证、翻证的情况下,证据的采信标准及证明要求随意性更大。

因此,在行受贿案件中,存在着"贿赂推定"这样一条规则,是指公务人员收受与其有公务联系的人的财物或其他报酬;抑或与公务人员有公务联系的人给予公务人员财物或其他报酬,他们收受或给予报酬的行为,除非被告人提供反证,否则就推定该报酬为贿赂。本案中,杨某明利用职务之便,多次收取徐某1、毛某的贿赂款,且为他们谋取不正当利益,系受贿罪无疑。

当然,在实践中,也有很多的受贿,并不是直接通过现金的方式,例如,通过支付"劳动报酬"、朋友间"礼物馈赠""借贷""收受干股""委托理财"等形式出现,但无论是哪种形式,无论有多隐蔽,最终都难逃恢恢法网。

点评人:四川卓安律师事务所　李辰君

三、湖南某小学校长诈骗案

汤某胜诈骗案

(2019)湘0202刑初138号

【关键词】

学校校长　受托办理转学　隐瞒真相　骗取财物

【基本案情】

被告人汤某胜,原某文化路校区校长。

2018年5月,被告人汤某胜接受被害人的委托,答应为其办理子女转学事宜并收取费用共计27000元,后被告人在得知无法办理时,因自身经济紧张将上述钱款全部用于个人还债,并未告知被害人实际情况,以自己正在想办法办理欺骗被害人不予退还款项。2018年7月,被告人汤某胜在明知被害人薛某之子不符合转学条件的情况下答应安排转学并收取费用共计25500元用于个人投资和还债。2018年9月1日,被告人汤某胜在无法安排小孩转学入学就读也无钱退还各被害人的情况下,虚构小孩转学手续已经办好可以按时入学的事实,以退钱不给小孩办理转学手续为借口,欺骗各被害人删除和其之前的所有聊天记录,后将手机关机,导致三名被害人的小孩没有办法入学。经审理,法院判决:一、被告人汤某胜犯诈骗罪,判处有期徒刑二年八个月,并处罚金人民币二万元。二、责令被告人汤某胜退赔被害人陈某经济损失人民币 12000 元、退赔被害人朱某经济损失人民币 24000 元、退赔被害人薛某经济损失人民币 13500 元。

【检察意见】

公诉机关认为,被告人汤某胜以非法占有为目的,采用虚构事实和隐瞒真相的办法骗取他人财物,数额巨大,其行为已构成诈骗罪。

【辩护要点】

被告人汤某胜辩称,对公诉机关指控其犯诈骗罪的罪名无异议,对事实(涉案金额)有异议,被告人收到廖某的转学费用是 12000 元,不是 15000 元;被告人收到陈某儿子、朱某侄子、薛某儿子的转学费用,被告人去办理了但未办成,这三笔应是民事纠纷;对其他的没有异议。

辩护人谢某平提出的辩护意见为:被告人汤某胜是初犯、偶犯;被告人汤某胜愿意出售自己房产赔偿被害人的损失,请求从轻处罚。

【裁判理由】

一、被告人汤某胜自动投案并如实供述自己的犯罪事实,是自首,依法可以从轻处罚。被告人汤某胜诈骗所得财物应予退赔给被害人。辩护人谢某平提出被告人汤某胜是初犯、偶犯,请求从轻处罚的辩护意见,本院予以采纳。

二、被告人汤某胜提出其收到廖某的转学费用是 12000 元,不是 15000 元的辩护意见。经查,本案有朱某转账廖某 15000 元的微信转账记录,且没有证据证明廖某转账给汤某胜 15000 元,故该辩护意见本院予以采纳。被告人汤某胜提出其收到陈某儿子、朱某侄子、薛某儿子的转学费用,其去办理了但未办成,这三笔应该是民事纠纷的辩护意见。经查,被告人汤某胜明知被害人的子侄不符合入学条件,收取钱财虚构有能力办理,并以能够进入更好学校的方式隐瞒事实真相,继续骗取被害人钱财,至今未退还被害人钱财。故该辩护意见不符合本案的客观事实,本院不予采纳。

综上所述,法院认为,被告人汤某胜以非法占有为目的,采用虚构事实和隐瞒真相的办法骗取他人财物,数额巨大,其行为已触犯《刑法》第266条之规定,构成诈骗罪。公诉机关指控的罪名成立,法院予以支持。

【案件点评】

在本人具体办理的诈骗罪犯罪中,犯罪嫌疑人曾说过这样一句话:"这个世界两类人的钱最好骗,一类是孩子,另一类是老人"。孩子的事是天大的事,尤其是涉及孩子教育问题,不少家长可谓是操碎了心。在具体案件中,诈骗的方式,不仅以"转学费"的名义出现,也以"插班费""人情费""茶水费""打点费"等名义出现。犯罪分子正是利用了为人父母,希望为孩子提供良好教育平台的迫切心理,通过虚构事实、隐瞒真相的方法,让受害人一步步进入圈套,遭受财产损失。

诈骗罪是"重罪",根据2011年3月1日最高法、最高检《关于办理诈骗刑事案件具体应用法律若干问题的解释》:诈骗公私财物价值3000元至1万元以上为"数额较大",诈骗公私财物价值3万元至10万元以上为"数额巨大",诈骗公私财物价值50万元以上为"数额特别巨大"。换言之,入罪门槛低,处罚重,诈骗3000元即构成刑事犯罪,诈骗50万则可能面临10年以上有期徒刑。

诈骗罪的金额是定罪量刑的关键,律师应当认真审查案卷材料,确定最终的涉案金额,本案中,无论汤某收受陈某的金额是12000元或是15000元,都不影响其罪名的成立,仅对量刑产生一定程度的影响。汤某在主动投案后,能够在一审宣判前全部退赃、退赔,表明其认罪态度良好,作为律师,我会进一步建议他争取取得被害人的谅解,争取更轻的判决结果。

点评人:四川卓安律师事务所　李辰君

四、河南某小学教师故意伤害案

王某凡故意伤害案

(2019)豫0482刑初375号

【关键词】

小学学生　课堂违纪　故意伤害　轻伤二级

【基本案情】

被告人王某凡,汝州市某小学教师。

2018 年 10 月 16 日下午 3 时许,被告人王某凡在汝州市某小学给三(四)班学生上课期间,发现本班学生鲁某违反课堂纪律与他人说话,王某凡制止过程中,将鲁某从座位上带到教室后面,用脚踢鲁某臀部,鲁某伸手挡时,其左手被踢伤。经法医学鉴定,鲁某的左手第三掌骨完全性骨折,其损伤程度属轻伤二级。2019 年 3 月 15 日,被告人王某凡到汝州市公安局某某派出所投案。经审理,法院判决:被告人王某凡犯故意伤害罪,判处拘役四个月,缓刑五个月。

【检察意见】

公诉机关认为,被告人王某凡在学生鲁某违反课堂纪律后,脚踢鲁某臀部,鲁某伸手挡而将其左手被踢伤,造成鲁某的左手第三掌骨完全性骨折,损伤程度属轻伤二级,其行为已触犯《刑法》第 234 条第一款,应以故意伤害罪追究其刑事责任。

【辩护要点】

被告人王某凡及其辩护人对指控事实、罪名表示无异议。

【裁判理由】

一、被告人王某凡在犯罪以后自动投案,如实供述自己的罪行,是自首,可以从轻或减轻处罚。

二、被告人王某凡在庭审中认罪态度较好,审理过程中积极补偿被害人的经济损失并取得谅解,且系初犯、偶犯,可以酌情从轻处罚。

综上所述,法院认为,被告人王某凡故意非法损害他人身体健康,致一人轻伤,其行为已触犯《刑法》第 234 条之规定,构成故意伤害罪。公诉机关指控的罪名成立,法院予以支持。

【案件点评】

故意伤害,是指故意非法损害他人身体健康的行为,其中的"故意"是指行为人明知自己的行为可能会造成损害他人身体健康的结果,而希望或者放任这种结果的发生,其中并不要求行为人明知一定会发生某种特定的伤害后果。王某凡案件中即使其主观上是想用脚踢臀部并非手掌的情况下也不能据此否认其不存在故意伤害中的"故意"的主观心态,客观上其行为导致受害人损伤达到轻伤二级,属于应当以故意伤害罪论处的情形。基于其自首、赔偿并取得受害人谅解的行为,依法可以对其从轻、减轻处罚。

2015—2020年统计数据显示这类案件的涉案人员基本上系行业教师,在提示老师们改变传统观念,规范教育行为,避法律风险的同时,特别需要提醒各位同学、家长也要对"故意伤害罪"的刑事法律风险引起重视,2020年12月26日通过的《刑法修正案(十一)》将《刑法》第17条中增加一款规定"已满十二周岁不满十四周岁的人,犯故意伤人、故意伤害罪,致人死亡或者以特别残忍手段致人重伤造成严重残疾,情节恶劣,经最高人民检察院核准追诉的,应当负刑事责任"表明,12—14周岁的同学需要对上述列明的情形承担刑事法律责任,年龄不再是犯错的免刑金牌。希望同学们在日常的学习生活中,通过沟通来解决问题,不要使用暴力、不要打架斗殴,也希望家长、老师对同学们进行正确的引导,规避风险。

点评人:北京德恒(成都)律师事务所　廖倩

五、云南某小学校长猥亵儿童案

张某明猥亵儿童案

(2020)云0630刑初55号

【关键词】

小学校长　违规进入宿舍　猥亵行为　留守儿童

【基本案情】

被告人张某明,水富市某小学校长。

2016年8月28日至今,被告人张某明系水富市某小学校长。2020年5月8日晚,被告人张某明饮酒后违规进入水富市某小学3号女生宿舍对六年级学生被害人王某某(生于2007年12月7日)实施猥亵。之后,张某明离开3号女生宿舍。被害人王某某系农村留守儿童。案发后,被告人张某明的家属代其补偿被害人王某某经济损失50000元,取得被害人王某某及其家属的谅解。经审理,法院判决:被告人张某明犯猥亵儿童罪,判处有期徒刑六年六个月。

【检察意见】

公诉机关认为,被告人张某明酒后违规独自一人查看学生宿舍,在对 3 号女生宿舍进行查看时,其对睡在该宿舍 1 号床下铺的王某某实施了猥亵行为,其行为已触犯《刑法》第 237 条第二款之规定,应当以猥亵儿童罪追究其刑事责任。

【辩护要点】

被告人张某明辩称:1. 其到 3 号女生宿舍发现被害人王某某床上的被子掉在地上,其是在给王某某盖被子的时候碰到王某某的膝盖,便想去摸王某某的胸部,但王某某左手弯曲挡在胸部位置,其准备把王某某的手拿开,但王某某把其手推开,手便滑在了王某某的腰部,其并没有摸王某某的胸部,不知自己的行为是否构成猥亵儿童罪;2. 其在本案中没有强迫、威胁被害人的行为,公诉机关所提的量刑建议过重;3. 2020 年 6 月 2 日 21 时 31 分至 22 时 38 分其所作的有罪供述(即第二次供述)系在公安侦查人员诱供的情况下作出的,系非法证据,要求予以排除。

张某明的辩护人提出如下辩护意见:1. 张某明在本案中实施的行为情节轻微;2. 2020 年 6 月 2 日 21 时 31 分至 22 时 38 分张某明所作的有罪供述(即第二次供述)系在公安侦查人员诱供的情况下作出的,系非法证据,应当予以排除;3. 张某明自愿认罪,但因其对国家立法不清楚,才对公诉机关提出的量刑建议持异议;4. 张某明系初犯、偶犯,无前科劣迹;5. 张某明在实施犯罪行为时因客观意外因素而停止犯罪,系犯罪未遂,可以比照既遂犯从轻或者减轻处罚。

【裁判理由】

一、关于被告人张某明及其辩护人提出的非法证据排除问题,法院综合评判如下:被告人张某明及其辩护人提出张某明所作的第二次有罪供述系在公安侦查人员对其进行诱供的情况下作出的,系非法证据,要求予以排除的辩解意见和辩护意见,法院在庭审中对该次供述形成的讯问笔录进行审查。通过当庭播放该次讯问的同步录音录像,发现公安侦查人员在讯问张某明的过程中确有提示性语言,而且该次讯问的同步录音录像与讯问笔录所记载的内容存在差异。针对上述问题,公安机关并未能作出合理解释,因此,对张某明所作的该次有罪供述,予以排除。

二、张某明的辩解意见不成立,不予采纳。张某明的辩护人提出张某明系初犯、偶犯,无前科劣迹的辩护意见成立,予以采纳;提出的张某明系犯罪未遂的辩护意见,经查,张某明的第一次、第三次有罪供述与被害人的陈述均能证明张某明对被害人实施的猥亵行为已实施完结,故辩护人提出的该辩护意见不成立,不予采纳;提出的张某明在本案中实施的行为情节轻微的辩护意见不成立,不予采纳。

综上所述,法院认为,被告人张某明身为小学校长在饮酒后违规进入学校女生宿舍对被害人王某某进行猥亵,其行为已触犯《刑法》第237条之规定,构成猥亵儿童罪。张某明在学生集体宿舍当众猥亵儿童,应认定为在公共场所当众猥亵儿童,依法应处五年以上有期徒刑。张某明作为对未成年人负有特殊职责的人员,进入学生集体宿舍猥亵未成年人,且被害人系农村留守儿童,依法应当从重处罚。虽然张某明的家属于案发后对被害人进行补偿,取得了被害人及其家属谅解,但其行为性质恶劣,社会影响极坏,给被害人幼小的心灵及家庭带来心理创伤,且给在校女生造成了心理阴影。因此,该补偿行为不足以对其从轻处罚。公诉机关指控的主要事实、罪名以及所提出的量刑建议成立,法院予以采纳。

【案件点评】

本案系对未成年人负有特殊职责的人员猥亵儿童的典型案例。被告本人系该校校长,酒后违规进入女生寝室实施猥亵行为,属于情节严重的情形,引发了对猥亵儿童罪的刑事法律风险思考。

本案中,无论是学校的教师亦或是校长,均是对未成年人负有特殊职责的人员,若实施猥亵行为,则必然面临着从重处罚。其次对于公共场所的认定,《最高人民法院、最高人民检察院、公安部、司法部关于依法惩治性侵害未成年人犯罪的意见》第23条规定,在校园、游泳馆、儿童游乐场等公共场所对未成年人实施强奸、猥亵犯罪,只要有其他多人在场,不论在场人员是否实际看到,均可以依照《刑法》第236条第三款、第237条的规定,认定为在公共场所"当众"强奸妇女,强制猥亵、侮辱妇女,猥亵儿童。那么本案中的集体宿舍,作为针对不特定的多数人活动的场所,也应认定为公共场所。

学校、校长、教师等人员在大多数人的学生时代里均携带着神圣的光辉,而今也不能因为个别人的不良行为而有所玷污。初等教育学校正是儿童聚集之地,也意味着此类在校儿童需要得到学校更好的保护,而非遭受伤害。本案的发生也正反映出学校管理不善、制度不落实、执行不到位的现象,更从侧面反映出了农村留守儿童缺乏保护的现状。而老师抑或是学校领导实施相应的猥亵行为,大多是在相对隐蔽的环境中,这就需要学校加强对校园内环境的监控,重视教师队伍的职业素养,加强对教职工职业道德和操守的管理,同时重视对儿童的性安全防范教育,以切实保障学龄儿童的身心健康。学校还应严格防控教师在校外提供培训或家教服务、教职工在校工作时间内饮酒等行为,这类行为也为犯罪的发生提供了温床。而本案则可以为此类初等教育学校在防范和应对此类案件上提供警示、借鉴教育。

点评人:四川卓安律师事务所　陈曦雨

第三章　中等教育

中等教育因其教育阶段的特殊性可以分为全日制普通中学、中等专业学校和技工学校等各类中等职业技术学校及业余中学，包括教育部公办院校与民办专科院校。在该阶段的刑事涉案人员情况统计中，涉案人员主要是民办院校的相关教育主体，尤其以教师为代表的学校相关教育主体工作人员的贪污贿赂犯罪最为典型。2021年9月1日，《民办教育促进法实施条例》实施，在目前的教育形式背景之下，中等教育阶段的刑事风险识别与防范应更加关注到民办学校的合规管理，尤其是对自身的刑事风险防范。本章共计三小节，分别从案件总体数据呈现、高发罪名解读、典型案例剖析等多个维度，全方位地对中等教育阶段主体的犯罪特征作出分析。

第一节　纵览：总体数据呈现

该教育阶段提取到裁判文书网2015—2020年上传的与教育行业主体（含中等教育学校的校长、教师、教务处主任等与中等教育密切相关的人员）相关的刑事一审案件，共计1533例，其中2017年与2019年上传的刑事裁判文书相对较多，分别是326例、332例；同前两个学段一样，河南的案发数量高于其他省份，这与河南作为人口大省和教育大省具有一定关系；学校主要行政管理人员作为被告的情形有135例、校长有266例、教师有1132例；高发罪名主要集中于危害公共安全类犯罪、贪污贿赂类犯罪；该阶段有律师参与的案件量超过了无律师参与的案件量，分别约占总案件量的64%与36%。

一、案件特征

(一)罪名分布

从裁判文书的罪名统计来看,中等教育阶段刑事犯罪共涉及 110 个具体罪名,根据我国《刑法》分则的规定,这些罪名广泛分布在除了危害国家安全罪、危害国防利益罪、军例违反职责罪以外的其他七章。根据涉案例数由高到低的顺序,结合犯罪所侵犯的客体类型,将中等教育阶段涉及的前三大罪名排列如下:

1. 第二章"危害公共安全罪"涉及 9 个罪名,占罪名总数的 8.18%。具体罪名为危险驾驶罪、交通肇事罪、以危险方法危害公共安全罪、放火罪、非法持有、私藏枪支、弹药罪、非法制造、买卖、运输、邮寄、储存枪支、弹药、爆炸物罪、非法制造、买卖、运输、储存危险物质罪、破坏广播电视设施、公用电信设施罪、工程重大安全事故罪。此类案件共计 503 例,占中等教育阶段犯罪总例数的 32.81%。其中,与学前教育阶段、初等教育阶段相似,犯危险驾驶罪的最多,有 302 例,占中等教育阶段犯罪总例数的 32.81%;犯本章其他罪的共计 201 例,占中等教育阶段犯罪总例数的 13.11%。

2. 第八章"贪污贿赂罪"涉及 10 个罪名,占总罪名数的 9.09%。具体罪名为贪污罪、受贿罪、挪用公款罪、行贿罪、单位行贿罪、单位受贿罪、介绍贿赂罪、私分国有资产罪、利用影响力受贿罪、巨额财产来源不明罪。此类案件共计 339 例,占中等教育阶段犯罪总数的 22.11%。其中,犯受贿罪的数量最多,有 139 例,占中等教育阶段犯罪总数的 9.07%;犯挪用公款罪的有 77 例,占中等教育阶段犯罪总数的 5.02%;犯贪污罪的有 76 例,占中等教育阶段犯罪总数的 4.96%;犯行贿罪、单位受贿罪的各 13 例,分别占中等教育阶段犯罪总数的 0.85%;犯本章其他 5 类罪的共计 21 例,占中等教育阶段犯罪总数的 1.37%。

3. 第六章"妨害社会管理秩序罪"涉及 48 个罪名,占总罪名的 43.64%。罪名分布较分散,高发罪名有寻衅滋事罪、开设赌场罪、组织、领导传销活动罪、组织考试作弊罪、妨害公务罪、走私、贩卖、运输、制造毒品罪、代替考试罪等。此类案件共计 273 例,占中等教育阶段犯罪总数的 17.81%。其中,犯寻衅滋事罪的有 33 例,占中等教育阶段犯罪总数的 2.15%;犯开设赌场罪的有 27 例,占中等教育阶段犯罪总数的 1.76%;犯组织、领导传销活动罪的有 24 例,占中等教育阶段犯罪总数的 1.57%。

此外,第四章"侵犯公民人身权利、民主权利罪"共涉及 12 个罪名,占涉案总罪名的 10.91%;此类案件共计 193 例,占中等教育阶段犯罪总数的 12.60%。第五章"侵犯财产罪"共涉及 7 个罪名,占涉案总罪名的 6.36%;此类案件共涉及案 127 例,占中等教育阶段犯罪总数的 8.28%。第三章"破坏社会主义市场经济秩序罪"共涉及 21 个罪名,占涉案总罪名的 19.09%;此类案件共计 84 例,占中等教育阶段犯罪总数的 5.48%。第九章"渎职罪"共涉及 3 个罪名,占涉案总罪名的 2.73%;此类案件共计 14 例,占中等教育阶段犯罪总数的 0.91%。

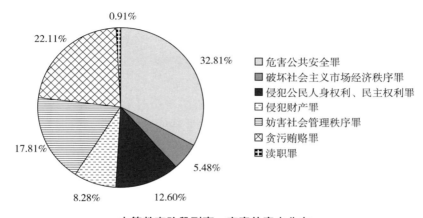

中等教育阶段刑事一审案件案由分布

(二)地域分布

2015—2020 年,中等阶段的一审刑事案件共涉及全国 30 个省、自治区、直辖市,地域分布呈现出一定的地域差异。案件数量超过 100 例的省级行政区分别为河南(199 例)、山东(128 例)、安徽(127 例)、云南(109 例),四个省的案件数量合计占比超过了中等教育阶段全国案件数量的 1/3。可以看到,河南无论是在学前教育阶段、初等教育阶段还是中等教育阶段,审结案件数量一直位居第一。审结案件数量低于 10 例的地区为上海、北京、新疆兵团等共计 3 个地区。

需要注意的是,上述省级行政区教师犯罪案件数量的多少,不能直接作为判断该地区教师犯罪率高低的依据,教师犯罪率高低需结合各个地区的人口基数、注册教师总人数等因素综合判断。

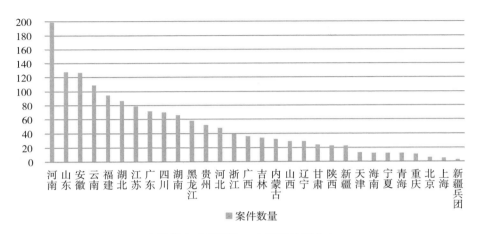

中等教育阶段刑事一审案件地域分布

（三）时间分布

2015—2020年,6年期间中等教育阶段的案件审结数量年变化呈波浪状起伏,峰值与学前教育阶段、初等教育阶段一致,都分布在2017年、2019年,但前两个阶段而言,变化幅度较小。总体而言,案件量最多的两个峰值分别是:2017年审结326件,占中等教育阶段案件总数量的21.27%;2019年审结332例,占中等教育阶段案件总数量的21.66%。2020年受疫情或其他因素影响,上传至裁判文书网案件数量较少,共计201例,占中等教育阶段案件总数量的13.11%。

中等教育阶段刑事一审案件时间分布

二、被告人情况勾勒

(一)职业分布

本次从裁判文书提取的中等教育阶段刑事案件,主要选取了教师、校长、(副校长,以下所有职业都包含副职)、学校主要行政管理人员三大类教育行业主体,其中学校主要行政管理人员包括处长、科长、主任、校车管理员等。关于被告人职业分布,从统计的 1533 例裁判文书来看,以教师作为被告人的情形最多,占比约为 73.84%;其次为校长,占比约为 17.35%;校长犯罪的情形最少,占比约为 8.81%。

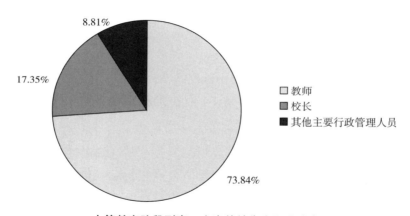

中等教育阶段刑事一审案件被告人职业分布

(二)性别分布

从被告人的性别分布来看,男性主体作为被告人的情形为绝大多数,共计 1170 例,占比约为 76.32%;女性主体作为被告人的情形较男性而言更少,共计 179 例,占比约为 11.68%;其中有 184 例左右的样本(占比约为 12%)因当事人段未写明主体性别,不能确定被告人性别。

(三)年龄分布

从裁判文书网提取的 1533 例刑事文书中,载明被告人年龄的裁判文书共计 1287 例。在这 1287 例有效裁判文书中,1970—1979 年间出生的人最多,共计 445 例,占有效文书总例数的 34.82%;其次是 1960—1969 年出生的人,共计 332 例,占有效文书总例数的 25.8%;再次是 1980—1989 年出生的人,共计 254 例,

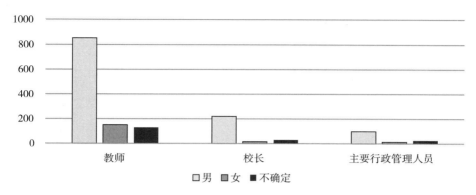

中等教育阶段刑事一审案件被告人性别分布

占有效文书总例数的 19.74%。最少的是 2003—2009 年出生的人,即 18—21
岁,共计 3 例。总体来看,被告人以 40—50 岁的中年人居多,30—40 岁及 50—
60 岁的中年人次之,60 岁以上老人及 18—30 岁青年人较少,这与教育行业主体
多为中年人也有一定关系。

(四)文化程度

在裁判文书网提取的文书中,有效载明被告人文化程度的裁判文书共计
1072 例。中等教育阶段,大学文化程度的被告人占比最高,约为 44.59%;其
次是专科文化程度,占比约为 19.40%;硕士文化程度占比约为 2.24%。与学
前教育、初等教育比较而言,在中等教育阶段,高学历被告人犯罪增多,专科及
以下文化程度人数占比约为 53.17%,大学及以上文化程度例数占比约
为 46.83%。

三、律师参与

(一)律师参与率与律师来源

分析中等教育阶段律师参与帮助被告人辩护的情况,可以看到,有律师参与
的案件量大于无律师参与的案件量,这一点与学前教育阶段、初等教育阶段不
同。无律师参与的案件量占总案件量的 36.33%,需要注意的是,此处的"无律
师参与"既包括实际上没有律师参与办案,也包括有些裁判文书中没有记录律
师参与的情况;有律师参与的案件量占总案件量的 63.67%,其中 60.21% 的律

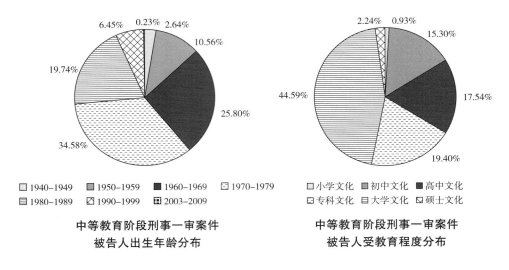

中等教育阶段刑事一审案件
被告人出生年龄分布

中等教育阶段刑事一审案件
被告人受教育程度分布

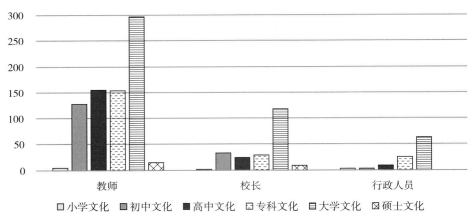

中等教育阶段刑事一审案件不同主体文化程度分布

师是被告人委托律师,3.46%的律师是法律援助律师。

(二)不同职业下律师参与情况

从裁判文书检索到的有效裁判文书中,中等教育阶段教师犯罪共有 1132 例,其中无律师参与办案的案件共有 455 例,占比约为 40.19%;援助律师参与办案的案件共有 48 例,占比约为 4.24%;委托律师参与办案的案件共有 629 例,占比约为 55.57%。中等教育阶段校长犯罪共有 266 例,其中无律师参与办案的案件共有 68 例,占比约为 25.56%;援助律师参与办案的案件共有 5 例,占比约为

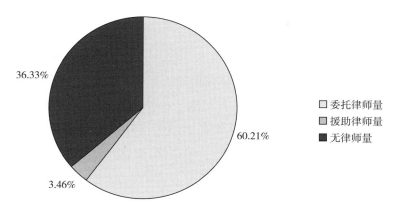

中等教育阶段刑事一审案件被告人律师来源

1.88%；委托律师参与办案的案件共有 193 例，占比约为 72.56%。主要行政管理人员犯罪共有 135 例，无律师参与办案的案件共有 34 例，占比约为 25.19%；无援助律师参与办案的案件；委托律师参与办案的案件共有 101 例，占比约为 74.81%。与学前教育阶段以及初等教育阶段相比，在中等教育阶段，律师参与办案量首次大于无律师参与办案的案件数量。

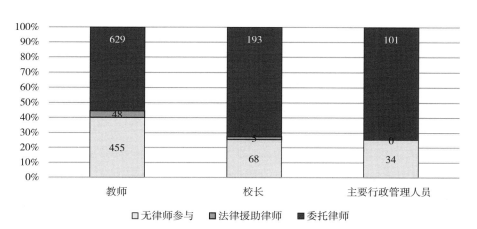

中等教育阶段刑事一审案件不同职业下律师参与情况

四、裁判结果

（一）自由刑

2015—2020 年，从裁判文书提取到的被告人被判处的自由刑来看，判处有期徒刑的案件最多，共有 910 例，占比约为 59.36%；被判处拘役的共有 416 例，占比约为 27.14%；其中，有 651 例案件中被告人被免予刑事处罚，占比约为 42.47%；被判处无期徒刑的案件最少，共有 7 例，占比约为 0.46%。

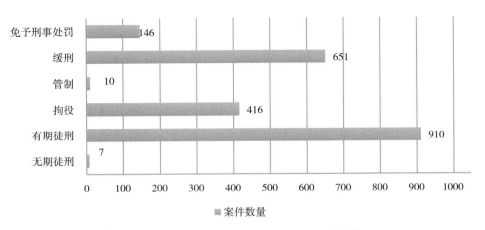

中等教育阶段刑事一审案件被告人自由刑数量

（二）财产刑

在裁判结果中，关于财产的信息，共提取了支付鉴定费、精神损害抚慰金、退还费用、并处罚金、没收财产五项内容。其中判处支付精神损害抚慰金与退还费用的案件数量都为 0 例，判处没收财产的案件数量为 9 例，判处支付鉴定费的案件数量为 18 例，并处罚金的案件数量最多，有 818 例，意味着有 53.53% 的被告人被判处罚金。

关于其他附加刑的适用，在裁判文书网相关案例中共提取了剥夺政治权利、撤销教师资格、降低岗位等级、免除职务、赔礼道歉五项内容。从提取结果来看，这几项的适用率都较低，其中，被判处剥夺政治权利的有 28 例，被判处赔礼道歉的有 2 例，其余均为 0 例。

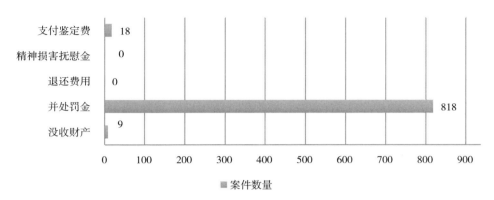

中等教育阶段刑事一审案件被告人财产刑数量

(三)律师参与情况与刑罚适用

为研究有律师参与、无律师参与时,刑罚的差异,选取了刑罚中比较有代表性的四个维度:"免予刑事处罚""缓刑""有期徒刑""无期徒刑",用以比较。被判处免予刑事处罚时,无律师参与案件所占比例与有律师参与时的比例差不多,各占1/2;被判处其他三类刑罚的案件中,有律师参与的案件都大于无律师参与的案件。可以看出,被判处刑罚较轻的案件,教育行业主体通常选择不聘请律师,自己为自己辩护,而遇上可能会被判处较重刑罚的案件时,教育行业主体的专业能力不足以应付时,才选择聘请律师。

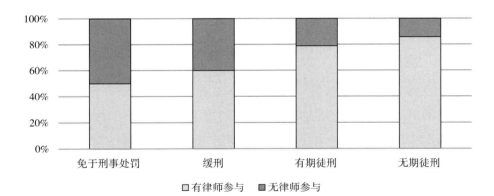

中等教育阶段刑事一审案件律师参与与刑罚适用

第二节　聚焦:高发罪名解读

本小节主要从时间与地域分布、被告人情况勾勒、裁判结果及律师参与情况等几方面,针对中等教育阶段三大高发罪名做出进一步分析,含危险驾驶罪、交通肇事罪、受贿罪。

在中等教育阶段危险驾驶罪、交通肇事罪仍是高发罪名,涉罪的原因与校园安全问题相关,与其他教育阶段该罪的高发现象具有同质性。需要特别注意的是,中等教育阶段还包括中等职业教育,涉及民办职业技术学校,对于教育行业主体利用职权,谋取利益的犯罪现象增多。主要体现在以下几点:第一点,学校及其他教育机构中的国家工作人员,在教材、教具、校服或者其他物品的采购等活动中,利用职务上的便利,索取销售方财物,或者非法收受销售方财物,为销售方谋取利益,构成犯罪的,依照《刑法》第385条的规定,以受贿罪定罪处罚。第二点,学校及其他教育机构中的非国家工作人员,有前款行为,数额较大的,依照《刑法》第163条的规定,以非国家工作人员受贿罪定罪处罚。第三点,学校及其他教育机构中的教师,利用教学活动的职务便利,以各种名义非法收受教材、教具、校服或者其他物品销售方财物,为教材、教具、校服或者其他物品销售方谋取利益,数额较大的,依照《刑法》第163条的规定,以非国家工作人员受贿罪定罪处罚。

一、危险驾驶罪

危险驾驶罪,是指在道路上驾驶机动车追逐竞驶,情节恶劣的;醉酒驾驶机动车的;从事校车业务或者旅客运输,严重超过定额乘员载客,或者严重超过规定时速行驶的;违反危险化学品安全管理规定运输危险化学品,危害公共安全的行为。

在裁判文书网检索2015—2020年与教育行业有关的刑事一审裁判,其中,中等教育阶段教育主体(教师、校长、其他主要行政管理人员),犯危险驾驶罪的共计290人。与学前教育、初等教育阶段相同,危险驾驶罪都是高发罪名之一。当前社会,校外学生托管机构呈增多趋势。这些机构,大多没有办理合法的登记手续。有的机构为了吸引更多学生,招揽更多客源,将不符合校车规定要求的私家车改装后,作为"黑校车"用于接送托管的学生,实践中有的人员,为了追求利润,无视额定乘员数量或者规定时速,任意超员、超速,发生了大量触目惊心的事故。从事校车业务的机动车和旅客运输车辆严重超员、超速的危害性很大。超员会导致车辆超出其载重质量,增加行车的不稳定性,引发爆胎、偏驶、制动失灵、转向失控等危险。超速行驶会降低驾驶人的判断能力,使反应距离和制动距离延长。这两种做法,都容易造成群死群伤的重特大交通事故,且会加大事故的伤亡后果。而这些都是构成危险驾驶罪的重要行为因素。

(一)时间与地域分布

1. 时间分布

2015—2020年,6年期间的案件数量分布呈阶梯式增长的趋势,2019—2020年期间则呈下降趋势。2019年涉案人数最多,共计92人,2020年涉案人数相较于2019年有所减少,共计66人,其次是2017年和2018年,涉案人数分别为48人、49人;2015年和2016年涉案人数较少,分别为13人、22人。

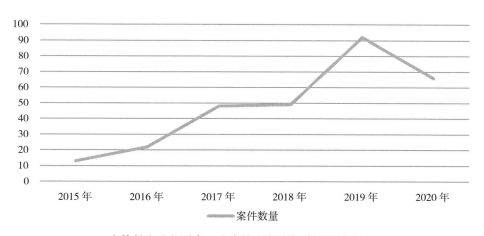

中等教育阶段刑事一审案件中危险驾驶罪地域分布

2. 地域分布

2015—2020年,中等教育阶段的一审刑事案件共涉及全国24个省、自治区、直辖市,地域分布呈现出一定的地域差异。涉案人数最多的前三个省级行政区分别为河南(52人)、安徽(37人)、山东(26人),三个省份的涉案被告人数量合计占比超过了总被告人数的 2/5。而涉案人数较少的省级行政区为天津、北京,均为 1 例。

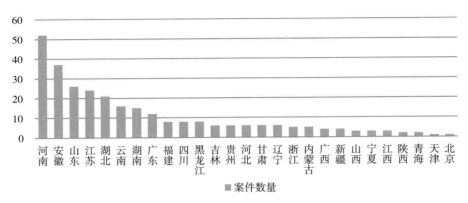

中等教育阶段刑事一审案件中危险驾驶罪地域分布

(二)被告人情况勾勒

1. 职业分布

分析被告人职业可以看到,290 名犯危险驾驶罪的被告人中,教师共计 259 名,约占被告人总数的 91.20%;校长共计 19 名,约占被告人总数的 6.69%;其他主要行政管理人员共计 6 名,约占被告人总数的 2.11%。

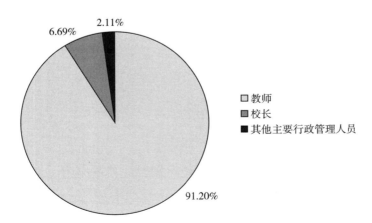

中等教育阶段刑事一审案件中危险驾驶罪被告人职业分布

2. 性别分布

分析被告人性别可以看到,290 名犯危险驾驶罪的被告人中,男性共有 280 名,约占被告人总数的 96.55%;女性共有 5 名,约占被告人总数的 1.72%;还有 5 名被告人在裁判文书中没有注明性别。其中,职业为校长和其他主要行政管理人员的被告人均为男性;职业为教师的 265 名被告人中,女性仅 8 位,约占教师总数的 3.02%。

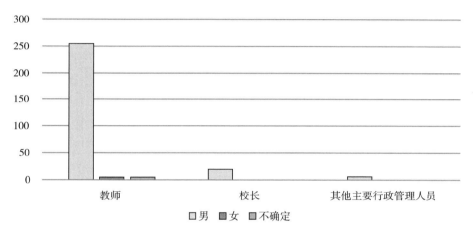

中等教育阶段刑事一审案件中危险驾驶罪被告人性别分布

3. 年龄分布

分析被告人年龄可以看到,290 名犯危险驾驶罪的被告人中,1970—1979 年出生的人数最多(41—50 岁),共计 107 人,约占被告人总数的 36.90%;其次是出生日期在 1960—1969 年(51—60 岁),共计 66 人;以及出生日期在 1980—1989 年(31—40 岁),共计 57 人;大于 60 岁与小于 31 岁的被告人都较少,还有 11 名被告人在裁判文书中未注明年龄。

4. 文化程度

分析被告人文化程度可以看到,中等教育阶段,犯危险驾驶罪的被告人文化程度总体偏高。高中文化及以下共计 77 人,约占被告人总数的 26.55%;专科文化共计 59 人,约占被告人总数的 20.34%;大学本科文化共计 131 人,约占被告人总数的 45.17%;还有 17 名被告人在裁判文书中未注明文化程度。其中,职业为教师的被告人绝大多数为大学本科文化。

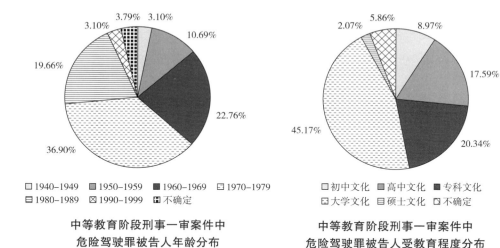

| 1940–1949 | 1950–1959 | 1960–1969 | 1970–1979 |
| 1980–1989 | 1990–1999 | 不确定 |

中等教育阶段刑事一审案件中
危险驾驶罪被告人年龄分布

| 初中文化 | 高中文化 | 专科文化 |
| 大学文化 | 硕士文化 | 不确定 |

中等教育阶段刑事一审案件中
危险驾驶罪被告人受教育程度分布

| 初中文化 | 高中文化 | 专科文化 | 大学文化 | 硕士文化 | 不确定 |

中等教育阶段刑事一审案件中危险驾驶罪不同主体文化程度分布

（三）裁判结果及律师参与

1. 裁判结果

在 290 名犯危险驾驶罪的被告人中,除 34 名被告人免予刑事处罚,其他被告人都被判处拘役,并处罚金,其中,有 143 人被判处缓期执行。

2. 律师参与率与律师来源

该阶段被告人中,委托律师为其辩护的有 57 人,接受法律援助的有 25 人,

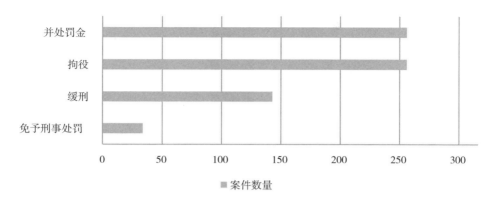

中等教育阶段刑事一审案件中危险驾驶罪被告人刑罚情况分布

有 208 名被告人没有律师为其辩护。总体而言,律师辩护率较低,仅约为 28.28%。

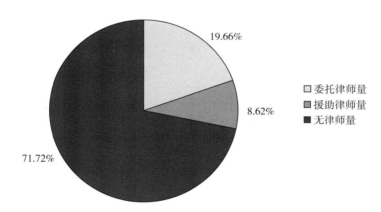

中等教育阶段刑事一审案件中危险驾驶罪被告人律师来源

3. 不同职业下律师参与情况

分析不同职业下律师参与情况可以看到,职业为其他主要行政管理人员的被告人,委托律师为其辩护的比例最大,约占其他主要行政管理人员总数的 1/3;其次是职业为校长的被告人,委托辩护率约为 31.58%;职业为教师的被告人,委托辩护率约为 18.92%。

4. 律师参与对裁判结果的影响

分析该阶段被告人所受处罚与律师参与辩护之间的关系,可以看到,34 名

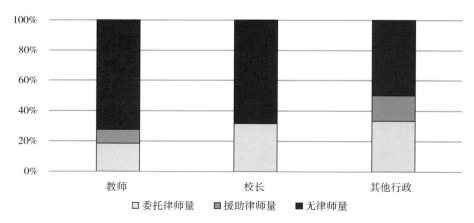

中等教育阶段刑事一审案件中危险驾驶罪不同职业下律师参与情况

免予刑事处罚的被告人中,有16名被告人委托律师为其辩护,委托辩护率约为47.06%;在被判处拘役并缓期执行的143名被告人中,有22名被告人委托律师为其辩护,约占阶段律师参与总量的26.83%。

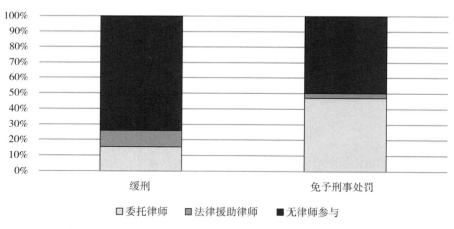

中等教育阶段刑事一审案件中危险驾驶罪律师参与与刑罚适用情况

二、交通肇事罪

交通肇事罪,是指违反道路交通管理法规,发生重大交通事故,致人重伤、死亡或者使公私财产遭受重大损失,依法被追究刑事责任的犯罪行为。

在裁判文书网检索 2015—2020 年与教育行业有关的刑事一审裁判,其中,中等教育阶段教育主体(教师、校长),犯交通肇事罪的共计 83 人。交通肇事罪属于教育行业主体涉罪高发案由的原因主要是犯罪主体个人违反交通运输管理法规,属于高发性的普通刑事罪名,与"教育行业主体"特性关联度不高。但需注意的是有部分案件是发生在校园道路范围内造成的重大交通事故,但由于学校内部道路均不属于公共交通管理范围,不能按交通肇事罪处理,但可以考虑以过失致人死亡罪追究刑事责任,如该行为同时又符合重大责任事故罪或重大劳动安全事故罪的构成要件,则应按特别法条优于普通法条的适用原则,以重大责任事故罪或重大劳动安全事故罪等罪名追究刑事责任。

（一）时间与地域分布

1. 时间分布

2015—2020 年,6 年期间的案件数量分布存在一定的时间差异。2018 年、2019 年涉案人数最多,均为 18 人;其次是 2017 年,涉案人数为 14 人,以及 2015 年和 2020 年,涉案人数均为 13 人;2016 年涉案人数最少,仅为 7 人。

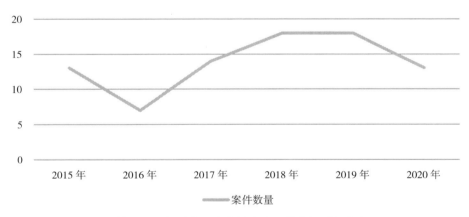

中等教育阶段刑事一审案件中交通肇事罪时间分布

2. 地域分布

2015—2020 年,中等教育阶段的一审刑事案件共涉及全国 25 个省、自治区、直辖市,地域分布呈现出一定的地域差异。涉案人数最多的省级行政区为云南和黑龙江,均为 7 人;其次是河南、湖北和安徽,均为 6 人。涉案人数较少的省级行政区为福建、浙江、吉林、陕西、北京,均为 1 人。

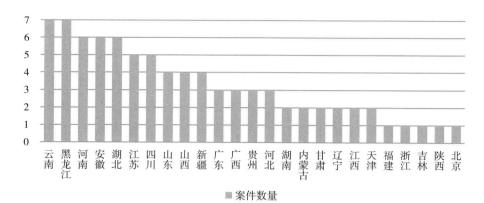

■ 案件数量

中等教育阶段刑事一审案件中交通肇事罪地域分布

（二）被告人情况勾勒

1. 职业分布

分析被告人职业可以看到,83 名犯交通肇事罪的被告人中,教师共计 80 名,约占被告人总数的 96.39%;校长共计 3 名,约占被告人总数的 3.61%。

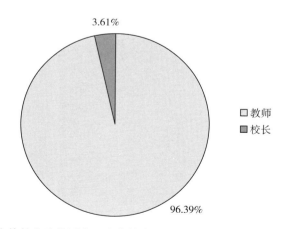

中等教育阶段刑事一审案件中交通肇事罪被告人职业分布

2. 性别分布

分析被告人性别可以看到,83 名犯交通肇事罪的被告人中,男性共有 65 名,约占被告人总数的 78.31%;女性共有 13 名,约占被告人总数的 15.66%;还有 5 名被告人在裁判文书中没有注明性别。其中,职业为校长的 3 名被告人均为男性;职业为教师的 80 名被告人中,女性仅 13 位。

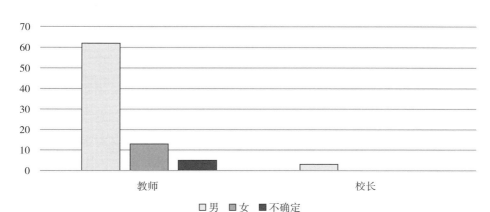

中等教育阶段刑事一审案件中交通肇事罪被告人性别分布

3. 年龄分布

分析被告人年龄可以看到,83 名犯交通肇事罪的被告人中,1970—1979 年出生的人数最多(41—50 岁),共计 31 人,约占被告人总数的 37.35%;其次是出生日期在 1980—1989 年(31—40 岁),共计 20 人;以及出生日期在 1960—1969 年(51—60 岁),共计 15 人;大于 60 岁与小于 31 岁的被告人都较少,还有 9 名被告人在裁判文书中未注明年龄。

4. 文化程度

分析被告人文化程度可以看到,中等教育阶段,犯交通肇事罪的被告人文化程度总体偏高。高中文化及以下共计 16 人,约占被告人总数的 19.28%;专科文化共计 11 人,约占被告人总数的 13.25%;大学本科文化共计 47 人,约占被告人总数的 56.63%;硕士研究生文化共计 1 人;还有 8 名被告人在裁判文书中未注明文化程度。其中,职业为教师的被告人绝大多数为大学文化。

(三)裁判结果及律师参与

1. 裁判结果

在 83 名犯交通肇事罪的被告人中,除 10 名被告人免予刑事处罚,其他 62 名被告人被判处有期徒刑,11 名被告人被判处拘役。其中,有 61 名被告人被判处缓期执行。

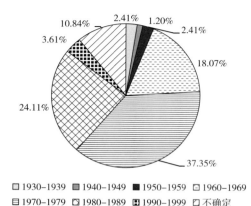

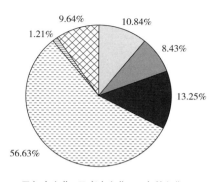

中等教育阶段刑事一审案件中
交通肇事罪被告人年龄分布

中等教育阶段刑事一审案件中
交通肇事罪被告人受教育程度分布

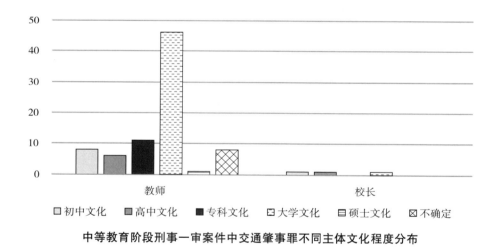

中等教育阶段刑事一审案件中交通肇事罪不同主体文化程度分布

2. 律师参与率与律师来源

中等教育阶段犯交通肇事罪的被告人,委托律师为其辩护的有 51 人,受法律援助为其辩护的有 2 人,有 30 名被告人没有律师为其辩护。总体而言,律师辩护率较高,约为 63.86%。

3. 不同职业下律师参与情况

分析不同职业下律师参与情况可以看到,职业为教师的被告人,委托律师为其辩护的比例最大,约占教师的 3/5;其次是职业为校长的被告人,委托辩护率

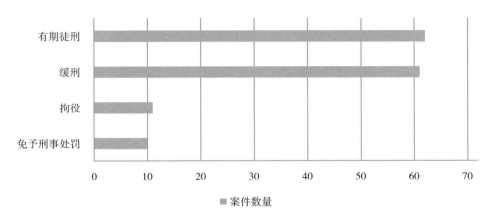

中等教育阶段刑事一审案件中交通肇事罪被告人刑罚情况分布

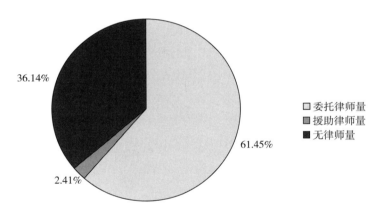

中等教育阶段刑事一审案件中危险驾驶罪被告人律师来源

约为 33.33%。

4. 律师参与对裁判结果的影响

分析该阶段被告人所受处罚与律师参与辩护之间的关系,可以看到,10 名免予刑事处罚的被告人中,有 6 名被告人委托律师为其辩护,委托辩护率为 60%;在被判处 3(含 3)—10 年有期徒刑的 16 名被告人中,有 10 名被告人委托律师为其辩护,有 1 名被告人接受法律援助律师的辩护,约占阶段律师参与总量的 20.75%。

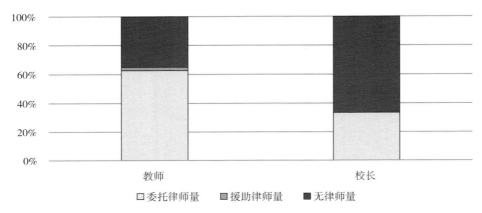

中等教育阶段刑事一审案件中交通肇事罪不同职业下律师参与情况

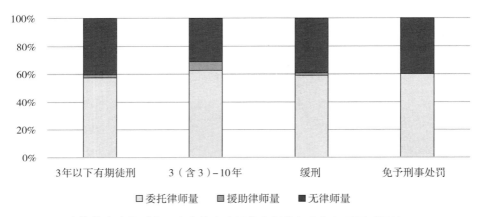

中等教育阶段刑事一审案件中交通肇事罪律师参与与刑罚适用情况

三、受贿罪

受贿罪,指国家工作人员利用职务上的便利,索取他人财物,或者非法收受他人财物,为他人谋取利益的行为。

在裁判文书网检索 2015—2020 年与教育行业有关的刑事一审裁判文书,其中,中等教育阶段教育主体(教师、校长、其他主要行政管理人员),犯受贿罪的共计 137 人。教育行业中受贿罪的风险识别,主要在于适格主体的识别。从主体上来看,受贿罪的犯罪主体必须为国家工作人员。这里的国家工作人员主要有以下两个方面特征:一方面,在特定条件下行使国家管理职能;另一方面,依照法律规定从事公务活动。判断是否属于刑法上的国家机关工作人员,不能完全看其身份,即不能看他是不是在编的国家干部、公务员之类的国家工作人员,而是看他所进行的工作是否在行使国家管理职权,即行使这种职权是否有法律依据或者得到国家机关的授权。

(一)时间与地域分布

1.时间分布

2015—2020年,6年期间的案件数量分布差异较大。涉案人数最多的年份是2017年,共计55人;其次是2015年,涉案人数为39人;以及2016年和2018年,涉案人数分别为19人、18人;2019年和2020年的涉案人数较少,分别为4人、2人。

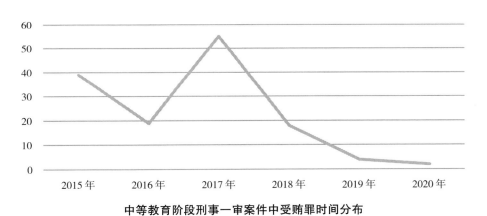

中等教育阶段刑事一审案件中受贿罪时间分布

2.地域分布

2015—2020年,中等教育阶段的一审刑事案件共涉及全国20个省、自治区、直辖市,地域分布呈现出一定的地域差异。涉案人数最多的前三个省级行政区分别为山东(20人)、云南(19人)、安徽(16人),三个省份的涉案被告人数量合计占比超过了总被告人数的2/5。而案件数量较少的省级行政区为广东、江西、辽宁、陕西、上海、重庆,均为1例。

(二)被告人情况勾勒

1.职业分布

分析被告人职业可以看到,137名犯受贿罪的被告人中,校长共计90名,约

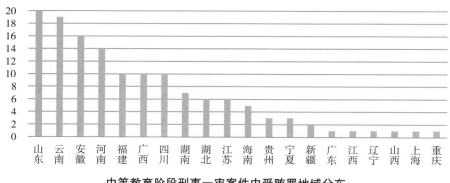

中等教育阶段刑事一审案件中受贿罪地域分布

占被告人总数的 65.69%；其他主要行政管理人员共计 42 名，约占被告人总数的 30.66%；教师共计 5 名，仅约占被告人总数的 3.65%。

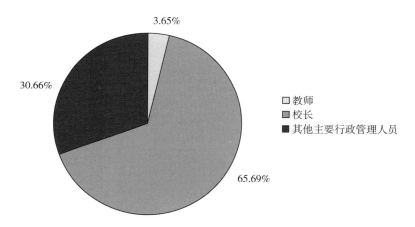

中等教育阶段刑事一审案件中受贿罪被告人职业分布

2. 性别分布

分析被告人性别可以看到，137 名犯受贿罪的被告人中，男性共有 122 名，占被告人总数的 89.05%；女性共有 2 名，约占被告人总数的 1.46%；还有 13 名被告人在裁判文书中未注明性别。其中，职业为教师的被告人性别占比较为平衡，男女之比为 3:2；职业为校长的被告人中，7 名在裁判文书中未注明性别，其他均为男性；在职业为其他主要行政管理人员的被告人中，6 名在裁判文书中未注明性别，其他均为男性。

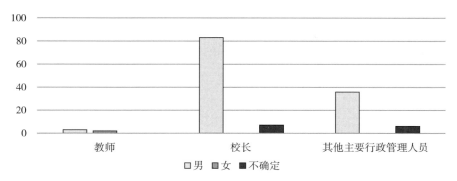

中等教育阶段刑事一审案件中受贿罪被告人性别分布

3. 年龄分布

分析被告人年龄可以看到,137 名犯受贿罪的被告人中,1960—1969 年(51—60 岁)出生的人数最多,共计 66 人,约占被告人总数的 48.18%;其次是出生日期在 1970—1979 年(41—50 岁)的被告人,共计 39 人,约占被告人总数的 28.47%;出生日期在 1950—1959 年(61—70 岁)的被告人共计 9 人,约占被告人总数的 6.57%;出生日期在 1980—1989 年(31—40 岁)的被告人人数较少,还有 20 名被告人在裁判文书中未注明年龄。

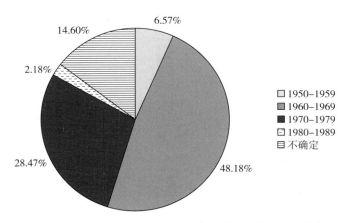

中等教育阶段刑事一审案件中受贿罪被告人出生年龄分布

4. 文化程度

分析被告人文化程度可以看到,中等教育阶段,犯受贿罪的被告人文化程度总体偏高。高中以下文化程度仅 1 人,占被告人总数的 0.73%;专科文化共计

17 人,约占被告人总数的 12.41%;大学本科文化共计 97 人,约占被告人总数的
70.80%;硕士研究生文化共计 3 名,约占被告人总数的 2.19%;还有 19 名被告
人在裁判文书中未注明文化程度。其中,校长绝大多数为大学本科文化,其他主
要行政管理人员主要为大学文化和专科文化。

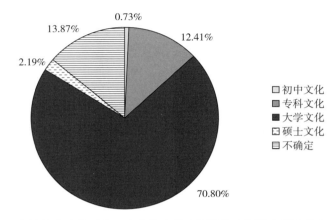

中等教育阶段刑事一审案件中受贿罪被告人受教育程度分布

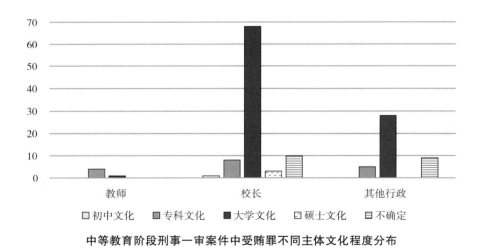

中等教育阶段刑事一审案件中受贿罪不同主体文化程度分布

(三)裁判结果及律师参与

1. 裁判结果

在 137 名犯受贿罪的被告人中,42 名被告人免予刑事处罚;87 名被告人被
判处有期徒刑,8 名被告人被判处拘役;53 名被告人被判处缓期执行,80 名被告

人被判并处罚金,5 名被告人被判并处没收财产。

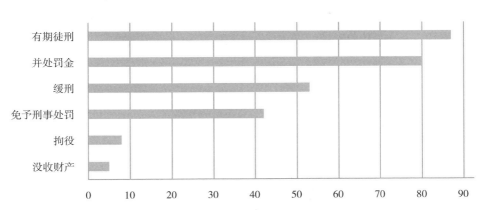

中等教育阶段刑事一审案件中受贿罪被告人刑罚情况分布

2. 律师参与率与律师来源

该阶段被告人,委托律师为其辩护的有 108 人,受法律援助的有 2 人,有 27 名被告人没有律师为其辩护。总体而言,律师辩护率较高,约为 80.29%。

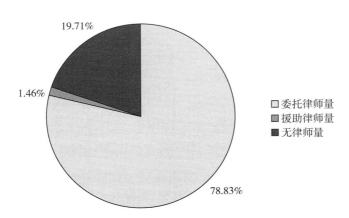

中等教育阶段刑事一审案件中受贿罪被告人律师来源

3. 不同职业下律师参与情况

分析不同职业下律师参与情况可以看到,职业为校长的被告人,委托律师为其辩护的比例最大,约占校长总数的 82.22%;其次是职业为其他主要行政管理人员的被告人,委托辩护率为 73.80%。

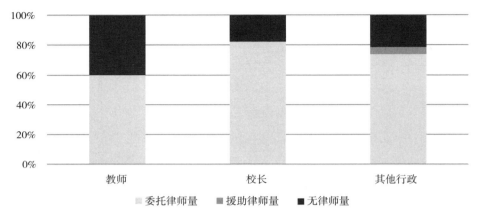

中等教育阶段刑事一审案件中受贿罪不同职业下律师参与情况

4. 律师参与对裁判结果的影响

分析该阶段被告人所受处罚与律师参与辩护之间的关系,可以看到,在 42 名免予刑事处罚的被告人中,有 25 名被告人委托律师为其辩护;在被判处三年以下有期徒刑的 82 名被告人中,有 50 名被告人委托律师为其辩护,约占阶段律师参与总量的 45.45%。

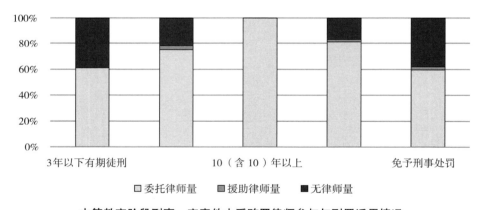

中等教育阶段刑事一审案件中受贿罪律师参与与刑罚适用情况

第三节 见微:典型案例剖析

本章前两节主要是针对中等教育阶段教育行业主体犯罪情况进行宏观上的

数据纵览,与微观上聚焦于高发罪名分析,可以对该阶段的刑事法律风险的识别有一个初步的把握。但是仅针对高发罪名分析还是不够全面,中等教育阶段涉及"危害公共安全罪"中9个罪名、"贪污贿赂罪"中10个罪名、"妨害社会管理秩序罪"中48个罪名、"侵犯公民人身权利、民主权利罪"中12个罪名,共计79个罪名。详细分析了贪污罪、危险驾驶罪、贿赂罪三个高发罪名,但针对中等教育阶段中故意伤害、挪用公款等犯罪现象在高发罪名中没有进行深入剖析,尤其是中等教育阶段有许多民办院校、职业技术学校等,这类学校多数日常管理不够规范、法律风险意识不足,学校老师、工作人员滥用职权、组织考试作弊行为偶有发生,这虽然不是高发现象,但其行为性质恶劣,后果影响重大亦需要予以关注。故该小节除列举高发案由中的案例进行分析外,还在样本案例中筛选出不高发但具有典型性的案例进行分析,这部分案例同样能展示出教育行业主体的犯罪特性。

一、山东某中学工作人员受贿案

张某民、田某军受贿案

（2018）鲁 1425 刑初 137 号

【关键词】

中学主任　利用职务便利　收受好处费　为他人谋取利益

【基本案情】

被告人张某民,齐河县某中学年级部主任。

被告人田某军,齐河县某中学副校长。

2016 年 5 月至 2018 年 1 月,齐河县某中学与北京某教育科技有限公司开展学生春季高考培训合作。被告人张某民、被告人田某军利用职务便利,为该公司负责人杨某 1 在招生、管理、培训服务等方面提供帮助,非法收受杨某 1 给予的培训好处费。在与杨某 1 合作培训一事中,商谈好处费、收取好处费及分配方案等具体事宜由张某民负责,根据约定,张某民按每名学生培训费的 28% 收取好处费,其中 20% 作为分管副校长田某军、年级部主任张某民及春考班班主任好处费,8% 作为张某民单独留取的好处费,张某民仅将 20% 的好处费向田某军做了汇报。张某民共收取培训好处费 540560 元,个人实得 319840 元;其向田某军汇报收取好处费 362796 元,田某军个人实得 141500 元。另田某军单独收受杨某 1 好处费 20000 元。经审理,法院判决:一、被告人张某民犯受贿罪,判处有期徒刑一年三个月;二、被告人田某军犯受贿罪,判处有期徒刑一年,缓刑一年;三、随案移送二被告人的涉案赃款依法没收,上缴国库。

【检察意见】

公诉机关认为,被告人张某民、田某军身为国家工作人员,利用职务便利,多次非法收受他人好处费款物分别合计人民币 319840 元、341500 元,为他人谋取利益,其行为触犯了《刑法》第 383 条、第 385 条、第 386 条的规定,应当以受贿罪追究其刑事责任。

【辩护要点】

被告人张某民、田某军对起诉书指控的犯罪事实没有提出异议。

被告人张某民的辩护人对起诉书指控的犯罪事实没有异议,针对量刑方面提出的辩护意见为:被告人张某民受贿数额不大,社会危害程度较轻,主观恶性不大;被告人张某民具有自首情节、悔罪、全部退赃、初犯、偶犯、认罪态度好,请求对被告人张某民依法从轻处罚。

被告人田某军对起诉书指控的犯罪事实没有提出异议。

被告人田某军的辩护人提出如下辩护意见:对被告人田某军于 2017 年 9 月其父亲住院期间收取 20000 元不应认定为受贿行为,应认定为民间借贷;被告人田某军在客观上没有与他人彼此联络、互相配合,主观上没有共同的意思联络,与被告人张某民不构成共同犯罪;田某军犯罪情节轻微,主观恶性不大,没有给国家造成损失,且被告人田某军具有自首情节、悔罪、全部退赃、初犯、偶犯、认罪态度好,请求对被告人田某军依法从轻处罚。

【裁判理由】

一、被告人张某民的辩护人关于"张某民受贿数额不大,社会危害程度较轻,主观恶性不大"及被告人田某军的辩护人关于"田某军犯罪情节轻微,主观恶性不大,没有给国家造成损失"的辩护意见,法院认为,两被告人作为国有事业单位的人民教师,亦担任学校的领导,本应以身作则,率先垂范,利用自己的学识为学校、为国家做出更大的贡献,但二被告人在管理教学过程中,辜负人民的期望、学生的爱戴,利用职务便利,收受他人贿赂,侵犯了国家工作人员职务行为的廉洁性,且参与数额巨大,为他人谋取利益,理应依法受到惩处,对两辩护人的上述辩护意见不予采信。

二、关于被告人田某军的辩护人提出的"田某军在客观上没有与他人彼此联络、互相配合,主观上没有共同的意思联络"的辩护意见,经查,在本案中被告人田某军在听取张某民向其汇报收取杨某1好处费一事时,并没有提出反对意见,并按约定实际收取了好处费,且为杨某1提供便利,可见对收取杨某1好处费持默许态度,已具有共同受贿的故意,对辩护人的该辩护意见不予采纳。公诉机关起诉指控被告人杨某明犯受贿罪的罪名正确,应予采纳。

三、关于田某军的辩护人提出的"对2017年9月被告人父亲住院期间收取20000元不应认定为受贿行为,应认定为民间借贷"的辩护意见,经查,该20000元的收取发生在杨某1与齐河县实验中学合作期间,并且田某军对该20000元一直据为己有,主观上没有归还的意思,田某军亦认可系其以借款的名义收取贿赂,对辩护人的该辩护意见不予采纳。

四、案发后被告人张某民、田某军主动到齐河县监察委员会等相关部门投案,并如实供述案件事实,系自首。辩护人关于二被告人"具有自首情节、悔罪、全部退赃、初犯、偶犯、认罪态度好"的辩护意见经查属实,均予以采纳。田某军在整个受贿过程中对好处费没有控制权,实际受贿所得相对较少,系从犯。

综上所述,被告人张某民、田某军作为国家工作人员,在管理教学的工作过程中,利用职务便利,非法收受他人财物,为他人谋取利益的行为,侵犯了国有事业单位正常的管理活动和国家工作人员职务行为的廉洁性,其行为均已触犯《刑法》第385条之规定,构成受贿罪。犯罪事实清楚,证据确实充分。公诉机关指控的事实及罪名成立,本院予以确认。鉴于被告人张某民、田某军认罪态度较好,系初犯、偶犯,具有主动投案自首情节,并已积极退缴全部赃款,被告人田某均系从犯,根据两被告人的犯罪数额、犯罪情节、认罪及悔罪态度,对被告人张某民、田某军均予以减轻处罚。

【案件点评】

本案系中等教育阶段学校负有管理职责的中层干部与副校长共同受贿的典

型案例。该校主任与副校长在管理教学过程中,利用职务便利,多次非法收受他人好处费达 30 余万元,属于数额巨大,引发了受贿罪的刑事法律风险。

值得注意的是,本案的案发源于与校外企业合作高考培训项目,而高考培训恰好是中等教育阶段冲刺高考教育教学工作成果的重要方式之一,在高考培训的方式方法及培训过程中,大量中学选择与第三方校外培训企业合作,在此合作过程中就极易引发校内领导利用职务上的便利,收受校外企业好处费的受贿风险。本案可以为中学领导在负责高考培训项目上提供警示教育。

除此之外,根据律师办理案件来看,需要提醒各位中学校管理者,中等教育阶段受贿行为方式多样,其核心在于"非法收受他人财物,为他人谋取利益",如:在特长生招生中违规裁判,提出倾向性意见,收受家长"赞助费";利用负责学生就业推荐、派遣的便利收受好处费;在出题、监考、巡考、阅卷环节为他人提供便利收取好处费;在工程招投标、工程建设、工程款拨付等方面收受好处;在设备物资采购、维修工程等审计监督工作中给予关照并收受好处费等等。因此,需要学校管理者从招生、教学、校园安全、财务、基建、后勤等各个环节防范刑事法律风险。

点评人:四川恒和信律师事务所　曾利娟

二、四川某中学工作人员挪用公款案

周某先挪用公款案

(2019)川 0522 刑初 20 号

【关键词】

中学教师　挪用公款　进行盈利活动　数额较大

【基本案情】

被告人周某先,合江县某中学校教师、食堂出纳。

2017 年起,被告人周某先利用担任合江县某中学校食堂出纳的职务便利条件,在收取该校各班主任缴纳的学生伙食费之后,采取伙食费不缴存财政专户、票据不交付会计,以及报账后向食堂材料供应商变相"借款"的方式,挪用其收取的合江县某中学校 2017 年春期、秋期学生伙食费 1096851 元和应支付给食堂供应商的货款166434.73元,用于其个人在多家证券公司开户炒股牟利,以及归还因炒股所欠借贷的本金和利息。截至案发时,被告人周某先尚有559015.13元未归还。经审理,法院判决:一、被告人周某先犯挪用公款罪,判处有期徒刑二年六个月;二、继续追缴被告人周某先的违法所得人民币342049.53元,并发还被害单位。

【检察意见】

公诉机关认为,被告人周某先身为国家工作人员,利用职务上的便利,挪用公款数额较大,进行牟利活动的行为,应当以挪用公款罪追究其刑事责任。被告人周某先犯罪后自动投案,如实供述自己的犯罪事实,系自首。

【辩护要点】

被告人周某先对起诉书指控的事实和罪名均无异议,自愿认罪。但认为,供应商匡某2那笔款项应属于民间借贷。被告人周某先的辩护人发表如下辩护意见:关于挪用金额的问题,应支付给匡某2、左某的货款共计166434.73元是借款,不应作为挪用款列入涉案金额;被告人认罪态度好,且有自首情节,建议对被告人适用缓刑。

【裁判理由】

一、关于食堂猪肉供应商匡某2的货款130369.13元这一笔款项,经查,该款项系被告人周某先利用其食堂出纳的职务便利条件,在未征得匡某2同意的情况下,将该款截留下来供个人使用,在匡某2多次催款未果的情况下,最后由先市职高支付130369.13元给匡某2。虽然被告人向学校出具借条,但不能否定被告人利用职务便利直接截留款项挪作个人使用的客观犯罪事实。被告人提供其与匡某2在案发后的微信聊天记录不能反映出双方存在借款合意,对被告人及其辩护人提出系借款的辩解意见,本院不予采纳。综上,从被告人获取资金方式、匡某2对该笔资金所持的主观态度来看,该笔款项不应属于被告人与匡某2的借款,故应纳入挪用公款的金额中。

二、公诉机关指控被告人周某先以"借款"的方式挪用应支付给食堂佐料供应商左某货款36065.60元,并用于个人炒股的事实,经查,该笔款项,虽被告人获取的方式与匡某2那笔类似,但在案证据中,左某的证言已认可该笔系借款,也一直未向被告人催收,直至案发后,学校主动代被告人支付了该笔款项,由被告人向学校出具欠条,故本院认为该笔金额为被告人与左某的借款,属民事法律调整范围,不应计入犯罪金额,对被告人及辩护人的该辩护意见予以采纳。

综上所述,法院认为,被告人周某先身为国家工作人员,利用职务上的便利挪用公款,进行牟利活动,数额较大,其行为已触犯《刑法》第384条第一款之规定,构成挪用公款罪。公诉机关指控被告人犯挪用公款罪的犯罪事实清楚、证据确实、充分,罪名成立,应当予以支持。被告人周某先犯罪以后自动投案,如实供述自己的罪行,系自首,可以从轻或者减轻处罚;被告人周某先在案发前后归还部分资金,可以从轻处罚。综上,决定对被告人周某先从轻处罚。根据被告人的犯罪事实、性质、社会危害性等,不宜对其适用缓刑。对指定辩护人提出对被告人周某先适用缓刑的建议,法院不予采纳。

【案件点评】

党的十八大以来,国家对公职人员贪污腐败案件重拳出击,出台了一系列政策法律法规,打虎拍蝇查处了一批贪贿分子,查处贪贿职务犯罪取得巨大成效。相较于贿赂犯罪一对一较为隐蔽的特点,挪用公款、贪污等犯罪行为则较为容易留下记账凭证、进货单等客观性证据,案件的查处也更容易找到突破口。因此,司法实践中,查处的挪用公款、贪污类犯罪案件在职务犯罪案件中的比例越来越小。

该类案件的预防,完善制度不折不扣执行制度尤为关键。在周某先挪用公款一案中,周某先利用担任合江县某中学食堂出纳的职务便利条件,收取学生伙食费后,采取伙食费不缴存财政专户、票据不交付会计,以及报账后向食堂材料供应商变相"借款"的方式,挪用学生伙食费。而按照相关财务规章制度要求,会计和出纳应当相互监督,收取伙食费应当及时入账、票据应当及时交付会计,但在本案当中,财务制度形同虚设,也让周某先这样的不法分子钻了制度的空子。因此,学校后勤管理中,杜绝职务犯罪发生,建章立制是根本,坚定执行是保障。

该类案件的预防,重在强化个人防腐拒腐思想防线。在周某先挪用公款一案中,作为食堂出纳,本应该在本职工作岗位上,兢兢业业工作,但个人的私欲一旦助长,就如同决堤的洪水吞噬本来就不坚定的意志品质。周某先就没有守住自己的法律底线,将作为个人爱好的炒股行为企图变成发家致富的捷径,在自己资金不充裕的情况下,就打起了学生伙食费的歪念头,炒股牟利的愿望没有得到实现,最终得到的却只是牢狱之灾,还是应了一句话:"莫伸手,伸手必被捉"。

点评人:四川卓安律师事务所　何冰冰

三、四川某中学工作人员贪污案

庞某锦贪污案

(2017)川 0823 刑初 75 号

【关键词】

中学教师　国家工作人员　非法占有　侵吞公共财产

【基本案情】

被告人庞某锦,原系开平市某中学老师兼出纳员。

被告人庞某锦于 2018 年 10 月 19 日至 2019 年 8 月 23 日期间,利用其开平市某中学任出纳员的职务便利,通过篡改交给银行发放清单上的应发金额、使实际发放金额小于应发金额,或者将本应发放给老师的金额直接截留的方式,侵吞该校应发放给老师的补贴、津贴款项共计 282557.60 元,所得款项转入其私人银行账号;于 2019 年 1 月 22 日、2019 年 7 月 16 日、2019 年 8 月 20 日,利用职务上的便利,三次通过涂改支票用途内容,以备用金名义申请向银行提现套取的方式,侵吞该校公款共计 107000 元。综上,被告人庞某锦贪污公款共计 389557.60 元,得款后用于偿还赌债。其后因部分教职工追讨相关补贴、津贴而事发,被告人庞某锦于 2019 年 7 月至 9 月期间分多次退回全部赃款。经审理,法院判决:一、被告人庞某锦犯贪污罪,判处有期徒刑三年,并处罚金人民币二十万元。二、缴获的手机一台,发还给被告人庞某锦;扣缴在案的伪造银行印章两枚,由扣缴机关予以销毁。

【检察意见】

公诉机关认为,被告人庞某锦无视国家法律,身为国家工作人员,利用职务上的便利,弄虚作假,采取套取、截留等手段非法占有公款 389557.60 元,数额巨大,应当以贪污罪追究其刑事责任。被告人庞某锦到案后,如实供述自己的罪行,属坦白,可以从轻处罚,建议以贪污罪判处被告人庞某锦有期徒刑三年至四年,并处罚金。

【辩护要点】

被告人庞某锦对公诉机关指控的罪名无异议,但指控的犯罪事实有异议,其辩称自己有自首行为,案发前部分退赃,归案前全部退赃。

被告人庞某锦的辩护人提出以下辩护意见:对公诉机关指控被告人的罪名及事实没有异议;被告人在立案侦查前向侦查机关反映了事实,应认定为自首;被告人的社会危害性较低;被告人当庭认罪,态度较好,并取得被害人的谅解;被告人有老幼需要抚养照顾,建议对被告人适用缓刑。

【裁判理由】

一、对于被告人庞某锦的辩解及其辩护人的意见,经查,有证人梁某康、梁某辉、潘某志、梁某强、张某华的证言证实,因部分教师反映住房公积金没有发放而询问庞某锦时,其并没主动交代自己截留款项的情况,而是捏造银行系统升级、银行装修搬迁等原因加以搪塞,其后在学校第一次核查中发现教师均存在少发补贴、津贴的问题且已核实相关数额时,庞某锦才在隐瞒不了的情况下被动说出自己截留教师补贴、津贴的事实且其三次退款均是在学校已核查出相关截留数额后才予以清退,其对自己截留的款项并未记账。故被告人庞某锦并非主动投案,不构成自首;

二、对于辩护人提出的被告人的社会危害性较低、被告人当庭认罪,态度较好,并取得被害人的谅解的辩护意见,与本院查明的事实相符,予以采纳。

综上所述,法院认为,被告人庞某锦无视国家法律,身为国家工作人员,利用职务上的便利,弄虚作假,采取套取、截留等手段非法占有公款,数额巨大,其行为已触犯《刑法》第 382 条之规定,构成贪污罪。公诉机关指控被告人所犯罪名成立,定罪证据确实、充分,应予支持。被告人庞某锦归案后如实供述自己的罪行,是坦白,可以从轻处罚。被告人庞某锦全部退赃并取得学校和教师的谅解,可酌情从轻处罚。

【案件点评】

　　根据国家的有关规定,达到一定规模的中小学校都要设立专门的财会机构。但目前不少已具备相当规模的农村中小学并没有设立专门的财会机构,有的即使设有"财务室""会计室"等类似部门,也没有配备专职财务人员,而是由学校有关人员兼任,钱、账、物一人管,会计、出纳一人兼。这既不符合国家有关规定,又容易给个别人员提供贪污、挪用的机会。本案就是一个由教师兼任出纳监守自盗的典型案例。

　　实践中,中小学校除收取正常的学、杂费交由财务部门统一核算外,一些学校有关部门还收取其他费用,但这些收费都没有按照规定统一上交学校财务部门,而是放在存折上,收费基本上用的都是自购的三联单收据,有的根本不开收据,有的收费项目甚至连学校主要负责人都不知道。除去正常的开支外,余款大多被部门人员以福利费、劳务费等名义私分或形成部门"小金库"。这既造成学校的预算外资金流失,又在社会上造成不好的影响。更为严重的是,农村中小学校会计人员大多为教师兼任,没有经过会计专业培训,会计知识缺乏,财会业务素质低,有的只会记简单的收支流水账,不记往来账,再加上个别会计人员责任心不强,不按会计制度的规定做账,致使学校账簿设置不全,账目记载不清,账务处理混乱。

　　为解决中学财务管理中存在的违规违纪现象,我们需要对具有一定规模的高中和初级中学,应设立独立的会计机构;对不具备单独核算的中小学校应实行"零户统管"和"报账制",学校指定专职报账员,由主管部门代为财务核算。同时实行一部门收费。所有收费项目经学校领导班子研究决定后都由财务部门统一收取,对于财务部门不能及时、便利收取的各项费用,可由各部门或有关人员从财务上领取收费票据,用完后及时到财务上缴销,钱票两清,杜绝多部门收费现象。

点评人:四川卓安律师事务所　姚振宇

四、陕西某中学教师组织考试作弊案

曹某萍、张某组织考试作弊案

（2019）陕 0113 刑初 893 号

【关键词】

中学教师　国家级考试　组织考试作弊　有自首情节

【基本案情】

被告人曹某萍，成都市某画室负责人。

被告人张某，南充市某中学美术老师。

2018 年 9 月至 2019 年 1 月，考生唐某某的父亲通过其朋友被告人张某联系到被告人曹某萍，曹某萍随后又联系到替考人员常某某（已判决）。后经协商，双方约定由常某某代替唐某某参加 2019 年陕西省普通高等学校艺术类专业考试，事后向常某某支付 5 万元酬劳。2019 年 2 月 24 日，张某将唐某某的身份证和报考证通过快递邮寄给曹某萍。2019 年 3 月 2 日，常某某从曹某萍处拿到唐某某的身份证及准考证并来到西安。次日上午，常某某在西安市高新区某会展中心考点代替唐某某完成了两科考试（速写和素描），下午在色彩科目替考过程中被考务人员发现并报警，遂被公安机关抓获。2019 年 3 月 6 日，曹某萍主动投案；2019 年 3 月 14 日，张某主动投案，二被告人到案后均如实供述了涉案事实。经审理，法院判决：一、被告人曹某萍犯组织考试作弊罪，判处有期徒刑一年，并处罚金二万元（已缴纳）。二、被告人张某犯组织考试作弊罪，判处有期徒刑七个月，并处罚金一万元（限判决生效后七日内缴纳）。

【检察意见】

公诉机关认为，被告人曹某萍、张某在法律规定的国家考试中，组织作弊，其行为均触犯了《刑法》第 284 条之一的规定，犯罪事实清楚，证据确实、充分，应当以组织考试作弊罪追究其刑事责任。

【辩护要点】

被告人曹某萍、被告人张某对公诉机关指控的犯罪事实均无异议。

被告人曹某萍的辩护人发表如下辩护意见：曹某萍在本案中起次要作用，有自首情节,有立功表现,建议对曹某萍从轻处罚。

被告人张某的辩护人发表如下辩护意见:张某有自首情节,系初犯、偶犯,张某在本案中作用较小,建议对张某从轻处罚并适用缓刑。

【裁判理由】

一、被告人曹某萍的辩护人辩称曹某萍在本案中起次要作用以及被告人张某的辩护人辩称张某在本案中作用较小的意见,经查,曹某萍在本案中负责组织、联系并安排常某某代替考生唐某某参加考试,张某提议并联系曹某萍让其安排替考事宜,二被告人在共同犯罪中均起主要作用,故对上述辩护意见法院不予采纳。

二、被告人曹某萍的辩护人辩称曹某萍有立功表现的意见,经查,曹某萍到案后如实供述了自己及同案犯张某的犯罪事实,后张某经公安机关电话传唤到案,曹某萍的行为系如实供述自己及同案犯的罪行,其既未协助司法机关抓捕同案犯,亦不具有其他有利于国家和社会的突出表现行为,不符合立功表现的相关规定,故对该辩护意见本院不予采纳;辩称曹某萍有自首情节的意见,经查属实,予以采纳,对曹某萍依法可从轻处罚。

三、被告人张某的辩护人辩称张某有自首情节,系初犯、偶犯的意见,经查属实,予以采纳,对张某依法可从轻处罚。

综上所述,法院认为,被告人曹某萍、张某在法律规定的国家考试中,组织作弊,其行为均已触犯《刑法》第284条之一的规定,构成组织考试作弊罪,属共同犯罪。西安市雁塔区人民检察院指控二被告人所犯罪名成立。被告人曹某萍系累犯,依法应从重处罚。

【案件点评】

自科举考试设立至今,考试作弊现象就一直如影随形。随着社会的发展,科技化进程的加速,考试作弊行为也由单一的个人的行为转变为有规模、有组织的多人作弊行为,作弊形式更加隐蔽、科技含量更高、侦破难度更大。面对如此高发、严重的考试作弊行为,《刑法修正案(九)》及出台的相关司法解释,实现了考试作弊行为入刑的有法可依。这也成为教育从业人员亟需重点关注的刑事法律风险。

教师是组织考试作弊案件高发人群,主要原因一方面是教师在考试中扮演着重要的角色:他们既可以是出题的人、监考的人,还可以是阅卷的人,同时他们熟悉考试流程,有条件发掘有能力的"枪手",能够利用自己的工作便利、职务便利为作弊提供更大的胜算。另一方面是因为考试作为目前我国选拔人才最重要的途径,国家考试就更为重要,自然有人想采用非常规、不公正的手段来通过考试,例如花重金请老师考前泄题、请求老师在监考时予以通融,或者同本案一样邀约老师一起组织考试作弊,而老师往往无法抵制重金诱惑选择铤而走险,走向犯罪深渊。

点评人:成都市武侯区人民检察院　张娜

五、安徽某中学教师故意伤害案

臧某通故意伤害案

(2020)皖 1225 刑初 341 号

【关键词】

中学教师　纪律管理　故意伤害　轻伤一级

【基本案情】

被告人臧某通,案发前系阜南县某中学教师。

被告人臧某通曾系阜南县某中学八年级教师。2020 年 1 月 5 日 18 时许,被告人臧某通在八年级九班上晚自习时,发现该班学生丁某在桌子下面玩玩具,遂上前将其玩具收走,拿到讲桌上,丁某撵到讲台向臧某通索要玩具,臧某通未给并将玩具摔在地上,丁某便去地上捡玩具,与臧某通发生肢体碰撞,臧某通一气之下就用手将站在讲台上的丁某推倒在地,致使丁某左胳膊着地受伤,在丁某站起来后,臧某通又用巴掌和脚踢打丁某头部和臀部(未有明显伤情)。随后丁某自行离开教室去医务室检查。经鉴定,丁某的人体损伤程度为轻伤一级。经审理,法院判决:被告人臧某通犯故意伤害罪,判处有期徒刑一年,缓刑一年六个月。

【检察意见】

公诉机关认为,被告人臧某通故意伤害他人身体,致一人轻伤,其行为触犯了《刑法》第234条第一款之规定,应当以故意伤害罪追究其刑事责任。

【辩护要点】

被告人臧某通对公诉机关指控的事实、罪名及量刑建议没有异议且签字具结,在开庭审理过程中亦无异议。

被告人臧某通的辩护人提出的辩护意见为:1. 被告人臧某通主动到案,如实供述犯罪事实,具有自首情节;2. 无犯罪前科,系初犯、偶犯;3. 自愿认罪认罚,为被害人垫付药费并赔偿经济损失,取得被害人谅解;4. 案发时被害人也存在过错。综上,请法庭对被告人臧某通从轻处罚。关于从业限制,请法庭结合本案情况予以综合考量。

【裁判理由】

一、被告人臧某通主动到案如实供述犯罪事实,具有自首情节,依法可从轻处罚;愿意接受处罚,确有悔罪表现,依法可从宽处理;与被害人近亲属达成调解协议并取得谅解,依法可酌情从轻处罚。辩护人关于被告人臧某通具有自首情节、无犯罪前科、自愿认罪认罚、取得被害人谅解的相关辩护意见,与审理查明事实相符,法院予以采纳。

二、2020年6月18日,被告人臧某通向阜南县公安局涉案资金专户缴纳赔偿保证金五万元人民币。因被告人臧某通与被害人近亲属就赔偿问题达成和解,被害人近亲属于2020年9月14日出具谅解书,对被告人臧某通的行为表示谅解。经法院委托阜南县司法局评估,被告人臧某通在所居住社区无重大不良影响,其近亲属愿意对其进行帮教,具备适用社区矫正条件。

综上所述,法院认为,被告人臧某通故意伤害他人身体,致一人轻伤的行为已触犯《刑法》第234条之规定,构成故意伤害罪,应予依法惩处。公诉机关的指控成立。结合司法行政机关关于被告人臧某通符合社区矫正条件的评估意见,依法可对其适用缓刑。公诉机关关于对被告人臧某通判处有期徒刑一年,缓刑一年六个月的量刑建议适当,法院予以采纳。

【案件点评】

故意伤害罪的犯罪主体虽然是一般主体,但本案的伤害行为却发生在比较特殊的主体之间：老师与学生，并且是老师伤害学生致轻伤一级。

被告人臧某通故意伤害是通过这样一系列行为实施的：收走玩具——将玩具摔在地上——用手将站在讲台上的丁某推倒在地——用巴掌和脚踢打丁某头部和臀部。以上连贯的客观行为印证了被告人臧某通故意伤害的主观方面是出于直接故意，即：明知自己的行为会造成损害他人身体健康的结果，且希望该伤害结果的发生。

师者，传道、授业、解惑，其职责是对教育事业负责，对教学工作负责，关心、爱护全体学生，尊重学生人格，促进学生在品德、智力、体质等方面全面发展；教师的使命是履行教育教学职责，承担教书育人，培养社会主义事业建设者和接班人，提高民族素质。本案中，臧某通的故意伤害行为却与自己的职业道德和使命相违背，这充分说明教师这个职业在选拔录用以及"教学相长"过程中，对教师德、能、勤、绩、法等方面素质的要求有多么重要，如果老师自己都"身不正"，何谈"教书育人"？因此，全面加强教师队伍的素质建设，有效提升教师职业的"育人"能力是个案所折射出来的时代要求，也是法律实施的应有之义。

点评人：北京蓝鹏（成都）律师事务所　罗中兆

第四章　高等教育

随着高等教育改革深入推进,高校办学自主权逐步扩大,高校内外部环境愈加复杂、治理难度加大,使得高等教育事业在治理和运行过程中面临着更多的刑事法律风险。① 在高校选人用人、招生考试、科研管理、财务管理、招标采购、基建项目等重点环节和重点领域,极易发生贪污、受贿、挪用公款和滥用职权等行为,既不利于高校自主办学能力的提升和依法治校水平的提高,也会对高校的党风政风、师德师风和校风学风建设产生严重不良影响,违背高校立德树人的担当和使命。因此,对高等教育阶段教育行业主体的犯罪特征进行分析,是增强高校刑事法律风险应对和防范能力的重要举措,对于提高高校自主办学能力和依法治校水平具有重要意义。本章共计三小节,分别从总体数据呈现、高发罪名解读、典型案例剖析等多个维度,全方位地对高等教育阶段教育行业主体的犯罪特征作出分析。

第一节　纵览:总体数据呈现

该教育阶段提取到裁判文书网 2015—2020 年上传的与教育行业主体(含高等教育学校的校长、教师、教务处主任等与高等教育密切相关的人员)相关的刑事一审案件,共计 381 例,其中 2017 年上传的刑事裁判文书较多,有 83 例;地域分布来看江西与山东的案件数量最多,都是 36 例;与教师相关的案件共计 204 例,与校长相关的案件共计 33 例,与高校主要行政管理人员相关的案件共计

---

① 参见姚荣:《高校管理中的法律风险与防范———以人事与学生管理纠纷案件为分析中心》,《湖南师范大学教育科学学报》2021 年第 4 期。

144例;高发罪名主要集中于贪污贿赂类犯罪;该阶段有律师参与的案件量超过了无律师参与的案件量,分别约占总案件量的80%与20%。

一、案件特征

(一)罪名分布

从裁判文书的罪名统计来看,高等教育阶段刑事犯罪共涉及55个具体罪名,根据我国《刑法》分则的规定,这些罪名广泛分布在除了危害国家安全罪、危害国防利益罪、军人违反职责罪以外的其他七章。根据涉案总数由高到低的顺序,结合犯罪所侵犯的客体类型,将高等教育阶段涉及的前三大罪名排列如下:

1. 第八章"贪污贿赂罪"涉及8个罪名,占总罪名数的14.5%。具体罪名为贪污罪、受贿罪、挪用公款罪、行贿罪、单位行贿罪、单位受贿罪、介绍贿赂罪、私分国有资产罪。此类案件共涉案184例,占高等教育阶段犯罪案件总数的46.58%。其中,犯受贿罪的案件数最多,有95例,占高等教育阶段犯罪总案件数的24.9%;犯贪污罪的有37例,占高等教育阶段犯罪总案件数的9.71%;犯挪用公款罪的有31例,占高等教育阶段犯罪总案件数的8.14%;犯本章其他5类罪的共计21例,占高等教育阶段犯罪案件总数的5.51%。

2. 第三章"破坏社会主义市场经济秩序罪"涉及12个罪名,占罪名总数的21.8%。具体罪名为保险诈骗罪、串通投标罪、贷款诈骗罪、持有伪造发票罪、非法经营、非法吸收公众存款罪、非国家工作人员受贿罪、对非国家工作人员行贿罪、合同诈骗罪、生产、销售、提供假药罪挪用资金罪、洗钱罪。此类案件共涉案39例,占高等教育阶段犯罪总案件数的9.87%。其中,犯非国家工作人员受贿罪、合同诈骗罪、挪用资金罪的案件数最多,都为6例,分别占高等教育阶段犯罪总案件数的1.5%;犯本章其他9类罪的案件数相对较少共计21例,占高等教育阶段犯罪总案件数的5.5%。

3. 第六章"妨害社会管理秩序罪"涉及16个罪名,占总罪名的29%。罪名分布较分散,高发罪名有寻衅滋事罪、开设赌场罪、组织、领导传销活动罪、组织考试作弊罪、妨害公务罪、走私、贩卖、运输、制造毒品罪、代替考试罪等。此类案件共涉案63例,占高等教育阶段犯罪总案件数的15.95%。其中,犯组织考试作弊罪的有10例,占高等教育阶段犯罪总案件数的2.6%;犯代替考试罪的有8

例,占高等教育阶段犯罪总案件数的 2.09%;犯寻衅滋事罪的有 7 例,占高等教育阶段犯罪总案件数的 1.8%。

此外,第二章"危害公共安全罪"共涉及 3 个罪名。占涉案总罪名的 5.4%;此类案件共涉案 21 例,占高等教育阶段犯罪总案件数的 5.32%。第四章"侵犯公民人身权利、民主权利罪"共涉及 6 个罪名,占涉案总罪名的 10.91%;此类案件共涉案 33 例,占高等教育阶段犯罪总案件数的 8.35%。第五章"侵犯财产罪"共涉及 7 个罪名,占涉案总罪名的 12.7%;此类案件共涉案 46 例,占高等教育阶段犯罪总案件数的 11.65%。第九章"渎职罪"共涉及 3 个罪名,占涉案总罪名的 5.45%;此类案件共涉案 9 例,占高等教育阶段犯罪总案件数的 2.28%。

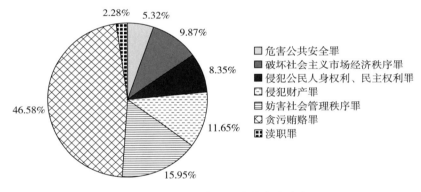

高等教育阶段刑事一审案件案由分布

(二)地域分布

2015—2020 年,高等教育阶段的一审刑事案件共涉及全国 31 个省、自治区、直辖市,地域分布呈现出一定的地域差异。案件数量排名前五的省级行政区分别为江西(36 例)、山东(36 例)、湖北(28 例)、湖南(27 例)江苏(26 例),这 5 个省的案件数量合计占比超过了高等教育阶段全国案件数量的 2/5。可以看到,案件数量排名靠前的 5 个省份具体数额相差不大,相关案件发生的地域分布较为集中。审结案件数量低于 5 例的地区有天津、山西、新疆兵团等共计 11 个地区。

需要注意的是,上述省级行政区教师犯罪案件数量的多少,不能直接作为判断该地区教师犯罪率高低的依据,教师犯罪率高低需结合各个地区的人口基数、注册教师总人数等因素综合判断。

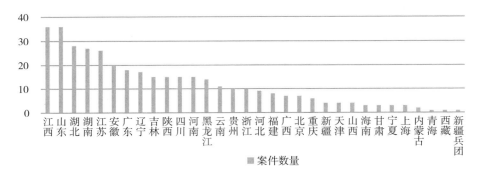

高等教育阶段刑事一审案件地域分布

（三）时间分布

2015—2020 年,6 年期间高等教育阶段的案件审结数量年变化呈波浪状起伏,峰值出现在 2017 年,随后便逐年递减,但对比其他阶段,变化幅度较小。总体而言,案件量最多的峰值是:2017 年审结 83 例,占高等教育阶段案件总数量的 21.78%;其次为 2018 年审结 72 例,占高等教育阶段案件总数量的 18.9%。2020 年受疫情或其他因素影响,上传至裁判文书网案件数量较少,共计 50 例,占高等教育阶段案件总数量的 13.12%。

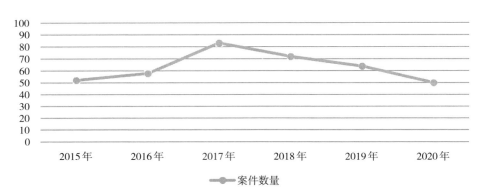

高等教育阶段刑事一审案件时间分布

二、被告人情况勾勒

（一）职业分布

本次从裁判文书提取的高等教育阶段刑事案件,主要选取了教师、校长、学校主要行政管理人员三大类教育行业主体,其中学校主要行政管理人员包括处长、科长、主任、校车管理人员等。关于被告人职业分布情况,从统计的381例裁判文书来看,以教师作为被告的情形最多,共计204例,占比约为53.54%;其次为学校主要行政管理人员,共计144例,占比约为37.80%;校长犯罪的情形最少,共计33例,占比约为8.66%。

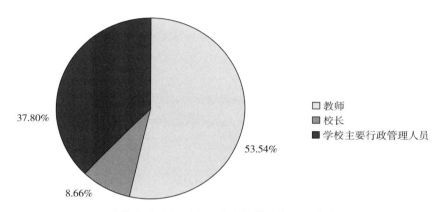

高等教育阶段刑事一审案件被告人职业分布

(二)性别分布

从被告人的性别分布来看,男性主体作为被告人的情形为绝大多数,共计316例,占比约为82.93%;女性主体作为被告的情形较男性而言更少,共计33例,占比约为8.66%;其中有32例的样本(占比约为8.6%)因当事人段未写明主体性别,不能确定被告人性别。

(三)年龄分布

从裁判文书网提取的381例刑事文书中,载明被告人年龄的裁判文书共计342例。在这342例有效裁判文书中,1960—1969年间出生的案例最多,共计116例,占有效文书总案件数的33.93%;其次是1970—1979年出生的案件,共计84例,占有效文书总案件数的24.56%;再次是1980—1989年出生的案件,共计74例,占有效文书总案件数的21.64%。1940—1949年出生的案件,即70—80岁,共计2例。总体来看,被告人以50—60岁的中年人居多,30—40岁及40—50岁的中年人次之,60岁以上老人及18—30岁青年人较少,这与教育行业主体多为中年人也有一定关系。

（四）文化程度

在裁判文书网提取的文书中,有效载明被告人文化程度的裁判文书共计266例。高等教育阶段,大学文化程度的被告人占比最高,约为49.26%;其次是硕士文化程度,占比约为35.71%;专科文化程度占比约为11.65%。与学前教育、初等教育比较而言,在高等教育阶段,高学历被告人犯罪显著增多,专科及以下文化程度案件数占比约为15%,大学及以上文化程度案件数占比约为85%。

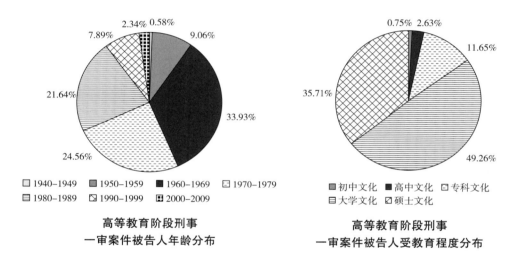

高等教育阶段刑事
一审案件被告人年龄分布

高等教育阶段刑事
一审案件被告人受教育程度分布

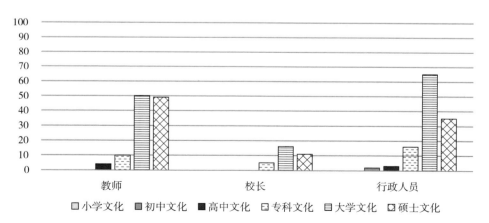

高等教育阶段刑事一审案件不同主体受教育程度分布

三、律师参与

(一)律师参与率与律师来源

分析高等教育阶段律师参与帮助被告人辩护的情况,可以看到,有律师参与的案件量大于无律师参与的案件量,这一点与学前教育阶段、初等教育阶段不同。无律师参与的案件量占总案件量的20%,需要注意的是,此处的"无律师参与"既包括实际上没有律师参与办案,也包括有些裁判文书中没有记录关于律师参与的情况;有律师参与的案件量约占总案件量的80%,其中78.48%的律师是被告人委托律师,1.31%的律师是法律援助律师。

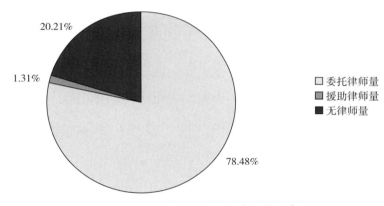

高等教育阶段刑事一审案件被告人律师来源

(二)不同职业下律师参与情况

从裁判文书检索到的有效裁判文书中,高等教育阶段教师犯罪共有204例,其中无律师参与办案的案件共有57例,占比约为27.94%;援助律师参与办案的案件共有4例,占比约为1.9%;委托律师参与办案的案件共有143例,占比约为70%。高等教育阶段校长犯罪共有34例,其中无律师参与办案的案件与援助律师参与办案的案件各有1例,分别占比约为3%;委托律师参与办案的案件共有32例,占比约为94%。学校主要行政管理人员犯罪共有144例,无律师参与办案的案件共有19例,占比约为13.2%;无援助律师参与办案的案件;委托律师参与办案的案件共有125例,占比约为86.8%。

与学前教育阶段以及初等教育阶段相比,在高等教育阶段,律师参与办案量大于无律师参与办案的案件数量,并且三类主体中,在有律师参与办案时,委托律师数量占绝大多数,仅有一小部分是法律援助律师,这与当事人从事教育行业的职业有关,经济状况大都不符合法律援助律师的条件。

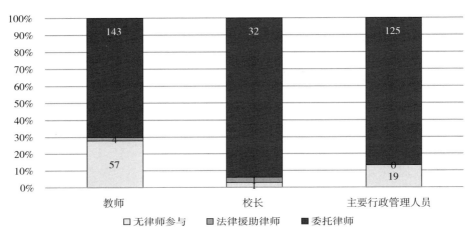

高等教育阶段刑事一审案件不同职业下律师参与情况

四、裁判结果

(一)自由刑

2015—2020 年,从裁判文书提取到的被告人被判处的自由刑来看,判处有期徒刑的案件最多,共有 268 例,占比约为 75.06%;被判处缓刑的共有 159 例,占比约为 41.73%;其中,有 82 例案件中被告人被判处拘役,占比约为 21.52%;被判处无期徒刑和判处管制的案件最少,各有 1 例,占比约为 0.02%。

(二)财产刑

在裁判结果中,关于财产的信息,共提取了支付鉴定费、精神损害抚慰金、退还费用、并处罚金、没收财产五项内容。其中判处支付精神损害抚慰金与退还费用的案件数量都为 0 例,判处没收财产的案件数量为 2 例,判处支付鉴定费的案件数量为 4 例,并处罚金的案件数量最多,有 261 例,意味着有超过一半的被告人被判处罚金。

(三)其他附加刑

关于其他附加刑的适用,在裁判文书网相关案例中共提取了剥夺政治权利、

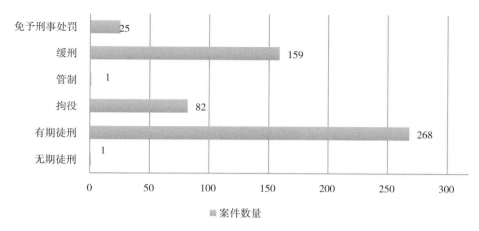

高等教育阶段刑事一审案件被告人自由刑数量

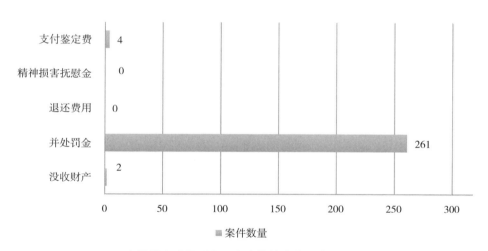

高等教育阶段刑事一审案件被告人财产刑数量

撤销教师资格、降低岗位等级、免除职务、赔礼道歉五项内容。从提取结果来看，只有被判处剥夺政治权利的有 3 例，其他几项内容均为 0 例。

（四）律师参与情况与刑罚适用

为研究有律师参与、无律师参与时，刑罚的差异，选取了刑罚中比较有代表性的四个维度："免予刑事处罚""缓刑""有期徒刑""无期徒刑"，用以比较。被告人被判处缓刑与判处有期徒刑时，有律师参与案件所占比例远高于无律师参与时的比例；被判处其他三类刑罚的案件中，样本量较少，数据特征不够明显。

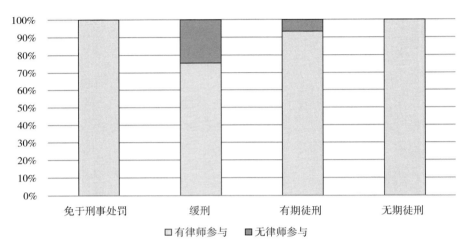

高等教育阶段刑事一审案件律师参与与刑罚适用

第二节　聚焦:高发罪名解读

本小节主要从时间与地域分布、被告人情况勾勒、裁判结果及律师参与情况等几方面,针对高等教育阶段三大高发罪名作出进一步分析,含受贿罪、贪污罪、挪用公款罪。此外,诈骗罪和故意伤害罪也是高等教育阶段的高发罪名。该教育阶段主体犯受贿罪多数是因为相关被告人利用职务便利,在人事任免、基建后勤、招生考试、工程招标等环节为他人谋取利益而收受贿赂,如某大学校长利用职务便利,非法收受他人财物,在招聘教师、人事提拔、设备采购、工程承揽及工程款结算等方面为他人谋取利益,数额特别巨大,其行为构成受贿罪。[①] 犯贪污罪多数是因为相关被告人在科研经费管理、资产管理等环节,运用职务便利侵吞其经手或管理的财物,如某大学教授利用其管理课题经费的职务便利,采取侵吞、骗取、虚开发票、虚列劳务支出等手段,将课题结余经费非法占为己有,数额特别巨大,其行为构成贪污罪。[②] 犯挪用公款罪多数是因为相关被告人利用职务便利,在学费收缴、科研经费管理、后勤资金使用、物资采购等环节将公款挪作

---

① (2018)黑02刑初28号。
② (2015)松刑初字第15号。

个人使用,如某大学教育中心行政人员利用负责该中心招生工作的职务便利,多次将应本单位收缴的学费归个人使用,超过三个月未归还,构成挪用公款罪。①

一、受贿罪

受贿罪是指国家工作人员利用职务上的便利,索取他人财物,或者非法收受他人财物,为他人谋取利益的行为。

在裁判文书网检索 2015—2020 年与教育行业有关的刑事一审裁判,其中,高等教育阶段教育主体(教师、校长、其他主要行政管理人员,所有职业均包含正职、副职),犯受贿罪的共计 88 人。犯罪行为方式多表现为利用管理学校基建的职务便利在工程招标环节接受承包商贿赂;②利用负责招生工作的职务便利收受贿赂非法录取学生;③以及利用负责物资采购的职务便利收受供货方回扣和好处费等。④

(一)时间与地域分布

1. 时间分布

2015—2020 年,高等教育阶段受贿罪的案件数量呈逐年下降趋势。2015 年检索到的案件数量最多,共计 24 名被告人,约占该阶段犯罪总人数的 27.27%;其次是 2016 年,被告人总数为 23 名,约占该阶段犯罪总人数的 26.14%;2017 年至 2019 年间,下降趋势明显,被告人总数由 2017 年的 22 名下降至 2019 年的 3 名;2020 年受疫情或其他因素影响,上传到裁判文书网的案件数量较少,共涉案 2 人。

2. 地域分布

2015—2020 年,高等教育阶段的受贿罪一审刑事案件共涉及全国 24 个省、自治区、直辖市,地域分布呈现出一定的地域差异。涉案人数最多的前三个省级行政区分别为湖南(9 人)、江西(8 人)、山东(7 人),三个省份的涉案被告人数量合计占比约为总被告人数的 1/3。而涉案人数较少的省级行政区为北京、广西、辽宁、宁夏、重庆、浙江,均为 1 例。

---

① (2017)京 0105 刑初 1444 号。
② (2016)黔 26 刑初 77 号。
③ (2015)信刑初字第 223 号。
④ (2016)湘 06 刑初 21 号。

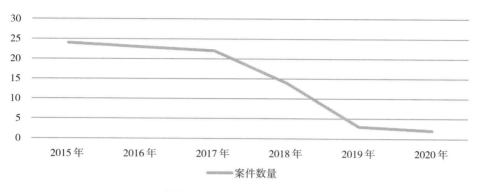

高等教育阶段受贿罪时间分布

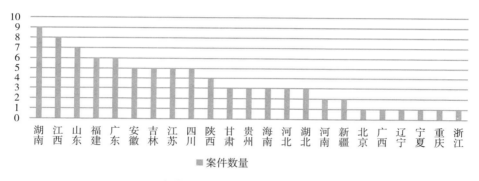

高等教育阶段受贿罪地域分布

（二）被告人情况勾勒

1. 职业分布

分析被告人职业可以看到,88 名犯受贿罪的被告人中,职业为主任的被告人最多,共计 26 名,处长共计 20 名,校长共计 19 名,科长共计 11 名,教师共计 10 名,其他主要行政人员共计 2 名。

2. 性别分布

分析被告人性别可以看到,88 名犯受贿罪的被告人中,男性共有 77 名,约占被告人总数的 87.50%;女性共有 5 名,约占被告人总数的 5.68%;还有 6 名被告人在裁判文书中没有注明性别。其中,职业为校长、科长及其他主要行政都为男性;5 名女性被告人中有 3 名的职业为主任,还有 2 名职业分别是教师、处长。

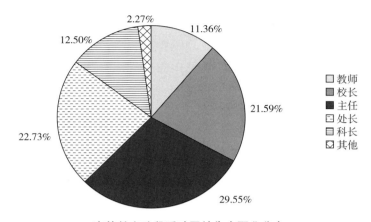

高等教育阶段受贿罪被告人职业分布

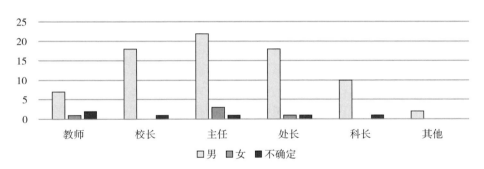

高等教育阶段受贿罪被告人性别分布

3. 年龄分布

分析被告人年龄可以看到,88 名犯受贿罪的被告人中,1960—1969 年出生的人数最多(51—60 岁),共计 42 人,约占被告人总数的 47.73%;其次是出生日期在 1970—1979 年(41—50 岁)以及 1950—1959 年(61—70 岁),各 15 名,分别占被告人总数的 17.05%;大于 70 岁与小于 51 岁的被告人都较少,共计 7 名;还有 9 名被告人在裁判文书中没有注明年龄。总体而言,该阶段被告人年龄偏大。

4. 文化程度

分析被告人文化程度可以看到,高等教育阶段,犯受贿罪的被告人文化程度总体较高。专科文化共计 11 人,约占被告人总数的 12.50%;大学本科文化共计 42 人,约占被告人总数的 47.72%;硕士文化共计 19 人,约占被告人总数的

21.59%;博士文化共计 7 人,约占被告人总数的 7.95%;还有 9 名被告人在裁判文书中没有注明文化程度。其中,校长、主任、处长、科长绝大多数为大学本科文化,教师多为硕士文化。

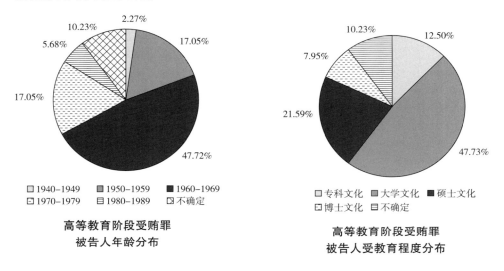

高等教育阶段受贿罪
被告人年龄分布

高等教育阶段受贿罪
被告人受教育程度分布

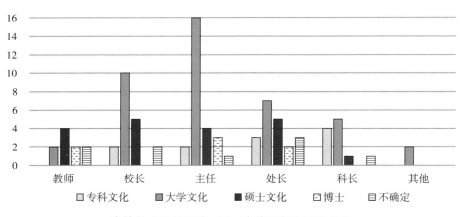

高等教育阶段受贿罪不同主体受教育程度分布

(三)律师参与

1. 律师参与率与律师来源

高等教育阶段犯受贿罪的被告人,委托律师为其辩护的有 83 人,受法律援助的有 1 人,有 4 名被告人没有委托律师为其辩护。总体而言,律师辩护率较高。

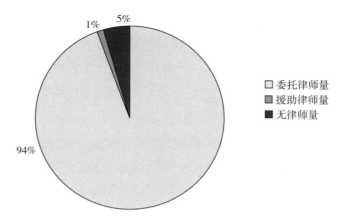

高等教育阶段受贿罪被告人律师来源

2. 不同职业下律师参与情况

分析不同职业下律师参与情况可以看到,职业为主任、处长、科长的被告人,100%委托律师为其辩护;职业为校长的被告人,委托辩护率约为94.44%;教师中,有20%的被告人没有委托律师,有10%的被告人接受法律援助,还有70%的被告人委托律师为其辩护。

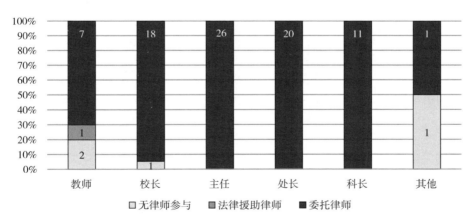

高等教育阶段受贿罪不同职业下律师参与情况

(四)裁判结果

1. 被告人所受刑罚情况

在88名犯受贿罪的被告人中,除4名被告人免除刑事处罚,其他被告人都被判处有期徒刑,并处罚金;其中,有 30 名被告人被判处缓期执行;有 64 名被告人被没收违法所得。

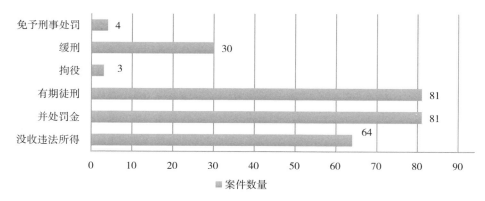

高等教育阶段受贿罪被告人刑罚情况分布

2. 裁判结果与律师参与情况

分析该阶段被告人所受处罚与律师参与辩护之间的关系,可以看到,被判处刑罚越严厉,被告人越愿意委托律师为其辩护。

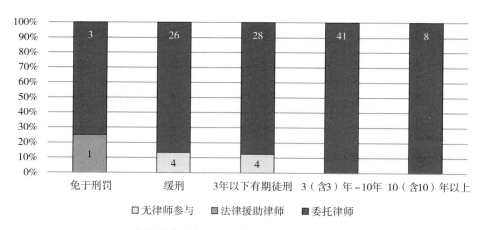

高等教育阶段受贿罪裁判结果与律师参与

二、贪污罪

贪污罪,是指国家工作人员和受国家机关、国有公司、企业、事业单位、人民团体委托管理、经营国有财产的人员,利用职务上的便利,侵吞、窃取、骗取或者以其他手段非法占有公共财物的行为。

在裁判文书网检索 2015—2020 年与教育行业有关的刑事一审裁判,其中,高等教育阶段教育主体(教师、校长、其他主要行政管理人员),犯贪污罪的共计 37 人。犯罪行为方式多表现为利用管理招生考试的职务便利,将收取的考试报名费、学院划拨的评卷费转入个人名下;[1]利用管理课题经费的职务便利,采取虚开发票、虚列劳务支出等手段截留课题经费;[2]以及利用管理行政工作的职务便利,非法占有公款、加油充值卡、购物卡等。[3]

(一)时间与地域分布

1. 时间分布

2015—2020 年,6 年期间的案件数量分布不均衡。2018 年涉案人数最多,共计 12 人;其次是 2017 年,共计 9 人;2016 年与 2019 年被告人人数相同,都为 4 人;2020 年的涉案人数最少,共计 1 人。

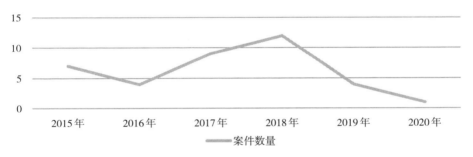

高等教育阶段贪污罪时间分布

2. 地域分布

2015—2020 年,高等教育阶段的一审刑事案件共涉及全国 16 个省、自治区、直辖市,地域分布呈现出一定的地域差异。涉案人数最多的省级行政区为浙江(5 人);安徽、吉林、云南的涉案人数相同,都是 4 人;而涉案人数较少的省级行政区为北京、福建、陕西、辽宁、天津、西藏、重庆,均为 1 例。

---

① (2019)辽 1002 刑初 134 号。

② (2015)松刑初字第 15 号。

③ (2016)鲁 16 刑初 31 号。

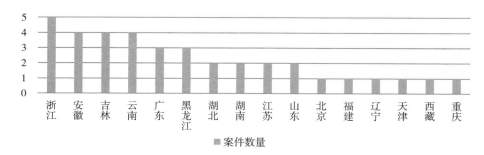

■ 案件数量

高等教育阶段贪污罪地域分布

（二）被告人情况勾勒

1. 职业分布

分析被告人职业可以看到,37 名犯贪污罪的被告人中,职业为主任的被告人最多,共计 11 名,校长共计 8 名,处长共计 7 名,教师共计 6 名,其他主要行政人员共计 5 名。

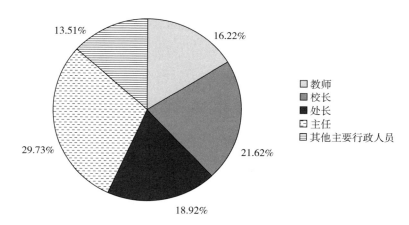

高等教育阶段贪污罪被告人职业分布

2. 性别分布

分析被告人性别可以看到,37 名犯贪污罪的被告人中,男性共有 30 名,约占被告人总数的 81.08%;女性共有 7 名,约占被告人总数的 18.92%。其中,处长和主任犯罪的人员全部为男性;校长与其他主要行政人员犯罪中,男性人数高于女性;比较少见的是,在该阶段贪污罪教师犯罪中,女性教师人数超过了男性。

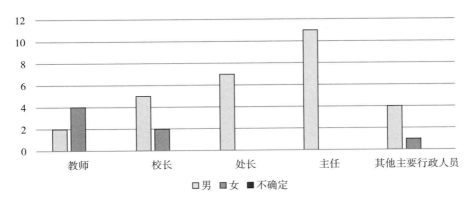

高等教育阶段贪污罪被告人性别分布

3. 年龄分布

分析被告人年龄可以看到,年龄分布较其他罪名集中,37 名犯贪污罪的被告人中,1970—1979 年出生的人数最多(41—50 岁),共计 14 人,约占被告人总数的 37.84%;其次是出生日期在 1960—1969 年(51—60 岁),共计 13 人,约占被告人总数的 35.13%;再次是出生日期在 1950—1959 年(61—70 岁),共计 7 人,约占被告人总数的 18.92%;最后是出生日期在 1980—1989 年(31—40 岁),共计 3 人,约占被告人总数的 8.11%。

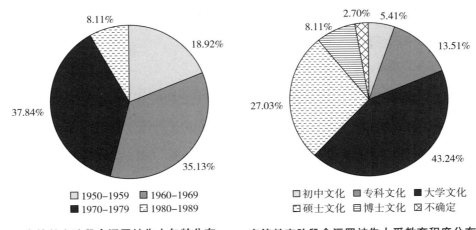

高等教育阶段贪污罪被告人年龄分布　　高等教育阶段贪污罪被告人受教育程度分布

4. 文化程度

分析被告人文化程度可以看到,高等教育阶段,犯贪污罪的被告人文化程度分布较广,从初中文化到博士文化都有,并且高学历人员较多。初中文化共计 2 人,约占被告人总数的 5.41%;专科文化共计 5 人,约占被告人总数的 13.51%;大学文化共计 16 人,约占被告人总数的 43.24%;硕士文化共计 10 人,约占被告人总数的 27.03%;博士文化共计 3 人,约占被告人总数的 8.11%;还有 1 名被告人在裁判文书中没有文化程度。其中,初中文化全部分布在"主任",硕士文化在"教师"中分布最多,大学文化在"主任"中分布最多。

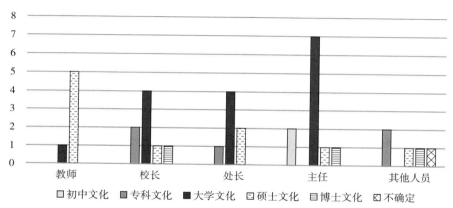

高等教育阶段贪污罪不同主体受教育程度分布

（三）律师参与

1. 律师参与率与律师来源

高等教育阶段犯贪污罪的被告人,委托律师为其辩护的有 34 人,没有受法律援助为其辩护的被告人,有 3 名被告人没有律师为其辩护。总体而言,律师辩护率较高。

2. 不同职业下律师参与情况

在该阶段贪污罪中,被告人委托律师为其辩护的比例较高,除 2 名校长、1 名主任外,各职业主体都选择聘请律师为其辩护。

（四）裁判结果

1. 被告人所受刑罚情况

在 37 名犯贪污罪的被告人中,有 8 名被告人免除刑事处罚,29 名被告人被

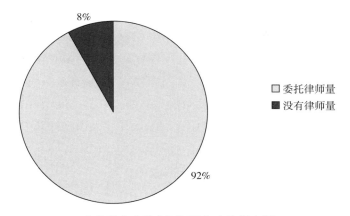

高等教育阶段贪污罪被告人律师来源

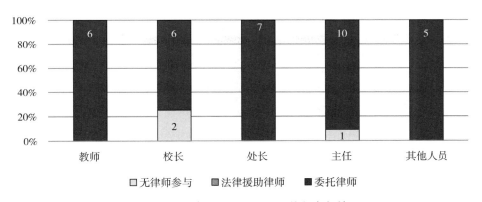

高等教育阶段贪污罪不同职业下律师参与情况

判处有期徒刑;其中,有25名被告人被并处罚金,11名被告人被扣押收缴赃款,5名被告人被没收违法所得,1名被告人被判退赔当事人财款。

2. 裁判结果与律师参与

分析该阶段被告人所受处罚与律师参与辩护之间的关系,可以看到,被判处3年以下有期徒刑的被告人绝大多数都聘请了律师辩护,被判处3(含3)年以上有期徒刑的被告人都没有聘请律师为其辩护。

三、挪用公款罪

挪用公款罪,是指国家工作人员,利用职务上的便利,挪用公款归个人使用,

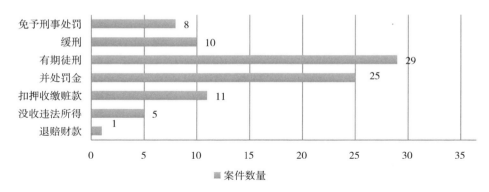

高等教育阶段贪污罪被告人刑罚情况分布

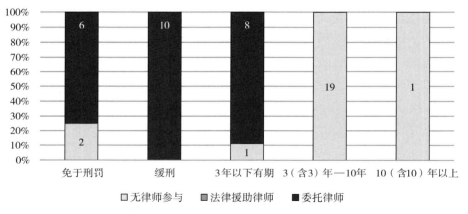

高等教育阶段贪污罪裁判结果与律师参与

进行非法活动的,或者挪用公款数额较大、进行营利活动的,或者挪用数额较大、超过 3 个月未还的行为。

在裁判文书网检索 2015—2020 年与教育行业有关的刑事一审裁判,其中,高等教育阶段教育主体(教师、校长、其他主要行政管理人员),犯挪用公款罪的共计 31 人。犯罪行为方式多表现为利用管理教学行政事务的职务便利将收取的学费挪作私用;①利用经手、管理财务事项的职务便利,将学校公用经费挪作私用;②以及利用负责管理创收经费往来、岗位津贴发放、学校财务报销与年终

---

① (2017)川 01 刑终 870 号。
② (2016)鲁 16 刑初 31 号。

分配结算的职务便利,挪用公款进行营利活动等。①

（一）时间与地域分布

1. 时间分布

2015—2020 年,6 年期间的案件数量差异较大。涉案人数最多的是 2017 年,共计检索到 10 名被告人;以 2017 年为顶峰,被告人数向两边递减,2015 年最低,仅有 1 名被告人。

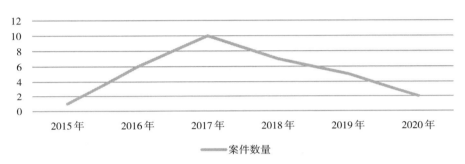

高等教育阶段挪用公款罪时间分布

2. 地域分布

2015—2020 年,高等教育阶段的一审刑事案件共涉及全国 12 个省、自治区、直辖市,地域分布差异不大。其中,山东与湖北的涉案人数最多,分别都有 5 名被告人;而涉案人数较少的省级行政区为北京、吉林、黑龙江、山西,均为 1 例。

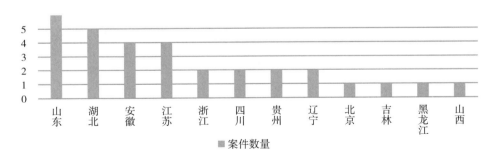

高等教育阶段挪用公款罪地域分布

---

① （2017）苏 0591 刑初 798 号。

（二）被告人情况勾勒

1. 职业分布

分析被告人职业可知,31 名犯挪用公款罪的被告人中,校长有 5 名,主任有 13 名,处长有 3 名,科长有 2 名,会计有 3 名,教师有 5 名。

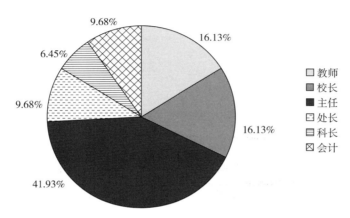

高等教育阶段挪用公款罪被告人职业分布

2. 性别分布

分析被告人性别可以看到,31 名犯挪用公款罪的被告人中,男性共有 25 名,约占被告人总数的 80.65%;女性共有 6 名,约占被告人总数的 19.35%。其中,职业为主任的男女性别比差异最大,为 12∶1;职业为会计的男女性别比差异最小,为 1∶2。

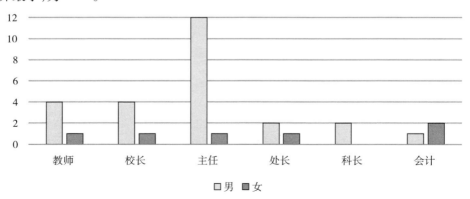

高等教育阶段挪用公款罪被告人性别分布

3．年龄分布

31 名犯挪用公款罪的被告人中,1960—1969 年出生的人数最多(51—60岁),共计 17 人,约占被告人总数的 54.84%;其次是出生日期在 1970—1979 年(41—50 岁)以及 1950—1959 年(61—70 岁),分别为 6 名、5 名;其他的是出生日期在 1980—1989 年(31—40 岁),共计 3 人。

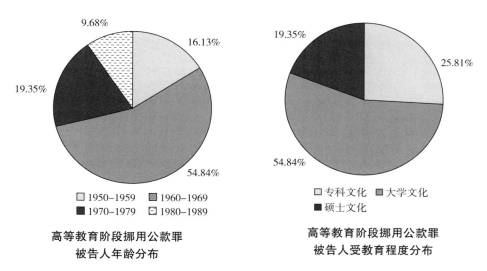

高等教育阶段挪用公款罪
被告人年龄分布

高等教育阶段挪用公款罪
被告人受教育程度分布

4．文化程度

高等教育阶段,犯挪用公款罪的被告人文化程度分布比较集中。专科文化共计 8 人,约占被告人总数的 25.81%;大学文化共计 17 人,约占被告人总数的54.84%;硕士文化共计 6 人,约占被告人总数的 19.35%。

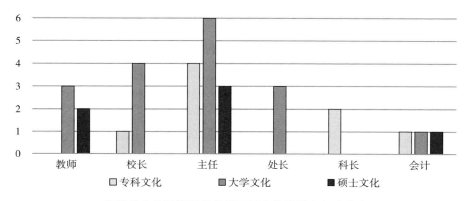

高等教育阶段挪用公款罪不同主体受教育程度分布

（三）律师参与

1. 律师参与率与律师来源

高等教育阶段犯挪用公款罪的被告人，委托律师为其辩护的有 25 名，没有受法律援助的被告人，有 6 名被告人没有委托律师为其辩护。总体而言，律师辩护率较高。

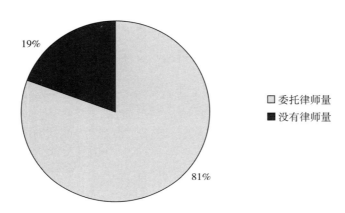

高等教育阶段挪用公款罪被告人律师来源

2. 不同职业下律师参与情况

分析不同职业下律师参与情况可以看到，高等教育阶段挪用公款罪不同职业下的被告人委托律师的比例差别不大，律师委托率都比较高，其中校长与处长全部委托律师。

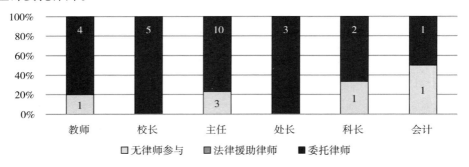

高等教育阶段挪用公款罪不同职业下律师参与情况

（四）裁判结果

1. 被告人所受刑罚情况

在 31 名犯挪用公款罪的被告人中,除 3 名被告人免除刑事处罚,其他 28 名被告人都被判处有期徒刑。在被判处有期徒刑的被告人当中,有约 50% 的被告人被判处缓刑;有 11 名被告人被依法追缴违法所得;有 1 名被告人被并处罚金。

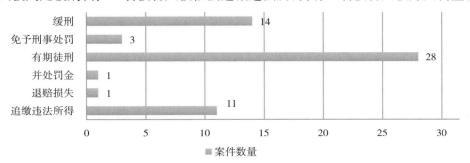

高等教育阶段挪用公款罪被告人刑罚情况分布

4. 裁判结果与律师参与

分析该阶段被告人所受处罚与律师参与辩护之间的关系,可以看到,高等教育阶段挪用公款罪下,刑罚的严厉程度与律师委托率成正比,刑罚越严、刑期越长,律师委托率越高。

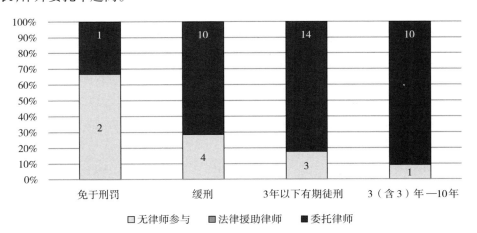

高等教育阶段挪用公款罪裁判结果与律师参与

第三节　见微：典型案例剖析

高等教育阶段教育主体犯罪,除案发频率较高的贪污罪、受贿罪和挪用公款罪外,有些犯罪虽案发频率不高,却具有高等教育事业运行的特色,具有很强的针对性和代表性,值得相关主体重点关注。如部分教育主体通过对外宣称能够不经考试即可办理各类专业证书和毕业证书,骗取办证费、押金、手续费,实施诈骗犯罪;部分高校教师通过非法手段为不具有相关资质的人员办理资格证,实施伪造、买卖国家机关证件犯罪;部分科研人员在开展实验活动过程中非法处理实验试剂、废物、废液,实施污染环境犯罪;还有部分高校工作人员利用职务便利在国家级考试中组织考生作弊,实施组织考试作弊犯罪。高等教育事业的运行是一个系统工程,随着高校办学自主权的扩大,其所面临的法律风险也更加复杂,稍有不慎就可能发生权力滥用的情形。通过分析典型案例,能够从个案发现高等教育事业运行中存在潜在刑事法律风险的环节和领域,在未来加强对相关权力运行的监督和管理,从而提高高等教育行业刑事法律风险防范的能力和水平。

一、广东某大学校长贪污案

蓝某某、王某某、郭某某贪污案

（2015）梅埔法刑初字第 6 号

【关键词】

大学校长　职务便利　私开发票　侵吞公款

【基本案情】

被告人蓝某某,大埔县某大学校长。

被告人王某某,大埔县某大学副校长。

被告人郭某某,大埔县某大学副校长。

被告人蓝某某、王某某、郭某某在大埔县某大学任职期间,在管理使用大埔县某大学资金和财政资金业务过程中,于 2010 年 4 月至 2013 年 12 月,利用职务之便,采用虚开大埔县某大学修缮工程及招生宣传项目发票和虚大画框制作

款的方式侵吞公款。其中,被告人蓝某某参与共同侵吞公款 3 笔计人民币
54283 元,个人分得人民币 14138.6 元,单独侵吞公款 1 笔计人民币 40260 元,共
计得款人民币 54398.6 元;被告人王某某参与共同侵吞公款 3 笔共计人民币
54283 元,个人分得款人民币 13000 元;被告人郭某某参与共同侵吞公款 2 笔计
人民币 34783 元,个人分得款人民币 10000 元。经审理,法院判决:一、被告人蓝
某某犯贪污罪,判处有期徒刑一年六个月,缓刑二年。被告人王某某犯贪污罪,
免予刑事处罚。被告人郭某某犯贪污罪,免予刑事处罚。二、所退赃款均依法没
收并发还大埔县某大学。

【检察意见】

公诉机关认为,被告人蓝某某、王某某、郭某某的行为均已构成贪污罪,鉴于
三被告人均系自首,归案后退清赃款,依法可以从轻或者减轻处罚,诉请法院依
法判处。

【辩护要点】

三被告人未提出辩解意见。被告人蓝某某的辩护人提出起诉书指控的第一
笔,在套取的公款中有 12500 元是用于为学校其他 11 名教职员工发放奖金,不
属于被告人蓝某某、王某某共同贪污的数额,应从指控的犯罪数额中剔除,并以
被告人蓝某某属自首、积极退赃、悔罪表现好等为由,提出了要求减轻处罚的辩
护意见。

【裁判理由】

一、公诉机关指控的第 1 笔,属私分国有资产的行为,不属被告人蓝某某、王
某某个人贪污行为,因数额未达立案标准,不构成犯罪,可从指控的贪污数额中
剔除,但赃款仍应一并追缴发还原单位。公诉机关指控的第 2、3、4 笔的犯罪事
实可以认定。即被告人蓝某某参与单独侵吞公款 1 笔计人民币 40260 元,参与
共同侵吞公款 2 笔计人民币 34783 元,个人分得款人民币 11100 元,个人贪污数
额合计人民币 75043 元,共计得款人民币 51360 元;被告人王某某参与共同侵吞
公款 2 笔共计人民币 34783 元,个人分得款人民币 10000 元;被告人郭某某参与
共同侵吞公款 2 笔计人民币 34783 元,个人分得款人民币 10000 元。

二、案发后,三被告人均先后向中共大埔县纪律检查委员会和大埔县人民检
察院退清了赃款,均可酌情从轻处罚。被告人蓝某某在接到纪委工作人员电话

通知后即能主动投案,归案后如实供述了自己的主要犯罪事实,可认定为自首,依法可以减轻处罚;被告人王某某、郭某某能如实向纪检机关坦白交代犯罪事实,在未被侦查机关立案侦查前就向侦查机关如实供述了犯罪事实,均属自首,其两人犯罪较轻,依法可以免除处罚。

综上所述,法院认为,被告人蓝某某、王某某、郭某某的行为均已触犯《刑法》第382条之规定,构成贪污罪。公诉机关指控的事实、罪名成立。

【案件点评】

本案系校长与副校长共同贪污的比较具有代表性的案例。三位校长共同利用职务之便,采用虚开大学修缮工程及招生宣传项目发票和虚大画框制作款的方式侵吞公款。由于主动投案如实供述了主要犯罪事实系自首,又能如数退清赃款,按照《刑法》及相关司法解释的规定依法可以从轻或者减轻处罚。最终校长获得缓刑,两位副校长获得免予刑事处罚。

值得注意的是,本案在法院的判决中对公诉机关指控的第1笔未予认定,法院认为该笔属私分国有资产的行为,不属被告人蓝某某、王某某个人贪污行为,因数额未达立案标准,不构成犯罪,可从指控的贪污数额中剔除。两罪的区别在于:《刑法》规定的私分国有资产罪的核心是"以单位名义将国有资产私分给个人",是指由单位负责人决定或者单位决策机构集体讨论决定,分给单位所有职工。如果不是分给所有职工,而是几位负责人暗中私分,则应以贪污罪追究刑事责任。从本案延展开来,律师在此提示:

从高校贪污风险的高发环节及人员来讲,无论是公办高校还是民办高校,在高校的开办、运营及管理的各个环节均存在贪污行为。比较高发的是招生就业、科研教学、安全监管、财务管理、基建后勤环节,其中每一环节都有与之对应的分管校长、副校长或直接领导,以及与之对应的管理职责和管理漏洞。除了校长之外,各个岗位的管理人员尤其是财务人员常常成为贪污共犯的高发人员。因此高校反贪尤其需要做好全面筛查,重点环节及人员的疏漏防范工作。

从高校贪污的行为方式来讲,以虚开发票和虚增开支为方式的贪污行为在高等教育阶段尤为突出。根据律师办理案件来看,高校贪污行为方式远不止如此,比如:从国家科研经费中虚报发票,骗取科研专项经费;编造专家讲课补助套取现金;领取专项资金后将部分用于个人支出;采取收入不入账、隐瞒收入的形式,侵吞企业支付给学校的管理费、奖学金等;虚列补助名额,套取补助款;虚开增值税专用发票,多报账采购数额数量等等,可谓是层出不穷。高等教育阶段相比初等教育、中等教育,其中更需要注意高校科研经费管理、使用过程中的防贪风险管理。

点评人:四川恒和信律师事务所　曾利娟

二、广东某高校教师诈骗案

彭某光诈骗案

（2020）粤 0103 刑初 590 号

【关键词】

大学教师　谎称办证　诈骗财物

【基本案情】

被告人彭某光,原广州市某技师学院教师。

2016 年 6 月至 2019 年 12 月期间,被告人彭某光利用其在广州市某技师学院任职教师之便（已于 2019 年 10 月辞职）,骗取多名被害人信任,并向被害人谎称其为广州市技能鉴定中心成员,可以帮助被害人不需考试即可办理钳工技师证、电气技师证、电工技师证、本科毕业证等各种证书,或谎称可以帮助被害人办理入户广州、入读国际班等事宜,以办证费、押金、手续费等名义,骗取多名被害人现金或在广州市荔湾区等地向其转账。得手后,被告人彭某光将上述赃款全部用于个人投资及挥霍。经审理,法院判决:一、被告人彭某光犯诈骗罪,判处有期徒刑十一年六个月,并处罚金人民币五万元。二、责令被告人彭某光退赔人民币 1186931 元给各被害人。

【检察意见】

公诉机关向法院提交了相关证据证实所指控的事实,认为被告人彭某光无视国家法律,诈骗他人财物,数额特别巨大,依法应当以诈骗罪追究其刑事责任。建议对被告人彭某光判处有期徒刑十一年六个月至十四年六个月的刑罚,提请本院依法判处。

【辩护要点】

被告人彭某光表示认罪,但辩称:指控的第五宗事实中,其中的 5000 元是借款;指控的第六宗事实中,其知道入户广州,需要中专以上毕业,不超 35 岁,购买 2 年社保,要有点心师资格或其他技能,黄某 2 其他条件都符合了,但没有点心师资格,于是其在网上报名点心师考试,并且找人帮黄某 2 考试;关于指控的第八宗事实,其中的 20000 多元是苏某 2 与其合伙做生意的钱,还有部分款项是因其女儿受伤向苏某 2 借的,只有 2600 元是考证费;关于指控的第十一宗事实,其已还给杜某 11000 元;关于指控的第十二宗事实,其已还给郭某 22000 元。

指定辩护人提出以下辩护意见:公诉机关指控的第五、六、八宗犯罪事实的指控,事实不清、证据不足。第五、八宗事实,被告人庭上明确了存在借款事实,且有微信聊天记录可以佐证;第六宗仅 2600 元是办证收的钱,其余均是借款和做生意的钱,且被告人主观上认为黄某 2 符合入户广州条件,仅需参加点心师证考试,并帮被害人提供了考试服务帮助,该宗行为不构成诈骗。被告人有如下从轻量刑情节:被告人对犯罪行为如实供述,认罪认罚,认罪态度好;被告人存在部分退赃行为;被告人是初犯、偶犯,无前科;被告人此前是一名教师,行为良好,且被告人任职期间获得很多荣誉,被告人是使用了办理事项的资金作投资,但资金链断裂,才引发了本案。综上,恳请法庭对其从轻处罚。

【裁判理由】

一、关于公诉机关指控的第五宗事实,经查,被告人彭某光及被害人何某 3 均确认涉案金额 23000 元中,有 5000 元是借款,故应从诈骗金额中剔除,该宗诈骗金额应认定为 18000 元。被告人彭某光提出其中的 5000 元是借款的辩解意见,法院予以采纳。

二、关于公诉机关指控的第六宗事实,经查,有被害人黄某 2 的陈述及转账记录等证据互相印证被告人彭某光谎称可以帮助被害人黄某 2 办理入户广州,诈骗被害人黄某 2 的款项共计人民币 32800 元,被告人彭某光及辩护人称彭某光曾花钱找人帮黄某 2 考试的辩解意见,没有证据支持,法院不予采纳。

三、关于公诉机关指控的第八宗事实,被告人彭某光辩称只有 2600 元是考证费,另外的 2 万多元是苏某 2 与其合伙做生意的钱,还有部分款项是因其女儿受伤向苏某2借的。经查,有被害人苏某2的陈述证实指控的金额中,其中的15460元是因为被告人彭某光因其女儿受伤而向苏某2的借款,另外,彭某光已向苏某2还款13000元,因此,在该宗诈骗事实中,被害人苏某2实际被诈骗金额应认定为9266元,公诉机关指控该宗诈骗的金额不准确,法院予以纠正。

四、关于公诉机关指控的第十一、十二宗事实,被告人彭某光辩称其已还给杜某11000元,还给郭某22000元,经查,有被害人杜某1、郭某2的陈述及转账记录证实,上述彭某光的还款实际上是偿还其所欠的被害人杜某1、郭某2的借款,与本案涉及的诈骗款项无关。被告人彭某光上述方面的辩解意见,与查明的事实不符,法院不予采纳。

五、关于公诉机关指控的第二十七宗事实,经查,虽然被害人原某陈述其被被告人彭某光以办证费的名义骗取17460元,但公诉机关仅提供了11560元的转账记录,故应按有利于被告人的原则认定彭某光在该宗事实中诈骗的金额应为11560元。公诉机关指控该宗诈骗的金额不准确,法院予以纠正。

综上所述,法院认为,被告人彭某光无视国家法律,诈骗他人财物,数额特别巨大,其行为已触犯《刑法》第266条之规定,构成诈骗罪,应依法予以惩处。公诉机关指控被告人彭某光犯罪的证据确实充分,指控的罪名成立,量刑建议恰当,法院予以支持,唯指控的金额不准确,法院予以纠正。被告人彭某光当庭认罪,法院对其酌情从轻处罚。辩护人就该方面的辩护意见,法院予以采纳。

【案件点评】

第一,关于本案,从公诉方指控证据看,对于诈骗金额的认定,存在着事实不清证据不足的情况。在经济类犯罪中,数额不仅是一个认定犯罪情节是否严重的依据,更是量刑的重要标准。指控诈骗罪的数额不准确,就给律师的辩护提供了空间和条件。法院认为,公诉机关指控被告人彭某光犯罪的证据确实充分,指控的罪名成立,量刑建议恰当,法院予以支持,唯指控的金额不准确,法院予以纠正。被告人彭某光当庭认罪,法院对其酌情从轻处罚。辩护人就该方面的辩护意见,法院予以采纳。"

对于公诉机关指控的部分诈骗金额计算错误,合议庭予以了纠正,即公诉机关指控的第二十七宗事实,经查,虽然被害人原某陈述其被被告人彭某光以办证费的名义骗取 17460 元,但公诉机关仅提供了 11560 元的转账记录,故应按有利于被告人的原则认定彭某光在该宗事实中诈骗的金额应为 11560 元。

第二,从犯罪人实施犯罪的综合因素来看,首先,彭某是一名教师,教育行业实施诈骗罪最多的行业之一。彭某以非法占有的主观故意,通过谎称能够帮助有需求的人员办证,而诈骗办证费;其次,从彭某所处的地域广东看,也是近年来教育行业工作者犯诈骗罪案件数最多的地域。某种意义上,该行业的不正之风盛行,也是彭某沦为此类罪犯之中的环境因素之;再次,彭某实施诈骗犯罪的时间段,2016 年 6 月—2019 年 12 月,其中,经历了 2018 年,教育行业诈骗犯罪的最低值段。这是因为 2018 年对于大部分教培行业的教育机构,尤其是各类颁发资格证书的教育机构,进行整顿。

据统计,从 2018 年 2 月开始,教育部等四部委已发布的关于"减负"和"民办教育促进法"的政策不下 10 条,更是有地区发布了史称"史上最严禁补令"的《在职中小学教师违规补课专项整治方案》。有数据显示,截至当年 12 月底,全国共摸排 40 万所校外培训机构,发现存在问题的机构 27.3 万所,当年已完成整改 24.8 万所,整改完成率达到 90%,当时都是奔着"2018 年底前不能存在无证无照还在开展培训的机构"这一目标进行。然而,2019 年教育行业的诈骗犯罪又达到了峰值。

点评人:北京蓝鹏(成都)律师事务所　鲁兰

三、陕西某大学教师伪造、买卖国家机关证件案

刘某举伪造买卖国家机关证件案

(2020)冀 0903 刑初 10 号

【关键词】

大学教师　伪造　考试资格　国家机关证件

【基本案情】

被告人刘某举,案发前系西安市某大学教师。

被告人苗某笛。

2019 年 1 月份,被告人刘某举找被告人苗某笛办理国家二级运动员资格参加 2019 年体育单招考试,并向被告人苗某笛提供了 5 名不具备国家二级运动员资格条件的考生名单和信息,以及 196000 元的办理费用,被告人苗某笛采用破坏计算机信息系统的方式更改了 5 名考生的国家二级运动员资格。被告人苗某笛采用同样方式为别的有需求的人更改了 26 名考生的国家二级运动员资格,收取办理费用 1059600 元。被告人刘某举和被告人苗某笛的上述行为造成考生赵某铭在已取得国家二级运动员资格的情况下,无法报考 2019 年度高考体育提前招考试,并使国家体育总局对部分国家二级运动员的信息管理失控。经审理,法院判决:一、被告人刘某举犯伪造、买卖国家机关证件罪,免予刑事处罚。被告人苗某笛犯破坏计算机信息系统罪,判处有期徒刑七年七个月。二、追缴被告人苗某笛违法所得人民币 1255600 元上缴国库。

【检察意见】

公诉机关认为,被告人刘某举明知各自办理国家二级运动员资格的考生不具备条件,仍然向被告人苗某笛提供考生个人信息,并以金钱为交换条件,通过非法途径为各自的考生办理国家二级运动员资格,犯罪事实清楚,证据确实充分,应当以伪造、买卖国家机关证件罪追究其刑事责任。被告人苗某笛以牟取非法利益为目的,违反国家规定对计算机信息系统中存储的数据进行破坏,后果特别严重,应当以破坏计算机信息系统罪追究其刑事责任。

【辩护要点】

被告人刘某举对公诉机关指控的事实无异议,庭后提交认罪认罚具结书,自愿接受法院的判决;被告人苗某笛对公诉机关的指控供认不讳,对列举的证据无异议,并已在检察机关签署认罪认罚具结书。

被告人刘某举的辩护人发表如下辩护意见:公诉机关指控被告人刘某举构成伪造、买卖国家机关证件罪事实不清,证据不足;被告人刘某举和苗某笛系微信好友关系,其对苗某笛如何办理二级运动员证并不知情,二人也没有事先同谋,其没有犯罪的主观故意;被告人刘某举没有获取利益,没有达到需要追究刑事责任的程度,且案发后已全部退赔。

被告人苗某笛的辩护人对被告人苗某笛构成犯罪无异议,但认为不应构成破坏计算机信息系统罪,其辩护意见为:被告人苗某笛案发后主动到公安机关投案,并如实供述了自己的罪行,且已签署认罪认罚具结书,应当从宽进行处罚;被告人苗某笛系偶犯、初犯,没有前科劣迹,且有积极退赃意愿,建议法庭对被告人苗某笛在有期徒刑三年以下量刑。

【裁判理由】

一、被告人刘某举如实供述犯罪事实,庭后提交认罪认罚具结书,可酌情从轻处罚。刘某举筹款返还全部考生家长,考生家长已出具了谅解书,可酌情对被告人刘某举从轻处罚。综合考虑被告人刘某举伪造、买卖国家二级运动员资格的数量、违法所得、认罪态度,其犯罪情节轻微,可依法免予刑事处罚。

二、被告人苗某笛案发后主动到公安机关投案,并如实供述自己的罪行,系自首,应依法从轻进行处罚。被告人苗某笛认罪,且已在检察机关签署认罪认罚具结书,可依法从宽处罚。被告人苗某笛辩护人的相关辩护意见,法院予以采纳。

综上所述,法院认为,被告人刘某举明知办理国家二级运动员资格的考生不具备条件,仍然向被告人苗某笛提供考生个人信息,并以金钱为交换条件,通过非法途径为各自的考生办理国家二级运动员资格,破坏国家体育总局的正常管理秩序,损害国家机关声誉,其行为已触犯《刑法》第281条之规定,构成伪造、买卖国家机关证件罪;被告人苗某笛以牟取非法利益为目的,违反国家规定对计算机信息系统中存储的数据进行破坏,后果特别严重,其行为已触犯《刑法》第286条之规定,构成破坏计算机信息系统罪,同时构成伪造、买卖国家机关证件罪。被告人苗某笛因破坏计算机信息系统罪与伪造、买卖国家机关证件罪系手段行为与目的行为的关系,属牵连犯,应按处罚较重的规定定罪处罚,因破坏计算机信息系统罪的法定刑高于伪造、买卖国家机关证件罪的法定刑,故应按破坏计算机信息系统罪对被告人苗某笛定罪处罚。公诉机关指控成立。

【案件点评】

本案中刘某某涉嫌的伪造、买卖国家机关公文、证件、印章罪为行为犯,即实施了相关行为就可能会构成犯罪,包括购买的行为。司法实践中往往会依据行为人的实施相关行为的次数、数量、违法所得金额等情况,对行为人以行政处罚或追究刑事责任,此外,利用伪造的国家机关公文、证件、印章,以非法占有为目的骗取他人公私财物,还可能会涉嫌诈骗犯罪。

同时,在当今信息化时代背景下,众多单位、部门使用电子信息系统对各类信息予以记录、管理,确实便利了信息的管理和存储,但是本案中苗某某采用破坏计算机信息系统的方式,更改了多名国家二级运动员资格,对于该类信息管理系统的破坏无疑是巨大。但本案仍可为部分单位的信息化建设提供警示教育作用,需要信息化建设者从系统安全、程序开发、后期维护等多个方面有针对性地完善。

"没有买卖就没有'伤害'"。国家机关的公文、证件、印章以及重要信息数据都是国家对外开展工作的重要载体和认证依据,如果我们都能清楚地认识到购买相关公文、证件、印章或伪造相关重要信息数据的严重性,那么将会非常有效地降低普通民众对于国家机关公信力的认可、信赖的"伤害"。

点评人:四川蜀瑞律师事务所　张龙

四、重庆某大学教师污染环境案

鞠某刚污染环境案

(2020)渝 0112 刑初 190 号

【关键词】

大学教师　科研人员　违法排放　严重污染环境

【基本案情】

被告人鞠某刚,重庆某大学教师。

被告人鞠某刚系重庆某大学教师,是"十三五"某预研项目参研方重庆某大学的主研人员。2018 年 12 月,被告人鞠某刚租赁了位于重庆市沙坪坝区的一处厂房,并配备了超声波除油槽、硫酸酸化槽、封孔槽、清洗池,其中清洗池被三块隔板隔断成四个小水池,呈阶梯状由高到低分布,水位最高的池子与水龙头相连,水位最低的池子靠近底部有排水孔与管道相连。2018 年 12 月至 2019 年 7 月期间,鞠某刚在所租赁的厂房中,使用酸洗、阳极氧化等工艺,从事摩托车前盖后盖、子弹壳等物品的表面处理,处理后的物品均放在清洗池内进行清洗。而后,鞠某刚将清洗池中产生的废水从清洗池水位最低的池子通过一根自行修建且埋藏于地下的管道排放至厂房外的防洪沟内。2019 年 8 月 1 日,被告人鞠某刚租赁的前述厂房被生态环境部门查获。经重庆市沙坪坝区生态环境监测站监测,鞠某刚厂房中清洗池 PH、化学需氧量均超过《电镀污染物排放标准》(GB21900－2008)限值 2.94 倍、1.6 倍,并检出重金属总铬 0.08mg/L、总铜 0.26mg/L、总铁 1.09mg/L、总镍 0.103mg/L、总铅 0.1mg/L、总锌 0.06mg/L,检出的总铬、总铜、总铁、总镍、总铅、总锌均达标。经审理,法院判决:被告人鞠某刚犯污染环境罪,判处拘役四个月,缓刑五个月,并处罚金 10000 元。

【检察意见】

公诉机关认为,被告人鞠某刚违反国家规定,通过暗管排放有毒物质,严重污染环境,其行为已触犯《刑法》第 338 条之规定,应当以污染环境罪追究其刑事责任。其经电话通知到案,并如实供述自己的犯罪事实,具有《刑法》第 67 条第一款规定的量刑情节。

【辩护要点】

被告人鞠某刚对指控的事实和罪名均无异议。被告人鞠某刚的辩护人提出如下辩护意见:1. 鞠某刚具有自首情节,且系初犯、一贯表现良好,其从教二十余年的师德师风良好;2. 排放废水中重金属含量远低于限值标准,仅有 PH 值和化学需氧量轻微超标,实际加工试验时间较少,故造成的客观危害小;3. 其设置一条管道主要是因为工厂没有任何排水设施,且与环保公司签订了危险废物处置相关协议,废液收集至桶中贮存,最终交给环保公司处置,故其主观恶性较小;4. 鞠某刚为国防科研作出了贡献,其造成少量环境污染主要是为了完成科研项目。综上,被告人鞠某刚犯罪情节轻微,建议对其免予刑事处罚。

【裁判理由】

鉴于被告人鞠某刚自动投案并如实供述自己的罪行,具有自首情节;案发前与环保公司签订了危险废物处置协议;生产中对产生的部分废液进行了收集贮存,所排放废水中重金属含量均未超标;案发后将废液交与环保公司处置,并自愿缴纳生态修复费以修复被破坏的生态,其主观恶性和危害后果相对较小,依法予以从轻处罚并适用缓刑。对被告人鞠某刚的辩护人提出的,被告人鞠某刚系自首,一贯表现良好,主观恶性和危害后果相对较小的理由成立,法院予以采纳。但根据本案的犯罪性质、犯罪情节等,不宜免予刑事处罚,故对辩护人提出免予刑事处罚的意见不予采纳。

综上所述,法院认为,被告人鞠某刚违反国家规定,通过暗管排放有毒物质,严重污染环境,其行为已触犯《刑法》第338条之规定,构成污染环境罪,依法应予以刑罚处罚。公诉机关指控的事实清楚,证据确实、充分,罪名成立。

【案件点评】

2011年,《刑法修正案(八)》修订"污染环境罪",将该罪的成立条件由原先的"造成重大环境污染事故,致使公私财产遭受重大损失或者人身伤亡的严重后果",更改为"严重污染环境",降低了入罪门槛。2013年,"两高"《关于办理环境污染刑事案件司法解释》(法释〔2013〕15号)颁布,随后时隔三年,2016年对之进行修订为(法释〔2016〕29号),加强了污染环境罪案件侦办的实践可操作性。经检索裁判文书网发现,2014年后被判定为"污染环境罪"案例较之于2013年呈20倍增长之趋势,各类型污染环境行为被追究刑事责任也给相关主体敲响警钟,其中不乏教育行业从业人员,当下已迎来了"重刑"治污的时代,环保风险防控至关重要。

污染环境罪犯罪主体包括自然人和单位,教育行业从业人员因属专业领域,具备相应领域的专业知识,相关主体在从事科研项目或为相关市场主体提供技术支持而需处置有放射性、含传染病病原体的废物、有毒物质或者其他危险废物时,存在被刑法评价判处为污染环境罪的风险,结合《教师法》(2009年修正)第14条:受到剥夺政治权利或者故意犯罪受到有期徒刑以上刑事处罚的,不能取得教师资格;已经取得教师资格的,丧失教师资格。因此涉及到环保风险防控的刑事合规应引起相关主体足够的重视。

环保刑事合规,广义概念即是生产、经营等环节全面遵循环保规范、符合环保法规,相关行为不至于纳入刑法评价,包括刑事犯罪指控中,案发后移送审查起诉所做的合规审查不起诉,相关主体就不存在犯罪记录,不至于影响其继续从事特定职业或其他方方面。

具体如何事前预估风险并做评估,建议结合当前最高人民检察院发布系列企业刑事合规文件精神,以结果导向为切入口,做好环保刑事合规实操,建议首先梳理与环保有关所有法律法规,如《最高人民法院、最高人民检察院关于办理环境污染刑事案件适用法律若干问题的解释》(2016)(以下简称《解释》),知晓红线在哪儿,制定相关制度,固定好大前提,组建合规部;随后分析相关主体是否存在《解释》中第1条、第3条列明的具体行为,若发现存在违规,建议及时进行整改,存在招致刑事风险的可能性时,建议引入律师、环保专家等不同领域专业人才,指导相关主体严格审查企业排污行为,当然,不同行业、不同地区应坚持具体问题具体分析方法论。

点评人:安徽金亚太律师事务所　徐达妃

五、山东某大学教师组织考试作弊案

杨某德、陈某永组织考试作弊案

(2019)鲁0911刑初227号

【关键词】

大学教师　组织作弊　介绍作弊　情节严重

【基本案情】

被告人杨某德。

被告人陈某永,山东某大学教师(其他几名被告人不一一罗列)。

被告人杨某德多次利用手机通话、微信等方式伙同被告人陈某永预谋于2018年8月25日在全国执业医师考试和全国乡村全科执业助理医师考试中组织考试作弊。杨某德将在网上购买的作弊设备藏匿于家中,于考试前将作弊设备发放给作弊考生,并安排被告人王某利用秘拍设备拍下试题。张某光利用巡考之机将拍摄的试题传给杨某德,杨某德将试题传给吴某,吴某组织被告人陈某永介绍的山东某大学六名学生及被告人刘某坤介绍的泰安市某医院二名医生在泰安某饭店内将试题做出答案,然后通过电子设备将答案传给带有作弊设备的考生。被告人杨某德、陈某永等人从中介绍考生获利,共组织作弊考生17人。经审理,法院判决:被告人杨某德犯组织考试作弊罪,判处有期徒刑二年,并处罚金人民币二万元;被告人陈某永犯组织考试作弊罪,判处有期徒刑一年,缓刑一年,并处罚金人民币五千元。

【检察意见】

公诉机关认为,被告人杨某德等人无视国家考试相关法律法规,提供作弊器材组织考生作弊,被告人陈某永等人为组织考试作弊介绍学生,严重损害了考试的公平公正性,且涉及人数达 17 人,情节严重,其行为触犯了《刑法》第 284 条之规定,应以组织考试作弊罪追究其刑事责任。

【辩护要点】

被告人杨某德对公诉机关指控的犯罪事实无异议。

被告人杨某德的辩护人提出如下辩护意见:1. 被告人杨某德有坦白情节,认罪、悔罪;2. 被告人杨某德比他主犯作用较小,只召集三名作弊考生,大多数作弊考生由其他被告人召集;3. 本次犯罪危害后果较小。建议对其从轻处罚。

被告人陈某永辩称:其只参与了全国执业医师考试作弊,是犯罪的一部分。只帮助被告人杨某德联系了答题的学生,对其他犯罪事实不知情,没有任何报酬。

被告人陈某永的辩护人提出如下辩护意见:1. 被告人陈某永只参与了部分犯罪的一个环节,起次要作用,是从犯;2. 被告人在公诉机关审查批捕期间如实供述罪行,有坦白情节;3. 被告人陈某永一贯表现良好,主观恶性不大,自愿认罪悔罪。建议对其从轻处罚。

【裁判理由】

关于各辩护人提出的"被告人的犯罪行为造成的后果较轻、社会危害不大,建议对被告人从轻处罚"的辩护意见,法院认为,被告人通过微信、宣传单及熟人等途径广泛宣传考试作弊行为,征集作弊人员,给国家考试的组织管理秩序造成了较大负面影响,作弊行为给考试质量及他人公平参试的权利带来不可挽回的损失,辩护人的该项辩护意见理由不足,不予采纳。

综上所述,法院认为,被告人杨某德、吴某、张某光等在国家法律规定的考试中组织作弊,被告人陈某永为组织考试作弊提供帮助,被告人的行为侵害了国家考试管理秩序和他人的公平考试权利,其行为均触犯《刑法》第 284 条之规定,构成组织考试作弊罪。犯罪事实清楚,证据确实、充分,公诉机关指控的罪名成立,依法应追究其刑事责任。

【案件点评】

组织考试作弊的行为严重违背了考试公平与社会的公平正义,因此,《刑法修正案(九)》新增了组织考试作弊罪。此外,《最高人民法院、最高人民检察院关于办理组织考试作弊等刑事案件适用法律若干问题的解释》(以下简称《司法解释》)已于 2019 年 4 月 8 日由最高人民法院审判委员会第 1765 次会议、2019 年 6 月 28 日由最高人民检察院第十三届检察委员会第二十次会议通过,自 2019 年 9 月 4 日起施行,为惩罚组织考试作弊的违法犯罪行为提供了法律指引。

《司法解释》第 1 条明确"法律规定的国家考试"是仅限于全国人民代表大会及其常务委员会制定的法律所规定的考试,并以列举的方式进行明确。为避免遗漏,仍然采用了其他兜底条款,但此条明确为是由中央或者地方主管部门以及行业组织的国家考试。这也意味着,如教育部高等教育司主持的大学英语四、六级考试、国务院教育部考试中心主办的全国计算机考试、国务院颁布的《护士管理条例》规定的护士执业资格考试及市级或县区级的事业编考试、学校期中期末考试不在"法律规定的国家考试"范畴。

《司法解释》第 2 条明确了法定刑升格条件,应当认定为情节严重的情况,列出了九项具体的标准。高考、考研和公务员考试,是国人瞩目的大型考试,考试过程是否公平正义关系到每个个人的未来前程,更是与国家命运息息相关。考试工作人员组织考试作弊是典型的知法犯法。在结果方面,如果导致考试推迟、取消或者启用备用试题的,是泄题后的严重后果。在影响方面,跨省、多次、三十人次以上、五十件以上、三十万以上都是典型的专业作弊人员,且多数为团伙协同配合,因此需要被认定为情节严重。

"正义不在于任何具体的分配结果,而在于不受阻碍地运用某种公平的程序。"考试为社会资源进行相对平均的分配提供了公正的舞台,正是这种程序性的正义为社会阶层的流动提供了通道,赋予了考试制度以绝对的权威性。

老师作为传道授业解惑者,更当为人师表,着力维护教育公平。诚信是做人之根本,老师不能为了名利,违背教师的职业道德,组织并帮助学生在考试中作弊。这种行为不仅玷污了考场风气,而且也损害了学生的利益,更是毁了自己的人生。

点评人:上海靖予霖律师事务所　洪凌啸

第五章　技能培训、教育辅助及其他教育

除普通教育外,教育主体还包括职业教育与教育行政主管部门,具体包括技能培训、教育辅助、特殊教育、教育局等。这些教育行业相关主体同样是教育法律风险高发人群,特别是教育局,虽不是直接对学生进行教育教学的部门,却属于教育主体,其拥有广泛职权,包括指导和宏观管理全域各级各类教育、按照干部管理权限,负责教育系统股级干部的考察、任免工作、负责各级各类学校教学仪器配置、电化教育、实验教学和现代信息技术教育工作等,与教育事业密切相关。由于教育部门行政人员拥有较大权力,稍有不慎就极易被腐蚀,出现贪污、滥用职权、挪用公款等行为,对教育事业造成危害。并且随着社会对学历越来越看重,成人高考、自考培训机构以及艺考培训机构众多,这些教育培训学校(机构)为了获利往往出现无证经营、诈骗钱财(没有授位资质却欺骗说有资质诈骗学费)、非法吸收公众存款、组织考试作弊甚至伪造国家证件等行为,严重扰乱教育教学秩序。对这些教育相关主体的相关行为进行规范,势在必行。本章共计三小节,分别从案件总体数据呈现、高发罪名解读、典型案例剖析等多个维度,全方位地对技能培训、教育辅助及其他教育阶段主体的犯罪特征作出分析。

第一节　纵览:总体数据呈现

该教育阶段提取到裁判文书网 2015—2020 年上传的与教育行业主体(含技能培训学校、教育辅助学校、特殊教育学校的校长、教师、教务处主任等与特殊教育密切相关的人员,以及教育局的局长、主任、科长、处长、会计等与教育局工作密切相关的主要行政人员)相关的刑事一审案件,共计 698 例,其中与技能培训相关案例 350 例、与教育辅助相关案例 82 例、与特殊教育相关案例 14 例、与教

育局相关案例 252 例。提取到的 2017 年的刑事裁判文书相对较多,有 150 例;湖北的案发数量高于其他省份,有 66 例;高发罪名主要集中于贪污贿赂类犯罪;该阶段有律师参与的案件量超过了无律师参与的案件量,分别约占总案件量的 72% 与 28%。

一、案件特征

(一)罪名分布

从裁判文书的罪名统计来看,技能培训、教育辅助及其他教育(为行文简洁,以下简称技能培训及其他教育)主体刑事犯罪共涉及 63 个具体罪名,根据我国《刑法》分则的规定,这些罪名广泛分布在除了危害国家安全罪、危害国防利益罪、军人违反职责罪以外的其他七章。根据涉案例数由高到低的顺序,结合犯罪所侵犯的客体类型,将技能培训及其他教育主体涉及的高发罪名排列如下:

1. 第六章"妨害社会管理秩序罪"涉及 19 个罪名,占总罪名数的 30.16%,罪名分布比较零散,具体罪名为组织考试作弊罪、伪造、变造、买卖国家机关公文、证件、印章罪、寻衅滋事罪、非法出售、提供试题、答案罪等。此类案件共计 88 例,占技能培训及其他教育主体犯罪总例数的 12.61%。其中,涉及组织考试作弊罪的案件最多,共计 27 例,占技能培训及其他教育主体犯罪总例数的 3.87%;其次是伪造、变造、买卖国家机关公文、证件、印章罪,共计 15 例,占技能培训及其他教育主体犯罪总例数的 2.15%,这两类罪名在该教育阶段较其他教育阶段更高发,与技能培训学校、教育辅助学校、教育局的职能密切相关。

2. 第八章"贪污贿赂罪"涉及 10 个罪名,占总罪名数的 15.87%。具体罪名为贪污罪、受贿罪、挪用公款罪、行贿罪、单位受贿罪、单位行贿罪、对单位行贿罪、利用影响力受贿罪、私分国有资产罪。此类案件共计 332 例,占技能培训及其他教育主体犯罪总例数的 47.57%。其中,犯受贿罪的例数最多,有 212 例,占教育部门主要行政人员犯罪总数的 30.37%;犯贪污罪的有 55 例,占教育部门主要行政人员犯罪总数的 7.88%;犯本章其他 8 类罪的共计 65 例,占教育部门主要行政人员犯罪总数的 9.31%。

3. 第三章"破坏社会主义市场经济秩序罪"涉及 10 个罪名,占总罪名数的 15.87%。具体罪名为非法转让、倒卖土地使用权罪、合同诈骗罪、非法经营罪、非法吸收公众存款罪、串通投标罪、集资诈骗罪、逃税罪、贷款诈骗罪、信用卡诈骗罪、生产、销售、提供假药罪。此类案件共计 28 例,占技能培训及其他教育主体犯罪总人数的 4.01%。其中,犯非法吸收公众存款罪的例数最多,有 9 例,占教育部门主要行政人员犯罪总数的 1.29%;犯非法经营罪的有 5 例;犯合同诈骗罪的有 5 例。

4. 第四章"侵犯公民人身权利、民主权利罪"共涉及 9 个罪名,占总罪名数的 14.29%,具体罪名为拒不支付劳动报酬罪、侵犯公民个人信息罪、非法拘禁罪、故意杀人罪、猥亵儿童罪、故意伤害罪、强制猥亵、侮辱罪、过失致人死亡罪、强奸罪。此类案件共计 44 例,占技能培训及其他教育主体犯罪总人数的 6.30%。其中,犯故意伤害罪的人数最多,有 21 例,占教育部门主要行政人员犯罪总数的 3.00%;犯侵犯公民个人信息罪的次之,有 8 例,占教育部门主要行政人员犯罪总数的 1.15%。

5. 第五章"侵犯财产罪"共涉及 7 个罪名,占总罪名数的 11.11%,具体罪名为诈骗罪、盗窃罪、挪用资金罪、敲诈勒索罪、抢劫罪、职务侵占罪、故意毁坏财物罪。此类案件共计 76 例,占技能培训及其他教育主体犯罪总人数的 10.89%,其中,犯诈骗罪的最多,有 43 例,占技能培训及其他教育主体犯罪总人数的 6.16%。第二章"危害公共安全罪"涉及 6 个罪名,占总罪名数的 9.50%,分别是危险驾驶罪、交通肇事罪、非法持有、私藏枪支、弹药罪、教育设施重大安全事故罪、破坏广播电视设施、公用电信设施罪等。此类案件共计 101 例,占技能培训及其他教育主体犯罪总例数的 14.47%,其中,犯危险驾驶罪的最多,有 73 例,占技能培训及其他教育主体犯罪总例数的 10.46%。第九章"渎职罪"涉及 2 个罪名,占总罪名的 3.17%,具体罪名为滥用职权罪和玩忽职守罪。此类案件共计 29 例,占技能培训及其他教育主体犯罪总例数的 4.15%。其中,犯玩忽职守罪的有 13 例,占技能培训及其他教育主体犯罪总例数的 1.87%;犯滥用职权罪的有 16 例,占技能培训及其他教育主体犯罪总例数的 2.29%。

(二)地域分布

2015—2020 年,技能培训及其他教育主体的一审刑事案件共涉及全国 31 个省、自治区、直辖市,地域分布广且案件数量存在一些地区差异。案件数量最多的两个省份分别是湖北(66 例)、安徽(53 例),其他超过 30 例的 8 个省级行

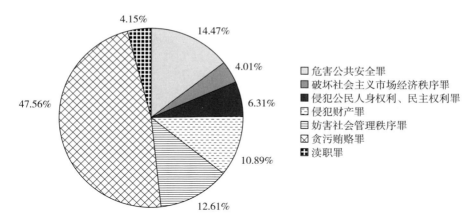

4.15%　14.47%　4.01%　6.31%　47.56%　10.89%　12.61%

□ 危害公共安全罪
□ 破坏社会主义市场经济秩序罪
■ 侵犯公民人身权利、民主权利罪
□ 侵犯财产罪
□ 妨害社会管理秩序罪
☒ 贪污贿赂罪
⊞ 渎职罪

技能培训及其他教育主体刑事一审案件案由分布

政区分别为山东（47 例）、江苏（44 例）、云南（42 例）、河南（40 例）、福建（39例）、四川（36 例）、广东（35 例）、河北（31 例），10 个省的案件数量共计 433 例，合计占比约为技能培训及其他教育主体犯罪全国案件数量的 62.03%。需要注意的是，上述技能培训及其他教育主体犯罪案件数量的多少，不能直接作为判断该地区技能培训及其他教育主体犯罪率高低的依据，其犯罪率高低需结合各个地区的人口基数、技能培训及其他教育主体总人数等因素综合判断。

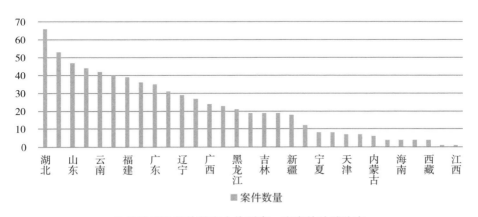

■ 案件数量

技能培训及其他教育主体刑事一审案件地域分布

（三）时间分布

2015—2020 年，6 年期间技能培训及其他教育主体的案件审结数量，呈不规则波浪式,一年数量上升、一年数量下降,但总体呈现逐年下降趋势,且 2017—2018 年下降幅度最大。最多的为 2017 年,共计 150 例;最少的为 2020 年,共计 86 例。另外 4 个年份,分别为 2015 年共计 134 例案件、2016 年共计 127 例案件、2018 年共计 88 例案件、2019 年共计 113 例案件。

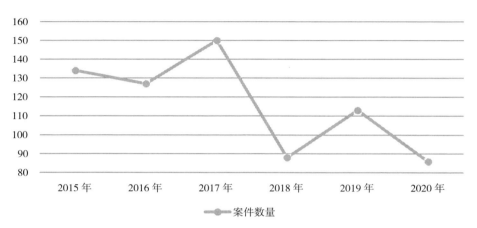

技能培训及其他教育主体刑事一审案件时间分布

二、被告人情况勾勒

(一)职业分布

本次从裁判文书提取的技能培训及其他教育主体刑事案件,主要选取了技能培训、教育辅助、特殊教育学校的校长(副校长)、教师、其他主要行政管理人员,以及教育部门主要行政管理人员,具体包括局长(副局长)(以下所有职务都包含副职)、主任、科长、其他主要行政管理人员(如会计等)四大类。其中校长共计 110 人、教师共计 118 人、其他主要行政管理人员共计 470 人。关于教育部门主要行政人员被告人职业分布,从统计的 252 例裁判文书来看,以局长作为被告的情形最多,共计 96 例,占比约为 38.10%;其次为主任,共计 78 例,占比约为 30.95%;科长犯罪的情形相对较少,共计 18 例,占比约为 7.14%。

(二)性别分布

从技能培训及其他教育主体犯罪,被告人的性别分布来看,男性主体作为被告人的情形为绝大多数,共计 524 例,占比约为 75.07%;女性主体作为被告人的

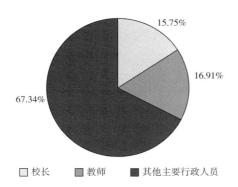

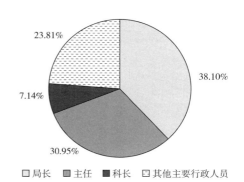

技能培训及其他教育主体刑事
一审案件被告人职业分布

教育部门主要行政人员刑事
一审案件被告人职业分布

情形较男性而言更少,共计 95 例,占比约为 13.61%;其中有 79 例左右的样本（占比约为 11.32%）因当事人情况未写明主体性别,不能确定被告人性别。单看教育局 252 例主要行政人员犯罪被告人的性别分布,男性主体作为被告人的情形为绝大多数,共计 195 例,占比约为 77.38%;女性主体作为被告人的情形较男性而言更少,共计 15 例,占比约为 5.95%;其中有 42 例左右的样本（占比约为 16.67%）因当事人段未写明主体性别,不能确定被告人性别。

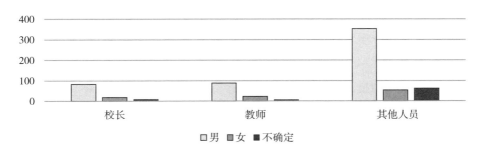

技能培训及其他教育主体刑事一审案件被告人性别分布

（三）年龄分布

从裁判文书网提取的 698 例刑事文书中,载明被告人年龄的裁判文书共计 511 例,年龄分布较广。在这 511 例有效裁判文书中,1960—1969 年间出生的人最多,共计 151 例,占有效文书总数的 29.55%;其次是 1980—1989 年出生的人,共计 143 例,占有效文书总数的 27.98%;再次是 1970—1979 年出生的人,共计

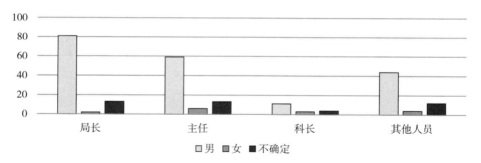

教育部门主要行政人员刑事一审案件被告人性别分布

119 例,占有效文书总数的 23.29%;1990—1999 年出生的人,共计 67 例;1950—1959 年出生的人,共计 28 例;最少的是 1940—1949 年出生的人共计 2 人、2003—2009 年间出生的人共计 1 人。

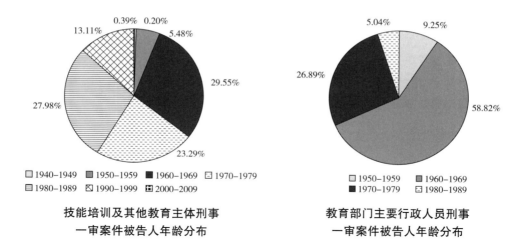

技能培训及其他教育主体刑事
一审案件被告人年龄分布

教育部门主要行政人员刑事
一审案件被告人年龄分布

(四)文化程度

提取的有关技能培训及其他教育主体犯罪的文书中,有效载明被告人文化程度的裁判文书共计 232 例。其中,大学文化程度的被告人占比最高,共计 136 人,占有效文书比重为 58.61%;其次是专科文化程度,共计 56 例,占比约为 24.14%;硕士文化程度的被告人共计 25 人,占比约为 10.78%;小学、初中、高中文化的刑事被告人共计 15 人,占比约为 6.47%。

其中,提取的有关教育局主体犯罪的文书中,有效载明被告人文化程度的裁判文书共计 67 例。其中,大学文化程度的被告人占比最高,共计 44 例,占比约为 65.67%;其次是专科文化程度,共计 16 例,占比约为 23.88%;硕士文化程度的被告人共计 7 例,占比约为 10.45%;没有其他学历的刑事被告人。

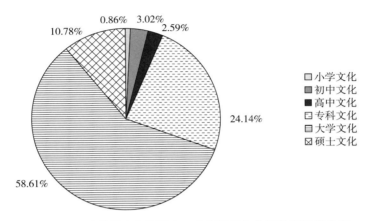

技能培训及其他教育主体刑事一审案件被告人受教育程度分布

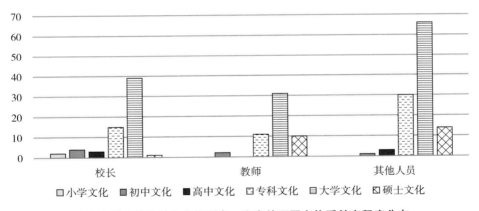

技能培训及其他教育主体刑事一审案件不同主体受教育程度分布

三、律师参与

(一)律师参与率与律师来源

分析技能培训及其他教育主体犯罪案件律师参与帮助被告人辩护的情况,可以看到,有律师参与的案件数量远大于无律师参与的案件数量。有律师参与

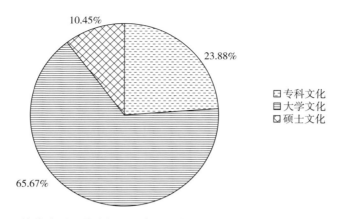

技能培训及其他教育刑事一审案件被告人受教育程度分布

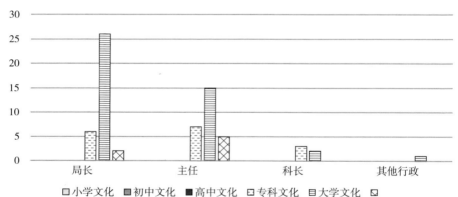

技能培训及其他教育刑事一审案件不同主体受教育程度分布

的案件量共计 501 例,占总案件量的 71.78%,其中 97.41% 的律师是被告人委托律师,2.59% 的律师是法律援助律师。无律师参与的案件量占总案件量的 28.22%,需要注意的是,此处的"无律师参与"既包括实际上没有律师参与办案,也包括有些裁判文书中没有记录关于律师参与的情况。

(二)不同职业下律师参与情况

该教育阶段被告人,教师聘请律师的比例最高,其次是其他主要行政人员,校长聘请律师的比例最低。校长犯罪共有 110 例,其中无律师参与办案的案件共有 59 例,占比约为 53.64%;援助律师参与办案的案件共有 3 例,占比约为

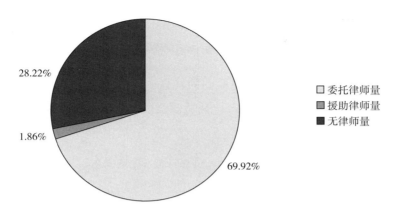

技能培训及其他教育刑事一审案件被告人律师来源

2.73%；委托律师参与办案的案件共有 56 例，占比约为 50.91%。教师犯罪共有
118 例，其中无律师参与办案的案件共有 23 例，占比约为 19.49%；援助律师参
与办案的案件共有 1 例，占比约为 0.85%；委托律师参与办案的案件共有 86 例，
占比约为 72.88%。其他行政人员犯罪案件共有 470 例，其中无律师参与办案的
案件共有 115 例，占比约为 24.47%；委托律师参与办案的案件共有 9 例，占比约
为 1.91%；委托律师参与办案的案件共有 346 例，占比约为 73.62%。

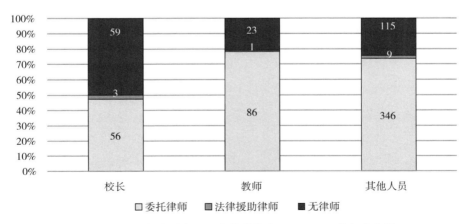

技能培训及其他教育刑事一审案件被告人不同职业下律师参与情况

四、裁判结果

（一）自由刑

2015—2020 年,从裁判文书提取到的被告人被判处的自由刑来看,判处有期徒刑的案件最多,共有 475 例,占比约为 68.05%;被判处缓刑的有 294 例,占比约为 42.12%;其次是被判处拘役的共有 123 例,占比约为 17.62%;其中,有 77 例案件中被告人被免予刑事处罚;没有被告人被判处无期徒刑的案件。

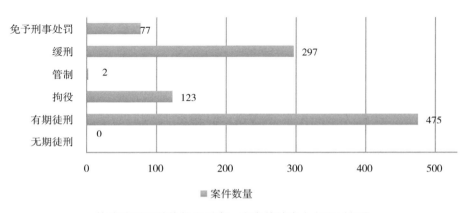

技能培训及其他教育刑事一审案件被告人自由刑数量

（二）财产刑

在裁判结果中,关于财产的信息,共提取了支付鉴定费、精神损害抚慰金、退还费用、并处罚金、没收财产五项内容。其中判处支付鉴定费、支付精神损害抚慰金与退还费用的案件数量都为 0 例,判处没收财产的案件数量为 7 例,并处罚金的案件数量最多,有 450 例,意味着有 64.47% 的被告人被判处罚金。

关于其他附加刑的适用,在裁判文书网相关案例中共提取了剥夺政治权利、撤销教师资格、降低岗位等级、免除职务、赔礼道歉五项内容。从提取结果来看,这几项的适用率都很低,其中,被判处剥夺政治权利的仅有 3 例。

（三）律师参与情况与刑罚适用

为研究有律师参与、无律师参与时,刑罚的差异,选取了刑罚中比较有代表性的四个维度:"免予刑事处罚""缓刑""有期徒刑""无期徒刑",用以比较。被告人被判处免予刑事处罚时,无律师参与案件所占比例远大于有律师参与时的比例;当被告被判处有期徒刑时,有律师参与的案件量高于无律师参与的案件量。

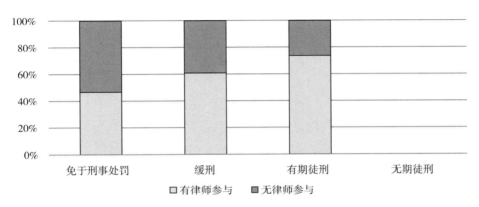

技能培训及其他教育刑事一审案件律师参与与刑罚适用

第二节 聚焦:高发罪名解读

本小节主要从时间与地域分布、被告人情况勾勒、裁判结果及律师参与情况等几方面,针对技能培训及其他教育阶段三大高发且具有该阶段特色的罪名作出进一步分析,含诈骗罪、组织考试作弊罪、挪用公款罪。

此外,受贿罪与贪污罪也是技能培训及其他教育阶段高发罪名。该教育阶段主体犯受贿罪多数是因为相关被告人利用职务之便,在承揽工程、工程款拨付、教师调动及提拔过程中,收受贿赂为他人谋取利益、提供方便,从中收取回扣或收受财物,从而构成犯罪,如某教育局党委(组)书记、局长赵某某,非法为他人谋取利益,收受财物总计人民币 91 万元,构成受贿罪;① 又如某职业技术学校负责人吴某生在工作过程中,利用职权,接受教材供应商邓某的请托,为其在图书教材的供应等方面提供方便,邓某则按照教材款的一定比例给予其回扣,被告人吴某生分三次收受图书供应商邓某现金共计人民币 16.4 万元,构成受贿罪。②

---

① (2020)辽 1422 刑初 118 号。
② (2017)川 1681 刑初 72 号。

该教育阶段主体犯贪污罪多数是因为私吞教师工资、学生学费或者学校修建工程款、学校后勤采购工程款等。如被告人赵某东、陈某斗担任某学区校长期间，将该学区 12 名教师在编不在岗情况隐瞒不报，并代为保管该 12 人的工资卡，从县财政骗取上述教师的基本工资及奖励性绩效工资，两人合计占有 296385.99 元。① 教育部门人员涉嫌经济类职务犯罪案件时有发生，涉案人以学校的校长和财务人员居多，在日常工作中受个人利益的驱动，罔顾党纪国法，为谋求非法利益而铤而走险。本案中，"一把手"伙同财务人员把目光投向了"在编不在岗"的教师工资及绩效。校长同意下属另谋他业，将在编不在岗人员的工资除了部分用于支付顶岗薪酬，其余被二人私分。本案产生的根本原因在于监督机制不健全。上级主管部门的监督鞭长莫及，负有监督职能的单位财务人员对学校"一把手"表现出较强的依附性，不敢违背校长意志，甚至与领导结盟成为利益共同体，其他普通教职工的监督权和知情权无从谈起，即使有少数人提出质疑，也往往被敷衍甚至打压。由于身边没有念紧箍咒的人，有些校长便率性而为，跌入犯罪的深渊。

但由于该教育阶段贪污罪、受贿罪的基本特征，如时间与地域分布、被告人性别分布、被告人年龄分布等与中等教育阶段、高等教育阶段相差无几，故在此不再赘述。

一、诈骗罪

诈骗罪是指以非法占有为目的，用虚构事实或者隐瞒真相的方法，骗取数额较大的公私财物的行为。

在裁判文书网检索 2015—2020 年与教育行业有关的刑事一审裁判，其中，技能培训及其他教育阶段教育主体（教师、校长、其他主要行政管理人员），犯诈骗罪的共计 43 例，多表现为伪造虚假材料骗取中央专项补贴资金；② 虚构资质，骗取学生学费、代办费、资料费；③ 以及提供虚假票据及合同，骗取合作相对方工程款等等。

---

① （2017）冀 0528 刑初 1 号。
② （2016）冀 0503 刑初 67 号。
③ （2017）赣 0102 刑初 218 号。

（一）时间与地域分布

1. 时间分布

2015—2020 年,6 年期间的案件数量整体呈折线式分布,数量总体呈上升趋势,在 2017 年达到峰值。其中 2017 年(涉案 12 人)为案件数量最多的一年,2020 年次之,总计涉案 11 人;其余年份数量相差不大,分别为 2015 年涉案 2 人、2016 年涉案 4 人、2018 年涉案 6 人、2019 年涉案 8 人。

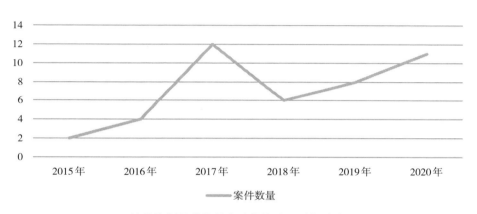

技能培训及其他教育阶段诈骗罪时间分布

2. 地域分布

2015—2020 年,技能培训及其他教育阶段的诈骗罪一审刑事案件共涉及全国 17 个省、自治区、直辖市,地域分布呈现出一定的地域差异。涉案人数最多的前三个省级行政区分别为河南(8 人)、安徽(7 人)、江苏(7 人),三个省份的涉案被告人数量合计占比超过了总被告人数的 1/2。而其余省份涉案被告人数量都较少,数据分别为 3 人、2 人、1 人。

（二）被告人情况勾勒

1. 职业分布

分析被告人职业可以看到,43 名犯诈骗罪的被告人中,教师共计 10 名,校长共计 11 名,学校其他行政管理人员共计 22 名。

2. 性别分布

分析被告人性别可以看到,43 名犯诈骗罪的被告人中,男性共有 34 名,约占被告人总数的 79.07%;女性共有 8 名,约占被告人总数的 18.60%;还有 1 名

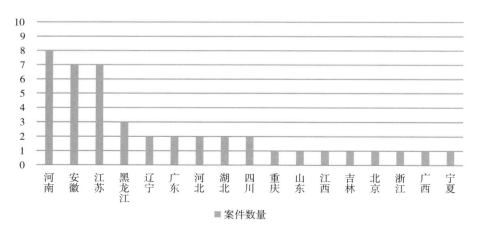

技能培训及其他教育阶段诈骗罪地域分布

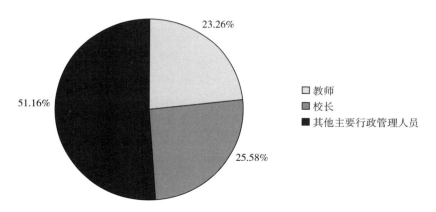

技能培训及其他教育阶段诈骗罪被告人职业分布

被告人在裁判文书中没有注明性别。可见,在技能培训及其他教育阶段被告人性别比差异较大,且绝大多数为男性。

3. 年龄分布

分析被告人年龄可以看到,43 名犯诈骗罪的被告人中,1980—1989 年出生的人数最多(31—40 岁),共计 17 人,约占被告人总数的 39.53%;其次是出生日期在 1960—1969 年(51—60 岁),共计 8 人;再次是 1990—1999 年(21—30 岁),共计 6 人;1970—1979 年(41—50 岁)以及 1950—1959 年(61—70 岁),人数相同均为 4 人。还有 4 名被告人在裁判文书中没有注明年龄。

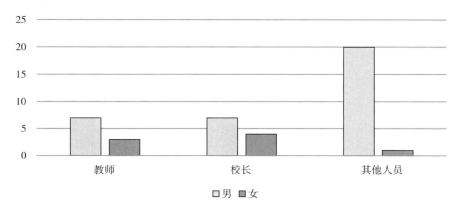

技能培训及其他教育阶段诈骗罪被告人性别分布

4. 文化程度

分析被告人文化程度可以看到,技能培训阶段,犯诈骗罪的被告人文化程度总体不高。高中文化及以下共计 9 人,约占被告人总数的 20.93%;专科文化共计 19 人,约占被告人总数的 44.19%;大学本科文化共计 11 人,约占被告人总数的 25.58%;硕士文化共计 2 人,约占被告人总数的 4.65%;还有 2 名被告人在裁判文书中没有注明文化程度。

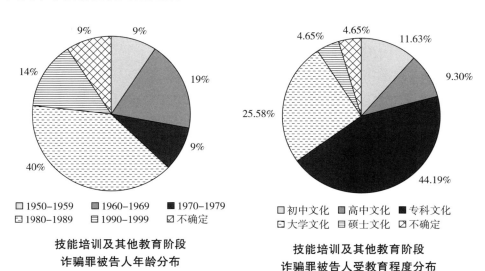

**技能培训及其他教育阶段
诈骗罪被告人年龄分布**

**技能培训及其他教育阶段
诈骗罪被告人受教育程度分布**

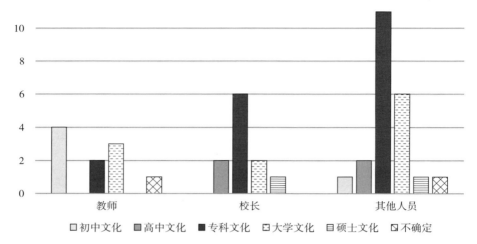

技能培训及其他教育阶段诈骗罪不同主体受教育程度分布

（三）律师参与

1. 律师参与率与律师来源

技能培训及其他教育阶段犯诈骗罪的 43 名被告人，委托律师为其辩护的有 32 人，无接受法律援助为其辩护的被告人，有 11 名被告人没有律师为其辩护。

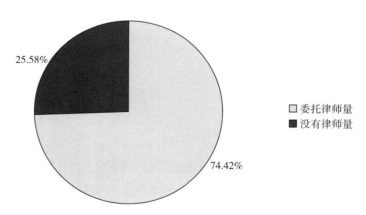

技能培训及其他教育阶段诈骗罪被告人律师来源

2. 不同职业下律师参与情况

分析不同职业下律师参与情况可以看到，职业为其他主要行政管理人员，委托律师为其辩护的比例最大，委托辩护率约为 95.45%；其次是职务为教师的被告人,委托辩护率约为 80.00%;最低的是职务为校长的被告人,委托辩护率约为 63.64%。

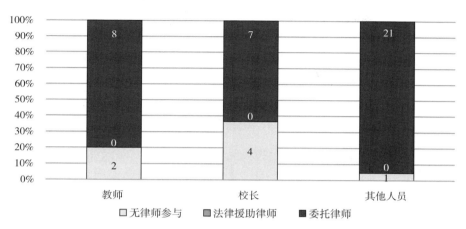

技能培训及其他教育阶段诈骗罪不同职业下律师参与情况

(四)裁判结果

1. 被告人所受刑罚情况

在 43 名犯诈骗罪的被告人中,除 4 名被告人被判处拘役外,其他 39 名被告人都被判处有期徒刑,其中 43 名被告人被判并处罚金;被判处有期徒刑的被告人中,有 13 人被判处缓期执行。

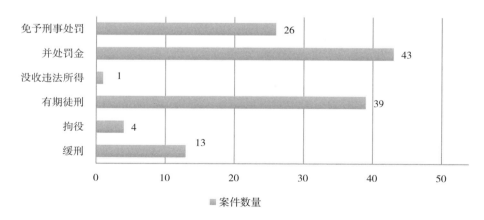

技能培训及其他教育阶段诈骗罪被告人刑罚情况分布

2. 裁判结果与律师参与情况

分析该阶段被告人所受处罚与律师参与辩护之间的关系,可以看到,4 名被判处拘役的被告人中,有 1 名被告人委托律师为其辩护;3 名被判处 3 年以下有期徒刑的被告人中,有 2 名委托律师为其辩护;34 名被判处 3(含 3)—10 年有期徒刑的被告人,有 30 名委托律师为其辩护;1 名被判处 10(含 10)年以上有期徒刑的被告人没有委托律师为其辩护。

二、组织考试作弊罪

组织考试作弊罪是指在法律规定的国家考试中,组织作弊的,为他人提供作弊器材或者其他帮助的,向他人非法出售或者提供试题、答案的行为。

在裁判文书网检索 2015—2020 年与教育行业有关的刑事一审裁判,其中,技能培训及其他教育阶段教育主体(教师、校长、其他主要行政管理人员),犯组织考试作弊罪的共计 27 例,其中比较常见的是教育培训机构人员利用其工作性质,为没有考试资质的人伪造资质参加考试,如武汉市某教育培训机构负责人李某在明知陈某没有高中学历的情况下,让徐某彪持假的高中毕业证替陈某参加湖北省成人高考数学考试;[①]或提供工具,帮助相关考生在考试中作弊,如被告人周某龙系某驾驶培训学校教练,为帮助他人在机动车驾驶证考试中作弊,从中牟利,通过网上自购作弊器材并将作弊器材安装在考试人员身上参加考试,通过微型耳机对考试人员的考试项目进行提示,其行为已触犯《刑法》第 284 条的规定,应当以组织考试作弊罪追究其刑事责任。[②]

(一)时间与地域分布

1. 时间分布

2015—2020 年,技能培训及其他教育阶段组织考试作弊罪案件数量整体呈斜线式分布,数量逐年呈上升趋势。其中 2019 年(9 例)案件数量最多;其次是 2020 年,检索到相关案例 8 例;2018 年检索到相关案例 5 例;2016 年与 2017 年分别是 3 例、2 例相关案例;未检索到关于 2015 年的相关案例。案件数量的上涨与目前社

---

① (2020)鄂 0107 刑初 53 号。
② (2019)黔 2301 刑初 801 号。

会对学历越来越重视,考证和提升学历的人群越来越庞大有一定关系。

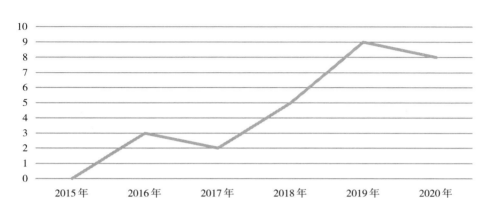

技能培训及其他教育阶段组织考试作弊罪时间分布

2. 地域分布

2015—2020 年,技能培训及其他教育阶段的组织考试作弊罪一审刑事案件共涉及全国 14 个省、自治区、直辖市,地域分布与其他阶段相比相对集中。其中,吉林省发生的案件数量最多,为 4 例;安徽、辽宁、江苏分别为 3 例。而其他省份涉案人数较少,且数量相差不大。

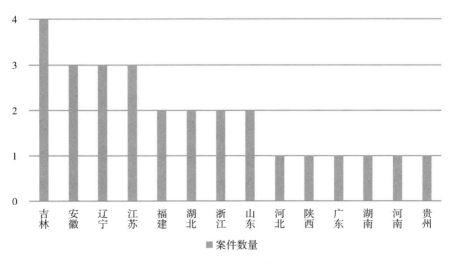

技能培训及其他教育阶段组织考试作弊罪地域分布

(二)被告人情况勾勒

1. 职业分布

分析被告人职业可以看到,27 名犯组织考试作弊罪的刑事案件中,被告人中是教师的共计 8 名,被告人是校长的共计 10 名,被告人是其他行政管理人员的共计 9 名。需要注意的是,在组织考试作弊犯罪中,共同犯罪比例较高,往往一个案件中涉及数个共同被告,这些共同被告可能是与教育行业相关的人员,也存在一些其他行业人员,比如司机、超市员工、公司职员等等,可以看出组织考试作弊罪大多时候需要多人配合共同犯罪。

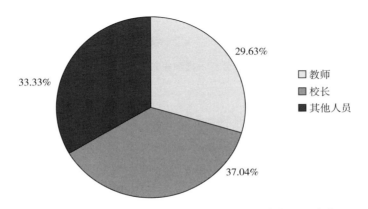

技能培训及其他教育阶段组织考试作弊罪被告人职业分布

2. 性别分布

分析被告人性别可以看到,27 名犯组织考试作弊罪的被告人中,男性共有 18 名,约占被告人总数的 66.67%;女性共有 8 名,约占被告人总数的 29.63%;还有 1 名被告在裁判文书中没有注明性别。其中,职业为校长的被告人全部是男性;而该阶段教师犯罪当中,女教师数量超过了男教师,这在其他犯罪中比较少见。

3. 年龄分布

分析被告人年龄可以看到,27 名犯组织考试作弊罪的被告人,年龄分布相对集中,以 20—50 岁的青壮年为主。1980—1989 年出生的人数最多(31—40岁),共计 15 例;其次是出生日期在 1970—1979 年(41—50 岁),共计 8 例;1990—1999 年(21—30 岁),共计 3 例。还有 1 例裁判文书中没有注明被告人年龄。

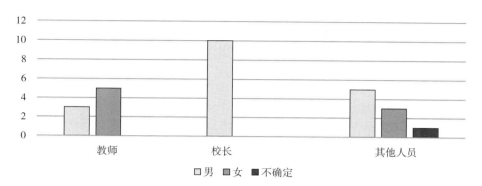

技能培训及其他教育阶段组织考试作弊罪被告人性别分布

4. 文化程度

技能培训及其他教育阶段,犯组织考试作弊罪的被告人文化程度总体不高。初中文化共计 2 人,约占被告人总数的 7.41%;专科文化共计 9 人,约占被告人总数的 33.33%;大学本科文化共计 8 人,约占被告人总数的 29.63%,硕士文化共计 7.41 人,约占被告人总数的 8.69%;还有 6 名被告人在裁判文书中没有文化程度。

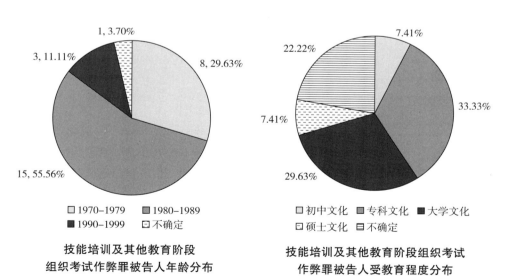

技能培训及其他教育阶段
组织考试作弊被告人年龄分布

技能培训及其他教育阶段组织考试
作弊罪被告人受教育程度分布

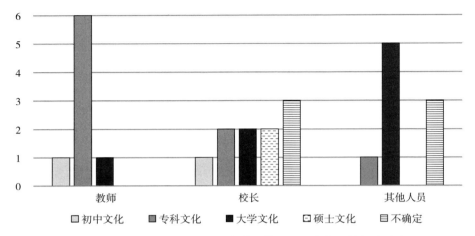

技能培训及其他教育阶段组织考试作弊罪不同主体文化程度分布

（三）律师参与

1. 律师参与率与律师来源

技能培训及其他教育阶段犯组织考试作弊罪的被告人，委托律师为其辩护的有 23 人，无受法律援助为其辩护的被告人，有 4 名被告人没有律师为其辩护。有律师为其辩护与无律师为其辩护的比例为 5.75∶1。

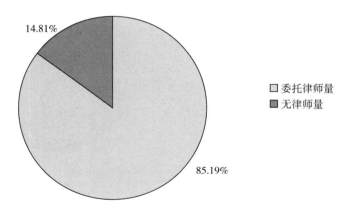

技能培训及其他教育阶段组织考试作弊罪被告人律师来源

2. 不同职业下律师参与情况

分析不同职业下律师参与情况可以看到，职业为其他主要行政管理人员，委托律师为其辩护的比例最大，委托辩护率均为 100%；其次是职业为校长的辩护人,辩护率约为 80%;职业为教师的被告人,委托辩护率约为 75%。

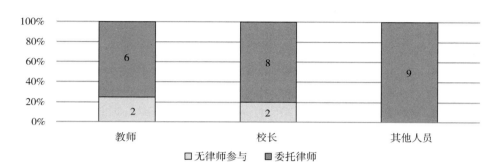

技能培训及其他教育阶段组织考试作弊罪不同职业下律师参与情况

(四) 裁判结果

1. 被告人所受刑罚情况

在 27 名犯组织考试作弊罪的被告人中,除 3 名被告人被判处拘役、1 名被告人被判处单处罚金,其他 23 名被告人都被判处有期徒刑;27 人都被判处罚金;有 17 人被判处缓期执行;有 4 人被没收非法财物;有 5 人被要求从业禁止。

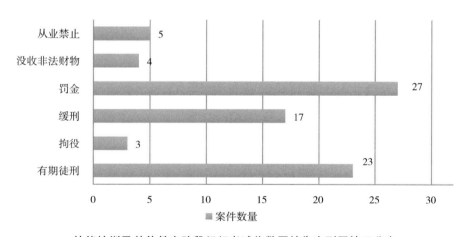

技能培训及其他教育阶段组织考试作弊罪被告人刑罚情况分布

2. 裁判结果与律师参与情况

分析该阶段被告人所受处罚与律师参与辩护之间的关系,可以看到,被判处拘役、3 年以下有期徒刑、3(含 3)—10 年有期徒刑的被告人,各有且仅有 1 名被告人未委托律师为其辩护;被判处缓刑的被告人均委托律师为其辩护。

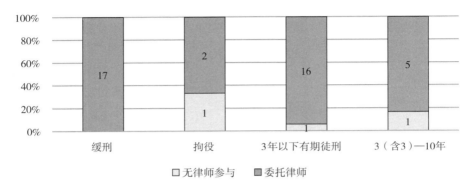

技能培训及其他教育阶段组织考试作弊罪律师参与与刑罚适用

三、挪用公款罪

挪用公款罪是指国家工作人员利用职务上的便利,实施挪用公款归个人使用,进行非法活动,或者挪用公款数额较大、进行营利活动,或者挪用公款数额较大、超过三个月未还,从而构成的犯罪。

在裁判文书网检索 2015—2020 年与教育行业有关的刑事一审裁判,其中,技能培训及其他教育阶段教育主体(教师、校长、其他主要行政管理人员),犯挪用公款罪的共计 23 例。此罪名需要与滥用职权罪做出区分,滥用职权的行为,必须致使公共财产、国家和人民利益遭受重大损失的结果,达到严重损害国家声誉,或者造成恶劣社会影响的情形条件才构成犯罪,如在赵某某滥用职权一案中,检察机关认为,被告人赵某某身为新疆某教育局招生办主任,利用职务上的便利收受他人 105000 元贿赂,滥用职权致使 20 名不符合在新疆报考条件的考生在新疆参加高考,其行为应当以滥用职权罪和受贿罪数罪并罚追究其刑事责任,但法院审理认为赵某某的行为尚未造成恶劣社会影响,故对公诉机关指控被告人赵某某犯滥用职权罪不予确认。①

(一)时间与地域分布

1. 时间分布

2015—2020 年,6 年期间技能培训及其他教育阶段挪用公款罪的案件数量

---

① (2017)新 0109 刑初 121 号。

差异不大,总体而言呈下降趋势,这与其他大多数犯罪数量均上涨的趋势相反。涉案最多的是 2015 年与 2017 年,分别检索到 6 例相关案件;2016 年检索到 4 件,2017 年后案件数量逐渐减少,2020 年最低,仅检索到 1 例相关案例。

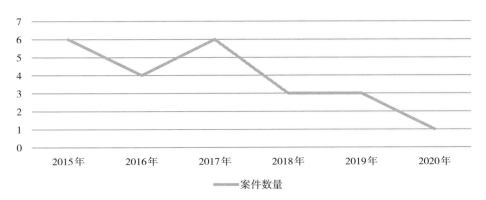

技能培训及其他教育阶段挪用公款罪时间分布

2. 地域分布

2015—2020 年,技能培训及其他教育阶段的一审刑事案件共涉及全国 21 个省、自治区、直辖市,地域分布差异很小。其中,江苏与广东分别检索到两例相关案件,其他省份都是 1 例。

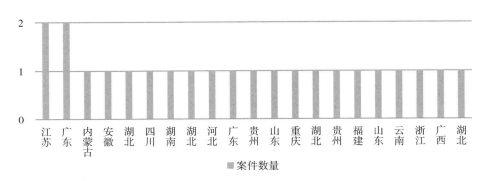

技能培训及其他教育阶段挪用公款罪地域分布

(二)被告人情况勾勒

1. 职业分布

分析被告人职业可以看到,技能培训及其他教育阶段 23 例犯挪用公款罪的案件中,主要被告人为校长的共计 5 例,主要被告人为其他主要行政人员的共计 18 例,该阶段此罪名下没有教师犯罪。

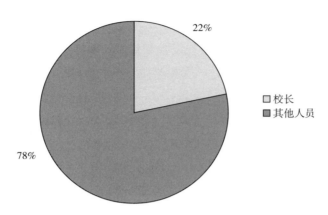

技能培训及其他教育阶段挪用公款罪被告人职业分布

2. 性别分布

分析被告人性别可以看到,在 23 名犯挪用公款罪的被告人中,男性共有 18 名,约占被告人总数的 78.26%;女性共有 4 名,约占被告人总数的 17.39%。其中,职业为其他主要行政人员的男女性别比差异最大,约为 7.5∶1;还有 1 人未在裁判文书中标明性别。

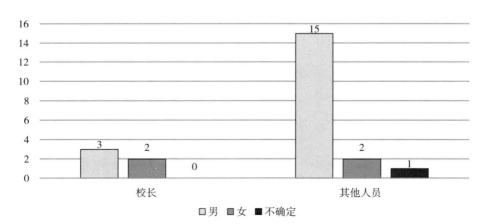

技能培训及其他教育阶段挪用公款罪被告人性别分布

3. 年龄分布

23 名犯挪用公款罪的被告人中,1970—1979 年(41—50 岁)出生的人最多,共计 8 人;其次是出生日期在 1960—1969 年(51—60 岁)的人,共计 7 人;以及 1950—1959 年(61—70 岁)和 1980—1989 年(31—40 岁)分别为 3 人。还有 2 人未在裁判文书中标明出生年月。

4. 文化程度

技能培训及其他教育阶段,犯挪用公款罪的被告人文化程度分布相对集中。专科文化共计 6 人,约占被告人总数的 26.09%;大学文化共计 14 人,约占被告人总数的 60.87%;硕士文化共计 1 人,约占被告人总数的 4.35%;还有 2 人未在裁判文书中标注学历。该阶段犯此罪的被告人较其他罪名而言文化程度相对较高。

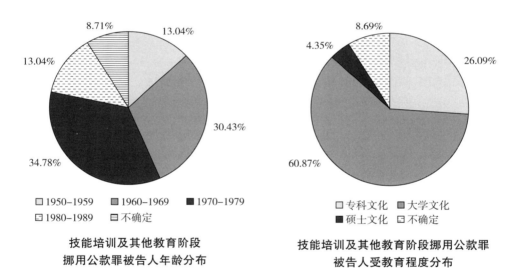

技能培训及其他教育阶段
挪用公款罪被告人年龄分布

技能培训及其他教育阶段挪用公款罪
被告人受教育程度分布

(三)律师参与

1. 裁判结果

在 23 名犯挪用公款罪的被告人中,除 5 名被告人免除刑事处罚、1 人被判处拘役外,其他 28 名被告人都被判处有期徒刑。在被判处有期徒刑的被告人当中,有 7 名被告人被判处缓刑;有 4 名被告人被依法追缴违法所得;有 5 名被告人被并处罚金。

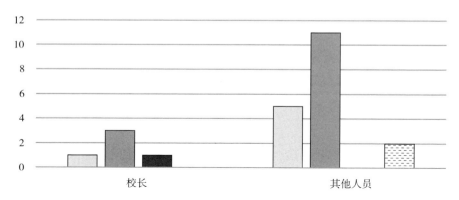

技能培训及其他教育阶段挪用公款罪不同主体文化程度分布

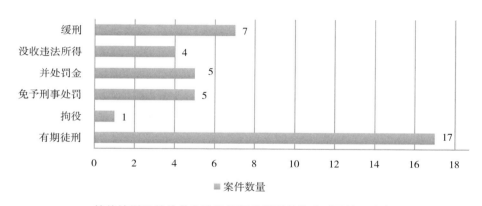

技能培训及其他教育阶段挪用公款罪被告人刑罚情况分布

2. 律师参与率与律师来源

技能培训及其他教育阶段犯挪用公款罪的被告人,委托律师为其辩护的有 20 名,1 名被告人接受法律援助辩护,有 2 名被告人没有律师为其辩护。总体而言,该阶段下律师辩护率较高。

(四)裁判结果

1. 被告人所受刑罚情况

分析不同职业下律师参与情况可以看到,该阶段被告人有较强的委托律师辩护的意识,其他主要行政人员共有 18 人委托辩护人,仅有 1 人未委托;5 名校长有 1 名未委托辩护人,1 名接受法律援助辩护。

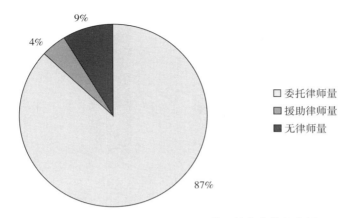

技能培训及其他教育阶段挪用公款罪被告人律师来源

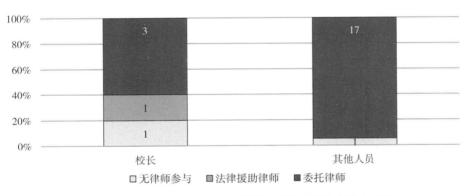

技能培训及其他教育阶段挪用公款罪不同职业下律师参与情况

2. 裁判结果与律师参与情况

分析该阶段被告人所受处罚与律师参与辩护之间的关系,可以看到,该阶段挪用公款罪下,刑罚最严重(有期徒刑 3 年及以上),律师委托率最高。

第三节　见微:典型案例剖析

技能培训及其他教育阶段主体犯罪,除常见的贪污罪、受贿罪外,多与学生技能培训相关,如组织考试作弊罪;伪造、变造、买卖国家机关证件;代替考试罪等等。与此同时还需要注意的是,侵犯公民个人信息犯罪,此类犯罪虽然目前相

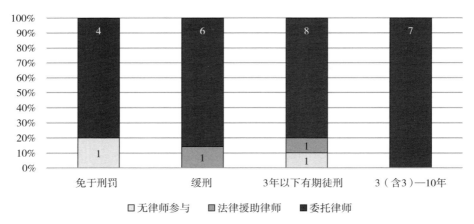

技能培训及其他教育阶段挪用公款罪律师参与与刑法适用

较于侵犯财产类犯罪相对较少,但在个人信息价值不断提高的大数据时代,对公民个人信息的保护力度也需要得到重视。见微知著,希望通过对个案的归纳总结、纠偏矫正、积累经验,注重推动类案治理,突出重点环节、关键节点和社会实践中容易产生分歧的问题,最终促进一类犯罪解决,实现案件办理政策效果、社会效果和法律效果的统一。

一、贵州某驾校教员组织考试作弊案

周某龙组织考试作弊案

（2019）黔 2301 刑初 801 号

【关键词】

培训学校教练　组织考试作弊　认罪认罚

【基本案情】

被告人周某龙,原系黔西南某驾驶培训学校教练。

被告人周某龙为帮助他人在机动车驾驶证考试中作弊,从中牟利,通过网上自购微型耳机、接收器、手机、4G 电话卡等器材。2018 年 10 月至 2019 年 8 月期间,周某龙将作弊器材安装在考试人员袁某、李某 2、王某、付某身上参加考试,并通过微型耳机对考试人员的考试项目进行提示,为袁某参加一次科目二及六次科目三考试、付某参加一次科目三考试、王某参加二次科目三考试、李某 2 参加二次科目三考试提供帮助,袁某一次性通过科目二考试,付某一次性通过科目三考试,袁某、王某、李某 2 的科目三考试均未通过,周某龙从中获利人民币 22,500 元。后李某 2 在携带作弊器材进入考场考试时被发现,考场工作人员随即在考场附近抓获周某龙。周某龙归案后,如实供述自己的犯罪事实,自愿认罪认罚,且签署具结书。经审理,法院判决:一、被告人周某龙犯组织考试作弊罪,判处有期徒刑三年,缓刑四年,并处罚金人民币二万五千元。缓刑考验期限内禁止从事机动车驾驶培训活动。二、继续追缴被告人周某龙的违法所得人民币 22,500 元上缴国库。

【检察意见】

公诉机关认为,被告人周某龙通过网上自购作弊器材,在 2018 年 10 月至 2019 年 8 月期间,组织袁某、李某 2、王某、付某在国家机动车驾驶人考试过程中作弊 12 次,共获利人民币 2 万余元,其行为已触犯《刑法》第 284 条的规定,应当以组织考试作弊罪追究其刑事责任。

【辩护要点】

被告人周某龙对指控的事实和罪名均无异议,自愿认罪。

被告人周某龙的辩护人提出如下辩护意见:被告人周某龙组织考试作弊的次数为 7 次,不应当认定为情节严重,使用的设备未达到组织考试作弊的效果;有坦白情节,自愿认罪认罚。

【裁判理由】

1. 辩护人所提"周某龙组织考试作弊的次数应该认定为 7 次,不应认定为情节严重,且使用的设备未达到组织考试作弊的效果"的辩护意见,经查,周某龙帮助李某 2 科目三作弊二次,袁某科目二作弊一次、科目三作弊六次,付某科目三作弊一次,王某科目三作弊二次。周某龙组织多人在多次考试中使用作弊器材作弊的行为,应当认定为情节严重,使用的作弊器材是否作弊成功不影响既遂的认定,故该辩护意见不成立,不予采纳;所提"周某龙有坦白情节,自愿认罪认罚"的辩护意见成立,予以采纳。

2. 周某龙有悔罪表现,宣告缓刑对所居住的社区没有重大不良影响,可对其宣告缓刑。但周某龙身为驾校教练,本应该教导学员认真学习驾驶技术,却组织学员考试作弊,应在缓刑考验期内禁止从事上述培训活动。

综上所述,法院认为,被告人周某龙在法律规定的国家考试中组织作弊,其行为已触犯《刑法》第284条之一的规定,构成组织考试作弊罪。公诉机关指控周某龙犯组织考试作弊罪的事实清楚,证据确实、充分,指控罪名成立。周某龙归案后如实供述自己的罪行,是坦白,可从轻处罚;其自愿认罪认罚,可从宽处理;综合以上量刑情节,决定对其从轻处罚。

【案件点评】

本案是技能培训类学校组织考试作弊罪的典型案例。根据《刑法》第284条的规定,在法律规定的国家考试中,组织作弊的,即可判处三年以下有期徒刑或者拘役,并处或者单处罚金。该新增规定为组织考试作弊行为的刑事责任承担提供了强有力的法律依据。本案中,机动车驾驶证考试属于国家规定的考试,周某身为驾校教练,组织学员考试作弊,触犯了上述法律规定。

需要注意的是,驾校作为技能培训类学校在开办及运营过程中往往更加注重商业规则和利益,而疏于关注法律规定,对《刑法》更是敬而远之,不愿正视或重视其存在的刑事法律风险。《刑法修正案(九)》第25条增设的组织考试作弊罪,则为广大技能培训教育学校、培训企业敲响了警钟。除了驾校之外,各类技能培训学校和其他学校都应当在出题、监考、阅卷、登分等考试各个环节注意"组织考试作弊罪""非法出售、提供试题、答案罪"的刑事风险。高额利益回报驱动下的铤而走险,必然带来身陷囹圄之痛。

点评人:四川恒和信律师事务所　曾利娟

二、重庆市某教培机构负责人伪造、变造、买卖国家机关证件案

李某、杨某勇伪造、变造、买卖国家机关证件案

(2017)渝0114刑初418号

【关键词】

教育咨询公司　职教中心　教师资格证　买卖国家机关证件　诈骗

【基本案情】

被告人李某,个体教育培训机构负责人。

被告人杨某勇,个体教育培训机构负责人。

2014年3月至4月,李某在职教中心宣传称其将针对学校教师开设教师资格证VIP培训班,很多教师信以为真并交了定金2000元,鉴于报名人少未能开班,交费的教师纷纷要求退钱。此时,被告人李某不想退钱,产生通过办理假证的方式赚钱的想法,便联系被告人杨某勇帮助办理假教师资格证。二人商量后,杨某勇按每一本教师资格证1200元的价格向李某收费,李某按每本4300元的价格向教师收费,教师资格证由杨某勇具体制作。2014年上半年至2015年年底,李某、杨某勇共三次为职教中心温某等20余名教师办理假教师资格证20余本,查证属实的有15本假证(扣押在案),收取费用9万余元。案发后,经相关教育局确认,涉案教师资格证均属假证。经审理,法院判决:一、被告人李某犯买卖国家机关证件罪,判处有期徒刑二年八个月,缓刑四年,并处罚金人民币二万元(已缴纳)。二、被告人杨某勇犯买卖国家机关证件罪,判处有期徒刑三年,缓刑四年,并处罚金人民币二万元(已缴纳)。三、在案扣押的假教师资格证依法予以没收;退缴的赃款依法上缴国库。

【检察意见】

公诉机关认为,被告人李某的行为已触犯《刑法》第280条第一款之规定,应当以买卖国家机关证件罪追究其刑事责任。并建议判处李某有期徒刑二年八个月缓刑四年,并处罚金;判处杨某勇有期徒刑三年缓刑四年,并处罚金。

【辩护要点】

被告人李某对起诉指控的犯罪事实及罪名,以及对黔江区人民检察院提出的量刑建议均无异议。其辩护人提出:李某具有自首情节,依法可从轻或减轻处罚;积极退赃,酌情可从轻处罚。

被告人杨某勇对起诉指控的犯罪事实及罪名,以及对黔江区人民检察院提出的量刑建议均无异议。其辩护人提出:杨某勇具有坦白情节,认罪认罚,依法可从轻处罚;杨某勇积极退缴赃款,可酌情从轻处罚;杨某勇家庭情况困难,希望在判处罚金刑时予以考虑;本案教师购买假证的行为是促使犯罪的诱因之一,在量刑时应予以考虑。

【裁判理由】

法院认为,被告人李某、杨某勇买卖国家机关证件,情节严重,其行为均已触犯《刑法》第280条之规定,构成买卖国家机关证件罪。重庆市黔江区人民检察院指控被告人李某、杨某勇犯买卖国家机关证件罪的事实清楚,证据确实、充分,其指控罪名成立。二被告人在共同犯罪过程中,均积极实施犯罪,不分主从。李某主动到案后如实供述自己的犯罪事实,具有自首情节,依法予以减轻处罚。杨某勇到案后能如实供述自己的犯罪事实,具有坦白情节,依法予以从轻处罚。二被告人均积极退赃,予以酌情从轻处罚。经查,二被告人到案后认罪认罚,具有悔罪诚意,符合缓刑适用条件,可对二被告人适用缓刑。

【案件点评】

本案被告人李某称托外地熟人在不需要培训和参加考试就可办理合法有效的教师资格证,之后向20余名教师出售了教师资格证,对李某的行为法院已作出判决。但值得关注的是,就购买这些教师资格证的20余名教师是否涉嫌犯罪呢? 在此不讨论证据方面的问题,就单从法律规定的角度,答案是这20余名教师的购买行为存在刑事法律风险,理由如下:

第一,教师资格证书是持证人具备教师资格的法定凭证。我国教师资格实行全国统一考试,教师资格证书由国务院教育行政部门统一印制,由各省、自治区、直辖市教育行政部门统一定购,所以教师资格证属于国家机关制作的证件。

第二,我国《刑法》对有偿转让国家机关证件的均认定犯罪行为,即出售、购买两种行为。而且本罪属于行为犯,也就是说只要行为人有买卖、变造、伪造的行为,不管数量多少均存在刑事法律风险。只是实践中司法机关还是会考虑综合次数、件数、金额,购买的动机等情节判断行为人的违法犯罪情节及社会危害性,最终决定是否追究刑事责任。

第三,行为人买卖的国家机关证件可以是伪造、变造的,也可以是真实的。因为该罪保护的是国家机关正常管理活动和信誉。以及刑法学教授周光权认为买卖国家机关证件罪的保护法益是国家机关证件的公信力,以及国家机关依法管理公共事务的权力,笔者也赞同此观点。所以,买卖国家机关证件本身的真伪不是该罪名的关键,关键在于出售、购买的行为。

值得注意的是,为什么杨某有制造国家机关证件的行为、出卖国家机关证件两行为,但法院仅判决杨某是出售国家机关证件罪呢?这是因为杨某制造伪造国家机关证件是为了实现出售的目的。所以,不管是只实施了"伪造、变造、买卖"其中某一个行为、还是同时实施了两种以上行为均只定《刑法》第280条这一罪名。特别提醒的是,若对真实的教师资格证进行涂改、擦消、拼接等加工、改制,以改变其本质内容,例如将教师资格种类本只有初级中学教师资格改变为中等职业学校教师资格的属于变造行为,不管是否使用该变造的教师资格证均存在刑事法律风险。

点评人:四川发现律师事务所　卓玛

三、河北某教育局相关负责人受贿案

周某介绍贿赂、利用影响力受贿案

(2017)冀0983刑初87号

【关键词】

教育局　教师资格认定　主任　职权影响力　受贿

【基本案情】

被告人周某,原任河北省某教育局教师资格认定中心主任。

2013年3月至4月,刘某1(另案处理)、郑某、王某三人因涉嫌非法经营罪被县公安局立案侦查并先后被采取刑事拘留强制措施。刘某1让其哥哥刘某2(另案处理)找关系办理此事,刘某2找到了该市某民煤场经理郭某(另案处理),郭某通过关系得知被告人周某与时任该市某县公安局长的杨某(另案处理)关系不错,便找到了周某,让周某找杨某帮忙办理此事。为使刘某1、郑某、王某三人在此案中得到从轻处理,刘某2和郭某二人商议将刘某1所出贿赂款通过周某送给杨某。后郭某通过周某分两次送给杨某现金20万元、30万元(共计50万元),周某自己也收受郭某分两次给予的现金3万元、5万元(共计8万元)。案发后,被告人周某将8万元赃款退缴。经审理查明,法院判决:被告人周某犯介绍贿赂罪,判处有期徒刑六个月,并处罚金十万元;犯利用影响力受贿罪,判处有期徒刑一年零二个月,并处罚金十万元。数罪并罚,决定执行有期徒刑一年零六个月,缓刑二年,并处罚金二十万元。

【检察意见】

检察机关认为,被告人周某之行为已构成介绍贿赂罪、利用影响力受贿罪,提请法院依法判处。

【辩护要点】

被告人周某对起诉书指控事实供认不讳。被告人周某的辩护人发表如下辩护意见:1. 周某的行为符合牵连犯的构成要件,依照刑法规定应对周某择一重罪处罚。2. 关于介绍贿赂罪,首先,周某是受郭某的请托帮忙联系杨某,没有主动意愿,而且郭某是周某的高中同学,基于这样的社会关系和帮忙助人的目的,周某在行为之初并没有意识到自己行为后果的严重性,周某虽有犯罪故意但无主观恶意。其次,周某对于请托事项的社会影响性不知悉。最后周某属于在被追诉前主动交代介绍贿赂行为,应依法减轻或免除处罚。3. 关于利用影响力受贿罪,周某没有利用杨某的职权主动招揽为请托人谋取不正当利益,也没有主动索取或暗示索取请托人的财物,且在郭某向周某送钱时,周某有明显的推脱行为,主观恶性极小。4. 被告人周某系在提起公诉前如实供述自己罪行、真诚悔罪、积极退赃,避免减少了损害后果的发生,具有从轻减轻或者免除处罚情节,认罪态度较好,案发前表现良好。

【裁判理由】

关于辩护人提出被告人周某的行为符合牵连犯的构成要件,依照刑法规定应对周某择一重罪处罚的意见,从该案分析,被告人周某实施了介绍贿赂和收受请托人财物的行为,但其主观目的并非是为了收受请托人的财物,两种行为之间不存在手段与目的行为的关系,不属于牵连犯,应分别定罪,实行数罪并罚。辩护人上述辩护意见法院不予采信。案发后,被告人周某认罪态度较好,且退缴了所得赃款,酌情予以从轻处罚。

综上所述,法院认为,被告人周某为使行贿人获取非法利益,向司法工作人员介绍贿赂,情节严重,其行为侵犯了国家工作人员职务行为的廉洁性,触犯了《刑法》第392条之规定,构成介绍贿赂罪;被告人周某系该县公安局局长杨某的同学,二人私交甚密,后周某通过杨某的职务行为为他人谋取利益,并收受他人现金 8 万元,其行为已触犯《刑法》第 388 条规定,构成利用影响力受贿罪。公诉机关指控被告人周某所犯罪名成立。被告人周某触犯数罪,依法予以合并处罚。

【案件点评】

本案属于非典型的教育从业者触犯刑法的案例,周某教育局教师资格认定中心主任的身份与该案没有直接必然联系,换言之,周某并非利用主任身份或者职务便利直接实施案涉的贪污贿赂犯罪。但是,我们也应当认识到,周某教育工作者的领导身份与本案的发生,存在更深层次的联系。学生的成长离不开教师,每个家庭或多或少与教师产生联系,教师不仅是学生与家长沟通的桥梁,教师甚至可成为学生与学生、家长与家长之间联系的纽带,教师资格认定中心主任所掌握的人脉资源不难想象。或许正因如此,周某才与身为公职人员的同学杨某"私交甚密",能够起到行贿者与受贿者间牵线搭桥的作用。

回到本案,触犯法律红线的忙帮不得,切莫一片好心办坏事!本案周某,可能"帮忙"时并未多想,没有足够的刑事法律风险防范意识,甚至抱有侥幸心理,但要知道:接受他人请托向国家工作人员介绍贿赂,无论基于何种动机,无论善意或恶意,无论是否从中获得某种利益,无论是否意识到自己行为的性质和法律后果,都已破坏了国家工作人员职务行为的廉洁性,均应按介绍贿赂罪定罪处罚!此外,从主客观来看,周某从中收取 8 万元好处费,系介绍贿赂外的独立的行为,介绍贿赂与收取好处两个行为之间没有手段与目的的关系,更不是类型化的牵连行为,依法应当分别定罪、数罪并罚。

以收受请托人财物为目的,向国家工作人员介绍贿赂,是否一定成立牵连犯,从而达到减少刑期、逃避责任的目的呢?答案是否定的。一方面,以收受财物为目的介绍贿赂,未必成立牵连犯。我国刑法总则没有明文规定牵连犯的类型和处罚原则,按照传统理论的观点,通常只有类型化的关联性行为才能认定为牵连犯,比如伪造公文印章用于骗取财物、绑架他人后敲诈勒索财物。为了收取好处费而介绍贿赂,不是通常的类型化的关联行为,审理本案的法官显然有意纠正不当扩大牵连犯成立范围的错误做法。另一方面,对牵连犯从重处罚系理论与实践的共识。对牵连犯通常按照从一重罪处罚或从一重罪从重处罚,意味着即使认定二行为有牵连关系,依然可能面临比一罪更高的刑期。值得一提的是,自从国家全面开展政法队伍教育整顿以来,违规插手过问案件、充当司法掮客,是明令禁止的行为,行贿司法工作人员,干预司法公正,难逃法律制裁。

　　周某的行为有潜在的更高的刑事法律风险。介绍贿赂罪与受贿罪、行贿罪的共犯的界限较难判断。介绍贿赂罪法定最高刑期为三年以下有期徒刑,而行贿罪与受贿罪的法定最高刑期分别为无期徒刑和死刑。根据办案经验,司法实践通常从两个角度区别行贿受贿的帮助犯和介绍贿赂罪:其一是,以行为人是否获利为标准——行为人从受贿者处实际分得受贿款物的,成立受贿罪的共犯;行为人帮助行贿者并从中谋取自己的不当利益的,成立行贿罪的共犯;其他帮助斡旋的成立介绍贿赂罪。其二是,以意思联络和参与程度为标准——行为人与受贿者有共谋且参与了国家工作人员利用职务便利的环节,成立受贿罪的共犯;行为人与行贿者有共谋且与谋求的不法利益有关联,成立行贿罪的共犯;若没有明显的共谋,仅起到牵线搭桥、提供联系方式、搭建贿赂渠道的,成立介绍贿赂罪。从这两个标准来看,介绍贿赂的过程中有犯行贿受贿罪共犯的较高风险。本案给教育工作者敲响警钟,介绍贿赂、收取好处,最终害人害己。教育工作者要正确认识和处理各种人际关系,为人师表须内外兼修,学高为师、身正为范!

点评人:四川省人民检察院　张铁韬

四、北京某培训学校校长非法吸收公众存款案

惠某非法吸收公众存款案

(2018)京 0108 刑初 1449 号

【关键词】

培训学校校长　吸收公众存款　校外培训　违规发放贷款　中小学课程

【基本案情】

被告人惠某,原北京市某培训学校校长。

被告人惠某于 2015 年 5 月入职北京某文化发展有限公司。2012 年 9 月至 2016 年 8 月期间,某公司违反国家法律规定,采用刊发广告、电话邀约、散发传

单等多种方式进行公开宣传，吸引学生家长到各校区进行咨询，随后利用北京市某培训学校，通过"感恩免费学""感恩聚划算"等活动模式，引诱学生家长以交纳固定金额的预存款按比例获赠课时的方式参加培训，同时承诺在一定期限届满后全额返还家长此前交纳的预存款，以此变相吸收公众存款。经审计，某公司非法吸收公众存款的金额共计人民币10.75亿余元，其中重复投资金额为人民币1.92亿余元。被告人惠某参与非法吸收公众存款的金额为人民币620万元。经审理查明，法院判决如下：一、被告人惠某犯非法吸收公众存款罪，判处有期徒刑三年，缓刑三年，罚金人民币五万元。二、在案扣押的人民币7万元按比例发还集资参与人。

【检察意见】

公诉机关认为，北京某文化发展有限公司（下称某公司）于2012年9月至2016年8月期间，违反国家法律规定，利用北京市某培训学校，以"0元免费学"为诱饵，通过公共场所广告媒介、散发传单等方式进行公开宣传，吸引社会公众到办学校区，再予以介绍"感恩免费学""感恩聚划算"等活动，承诺"缴款后获赠学费、到期后返还本金"，变相吸收资金共计人民币10亿余元，其中重复投资金额为人民币1.5亿余元。被告人惠某于2015年5月至8月间担任某公司北京分公司校长。其间，被告人惠某在孙某、戴某（均另案处理）等某公司北京分公司高层管理人员的领导下管理西直门校区、阜成门校区的筹资活动。被告人惠某于2017年6月8日被公安机关抓获归案，其到案后如实供述了上述犯罪事实。被告人惠某的行为触犯了《刑法》第176条之规定，已构成非法吸收公众存款罪，提请法院依法对被告人惠某定罪处罚。

【辩护要点】

被告人惠某对起诉书中指控的事实及罪名均未提出异议。其辩护人发表的辩护意见为：1. 被告人惠某担任西直门校区、阜成门校区校长的时间较短，认识到公司模式有问题主动离职，避免犯罪后果进一步扩大，主观恶性较小，犯罪情节较轻；2. 被告人惠某并非其上级单位的核心层、管理层人员，不实际控制、占有非法吸收的资金，应认定为从犯；3. 被告人惠某此次犯罪系初犯、偶犯，认罪态度较好，愿意退缴违法所得，建议法庭对其从轻处罚并适用缓刑。

【裁判理由】

1. 关于辩护人发表的被告人惠某系从犯的辩护意见,经查,被告人惠某自担任某公司北京分公司西直门校区、阜成门校区校长以来,全面负责上述校区的工作,执行北京分公司制定的相关政策和招生任务,督促本校区的咨询人员和教务人员完成北京分公司下达的目标任务,直接推动了感恩系列活动的执行,并根据本校区完成任务的情况获得相应提成,属于某公司的直接责任人员,应对其任职期间本校区的非法吸收公众存款数额负责,在共同犯罪中所起作用较大,依法不应认定为从犯。辩护人上述辩护意见,法院不予采纳。

2. 鉴于被告人惠某到案后如实供述自己的罪行,认罪态度较好,且积极退赔违法所得,法院依法对其从轻处罚并适用缓刑。辩护人其余相关辩护意见,法院酌予采纳。

综上所述,法院认为,被告人惠某作为某公司非法集资的直接责任人员,违反国家金融管理法律规定,变相吸收公众存款,扰乱金融秩序,数额巨大,其行为已触犯《刑法》第176条,构成非法吸收公众存款罪,应予惩处。北京市海淀区人民检察院指控被告人惠某犯非法吸收公众存款罪的事实清楚,证据确实、充分,指控罪名成立。

【案件点评】

本案中被告人担任校长,因执行校区制定的非法吸收公众存款的课时政策,全面负责校区工作,而卷入到非法吸收公众存款的刑事法律风险中。虽然非法吸收公众存款的任务不由被告人制定,非法吸收的存款金额也不直接由被告人支配和使用,但作为校区政策的执行者,被告人全面负责执行校区的相关政策和招生任务,督促本校区的咨询人员和教务人员完成北京分公司下达的目标任务,直接推动了非法吸收公众存款活动的执行,并根据本校区完成任务的情况获得相应提成,属于直接责任人员,因此,法院认定被告人应对其任职期间本校区的非法吸收公众存款数额负责。

众所周知,正常的招生活动中,不可能老师提供教学服务后返还学生的教学费用。本案中的培训机构为了招到更多的生源(为非法获取更多的社会资金),

学校采用的先付费后返还的模式,诱导大量家长充值消费,而这种听上去美好的付费返还,商业上不可能得到持续,属于变相非法吸收公众存款。

值得注意的是,本案的被告人系培训机构聘请管理学校的校长,被告人受培训机构邀请,利用自己的教学经验,获取教学劳动报酬。被告人往往会误以为自己只是一个执行者,而忽视掉自己所处的职位和工作带来的法律风险,被告人的地位作用,工作条件和工作内容,决定了被告人是非法招生,非法吸收公众存款的重要执行人,被告人越是积极工作,获取的报酬越高,反过来看,就越是在积极推动非法吸收公众存款事项的执行和落实。最后个人应承担的责任也就越大。因此,本案可以为在负责培训项目上的合作者提供警示教育。

非法吸收公众存款形式多变,但核心内容不外乎公开地向不特定的多数人吸收资金,许诺本金返还,高利返息,法律规定上有"非法性、不特定性、公开性、利诱性"四个特征。要认识非法集资,要认识到除了本案中的学校招生管理,任何行业都以高利诱惑,吸收资金的行为,都可能涉嫌非法集资的刑事法律风险。

点评人:四川卓安律师事务所　何春莉

五、吉林某培训学校校长侵犯公民个人信息案

崔某全侵犯公民个人信息案

(2018)吉 0193 刑初 149 号

【关键词】

培训学校校长　公民个人信息　校外培训　信息转售

【基本案情】

被告人崔某全,系长春市某培训学校校长。

被告人崔某全在长春市某培训学校内,以盈利为目的,通过微信、QQ 邮箱等工具向他人出售公民个人信息。2018 年 1 月 28 日,崔某全以 350 元的价格出售给李某 1 公民个人信息 2861 条,以 150 元的价格出售给许某 1 公民个人信息 652 条;2018 年 1 月 30 日,崔某全以 300 元价格出售给王某公民个人信息 2761 条。案发后,被告人崔某全主动返还违法所得。经审理查明,法院判决:被告人崔某全犯侵犯公民个人信息罪,判处有期徒刑六个月,缓刑一年,并处罚金人民

币一千六百元。

【检察意见】

公诉机关认为,被告人崔某全在长春市某培训学校内,以盈利为目的,通过微信、QQ 邮箱等工具向他人出售公民个人信息。2018 年 1 月 28 日,崔某全以 350 元的价格出售给李某 1 公民个人信息 2861 条,以 150 元的价格出售给许某 1 公民个人信息 652 条;2018 年 1 月 30 日,崔某全以 300 元价格出售给王某公民个人信息 2761 条。综上,被告人崔某全犯侵犯公民个人信息罪的事实有被告人崔某全的供述、同案被告人的供述、证人证言、视听资料及相关书证等证据证明,被告人崔某全的行为已构成侵犯公民个人信息罪,应依法惩处。

【辩护要点】

被告人崔某全无辩解。被告人崔某全的辩护人提出,被告人崔某全如实供述犯罪事实,具有坦白情节,主动返还违法所得,请求对其从轻处罚。

【裁判理由】

法院认为,公诉机关指控被告人崔某全侵犯公民个人信息的事实,有被告人崔某全的供述和庭审中核实的证据证明,指控的犯罪事实和罪名成立。被告人崔某全以牟利为目的,违反国家有关规定,向他人出售或者提供公民个人信息五千条以上,情节严重,其行为已触犯《刑法》第 253 条的规定,构成侵犯公民个人信息罪,应依法惩处。

鉴于被告人崔某全如实供述犯罪事实,具有坦白情节,主动上缴违法所得,其所居住社区长春新区政法与维护社会稳定综合管理办公室出具崔某全适合社区矫正的评估意见,依法可对其从轻处罚并适用缓刑。

【案件点评】

随着国家信息化建设的不断推进,信息资源成为重要的生产要素和社会财富,个人信息安全也成为与我们每个人切实相关的热点问题。值得重点关注的是,侵犯公民个人信息往往还与电信网络诈骗、敲诈勒索等犯罪交织在一起,具有更加严重的社会危害性。

根据侵犯公民个人信息罪的相关法律法规及司法解释等规定,该罪定罪的主要依据是涉案的个人信息数量及相关违法所得金额,故构成侵犯公民个人信息犯罪的条件十分容易。司法实践中,在对行为人进行具体处罚时,也会对涉案个人信息的用途进行考虑,比如相应信息是用于合法的债权催收还是用于诈骗、敲诈勒索等违法犯罪行为,以保证法律适用的公平性和合理性。因此,从事管理、调查、获得、使用或其他能够接触到个人信息的从业人员,应当严格按照法律法规的规定,规范自己的行为,依法依规使用公民个人信息,以避免在日常工作中可能会涉及的刑事法律风险。

律师在此提醒,相关管理、调查、获得、使用个人信息的单位要加强对内部工作人员的管理,防止公民信息从单位内部泄漏。同时,也要加强计算机系统安全和维护,防止黑客入侵造成信息泄露。

点评人:四川卓安律师事务所　艾述洪

第六章　教育行业刑事法律风险防范

　　党的十九大从新时代坚持和发展中国特色社会主义的战略高度,作出了优先发展教育事业、加快教育现代化、建设教育强国的重大部署。教育是国之大计、党之大计,对提高人民综合素质、促进人的全面发展、增强中华民族创新创造活力、实现中华民族伟大复兴具有决定性意义。① 长期以来,教育从业人员对教育行业的潜在刑事法律风险缺乏最基本的认识,更谈不上足够的预防和控制意识。教育行业本是关乎国家前途和民族未来的,所以对教育行业刑事法律风险的识别、预防和控制就更显得尤为重要。教育行业的合规管理之路任重而道远,作为社会的重头行业,更切忌侥幸心理,建议教育相关机构要准确了解和掌握有关法律法规和政策文件精神,妥善处理相关纠纷,加强与监管部门的沟通和保护各方当事人的合法权益,建立合规、合法的管理经营体系。

　　本章分为三个小节,第一节从不同主体角度论述教育行业刑事法律风险防范的意义,达到发人深省目的;第二节总体描述教育行业刑事法律风险的基本特征,包含教育行业刑事犯罪的规模与结构、罪名结构特征、犯罪主体的身份特征、刑罚适用特征等等,一方面是对前面五章节教育阶段犯罪特征的总结,另一方面也是为了概括教育行业刑事犯罪的特点,为下文的有针对性的犯罪原因分析与防范对策建议做铺垫;第三节重点对教育行业刑事风险的风险点进行分析并提出相应防范建议,聚焦于招生就业环节、科研教学环节、安全监督环节、财务管理环节以及基建后勤环节。

---

　　①　习近平:《坚持中国特色社会主义教育发展道路　培育德智体美劳全面发展的社会主义建设者和接班人》,《人民日报》2018 年 9 月 11 日第 1 版。

第一节　教育行业刑事法律风险防范的意义

一、教育行业刑事法律风险防范的总体意义

1. 是切实践行党的教育方针的必然要求

加强党对教育工作的全面领导,是办好教育的根本保证。2014 年 9 月,习近平总书记在同北京师范大学师生代表座谈时指出,当今世界的综合国力竞争,说到底是人才竞争,人才越来越成为推动经济社会发展的战略性资源,教育的基础性、先导性、全局性地位和作用更加凸显。① 新时代全面贯彻党的教育方针,首先要把握我国教育发展的根本方向,即"坚持社会主义办学方向,落实立德树人根本任务"。"立德树人",首要任务是立德,学高为师,身正为范,教育行业人员要遵纪守法,才能发挥作为老师的教育引领作用,才能发挥教育提高学生的思想道德素质和科学文化素质的基本功能,全面适应现代化建设对各类人才培养的需要,全面提高办学的质量和效益。目前我国教育改革的目标是:在党的坚强领导之下,全面贯彻党的教育方针,坚持马克思主义指导地位,坚持中国特色社会主义教育发展道路,坚持社会主义办学方向,立足基本国情,遵循教育规律,坚持改革创新,以凝聚人心、完善人格、开发人力、培育人才、造福人民为工作目标,培养德智体美劳全面发展的社会主义建设者和接班人、加快推进教育现代化、建设教育强国、办好人民满意的教育。因此,防范教育行业刑事法律风险,是切实践行党的教育方针的必然要求,也是完成教育改革目标的重要举措。

2. 是深入贯彻习近平法治思想的必然要求

深刻领会习近平法治思想的重要意义,提高教育系统政治站位。2020 年 11 月 16 日,中央全面依法治国工作会议首次提出了习近平法治思想,且明确该思想为全面依法治国的指导思想,于是推动习近平法治思想引领下的大中小学法治教育一体化便成为当前建设社会主义教育事业的重要任务,防范教育行业刑

---

① 翟博:《教育研究丨深刻理解习近平总书记关于教育的重要论述核心思想和精神要义》,《中国教育》2021 年 1 月 15 日。

事法律风险,则是推动大中小学法治教育一体化的重要内容。① 要抓好行政执法人员、法治课教师、法治副校长三支队伍,突出重点任务,深入推进依法行政、法治示范校创建以及青少年普法教育,为进一步推动依法治教、依法治校指明方向。习近平总书记还强调,"两个一百年"奋斗目标的实现、中华民族伟大复兴中国梦的实现,归根到底靠人才、靠教育。② 防范教育行业刑事法律风险,让法治贯穿于大中小幼教育全过程,是培养人才、发展教育的应有之义,是深入贯彻习近平法治思想的重要体现和必然要求,也是完成我们国家当代教育事业建设重要任务和实现"两个一百年"奋斗目标的必要路径。

3. 是构建安全的教育环境的重要保障

教育事业的发展和人才的培养,离不开良好安全的教育环境,只有教育环境安全、稳定、和谐,学生才能读好书、上好学,才能为科教兴国和人才强国战略注入力量。2018 年 9 月,习近平总书记在全国教育大会上的讲话中指出,教育是民族振兴、社会进步的重要基石。③ 教育是关系到一个国家和社会进步的重要环节,教育环境也是社会环境的重要组成部分,教育环境若缺乏安全性和稳定性,必定会引起社会的动荡和不安。因此,防范教育行业刑事法律风险,对于维护教育环境安全,维护社会稳定均具有重要意义,是构建安全的教育环境的重要保障。加强对教育行业刑事法律风险的防范,才能构建安全的教育环境,才能充分发挥教育在培养人才过程中的关键作用,才能彰显教育在中华民族伟大复兴战略全局中的独特地位。

4. 是推动法治校园建设的必要举措

教育是国之大计、党之大计,是功在当代、利在千秋的德政工程。④ 法治校园建设与构建安全的教育环境是密不可分的。法治校园建设工程量极大,涉及

---

① 董妍、高宇:《学习贯彻习近平法治思想,推进城市治理体系和治理能力现代化论坛综述》,《天津法学》2021 年第 1 期。

② 参见国务院国资委党委理论学习中心组:《为实现中华民族伟大复兴提供坚实物质基础》,《人民日报》2021 年 10 月 26 日。

③ 翟博:《教育研究 | 深刻理解习近平总书记关于教育的重要论述核心思想和精神要义》,《中国教育》2021 年 1 月 15 日。

④ 习近平:《坚持中国特色社会主义教育发展道路 培育德智体美劳全面发展的社会主义建设者和接班人》,《人民日报》2018 年 9 月 11 日第 1 版。

到校园的各个方面,其中非常重要的部分就是防范教育行业刑事法律风险,因为刑事法律风险是相较于民事法律风险影响范围更广、后果更严重的一类法律风险。建设法治校园,首先就是要对教育行业从业人员的行为进行规范,预防违法犯罪行为的发生,营造健康的校园法治文化氛围,全方位护航学生的健康成长,为学生创造良好的校园学习和生活环境,这也是依法治校和依法治教的重要体现。①

二、教师刑事法律风险防范的意义

防范教师刑事法律风险,是课堂教学安全有序进行的重要保障。教师是直接在课堂上与学生接触的教育行业主体,处于教育教学第一线,对其进行刑事法律风险防范对课堂的有序安全进行具有重要意义。教师的刑事法律风险主要集中在课堂教学环节,特别是在教育惩戒环节,极易发生故意伤害的刑事法律风险,以及教学管理环节,易因管理的疏漏而造成过失犯罪的刑事法律风险。教育部出台了《关于加强新时代高校教师队伍建设改革的指导意见》,意见中指出,要坚定正确的政治方向,坚持师德师风第一标准,全方位培养锻造建设一支一流教师队伍,是为发展高质量教育体系、建设具有中国特色世界一流大学提供支撑的根基问题,是方向问题。近年来出台的系列重要文件都将思想政治和师德师风置于教师队伍建设的首要位置。教师的思想政治素养和师德师风是教师队伍建设的首要问题,其重要性不言而喻,而防范教师的刑事法律风险,也是提高教师法治意识的重要举措,教师依法从事教学工作,依法进行教学管理活动,才能有效保障课堂教学安全有序进行。

三、校长刑事法律风险防范的意义

防范校长刑事法律风险,是校园法治环境建设的必然要求。校长是一个学校内的最高级别的管理人员,校长通过他的行为,管理、设计、创造整个教育生态,通过教育生态影响、塑造老师和学生,进而影响社会、塑造社会。其刑事法

---

① 贾佳楠:《法治校园｜通辽职业学院:聚焦法治校园建设,为学生保驾护航》,通辽职业学院微发布,2021年4月11日。

律风险的防范对于整个校园的法治环境都有至关重要的影响。在依法治校的背景下,学校的法治领导力在校园法治建设中的作用十分关键,而校长的法治领导力,是依法治校语境下学校领导力的核心要素。依法治校是学校治理进入高级阶段的体现和内在需求,而校长的法治领导力,是决定整个学校法治领导力的关键。防范校长刑事法律风险,使校长严格依照法律规定从事对学校的管理活动,提高管理能力和管理效率,对于提升校长的法治领导力具有非常重要的作用,由此来提升校园的法治化水平,营造校园法治环境,最终推动法治校园建设。

四、学校行政人员刑事法律风险防范的意义

防范学校行政人员刑事法律风险,是建设良好校园行政环境的有效保障。学校行政人员主要管理学校的行政事务,是贪污贿赂刑事法律风险的高发主体。如在财务管理、物资采购和工程建设等和金钱管理与使用密切相关的环节,就极易产生贪污、贿赂、挪用公款等刑事法律风险,同时,在招生就业、专项补助申请等环节的犯罪主体也主要是学校的主要行政管理人员,刑事法律风险主要是利用其行政权力骗取学生家长的财物等。防范学校行政管理人员刑事法律风险,是校园廉政建设的重要内容,与学校行政系统的科学有序运行息息相关,同时也关系到学校在整个社会的信誉和口碑,更会影响到社会对国家教育发展的认识和信赖程度。倘若一个国家的教育失去了人民的信任,人民又怎么放心将孩子托付给学校,国家的教育事业建设也将无从谈起。因此,加强对学校行政人员的刑事法律风险防范,构建良好的行政管理体系,才能树立人民对国家教育事业发展的信心,才能为培养人才创造良好的教育环境。

五、教育行政人员刑事法律风险防范的意义

防范教育行政人员刑事法律风险,对于提高教育工作质量具有重要意义。根据《教育法》第 15 条规定,①国家教育行政部门是主管国家教育工作的部门,

---

① 《教育法》第 15 条规定:"国务院教育行政部门主管全国教育工作,统筹规划、协调管理学校的教育事业。县级以上地方各级人民政府教育行政部门主管本行政区域内的教育工作。县级以上各级人民政府其他有关部门在各自的职责范围内,负责有关的教育工作。"

该类从业人员尤其是领导干部的法治理念、工作质量对整个国家的教育事业发展有着非常重要的影响,只有法治理念强、工作质量高、管理有序得当,才能促进教育事业的发展。习近平总书记在《在首都各界纪念现行宪法公布施行 30 周年大会上的讲话》中指出,各级领导干部要提高运用法治思维和法治方式深化改革、推动发展、化解矛盾、维护稳定能力,努力推动形成办事依法、遇事找法、解决问题用法、化解矛盾靠法的良好法治环境,在法治轨道上推动各项工作。当前各级教育部门的领导者的法治思维和依法行政的能力需要与时俱进持续性提高。作为教育部门领导者,工作必定是统揽全局,这就要求领导者的决策必须具备法治思维、具有风险防范意识,如果在决策中缺失法律思维,决策的合法性就存在极大的风险,没有合法性的决策接下来的程序性合法性就成了无本之木,程序不合法,会导致后续的工作执行也必然缺乏合法性依据。因此加强对教育行政人员的刑事法律风险防范,对于提高教育工作的质量具有非常重要的意义。

六、教育培训、教育辅导机构法律风险防范的意义

在国家相关的政策重锤下,教培行业向死而生,教育培训机构作为特殊的教育行业主体,只有在合法合规的发展中才能保证其企业运营的长治久安。2021年 7 月,中共中央办公厅、国务院办公厅印发《关于进一步减轻义务教育阶段学生作业负担和校外培训负担的意见》,一定程度上意味着教培行业井喷式增长的时代结束,中央全面深化改革委员会第十九次会议上对提出对教育培训行业整改,主要针对目前教培行业出现的"校内减负校外增负"、收费费用高昂、课外培训使教育丧失公平性,以及教育行业随意资本化借机敛财等问题,未来随着课外补习的市场萎缩,文体类的教培将可能迎来发展。[①] 教育事关国计民生,校外培训机构也面临着结构调整,需不断提高教育质量和服务水平,促进全面发展,满足社会多样化的教育需求。针对校外培训机构在学校日常办学过程和未来解约过程中可能面临的法律风险的防范,在重视民事风险的同时更应重视刑事法

---

① 参见张帆:《多源流视角下"双减"政策议程设置研究》,长安大学 2022 年硕士学位论文,第16 页。

律风险,帮助教育培训机构在校外合法合规地发展。

第二节　教育行业刑事法律风险的基本特征

一、教育行业刑事犯罪的规模与结构

在 2015 年 1 月 1 日至 2020 年 12 月 30 日上传到裁判文书网的刑事一审判决案件中,共检索到与教育行业主体,含教师、(副)校长、其他主要行政管理人员有关的犯罪案件 4181 例。学前教育阶段案件共计 181 例,约占教育行业刑事犯罪总数的 4.33%;初等教育阶段案件共计 1388 例,约占教育行业刑事犯罪总数的 33.20%;中等教育阶段案件共计 1533 例,约占教育行业刑事犯罪总数的 36.67%;高等教育阶段案件共计 381 例,约占教育行业刑事犯罪总数的 9.11%;技能培训及其他教育阶段案件共计 698 例,约占教育行业刑事犯罪总数的 16.69%(其中,特殊教育阶段案件共计 14 例,约占教育行业刑事犯罪总数的 0.34%;技能培训阶段案件共计 350 例,约占教育行业刑事犯罪总数的 8.37%;教育辅助阶段案件共计 82 例,约占教育行业刑事犯罪总数的 1.96%;教育行政管理阶段案件共计 252 例,约占教育行业刑事犯罪总数的 6.03%)。

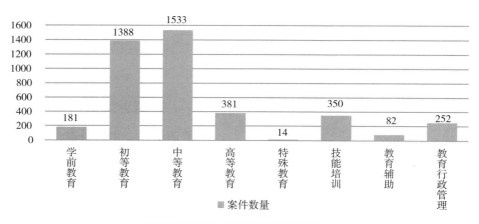

教育行业刑事一审犯罪教育阶段分布

（一）时间分布

从统计结果来看,2015 年共计犯罪 511 例,约占教育行业刑事犯罪总数的
12.22%;2016 年共计犯罪 460 例,约占教育行业刑事犯罪总数的 11.00%;2017
年共计犯罪 1035 例,约占教育行业刑事犯罪总数的 24.75%;2018 年共计犯罪
578 例,约占教育行业刑事犯罪总数的 13.82%;2019 年共计犯罪 1055 例,约占
教育行业刑事犯罪总数的 25.23%;2020 年共计犯罪 542 例,约占教育行业刑事
犯罪总数的 12.96%。

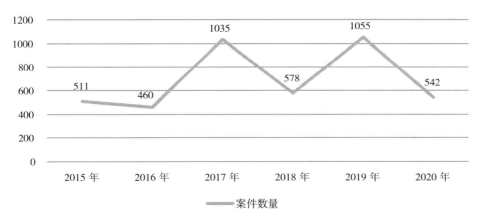

教育行业刑事一审案件时间分布

基本特征:年份分布呈波浪式,两个峰值分别在 2017 年(1035 例)和 2019
年(1055 例),2018 年和 2020 年的案件数量略有回落,分别为 578 例、542 例;
2015 年的案件数量较少,为 511 例,2016 年的案件数量最少,仅 460 例。

（二）地域分布

2015—2020 年,教育行业的刑事一审刑事案件共涉及全国 33 个省、自治
区、直辖市,地域分布呈现出一定的地域差异。案件数量超过 200 例的省级行政
区分别为河南(528 例)、云南(305 例)、福建(294 例)、山东(289 例)、安徽(285
例)、广东(246 例)、湖北(235 例)、江苏(205 例),8 个省的案件数量合计占比
超过了教育行业全国刑事案件数量的 1/2。审结案件数量低于 10 例的省级行
政区有江西、西藏以及其他几个省级行政区;其中,案件数量最少的省级行政区,
仅 1 例。

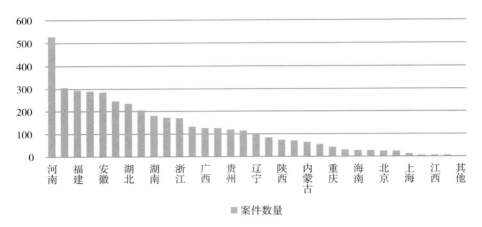

教育行业刑事一审案件地域分布

基本特征：从上述图表中可以看出，教育行业犯罪案件地域分布范围较为广泛，同时也呈现出一定的地域差异。河南作为教育大省和人口大省，教育资源的丰富，使其伴随着较多的教育行业刑事纠纷，刑事案件的数量居于首位；云南地处边陲，很多地方经济不发达，使得犯罪发生率较高，其中毒品犯罪和暴力犯罪的发生率最高，刑事案件的数量居于第二位；福建地处沿海地区，人口众多，物质财富也较为集中，使得贪污、挪用公款、诈骗等犯罪发生率较高，刑事案件的数量居于第三位；而新疆维吾尔自治区由于属于少数民族聚居地，人口分布较少，教育资源相对较少，教育行业刑事纠纷发生率低，刑事案件的数量较少。

二、教育行业刑事犯罪的罪名结构特征

（一）教育行业犯罪的罪名分布

在2015—2020年的6年中，教育行业犯罪共计4181例，共涉及144个具体罪名，其中案件数量为5件以上的具体罪名共71个，具体情况如下表所示（案件数量少于5件的罪名未作罗列）：

教育行业相关主体刑事一审犯罪罪名分布

序号	罪名		案件数量（件）
1	危害公共安全罪	危险驾驶罪	683
2		交通肇事罪	275
3		非法持有、私藏枪支、弹药罪	21
4		非法制造、买卖、运输、邮寄、储存枪支、弹药、爆炸物罪	10
5		以危险方法危害公共安全罪	6
6		放火罪	5
7	破坏社会主义市场经济秩序罪	非法吸收公众存款罪	56
8		合同诈骗罪	24
9		非法经营罪	22
10		信用卡诈骗罪	22
11		非国家工作人员受贿罪	19
12		非法转让、倒卖土地使用权罪	17
13		集资诈骗罪	8
14		隐匿、故意销毁会计凭证、会计账簿、财务会计报告罪	7
15		贷款诈骗罪	6
16		挪用资金罪	6
17		串通投标罪	5
18		对非国家工作人员行贿罪	5
19		骗取贷款、票据承兑、金融票证罪	5
20		销售假冒注册商标的商品罪	5
21		虚开增值税专用发票、用于骗取出口退税、抵扣税款发票罪	5
22	侵犯公民人身权利、民主权利罪	故意伤害罪	238
23		猥亵儿童罪	75
24		故意杀人罪	41
25		强奸罪	31
26		非法拘禁罪	21
27		强制猥亵、侮辱罪	14
28		过失致人死亡罪	11
29		侵犯公民个人信息罪	9
30		过失致人重伤罪	6

序号	罪名		案件数量（件）
31	侵犯财产罪	诈骗罪	220
32		盗窃罪	123
33		职务侵占罪	64
34		挪用资金罪	30
35		敲诈勒索罪	25
36		故意毁坏财物罪	21
37		抢劫罪	12
38	妨害社会管理秩序罪	寻衅滋事罪	117
39		组织考试作弊罪	61
40		伪造、变造、买卖国家机关公文、证件、印章罪	43
41		开设赌场罪	43
42		妨害公务罪	40
43		走私、贩卖、运输、制造毒品罪	37
44		组织、领导传销活动罪	34
45		组织、利用会道门、邪教组织、利用迷信破坏法律实施罪	21
46		代替考试罪	20
47		非法占用农用地罪	19
48		滥伐林木罪	15
49		聚众斗殴罪	14
50		容留他人吸毒罪	14
51		窝藏、包庇罪	14
52		掩饰、隐瞒犯罪所得、犯罪所得收益罪	14
53		非法采矿罪	13
54		伪造公司、企业、事业单位、人民团体印章罪	12
55		非法出售、提供试题、答案罪	9
56		聚众扰乱社会秩序罪	9
57		赌博罪	8
58		污染环境罪	8
59		拒不执行判决、裁定罪	6
60		伪造、变造、买卖身份证件罪	6
61		非法捕捞水产品罪	5

续表

序号	罪名		案件数量（件）
62	贪污贿赂罪	受贿罪	548
63		贪污罪	292
64		挪用公款罪	193
65		行贿罪	66
66		单位受贿罪	28
67		私分国有资产罪	22
68		单位行贿罪	10
69		介绍受贿罪	9
70	渎职罪	滥用职权罪	38
71		玩忽职守罪	24

基本特征:从表格中可以看出,教育行业犯罪所涉及的罪名范围较为广泛,总体而言,整个教育行业的高发罪名主要集中在贪污贿赂犯罪、危害公共安全罪、侵犯公民人身权利、民主权利罪、侵犯财产罪和破坏金融管理秩序罪五大类别的犯罪。

(二)教育行业刑事犯罪前十大罪名

犯罪频次最高的十大罪名分别是:危险驾驶罪、受贿罪、贪污罪、交通肇事罪、故意伤害罪、诈骗罪、挪用公款罪、盗窃罪、寻衅滋事罪、猥亵儿童罪。

基本特征:排序靠前的十大高发罪名,危险驾驶罪、交通肇事罪多发生在上下班或接送学生上下学环节;贪污罪主要发生在财务管理环节、后勤管理环节、财务报销环节;受贿罪主要发生在物资采购环节、工程建设环节、校企合作环节;诈骗罪主要集中在招生就业环节和专项补助申请环节;猥亵儿童罪、故意伤害罪主要发生在教学环节。

三、教育行业刑事犯罪主体的身份特征

(一)职业分布

分析被告人职业可以看到,在4181名教育行业领域犯罪的被告人中,教师

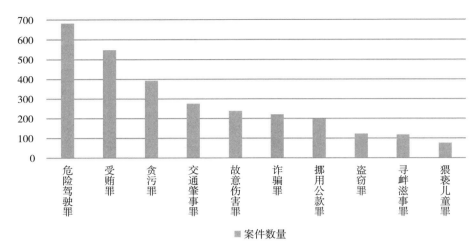

教育行业刑事一审案件犯罪前十大案由

共计 1983 名,约占被告人总数的 47.43%;其他主要行政管理人员共计 1508 名,约占被告人总数的 36.07%;校长共计 690 名,约占被告人总数的 16.50%。

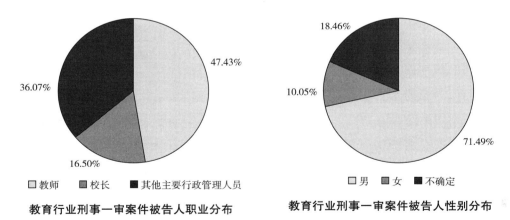

教育行业刑事一审案件被告人职业分布　　**教育行业刑事一审案件被告人性别分布**

　　基本特征:从图表中可以看出,教育行业犯罪主体的职业分布存在一定的差距。教师作为教育行业最为庞大的群体之一,其发生刑事犯罪的比例也较大;其次,在教育行业内享有一定行政权力的其他主要行政管理人员涉案的占比也较大;职业为校长的被告人数量最少。在数据统计的过程中,我们也发现校长和学校其他主要行政管理人员触犯贪污贿赂犯罪较多,而教师触犯侵犯公民人身权利、民主权利罪较多。

（二）性别分布

在 4181 名犯罪教育工作者中,性别明确的有 3409 人,其中,男性犯罪教育工作者共 2989 人,占犯罪总人数的 71.49%,女性犯罪教育工作者共 420 人,占犯罪总人数的 10.05%;还有 772 名没有在裁判文书中注明性别,占犯罪总人数的 18.46%。

基本特征:从图表可以看出,就性别而言,教育行业男性犯罪主体居多,人数远远超过了女性,女性被告人所占比例仅约为 10.05%,性别比例较不平衡。

（三）年龄分布

分析被告人年龄可以看到,4181 名在教育行业领域犯罪的被告人中,出生年份明确的有 3173 人,1970—1979 年(41—50 岁)出生的人数最多,共计 967 人,约占被告人总数的 30.48%;其次是出生日期在 1960—1969 年(51—60 岁)的被告人,共计 862 人,约占被告人总数的 27.17%;出生日期在 1980—1989 年(31—40 岁)的被告人共计 683 人,约占被告人总数的 21.53%;出生日期在 1950—1959 年(61—70 岁)的被告人人数较少。

基本特征:从图表中可以看出,教育行业犯罪主体年龄偏大,绝大多数处于 41—60 岁的年龄段。考虑到 41—60 岁是社会事业的黄金时期,生活压力也相对较大,为了生活铤而走险的可能性显著提高。

（四）学历分布

在 4181 名犯罪教育工作者中,学历明确的有 2192 人。其中,高中及以下文化程度共计 718 人,占学历明确被告人总数的 32.76%;专科文化共计 461 人,约占学历明确被告人总数的 21.03%;大学本科文化共计 866 人,约占学历明确被告人总数的 39.51%;硕士研究生文化共计 147 人,约占学历明确被告人总数的 6.71%;还有 1989 名被告人在裁判文书中未注明文化程度。

基本特征:从图表中可以看出,教育行业犯罪主体的学历较高,大学及以上学历的占犯罪教育工作者总人数的 46.22%,这反映了教育行业重视教育工作者的能力,对其学历有较高的要求。

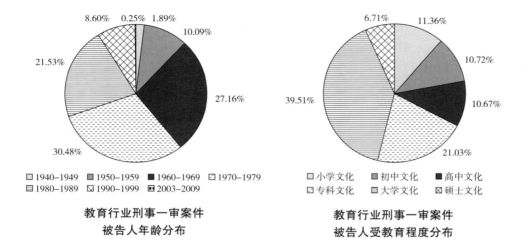

教育行业刑事一审案件
被告人年龄分布

教育行业刑事一审案件
被告人受教育程度分布

四、教育行业犯罪的刑罚适用特征

（一）免予刑事处罚、缓刑和其他主刑适用情况

在4181名被判有罪的教育工作者中,348人被免予刑事处罚,占总犯罪人数的8.32%;19人被判处管制,占总犯罪人数的0.45%;1020人被判处拘役,占犯罪人数的24.40%;2619人被判处有期徒刑,占犯罪人数的62.64%;1720人被判缓期执行,占总犯罪人数的41.14%;19人被判处无期徒刑,占犯罪人数的0.45%。

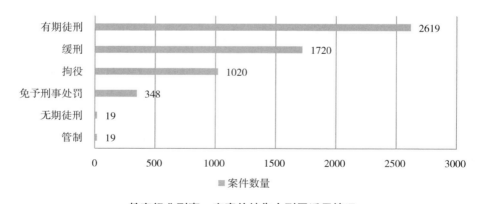

教育行业刑事一审案件被告人刑罚适用情况

基本特征：从图表中可以看出，教育行业犯罪的刑罚适用相对较轻。一方面，犯罪教育工作者被判有罪且免予刑事处罚和被判缓期执行的比例较高；另一方面，教育行业犯罪主要适用有期徒刑和拘役两种主刑，无期徒刑、管制的适用率较低。

（二）附加刑适用情况

在 4181 名被判有罪的教育工作者中，2422 人被判处罚金，占总犯罪人数的 57.93%；19 人被没收财产，占总犯罪人数的 0.45%；63 人被剥夺政治权利，占总犯罪人数的 1.51%；28 人被判收取鉴定费，占总犯罪人数的 0.67%；3 人被判赔礼道歉，占总犯罪人数的 0.07%。

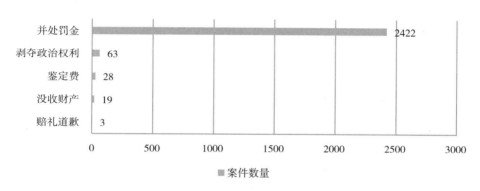

教育行业刑事一审案件被告人附加刑数量

基本特征：从图表可以看出，在教育行业刑事犯罪案件中，适用率最高的附加刑是罚金，适用率达 57.93%，这也可以看出，在教育行业犯罪中，财产犯罪的占比较高。

（三）律师参与情况

教育行业犯罪的被告人，委托律师为其辩护的有 2310 人，受法律援助为其辩护的有 122 人，有 1749 名被告人没有律师为其辩护。总体而言，律师辩护率较低，约为 58.17%。

基本特征：从图表可以看出，教育阶段刑事案件中，被告人的律师辩护率较低，约为 58.17%。在有律师辩护的刑事案件中，来源于被告人的委托的律师数量占比约为 55.25%，来源于法律援助机构或指定辩护的律师数量也较少，占比仅为 2.92%，这在某种程度上表明，教育工作者的维权意识不强，以后在律师参与辩护这方面还有很大的提升空间。

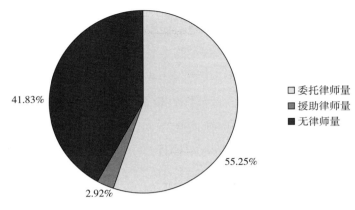

教育阶段刑事一审案件被告人律师来源

委托律师量
援助律师量
无律师量

41.83%
55.25%
2.92%

第三节 教育行业刑事法律风险的防范建议

教育行业工作者可能涉及的刑事罪名种类繁杂,而这些罪名主要分布在教育行业运作的"五大环节"——招生就业环节、科研教学环节、安全监督环节、财务管理环节以及基建后勤环节。本节通过梳理教育行业工作者最有可能触及的20个罪名,其中主要包括受贿罪、挪用公款罪、玩忽职守罪、教育设施重大事故罪、重大安全责任罪、职业侵占罪、诈骗罪、贪污罪、考试作弊罪等多种罪名;同时引用多个教育行业发生的真实案件,展示出教育行业主体可能面临的刑事风险。在讲解刑事罪名的基础上,深入剖析该类罪名发生的原因,并提出风险防范建议。

一、招生就业环节

(一)特长招生——受贿罪

随着教育体制改革,越来越多的高校拥有了自主招生资格,特别是艺术类院校的针对特长学生的自主招生权,而自主权利行使的背后也诱发了不少权钱交易。近年来,一起安徽某大学文学与艺术传媒学院曝出招生系列受贿案受到社会各界的广泛关注,该院原副院长石某强与系主任刘某峰和讲师王某等人,在招考中掌握着阅卷评分的权力,却大开后门,收受培训机构的贿赂,

"帮助"考生考上该院。最终石某强被蚌埠市蚌山区法院判处有期徒刑 3 年 8 个月,并处罚金 32 万元,王某被判处有期徒刑一年半,并处罚金 10 万元。不仅如此,据法院查明,2010 年,被告人石某强在担任安徽某大学文学与艺术传媒学院副院长期间,利用职务便利,在招生考试阅卷、评分过程中,接受江西南昌某文化艺术学校校长王某的请托,为相关考生提供照顾,并收受王某 15 万元。①

据此可以看出,在各大高校特长招生环节中,教育主体犯罪现象较为频繁。例如在阅卷评分、表演招录、特长培训等子环节都存在诱发犯罪的风险点,其涉及到的犯罪主体主要是学校中高层干部以及教育局干部。

1. 风险点分析

(1)学校特长招生环节自主权利大。主要是体现在艺考选拔等考试流程中,这类考试具有很大的主观性因素,相对于普通高考而言,艺考的专业课成绩本身就受到考官主观审美、个性判断的影响,存在腐败的行为往往很难认定。

(2)学校领导干部廉洁性不够、自律性不足。该部分犯罪罪名主要是贪污贿赂类案件,主体多为学校领导,犯罪主要与自身财产利益挂钩。教育行业主体的薪资待遇普遍不会太高,属于社会中层,少部分人看到别人挥金如土,便心理不平衡,于是贪字当头、私欲横流,明知是违法犯罪行为,但因为利欲熏心、贪图钱财,往往选择铤而走险,采用不正当手段获取利益,最终步入歧途。部分领导干部法治观念淡漠,片面认为吃回扣、拿"好处费"、行贿受贿很普遍,从而走上犯罪道路。② 作为国家工作人员,个别领导干部意识不到手中的权力是人民赋予的,应受之于民、用之于民,而将其作为满足私欲的基石,将权力取之于民、用之于己。

(3)招生的过程中,生源买卖现象普遍。为了抢夺生源,就给生源学校的负责人送去"回扣",破坏招生市场中的公平竞争秩序。这就是"买卖生源",将学生作为"交易商品"的商业贿赂行为。比如每年秋季招生,某市职高、中专校为

---

① 耿玉常、程国进:《招生变买卖》,《江淮法治》2017 年 2 月 28 日。
② 张建江:《解析教育系统商业贿赂的特点、成因及预防措施》,《河北经贸大学学报》2008 年第 3 期。

保证生源,其中有一个多年不变的老招是:学校安排专门的教职员工到全市各初中、九年制义务教育学校与校长普遍取得联系,从招收的学生中按每名学生600元的标准回扣给学生所在学校的校长,不开票、不入账,直接从学生收费中提取,且这一政策只对校长,形成了招生的一条"潜规则"。

2. 预防对策

(1)加强对考试流程的监督管控。考试必须坚持公开透明,考试全场录像,电脑全程监控,畅通各种举报和申诉渠道,建立追溯制度;笔试科目须有2人以上独立评阅并综合评定最终成绩,演奏、表演等面试科目须由5人以上(视唱、模唱不少于3人)组成的专家小组进行测评并综合评定最终成绩,专业面试测试内容须由统考考点全程录音录像保存。

(2)限制权利,打破艺考负责人的双重身份。防止腐败的人为因素可以通过打破过于集中的招生权力,专业课教授者不得兼任专业测试的测评者,建立专业、独立的第三方测评机制和科学、合理的评价制度设计。

(3)斩断培训班利益链条,严格规定考官不可组织、参与任何形式的考前辅导和培训,加大违法成本,违者必究。

(二)违规报名审核——滥用职权罪

教育行业的运转往往是紧密围绕着"升学""考试"这两个教育核心环节的。目前,除了高考以外,研究生入学考试、职业资格证考试、公务员考试等等很多考试都可能会成为某一个人生的转折点,于是说考试决定命运也有一定的合理性。而一提到考试涉及到的法律风险问题一般都会认为是有关组织考试作弊罪、非法出售提供试题答案罪、代替考试罪等相关罪名,教育行业主体往往容易忽略考试的前置环节中出现的风险问题,如通过违规审核报名资质等方式使得原本不具备考试资格的人员获得相关资格参与考试,这种现象主要存在于在各种国家级考试的考前报名审核中。

典型案例:北京市东城区人事考试中心工作人员肖某伙同张某等人,在9次国家专业技术资格考试报名资格审核过程中,利用职务便利,在短短一年多的时间里,肖某伙同他人不断通过采取替换报名表、偷看同事密钥、异地登录系统等手段,为不符合报名资格的考生进行报名违规将3800余名不符合报考条件的考生予以审核通过,并通过张某多次收受好处费共计103万余元;后经法院判决,肖某被判处滥用职权罪。① 通过上述案例可以看出,违规报名审核相关的犯罪其触犯的公共的考试秩序,涉及到社会大众的法益被侵害,而且犯罪金额较大,人数众多。这样的行为除了导致考试的权威性和公信力受损,甚至还可能使国家利益、公共安全和人民群众生命财产安全受到潜在的威胁。

1. 风险点分析

(1)考试审核单位对资质审核不够重视。在我国《刑法》及司法解释并没有具体规定哪些考试属于"法律规定的国家考试",一般认为,以下四类考试均属于"法律规定的国家考试":高等教育考试,如普通和成人高等学校招生考试、全国硕士研究生招生考试、高等教育自学考试等;资格考试,如国家司法考试、教师资格考试、注册会计师资格考试、医生执业资格考试等;水平等级考试,大学英语等级考试、全国计算机等级考试等;公务员考试,包括国家公务员考试和地方公务员考试等。

(2)鉴于我国高等教育考试与公务员考试审核流程严谨复杂,不易出现违规报名审核与档案伪造的情况。而资格考试与水平等级考试往往是由各高校或者相关地市级考试中心进行资质审核,其中审核单位对该类"含金量"较小的考试资格审核不够重视,审核往往一步到位流程简单,自主权利较大,违法空间较为隐蔽。

(3)资格类考试社会评价较低,考试权威性不足。上述案件中在操作违规报名期间,某教育培训机构和肖某已经剔除了部分严重不符报名资格的人员。由此可见,有相当多的人明知自己不符合报名标准,但都默认有"别的路子"可行,并且去实际尝试。这些行为造成了恶劣的社会影响,不仅使国家考试制度的公正性、平等性受损,还对考试制度的权威性、公信力造成了极大的破坏。可以预见的是,此路一开,大规模的违规报名在相关行业及领域必然得到迅速传播,在一定范围内造成难以消弭的不良社会影响。

(4)报名资质审核单位对日常工作管理和执行的规范性不够。上述案件的作案手法可以发现,肖某通过替换报名表、偷看同事密钥、异地登录系统等手段为不符合报名资格的考生进行报名,并且作案时间持续一年多,连续作案 9 次,

---

① 简洁:《收了钱为不符合报考资格考生开绿灯》,《检察日报》2019 年 1 月 15 日。

一直没有被所在单位注意到,所幸最终被上级部门工作人员发现。可见,单位的日常工作管理和执行的规范性十分重要,正是在制度的落实执行上有漏洞,才让肖某抓住机会连续作案。

2. 预防对策

(1)加强考试报名资格的流程审核。针对资格考试和水平等级考试应该严格参照其他国家考试流程。一是要细化报名资格审核的书面资料内容,因为报名资格审核的流程往往是书面审核,单位通过审核申请人所提交的相关材料对其资格进行认定,因此只有形成完整详细的资格认定链,才能保证资格认定的准确性;二是规范审批程序,根据实际情况采取层层审批代替一步到位的审批模式,将审核权利分置,加强权力监督。

(2)教育行政部门、学校层面重视将四类国家考试统一管理。资格考试与水平等级认定考试的社会评价提升,首先要从教育管理层面提高重视与严格规范。制定明确的考试报名要求规定,资格审批单位严格按照要求进行审核,统一标准不得擅自放宽或者从严,并需要通过通知、公告等形式向相关考试主体告知。

(3)机关企事业单位严格落实各项规章制度。在报名资格审批程序的各个环节,尤其是报名、审核、审批这样的关键环节,要抓好日常监管,让制度切实发挥管人控权的作用,不让犯罪分子有可乘之机。

(三)择校费问题——滥用职权罪

择校费又称之为学校赞助费,被视为公立名校之外的第二条途径,择校费关乎教育公平问题触及到社会的敏感神经,其背后牵扯的利益链条更是需要引起社会大众尤其是教育行业主体的重视。关于学校收取择校费该如何定性,在实践中有不同的观点,一种观点认为学校乱收择校费,学校的领导涉嫌滥用职权,其理由是:学校的领导违反国家相关规定,在不允许收费的情况下仍旧收取了择校费,这明显属于不法行使职务上权限的行为,故应该以滥用职权罪追究两人的刑事责任。另一种观点则认为学校收取择校费不应该构成滥用职权罪,其理由是:滥用职权罪的主体应是国家机关的工作人员。且滥用职权罪需要造成公共财产、国家、人民利益遭受重大损失的严重后果。择校费的收取显然没有公共财产的损失,也没造成国家财产的损失。

1. 风险点分析

（1）教育政策规定存在漏洞。虽然按照教育部及省教育厅相关的文件，学校收取择校费早已经取消，也就是说收取择校费绝对是违规的。但是在 2010 年左右，各省市根据社会发展需求国家教育政策进行相关调整，择校费的收取是符合国家规定的，就目前看来在实践中还存在一些学校仍在收取择校费，且该费用日趋升高，明着不收暗中收，甚至很多家人宁可支付大额的择校费，也愿意让自己的孩子到好学校。

（2）择校费作为学校公共资金，在收取使用的过程中可能诱发学校管理人员的职务类犯罪。无论收取择校费的行为是否构成滥用职权罪，但学校领导个人账外收取择校费的行为很有可能会构成滥用职权罪。例如，肇庆某教育局原局长邬某在教育局任职期间采用瞒天过海的伎俩，通过账外收取择校费的方式，把本应上缴财政"收支两条线"管理的部分学生择校费不入账，放进了自己的私人腰包，供自己挥霍，十年间，邬某共违规在账外收取学生择校费达 70 万元之多。[1] 同案被告林某生任陆丰市某中学校长、法定代表人期间（2008 年至 2013 年间），陆丰市物价局、陆丰市教育局、陆丰市财政局每年度联合制定年度中小学收费问题的通知文件，文件中规定中学须严格执行收费标准（每生一次性收取择校生费 16800 元）对择校生进行足额收费，择校费收取确有困难需降低标准的，应提前报教育局、物价局、财政局审核批准。某中学依据文件精神和收费许可证规定的收费标准向每名择校生一次性收取择校费。经核查，2008 年至 2013 年 10 月 29 日间，某中学在招生收取择校费的过程中，被告人林某生在明知学校无权减免择校费的情况下，为关照在某中学就读的本人、同事、朋友的择校生子女，个人私自决定采取择校生按照普通生收费、直接免收择校生费、择校生按照贫困生的标准收费等方式减免 86 名学生择校费共计人民币 132.124 万元，造成国家财产重大损失。后林某生因犯国有事业单位人员滥用职权罪，被法院判处有期徒刑一年。从案例中可以看出，择校费在收取与使用的过程中存在很多漏洞，容易诱发犯罪。

2. 预防对策

（1）严格遵守国家法律规定，不得以任何形式收取择校费。《教育部、国家

---

① （2015）肇怀法刑初字第 376 号。

发展改革委、审计署关于印发〈治理义务教育阶段择校乱收费的八条措施〉的通知》明确要求"严禁收取与入学挂钩的捐资助学款"。言下之意,不管以择校费、赞助费、建校费还是别的什么名义,只要在主管部门审核范围以外与入学挂钩的收费项目就是违规。

(2)学校必须建立严格的财务监管体系,做到每笔费用的收取和使用都有理有据。学校管理人员对学校资金的违法使用情形往往都出现在一些偏远的市区、乡镇学校,这些学校的校内制度不够健全细化,没有专门的财务监管体系,对资金的使用也没有严格的审批程序,容易造成校领导及相关管理人员对资金的随意使用。

(四)冒名顶替上学——招收学生徇私舞弊罪、滥用职权罪

近年,高考后冒名顶替入学事件持续引爆舆论,成为公众关注的热点话题。先是山东聊城陈某秀 16 年前被冒名顶替入读山东理工大学事件曝出;陈某秀事件热度尚未退去,又有山东济宁考生苟某自曝 22 年前两次高考被顶替;这期间,又有媒体曝出在 2018 年至 2019 年高等学历信息清查中,山东省竟然发现 242 人涉嫌冒名顶替取得高等学历。[①] 社会公众在怒斥顶替者及其帮凶、反思相关制度漏洞的同时,还需以法律武器来惩治相关责任者,特别是要厘清这里面可能存在的犯罪行为,对这种严重侵犯他人受教育权、严重破坏高考管理制度与高等教育秩序的行为,应依法坚决追究其刑事责任。

1. 风险点分析

(1)从顶替者角度分析

一是行贿罪。这应当是高考顶替者家长非常可能触犯的罪名,因为除了少数直接掌握高考资源的考生家长,或者所谓能量很大的"权贵"家庭,大部分顶替者都是花钱买学上。有的是直接送钱物给相关职能部门工作人员,也有的是通过所谓的中介进行操办,由中介去分别打点管事的各路神仙。从构成要件分析,考试家长为冒名顶替他人上学而请托他人办理各种虚假手续或徇私舞弊,是谋求一种不合法的利益,因此属于"谋取不正当利益",如果行贿金额达到了司

---

① 胡洪江、赵雅娇:《242 人涉嫌冒名顶替入学? 山东省教育厅回应》,《人民日报》2020 年 6 月 20 日。

法解释所规定的立案追诉标准,则应以行贿罪定罪处罚。

二是伪造国家机关公文、证件、印章罪。在高考后冒名顶替操作环节中,涉及的国家机关证件、印章的,一般就是盖有专用印章的户口迁移证,这是高考考生大学入学必备的一个手续,因为在原高校学生户籍管理制度中,在校生户籍在入学时要随迁到高校所在地派出所。假如顶替者家长未能"拿下"其户籍地派出所工作人员,很可能铤而走险,自行找人私刻印章,并伪造公安机关户口迁移证。尽管只是伪造了一次,也只伪造了一份国家机关证件,但由于所造成的后果严重,也应以伪造国家机关证件罪定罪处罚。在湖南考生罗某某被冒名顶替案中,顶替者家长王某某"在找邵东县公安局红土岭派出所干警李某某加盖该所的户口专用印章,遭到拒绝后",便找人伪造了印章加盖在空白户口迁移证上。

（2）从相关职能部门角度分析

高考顶替事件涉及的职能部门主要有考生所在高中、录取考生的大学、招生主管部门及户籍地公安机关等,这些部门、单位的工作人员在高考招生、入学过程中利用手中职权或收受贿赂或徇私舞弊,滥用职权,或严重不负责任、玩忽职守,从而成为高考顶替者的帮凶。

一是滥用职权罪与玩忽职守罪。这两个罪名属于《刑法》第九章"渎职罪"里面的通用性罪名,其犯罪主体是"国家机关工作人员"。在高考顶替事件中公安机关与招生主管部门工作人员应属于国家机关工作人员,招生考试院虽可能为事业单位,但属于"依照法律、法规规定行使国家行政管理职权的组织",因而其工作人员属于国家机关工作人员;而高中、大学都属于从事教育公益事业的事业单位,不是国家机关,其工作人员也就不属于"国家机关工作人员"。因此,如果有滥用职权或玩忽职守行为,只有公安机关工作人员与招生主管部门工作人员能够构成滥用职权罪或玩忽职守罪,而大学、高中有关工作人员不构成该罪。

二是招收学生徇私舞弊罪。该罪名规定在《刑法》第418条,属于"渎职罪"中的一个特殊罪名,该罪的主体是国家机关工作人员。如前所述,招生主管部门工作人员符合该罪主体条件,但大学、高中工作人员则不属于国家机关工作人员,不能构成该罪。实践中,该罪名非常少见,因为高考、研究生招生录取过程中,招生考试主管部门所负责一般是监督指导与组织工作,具体经办的高考录取工作也都是处理电子化信息,很难作弊;容易出现问题的一些具体事务,都是由具体负责录取的高校经手,比如发放录取通知书、核对入学新生学籍档案等,而学校的工作人员又不符合该罪名的主体条件。

三是受贿罪。该罪名规定在《刑法》第385条,是第八章"贪污贿赂罪"中的一个罪名,该罪犯罪主体是"国家工作人员",比上述渎职犯罪所要求的犯罪主体"国家机关工作人员"要宽泛,一般情况下,国有企业、事业单位、人民团体的工作人员也属于"国家工作人员"。因此,在高考顶替事件中,高校、高中的工作人员虽然不能构成渎职罪,但可构成受贿罪,比如高中班主任将被顶替考生的录取通知书隐匿并卖给冒名顶替者,高校的相关工作人员接受他人请托,在核对新生信息时故意放水使冒名顶替者通过,并收受财物的,均可构成受贿罪。

此外,根据2012年12月7日最高人民法院、最高人民检察院《关于办理渎职刑事案件适用法律若干问题的解释(一)》第3条,"国家机关工作人员实施渎职犯罪并收受贿赂,同时构成受贿罪的,除刑法另有规定外,以渎职犯罪和受贿罪数罪并罚"。① 因此,对于高考顶替事件中公安机关、招生主管部门等单位的国家机关工作人员,如果接受他人财物后滥用职权,为请托人违法办理有关手续,既达到受贿罪追诉标准,又达到滥用职权罪追诉标准,应以受贿罪与滥用职权罪进行并罚。

2. 预防对策

(1)加强考前报名资格审批。规范报名审批流程,通过层级审批的模式确认相关参考人员的信息,务必保证其准确性。

(2)完善考前资格确认程序。通过考前考生现场报考信息确认、人工核查资料的方式,保障实际参考人员与报考人员为同一人。

(3)规范考后信息录入。很多考试严格规范考试前与考试中的程序,但极容易忽略考后的程序问题。在高考后与新生入学前存在冒名顶替上学的现象,所以在入学后学校应该及时开展新生入学的信息录入工作,再次核查学籍信息是否为本人所有。

---

① 刘德法、李沙沙:《渎职犯罪司法认定疑难问题研究》,《山东警察学院学报》2021年第4期。

二、科研教学环节

（一）科研经费使用——贪污罪、受贿罪

随着科技兴国强国的国策推进,国家对全面贯彻科技创新发展和创新驱动做出了新部署,科研经费的投入逐年增大,尤其是基于一些单位的指标考核及教师职称评定需求,参与科研人数大幅增加,更有很多不是从事教学岗位工作的学校行政人员参与其中,科研主体人员的复杂性使得科研人员违规违法套取科研经费的案件时有发生,作为教育行业的主体人员必须要了解科研环节中可能存在的刑事法律风险,避免故意或者过失地构成犯罪。

1. 风险点分析

科研项目经费使用风险来源于科研项目在立项、执行、结项过程中的信息不对称、过程不可观察、结果不确定等特质导致的科研人员违法违规使用经费而产生的滥用、浪费的可能,是科研管理中一个不可回避的重要因素。需总体把握科研项目从产生至结束的流程路径:申请→评审→立项→使用→报销→鉴定→评价→结项。通过分析全过程存在的可能风险点,从而避免因经费使用所产生的刑事法律风险。

（1）项目立项阶段的风险

科研项目立项阶段虽不涉及经费使用问题,但立项质量会直接决定后续经费的使用效率及科研目的能否实现,为经费使用风险的前置性要素。该阶段的风险主要体现在以下方面:首先,在项目申报方面,项目申请人利用自身信息优势,制作虚假申报材料或提供虚假信息申报科研项目,并以非法占用为目的骗取科研项目经费。[1] 其次,在同行评审方面,"自主申请、平等竞争、同行评审、择优支持"是科研项目资助的基本原则,受制于项目评审机制的缺陷,很可能会出现项目申报人为保证其项目顺利通过评审,成功立项而对相关评审人员进行贿赂构成行贿罪,相对的收受贿赂人员,利用职务条件为他人提供便利构成受贿罪、贪污罪。

（2）项目执行阶段的风险

项目执行是经费使用风险的高发阶段,该阶段的规制重心本应是项目进程

---

① 郭创拓:《科研项目经费使用中的风险规制》,《法学》2021年第6期。

与质量管理,但经费使用规范、合理与否直接关乎科研目标的实现,故而经费使用管理也是一个不容忽视的重要方面,其风险主要体现在科研人员经费使用和项目依托单位对经费使用的审核等方面:一是在经费使用方面,部分科研人员利用自身的专业技能和掌握的信息优势,采取签订虚假合同的手段骗取科研项目经费,使用与项目无关的虚假票据套取经费,通过虚列学生劳务费、专家咨询费、会议费等方式以及采取虚构合同,虚报材料购置发票、差旅费等手段套取国家科研经费,甚至将其旅游、购物等个人消费也在项目经费中核销。二是在经费报销方面,项目依托单位严格贯彻凭发票报销制度,并对报销的数额、范围等进行限制,由此导致部分无法取得发票或财政性票据的支出以及超额支出无法报销。科研人员不得不采取虚假发票或者其他方式弥补支出,或者通过私设"小金库"等形式截留部分科研项目经费用于日常活动。除此之外,项目依托单位财务部门对经费使用的审核"主要还是形式审核,票据上的开支是否实际发生,其难以一一核实",部分科研人员利用此漏洞"通过虚开发票、仿冒领导签名"等方式,侵吞科研项目经费。此种行为既损害了国家经费管理制度的严肃性,又违反了相关法律法规,增加了科研人员被追究法律责任的风险。三是在科研辅助人员管理方面,主要表现为对科研财务助理及相关人员管理不善,如原上海某大学博士研究生张某在参与帮助负责财务的人员报销财务期间,以非法占有为目的,采用了"私刻经费章、冒用经办人签名、私盖报销专用章和领导印章、伪造报销发票和采购合同等方式"虚报项目经费就是利用了管理的漏洞。[①]

（3）项目结项阶段的风险

项目结项阶段的经费使用风险主要体现在我国当前"重立项、轻结项"的科研管理现状,导致结项鉴定的随意性较强,部分质量欠佳的科研项目得以顺利结项,再加上当前的经费使用侧重于财务评价而非全面的成果绩效评价,一定程度上造成了经费使用的浪费。

2. 预防对策

（1）提升科研人员诚信意识。"科学不仅是智力的努力,也是道德的努力",故而,"科学家的品德是科学的社会建制和活动的重要因素,须臾不可或缺",只

---

① 郭创拓:《科研项目经费使用中的风险规制》,《法学》2021年第6期。

有提升科研人员自身的诚信意识,真正将合理、高效使用项目经费内化于其心灵深处并成为一种意识自觉,才能实现无须过多外部规训而降低经费使用风险的目的,以确保经费全部用于与项目研究工作相关的支出,同时这也是科研人员所拥有的基本精神气质的体现。①

（2）完善依托单位内部治理。随着科研管理权限不断下放,作为经费管理责任主体的项目依托单位在经费使用风险规制中的地位愈发重要:一方面,项目依托单位应进一步规范内部控制和监督约束机制,充分发挥自身熟悉科研项目进程与掌握必要信息等专业与技术优势,提升风险规制的精准性;另一方面,科研资助机关、监督检查机关应对项目依托单位的风险规制行为及其结果予以必要的尊重与认可,若非必要,不得随意干涉、改变项目依托单位的调查行为与结果。

（3）规范科研行为准则。科研行为准则作为科研人员必须遵守的基本准则,既具备一定的强制性,又体现科研活动的基本规律,天生内嵌道德属性,可以不同于硬法的方式来实现风险规制的基本功能,弥补单纯依靠硬法的不足,并"依靠其协商性来推动风险治理模式的确立,依靠其实效性来强化法律权威,依靠其经济性来节约法治与社会发展成本",实现风险规制由硬性的法律制度向软性的科研自律转变。

（二）职称评定——受贿罪

教师的职称评定,是《教育法》《教师法》等法律法规为"充分调动和发挥中学教育为社会主义教育事业服务的积极性和创造性,激励教师不断提高政治思想觉悟,文化业务水平和履行职责能力,努力完成本职工作"而确定下来的,是对教师的奖励与激励。为此,中央职称改革工作领导小组还专门发出了《中(小)学教师政务试行条例》,对教师职务的"职责、任职条件、考核和评审"等做出了具体规定。应该说,"条例"有着极强的政策性和操作性,应该得到教师的广泛拥护。

但在实际生活中,教师职务编制,特别是中高级教师职务被其他学校工作人员占用,而且比例越来越高;各级教师职务的技术标准和评聘程序被基层学

---

① 参见李醒民:《科学家的品德和秉性》,《自然辩证法通讯》2009 年第 1 期。

校曲解或异化,升学人数和考试分数依然是关键或核心;教师职务评聘依然没有分开,评聘程序不公开,被基层学校主要领导"暗箱操作";部分教师,特别是优秀教师人才的积极性和创造性依然没有真正地、充分地调动起来。

在2006—2016年,被告人屈某初利用担任湖南某职业学院院长、党委书记等职务便利,为湖南某实业有限公司等单位和陈某华、伏某、郭某华等人在承揽工程项目、工程款拨付、职称评定、招聘考试等事项上谋取利益,单独或者伙同被告人李某平索取或非法收受上述单位或个人给予的财物共计人民币682.7551万元,其中被告人李某平与被告人屈某初共同索取或非法收受上述单位或个人给予的人民币共计323万元。① 这个巨额受贿案中,职称评定所引发的收受贿赂现象不容忽视。

1. 风险点分析

(1)校领导对职称评定名额分配有很大的自主权利。由于符合各层级职务任职要求的教师很多,但具体职数十分有限,而十几人,几十人争一个职称评定指标的现象,常在基层学校上演。并且每次评定的具体条件都由基层学校领导制定,在民主治校没有得到根本落实的情况,权力便成了职称评定中的最有权的发言者,致使一些老师竭尽全力去争当领导,想方设法找领导干预评审,这就容易造成收受贿赂的现象。②

(2)人情的干扰。在学校教师的职称评定中,人情圈子又毫无例外,这严重影响了职称评定的日常工作,政策、条件也因此会倾斜,人为设限之事,也就顺理成章了。这种情况下,要么是老实的吃亏,要么拼命与有关人士结上人情,拉上关系,甚至不惜请客、送礼,不惜屈膝行贿。当教师职称成为某些人的囊中之物,成为某些人可以支配的"恩赐"或"财富"时,其被用来牟利的危险,也必然成为现实。

2. 预防对策

(1)践行依法治校,严格遵守法律规定。本来在《中(小)学教师政务试行条例》中都有明确规定,"教师职务的评审工作,由省、地、县三级教育行政部门领

---

① (2017)湘03刑初30号。
② 张栋、陈修勇:《监察实践中管辖竞合的类型化分析与解决》,《犯罪研究》2023年第1期。

导,并分别设立中学教师职务评审委员会。各级评审委员会由同级教育主管部门批准"。避免地方人事部门独占职称评定权,并将指标分配等都全握在手中,保障学校公平公正地分配名额,调整指标。

（2）学校加强监督管理机制建设,充分发挥信访渠道功效。学校应作为保障职称名额分配的监督者,充分发挥其监督职能,通过信访举报等方式实现有效监督。

（三）教学考试——组织考试作弊罪、玩忽职守罪

考场舞弊问题自古有之,常见的如买卖考题、夹带文字材料、替考等等,但近年来随着通讯技术、设备小型化技术的发展,考场舞弊有了新的发展和变化。为应对这种变化,《最高人民法院、最高人民检察院关于办理组织考试作弊等刑事案件适用法律若干问题的解释》已于2019年9月公布实施,只有分析考试作弊背后的刑事法律风险,才能有效减少、避免该罪的发生。

以湖北省武汉市黄陂区考生作弊案为例,吴某某在2021年6月7日下午的数学考试过程中将高考数学题拍照上传至某某搜题APP。2021年6月8日早上10时许,根据工作人员透露,湖北省教育考试院已经连夜处理该事件,事后已对涉事学生的作弊行为进行了认定,学生也已经承认了自己的作弊行为。[①] 高考的重要性不言而喻,其考场纪律更是以最严格的标准进行制定。2015年11月1日起实施《刑法修正案（九）》之后,高考作弊还可能会被通过刑事手段追责。而在这样严肃的场合中,竟然有考生仍然铤而走险,在考试未结束前将高考试题上传至网络中,令人感到遗憾。结合目前国家对于考试舞弊行为的相关规定,分析吴某某以及相关责任人员可能面临的刑事法律风险。

1. 风险点分析

（1）责任承担。根据《国家教育考试违规处理办法》（以下称《办法》）第16条规定:违反保密规定,造成国家教育考试的试题、答案及评分参考（包括副题及其答案及评分参考）丢失、损毁、泄密,或者使考生答卷在保密期限内发生重大事故的,由有关部门视情节轻重,分别给予责任人和有关负责人行政处分;构成犯罪的,由司法机关依法追究刑事责任。盗窃、损毁、传播在保密期限内的国

---

① 参见《关于考生吴某某舞弊处理意见的通报》,微信公众号"半月谈",2021年6月8日。

家教育考试试题、答案及评分参考、考生答卷、考试成绩的,由有关部门依法追究有关人员的责任;构成犯罪的,由司法机关依法追究刑事责任。

(2)考生或将被处以行政处分。首先,根据《办法》第 6 条的规定,考生在考试过程中,携带具有发送或者接收信息功能的设备的,应当认定为考试作弊。第九条规定,考生有第六条、作弊行为之一的,其所报名参加考试的各阶段、各科成绩无效。考生向考场外发送、传递试题信息的,可以视情节轻重,同时给予暂停参加该项考试 1 至 3 年的处理;情节特别严重的,可以同时给予暂停参加各种国家教育考试 1 至 3 年的处理。在案例中,武汉市黄陂区某中学的考生吴某某在离高考数学结束时间还有 1 小时 14 分的时候将题目上传至某某搜题 APP 上,显然已经属于考试作弊行为,其本次高考的所有成绩都将被认定无效,并且其在高考中实施作弊行为,可能会被认定为情节特别严重,被处以暂停参加各种国家教育考试 1 至 3 年的惩罚。

(3)关于考场相关负责人员的责任。根据《办法》第 13 条的规定,考试工作人员应当认真履行工作职责,在考试管理、组织及评卷等工作过程中,未认真履行职责,造成所负责考场出现秩序混乱、作弊严重或者视频录像资料损毁、视频系统不能正常工作的,应当停止其参加当年及下一年度的国家教育考试工作,并由教育考试机构或者建议其所在单位视情节轻重分别给予相应的行政处分。同时《办法》第 15 条的规定,因教育考试机构管理混乱、考试工作人员玩忽职守,造成考点或者考场纪律混乱,作弊现象严重的,由教育行政部门取消该考点当年及下一年度承办国家教育考试的资格。

高考作为全国瞩目的考试,其考场规则也是以最严格的标准来制定,从考生的入场、身份信息核对、考试期间对信号的屏蔽等规定,全流程都应当由不同的人员进行负责监管。而吴某某将手机带入考场、考试过程中未关机,甚至用手机将试题拍照后上传至网络,最后还是由某某搜题 APP 的工作人员发现后进行截图举报。足以见得考场的监考员、视频监控负责人、考点的负责人员对于本次考试存在严重失职行为。根据《办法》的规定将被处以相应的处分,该考点也有可能被取消下一年度承办高考的资格。

2. 预防对策

(1)了解组织考试作弊罪的法律内涵。组织考试作弊罪的主体要求是一般主体,即年满十六周岁的人,主观方面表现为故意,即明知自己是在考试之中进行作弊,而放任或者希望这种结果的发生。客观方面来看,组织考试作弊要求发生在法律规定的国家考试中,从客体方面来看,组织考试作弊罪的客体为包国家对考试组织的管理秩序和他人公平参与考试的权利。不难发现组织考试作弊罪所保护的法益在于——国家考试的管理秩序、国家考试的公平性,同时这也引出一个问题,即什么是"国家考试",非"国家考试"之中的作弊构不构成此罪的问题。

(2)明确组织考试作弊罪之中"考试"范围。根据《最高人民法院最高人民检察院关于办理组织考试作弊等刑事案件适用法律若干问题的解释》第 1 条规定,组织考试作弊罪之中的考试专指"法律规定的国家考试",当前可以明确的包括三类:其一为国家教育考试,即:普通高等学校招生考试(即"高考")、研究生招生考试、高等教育自学考试、成人高等学校招生考试;其二为公务员录用考试(包括国考、省考),其三为国家专业资格考试,包括:法律职业、教师、注册会计师、会计专业技术、资产评估师、医师、执业药师、注册建筑师、建造师执业资格考试等。除了上述三类考试之外,法律还规定"其他依照法律由中央或者地方主管部门以及行业组织的国家考试"同样属于"法律规定的国家考试"。

(四)管教学生——故意伤害罪

教育主体与学生密切联系,很大程度上教育主体是为了学生服务的,在我国老师基于其教育职责管教学生的现象随处可见,但是对于管教学生的"度"如何把握,这是每个教师都十分关注的问题。相关法规规定,学校教师或者其他工作人员体罚或者变相体罚学生,或者在履行职责过程当中,违反工作要求、操作规程、职业道德或者其他有关规定的,会导致承担相应的学生伤害事故责任。并且,学校教师,或者其他工作人员,在负有组织、管理未成年学生职责期间,发现学生行为具有危险性,但没有进行必要的管理,告诫或者是制止的。通过一个案例,进一步分析教师在管教学生过程中可能会面对的法律风险。

2020 年 6 月 3 日下午,被告人张某某在宜都市 XX 中学初三(六)班讲解化学试卷时,发现该班学生小乐没有听讲和拿出试卷,并与同桌的同学讲话。张某某看了小乐几眼,以示警告,但小乐仍我行我素,被告人张某某便走到小乐的课桌旁,用脚踢向小乐的左腰部,又打了乐的左脸部一巴掌。被告人继续讲了一会儿课,发现小乐伏在课桌上呈痛苦状,便让同学吴某扶小乐回寝室休息。被告人张某某不放心,接着赶去寝室观察,发现小乐情况不对,急忙派学生请来医生为其诊治。后情况进一步严重,被告人张某某又派学生复请医生诊断:可能脾脏受伤。被告人感到事态严重,即向本校校长报告了整个事件的经过。当晚9时许,小乐的伤情不见好转,被告人张某某便护送小乐去宜都市一医院抢救治疗。小乐入院后脾脏破裂经手术摘除,住院治疗23天。参照《道路交通事故受伤人员伤残评定》标准,小乐的伤势等级为九级,伤残程度为重伤。被告人张某某的行为造成各项经济损失共计23883元。

1. 风险点分析

(1)因教师体罚或变相体罚造成学生伤害事故的,学校在依法承担民事赔偿责任后可以向实施体罚的教师进行追偿。

(2)教师对学生实施体罚或变相体罚,经教育不改的,可能受到处分或解聘;情节严重导致学生受到轻伤以上的伤害,还可能因故意伤害罪被追究刑事责任。

2. 预防对策

(1)把握好批评教育学生的尺度,杜绝体罚现象。

(2)确需对违纪学生进行惩戒的,应按照《中小学教育惩戒规则(试行)》规定的程序和方法实施惩戒。

三、安全监督环节

(一)公共设施安全检查——教育设施重大安全事故罪、玩忽职守罪

公共设施安全检查是校园安全保障的重中之重,一旦有丝毫的纰漏轻则是财产损失重则是人员伤亡,后果相当严重。例如,王某在担任某县教育局校改办主任期间,对该县某小学项目未严格遵守《建筑法》先报建后开工的规定,先开工后报建;未严格遵守《建设工程质量管理条例》施工图设计文件报有关部门审核的规定,对该校教学楼设计图纸直接套用某2小学设计图纸;未严格履行工程建设监督、检查、验收的工作职责,导致该县某1小学交付使用仅半年后出现严重工程质量问题而不能使用,造成国家经济损失182.837261万元。最终,经法院判决,王某因玩忽职守罪,判处有期徒刑三年。①

---

① (2015)麻刑初字第102号。

1. 风险点分析

根据我国教育部所出台的部门规章,分析学校可能会因公共设施安全检查不合格而承担校园安全事故的情形。

(1)学校的校舍、场地、其他公共设施,以及学校提供给学生使用的学具、教育教学和生活设施、设备不符合国家规定的标准,或者有明显不安全因素的,会导致学校承担相应的安全事故责任。比如学校的跑道,它不符合国家标准,学生在跑步的时候受伤了,在这种情况之下,学校显然是要对学生受伤的事实承担侵权损害赔偿责任。

(2)学校的安全保卫、消防、设施设备管理等安全管理制度,有明显疏漏,或者管理混乱,存在重大安全隐患,而未及时采取措施的。这种情况下,学校也可能会承担校园安全事故责任。举一个真实的案例,某校有一个高中生外出时未按时归寝,其宿舍管理员、班主任以及其他老师均未发现。事后查明该高中生系外出游泳时溺亡。在最后的处理结果中,由于学校在管理上存在明显疏漏,学校承担了赔偿责任。

2. 预防对策

(1)注意制定好安全管理制度,同时也要注意制度的审查和制定。落实安全责任制度,学校分管安全检查的相关人员提高责任意识,人人重视校园安全,实现"谁失职,谁负责"的责任分配制度。

(2)定期排查风险。对相关的公共安全设施务必做到定期检查,及时更换。

(3)加强学生安全意识。通过校内宣传或是学校举办校园安全知识竞答活动,让人人都参与到校园安全建设之中,并且学校需定期开展安全演练活动,完善事故应对机制。

(二)校车安全与监管——玩忽职守罪、教育设施重大安全事故罪

校车一方面为孩子们的上学、放学,家庭与学校之间的行走提供了极大的便利;另一方面,与校车有关的交通安全事故却不断增多,这暴露出了校车安全管理工作中存在着诸多不可忽视又亟待解决的问题,给校车交通安全管理工作敲响了警钟。

例如,某县检察院在办理陈某、张某、李某等人涉嫌危险驾驶案件中发现案件中都是幼儿园违规使用校车,严重超员接送学生。经查:三个乡镇出现三宗幼儿园校车严重超载行为,超载率都在100%以上,对幼儿的生命安全构成巨大威胁,侵害了社会公共利益,相关当事人均受到刑事处罚。检察院针对多个幼儿园出现校车超载问题,向县教育局等部门发出检察建议,督促其出台措施,对校车管理上存在的漏洞和安全隐患进行整改。

1. 风险点分析

一方面,在前文中通过案例大数据平台对裁判文书的检索分析,在学前教育阶段,教育行业相关主体因校车安全引发的犯罪案件不在少数。通过梳理出校车安全环节最容易引发的刑事罪名,找出刑事风险点。

(1)危险驾驶罪:一是未取得校车驾驶资格,驾驶普通载客汽车严重超过额定乘员;二是未取得校车驾驶资格,驾驶普通载客汽车严重超过规定时速行驶;三是未取得校车使用许可,驾驶普通载客汽车严重超过额定乘员;四是未取得校车使用许可,驾驶普通载客汽车严重超过规定时速行驶;五是使用报废校车辆从事校车业务,载客超过额定乘员;六是指使司机使用非制式校车接送幼儿,载客超过额定乘员;七是安排有校车驾驶员资格的人员驾驶未取得校车使用许可的车辆提供校车服务,载客超过额定乘员;八是未核实司机有无准驾型驾驶证的情形下,安排、指令其违章驾驶校车。

(2)重大责任事故罪:一是幼儿园老师、司机接幼儿上学下车未清点人数,且从后侧门往车里看,未看见有人,便将校车门、车窗锁上,导致学生遗留在校车内致高温休克死亡;二是允许不具备校车驾驶资格的司机在未取得幼儿家长委托及没有随车照管人员的情况下驾车接送幼儿,导致重大伤亡事故的发生;三是对超额载员的行为不予制止,放任不管,未尽到安全管理职责,导致重大伤亡事故的发生。

(3)过失致人死亡罪:一是校园停车场倒车,不慎将蹲在后侧的学生撞倒并碾压;二是雇佣不具备校车条件的车辆和无校车驾驶员资格的人员严重超员接送幼童,造成幼儿伤亡;三是安排学生上车后,没有下车查看校车周围是否还有其他学生或者儿童,致使侧旁学生被碾压。

(4)玩忽职守罪:一是在非法校车排查工作过程中未正确履行职责,致使学校使用非法校车接送学生过程中,造成学生死亡;二是明知接送学生的校车存在安全隐患,虽然进行了一定的管理、检查工作,但未严格履行职责,使非法接送学生的车辆处于长期使用状态,最终发生重大校车伤亡事故;三是在履行校车安全管理职责中,对幼儿园长期利用私自改装的校车超载接送幼儿及驾驶员没有驾驶校车资格的重大安全隐患,严重不负责任,监管、整改措施不到位,校车安全隐患长期存在,致使重大交通事故发生。

(5)教育设施重大安全事故罪:一是私自改变校车的行驶路线,导致车内多人伤亡;二是校车安全带多处弃置或损坏,且在搭乘学生时,没有系安全带,导致车内多人伤亡。

另一方面,哪些人容易发生校车安全刑事风险呢?哪些身份的人需要我们格外注意的?我们分析发现与校车安全刑事风险关系最密切、风险最高的五类人及其对应的高频罪名分别是:

(1)幼儿园、小学教师——高频罪名是危险驾驶罪、重大责任事故罪;

(2)幼儿园园长、小学校长和管理人、负责人——高频罪名是危险驾驶罪、交通肇事罪、重大责任事故罪、过失致人死亡罪;

(3)各级各类学校司机——高频罪名是危险驾驶罪、交通肇事罪、重大责任事故罪、教育设施重大安全事故罪;

(4)分管校园安全的副校长——高频罪名是危险驾驶罪、玩忽职守罪、重大责任事故罪、教育设施重大安全事故罪;

(5)教育行政部门分管安全监管、学前教育、小学教育监管的责任人——高频罪名是玩忽职守罪、危险驾驶罪。

2. 预防对策

(1)建立健全校车安全运营管理机制。建立健全校车安全管理制度,制定校车安全管理条例实施细则,明确学校对校车服务提供者的安全管理责任,学校与校车服务提供者签订校车安全管理责任书并上报或者备案;明确幼儿园、中小学校所有工作人员、随车管理人员对校车安全运营隐患的报警、报告义务和责任。与公安、交通运输、安全生产监管等部门密切配合,同时建立健全校车安全管理信息共享机制,对校车的购置、安全监管、运营管理等各环节进行有效监督;共同开展校车安全管理、监督、宣传教育等工作。

(2)定期组织学校与校车服务提供者签订《校车安全管理责任书》执行情况的检查工作,明确各自的安全管理责任,落实校车运行安全管理措施,并对各学校的履行情况进行考核。

（3）要求学校组织学生的监护人签订以"配合学校或者校车服务提供者的校车安全管理工作为内容"的有关承诺书，同时加大校车服务管理宣传力度，以案释法向学生监护人讲解学生乘坐没有取得校车资格车辆，以及校车超载的危险性和危害性，动员学生的监护人对不符合安全要求的车辆接送学生上下学的情况需及时反映。

（4）在学校门口设置监控设施，便于定期对学校使用校车接送学生的情况进行视频监控，对于没有取得校车标牌而从事接送学生服务、车辆超载等情况，及时进行纠正，防患于未然。

（5）加强对校车安全运营监督检查。督促学校加强校车监督检查、登记和报告，对未取得校车标牌的车辆提供校车服务、制式校车私自运营、超速超载等情况，一经发现及时上报或报警，切实履行监督职责。

（6）做好校车安全运营警示教育和宣传工作。加强校车安全运营警示教育，警钟长鸣；教导学生及其监护人拒绝使用不符合安全要求的车辆接送学生上下学；向学生讲解校车安全乘坐知识和安全事故应急处理技能，并定期组织校车安全事故应急处理演练，提高学生的安全乘车意识和自护能力。发现涉校车违法违纪情况及线索，及时报告相关单位，依法处理。对违反规定的校车服务提供者、驾驶人员、随车管理人员，及时责令改正，拒不改正的，给予处分、解聘或者建议相关单位责令其停业整顿。

（三）学生外出管理——重大责任事故罪

我国相关法律规定，对未成年学生擅自离校等与学生人身安全直接相关的信息，学校发现或者知道，但没有及时告知未成年学生的监护人，导致未成年学生因脱离监护人的保护而发生伤害的，应承担刑事法律责任。在教学实践中考虑到对学生德智体美劳全面发展的培养需求，不少学校会组织学生校外实践活动，关乎多数学生的财务与人身安全。对此，对学生的外出管理中存在的法律风险进行识别就十分重要。

1. 风险点分析

（1）学校组织学生参加校外活动，未对学生进行相应的安全教育，且未在可预见的范围内采取必要的安全措施，造成学生伤害事故的，学校应当依法承担民事赔偿责任。

（2）负责活动组织的教师对事故发生有重大过错的，学校在承担赔偿责任后可以向其个人进行追偿。

2. 预防对策

（1）开展活动前对学生进行安全专项教育，强调活动纪律和安全注意事项，加强学生的安全意识和自我保护意识。

（2）制定周密的活动方案和安全应急预案，确保活动安全有序开展。

四、财务管理环节

（一）学费、考试费管理——贪污罪、挪用公款罪

在学费、考试费管理环节，教育行业较为多发的刑事法律风险是贪污罪、挪用公款罪。具体表现为利用其负责收取、管理学费、公寓费、书费、校服费、军训服费、公寓用品费、技能鉴定费等公款的职务便利，实施贪污、挪用公款犯罪。近年来，随着国家办学体制的改革，部分教育行业主体具备了自主收取学费、考试费的资格，使得相关主体在学费、考试费管理环节的贪腐风险加大。[1]

例如：被告人华某某利用职务便利，将县教育局账外收取的高中学业水平考试费用于个人开支，案发后，被告人华某某的亲属向县监察委员会退缴违法所得515367元。裁判结果：被告人华某某犯贪污罪，被判处有期徒刑三年四个月，并处罚金人民币25万元。

1. 风险点分析

（1）相关人员的资金管理权过大。学费、考试费的收取和管理一般会由相关责任人员直接进行，加之缴费学生数量多，所涉资金数额巨大，极易产生贪污或挪用行为。

（2）缺乏有效的监督制约机制。权力的运行伴随着腐败的风险，监督是权力正确运行的必要保证。[2]在涉及资金管理的环节，完善对相关管理人员的监督制约机制是防止权力滥用、预防腐败的必要举措。

（3）相关人员的守法意识不强。在面对物质层面的诱惑时，教育行业相

---

① 参见王立兵：《高等教育"放管服"改革中法律保障的缺位与应对》，《国家教育行政学院学报》2021年第4期。

② 参见冯志礼：《加强对权力运行的制约和监督》，《中国党政干部论坛》2022年第3期。

关管理人员无法保持头脑的清醒,不能坚守法律的底线,心存侥幸,最终误入歧途。

2. 预防对策

(1)建立"账款分离"的财政制度。将管理账目的人员与经手资金的人员分离,实行"管账不管钱"和"管钱不管账"制度,将财务管理权进行分化,缩小单个人员手中的权力,明确权责分工,将权责落实到个人,加强内控机制建设,加大对腐败行为的打击力度,进一步降低腐败风险。

(2)建立第三方监督制约机制。针对学费和考试费的收取和管理,设立独立于账目和资金管理部门的监督部门,对财务管理人员的行为进行专门监督,完善财务收支情况公开和备案制度,提高监督有效性。

(3)加强对相关管理人员的守法廉洁教育。通过多种形式的教育提高财务管理人员的守法廉洁意识,定期开展普法宣传教育活动和反腐倡廉思想教育活动,使相关管理人员在思想上不想腐、不愿腐。

(二)学校行政经费管理——挪用公款罪、贪污罪

在行政经费管理环节,教育行业较为多发的刑事法律风险是挪用公款罪、贪污罪。具体表现为相关行政人员利用职务便利进行资金套取、侵吞款项、挪用公款进行营利活动等。该环节所涉经费系来源于国家财政划拨的学校行政事务经费,多直接保存于行政部门的账户中,由相关行政人员直接管理、自主规划和使用,极易滋生腐败。

例如:被告人赵某某利用担任学校校长的职务便利,要求学校出纳会计转款,将学校资金用于投资入股,入股后通过分红获得非法收益。案发后,被告人赵某某家属代其退出赃款451500元。裁判结果:犯挪用公款罪,判处有期徒刑九个月,决定执行有期徒刑四年。①

1. 风险点分析

(1)行政经费使用控制不严格。由于部分学校行政经费使用条件比较宽松,行政管理人员可以利用其行政权力,自主管理和使用行政经费,在自主权较大的情况下,就更易发生诸如对相关行政经费采取虚开收据和发票、挪用、套取

---

① (2019)苏 0281 刑初 1781 号。

等方式将相关资金归个人所有或使用的贪污腐败行为。①

（2）行政经费管理制度不健全。经费管理制度的不健全、缺乏有效的监督会给相关行政人员"钻空子"的机会,相关的财务制度无法发挥作用,学校的行政收支难以按照既定程序进行监督和管理,使得学校行政管理权更易被滥用。

（3）行政经费管理人员素质不高。一方面人员配备不足,多数行政经费管理人员由下属学校会计轮流兼任,专业能力有待提高且缺乏独立性;另一方面,部分行政经费管理人员自觉性不高,不按照相关经费管理制度严格进行经费开支和管理,滥用管理权力进行经费挪用、贪污。

2. 预防对策

（1）建立严格的经费使用程序。加强对经费使用的管理和控制,由相关部门和人员制定经费使用计划,建立经费使用情况公开制度。加强对行政经费使用的申请、批准、支出、报销等一系列环节的监督和管理,既要严格程序避免资金的违规使用,又要统筹协调,保证必要的行政开支能够得到经费支持,量入为出,准确把握经费支出的范围和额度,提高经费的使用效率。②

（2）完善行政经费管理制度。学校和教育部门要完善学校行政经费监督管理制度,深入分析学校行政经费使用过程中存在的问题,有针对性地加强对学校经费使用的监督和管理。严格把控学校行政经费的预算支出标准,加强对预算支出的刚性管理,建立月度、学期、年度预算考核制度,加强对经费使用的监督。

（3）提升经费管理人员的素质。学校要加强财务人员的吸收和培养,提高行政经费管理人员的业务素质,建设高素质行政经费管理人员队伍,扎实做好经费使用和管理工作。创新绩效管理制度,增强行政经费管理人员工作积极性,提升行政经费管理人员自觉性。

（三）学生补助——贪污罪

在学生补助申领环节,教育行业较为多发的刑事法律风险为贪污罪。具体表现为学校行政管理权较大的人员,如校长、副校长等,利用其职务便利,编造虚列学生名单,虚报冒领国家对学生的补助,如奖学金、贫困生生活补助金等。学

---

① 参见王平、郑成良:《我国高校办学自主权运行逻辑与未来展望》,《上海交通大学学报(哲学社会科学版)》2021 年第 140 期。

② 参见吴琼:《关于义务教育阶段公办学校经费管理的思考》,《财会学习》2019 年第 14 期。

生补助对于学生学业的顺利进行有着非常重要的作用,该环节出现的贪污腐败行为直接关系到学生的切身利益,应当引起重视。

例如:被告人彭某利用和担任学校副校长的职务便利,与担任体育局副局长的聂某共谋由彭某编造虚列教练员、运动员训练补助费花名册,并由聂某以补助费审批单签字审批的方式,套取公款用于个人旅游等支出。裁判结果:被告人彭某犯贪污罪,判处有期徒刑六个月,并处罚金人民币十万元;被告人聂某犯贪污罪,判处有期徒刑八个月,并处罚金人民币十万元。[1]

1. 风险点分析

(1)学校行政权力制约不足。在学校相关行政管理人员权力较大的情况下,缺乏对相关行政权力的制约,就极易发生权力滥用的情况,如利用职务便利相互勾结,编造虚假补助费花名册,套取公款等贪污行为。

(2)学生补助申领程序不够严格。学生补助属于国家对符合资助条件的学生给予的经费补助,所涉学生较多,资金数额较大,若不对补助申领的程序进行严格规定,就会使得部分学校滥用行政权力,不按照国家规定的程序进行补助申领,最终既使得本应当获得补助的学生无法获得,也导致国家资金被非法收入个人手中的损失。[2]

(3)缺乏对学生补助申领的监督。学生补助的申领一般是由学校相关行政管理人员根据国家的政策,将申领条件告知学生,由符合条件的学生先进行申请,相关行政管理部门进行审核,确定最终获得补助的名单,在这个过程中,如果缺乏监督,就极易出现相关人员虚报、瞒报的情况,造成严重后果。

2. 预防对策

(1)加大学校行政权力制约力度。建立学生补助申领管理领导小组,由学校多个部门的负责人担任小组成员,共同管理学生补助申领和发放事项,明确小组各成员的职责和权限,形成组内成员互相制约和监督的良好管理体系,保证符合资助条件的学生都能够获得补助。

(2)完善学生补助申领程序。完善补助申领实名制度,必须由学生本人进

---

① (2015)金牛刑初字第 1115 号。

② 参见王庆多、王化麟:《高等学校学生特殊困难补助的发展和思考》,《劳动保障世界》2015年第 12 期。

行补助申领,若学生缺乏相应能力,学校应当告知学生家长相关补助申领情况,而不能由相关人员在未告知学生或学生家长的情况下进行补助申领。完善申领资质审查机制,将不符合申领条件的人员排除在申领对象之外,避免冒领、虚假申领情况的发生。

（3）加强对学生补助申领的监督。学生补助发放主体要进行补助申领事前、事中和事后监督。在补助申领前,监督相关主体如实通知相关补助政策和申领方式;在补助申领过程中,严格审查申领人员的条件和资质,规范申领人员的申领和相关手续办理行为;在补助申领成功后,对资金发放情况进行抽查,确保补助资金发放到了对应的学生手中,杜绝腐败。

（四）公车加油费——贪污罪

在财务管理环节,教育行业极易发生的刑事法律风险为以"私车公养"方式进行的贪污罪。"私车公养",就是以"公务""公用"之名,或采取"挂靠"方式"揩油",或冒充公车到定点维修厂进行维修、装饰,或将私家车的油费、维修费、过路费、洗车费等与公车"捆绑"到一起报销。由于此类贪污手段隐蔽性强、费用查证较为困难,现有制度设计对"私车公养"的监管难以做到全覆盖、无死角。因此,有必要对教育行业出现该类刑事法律风险的原因进行分析,以便更好进行风险防范。

例如,某小学原校长何某利用职务便利实施私车公养、公车私用行为,多次使用单位加油卡为其家庭两辆私车加油,多次在单位报支其本人私车更换轮胎费用;多次要求单位驾驶员驾驶公车接送其上下班。此外,被告人何某多次违规收受礼金和接受可能影响公正执行公务的旅游安排,实施受贿犯罪。判决结果:何某犯受贿罪、贪污罪、职务侵占罪,判处有期徒刑9年,并处罚金66万元。①

1. 风险点分析

（1）相关财务管理人员守法意识不强。"私车公养"是一种比较隐蔽的贪污方式,发现难、取证难,成案率不高,一些教育行业工作人员对此怀有侥幸心理,认为自己很难被查到,就算被查也不过小事一桩,至多受到第一种形态处理或党

---

① 参见中央纪委国家监委发布第二批执纪执法指导性案例（三）《何某公车私用、私车公养案》（《2021年指导性案例》第7号）。

纪轻处分就可以"过关"。

（2）学校公车管理制度不健全。有的学校整改工作浮于表面，遇到阵痛绕道走，没有从根本上解决制度缺陷。有的学校虽然出台了制度，但不够细化，也有的仅为应付上级检查，制度出台后就将其搁置，未真实落到实处，制度形同虚设，无法得到有效实施。

（3）缺乏对财务管理人员的监督。制度立起来了，能否落下去更为关键，而这离不开对制度执行的监督。"私车公养"屡禁不止的一个重要原因就是存在不严格执行制度、相关主管部门日常监管缺位等问题。

2. 预防对策

（1）严格责任追究机制，加大惩处力度。要发挥严肃惩处的震慑作用，让教育行业工作人员摒弃特权思想和侥幸心理，不越雷池，不踩红线，要继续加大监督检查和问责的力度，对那些搞特权的人坚决查处、严肃问责，绝不给他们留下任何空间和余地。①

（2）健全公车管理制度，规范使用程序。规范公车加油卡管理，实行一艇一卡绑定，明确定点加油站和每次加油数额上限，加油卡由专人管理，规定加油时需两人同时前往，并做好加油台账、入库登记和定期检查。建立健全公车管理制度，对于仅公车能够享受的优惠政策，必须严格按照相关规定使用，将非公车严格排除在外。

（3）完善监督管理机制，提高监督质量。要深化协同监督，整合财政支付、税费开票、车辆轨迹查询、公务用车管理等平台，共同对教育行业人员的用车行为进行监督，尽量避免出现"私车公养"的情况。

（五）图书采购——受贿罪

在图书采购环节，教育行业较易发生的刑事法律风险是受贿罪。具体表现为学校校长、副校长，教育局局长等权力较大的学校行政管理人员利用其对图书采购的选择权和决定权，与图书公司勾结，根据图书公司所给的回扣、好处费、报酬等来决定选择最终图书采购的合作公司，最终既会损害学校图书采购环节管

---

① 参见金小波：《前锋税务：专项整治收取礼品礼金、私车公养行为》，《廉政瞭望》2020年第23期。

理人员的职务廉洁性,也不利于图书行业的公平竞争,扰乱行业风气,因此有必要分析图书采购环节发生刑事法律风险的原因,加强风险防范。

例如:被告人冯某利用担任县教育局局长的职务便利,收取某图书公司的好处费和接受旅游安排,为某图书公司在县内各中小学推销教育辅导用书提供帮助。裁判结果:被告人冯某犯受贿罪,判处有期徒刑四年六个月,并处罚金人民币三十万元。①

1. 风险点分析

(1)学校图书采购自主选择权过大。学校在征订教材、教辅资料等图书采购过程中,拥有较大的自主选择权,能够自主选择图书采购合作的图书公司。由于学校图书采购一般数量较多,涉及金额较大,利润也较高,就极易发生图书公司向学校相关管理人员行贿的行为,面对高额的回扣、好处费,相关管理人员若难以抵制诱惑,就极易发生收受贿赂等腐败行为。

(2)学校图书采购制度不够健全。学校图书采购缺乏严格的制度和程序,图书采购程序的规范性不足,相关的规则制定也不健全,使得相关管理人员自由进行图书采购行为,不按照正规的程序和方式进行,导致腐败风险的增加。

(3)缺乏对图书采购环节的监督。由于学校自主采购权较大,且学校对图书的需求稳定且数量多,这使得图书采购环节所涉资金数额非常庞大,若缺乏有效的监督,任由学校相关管理人员滥用其自主采购权,而不对其进行有效的监督,定会加重腐败。

2. 预防对策

(1)明确职责,强化图书采购人主体责任。对图书采购实行分级分类管理,由领导机构、执行机构、业务管理部门、使用部门共同实施。从制度上明确各部门各人员的职权和责任,建立图书采购环节各部门相互制约的内控体系,提升学校图书采购管理的规范性,提高图书采购效率。选派熟悉采购流程、责任心强的人员担任图书采购项目负责人,进一步明确图书采购人的职责权限,落实主体责任,全方位提升图书采购人的专业素养,增强依法依规采购和责任担当意识。

(2)健全制度,优化图书采购流程。按照政府采购法律法规制定图书采购

① (2017)桂 0981 刑初 427 号。

具体实施办法,对校内图书采购限额和采购方式进行明确界定,可以采用竞争性磋商、竞争性谈判或单一来源方式进行图书采购。根据学校的具体情况制定符合市场规律、符合图书采购实际需求的定向采购情形,进一步规范采购程序。[①]

(3)强化监督,提高图书采购管理水平。制定图书采购计划,公开图书采购意向,细化采购人在采购前的基础准备工作。规定采购人要认真负责图书采购项目的预算编制、立项论证、经费落实、前期调研以及合理合规准确地编制采购需求等工作,同时要加强对供应商的违规行为的监督,进行专门规定。

五、基建后勤环节

(一)工程招投标、建设——受贿罪

在工程招投标、建设环节,教育行业较为多发的刑事法律风险是受贿罪。工程招投标制度是工程项目建设中一项非常重要的制度,极其强调公开竞争,而如果没有了公平、公开的竞争,而出现"暗箱操作",就定会滋生腐败,扰乱工程建设市场秩序。在学校工程建设招投标、建设环节,极易出现教育行政管理人员利用其职权,为相关企业和个人在项目承接、项目推进、合同款支付等事项上提供帮助,牟取非法利益的情形。因此,要深入分析教育行业工作人员在工程招投标、建设环节发生刑事法律风险的原因,进行精准防范。

例如,被告人安某利用担任某大学副校长的职务便利,在工程招投标、工程建设等方面,多次收受工程承建商所送现金、财物,为其谋取利益。判决结果:被告人安某犯受贿罪,判处有期徒刑8年,并处没收个人财产人民币10万元。[②]

1. 风险点分析

(1)学校工程招投标、建设管理权过大。由于对工程招投标、建设的管理权较大,易出现滥用权利的情形,如:控制信息限制投标、在招标文件上暗做手脚、制定倾向性条款等,损害潜在投标对象公平获取招投标信息的权利,为意向的投标单位放宽条件或恶意设置障碍排斥其他竞争者等。

(2)学校工程招投标、建设机制不够健全。缺乏详细、正规的工程招投标、

---

① 参见陈硕丹:《浅析高校图书管理服务工作的创新》,《科技视界》2021年第31期。

② (2015)绵刑初字第2号。

建设管理制度和规范,易使得相关管理人员不按相关必要程序进行,而是利用其管理权随意进行招投标,损害工程招投标过程的公开性、公平性和公正性,更无法保证竞争的充分性。

(3)缺乏对相关单位资质的监督。在工程招投标、建设环节存在的刑事法律风险,除了教育主体本身的原因外,不可忽视的还有投标单位的一些不规范的操作行为,如部分公司假借资质或者以他人名义参与竞争、暗中勾结进行不公平竞争等,相关单位的资质和经营状况以及其信用情况等都会对工程招投标、建设的公正性、公平性和公开性产生影响。

2. 预防对策

(1)合理限制学校工程招投标管理权。建立建设项目负责人制度,将学校工程招标管理权分散开来,成立建设工程招标领导小组,招标领导小组由学校领导、分管校长、总务处、财务科、工会及相关部门的负责人组成,各负责人相互监督,相互制约,促进依法依规行使工程招标管理权,提高管理效率和管理质量。

(2)健全学校招投标、建设管理机制。建立严格的工程招标程序,依法发布招标信息,可以网上发布与张贴招标公告相结合,实施公开投标、现场开标,由招标领导小组集体讨论中标单位,并将投标结果进行公示,促进招投标的公平公开和充分有效竞争。

(3)加强对相关单位资质的监督。严格审查投标单位的资质证书和招标文件、工程量清单和招标价格等资料,排除提供资质证书不齐全、资料不完整的企业,严格把控投标单位的专业资质和工程方案,确保工程顺利完成。①

(二)基建工程投入——受贿罪

在基建工程投入环节,教育行业较易发生的刑事法律风险是受贿罪。由于基建工程建设过程中需要很多相关设备和材料,需求量大,所涉及的资金也非常庞大,相关管理人员自主选择权也较大,可以自主选择合作的基建设备和材料的企业,这就为相关管理人员利用职务便利,为他人谋取利益创造了条件。因此,要深入分析基建工程投入环节教育行业人员发生刑事法律风险的原因,对因施策。

---

① 参见李明敏:《论财务管理在学校工程中的重要作用》,《中国产经》2021 年第 5 期。

例如,被告人裘某某利用其担任某学校校长的职务便利,多次非法收受某公司财物,帮助其中标该学校的设备采购项目。判决结果:被告人裘某某犯受贿罪,判处有期徒刑 10 年,并处没收财产人民币 20 万元。退缴的赃款人民币 100 万元依法予以没收,上缴国库。①

1. 风险点分析

(1)基建工程投入环节管理体制不够完善。基建工程投入环节发生刑事法律风险的主体多为负责基建工程投入项目设备采购负责人,由于该环节的管理体制不够健全,使得他们滥用权利,为他人谋取利益,同时从中获利。

(2)基建工程投入环节管理工作落实不到位。对基建工程投入环节的管理,是基建工程投入工作依法依规进行的有效保障,学校基建工程投入若缺乏相关的管理办法和运行程序,管理工作无法落到实处,则极易导致管理权的滥用。

(3)缺乏对基建工程投入环节的监督。在基建投入环节负责人对相关事项有较大自主选择权和决定权的情况下,若出现监督空白、漏洞,就会极大增加腐败的风险,影响基建工程投入的正常运转。

2. 预防对策

(1)完善基建工程投入环节管理体制。建立学校基建工程投入管理领导小组,专门负责学校基建工程管理,提高管理质量和管理效率,加强内控管理,杜绝腐败。制定学校基建工程投入管理办法,督促相关管理人员严格按照管理办法进行基建工程投入工作,规范管理行为。②

(2)提升基建工程投入环节工作质量。建立明确的责任制度,确保责任到人,提高相关责任人的工作效率。针对各环节的工作要求,建立相应岗位职责规范并领导工作的全面开展,建立考核激励机制,提高相关人员依法依规开展工作的积极性和主动性,形成相应的考核评价体系,建立相应的责任追究机制,确保各项工作落实到位、有效开展。

(3)加强对基建工程投入环节的监督。强化责任落实,严格实施责任追究制度。要将审计监督与党管干部、纪律检查、追责问责相结合,建立健全高校内

---

① (2015)深福法刑初字第 417 号。

② 参见张卯等:《高校工程采购统一管理的实践与思考》,《中国招标》2022 年第 4 期。

部审计部门与组织人事、纪检监察以及其他相关部门联动的工作协调机制。对于发现的内部控制问题,内审部门应及时提出审计意见和改进建议,并督促有关部门落实整改;对敷衍塞责、整改不力、屡审屡犯、问题多发频发的部门和人员,要坚决严格问责追责。

(三)后勤物资采购——滥用职权罪、受贿罪

在后勤物资采购环节,教育行业易发生的刑事法律风险是滥用职权罪和受贿罪。随着国家在教育方面的投入逐渐增加,学校规模不断扩大,对物资设备的需求也日益增大。后勤作为学校服务部门和保障部门,为教学、科研的发展提供质量高、价格低、厂家服务好的物资设备,一直是后勤工作的重要组成部分,关系到后勤各项事业的顺利开展,因此做好物资采购环节刑事法律风险防范显得尤为重要。

例如:被告人谢某利用担任某县教育局营养办主任的职务之便,为某公司在某县农村义务教育学生营养餐供应过程中提供帮助,先后收受现金和购物卡等财物用于个人日常生活开支。裁判结果:被告人谢某犯受贿罪,判处有期徒刑一年,缓刑一年,并处罚金 100000 元。①

1. 风险点分析

(1)物资采购管理办法不完善。后勤物资采购工作责任重大,必须制定严格详细的物资采购管理办法,要求物资采购工作严格按照采购办法进行采购。部分学校后勤物资采购,没有相关的制度建设,导致采购混乱,质量得不到保障,不利于工作的正常进行。另外,物资采购过程有章不循,物资采购程序流于形式,有些部门私底下确定好供货单位,然后象征性的进行招投标。

(2)物资采购专业管理人员缺乏。物资采购小组人力不足,专业技能人员缺乏。后勤的物资采购频次多、数量大、种类繁杂,人员不足导致采购小组不能参与每项采购,不能对采购工作做到全面把握;另外,市场物资在型号、价格、质量方面存在较大差异,非专业人员无法确认专用物资的质量优劣。

(3)物资验收和采购数据管理制度不健全。物资到位后,没有相关验收制度,或者验收不认真,造成劣质物资用到工作中。另外,部门物资采购数据库不完善。采购物资的厂家信息不明确,或者丢失,对采购物资的数量、价格、性能、

---

① (2016)川 1524 刑初 158 号。

售后等方面不进行合理管理,物资采购数据混乱,不规范、不科学。

2. 预防对策

(1)完善物资采购环节管理机制。首先后勤领导部门要高度重视物资采购工作的重要性和严肃性,充分认识其在后勤各项工作中的重要作用,根据后勤物资采购工作的特点制定切实可行的物资采购管理办法。同时要加强领导,成立专门的物资采购小组,对物资采购进行审批、考察、调研、采购、监督、验收等,明确责任,实行"签字责任制",坚决杜绝不作为及乱作为行为,确保物资采购工作的顺利开展。①

(2)建立严格的物资采购程序。制定相关的物资采购管理办法,各单位须严格遵守,严格执行财务报账及领导签字制度,加强物资采购信息资料管理,尤其是考察报告的效力,若无物资采购小组签字的考察报告、会议纪要等材料,分管领导及部门主要领导不予在发票上签字,财务不予报账。

(3)加强物资采购人员的培训和指导。全面提升物资采购人员的整体素质和爱岗敬业、诚实守信等职业道德,使物资采购人员具备关于采购物资的基本知识、讨价还价的谈判能力、良好的沟通能力、吃苦耐劳诚实守信的敬业精神、对市场的判断决策能力以及崇高的商业素质。②

(四)虚报物料费——贪污罪

在基建后勤环节,教育行业中较为常见的刑事法律风险是以虚报物料费的方式进行贪污。物料费是指一个单位为维持正常运转的物料消耗所需要的费用,主要包括管理费用、办公费用等。在教育行业,办公费用是很大的一个消费领域,因办公需求量大使得涉及的资金也较为庞大,也使得贪污风险较大。

例如:被告人杜某某利用担任某教育管理中心主任的职务便利,以支付煤款、涂料款和工程款的名义进行虚报,并将所获款项占为己有。裁判结果:被告人杜某某犯贪污罪,判处有期徒刑四年六个月。③

1. 风险点分析

(1)物料费管理人员权力较大。在物料的选择、使用和管理等重要环节,物料管理人员有较大的自主选择和决定权,且物料管理人员与物料费的联系非常

① 参见雷林山:《试析小学的后勤综合管理现状及改善策略》,《新课程》2021年第13期。
② 参见吴建华:《构建学校后勤管理大格局的思考与探索》,《陕西教育(综合版)》2021年第3期。
③ (2015)尖刑初字第51号。

紧密,加大了物料管理环节的刑事法律风险。

(2)物料费上报程序不健全。物料费所涉资金数额庞大,在缺乏详细的上报条件和上报程序的情况下,相关管理人员在巨大的利益诱惑面前就可能会想到以虚报、谎报的方式来套取物料费,以谋取私利。

(3)物料费监督管理机制不够完善。加强监督和管理是有效规范物料费管理活动和管理行为的重要方式,要防止物料费管理权的滥用,就不能缺少对物料费管理权的有效监督和制约。

2.预防对策

(1)深化物料费管理体制改革。随着市场化改革进程的加快,教育物料消耗日趋多样化,物料采购渠道不断拓宽,物料费管理难度加大。首先,通过改革物料管理制度,建立起适应市场经济需要的,有利于物料管理稳步发展的管理制度,确保物料费使用合理。其次,教育主管部门和学校面对物料采购渠道的多元化,要建立和健全物料管理制度,逐步实现学校物料管理的制度化、规范化,使各项物料管理活动有章可循、有法可依。

(2)完善物料费监督管理机制。一是坚持内部制约原则,使物料各经办人员相互联系、相互制约;二是建立物料费的管理规程,包括现金、凭证、簿记、核算、报账的程序规则等;三是遵守物料费管理的有关规定,严格按照有关规定进行物料费申报和使用。

(3)建立物料费管理人员岗位责任制。完善物料费管理人员岗位责任制是落实学校物料费管理工作的必然要求,通过科学的定编、定岗、定员,明确不同物料费管理人员的工作职责和权限,定期进行检查和评比,建立激励和约束机制,做到机构精简、人员精干、职责分明、工作高效。

(五)违规设立"小金库"——贪污罪

在基建后勤环节,违规设立"小金库"是非常高发的一种刑事法律风险。"小金库"是指违反法律法规及其他有关规定,应列入而未列入符合规定的单位账簿的各项资金(含有价证券)及其形成的资产,"小金库"不但包括相关资金及其形成的资产,也包含有价证券及其形成的资产。"小金库"既是滋生腐败的温床,又给国家财产造成损失,必须坚决抵制私设"小金库"的不正之风,坚决防止"小金库"问题纠而复发、久治不愈。例如:担任某中心学校校长的被告人李某与担任某中心学校工会主席兼出纳被告人史某林利用职务上的便利,共谋设立"小金库",采用虚报冒领取暖用煤款方式从某市教育局虚报款项用于个人消费和支付校务用款。裁判结果:被告人李某、史某林犯贪污罪,分别判处拘役六个月,缓刑一年,分别并处罚金人民币十万元。[①]

1. 风险点分析

(1)基建后勤环节管理人员权限较大。基建后勤环节所涉范围广、资金数额庞大,相关管理人员的权力也相对较大,在许多具体的事项和环节都具有较大的自主决定权,极易产生违规设立"小金库"的风险。

(2)基建后勤环节资金管理机制不健全。基建后勤环节涉及的资金庞大且相关管理人员权限较大,若资金管理机制不健全,就极易导致资金管理权的滥用,使得相关人员不按照规定的程序使用基建后勤资金,中饱私囊,影响学校基建后勤环节的正常运转。[②]

(3)缺乏对基建后勤资金管理的监督。在极易发生贪污腐败的基建后勤环节,有效的监督是预防腐败的重要方式之一,违规设立"小金库"体现的就是缺乏监督导致的相关管理人员对资金管理权的滥用。

2. 预防对策

(1)优化基建后勤环节工作队伍。在基建后勤相关人员权限较大的情况下,优化组织结构,明确权责划分机制,强化内控,构建一个权责分明、科学高效、监督有力的基建后勤工作队伍,提高基建后勤管理的科学性和有效性。

(2)健全基建后勤环节资金管理机制。根据实际情况制定资金管理具体实施办法,督促基建后勤管理人员严格按照规定的程序和方式进行资金管理和使用,提高管理质量和使用效率。

(3)建立切实有效的资金管理监督体系。完善审计监督制度,让每一笔资金的使用情况都记录在册,并定期进行财务公开,按照规定填制资金使用盘存单,做到账与物、账与账相一致,并对资金使用情况进行备案,提高对资金管理和使用的监督质量,促进基建后勤环节的正常运转。

---

① (2017)冀 0681 刑初 324 号。

② 参见傅艳:《高校建立健全防治"小金库"长效机制研究——基于内控制度管理的角度》,《中国市场》2020 年第 22 期。

后　记

　　本书缘起于法律大数据浪潮的来临,我们有了利用大数据方法和中国裁判文书网海量裁判文书展开法律问题研究的想法,又因身处高校肩负教职,对于教育行业的运作和发展有着十分理想化的愿望,希冀通过利用所学所知为教育行业的良性发展做一点工作。种种机缘巧合或注定,从 2016 年开始,我们与一群年轻可爱的、富有想象力和创造力的同学们一起创办了我们研究团队的微信公众号"法智喷泉"。这个公众号既是我们利用法律大数据方法展开研究的一个尝试,也是一个展示教育行业真实法律风险情况、普及风险防范知识和方法的媒介。通过撰写和编辑公众号文章,我们既锻炼了团队的学术研究能力,又结识了很多理论界和实务界的朋友,这让我们对于制作原创学术公众号这种"费力不讨好"的工作依然乐此不疲。为了更全面、系统地呈现我们的研究成果,我们在六年前出版了《教育行业刑事法律风险与防范——基于裁判文书的数据分析》,现在看来,那次非常大胆的尝试,虽在内容和方法上都很稚嫩,但也收获了法学界、教育学理论界和教育实务界许多关注和鼓励。

　　近年来,通过持续不断地观察和思考,我们对教育行业的法律风险有了更多更深的思考,在法律大数据的信息抽取、分析和统计方面也有了更多的技术积累,为教育行业的法律风险防范贡献一点力量的信念也还一直在我们心里。由于这些原因,2020 年秋天开始,我们重整团队,再次出发。这一次,我们将研究对象从刑事领域扩展到民事、行政和刑事三个领域,真正实现了利用海量裁判文书进行数据挖掘,也描绘和分析了教育行业更多不易发现、未被重视和缺乏总结的法律风险,更好地呈现了我们对教育行业法律风险的真实样态、发展趋势和应对策略的思考。

　　本书得以成形首先要感谢所有参与撰写的可爱的、富有创造力的同学们,他们是刘谊、王思敏、刘春萍、闵斯其、朱庚瑜、钟蓓、毛德玉、王瑞坤。曾利娟律师多次参加了本书的讨论并提出了宝贵的建议。四川卓安律师事务所艾述洪、姚振宇、何春莉、李辰君、陈曦雨、何冰冰,四川上行律师事务所宇龙、张敏、张元译、苏罗娜、李莹,四川泽珲律师事务所庞艳鹏、文多多,四川韬鸣律师事务所李勇、易群慧,北京盈科(成都)律师事务所陈逸萱、张海亮,四川蜀瑞律师事务所张龙,北京蓝鹏(成都)律师事务所鲁兰、罗中兆,北京德恒(成都)律师事务所廖倩,四川恒和信律师事务所曾利娟,安徽金亚太律师事务所徐达妃,上海靖予霖律师事务所洪凌啸,四川发现律师事务所卓玛,山东矩量律师事务所朱恒伟等众多律师朋友通过参与典型案例的点评来表达支持,为本书增色不少。在此,对大家的支持表示衷心地感谢。

　　在本书的撰写过程中,得到了诸多师友的无私帮助和鼓励,他们是四川大学法学院左卫民教授、顾培东教授、马静华教授、郭松教授、刘昕杰教授;四川师范大学法学院唐稷尧教授、陈山教授、张光云教授、王化老师;四川卓安律师事务所成安博士、陈绍娟主任等。还有众多良师益友的支持帮助,限于篇幅无法一一列出,在此一并表示感谢。

　　感谢四川省社科联、四川师范大学法学院和青少年法治教育中心为本研究成果出版提供了全方位支持和保障。

　　本书是我们在教育行业法律风险领域的第二本书,既是漫长征途中的一个小小总结,也是一个全新的开始。法律风险防控是整个教育领域治理中最需要攀登的高山峻岭,期待我们的努力可以让教育行业变得更健康、更美好。

苏镜祥　李鑫

2024 年 5 月

主要编写人员

苏镜祥,1983 年生,福建永定人,法学博士,四川师范大学法学院副教授、副院长、硕士研究生导师。主要学术兼职:四川省法学会教育法治研究会副会长,四川省教育学会教育法治研究分会常务副理事长,四川省法学会律师法学研究会副会长,四川省法学会诉讼法学研究会秘书长等。四川省首批刑事专业律师。

李 鑫,1986 年生,内蒙古赤峰人,法学博士,四川大学法学院副教授、博士研究生导师,四川大学法学院智慧司法研究所所长。主要学术兼职:中国法学会案例法学研究会理事,四川省法学会人工智能与大数据法治研究会副会长,四川省法学会法理学研究会副会长等。

刘 谊,1996 年生,四川眉山人,法学硕士,西华师范大学法学院教师。

王思敏,1998 年生,四川成都人,法律硕士,就职于北京大成(成都)律师事务所。

刘春萍,1996 年生,贵州毕节人,法律硕士,就职于四川上行律师事务所。

闵斯其,1998 年生,四川巴中人,法律硕士,就职于四川正熠信律师事务所。

钟 蓓,1997 年生,四川成都人,法律硕士,就职于成都市仲裁委员会。

朱庚瑜,1998 年生,贵州安顺人,法学硕士,就职于北京蓝鹏(成都)律师事务所。

毛德玉,1998 年生,四川达州人,西南政法大学监察法学博士研究生。

王瑞坤,1999 年生,河北张家口人,中国政法大学证据法学硕士研究生。